北京大學《儒藏》編纂與研究中心 編

《儒藏》精華編選刊

念菴羅先生文集（上）

〔明〕羅洪先 撰
徐儒宗 校點

北京大學出版社
PEKING UNIVERSITY PRESS

圖書在版編目 (CIP) 數據

念菴羅先生文集：全二册 /（明）羅洪先撰；北京大學《儒藏》編纂與研究中心編. -- 北京：北京大學出版社，2024.7. --（《儒藏》精華編選刊）
.-- ISBN 978-7-301-35136-9

Ⅰ. B248.2-53

中國國家版本館 CIP 數據核字第 20245BU268 號

書　　名	念菴羅先生文集 NIANAN LUOXIANSHENG WENJI
著作責任者	（明）羅洪先　撰 徐儒宗　校點 北京大學《儒藏》編纂與研究中心　編
策劃統籌	馬辛民
責任編輯	沈瑩瑩
標準書號	ISBN 978-7-301-35136-9
出版發行	北京大學出版社
地　　址	北京市海淀區成府路 205 號　100871
網　　址	http://www.pup.cn　　新浪微博：@北京大學出版社
電子郵箱	編輯部 dj@pup.cn　　總編室 zpup@pup.cn
電　　話	郵購部 010-62752015　發行部 010-62750672 編輯部 010-62756449
印 刷 者	三河市北燕印裝有限公司
經 銷 者	新華書店
	650 毫米 ×980 毫米　16 開本　59.5 印張　508 千字 2024 年 7 月第 1 版　2024 年 7 月第 1 次印刷
定　　價	238.00 元（全二册）

念菴羅先生文集卷之三 …… 四六

目録

上册

念菴羅先生文集卷之四……一〇九

念菴羅先生文集卷之九……二七七

念菴羅先生文集卷之十……二九三

念菴羅先生文集卷十一……三二八

下　册

念菴羅先生文集卷十三

念菴羅先生文集卷十四……四五七

念菴羅先生文集卷十五……四七二

念菴羅先生文集卷十六……五一四

念菴羅先生文集卷二十……七〇〇

念菴羅先生文集卷二十一……七四一

念菴羅先生文集卷二十二

念菴羅先生文集卷二十三……八三五

校點説明

《念菴羅先生文集》二十四卷，明代思想家羅洪先撰。羅洪先（一五〇四—一五六四），字達夫，號念菴，江西吉水人。出身於仕宦世家，奉父命師事同里谷平先生李中。嘉靖四年（一五二五）中鄉舉。嘉靖八年赴京會試，中進士第一名，授翰林院修撰。次年正月，請假告歸。嘉靖十一年復原職。次年二月，充經筵展書官。同年五月，丁父憂回家。嘉靖十八年，起復推補宫寮，改春坊左贊善，爲經筵講官。次年冬，因嘉靖帝常稱疾不視朝，乃與同官唐順之、趙時春上疏請皇太子於來歲臨朝受羣臣朝賀，由是忤旨，被黜爲民。此後未再出仕。嘉靖二十五年十月，在鄉里近處闢石蓮洞，此後多静居洞中。晚年，足不出户者三年。嘉靖四十三年八月卒，享年六十一歲。隆慶（一五六七—一五七二）初，追贈光禄少卿，謚文恭。

念菴一生孝友謙讓，清廉耿介，取予必以義，而爲學尤務力行。父母病，親侍湯藥，至廢寢食；先世所遺田宅，盡以讓二弟；其仲弟卒，哭之累月，寢食失常；待人温和，却毅然不可動以利。登第後，臺省擬爲建坊，力辭之；又饋以坊價百餘金，悉却之。所居爲洪水淹没，官府多方致助，即用以構正學堂於石蓮洞南，講學其間，四方求學者日至。及嚴嵩秉政，慕念菴之名，欲引爲己用，致書相邀。念菴答書願畢志林壑，辭婉而厲。嚴嵩覽書歎道：「是乃真不要官爵者。」故其道德文章，爲時人所重。

念菴出仕不久即長期退隱，但仍然以兼濟天下爲懷。退隱鄉居以後，益博覽羣書，考圖觀史，自天文地志、禮樂典章、河渠邊塞、戰陣攻守，下逮陰陽算數，靡不精究，至人才吏事、國計民情，悉加意諮訪，常謂「苟當其職，皆吾事也」。至五十歲前後，睹時事日非，絶意仕進。鄉居期間，曾極力提請當地政府核實虛丁、丈量土地，以減輕賦税，在賑飢、拒寇等方面爲當地作了不少有益之事。

念菴作爲王陽明後學，其實一生並未受業陽明之門，而是陽明的私淑者。十五歲時，聞陽明講學於江西贛州虔台，欲往從學，被父所阻。後得陽明《傳習録》，手抄玩讀，至忘寢食。並常與王畿（龍溪）、錢德洪（緒山）、聶豹（雙江）、歐陽德（南野）、鄒守益（東廓）、王艮（心齋）等陽明弟子交往論學，深受影響。念菴對於陽明學説推崇備至，但並非全盤接受，而有自己的創見。一生治學以「主静無欲」「收攝保聚」爲宗旨，學界推爲「歸寂派」或「主静派」代表。由於當時一些陽明後學對於陽明「致良知」學説的理解已出現偏差，主要表現爲「語心體而遺工夫，則日入於高虚而無益」，甚則「概舉夫不待學習者以爲良知，而不復究愛親敬長之本指，則以欲爲理，以任情爲率性，以戒慎恐懼爲戾於自然，而去道日益以遠」。因而念菴認爲：「陽明先生良知之教，本之孟子。故嘗以入井怵惕、孩提愛敬、平旦好惡爲證。然以三者皆其一端之發見，而未即復乎全體，故言怵惕，必以擴充繼之；言好惡，必以長養繼之；言愛敬，必以達之天下繼之。孟子之意可見矣。先生得孟子之意者也，故亦不以良知爲足，而以致知爲功。」對當時的流弊作了批評：「近時傳良知之學，語知矣，而不必良；語良知矣，而不必能致。往往聞用功語，輒生詫訝，其弊將多於晚宋支離之失。」特别是針對龍溪的良知現成説提出了「世間那有現成良知」的觀點，對龍溪、心齋等所倡導的現成派之流弊起有矯偏救弊的重大作用。所以黄梨洲斷言：「天下學者，亦遂因先生之言，而後得陽明之真。」「鄒東廓之戒懼，羅念菴之主静，此真陽明之的傳也。」在陽明後學中有其重要地位。誠然，念菴之學也有偏於静寂的傾向，然而正如清儒雷鋐所説：「念菴極用力於未發之中，不免有偏重之弊。然譬之用藥，豈必和平，務在對症。積熱之病，必須凉劑，要自各有得力處。」可謂確評。

念菴一生著作甚豐，並經多次編刊，形成多種不同版本。最早有嘉靖三十四年安如磐所刊《念菴羅先生文集》四卷，繼有嘉靖四十二年胡松所刊《念菴羅先生集》十三卷，嘉靖四十三年俞憲所刊《念菴羅先生集》十三卷。後兩部屬於同一系統。隆慶元年（一五六七）有蘇士潤所刊《念菴羅先生文集》八卷、《外集》十五卷、《别集》四卷，此本係由門人曾見台等所編，内容較全，唯許多版面漫漶不清，且多缺頁和錯頁。萬曆三十一年（一六〇三）有吴達可所刊《念菴羅先生文要》六卷，此本係由王塘南從全集中選輯有關學術方面文章而成，是一部選本。萬曆四十四年有陳于廷所刊《石蓮洞羅先生文集》二十五卷，此本係由同宗後學羅大紘選編，頗多整段删節處，且多缺字和錯訛。清雍正年間，又有念菴後裔羅復晋等所刊《念菴羅先生文集》二十四卷，所收篇目較諸本爲多，而錯訛較少。此本後來收入《四庫全書》，略有增删和校改，乃成爲最流行的通行本。光緒年間，又有喻震孟所刊《念菴羅先生文録》十八卷。此外，還有諸如《冬遊記》《廣輿圖》等多種單刻本行世。

以上各種版本，内容多寡和編排次序都有較大差異，而以清雍正年間羅復晋等所刊《念菴羅先生文集》二十四卷爲最優。故今以此本爲底本，而以嘉靖三十四年安如磐所刊《念菴羅先生文集》（簡稱安本）、嘉靖四十二年胡松所刊《念菴羅先生集》（簡稱胡本）、隆慶元年蘇士潤所刊《念菴羅先生文集》並《外集》及《别集》（簡稱蘇本）、萬曆四十四年陳于廷所刊《石蓮洞羅先生文集》（簡稱陳本）以及影印文淵閣《四庫全書》本（簡稱四庫本）作爲校本，整理出版。

本編據以校點整理的底本雍正本《念菴羅先生文集》二十四卷，包括策、表、奏疏合一卷，書三卷，記一卷，雜著一卷，論一卷，銓著一卷，傳一卷，説、辨、箴、銘、跋、贊合一卷，序一卷，譜序一卷，行狀一卷，墓表一卷，墓志銘二卷，祭文一卷，梁文一卷，古詩一卷，排律、絶句合一卷，五言律一卷，七言律與賦、《先大夫傳》合二卷，附刻胡直所撰《羅念菴行狀》、徐階所撰《羅念菴墓志銘》合一卷。每葉十八行，行二十字。此本雖較其他諸本爲優，但也有明顯不足之處。其一，此本内容雖多於其他諸本，但仍非全本，所收僅有現存全部内容的三分之二左右。爲遵守《儒藏》「對傳世本，原則上不要求補遺」的體例，本編一以原本所收爲限，不另作增補。讀者若欲窺全豹，則筆者曾另行整理有《羅洪先集》三十二卷（鳳凰出版社二〇〇七年），係彙集各本而成；又臺灣學者鍾彩鈞編有《羅洪先集補編》（臺灣中國文哲研究所二〇〇九年），兩書相合，内容可謂齊全，可供讀者參考。其二，原本首列總目，而將細目分列各卷之首，本編按照通例彙總，置於全書之前；若原目録較正文題目文字有省略者，則據正文題目補全。其三，原本有的卷首未標文體，爲使全書體例一致，據原本的總目和各卷卷首目録補齊。其四，原本在羅復晋《重刻羅文恭公全集序》後有一篇明穆宗贈羅念菴爲奉議大夫、謚文恭並賜建專祠的制文，無標題，今爲檢閲之便，補以「隆慶贈謚制」爲題。其五，原本有部分内容僅存篇目而正文全闕或殘闕者，有他本可據者，據以補之，並注明「據某本補」；若無他本可據，則仍存其篇目，下注「正文闕」。在校點過程中，雖力求符合《儒藏》標準，但由於本人水平和出版時間所限，訛誤之處在所難免，敬希學界同仁賜正。

校點者　徐儒宗

念菴羅先生文集序

文者，聖人不得已而用之，是故文非聖人不能柄也。自孟氏没，道術大裂，文王、孔子之文湮閼不著，百氏褋出，竄竊工巧，而文柄遂旁落於能言者之家。近代儒者所著，若《易通》《西銘》，若《定性書》《易傳序》，彼能言者無容喙矣。降是則不免於萎薾而近俚，彼其視之，不引而去，則曰「此文之别種」，此豈細故哉？道術不一，而枝末之析太繁也。且語道果誰昉乎？《虞書》不云「道心惟微」！既曰「道心」，則外心求之者，未可以語道也；既曰「惟微」，則枝末承之者，未可以識心也。故語道莫善於一，莫不善於析。方其析之唯恐不至，而不知萎薾近俚之言諷若摶沙，彼傑然好言者且唾之矣，惡能使繹而行之？孟子曰：「言近而指遠者，善言也；守約而施博者，善道也。」夫唯不約，是以不近。此道術之益裂，文柄之益落，蓋交相厲也。此亦儒者之過也。

國家自弘治、正德以前，棟道之儒，不嫻於文；柄文之士，不究於道。蓋亦不免於交厲之失。唯白沙、陽明二公之爲道也，翕然獨得於本心之微，故其言不下帶，指遠辭達，有非能言之士所幾。念菴先生，生兼江陝之秀，挺出二公之後。年甫十三，已慕爲古文。比十五，遂慭然以斯道爲任。方良知之學之既流也，高者憑几寂照而曰在是矣；其次則或認識解氣機爲良知之流行。先生始嘗惑之，既而悔曰：「惟無欲，而後入微；惟微，而後知無不良。今皆以欲機合微體，將求道心，不可得也。」故既壯之後，其學一主無欲，所舉主静歸寂，辨答數千言，要皆不踰其旨。力踐之二十餘年，然後廓然大悟，沛然真得，始自信於不惑之地。所著《異端論》，蓋其徵也。其教學者，恒取證於「静無動有」之語。久之，德與年偕邁矣，則曰：「是未始有夫存與不存者，又焉有夫動静之有無，寂感之先後？」蓋致微而一，上達天德，非膚學者能測也。

嘗試窺之，先生之學凡三變，而文亦因之。先生少學文，倣李空同，棄之，曰：「是未見端委者。」既入宫寮，又與唐荆川、趙浚谷相講磨，大放於文。久之，語直曰：「吾無意爲之矣。」移答友人，取辟於水曰：「古之人有能之者，必其中有自得，實見斯道之流行，無所不在，雖欲不爲波濤湍瀾之類，不可得也。」以是知先生之於文，所謂一以貫之者也。夫子曰「文不在兹」，直於先生亦云。

文若干卷，舊刻諸撫，又刻南畿，咸漏而泛，先生病之。邑前令王君少方將營刻，以内召未果。今令蘇君誠齋，以先生生平力于道，匪徒力文，宜慎擇語學者彙編，以相警發。監司施君華江聞曰：「先生之文，孰非道也？宜併刻之。」乃徵吏部曾君見臺偕及門士分校語學各體，其他酬應諸雜著，❶統凡若干卷。蘇君屬直序其端。直慚從游之久，既未聞道，又焉知文？乃爲著其崖略。後之誦繹，有知文柄必出道術，則二三君子之嘉惠斯文，功不眇矣。

悲夫！先生之道未逮大行，然見諸家邦，徵諸遐邇，皭然而經乎世。明物察倫，盡性達命，咸

---

❶「其他酬應諸雜著」，蘇本作「編置于前仍其年次俾覽者知先生所得之繇其他酬應爲外集又爲别集」。

出無欲之體。可以考堯舜孔孟不繆，質天地鬼神不疑，百世俟聖人不惑者也，奚俟直云！

隆慶元年陽月之日中憲大夫四川

按察副使提學門人泰和胡直拜撰

重刻羅文恭公文集序

文，所以明道也。六經之文如日月，諸儒之文如燈炬。以燈炬繼日月之明，所謂薪傳者也。虞廷首傳道心，歷三代以至孔子，心學昭於中天。孔子殁，異端起，大道幾晦。孟子記七篇，闢邪説以歸於正，大道復明。其言存，言養，言不動心、求放心，胥本定、静、安、慮、正心之旨，以紹歷代心學之傳。自孟子而後千百餘年，諸子百家衆喙争鳴，螢燐之光若明若昧。至宋周、程諸大儒，揭無欲、主静、居敬要言，遂接心傳於往古，傳心即以傳薪也。

有明之興，能文者代不乏人，言心學則尚王陽明，一時翕然從之。顧致良知之學，浸淫流失，高者事冥悟，卑者墮識解。夫憑冥悟則易入空寂，任識解則流於放蕩而無所忌。不審其端，學將裂而道終晦。余同里念菴羅文恭公，以文理家冠大廷，官清班。已而建言勇退，闢石蓮洞爲潛修之所，拳拳於心學，遏陽明致知之流，静悟而力踐之。觀其所自著論及與人往復書，大要以無欲爲本，主静爲基，收攝保聚，以定所性。至於存養之久，淵然自得，左右逢原。蓋天姿沉粹，問學復勤，其用力有漸，而所造甚微。雖道未及大行，要其全體大用，徵諸家邦，信諸遐邇，已可見其大概者，是其學雖奉良知之旨，實救良知之弊。固可紹周、程之緒，以遠接虞廷至孔孟心法之傳。公之文，即謂與六經同爲明道之書可也。豈獨以羽翼陽明，稱姚江之薪傳耶！

公名播天壤，行著史乘，父老猶能傳述之。景迪距公世未甚遠，而居又甚相近，先高祖楷常從遊於公之門，奉師訓爲家學，因得以竊聞其概，而附私淑之末。公之曾孫雨霽、隨元，憫先集之燬，而心學之將湮也，爰謀同志續爲剞劂，而索序於景迪。景迪念先賢遺訓，昭如日月，辱在世好，其敢以不文辭？乃敬抒一得之愚以贊公，且以質海内之善學姚江者。若其生平解悟得力之次第，前人序之詳矣，又奚容贅焉。

時雍正元年癸卯冬月穀旦賜同進士出身奉政大夫
原任掌江南道事廣東道監察御史後學李景迪拜撰

重脩羅文恭公文集序

西江奇秀甲天下，而匡、蠡以外，必推吉州，吉之文江爲尤著。水由章貢而下，泛濫渟泓，曲折於灘渚之間。羣山列峙，恡石狰獰，激爲驚濤，滎爲迴瀾，濺爲飛沫，其間多魁奇倜儻、理學文章之士。余幼覽史氏所載，輒心醉焉，而未得一至其處。今天子御極之二年，謬膺簡命，承乏兹土。涖政餘暇，因得與郡人士徵文獻，采風謡，山川文物，漸能識其大概。

乙巳春仲，諸生羅雨霽、羅隨元來謁，持其先文恭公遺集，請序於余。余受而讀之，其議論著作，不牽章句，不落町畦，以無欲爲宗，以存誠主静爲要。根柢於尊德性之旨，而不遺夫道問學之功。雖宗仰陽明、白沙二君子，而究其得力，實窺濂洛關閩之堂奥。君子謂其文也，進乎道矣。

嗚呼！孔子没而微言絶，七十子終而大義乖，聰明才辨之士，信口説而背傳注，是末師而非往古者，所在多有。豈非昌黎所謂迷惑溺没於佛老之學而不出者耶？公萃山川清淑之氣，而能肆力於正學，不爲旁門左道所迷溺，其賢於人萬萬矣。雖世遠風微，而公之精英，猶若與文江、貢水相爲輝映者。

雖然，世運昌則人才盛，我皇上稽古右文，放淫黜僞，天下士喁喁向風，安知幽巖中不有魁奇倜儻、理學文章之士繼起如公者乎？ 則山川風土之不齊，又不足以限也。 余故允其請而爲之序，并以告夫世之有志者。

時雍正三年乙巳仲春上澣日中憲大夫知吉安事後學黄源吴銓拜譔

重刻羅文恭公全集序

今夫文人之文，文也；詩人之詩，詩也，而道不與焉。喜其詞者，猶將愛之重之，流連而誦習之，況乎其爲根柢于道者哉！夫言而根柢于道，非可以强爲。自必身體力行，真積日久，豁然斯道之全，夫然後左右逢原，自不覺其吐詞而爲經者。吾觀吉州家《文恭公全集》，而歎斯文之在兹者，斯道之在兹也。

公以嘉靖己丑大魁，官贊善，以疏請預定東宮朝儀忤旨，歸里不再出。自其幼時，輒以斯道爲己任，故其聞道也最早，其入道也最捷，其體道也最堅，其自著述及與人辯論也最詳。吾謂得其旨而師之，不墮冥悟，不落識解。無捕風捉影之周章，有射馬擒王之功力。上之可以入聖躋賢，下之亦不失爲省愆寡過。良由其學蓋主于治心，而治心之功蓋主于無欲。而保聚以存誠，數十年來如一日也。

先是，良知之旨倡自陽明先生，一時海内學者，有翕然而宗之，亦有翕然而譁之。宗之者，失或至于黜聰掩明；譁之者，甚或指爲離經畔道。二者交譏。惟我文恭公，不立異，亦不從同。卓然於其所從入之途，獨得其正；所歸宿之地，獨得其安。而德性、問學，兩有所存。君子於以有純儒之目。

夫心也者，譬之田然，産嘉禾，亦産稂莠。弗耡弗耨以聽之，自然不得也；即耡即耨，而弗灌弗培以聽之，自然亦不得也。惟夫既耡既耨，復灌復培，而猶有不豐其實穎實栗者，決未之前聞。今公之治其心，無欲者，耡耨者也；保聚存誠者，培灌者也；萬理具足，而天君泰然者，實穎實栗者也。豈與濂、洛、關、閩殊致哉！故吾謂得其旨而師之，上之可以入聖躋賢，下之亦不失爲省愆寡過者，職此也。抑吾聞公於事，每能前知，人或奇之，輒曰「偶然耳，不足道也」。噫！是豈不足道哉？不易道也！傳曰「知幾其神」，又曰「誠則明矣」，公之謂歟！是又幾幾于不可思議矣。

予奉簡命，承乏于撫之次年，八月望，族子隨元持其兄繼洪手札謁予，謂文恭公其高大父也，緣祖集舊刻腐蝕剥落，恐久而失傳，乃與其叔雨霽搜輯重梓。以予爲系出一源，故持走請予序，以弁簡端。緬維予始遷祖本自吉州，至予一十六世矣。雖派遠流長，而木本宗盟之思，未嘗少懈。景仰先賢，彌深嚮往。獨予學問空踈，無以窺公堂奥，不足爲公表揚。但喜公之舊澤維新，不啻日重光、月重輪者。天下後世復得公集而讀之，其興起而誕登于道，以續薪火之傳者，寧有涯哉！是豈止爲吾公之道幸，實爲天下後世之學道者幸也。於是不敢以不敏辭，而勉短以副隨元之請。

時雍正七年己酉仲秋穀旦欽授中憲大夫知撫州府事加三級嶺南寶安房族孫復晋頓首拜譔

隆慶贈謚制❶

奉天承運皇帝制曰：國家於忠鯁理學之臣，生或未盡其用，則於其歿也，褒恤之典必加焉，所以彰往而勸來也。爾故原任左春坊左贊善、兼翰林院修撰、經筵講官羅洪先，學宗孔孟，行同顏曾。讜言正論，早魁天下之英；直道真心，首被青坊之選。朕方望其建立，身乃卒於沉淪。式霈渥恩，用褒遺直。兹特贈奉議大夫、光禄寺少卿，謚文恭，賜專祠於吉水巋宫内，配享春秋烝嘗。於乎！正氣長存，聞風者已竦然而有立志；寵光永賁，過閭者諒式焉而動遐思。豈獨備乎彝章？允乃資乎化理！睠惟英爽，尚克欽承。

時隆慶元年丁卯十月二十三日

❶ 此標題原無，今補。

念菴羅先生像讚

温乎其潤，湛乎其清，偉乎其鳳峙而鸞停。蟬脱富貴，冰釋死生，人皆以公爲僊去，而公則怡性以踐形。余小子望顔再拜，不自知其感愴之難名。嗚呼！夫孰知寂焉冥坐於蓮洞者，千百世而下，見之如泰山，聞之如雷霆乎！

康熙甲辰秋七月穀旦賜進士第欽差分守湖西道

後學宛陵施閏章拜題四世孫授諫偕男匡龍敬梓

明光禄卿文恭公像讚

公之僊逝，距今一百七十年矣。兹玄孫隨元捧公遺像詣昭武署中屬復晋題其端。晋瞻仰再拜，作而歎曰：「人之事其先也，思其音容，思其居處，以志儀型。昔趙清獻專征，閫外懸先像於上，朝夕坐臥其下，儼若對臨，誠無乎不至也。公理學名儒，爲有明一代弁冕。士聞其風，讀其書，思儀其型者多矣。矧晋與隨元輩，望高曾遺矩衣冠，儼若目前，則率祖攸行而興是則是傚之思，其恪敬當何如也！」爰歛容盥手而爲之讚。讚曰：

大道如海，百川共歸。千哲傳薪，功争危微。惟公挺生，學宗濂洛。六籍紛綸，炯然先覺。髫年入塾，厭薄辭章。讜論對策，首列明光。立身千仞，雲表翶翔。諫詞忠欵，鳴鳳朝陽。東山歸來，赤舄几几。明月清風，空所依倚。多士雲從，剖晰疑似。反覆千言，如瓶瀉水。瞻公遺像，道氣猶存。淵渟嶽峙，王栗而温。公容可覩，公書可讀。百爾景行，況我氏族。

時皇清雍正十年仲夏月穀旦族從孫復晋百拜謹識

文恭公行狀墓銘書後

族祖文恭公，崛起明正、嘉時，卓然以斯道自任，迄今數百年，海内士無論賢不賢皆知吉水念菴羅先生也。公玄孫隨元輩前刊其文集，屬余參校而序行之。今春從舊篋中復搜出《行述》《墓志》二篇示余。其一，明四川提學使泰和胡君作；其一，明建極殿大學士華亭徐君作。二君皆有道德而能文章者，故其言實而可徵。余讀之太息，因謂隨元曰：「嗟乎！行述、墓銘，此吾家事也，而豈僅家事已哉？今夫儒者之道，譬日月也；百家二氏竊吾儒之緒餘以簧鼓天下，猶衆星分日月之光以爲光者也。日月恒明而有隱見者，則陰陽薄蝕、風雨晦冥爲之；大道不息而有顯晦者，則異學荒渺、俗士支離害之也。理學盛於宋，而歧於明。宋朱、陸二家，彼此倡道，厥後門逕各分。明姚江出，尊陸氏而有良知之説，一時靡然相從，因之墮冥悟、援儒入釋者，亦復不少。今讀胡、徐二君述公講學之言，以主静、無欲爲宗，而體在保聚，功在格致，其事切而可循，非獨爲姚江之補救，實紫陽之功臣也。揭大道之旨，昭然顯白，如日月中天，豈偶然哉！且公少聞大義，當明世宗時，侃侃立朝，因東宫儀制未定，憂形於色，伏闕上書，不以榮辱、利害少回其念。迨初服歸山，琴書一榻，蕭然自足。而蒼生疾苦，時切恫瘝，如己饑己溺，非見道篤而自知明、粹然於天人物我之間者，烏足以幾此？後世學者，傳其議論，則知道所以明；考其行事，則知道所以行。日月出而爝火熄，他端俗學莫之與争。故曰：此家事，而非僅家事已也。」

余世系去公未遠，少從長老聞公生平大略，心切嚮慕。今見《行述》《墓銘》，益知公之學與公出處大端。《詩》曰：「高山仰止，景行行止。」願與隨元輩勗之，亦願與世之學者共勗焉。

時雍正八年庚戌仲春穀旦欽授中憲大夫知江西撫州府事加三級紀録三次嶺南寶安房族孫復晋頓首拜譔

念菴羅先生文集卷之一

族從孫　復晋　男士瓚　士播　重校
六世孫　天衡　男韞琦
五世孫　雨霽　男廷衛　　謹梓
六世孫　隨元　男士璞　士璋

策

殿試策嘉靖己丑科

皇帝制曰：朕惟治天下之道，其端不可概舉，特以大者論之，在乎知人、安民二者而已。夫知人則哲，必能官而任之；安民則惠，必使匹夫匹婦各得其所。雖然，堯舜尚於此猶難，夫豈後世所能及也！朕本藩服，仰承天命，入奉祖宗大統，朝夕戰兢，不遑寧處。何自即位以來，災變頻仍，旱潦相繼，歲復一歲，無處無之，生民流亡，朕甚恐懼。此非朕官非其人以虐民歟？或賢與不肖進退倒置歟？或勸懲之典而失其宜歟？抑爲我選任者而失公平之道歟？夫天聽自我民聽，天視自我民視，非民不聊生而天垂深戒者如此何歟？至於内有盜賊之擾，外有戎狄之患，此亦以爲民之害者。民爲邦本，而使饑寒困苦、流離死亡至於如此，邦欲安而得乎？朕雖存保邦安民之念，求其所以，實無一得。朕欲俾災沴潛消，民生安堵，盜賊息，邊方靖，財充而食足，不知如之何可以臻此？特進爾多士于廷，爾多士明於王道有日矣，且目覩時艱，豈無真識的見以匡我者？當悉心吐露，推衍所以于篇，朕當勉爲親覽焉。勿諂勿憚，勿泛勿略，庶副朕意。

嘉靖八年三月十五日。

華蓋殿讀卷奉御批：「學正有見，言讜而意必忠，宜擢之首者。」

賜第一甲第一名　臣羅洪先

臣對：臣聞帝王之致治也，有覆天下之仁，而以不費爲施；有周天下之智，而以不勞爲用。施不費，而後順時鼓舞之權行；用不勞，而後憲天聰明之實盡。盡聰明者存乎誠，誠無疑矣；妙鼓舞者存乎變，變無方矣。無方而顯作用於旁行，仁之發也。以天下之才盡天下之故，得天下之故神天下之化，夫何費之有？無疑而别賢否於不遺，智之運也。以天下之公爲一人之度，廓一人之度達天下之情，夫何勞之有？是故誠以基智，智以廣仁，仁以盡化，化以格天。天順而時，化和而理，仁廣而通，智睿而辨，非夫先天而天不違、後天而奉天時者，其孰能與於此？故仁而不得其要，必紛錯而彌文；智而不本於誠，必穿鑿而任術。彌文之弊，泛而寡效；任術之弊，察而不弘。天下之事廢者多矣。是故帝王存之爲湛一之本，舉之爲易簡之善，明而先覺，惠而久大。蓋其所執者要，而所尚者審故也。是以天地可位，萬物可育，氣化太和，災沴不作，其上下一貫之理、顯微無間之機乎！是故仁智合德之謂聖，志氣交感之謂通，天人同歸之謂治。是説之不明也亦久矣！古人之言曰：「上有好言之君，則下必有盡言之臣。」又曰：「益志廣德，莫善於問；乘事演道，莫善於對。」臣愚恭遇陛下精明納言，得其時矣。觀時勢之故，究恢濟之本，極理要之説，廣德業之規，臣非其人也，而竊有志焉，敢不敬述所聞以對。

惟天生民，不能無欲，欲之不制，亂之成也，苟非至德，大道不行。故夫德合天者，謂之皇；德合地者，謂之帝；兼乎三才，足以敘倫、盡制者，謂之天子。故亶聰明爲元后，而佑下民也，作之君師。子夏問孔子以民之父母。孔子曰：「四方有敗，必先知之，一人而定四方者，君也。」是故天者，立君之命也；君者，立民之命也。裁成之道、輔相之宜所自成也，典禮之衷、命討之權必有歸也。安民，非君之責乎？勢一而後定於義，職分而後詳於仁。是故惟王建國，體國經野，設官分職，以立民極也；樹后王君公，承以大夫師長，以奉天道也。此則共濟之義，大公之制也。官人，非君之助乎？然地遠則德未易徧，情異則化未易齊，求萬姓之咸休至難也；聽言則易於匿情，盡實則乖於廣容，求九德之咸事至難也。然臣嘗求之矣：四凶之惡未著也，堯不逆探其奸；元凱之善未著也，堯不責備其用。是道也，其知人之要乎！黎民敏德，在臣工之克艱；帝力不知，由百僚之師師。是道也，其安民之要乎！然而當時病其難者，思日孜孜之心；後世之弗逮，忘其有事者也。

念不念之間，而治忽因之，其亦可畏也哉！

仰惟陛下即位以來，務學求理，敬慎夙夜，不遑寧處。求直言以廣聽納，除冗役以剗蠹害，謹爵以簡任使，嚴章法以辨優劣，其於用人可謂謹矣；免雜租以重邦本，發餘帑以蘇時艱，減貢獻以節浮費，明冤獄以行欽恤，其於撫民可謂至矣。是宜海内興富足之歌，天下樂有年之頌，朝著崇相讓之風，郡邑尚承德之美，而休徵畢集，嘉氣聿暢矣。夫何近年災故迭見：旱魃肆虐，千里相繼；淫潦損苗，逾時不止；白虹示警，坤儀載震；星變上現，霾氣四昏。夫天人之應，自古不誣；氣數之說，匪經之訓。故曰：「聖王在上，日月不薄蝕，星辰不悖，雷發不震，雨雹不爲菑。」一氣之流行故也。今也，仰窺晷度，俯攷璣衡，豈惟聖明慮之，至愚如臣，亦宜疑之矣。然嘗延詢博訪，近察遠聞，而知斯民之困也，倉箱無卒歲之儲，田里無口分之業。耕穫未已而稱貸復行，亦有收不以時如蘇軾之慮者矣；播種已施而券契輒易，亦有欲亟其死如陸贄之憂者矣。或病於賦税之增，或困於傜役之擾。至於災異之地，猶失撫字之方，粟烈不免於懸鶉，原野誰矜夫蒙袂？是以流離載道，轉相嗷嗷，攘劫爲生，益見糜敗，邊塵稍動，僵仆滿目。夫天心之仁，靡不欲其相養以生；而民之司牧，乃忍視其轉死而不救？知人之道，可不重省乎哉？陛下之睿思，既有以洞燭其弊矣，臣也復何所言。

伏惟聖問有曰：「官非其人以虐民。」臣不敢謂無是也。蓋古之仕也，禄不計其厚薄，職不計其大小，惟以盡分爲賢，不以年數爲限。今也，上無責成之心，下有苟安之幸。善政未必行，能聲未必著。累日積資，自可敘遷。是安得不以利爲利也，陛下有以處之乎？聖問有曰：「賢與不肖進退倒置。」臣不敢謂無是也。蓋古之仕也，進以實德，不以空言。故静言如兜，不得長奸；有能如鯀，猶謂方命。今也，聽其辭説，無以證其素行；取其才藝，不復稽其道術。是安得不以不肖爲賢也，陛下有以辨之乎？以勸懲言之：古之課績也，日有日成，月有月要，歲有歲會，故不紊也；今給由之制，亦有視爲文具，而以情毁譽者乎？是賞罰無可考矣。以選任言之：古之進賢也，官長自舉其僚屬，薦辟不避乎親故，皆以情也；今銓衡之法，亦有故遺所知，而遠絶嫌謗者乎？是公平有所礙矣。四患不除，則庶理不得；庶理不得，則羣賢不登；羣賢不登，則處置失宜而百姓無賴。是故潢池多弄兵之警，沿邊無固守之防。以此立國，則國運不泰；以此制民，則民紀弗寧。夫天視自我民視，天聽自我民聽，信乎感應之道，察乎機緘之萌，是安得不來宵旰之憂，而切多士之問也？然臣以爲知致弊之由，則必有救弊之方；病化源之鬱，則必有更化之道。毋亦於知人者而加之意乎！臣亦不敢爲近世苟且之見、習熟之説，以負陛下之誠意，請揆其本而論之。

夫天聰明，聖時憲，古之訓也。然天之聰明，不可度也。有德則降祥，有惡則降殃。大以成大，小以成小。各因其宜，而未嘗有爲也；各盡其才，而未嘗有心也；山澤之廣大，汙疾之藏納，而未嘗靡容也。觀於天道，可以知人君之度矣。舜爲大智，隱惡而揚善，謙之受益，能慮以下人者也。聖貴改過，不保其往，誠於取善，無不可師，在協于克一而已。是故虚心以應之，下己以待之。水澄，則妍媸自見也；衡平，則輕重自倫也。必以形迹觀人，則不可以盡人；必以法制繩人，則不可以服人。而況人心至神，無感不通。上之好惡靡不審，上之情僞靡不知。示之以誠，猶恐其渝；示之以疑，弊將安極？己未信而欲人之信己，不可得也；人弗信而欲其惟志之從，亦不可得也。今以虞度之私，而視聖人問察、用中之心爲何如哉？雖然，此其本也。概舉其端，則教育不可不端也，選舉不可不慎也，考課不可不精也。而三者之中，教育又其大端也。欲端教育，在於正道術之習，重師儒之賢。欲正其習，則祖訓所謂「一以記誦爲能，卒無實用」者，可戒也；欲舉其師，則祖訓所謂「必求端人正士，以爲模範」者，可行也。敦本而尚質，先德而後藝，如是而教有不成乎！欲慎選舉，在於謹資格之弊，崇德行之科。謹資格也，則當鑒裴光庭混淆之失；崇德行也，則當用程頤薦達之議。而又止奔競之風，重廉耻之節，如是而選有不當乎！欲精考課，在久賢能之任，明賞罰之權。久任，則杜恕所謂「辟親民長吏轉爲郡守，有績則進爵加秩」者，可法也；明權，則傅嘏所謂「君志定國，體崇而後責其成」者，可取也。如是而課有不精乎！然而數者之要，非秉聰明之德，不能行憲天之説，無亦所當致省者乎？既能知人，則安民者舉而措之耳。

然道有升降，政由俗革。法不變則道不融，制不新則化不顯。兼以時久則窮，事煩則弛，俗玩則弊，勢積則屯。守其故，必滯而不通；反其源，斯順而可達。是故作其倦怠，不可無勸相之道；一其趨向，不可無防範之規。剛克、柔克，因人而施者也；尚質、尚忠，與世相成者也。此可以觀時矣。時未至而求之太驟，則易至於用智；時已至而行之無漸，亦不謂之適宜。故觀其會通，順其酬酢。以爲當官之法，固可盡其才能；以爲責效之期，尤當易於底績。今習於惰逸，昧於物情。執一定之迹，應無窮之變。豈所以振皇綱而宣德意者乎？雖然，此其本也。概舉其端，則東南有可耕之人，而無其地；西北有可耕之地，而無其法。曠土隙田之未治，晁錯之所憂也；鑿源灌渠之有法，召信臣之所行也。臣又聞因旱得雨，而皇祖猶憫其傷苗，乃免田租；今則善政置諸廢閣多矣，無亦以實意行之乎！西陝告饑請粟，而皇祖倍其賚予，且令速發；今則雖有急請，稽延歲時久矣，無亦以便宜處之乎！田無定分，貧富不均，畧爲檢制可也；賦有巧筭，虛實莫究，加以清量可也。禁侈靡之風而民自足，黄霸之惠政也；豫儲蓄之舉而歲不饑，朱熹之良規也。然而數者之要，非達變易之宜，不能行順時之説，無亦所當致省者乎？順時而不悖，則賢才無掣肘之虞；任人而不疑，則閭閻有切實之效。遂飽煖安逸之欲而無饑寒，盜賊何從生乎？蓋不但龔遂之治渤海也；得撫綏攻戰之宜而無敗衄，夷狄何由至乎？蓋不但如充國之在湟中也。生之有道，用之有節，積之有備，取之有制，財用足而衣食富，又不必劉晏之取予而後爲善計也，又何患於天心之不格、災患之不潛消哉！

然聖問於終篇尤有「明於王道真實的見」之説，以啓愚臣之盡言，而且戒諂畏之弊。臣有以知陛下求治理之切，廣謀猷之陳，上嘉下樂之情至矣，臣復何所顧忌而不終其義哉！蓋聞祖訓有曰：「一民未安，猶爲未仁；一念未誠，猶難格天。」又曰：「人情遇祥則有驕心，遇災則有懼心。」懼則戒心常存，或皆蒙休矣。嗚呼！其殆天人之交，始終之義，安危倚伏之機乎？今陛下遇災而懼，因變而警，歸過於己，加念於民，是心豈有二哉！此《臯陶》所謂「兢業萬幾」者也，「寅恭和衷」

者也。是知人、安民之大原也，萬古虛靈不昧之天德也。今之災變即潛消也，此心之敬戒無時可止息也。孔子曰「爲政在人」，即知人之可以安民也；「取人以身」，即知人之本於憲天也。「脩身以道，脩道以仁。」仁也者，即今日敬戒之真心也。是心也，天得之以清，地得之以寧，聖人得之能使天下和平。是故無有内外，無有遠近，渾然與物同體者也。準則變化，皆由此出。清明在躬，可以一貫。誰則無之？難乎其純耳。聖人之學，以純其心者也。加以意、必，即非此心；加以固、我，即非此心。其得其失，不假外求；匪思匪爲，乃所自得。是故静而養之，而未始有物，實淵深也；動而慎之，而未始不定，實溥博也。故一念之覺即爲誠，一念之放即爲僞。達於此爲大智，決於此爲大勇，而飾外之累，不足惑之矣。順之而運用也，乃爲周流之妙；失之而襲取也，乃爲執方之行。而似是之非，不足動之矣。以此脩己，中有主而不雜於二三；以此親賢，任必專而不疑於可否；以此爲裁事、宰物之柄，則擬議而不窮；以此爲事天、治民之本，則精明而不懈。學不知心，難言窮理；不能窮理，何以泛應？此一貫之旨也，千聖之傳也，百世之經也，愚臣終身學之而未能者也。程子言：「告君之貴誠也，猶鍾之音係所感而應也。」張子之言曰：「試言乃事君第一義，豈可有欺？」臣之微誠，何足爲獻？然亦不敢妄舉，以陷於自欺。芻蕘之慮，有補萬一，亦大聖之所不棄也。惟陛下審擇而力行之，不勝幸甚。臣謹對。

表

謝恩表

伏以建極敷言，一德神作人之教；觀光從類，萬方應睹聖之期。念福予之無私，顧名器之濫及。感深莫報，寵至若驚。臣等竊惟自古上下之交，式啓當世文明之運。故疇咨必期於亮采，而翕受咸與乎成能。世下逮於彌文，士相安於成習。禮煩而忠信薄，名存而行誼乖。非切旁求，曷資治理？恭惟皇帝陛下，稽古正學，達孝尊親。禮樂適興於百年，敬一遠紹乎三代。尤謂化未廣被，道不虛行。欲知恤以責成，在正辭於始進。清問發天人之藴，昌言達堯舜之聰。食藿寡謀，傾葵心於獨對；拔茅彙進，采葑體以無遺。凡誦孔氏之常談，皆近漢廷之前席。至如臣者，尤過幸焉。不獨獲一字之衮褒，且欲示千金於隗始。章天雲漢，玉音親灑於九重；在笥衣裳，赤芾遽先乎三百。憶洛陽少年治安之策，敢擬寸長；攷永樂甲申獎飾之恩，于今再見。特儀暫假，市朝訝儒者之榮；豐宴均頒，涓滴飽聖人之德。而況連宵甘澍，時雨應商；拂曙祥曦，卿雲兆宋。是惟合德，故不違於先天；必有見知，當並出而名世。豈意譾劣，亦辱甄收。臣敢不堅守初誠，仰酬希遇。與之位，與之禄，奮庸共底于平康；願爲良，願爲忠，順逆奚逃于義命！業脩匪懈，言顧勿欺。幼學行之終身，何求温飽？訏謨定於讜論，肯逐浮沉！伏願壽考盛而齊岡陵，譽髦成而歌棫樸。無一夫之求備，以器使人；俾羣力以獻工，如梓作室。天實純佑，濟濟來多士以永寧；風動儀刑，亹亹成萬邦之彰信。臣等無任瞻天仰聖，恐懼感激之至，謹奉表稱謝以聞。

奏疏

養病疏庚寅

臣本草茅賤士，未有寸長。頃以迂言，誤蒙寵拔。臣感激知遇，已分捐身，受禄數月，尺寸不効。正圖策勵，疾疢相尋。自去歲九月來，繁思沉憂，心脾交損，偶犯霜露，面目痺頑，坐卧眩暈，食減形羸，更醫選藥，未見痊可。此皆福踰其分，是以數極爲災。雖造物之意似無可逃，然制命之權尚有所賴。詢之衆醫，邪入經絡，驟難解除，元氣内充，鬱滯自暢。謂臣稟氣素薄，北地早寒，須返江南，始便調衛。揆之物性，理亦有然。顧臣奉公未久，遽及其私，自非冥愚，胡忍爲此？但念臣身之不存，力將焉措？時如有待，志尚可酬。且夫違心之累，有甚於負疴；素餐之慚，尤苦於含蘗。故臣有不容已於自鳴者。倘荷陛下深仁，曲從所請，勅下吏部，察臣無他，許還鄉里，寬假歲月。臣堪事奔走，即赴闕庭。精學術，盡忠讜，以報陛下，且畢臣之初心。至幸大願，又不獨區區旦夕計也。惟陛下憐惜。爲此具本，親齎奏聞，伏候勅旨。

東宫朝賀疏庚子

臣聞：自古聖王之貽謀也，未始不以禮爲防；而其禮之行也，又皆究微隱以周其慮。蓋於辨等威，防漸習，雖節目至細，舉動至暫，其關係至大而可久者，尤不敢忽。蓋所以爲天下萬世，而非以自私也。

臣伏覩皇天眷佑，前曜揚輝。陛下深惟古典，早建儲宫，已嘗下詔，覃恩四方矣。既而慎選宫僚，備輔導以隆法制。天下皆知陛下此舉至公至明，所以定大計而消覬覦，爲慮至深且遠也。獨於令節上箋之禮稍遲以歲月者，意者玉體未充，而又持以謙抑耶？夫人情之不容已者，即禮之所由生。今天下荷陛下覆育者已二十年，有位者皆出拔置，而有知者皆由涵濡，而與之生成，而又屢被霑露之恩。正思所以報稱，而莫之爲圖者。及聞儲宫之建又三年矣，使其徒仰法制之隆，而未覩威儀之盛，亦何以一其觀聽、作其忠愛，而使之不倦哉！臣謂竭股肱之力，致保護之誠，天下臣民與臣殊責；至於望清光、樂盛美而罄私願者，其心則一而已。竊以明年正當天下臣儒朝覲會試之期，而元日又爲三始之吉，欲乞聖裁，即於是日俟奉天殿，大禮既成，請皇太子出御文華殿受朝賀如儀。臣思是時，内自畿甸，外達邊鄙，上計之吏，下及蠻夷君長，雕題左衽之酋，凡奉正朔而來王者，皆得舞蹈庭墀，必自慶以爲朝覲，而且得見吾君之子也。儒生學士稱説仁義者，莫不矢初服而篤忠貞，必且自慶相與謳歌吾君之子也。是禮雖止於拜稽，而實則可以萃羣情，可以塞衆望，可以昭大義。

不出宫禁而關四海，不逾頃刻而垂萬萬年無疆之休。是豈區區節目舉動而已哉！

或疑未告廟而臨臣民，與禮不應。臣請暫於奉先殿行禮，或即代告，自可通誠。蓋推祖考之愛，有甚於子孫之敬，而繁文在可畧矣。或疑睿質和粹，不宜遠離阿保。臣請擇左右慣習之人，委之扈從，重裘累茵，周帷複幔，戴日而出，納陛而行，亦自與深宫不異。又况血氣得動盪而益舒，知識由習熟而漸廣，其於宣節不無相宜。至於出閣講讀，自有常期，不敢豫瀆，此正所謂禮之權也。

青輅既乘，綵仗斯備。凡冠服之制，几案之規，旛羽節蓋之華，其職掌有常員，而藏納有常處。乞勅所司，及時督造。仍查内外執事，侍班員缺，從公推補，務在得人，不徒具位。至於周廬之士，虎賁之司，亦望嚴擇，然後任使。是不待取其膂力以壯羽衛，❶實欲審其心意可托干城。❷蓋文物以昭數，而陛盾以飾威，斯二者又禮之微者也。

臣待罪宫寮，職當引古誼以贊助道術。今覩典禮未備，分不宜嘿。惟陛下亮其忠，察其隱微，❸而早斷之。臣不任拳切。爲此具本，親齎奏聞，伏候勅旨。

❶ 「待」，蘇本作「特」，當從。
❷ 「心」，蘇本作「志」。
❸ 「隱微」，蘇本作「微隱」。

念菴羅先生文集卷之二

族從孫　復晋　男士瓚　士播　重校

六世孫　天衡　男韞琦

五世孫　雨霽　男廷衛　謹梓

六世孫　隨元　男士璞　士璋

書❶

奉李谷平先生

某不才，爲時制所驅，不知自量，乃以空言干釣名利，且誤聖天子知人之明。榮寵非分，實貽之感，夙夜凜凜，不知自免。平日漫過，既緩存省；當幾動困，袛見窮迫。兼以格式束縛，毀譽爍蕩，因時處順，强執中立，尤難爲功。乃知始之不慎，困蒙之吝也。幸天與聰明，不至聾瞽，而引誘之

❶「書」，原無，今據卷首目録及各卷體例補。

密，得所依歸，亦豈敢以既往之非自絶生理哉！嘗謂天下之大辨，存乎意而已。心體精明，意起而後有着。良知、良能，本自真切。言其真切，則幾涉疑似，必不容含糊而自能料理；意或兼帶，必不容迴護而自能掃除。如此方無認欲作理之弊，如此方得功夫着實，本心静瑩。形迹雖異，莫非此理，更不須别求「義以方外」功夫。不然，一人較量，自尋方便，此乃在意念上作功夫。原其所止，不過爲名節，爲見聞，爲事功，終貽門下羞耳。惟時鞭策之，幸甚，幸甚！

二

學之不講久矣！賴夫子之仁，得聞緒餘，實力不加，徒以口耳傳誦，竟無所得，皇恐何如？然路徑不明，則雖蚤夜孳孳，俱非真工也。敢復以所見質之，望復明示。

孟子曰：「人皆可以爲堯舜。」是真謂其皆可爲也？夫孝弟之道，不出尋常言語奉養之節，以致其愛敬之誠，此誠易能矣。若無所不知，無所不能，光被四表，明察庶類，不可謂非堯舜之道，將亦人皆可爲歟？古人固有知不知、能不能者，將於道亦有未盡歟？精微與崇禮，❶果何所指歟？

心之本體，至善也，然無善之可執。所謂善者，自明白，自周徧，是知是，非知非，如此而

❶「精」上，蘇本有「盡」字。

已。不學而能，不慮而知，順之而已。惟於此上倚着爲之，便是欲，便非本體。明白亦昏，周偏亦狹，是非亦錯。此非有大相懸隔，只落安排與不安排耳。孟子曰「勿忘勿助」，「助」固欲速，「忘」豈無所用其心哉？必有所牽矣。故耳、目、口、鼻、四肢之欲，欲也；有安排者，亦欲也。畢竟安排起於有己，故欲只是一原。夫子所謂「閑邪」者，其謂是否乎？

今之學者，以本體未復，必須博學以充之，然後無蔽，似周備矣。只恐捉摸想像，牽己而從之，豈虛中安止之道，豈「寂然不動、感而遂通」者乎？譬之鑑然，去塵則明自復，未聞有定妍媸之形，以補照之不及者也。故以是非之靈明爲把柄，而不以所知之廣狹爲是非。但求不失生意，如草木之區别，不必於同，或者以爲得聖賢之正脉也。夫子以爲何如？

寄歐南野

昨暮因體得良知者，可遵守而不可思議，不可執着。本虛明静定，以虛明静定求，即非良知；本變化無方，以變化無方求，即非良知。然則良知者，其猶止水乎？其猶太虛乎？其真所謂無意、必、固、我，即其本體乎？其真静無而動有乎？其真無動無静者乎？然今之學者，放失一路已爲習熟，纔説順其自然，已成自馳矣。如之何而後可？

寄程松溪

一别言笑，又將經年，屢得手書，只成嘅歎。人生能有幾，幾番離會，便斷送壯盛，此懷更向誰言？真州一痛，❶頗識生死迅速。十月初旬抵杭，又得訂正於谷平夫子。萬古良知，不假外求；頃刻放過，即非上智；主宰常健，欲自不侵。松溪珍重，相期古人。當年盟誓，時隱時顯，而心則同。少有忽忘，是爲欺天而罔人，唯此良知自能質證。某何能盡言！

奉谷平先生

離師三年，學不加進，枉過歲月，此罪何極？天與之幾，得師遠歸，開示端的。心體本虚，良知本足，閑邪本易簡。聞之數日，向來依違疑似之病，爲之痛省。某何幸入舟自驗，此件工夫真是極樂，真是極約，真是一塵不動，萬境自融。不有我師，孰與指證？而今而後，方有可精處矣。然於聽受之間，尚有一二不甚了了，敬具所見以聞，伏唯垂仁再賜啓發，某不勝懇祈。

師謂凡説工夫俱屬動，是矣。則静坐時即工夫也，此屬動乎？屬静乎？謂格物只在應接事物時，則静坐獨不爲格物乎？師謂念頭不起，此時是静，即是本體，不消着工夫。日間此等時候亦

❶「痛」，蘇本作「病」，當從。

少，若以此言静，是就心體言矣。然則戒慎、恐懼者，存乎？不存乎？亦有時間斷乎？師意工夫貴在真誠，不必求人知，故於朋友論説之間，非相信者，不敢輒言，真有得於大《易》「遯世無悶，不見是而無悶」之旨。某心服此義久矣，但細思之，亦有願聞者。

竊以爲萬物一體者，聖人之心也。己立而立人，己達而達人，人雖有美惡得失，而吾曲成之心無時可已。譬之冬寒已得衣矣，遇人之寒者亦示之以衣，乃爲一體。彼病狂喪心者雖未必從，而稍知痛癢者已得其所。此聖賢之所以汲汲而未始少休暇者，非求以自見，誠以達吾之一體之愛也。若待其相信而後以告，雖於因才成就之義相近，尚不免有簡擇去取之念横於其間。《易》曰「不獲其身，不見其人」，恐不如是之拘也。是故不憤不啓，不悱不發，固爲善教，而有教無類者，猶爲至情。若謂人之事講論者，多陷求知之病，而以此爲救病之方，則當自誠意始，恐亦未可以言不言爲病不病也。譬之戒貪者，止當去貪之心，不當以避金爲事；避金尚未免有貪心在，非所謂蕩蕩平平之道也。且君子志在善世也，而乃遯世；志欲以善養人也，而人不以爲是。如是而無悶、無悔，乃爲至德。無悶、悔者，言不以是動其心也。若只以不求人知爲心，則只成孤高一節，即沮、溺已能優爲，豈必聖者能之乎？

今之問學日益陋，風俗日益乖，人才日益靡。吾師所立，已是精確端的。正望善與人同，與人爲善。縱不能一言回其久迷，亦當積久待其觸悟，必可得十分之一二，爲益亦不小矣。若持謙德，未敢自是，則好問察者，正大舜之智；而資啓助者，實孔聖之虚。尤弟子之所依倣者也。一念之惑，不能自已，亦不敢自隱，而敬以致問，正欲得吾師之心而求其所謂真誠者也。乞明教之。

寄屏厓叔

古人有大器局者，彼未始爲世俗所眩。生來便欲有所作爲，却不是任客氣侮弄精明，不肯自惰自怠，不肯流蕩廢墜。衆人忌善傲物，彼能謙虚有容；衆人忽畧疎曠，彼能整肅嚴密；衆人婪酒沉酣，彼能樽節温和；衆人呼號謔浪，彼能鎮静簡默；衆人剽竊抄謄，彼能精思力踐；衆人汎濫應酬，彼能擇合慎與；衆人聞見鹵莽，彼能即事詳考；衆人道短量長，彼能含弘偏覆；衆人眩曜夸張，彼能切近斂實；衆人掩覆矯僞，彼能樸實精進。總是了此一生，不如此，便與衆人醉生夢死一般。此心既不爲物欲壓頭，自有許多事業長進。真能爲天地立心，爲生民立命，爲往聖繼絶學，爲萬世開大平。然後爲大丈夫也。

與唐荆川

旅中得與應德相依，而變故相促，遂至隔越，痛心痛心！初喪承朝夕撫視，不異骨肉；臨别又致奠賻，同袍之情至矣。感謝！歸家以十月襄事。學不得力，喪不用情，媿負何言？應德之學，不患不實，所患者，恐非本心流通耳。近日與龍溪商量，何如？

夫多學而識，聖門以爲第二義，然博學又孔門之訓也。究其所以異者，只緣多却有識之心，非一了百當。然則知識之痛，❶豈小小哉！子貢一生精力，自視豈與諸子等？然畢竟不可以入道，概可見矣。廬居深悔向來悠悠之病，方深懲創。追思同心，邈在千里外。風便，何以惠之？

初冬聞受薦入館，想得專精於學，惟勿惑于他岐，吾道之幸。

與林東峰

旅居得與東峰友，深幸結托有人。然彼此疾疢，會晤未成而荼毒虐人，遂成隔越，愴心愴心！喪中承枉吊，并致奠儀，感同袍之愛。奔歸以十月襄事，喪不用情，所媿多矣。孤懦夫也，曩者相處，實欠真志。雖以龍溪朝夕拳拳，而自立者茫無可據，哀哉！人生日月幾何，而輕擲若此？今知非矣，時時刻刻不自放過。良知爲主，死生以之。庶幾他日相見，可無媿色。未知東峰近日發憤何如耳。每見東峰自得者，固非孤可及；而所病者，亦或與孤不殊。京華衣冠之萃，可觀法者不少；然世情擾擾，亦易汩没。非夫豪傑之士，固莫能於此力精於學，而自有生意。東峰慎之慎之，無若孤失之既久而悔之亦晚也。會期仍似向時否？會中得力者有幾？東城諸兄不能一一奉疏，蓋欲告者，亦不外是也。幸轉報之。

❶「痛」，蘇本作「病」。

答羅東川公責講學書

昨者伏蒙教劄下及，謂某開講，非居喪之宜，必欲求其所以者。某讀之，深感長者愛人以德，惟恐後進入於惡流，而振拔之恐後也。受恩辱愛，豈言語能謝哉！然傳述過當，則長者之深憂莫解，有不容默默者，敢敬陳之。

某春來以弱體多疾，困處舍傍之玉虛院，蓋亦竊居廬之意，而便静養之功，求免於辱喪焉耳。既而周子欽之聚友切磋，某亦或側坐聞其緒論。其會則諸友之長者主之，某亦不欲避嫌引去。蓋主於求益，固非敢以開講爲也。古之居喪也，既葬，讀祭禮。夫古之禮，必有祝也，而猶自讀禮，何也？蓋恐病廢昏怠，或失其真誠。讀禮將以養其哀心，而不使邪僻淫佚之念干之，孝之道也。夫讀禮而有疑，不問不可也；問而不合，不辨不可也；欲問而辨，非友不可也。是故古之居喪者，亦何嘗絶友而後爲孝哉！晦翁曰：「自古未嘗有居喪不讀書之文，但不歌詩耳。」夫三年之間，禮樂不作，而又無書册、朋友以培養之，幾何其不流於惡也。夫園圃田池，親之遺物也，未有舍之不理者；舍之而不理，必曰是不孝者也。夫棄親之遺物且不可，況惰親之遺體而不治，可謂孝乎？今治家者，未嘗舍童僕，遠妻子，守不言之訓而理之，何獨於治身而必避朋友之言，始爲合古訓也？子夏曰：「吾過矣，吾離羣而索居，亦已久矣。」故夫不能絶交以居喪者，夫亦有不得已焉耳。

若夫開講，則非也。開講者，以身淑人，而非淑諸人者也；是樂育者之責，而非哀疚者之有事也。昔者東萊吕子行之矣，象山責之以爲非禮。夫以儼然衰服，而乃納贄帛，擁臯比，則何異於墨衰而即政？非惟禮之弗宜，顧精力有限，亦恐有所弗暇也。某也無先賢之學識，又安敢效尤哉！第以近益友，聞善言，凡有補於居喪者，雖涉於疑似，有所不避。正欲求其實，而不拘其名，亦以是學古人耳。長者將謂之何？如或未然，更有督責，某固當虚心拜受，非敢固執以自絶於門下也。

與胡前岡

客邸得聞規誨，啓蔽箴過，不啻骨肉。方幸有托，天降酷罰，遽奪其會。尊兄朝夕撫視，奠賻交致，哀感何可言！近來想益專精心學，不審於向時之會，能復留意否？夫子長、孟堅，皆人豪也。其才氣特達，自視豈在人下？然除却希聖一着，縱有所就，不免爲他項壓頭，已是下流人物，非所謂大丈夫矣。高明以爲何如？春來廬于玉虚，得與諸友切磋，以求寡過。深悔向來汩没依違之病，朝夕砥礪，惟辞真志。而今而後，斷斷不敢退却，以貽交遊羞。自量從此或有可進步耳。全無伎倆，始見真才。尊兄新得，當進於是。願相追隨，自躋遠大。惟高明提撕之。

與王龍溪

孤旅處半載，幸得與兄周旋。始也麤心浮氣，無以承至教；既而方知省悟，復遭荼毒。初别不復念再生矣。歸家十月襄事後，廬居追思，始悔昔之漫過。今欲再見，不易期矣。感惻且奈何哉！

孤懦夫也，從事於學，竟不能直下承當，依傍度日。及遇事變，便至狼狽。孤固無志，而兄於直諒之義，亦或少踈。今復不得相與面究，此豈時俗離別之恨而已哉！

冬盡，周欽之歸自南都，得與切磋。近又爲玉虚之會，以求夾持之益。諸友講聚，省悟奮發。而壁峰又去，已約劉君亮兄主盟矣。

孤近日之學無他，惟時時刻刻直任良知，以凝然不動爲本體，亦覺有可進步處。但念頭時復有起，不得總成片段。夫懇懇切切，自謂於本體用功矣。然念頭有起，即非本無一物，猶爲克怨伐欲不行之功，已落第二義。未知孔門爲仁，顔子不貳過之旨，果何在乎？向時兄舉無照之説，孤愚不省，兄亦遷就言之。今安得促膝盡聞此説哉？千里相違，見書如見顔色，萬萬無我棄，請示兄之所以學，使孤亦不至墮落階級，庶幾無媿爲兄之友，無若昔日之虚交也。病體服藥，不得盡拳拳。遇南來者，頻寄德言，不勝懸望。

答羅岳霽

久不面岳霽，心頗相念。昨會存齋，始知抱恙日久。問候踈違，罪負可知。承諭病中不忘進修，同志感發不少。此是自立，此是自信，此是自得。駸駸不已，岳霽其可量乎？心服心服！

夫所謂良知者，至無而至有，無容假借，無事幇補，無可等待，自足焉者也。岳霽所謂無感而常樂，此是良知本體，即是戒慎。即非放逸，即非蔽塞。不然，便不應自知其樂若此矣。應而未嘗動，本體以其順應也。不得於心而有思者，亦本體也，以其澄然運用而不容已者也。從而憧憧者，非本體也，以其動於外物者也。終夜以思，而未嘗涉於人爲安排，未嘗雜以智識推測，庸何傷乎？但恐安排、推測之不免，故須從事於學耳。學也者，學其出於良知而無所動焉者也。下學者，學此者也；上達者，達此者也。愈下學而生意愈足，靈明愈著，日進於化矣。窮理者，窮此者也。自然條理，故曰天理，即所謂良知也。安排、推測，非天理矣。下學不厭，所以窮理也。如是窮理，性始盡，命始至矣。此非有二事也。病有深淺，工有難易，安得强而同之？雖然，大匠不爲拙工改廢繩墨，學者亦安得改廢良知，而分裂其端緒，岐二其門庭，而姑以依違爲也？岳霽之慮遠矣。孟子不云乎：「中道而立，能者從之。」故夫貶道以從人者，非惟失待人之誠，忘直己之義，亦恐終不免於僞妄之歸，而於學終無自得爾矣。此聖人之不得已也。循序之説，古亦有之。《大學》曰：「物有本末，事有終始。」務培養，而不急於標末之盛，循序之道也。致知之不力，而徒憂溥博淵泉之未能，何異於荷鋤而思泉者乎？岳霽其思之。願時時刻刻常若無感之時，使真樂不移，閒思不擾，而千變萬化舉無以撓夫澄然之本體，則萬物自備，萬理自呈，又何事於旁求哉！岳霽其思之。

答陳豹谷

伏承手札，盡言教之，洪先何以得此於執事哉！感激無既。向者從事於學，不免支離於口耳，出入於意見。工夫作輟，竟不合一，汩没歲年。今春得與諸友切磋，反覆磨鍊，少有省悟，敢正于執事者。

千古聖賢，工夫無二端，只病痛不起，即是本心；本心自完，不勞照管。覓心，失心；求物理，失物理；守良知，失良知；知静，非静；知動，非動。一切摒下，直任本心，則色色種種平鋪見在。但不起，即無病；原無作，又何輟乎？故曰「道不遠人」，又曰「道心」。天道流行，豈容人力撐持幫補？有尋求，便屬知識，已非所謂帝則矣。

來諭條析問難，將恐其墮落而提撕之乎？洪先以爲離却意象，即無内外；忘内外，本心得矣。見親自孝，見兄自弟；耳自聰，目自明；當下便是，更無等待。孔門傳授，亦不外此。近日却實信此路直甚，或者有進步處。執事以爲然否？

與玉虚會友

兩會孤以卧病不得趨侍諸君子教，甚央央。❶不知今日議論何如？若待議論而後興，却只是要見聞底學問，却不是體當自家實下手處；若是真實體當，即無限好商量，却不着一句言語矣。何謂好商量？相别十日，所行果能如所言、所聞否？所以不能者，何故？當下相對坐，還是體當自家心下有念、無念乎？還是倚靠别人言語過一日乎？還是裝飾過一日乎？還是把作第一事，不

❶ 「央央」，蘇本作「怏怏」。

容不來會乎？還是應典故來會乎？若真切自體當，即嘿坐一日亦好。不然，恐人以講學爲虛假者，亦難以解於人人矣。

與林潋山

初春遠辱賜奠先靈，并厘慰教，骨肉之愛，存没之感也。此豈言可謝哉？哀疚不遂，延緣乏力，不遂報謝，罪過深矣。諸友至青原，得接顔論，洪先聞之，益用傾嚮。嘗聞夫子曰：「篤信好學，守死善道。」是故信而弗學，非自信也；學弗矢死，非真學也。死生以之，不知善道，學斯僻矣。是故四者備，而學問之功全矣。故以良知之外，尚有所謂義理者在，是猶未免於幇補湊合之病，其於自信，不亦遠乎？見聞不與，獨任真誠。矢死以終，更無外想。自非豪傑，其孰能任此？非吾潋山，亦未易以此言告也。比者精進，更復何似？倘不遐遺，賜之箴劑，尤孤寂之幸。

與夏太守

某不肖，旅食時辱以臭味之似，得同嘉會，蚤暮相求，所以觀感而啓發者多矣。既而使軺載西，音耗莫致。仲夏既望，嚴君訃來，哀號南奔，恨不隕滅，幸存殘喘，得襄大事。學不得力，動輒有悔，媿負何言？

春來廬于舍傍道院，里中士友互引駢集，共期發明良知之學，深懲舊過。曩者奉侍雖頻，而真志未辨，方求自贖耳。京兆之政，當與學日新；斯世之慶，即未審所謂。徒養此心，流於無用之疑，曾消釋否？此正是學問本原，王伯界限，不可以不明辨者也。曾見赤子愛親敬長，而由人安排湊入者乎？夫堯舜功業，不外乎孝弟。孝弟不待學而能，而功業必待學而有。此可見世俗功利之習，支離假飾之弊，而於安安玄德之作用，蓋有相似而背馳者矣。

夫古之所謂學者，全其良知者也。夫果真良知也，吾知有規矩而無樣式，有分曉而無意見，有主宰而無執着，有變化而無遷就，有渾厚而無鶻突。見好色自好，聞惡臭自惡。不思不勉，發自中節。天下達道，不外是矣。或不能盡然，而須學以致之者，非徒矯飾於形似之末，而採取其陳故之迹以爲功也。必時時、事事求其本體之善，而去其爲害之端。譬之見好色不好，聞惡臭不惡，必去其目之翳、鼻之壅，令其自好自惡，乃爲見聞本體，必非徒蹈襲其歆羨之聲、掩避之狀，而遂以爲得好惡之真誠矣。此非獨詣者，夫孰能信其然哉！夫指原隰之濯濯，以爲禾黍之場；指灰燼之星星，以爲烹飪之焰。苟不灌溉而吹嘘之，其爲漫説，夫復何怪？真志不立，真功不繼，其自貽窮吝，亦何辭也！豪傑之士，曠百世而相感，挺萬夫而獨立，必能逖覽冥悟，而信人之所不及信者。誠能人一己百，人十己千，時時、事事致力不懈，將見日精月明，日長月充，火然泉達，勃然不容已矣。是政事乃砥礪煆煉之資，而官府即講究肄習之地也。而又何疑於致用也乎？

合并未期，瞻遡無任，兼之愧伏草土，病體羸然。力書布情，雖已縷縷，殊有所未盡也。使中惠以新功，孤寂至望。

寄曾梅臺

泠塘兄歸，承手教，備聞規誨，且悉近況，甚利孤寂。玉虚之會，因欽之而成，而鄉友聞風勃興。比初夏，始以考校，繼以炎蒸散去，秋凉諒仍聚首也。等級之説，屢面承矣。雖然，今之學者如果有意於聖人之學也，彼自當循循爲之。蓋悟不能驟通，功不可間歇，自有不能强者，而何必爲之限量哉！果即悟矣，速成矣，又何必阻抑之乎？然幾何而能遇斯人也？則夫憂其爲淩躐者，過慮也。使其行未足以語夫常人，而假聖人之學以自文，則雖爲之立程限，遲開發，彼不假狂狷、鄉愿、好名俗儒之迹以自文耶？公孫丑曰：「道高美矣，而不可幾及也，胡不使人可以日孳孳也？」其意亦猶是也。孟子曰：「中道而立，能者從之。」聖賢豈不知教人之法哉？蓋能與不能在人，而學問源頭，則亦有不可混失者矣。夫希賢、希聖、希天，皆希天之學也。其云然者，所進之序，猶行路者必期於百里，而不能不五十、六十者也。先儒所謂躐等淩節者，蓋言不度己力，助之長而揠苗者也。若夫大學之道，在明明德，在新民，❶在止於至善。入門使辨真僞，便知指歸，非有待而後進步也。學者如射，辨的之學，始終一也。中與不中，久暫生熟之異，安得要諸半塗哉？若夫篤實之學，肫切之教，則當與朋輩朝暮從事者，安敢忘惠！

❶ 「新」，蘇本作「親」。

答朱雲洲

前承示工夫肯綮，所謂「少涉把持，便入于助」；又謂「存而不存，放而不放，俱已超悟」。教誨孤者至矣，復何言哉！春間諸友相聚時，工夫正落把持。夏間病中稍識此意，却又不免脱落，要之得於意見，元非實際耳。今則痛改過矣。吾兄所見則高矣，然於朋友講論，尚嫌其不如己意者，尚多即此一着，不能不爲吾兄疑也。世之病於空言久矣！果講學起之乎？抑亦别有所奪也？今不講學，空言之弊遂已乎？世之作舉業者百十爲羣，非不知其學之未必皆成也，爲師者亦非不知其教之未必皆信也，爲父兄者亦非不知其子弟之未必盡可望也。然未聞有舍之而弗學，而舉業之精，咸是之出。何也？誠於好，故不敢以僞心待之也；誠於好，故終必有成也。夫講學亦猶是耳，亦安得遽以空言盡疑之哉！夫又安知其不皆空言也？即使空言矣，不猶愈于忌言學者乎？夫不忌言學，則必忌言不學者矣，夫又安知其久而不化哉！若是則吾兄之言或過於刻，而所謂工夫者或不免於意見也。孔子曰：「有朋自遠方來，不亦樂乎！」孔子之樂，非夫人可得而窺也。回、參之外數子者，未必皆有長於孔子也。然而樂其來何也？「三人行，必有我師焉」，此聖人之虚中也。有其善，喪厥善。善而有之，且喪矣，況非善乎？吾兄其思之。

寄薛中離

青原奉别，未盡請教，萬安劉友來，始知執事抱病而行。及會寧都賴、李二兄，則又聞應酬頗勞，心甚懸念。想今抵家平復矣。不肖因病自考，竊以爲果信良知，當不至病。❶何以故？神不内揺，精不外逐，即守衛周密。凡言語繁多，動作擾耗，皆是有所着戀，皆所謂暴其氣之驗也。近日頗欲於此斬截致力，然尚有滲漏。在長者自治嚴切，萬萬無此。但恐應酬稍多，元氣受損，雖與不肖所犯，若不同科，若使法家吹毛求疵，果無容喙矣乎！請長者端嘿歲年，不唯保身，亦可入聖。不肖取法，固不敢自托不能也。長者以爲何如？

答聶雙江公

翠微聞教，令人傾誠注念，深信此件元屬大家公共。是以羣動稍息，真悟自旋，自矢此生必從此了。第此悟既因静入，當以静成，不可復令因動而出。則此悟性，總成幻知，畢竟無益。佛氏所謂「如人説食，終不自飽」，乃真譬耳。奉謁五日，密自省察，終是入山滋味，與出山較别。歸來再驗，尚須對火煉金，未是精瑩純全，無銅鉛混雜，以此方覺全未濟。在長者，於此默識，更覺如何？

❶「病」，原空格，今據蘇本、陳本補。

要當以一塵不染爲極至處，實吾後生拳拳也。

與王舜渠

不肖夢想十年，始得一見。辱不鄙棄，示以論著之旨，與造詣之要，不意謬妄亦有脗契，可以相忘無言，而唯飲其精實，以求不負惠愛之意矣。尚何容贅哉！不肖常思古之善示人者，不必以言；而善受人者，亦不執言。非言無益於授受也，言爲指引，苟得歸宿，前言皆虚設矣。故有依言解説，而卒無益於得者，猶佛告阿難内守幽閑，猶爲法塵區别影事是也。有不依言而實有契於肯綮者，猶樹倒藤枯，潙山大笑是也。執事所解致知之「致」爲招而致之，所解「格物」爲扞格外物，律之經旨，或不其然。心意節次中和，體用各各配貼，據以言説，可謂大鑿而且支矣。然究原工夫，起手所指。如解「扞格」云：「凡性之所不存，皆心之所不受。」又云：「用而不留，應而不入。」可謂切至矣。即此真實用去，時刻不懈，巨細不易，不落支解，不涉意念，則徹上徹下、入聖入神，更何餘蘊哉？然不肖猶欲盡領此旨，固不敢有隱於執事也。夫不受之説，可謂至妙至妙矣！不猶水沃石、火煅金者乎？夫以水沃石，苟非至實，緣何不入？以火煅金，苟非至精，緣何不毁？心不受物，苟非至誠，緣何不動？執事以爲此件工夫，在誠意之前，不知當其一切不受處，作何張主，必非可以他念貼過者可能辨矣！又則欲念不起，物即不入，是物不自入；由欲念生，物生於念，即非在外。物不在外，以扞格言，似與物對，本由我起。今指作對於不受處，尚覺支撑。支撑扞格，已爲物動；既爲物動，即名爲受。雖不受輪轉，亦受撼摇。輪轉撼摇，皆非性有。又則水火、金石，猶是二物，人心有物，自溺自焚，起滅自由，把柄非二。起滅俱滅，則水能濯石，石愈潔白；火能烈金，金愈光輝；物能感心，心愈變化。所謂天地萬物峻極發育，孰非性之所存，又孰非心之所受？執事於此必有妙解矣。

答趙浚谷

今春得書，知情況甚佳，爲慰。兄家居作何功課？弟在家三年，愧負時日。近治小圃，結數椽其間，杜門謝客，灌畦種樹，暇則對古書吟誦。自適若此，可以終老。静中回視往日，誠有心粗氣揚之病。若古人鎮静舒徐，不動聲色，不騁財氣，事自立辦，深用疚心。吾兄於此，當更得力否？此處關係匪輕，學問未入細，宜不達此。未可各安所至，遂爾自足也。

答戚南玄

來諭「辭受取與，雖關行檢，看來亦小」，此言最害事。辭受取與，元關心術，本無小大。以此當大來事看，❶即堯舜事業，亦是浮雲過目；若率吾真心而行，即一介不取不與，亦是大道。非小事業

❶「大」，蘇本作「天」。

而大一介也，此心無物可尚故也。故弟近時與人言，只辨存心。心存者，時時是吾本來，不以議論、意興、氣魄攙和得。於此未能究竟，即是自身不離凡胎。終日談玄説妙，總是俗套耳。❶

與胡仰齋

弟每受兄切切偲偲之益，故往往詢咨行事，以助省觀，蓋以兄能矜細行也。乃今遇惡人以他言污衊，豈惟兄心鬱鬱，弟且鬱鬱不堪矣。雖然，即是觀之，凡自修者，於毁譽有何干涉？吾輩所致力者，豈能取足聲聞哉！要亦矜飭於獨知之地而已爾。使其心非僞耶，即天下非之，一國非之，吾亦何疑！何也？吾信吾心，人言不足爲吾損也。使其心有僞耶，即在邦無怨，在家無怨，吾且自慚。何也？吾未信吾心，人言不足爲吾益也。以此而進，可以幾於「遯世無悶」之學。在上位不陵，在下位不憂，無入不自得矣。是道也，弟聞而未之能行，然竊有志焉。故不敢以世俗兒女可憐語相解者，亦所以爲報也。

答王有訓

數時往來山水間，兼復有視穫之役，頗不得遂静坐之願。忽見來簡，述近時所致力者，良欣羡

❶「俗」，陳本作「虚」。

不已。人生何事爲最要，何事可當大事，非真有根基、有福力，宜未有能勝此任者。吾弟能於紛冗中掃除一切，獨理自命，一刻萬年，當未足喻也。工夫只自回頭便見，便自有分別，自有輕重取舍。工夫未至聖，皆有可商量。所難得者，肯回頭尋向裏耳。吾弟若此，吾復何憂！所示背瘡，得非久坐滯血氣之所致乎？此須自調停，未可執泥勉强也。用心大過，亦能勞耗精氣。怡然理順，却在絲毫不放中。並行不悖，要在自悟矣。

答王有孚

青原一别，忽已改歲。自身未理，言及赧然。有訓來，承手書，足見留心。此件識心一段甚好，但覺出於揣摩。不出揣摩，即不消云外面一切工夫，工夫本無内外也。大抵能識心，即理即心，更無在外；執着於理，即心即理，即理即迷，在内亦迷，更云何外？今欲真實了此，須從自心静中尋求。自家境界是落何等，是患何病，從而問藥，從而前進，始是不迷。兄沉着者，惟勿以言視區區之言，則彼此皆自此有商確矣。

答湛甘泉公

往歲增城單生去，曾具啓通候，未知達否？逾年遊衡山，入大道之門，讀息存之箴，據奥亭歌赤藤詩，恍然如侍側言志。問之楊克復云：「道體健行，陟險如夷。終日獨立，不少倚籍。」即此可以見我翁之心。區區以彊勝言者，❶又其末矣，爲之憮然。竊自念年始逾四十，輒覺不逮疇昔，又何敢言所養也？緣氣至薄，父母每憐惜之，不忍令習勞。弱冠以來，爲書史所誑，貪而成癖，遂得疾痰。自是問學、記誦、撰述，盡從罷置。其後惑於妄見，以爲識業有司，遂泛濫於旁索。又念功業未建，兼激烈於難能，煩慮動心，狂馳損氣，竟成早衰，徒自追悔。三四年來稍知收拾，乃知吾儒自有正脉，一涉攙和，皆非無欲之體。白沙先生所謂「致虚立本」之説，真若再生我者，方從静嘿，願與之游衍。友朋時來，交相儆切，每向東廓鄒子談翁動履，翹首南天，幾欲擔杖烟霞，窮探密旨，而彼此各縶，素志不酬。忽承手題，諄諄撫慰，念念無留，永作秘符。蓋與目前所操，不言而喻。神感氣應，誠若相之者，此生何幸！古人有言：「今尚未知公之難遇也，後百千年有慕公者，思欲見公，有不可及之嘆，然後知公之難遇也。」幸與翁同時，而身又在野，可以往謁，而漫以尺書達意，豈其志哉！倘二三年間，俟此學成章，不辱前言，當造門請益，不敢效世俗浮薄，徒以言語較量。翁宜一援手矣。展西樵記志，見翁樂境遠過衡山，投石臨流，斷有愚公之跡。先此爲盟，倘回風不滯，時賜鞭警，當視書紳佩韋也。去人猝發，裁狀不嚴，不任瞻仰之至。

❶「彊」，原作「疆」，今據四庫本改。

答王甥泉

表弟歸，得手書，并賻及亡弟，拜受泫然，感謝感謝！　書中指吾輩「濃情厚意，俱是病痛」，具見吾兄問學平實密緻處，不徒誨人已也。　弟近來亦於難堪處反而自思，稍有破損，只爲虚泛入心，隨緣附會，以此未有見成受用處。　若一路從此不回，比於矻矻窮年、奔馳俗累者，相去非遠。　故種種善念起於善名，種種好名緣於好利。　若於便利一切不染，則高卑、清濁、厚薄、疎密，種種視常人何異？　然此見解，俱未彀手拈掇，是以展書倍有愧恨耳。

答王有訓

冬來往來文府，日計吾弟早晚必至，竟無音耗。　已而竊慮人傳聞此間瘴癘，遂阻行耶？　前會陳兩湖兄令姪，始知家居無恙。　别玄潭時，曾囑寄音，不意使書已發也。　人世多變，故平安日甚少，聚會時尤少。　乃知静坐青燈下談心時，即希奇事，前此仍屬輕擲耳。　静坐收拾此心，此千古聖學成始成終句，但此中有辨。　在静坐識得本心後，根底作用俱不作疑，即動静出入，咸有着落，分寸不迷，始爲知方。　然須從静中安貼得下，氣機斂寂後，方有所識。　不然，即屬浮妄中去矣。　念之有無、多寡，識心後應不作如此見解也。

答聶雙江公

使書遠來，且慰且忿。辱不棄下問，不肖素不閑世務，但據迂鄙之見，似此等言語，如治舟漏然。舟未入水，舵在吾手，尚堪補塞。今已爲他人執舵，又爲没溺之舟，却欲入舟補塞，不惟罅隙難尋，亦且先不免沾濡之患矣。人之爲謗，何所不至，安能家置一喙哉！故君子遇此，惟有静以俟之。非甘于受侮，爲不近情事，蓋不可得而口舌争也。若計利害到身，恐支撑不前，亦須待彼有文移作何行遣，從容據其來歷暴白心事，方有次第。此時既出傳聞，未必盡實。家居奏辦質正，俱于事體不類。萬一人以妄行奏辦，及他名目相加，又何以待之？至若來諭所云「何以謝知己，白先人」，此又涉于照應名目，非長者自信其心所宜云云也。吾人所以異于人者，果安在哉？果于名目相似，而心未盡，即可以見先人、解知己乎！不爾，則雖自信，而先人與知己不能相信，固亦莫如之何也已！又況萬萬無此理。細究微旨，似于此處尚未盡脱然于形迹之外，豈長者輔世立教之心大重，抑亦别有故耶？凡邑邑大久，即能損人。不特功名之士此關難了，使孟子不豫色處久而不化，亦未敢便謂亞聖也。不肖辱教愛，不減同門子弟，故爲長者謀，亦不敢姑以世俗常情爲言，正思以報耳。

與周七泉

承指《通書》爲教，非必欲其歸于至善，不如是也。《通書》能盡死生之説，是爲人之理合當如此，合不當如彼。所謂誠者，庶幾狀此處相似，常如此，即常泰然，自不應有不加於此者矣。近來亦漸於此有少領略，此處更不容別有揀擇去取。但此等領略，皆屬知識中來，非是當下能皆然。然舍此，却更無別路。第不容將知識抵擋過去，只好就中精密。若抵擋處稍不精密，即弄氣魄、任意思皆從此暗長，畢竟於爲人生理處，尚有隔越耳。

謝羅整菴公

某去冬趨謁，仰辱欵誨撫愛，眷眷不欲去側。近者手書嘉幣，復勞賢孫遠來，拜受感激，匪意可盡。手書示之動静之道，以不潔之迹，曲軫高懷，此其欵誨撫愛，又出於尋常萬萬，蓋所謂成我之恩也。某齒長矣，猶以守身之節貽長者憂，其爲罪戾，何可文飾？

毘陵唐應德，莫逆友也。相與别者五六年，而相期者數矣。一旦因友人之舟，不及奉告而遂往。某之始焉決於往者，蓋亦有説。以爲斯道之不明，由師友之不立；師友不立，由守己大堅而取善不廣。欲舍己而取善，非必待人之我告也，有當就而問者矣。故曰「友一國之善士，友天下之善士」。夫既謂之天下之善士，要必觀諸四方而後可決也。昔邵子之遊齊、魯、燕、趙而歸也，曰：「道在是矣。」其所謂道，雖未能遽測其所指，縱使得之於己，而悔遠探旁搜之無益，其亦必由遠探旁搜，而後得之於己者可決。不然，問、辨者之於學、於行，宜皆無所事也。

今非取必於邵而後有所往也，度己之善而求足焉，不必古之有與無，則其一念之自決也。故嘗以爲苟遇其人，吾雖崎嶇而奔馳，所不恤也；苟不得其人，則吾之崎嶇奔馳者，亦將可以爲動忍之助，而懲宴安之習，固所不悔也。蓋視其身之不足，乃學而求益者也，非可語於成德範俗者也。誠不自意遽犯臨深之戒，與退藏之常，致廑長者諄切訓戒，而已莫追其既往矣。然不徒唯唯嘿受，必述其故者，亦欲因是求正，以聽譴訶，且以釋長者之懷，知其非敢於自肆而爲之也。辭不斂肅，惟終教之。

寄鄒東廓公

留石屋數日，得對清温，真如醉春風，不在言説解釋，令人不欲別去也。所聞諸語，一一無疑。克己之教，途中已能了了。克己之「己」，即由己之「己」，亦即己私之「己」，莫非「己」也。稍不能忘，便克己屬己私，故「己」字甚微。惟堯舜然後能舍己，惟夫子然後能無我，非顔子承當「克己」二字不得。「克」字只應作克治看。若訓作克去，不特不盡夫子之學，亦於文義不完。故夫子嘗言「修己以敬」，即是克己之意。使不忘有我，即修己亦只成一個私意，豈能安人、安百姓哉！但謂由己之「己」，更無私意可克，却稍涉執着，俱不類當下本色話矣。❶先生謂如何？仲弓持養與顔子復禮，先儒提開作乾道、坤道二項，却是緊要語。前相對時，衆言紛紛，先生亦未直指，豈以言有時會耶？

---

❶「俱」，陳本作「但」。

凡此皆不敢以文義煩瀆，但孔門脉絡，❶有當辨者，乞示之。

答王有訓

相處半年，有如家人然，殊不知有何異。比別去，雖欲與一言，不可得矣。甚哉！人之聚散，未可自草草也。抵家亦於俗冗溷雜中自驗之，受益不小，愈見有可商量處。玄潭與諸友聚者七八日，求可與商量此件，又爲視穫各分去。道輿衡歸，亦將有遠行，今與定約，當於月盡、八月間密與之處，未知畢遂否？

來諭別後體力尚未勝常，須加愛養，若自述問學病，則猶似未相識，緣遇賊不拏，却又揣摩各犯，雖曰不作窩家，法家應不信矣。既爲窩家，却又獻捷，恐大將不爲快然受賞也。此等處，須吾弟自得之。若又憑言語斟酌，又是增添禍業，非誠心相與也。已病未健，不妨悉心愛養以充其氣。明後日入山莊視穫，或有石屋之行誤，逆計中秋前後，始執筆了前後所許諸作。九月間，棹或如永豐。❷吾弟莫若至是時遣一力取期，免相左也。不次。

❶「絡」，蘇本、陳本作「路」。
❷「棹」，原作「掉」，今據陳本改。

答王西石

冬寒，惟夙興視政爲勞，候問缺然，知其罪也。仰承下問，謙謙不自止足。至指其浮躁之氣而示之，即此一言，已是人之甚難者，況其他乎？不肖少時讀「性偏難克」之句，反而求之，不甚解。至于今數年來，始悟其一二。大抵工夫未下手，即不知自己何病；又事未對境，即病亦不甚害事。稍涉人事，乃知爲病，又未知去病之方。蓋方任己，便欲回互；有回互，則病乃是痛心處，豈肯割去？譬之浮躁起於快意，有快意爲之根，則浮躁之標末自現。欲去標末，當去其根，其根爲吾之所回互，安能克哉！此其所以難也。而執事乃能明以相示，❶非實下手，決不自知，而又不爲之諱矣。不爲之諱，即不爲之回互可知。然猶以無長進爲憂，此不肖所重嘆也。使執事於快意處必詳察而未即喜，於不快意處必詳察而未即怒；言不以快意而易入，人不以快意而易任。吉水考最，豈獨爲江右頌哉！

別蔡督學

弟與兄號爲同袍者，一十九年，而未嘗一日相聚。比者，劍江一日之聚，意繼是或可一再見，遂

❶「明」，陳本作「析」。

輕爲别，不謂當遠去也。劍江一日之聚，蓋嘗期之於三年之前，繼是而一日之聚不知何地，恐爲期不止於三年，而弟之來日，不知復有一十九年否也？然三年之間，書問止一再通耳。一日之聚，既未得吐心腹，盡問難，而欲一再書問之間有所論説，發膏肓微隱，求爲捄藥，知其難也。古人有言：「心之精微，口不能宣。」彼得其精微者且爾，況於迷謬者哉！雖然，病甚者之於醫，惟其未有是人耳；苟有之，雖不見其人，不聞其語，越數千百里，意固懇懇不置也。況於書問可通，則雖隱癖之故不能窺，痛苦之情不能吐，而其形與症，必且寓之言矣。矧來書自欺之謂，乃明醫已試之藥，直須病者自取而飲之，而又何以他求哉！弟之妄意於此，二十餘年矣。亦嘗自矢，以爲吾之於世，無所厚取，自欺二字，或者不至如人之甚。守其已能而漸進焉，庶幾其可免於是病也。而兩年以來，稍加懲艾，則見爲吾之所安而不懼者，正世之所謂大欺；而所指以爲可惡而可恥者，皆吾之處心積慮，陰託之命，而恃以終身者也。其使吾之安而不懼者，乃先儒論説之餘而冒以自足，以知解爲智，以意氣爲能，而處心積慮於可惡、可恥之物，則知解之所不及，意氣之所不行。覺其缺漏，則蒙以一説；欲爲宛轉，則加以衆證。儒先論説愈多，而吾之所安日密。譬之方技俱通，而痿痺不恤；搔爬能談，而痛癢未知。甘心於服酖，而自以爲神劑。如此者，不知日凡幾矣。至聞長生久視之妙，津津然同聲應之，不謂其相遠也。於乎！以是爲學，雖日有聞，時有習，明師臨之，良友翼之，猶恐成其私也。況於日之所聞，時之所習，出入於世俗之内，而又無明師、良友之益，其能免於前病乎？夫所安者在此，則惟恐人或我窺；所蒙者在彼，則惟恐人不我與。託命既堅，固難於拔除；用力已深，益巧於藏伏。於是毁譽得失之際，始不能不用其情，此其觸機而動，緣釁而起，乃餘症標見，所謂已病不治者也。且以隨用隨足之體，而寄寓於他人口吻之間；以不加不損之真，而食竊於古人唾棄之穢。至樂不尋，而伺人之顔色以爲欣戚；大寶不惜，而冀時之取予以爲歉盈。如失路人之志歸，如喪家子之丐食。流離奔逐，至死不休。此其人之智愚能否爲何如哉？孟子之所謂「哀哉」，非過甚語也。於此不一動心悵然自失者，無足論矣；有所動而舊習之摇將信將疑，此生死之辨也。於此憤發決裂而不復他顧，直就舊習反之而不憚其難，不畏其阻，煅煉磨擦，期於自立，此更生之機也。於此而是非漸明，好惡漸端，行止從違漸有可據，此生理之初復也。至於自有可安，以何爲失？我自非僞，毁者何施？是則生烏可已、欲罷不能之機也。不肖雖未足以語此，而一念之誠，亦欲指此爲歸。願兄共與勉之，❶脱此病苦。

來諭有「直攻其過」之語，此人人之所諱，而兄不吝口，兄之生理大過於人，非信疑相半可知也。夫過由心作，豈待言攻？人以言攻，皆其標末。自心自攻，則其未形者也。雖然，既已託爲命矣，其能反而攻之乎？此言之不可以已也。而其自攻與否，人固不得而與力，視所安何如耳。

弟惜一日之聚於既往，而畏無窮之别於將來。同袍之義，未嘗少盡，是以不復遜讓，縱言求正。倘不以爲誑，而謂其或有所中，時報以言而督責之，雖無一日之聚，固千里而促膝也。

❶「共」，原作「其」，今據蘇本改。

答翁見海

往昔京師中謬妄自持，雖於當世君子心慕嚮者，非有紹介之通，不欲往見。以爲近時泛交色取，皆屬於通融，而吾姑以是自守，庶乎其不蹈敝俗也。不謂固陋日甚，而於親賢取善之道，遂成背戾。歸田以來，稍自省改，雖不敢諂於上交，然視往跡，顧有時媿發而不復迷者。恩江返棹，承手書特示，既追背戾之莫及，而又動其媿發之心，即此受益不細。若見枉之意，失不豫知，非敢吝過而堅於終迷，如執事所教也。不肖賦質不敏，氣弱志薾，無能有成。然妄意問學者二十餘年矣，幸而此身猶存，❶家難頻仍，得因砥礪，乃知往昔之非而省改焉。亦欲置此身於天地之間，而不敢有所退託。深山寡交，切劘者少，常恐虛度時日，枉過此生。所謂一切加意於經世者，雖每入思，竟未有統緒也。雖然，博厚淵泉之教，則能俛焉從事，以冀終身之必可學，此非敢以虛言相調也。且此身可爲天地立心，爲生民立命。何物哉？非以此心之虛而能神乎！而吾未免有所欲焉，則所以窒其源而遏其流者，不知其何紀極也。如是而以經世，適所以縱其所欲，而濟之多才。即使其力之足以有成，其終如天地生民何哉？吾欲果能忘矣，則天地生民固吾一體，未有一體而不知愛者。知愛其一體矣，則所以維持保護以不拂其心而遂其命者，自不容已。知所以維持保護矣，則如來教所謂

❶ 「猶」，原作「尤」，今據四庫本改。

天文、地理，人材、吏治，兵政、國儲，以至民間疾苦之故，其肯畧而不講，忽而不行，而有若不相涉者乎！譬之水然，自源徂流，可以幾於放四海者。而欲之難忘，則自有身以來，歲深月積，膠固根蒂，牢不可解。非夫實以聖人爲必可學，而於世俗毁譽、愛惡、争競、習尚，反視易聽，使内無留滯，外無牽引，深静明遠，惟吾心之爲安，固未能不有所藏蓄以爲科臼，而遂其滋蔓者也。能以聖人爲必可學，而於欲必無藏蓄矣，然後此心之虚不窒，而神乃流通。自其無不乘載而言，謂之「博厚」，而非指博文多識以爲富靡也；自其無窮盡而言，謂之「淵泉」，而非指斡濟酬給以爲權變也。蓋欲爲天地立心，必其能以天地之心爲心；欲爲生民立命，必其能以生民之命爲命。今吾人之心，與其所謂命者，果安在乎？能無媿於天地，而不負生民矣乎？誠有意於經世者，固不能一日悠悠爾矣。古者澹飲食，惡衣服，輕財物，卑宫室，甘苦分餘，以求得此心者，正所以爲煅煉之功，而必與諸欲不並存者也。以此從事，隨力所至以爲經綸，在家益家，在國益國，在天下益天下。大用之不媿四海，小用之不愧四境，不用亦不愧四壁。此不爲磊磊大丈夫哉！執事教我者至矣，亦切中其膏肓者也。

十餘年前，不肖固有意乎絶交息游，習懶成癖，近始悔之。然於來教，不徒曰受益，而必述其所從事者，正欲藉以求正，以盡親賢取善之道，以俟嗣音而請益焉。不然，則所謂「不有益於彼，❶必有益於我」者，亦竊有願也。不肖嘗與友人書曰：「今之凡有意於我者，皆欲成我者也。」感來教亹

❶「彼」，原作「徙」，今據蘇本、四庫本改。

亹，故不覺盡言。相對無期，萬萬自愛。

與王以珍

病體因飲食欠調，如是反覆者數旬，奈何？此件不彀手，乃真實語，只得求其徑路行之。務刻厲自程督，方有脱離時，不爾，只是虚見也。若得路時，中間坎坷，應自有之。此惟精惟一，無有盡藏處。縱稍有進，其中坎坷愈細，方是有可學。不然，却是枯槁物。但如今纔説不求欲速，便落悠悠，此二着常相因，不可不自調停，❶兩不着始是正當。且戒多書，不盡言。

答王著久

農夫之穫，以有播也。耕不附土，何以有秋？静中收攝，使精神常斂不散，培根之譬也。其酬應，雖不中，不遠矣。「寧不了事，不可不加培養之功」，非宋儒語乎？不患嬰兒不知言笑曉事，患在調養未至耳。

❶ 「自」，原作「白」，今據蘇本改。

念菴羅先生文集卷之三

族從孫 復晋 男士瓚 士璠 重校
六世孫 天衡 男韞琦
五世孫 雨霽 男廷衛 謹梓
六世孫 隨元 男士璞 士璋

書❶

答雙江公

日者遠承教劄，憪然見生積過而思拯之。以爲生之爲人，可與言改過，而人未有舉其過以相告者。如未有真實力量，受□變於人，而不能變人。於遊泛之樂，有無之見，與凡好名之類，盡與撥除以求收斂。且欲報其骨肉之愛，引鬼神而證之，辭苦意切，諄諄不已，若無從推心而置其腹。當今

❶「書」，原無，今據總目、卷首目録及各卷體例補。

愛我而思有以成之者，寧復有如執事者哉！

某嘗謂友朋之義不明久矣！其相與言者，率多詛耳，非有誠心切磋者也。夫舉天下之友朋，而謂之未有誠心相與，何也？以其自處未有誠爲聖人之心，而一切所爲者，徒營人之耳目。所爲徒營人之耳目，則其相與皆耳目之營，而未有誠心，此無足恠也。不肖誠不敢以時人待友朋，而友朋之間，鮮以不肖之心相報者。乃今首獲于執事，即是足以驗執事之自處。故生亦不徒以感謝云爾，而且爲執事幸也。雖然，執事之自處，既有誠爲聖人之心矣，則所以拯友朋之過者，亦不徒一言之切磋而已也。而生之積過，此特其標見之一二耳。其深伏隱匿，雖生有終身不能察者，不賴執事者之屢言相攻，固未有速愈之期。然未知其過之所由來，則雖執事以言攻之，無益也。何也？其所攻者，非其所深患者故也。故某於執事所云，不敢漫以聽受爲應，而必自述其所由來，正所以求踐執事之言，而尤冀發其所未言焉。

謬妄不自量，常陋時人之耳目，而慨然欲求聖人之心以爲心。以爲聖人之心，未有能知而求之者。知而求之者，數世始一再見耳。聖人之心，何心也？依倣之言，如所謂意、必、固、我之絶無，而視、聽、言、動之皆禮，庶乎其似矣。而非即據是數言，可以模倣而得之。蓋即吾之性命，往往易至於喪失，而不知惜之於幾希者是也。惟其爲吾之性命，而非可以數言而模倣之，故非如執事所言「真實收斂」，卒無以幾其至。欲真實收斂以幾其至，則舍師友之切磋，亦卒無以去其散而歸其全也。

孔子之志學，至於能立、不惑，其力量足以自信矣。子貢猶曰：「夫子焉不學，而亦何常師之有？」夫子亦曰：「聖人吾不得而見之，得見君子者斯可矣。」孟子論尚友，則友天下之士爲未足，而必曰「古之人」。夫曰「不得見」，曰「友其人」，必非斯人之我就，而當時奔走於宋、魏、齊、梁之墟，席不暇煖，食不及飽者，夫亦冀其有所遇以自益，此聖人真實之心也。達巷黨人曰：「大哉孔子！博學而無所成名。」彼誠見其問禮、問官、學琴、學射，以爲博矣，而不知夫子之所求者，在此不在彼也。及其老也，不復夢見周公。孔子於周公與孟子之願學孔子，皆所謂友天下之士爲未足，而尚論古人一驗也。由孔孟而後，濂溪《太極圖》得之沖、穆；❶伊川之《易》取證成都；康節歷多方，四十而後閉户；横渠遇二程，始撤臯比；朱、陸、吕、張之往復議論。古之人不敢小其身，淺其學，而皇皇於旁求又如此。夫聖賢莫如孔孟，而傳孔孟者莫如周、程數子，即使其不由師傳，獨立無伍，亦將自量其力以求其必得。蓋不惟其跡，而惟其心，亦理之所不容已也。又況其事已如此。生乎其後，質居其下者，顧可假收斂之説，而遽自以爲足乎？

生少多病，當其未聞養生之説，而畏死之速也，問藥抄方，形之夢寐，恨不能越疆而往就其人。❷有不以其人告者，輒私怨之。何也？吾之愛生之心真實故也。今之學者，未有收斂真實之

❶「沖」，當作「种」。

❷「能」「而」，二字原空格，今據四庫本補。

心斯已矣，如有是心，則越疆以求其人，如病之於醫，亦理之所不容已也。生雖未有真實之心，然於人則已至矣。有益於我而爲我所不逮者，必虚心相向。蓋自捄其短，而非舍此以趨之。至其有益，必捐身而不顧。雖累饑寒，經跋涉，重湖驚濤之險，逆旅捽詈之加，以爲吾之宴安，所以伐性而喪生，不知幾倍於此。而吾之茲行，正所以勝之。至於時禁體貌規格之間，漠然無所芥蒂於中，以爲平日蓋嘗整飾於名，而此庶幾爲對病之藥，是以舉世士大夫莫不深居養望，盛賓從而尊容儀。生則獨往獨來，有豫且之辱；争竈争席，起楊朱之慢。蓋揆之庸行，則恠僻矯戾，誠有不得辭者。凡此皆生之過之所由來者也。雖然，生之不得辭其過，而改之不容稍緩者，無待論矣。執事聞其由來如此，亦將易其改之之方，而有進於此乎？抑惟止於前所言乎？蓋凡受變於人者，不患於變，而患其無主。如其有主，則其變也，乃所以爲進；使中無以主之，而徒恃所見以爲力量，受變者謂之牽己，其拒而不受者，不至於輕人人乎？夫此亦一變也，彼亦一變也，從不變之説，亦受變也。後世異端爲聖人之憂者，果皆受變乎？亦正患其不變乎？又況力生於心，其心堅者，其力厚以固，又非可以激而强也。

遊泛之説，前已盡之。蓋世俗之所甚苦，而未見爲樂。若未至於聖人之所樂，又當勉其然，未可以爲禁也。今之深居簡出者，其有饑寒跋涉、危險捽詈之警否乎？既享宴安，而又無怪僻矯戾之謗，如是者，誰所不樂？雖然，不知其於聖人之心，果何所當也？如以爲士大夫之出遊者，鮮不密有所染，當遠其跡之爲嫌。生則以爲世之可嫌者何限，顧吾之所切者何如耳。嫌於遠聖人之心，而不嫌於遠時人之耳目者，生之見也。聖人之心，其隱者也，遠聖人之心，則見聞不及，見聞不及，則人不可得而言，故可得而誣；時人之耳目，其顯者也，遠時人之耳目，則見聞可及，見聞可及，則人皆可得而言，故不可得而誣。而生獨不以爲然者，聖人之心不可誣也，此生之將來真實以求收斂之功也。

生於好名之心未盡撥除者種種，不獨在此一事，而超有入無之見，生誠未有所至，又將以言模倣之，則得罪於聖人益甚。惟「真實收斂」四字，當書紳以報執事。執事亦勿自執所見，恃其力量，以爲聖人之心止於如是，而必盡友天下之士以進於古人，又生所以報成我之恩也。悚仄悚仄。

答尹洞山

承諭「古人於膠錯紛揉，見其定力」，深喜歸宿高遠，體驗密至，非徒草草目前者。不肖雖未能識途，然亦稍稍曾經小試此意，勿輕結殺。不特吾輩有賴，世道誠藉以升揚也。千古病痛，在入處防閑，到既入後，濯洗縱放，終非根論。周子「無欲」，程子「定性」，皆率指此。置身千仞，則坎蛙穴螺爭競，豈特不足以當吾一視；着脚泥淖，得片瓦拳石，皆性命視之。此根論大抵象也。到此識見既別，却犯手入場，皆吾遊刃。老叟與羣兒調戲，終不成憂其攪溷。吾心但防閑入處，非有高睨宇宙，狠斷俗情，未可容易承當也。

與王有訓

去冬遠來，覺吾弟病體未盡復，故未相留，別來怛念之。昨送南野公至玉峽，始聞出居于寺，未幾而使書至，若有相感者。此件不妨細密下手，着實考求，令此心隱瞞分毫不得。到此意真切，即有別悟，非勉强可同語矣。怒色之察，極爲有力，須於此求出脱法。未能出脱，只得因其症而藥之。凡人受氣，與平日所習，各有偏重，又對境有緊關與否，故財利有不甚關係者，此自無可疑。一病去，百病輕，同原故也。

冬間治莊，得一洞，在崆峒山之西，名石蓮洞。今已建閣，儘可居。若同良溪兄來，不患無延客處矣。聞之興動否？

與黄洛村

伏承遠書多惠，感念感念。近始知性命緊切，平日收拾不密，及今猶未還元。只幾微處，未是絲毫不掛，仍容害性害命者，到得此處。若是逼真漢眼前，更有何碍手，何物敢來作祟？此處更無貼襯，更無等待，更無掃除。果於言句中撇脱得，説寒是雨，説熱是日，更不須取證何方，是即是，非即非。若此處稍差，即天淵隔越，此中儘有商量，恨無由即與兄究竟耳。聞兄在官，斬截嚴正，上下相孚，甚慰。不知此處緊切否？政事中不犯手脚否？能不入世情與照應世情不作疑否？能於春來得一洞，是非兩途迥然別白，不攙和得絲毫否？ 時時若雲外道人無煩惱否？ 便中幸示之。在近山中，已拚在此作老農圃。待樹成陰時，會有得道人度我丹頭也。

答高白坪

某無似，山栖養拙，積有歲年。雖食土之毛，不敢布姓名爲恭者，正懼有所溷瀆。昨仰荷曠度，收采不遺，既厪禮問，復持謙抑，欲令有所誦説，將以爲可聽，不知其爲愚且鄙，感激甚矣。竊念竄伏以來，垂聽者雖衆，未有以聖賢門徑實下手爲問者。自顧平生不敢謂無意乎此，而實未有所成。以其未有所成，而忽有問者焉，將無憐其有意乎此，而欲進之也歟？ 如是則不可以愚鄙辭。

聖賢之學，慎獨而已，固未有支離葛藤其間者。將謂以窮理爲先，則事於見聞；以反躬爲務，則遺乎事爲。而有二者未之一乎？ 夫爲是二者之説，諸儒也；諸儒之所宗者，濂溪也。濂溪學聖，主於無欲，此何嘗有支離葛藤其間者乎？ 夫欲之有無，獨知之地隨發隨覺，顧未有主静之功以察之耳。誠察之，固有不待乎外者。而凡考古證今，親師取友，皆所以爲寡欲之事。不然，今之博文者有矣，其不捄於私妄之恣肆者何歟？ 故嘗以爲欲希聖，必自無欲始；求無欲，必自静始。其或先無偏重，而致刮磨之力；知所由來，而絶攻取之源。此則存乎其人，未可以言而豫待也。愚鄙所見若此，不識高明以爲可與進否？

答詹覺野

故人一别，二十有三年而始一見，見二十有三年以前人，談二十有三年以來之事，知其快也。而兄乃復鋭意於古聖賢之學，極力承當，不爲回沮。加之以直諒，而承之以虚受。他日承臨川之遺緒，可他讓耶？以是於故人情，不特有二十有三年之别，蓋又知二十有三年，能加鑄一人矣。

日者知有霍丘之行，不可久留，而切磋之義百不一盡。自古及今，聖學不明者，豈謂無講説者哉？正以力行有未至也。所謂力行未至者，豈徒節目之踈濶，條件之缺失，而不足以滿視聽哉？皆緣欲根不斷，借道理爲障蔽，而於自身性命，實未有知。必是始而欺人，終而至於自欺；始而自不能揜，終而人亦無爲之揜。此君子所以貴慎獨也。

前雖未盡所請，大要已得。兄意以爲且務實事，勿落空虚。其爲説未始不可，第恐尚爲節目條件分踈，而於性命尚有限隔，於欲根猶有護持，皆未爲切身反己。歲復一歲，竊恐負承當之初心，而入假借之陷穽，臨川遺緒，未知竟何屬矣。

答戚南玄

弟本盲人，妄談方偶，在手無金指如意寶，誠爲不量。然自智者聞之，亦或所不棄也。

去秋得龍溪書，謂必至匡山，當在冬初，是時已有飄然相赴意。已而得龍溪再書，則云有黄巖之遊，彼此不果。古人千里命駕，以爲美談；若近時數君，屢約不至，只漫然作興語，誠有古今之別也。

弟懷四海之舊，愛我如弟者，莫若我兄。計弟所以爲報者，方恨未盡，孰謂千里一介倏忽而至，別後蹤跡，隨書合并。既教以善，復分以財，據事論，兄可不媿古人，但弟不似古人所愛之人耳。來書所謂置懷與出醜者，得無豫爲弟設耶？弟自毘陵歸，路徑少明，日間精神散漫，不無却比向來挨傍處少，亦欲從自心立命，於命根處稍提掇得動，然尚未是入塔中說相輪。去年得石蓮洞，泉石差爲一鄉勝，結茅其前。春夏之交，友人屢至，往往告以塵外語。其始不相干涉，已而觀其精神志意，畢力在世情圈套外結裹。以此益深自發憤。❶道無高明，亦無卑下，只在脱塵與否。

來書云：「高明一路未敢望。」然則將屬之誰耶？舍高明即入卑下，知己語故應如此。今世談學者，往往自附高明，畢竟皆在世情圈套内結裹。以此動人口舌，使有志者疑而不敢前，諱而不欲語，前輩所謂以身謗法，兄得無是之懲耶？敬服敬服！雖然，江之南北，如兄者似據要津矣。而平生力量，亦足掀揭宇宙。一真百真，轉移甚大，與弟駑駘遠甚。立之赤幟，以爲斯世命脉，其又何辭耶？此當共努力者也。

弟禀氣薄弱，年來生息無耗，去秋舉一子即殤去。斷欲一着，若血氣自有合宜處，逆計在世間

---

❶「深」，原空格，今據四庫本補。

不甚久。平生散漫復多，能得幾何日月擔當過分之舉乎？弟嘗書廳事柱帖云：「無一事非仁，視聽動息皆天理；與萬物爲體，疾痛疴癢切吾身。」燕居柱帖云：「當退而閑居飽食，即思天下有饑寒困苦之情；觀古者志士仁人，可驗年來多怠惰宴安之氣。」弟之書此者，未嘗不以斯世爲心。緣始之所志不切，而今之所存無幾。驅其所不能，以就其所未至，知其謬也。故相時揣幾，一句讀之，不覺失笑，以與己相戾。

若春中了族譜事，龍溪能踐往約，則枯坐匡山，或有半席。是時北望長江，能度與否未可豫定。一二年間，斷求一面取證果也。荆川別後，止得一書。書中所言，勉我者不止弟以告兄處。想曲阜老祖未言者，亦不外此。命根所在，即天下人命所在，立心、立命，原是一事，共以爲終身之盟。

答李二守

洪先談學甚久，然皆入耳出口，否則涉於想度以爲悟解，蓋不知虚度幾月日未知返也。比年以來，既遭多故，復形過惡，掩蔽莫得，懲創始深，於是迺有着力處。復坐志不堅定，氣每浮揚，進未寸而退已尋丈。方自懼此生未有歸宿之地，烏能向人指迷也？執事於學專，於志篤，而又咎惰氣異説之相攪，則自責密矣，又豈待人之指摘而後悟解者乎？

雖然，適道者，古人比之適長安，皆自人所處各尋徑路，固不能齊，亦難以一説概盡，惟患不出窠臼，譬之未舉足而計程期矣。目前所着力者，舉足之地也。昔洪先所嘗着力者，以無欲爲主；辨欲之有無，以當下此心微微覺處爲主。此覺處甚微，非志切與氣定，即不自見。然此止據拙者之分爲之，未可向高明語也。而聽納所及，不敢不以直對。至所謂無欲者，已涉於言辭，又□作文義分疎，兼吾人窠臼已在欲中，尤難自辨。即覺處能辨，又患於以心察心，此等處却又非言辭可了。執事深於此學，又多得師承，當有着力可言者以相引救，勿姑以謙抑誘導爲也。

答劉月川

龍華暫聚，終以人事紛拏，未得静對，别後輒復有戀戀也。來書具見忠實語，能自道心腹中隱態，即此可以入道。所言「務在躬行，論説不過爲經書作講義」，尤爲切當，極受切劘之益。區區平日不敢持多言聒人，大抵向人口澁，緣自心未有真得，又懼騰口翻爲世俗作障。邇來覺得對友便有許多感觸，儘好商量，而吾人當初起念發心，亦由有此講説，然後萌動。以是竊計，安知人之心不猶我哉？所患在我未能入真，却恐爲人口實，阻人嚮往，罪戾大矣。故會友不特益人，亦所以堅吾之初心，去吾之私意，而起吾之惰氣也。世未有爲其事而能去友者，即工、商、農、圃，類皆有所取益，蓋與人爲善，亦是吾人生理本合如此。若一向不欲拈起，即是自身有所回互，故成避忌，亦可以驗操習之專否。若事静嘿實修，隱微内訟，即在稠衆，又何可忘？不獨閉户然後慎獨，但覺一涉功能，或牽知解，又當省却應酧，盡斥言論，隨事調停，未可以爲定則也。

立行是孔門第一義，今之言不睹、不聞者，亦是欲立行，至精密處，非有二義也。凡事狀之萌，有作有止；而吾心之知，無斷無續。即事狀而應之，不涉放肆，可謂有依據矣。安知不入安排理道與打貼世情、彌縫人意乎？即使無是數者，事已作何歸宿，此不爲虚過日月者哉！又況處事原屬此心，心有時而不存，即事亦有時而不謹，所謹者在人之可見聞耳。因見聞而後有着力，此之謂「爲人」，非「君子反求諸己」之學也。故戒慎於不睹、不聞者，乃全吾忠實之本然，而不睹、不聞，即吾心之常知處。自其常知，不可以形求者，謂之「不睹」；自其常知，不可以言顯者，謂之「不聞」。固非窈冥之狀也。吾心之知，無時或息，即所謂事狀之萌，應亦無時不有。若諸念皆泯，炯然中存，亦即吾之一事。此處不令它意攙和，即是「必有事焉」，又何茫蕩之足慮哉！此等辨别，言不能悉，要在默坐澄心，耳目之雜不入，自尋、自索、自悟、自解，始見覿面相見也。區區本是對塔人，然亦曾暗中摸索，遂以爲贈，不知見取否？

答靳兩城太守

兩歲往來江上，誼當請謁，遂質所疑，以體分事，勢不免牽連而屈致尊嚴，大涉僭伉，雖蓬牕延佇，卒不敢輕瀆閽人，良有所不容已。昨聞報政在即，當道堅留，遲速之期尚未可卜，私心糾鬱，如何可言？乃知古者下之攀轅，與上之宵奔二事，皆非誑語。諒執事於赤子，亦當依依有牽情也。不肖平生不能以辭色媚人，至臺下所施政令，向人輒仰歎不已。雖於振厲操縱稍若不類，然與其使捄過不暇，飾貌張機，熒亂耳目，以便條教，所以敗其心術、掩人之生理者，不知何限？其視恬然寡欲，静嘿休養，上下相觀，消其剖剥朘削之毒，隱然内戚而不忍肆，其利與害，當復如何哉？　即聖人之治，不能有所利民，惟無害耳矣。　王者之政久不及民，德化之効徒華史册，不謂桑梓晚得沾霈澤，正恨無以爲縶縻之計，更復何云？　三年以來，雖未嘗終日奉對，仰測微藴，然即作用觀之，覺與來教所言「一念不忘，如水必東，千流萬折，不易故常」者，曉然可信。　古之賢聖所以「終日乾乾」云者，亦只在一念不斷，便自有光顯細潤，不入氣質。　執事持謙，顧猶有氣質之云，豈以誘不肖耶？　惟所謂「一念不忘」，未知所指歸宿何在？　此非面承，知莫能盡，當齋戒而後請也。

關氏之《傳》，文古意深，讀之不覺與《繫》少異，可謂至寶。　不肖所謂不得其數者，正指卜百年一事而言，非有疑於其數也。　每觀自漢以來，道絶經亡，惟《易》數尚存，代有傳授。　隋唐之後，皆屬之異人與方外諸士，以儒家泥言於章句，流情於詞藻，積精不專，析理不至，故往往若有所待，觀《傳》中百年之卜，卦爻具在，若所指地歲執券不爽，豈涉懸度億想所能及哉！　故曰「其數可知，其義難知」也，况并其數而失之耶？　《啓蒙》諸書，雖未窮年與之研究，然其大較可知。　使據是以求康節之所論斷，固未能矣。　明道先生天資超悟，加一倍法頃刻能知，康節欲以所學授之，終然遜避。　夫明道不能得之於友，伯温不能得之於父，由是言之，其所謂數，果今紙上之奇耦、一二可據而指者否乎？　夫外奇耦固無數，泥空文則不神，故愚以爲必有所待者，蓋爲是也。　欲望之人，必其資之近者而後可；欲身當之，必絶欲省事、冥心超契而後可，如景純、希夷，苟遇非其人，求一言之受猶且不可，彼豈堅於自私？　要之其數亦不易告。　執事篤静守嘿，嗜欲鮮少，加以明睿夙成，既不逆於心矣，此不肖所以深嗟内媿，而又自病其力之不逮，固非敢有疑於關氏也。若來教所言「《易》本筮書，非爲經而後作」。考亭主筮，其心獨苦，與歐陽非《繫》之辨，雖不肖之短智，亦嘗云然。第數聖之贊《易》者，以其所得假此立訓，蓋於立人卜筮之時，是因卜筮以爲經，非作經而後立筮也。卜筮既行之後，立人占言，其象與數，各有司存，雖聖人亦有所不能兼耳。間嘗取《易》爻玩之，如龍、馬、豕、魚之取類，七日、三年之驗期，擬之於象，具知來歷。又況大衍揲扐變化，獨無所承傳乎？固嘗以爲朱子之《本義》，其言理道或不若程之委曲詳盡，至其義意完備，恐諸家有所不及。蓋彼折衷於前人而後爲之耳，固未若近世舉業之士拘謭破碎，失其本旨之可厭也。關氏之《傳》，如言大衍去一，本於入有出無，言乾坤策由於三天兩地，言動静及於天下通神，其它諸説，亦皆至粹至精，發先聖所未發。惟其所以前知者，其數或不盡於是。是以前書之冀將有請，而倉卒未竟，特枉來教，其尚有以進之乎？

寄楊斛山年兄

奉别九年，尺書未獻，中心懷慕，何日不然。每飽食閑居，惰氣或至，思兄所處，輒流汗驚心。千古而下，事變不齊，如兄應不數見。古人于動忍，即增不能，未知向來亦有動忍否？即今所增不能何在，將亦無可加損、百折不挫者歟？南北間阻，欲奮欲翼，不得相從面受益也。不肖進爲不力，仰負知己，歲年虚擲，齒髮日疎。雖於家難懲創中不無少見，然此身與所見猶是爲二，縱然鞭策，終涉湊補。回憶辛丑所教慎獨之旨，有媿顔也。數年以來，佩服良勤。竊以曾子謂門人曰「戰戰兢兢，如臨深淵，如履薄冰」，此慎獨旨；而夫子告仲弓「如見大賓，承大祭」，正與相類。古人終身持守，不忽頃刻，何哉？古人事心如天，而今人認己爲心。認己爲心，故易足；而視心如天，則難窮。《書》曰：「顧諟天之明命。」天理所在，不入安排，戰戰兢兢，虚以捧持，稍涉動意，即違帝則。顔子克己復禮，大舜舍己從人，孟子舍夷、惠，願學孔子，濂溪論士賢，直欲希天，豈故誘人妄擬哉？不如是不足以盡心，亦不足以事天，此戰兢所以終身也。

兄資本豪傑，行乎神明，擅其餘力，日進無疆。其必以諸聖爲師，而不忍少懈矣乎！不肖視向往爲塗轍矣。

答張浮峰

伏承專使下省，不獨畧其遲言之罪，又且取己之所得者而教詔之，感激何已！

私意之病，正不肖所自苦者。偶呈露以求砭箴，果獲名劑，只今惟時服行，又何云贅？但細繹微旨，得無指明道所謂「未嘗致纖毫之力」以爲準則乎？誠爲精密，亦不容更加一字贅矣。不肖每觀此章之意，却在「識得仁體」上提得極重，下云「與物同體」，則是己私分毫攙和不得。己私不入，方爲識得仁體，如此却只是誠敬守之。中庸者，是此仁體現在平實，不容加損，非調停其間而謂之中也。急迫求之，總成私意；調停其間，亦難依據。惟有己私不入，始於天命之性，方能覿體，言行皆庸，無有起作遷改之幾，乃歸一處，此即約禮，自不能罷。日用飲食皆知正味，位、育、參、贊皆不出此。蓋不入己私，處處皆屬天然之則故也。然此私意不入，何緣直與分解，何緣不少干涉，何緣斷絕，何緣泯忘？既非意氣可能承當，亦非言說便得通曉。此是吾人生死路頭，非別有巧法，日漸月磨，令彼消退，可以幾及也。

不肖此說，無有因襲，亦粗於自己喫緊用力處，覺無長進，方測摸至此。目今惟有此路可以用力，不向空勞擾中去精神也。

與李株山媢友

來教「足仞邇言必察之智，静中正有生東滅西之苦」。所以生滅者何哉？滅者是吾見聞，生者是吾真欲。以見聞除真欲，知其難也。此中却有好商量，當自斟酌得之。

兄所言期效責成，是欲速了當之心，此即不耐煩根源。不耐煩已是厭惡，厭惡已是不好仁，不好仁即好查算，必有好者在。不在此，即在彼。此處不判斷，却于頃刻間欲速，又欲成功，知其謬也。必有除去掃蕩始樂，有此樂不能舍始憒。弟未有得安得樂，然欲速却有所不敢。悠悠之病不能無，却非有欲速之心，方可免此病。欲速必至悠悠故也。兄試察之。

昨暮始自青原會罷，送洛村兄歸，草草尚未入洞，附此奉復。扇已墨往，恐潦草，則困于書故也。

二

連日登陟先壠，頗勞頓。返舍偃休，得讀手教，感切磋之誼，如此方彼此有益，非面交矣，何幸何幸！

來教前言體乾與工夫皆明當。舍艮止無體乾，舍存養無工夫。常存養便自擴充，內直而外自方，與此誠相應也。定、静、安、慮，地位儘高，更無上下可言。此是大人事，不可貶損遷就。若謂言須通于上下，亦不妨以近取譬耳。破除欲根與用力倒斷，皆起手定志處。知存養，欲自不得不除，但有纏繞，又當斬截。此乃補漏法，正所謂通乎上下，聖賢所不廢也。兵法有曰：「無恃其不來，恃吾有以待之。」可以相況。注想乃起意之類，知此類爲欲而提醒，便時時有回復處，有存養處。此亦通乎上下而言，非甚玄遠，但得此類盡絶，則地位又高矣。兄今知存養之功與所當養者，久久用力，諸當釋然。倦筆草畧，尚俟終教。

與謝子貞

得手書，自述近來工夫，所謂「斂歸一處，即欲不能起」，大約似之。但又云「倏忽之間，遂判霄壤」，雖甚朴實，然可見斂歸者非是真斂，乃是有此見耳。有此見而實用其力，便是真見。凡人斂不得者，要之只是欲根不斷，常在世情上立脚，未是脱離得盡。如此根器，縱十分斂實，亦只是有此意思，非歸根也。脱離處却在各人着實下手，不得姑容，此處寬與緊，即係各人受福小大。從此起根，日後不患不斂實得也。別處作屋終喪，此是各人立脚處。此意堅定，不爲浮言所奪，漸漸可望入德。今人小小事便費商量，日後何敢更望有進？只爲如今見小欲速，纔一起手，便要得效，便要作疑，未有終年終月深入一路者。今既起此頭腦，須令此意接續，切勿又作別見解，又疑脚路未的，支攪此心。千言萬語逼真到底，只在自心信得及爲得手。欲信得及，非是意見湊泊，真是徹底無一物，便自能鼎立乾坤。本是無賊，如何不享太平規模，更欲於上説是説非，應知皆多口也。

答王龍溪

兩承手書，言弟不赴沖玄之會，或以此舉爲多事。復見與東廓公書，恐弟不至齊雲，或先入於雙江公之言。雙江公未嘗相尼也。弟昔束裝赴沖玄，雙江託以傳語執事，印正此學，此意固拳拳然也。因兄云云，觸弟微意，弟有懷欲獻久矣。言之恐執事不察，倘至傳播，使弟反爲諸公所棄；不言則又恐將來之慮驗於愚者之口，非弟所以愛敬之心。憶往年富陽江上曾有所請，兄輒首肯，而緒山兄似不聽納。語曰：「朋友數，斯踈矣。」此弟所以遲徊不敢也。《書》言「教學相長」，《易》言「學聚問辨」。洙泗之間，患難相從，離羣索居，子夏悔過。弟賴諸公，初有知識，居今之世，孤陋獨立，固知其不可，故旬日不見友人，則皇皇不自寧。有以諸公片言至，即倒履走奉。誠慮歲月逝矣，毛髮變矣，精力疲矣，來者幾何？歸宿安在？使罔罔以生，即不若早夭猶爲人憐惜也。又況近者徑路稍分，愧悔益重。苟加黽勉，亦若可前；而切磋不至，負此一生，其又奚忍？故去秋失約，今秋阻行，皆屬無可奈何，初非有所先入。

弟於傳聞，有一二事則又頓足扼腕，長吁而隱痛矣。往年韶州之行，物議騰滿；豹谷之黜，藉以指瑕；涇縣之聚，郡守持以短縣令，縣令幾致削迹。其他瑣瑣，姑不條敘。諸公誠爲己矣，何地不可託宿，必欲近城市，勞官府，力犯人言，果取何益乎？問之，必曰：「吾能破除毀譽，不爲曲謹小廉之學。」然絶不聞能破除醲醲而求動心忍性之資，何也？誠爲人矣，憫來學之溺，續繼往之業，而又力犯人言，强顔以進，使吾身蹈可疑之跡，而望豪傑之不我疑，猶羣飲而禁人飲酒也，其亦難矣。且未及有益於人，而先爲人所病；使人懷疑，而强以爲誠心。果未見顔色而言乎？抑別有意乎？若曰：「我將委曲誘引，不復與較。」今感動而入之者誰乎？人心至神，微不可掩。稍有私曲，人皆見之。「色斯舉矣，翔而後集」，「明日遂行，在陳絶糧」，避色避言，孔子不廢。諸公專言格物，又言良知，知是知非，獨不見此，何也？

今風俗披靡，賄賂公行，廉耻道喪，交際過情。所賴數公樹立風教，隱然潛奪其氣，庶幾不言而信。豪傑嗣興，猶恐習染錮蔽，未易移改，況助瀾揚波，令彼得爲口實。果有萬物一體之心，宜有大不忍者矣。好名苦節，欺誑耳目，以爲身利，此誠不可入於堯舜之道。若冒取善之名，借開來之說，以責後車傳食之報，不知於此輩同條例否？兄之入手潔淨清虚，日用應酧凝然着裏，弟每得之言外，何敢忽略？而乃以此言相聞，何啻獻荼堇於易牙之庖？但恐理易障心，遂至以身妨道，爲師門之累不細也。

子夏篤信聖人，曾子反求諸己。以二子較之，篤信者宜近矣。然莊周恣肆，出於子方；而獨得其宗，乃屬質魯戰兢之人。故善學其師者，師其心不師其跡，又況未必皆其跡也？陽明師有言曰：「求之於此心而是也，雖其不出於孔子，吾不敢以爲非也。」今天下之人，莫不以前數事爲非，則是疑子夏於夫子者，不止西河之人矣。然未聞有子夏者投杖而拜，是知流弊不待將來，而弊不止於恣肆，其亦可懼也。

答陳明水

陽明師喪矣，任其責者諸公耳。舍諸公不言，吾道無望矣。弟於諸公，不啻骨肉。望之厚，愛之深，故言之盡，兄宜察之。弟將以今歲徽寧之行卜之也。遠塵囂，慎取與，久處而虛受，雖不相招，必有贏糧而從者矣。惟兄圖之。

玄潭之聚，❶衆賓羣集，而執事又越疆遠臨，尤爲奇稀。松風潭月，清明倍昔，不知此後閤中復有此等勝事否？

❶ 「聚」，陳本作「會」。

六月批答猶未披誦，令郎來，承手書拳拳，誠懼終於迷途，不復知返，欲以指南爲之相導，其爲惠愛，何如可云？然於不肖近所持行似有相左，姑以聽受而不復深論，以待衆人可也，不肖於執事何如哉？

來教云：「吾輩學問，大要在自識本心，庶工夫有下落。」此言誠實也。雖然，本心果易識哉？來教云：「心無定體，感無停機。凡可以致思着力者，感也；而所以出思發知者，不可得而指也。」謂心有感而無寂，是執事之識本心也。不肖驗之於心，則謂心有定體，寂然不動是也；感無定機，時動時静是也。心體惟其寂也，故雖出思發知不可以見聞指，然其凝聚純一、淵默精深者，亦惟於着己近裏者能默識之，亦不容以言指也，是謂天下之至誠；動應惟其有時也，故雖出思發知莫不爲感，然其或作或息，或行或止，或語或默，或視或瞑，萬有不齊而機難豫定，固未始有常也，是謂天下之至神。惟至誠者，乃可以語至神，此《中庸》通篇意也。

來教云：「欲於感前求寂，是謂畫蛇添足；欲於感中求寂，是謂騎驢覓驢。」不肖驗之於心，又皆有可言者。自其後念之未生，而吾寂然者未始不存，謂之感前有寂可也；自其今念之已行，而吾寂然者未始不存，謂之感中有寂可也。感有時而變易，而寂然者未始變易；感有萬殊，而寂然者惟一。此中與和、情與性所由以名也。

來教云：「學至于研幾，神矣。《易》曰：『幾者動之微。』周子曰：『動而未形，有無之間，曰幾。』夫既曰動，則不可以言静。聖人知幾，故動無不善也。」不肖驗之於心，又有大不然者。當吾心之動，機在倏忽，有與無俱未形也。斯時也，若何致力以爲善惡之辨乎？且來教云「感無停機」，是又以心爲動體，不見所謂静矣。夫感無停機，機無停運，頃刻之間，前機方微，後機將著，牽連不斷，微著相尋，不爲乍起乍滅矣乎？是正所謂相左者也。竊詳《周易》與周子之旨，亦與來教稍異。《易》贊「知幾爲神」，而以「介石」先之。朱子曰：「介如石，理素定也。」是「素定」者，非所謂寂然者乎？又曰「惟幾也，故能成天下之務」，而以「惟深」先之。朱子曰：「極深者，至精也；研幾者，至變也。」是精深者，非寂然者乎？此大《易》之書可考也。周子言幾，必先以誠，故其言曰：「誠無爲，幾善惡。」又曰：「寂然不動者誠也，感而遂通者神也。」而後繼之以幾。夫不疾而速，不行而至者，謂之神，故曰「應而妙」；不落有無者謂之幾，故曰「微而幽」。夫妙與幽，不可爲也，惟誠則精而明矣。此周子之書可考也。蓋言吾心之感，似涉於有矣，然雖顯而實微，雖見而實隱，又近於無。以其有無不形，故謂之幾。「幾善惡」者，言惟幾故能辨善惡，猶云非幾即惡焉耳。必常戒懼，常能寂然，而後不逐於動，是乃所謂研幾也。今之議者咸曰：「寂然矣，無爲矣，又何戒懼之有？」將以工夫皆屬於動，無所謂静者。不知「無欲故静」，周子立極之功也；「誠則無事」，果確無難，周子思誠之功也；「背非見、止非爲，爲不止」者，周子立静之功也。假使知幾之説如來教所云，是乃聖門第一關頭，何至略示其意於《易》之文，而周子亦不諄諄以告人耶？子思之傳《中庸》，固憂聖門之失其傳也。使其工夫如來教所云，則必曰「戒慎乎其初可睹，恐懼乎其初可聞」，何乃以不睹不聞爲言，如今之謎語乎？惟其於不睹不聞而戒懼焉，則是所持者至微至隱，故凡念之動，皆能入微而不至於有形；凡思之用，皆可通微而不至於憧憧。如此乃謂之知幾，如此乃可以語神，亦謂之先幾之學，此其欛柄端可識矣。今以戒懼疑於屬動，既失子思之本旨；又因戒懼而疑吾心無寂，則併大《易》、周子之旨而滅之，無亦言之未瑩矣乎？

日者出弔泰和途中，友人往往以是詰問，其言不同，所指則一，推原其故，大抵誤認良知爲祟耳。今爲良知之説者，曰：「知是知非，不可欺瞞者，良知也；常令此知烱烱不昧，便是致吾心之良知。」聞者未嘗怪之也。雖然，此言似矣，而實有辨也。夫孟子所言良知，指不學不慮當之，是知乃所以良也。知者，感也；而所以爲良者，非感也。《傳習録》有曰：「無善無惡者理之静，有善有惡者氣之動。不動於氣，即無善無惡，是謂至善。」夫至善者非良乎？此陽明之本旨也。而今之言良知者，一切以知覺簸弄終日，精神隨知流轉，無復有凝聚純一之時，此豈所謂不失赤子之心者乎？恐陽明公復出，不能不矯前言而易之以它辭也。

洛村常問獨知時有念否，公答以「戒懼亦是念，戒懼之念，無時可息，自朝至暮，自少至老，更無無念之時」。蓋指用工而言，亦即所謂不失赤子之心，非浮漫流轉之謂也。今之學者誤相援引，便指一切凡心俱謂是念，實以遂其放縱恣肆之習。今《傳習録》具在，稍加玩味，亦易辨別。執事所見雖高，然大要以心屬感，似與此輩微覺相類。自未聞良知之説以前，諸公之學頗多得力；自良知之説盛行，今二十餘年矣，後之得力較之先進似或不勇，此豈無故耶？不肖一二年間，初有向裏之意，近日頗知用力，而日月已逝，不復可追。所論寂感與知幾之弊，皆身所經歷，且有歲年。譬之貧人得金之期雖未可知，然沿門逐户所見多矣。因執事不鄙，且念此事關涉甚大，若不明白，不獨擔閣後生，自身將來向何結裹？故具以所知爲問，惟執事剖示之。

與尹道輿

前二役去，草草發書，每相念，若有未盡言者，實又無所指，豈自家意不了耶？

别後無它長進，惟於此件識認稍真切，只是未能彀得者，總爲閒思雜念無故擾壞，私智俗欲未能斷絶耳。然此亦只是認此件未真切，是以互爲勝負。若烹大牢，飲醇酎，又何暇復羡草惡具耶？凡閒思雜念、私智俗欲，皆草惡具也。此件清虚完足，安樂鎮静，大牢醇酎不啻是也。果能收斂翕聚，惟嬰兒保護，自能孩笑，自能飲食，自能行走，豈容一毫人力安排？試於臨民時驗之，稍停詳妥貼，言動喜怒自是不差；稍周章忽略，便有可悔。

從前爲「良知時時見在」一句誤却，欠却培養一段工夫。培養原屬收斂翕聚。甲辰夏，因静坐十日，恍恍見得，又被龍溪諸君一句轉了。總爲自家用功不深，内虚易摇，友朋總難與力也。孟子言「皆有怵惕、惻隱之心」由於「乍見」，言「平旦好惡與人相近」由於「夜氣所息」，未嘗言「時時有是心」也。末後四端須擴而充之，自然火然泉達，可以保四海。夜氣苟得其養，無物不長。所以須養者，緣此心至易動故也。故引孔子之言以實之，未嘗言時時便可致用，皆可保四海也。擴充不在四端後，却在常無、内交、要譽、惡聲之心，所謂以直養也。養是常息，此心常如夜之所息，如是則時時可似「乍見」與「平旦」時，此聖賢苦心語也。「良知」二字是陽明公特地提出，令人知聖賢不遠，方有下手處。然上面添一「致」字，便是擴養之意。又良知「良」字，乃是發而中節之和，其所以良者，要非思爲可及，所謂不慮而知，正提出本來頭面也。今却盡以知覺發用處爲良知，至又易「致」字爲「依」字，則是只有發用，無生聚矣。木常發榮必速槁，人常動用必速死，天地猶有閉藏，況於人乎！此事理至易明也。必有未發之中，方有發而中節之和；必有擴然大公，方有物來順應之感。平日作文字，只謾説過去，更不知未發與擴然處何在，如何用功，誠鶻突半生也。真擴養得，便是集義，自浩然不奪於外，此非一朝一夕可得。然一朝一夕亦便小小有驗，❶但不是放乎四海。譬之操舟舵不應手，不免横撑直駕，終是費力。真時時培此，直信得及，却是最密地也。近日所見所趨在此。千里而遥，不覺喋喋。

此間雙江公真是霹靂手段，千百年事，許多英雄瞞昧，被它一口道着，❷真如康莊大道，更無可疑。而陽明公門下猶有云云，却是不善取益也。吾弟居官，此件尤爲緊要，須勉之勉之。

❶「驗」，原作「念」，今據四庫本改。
❷「它」，四庫本作「他」。

答郭平川

陽明先生良知之教，本之孟子，故常以入井怵惕、❶孩提愛敬、平旦好惡三言爲證。入井怵惕，蓋指乍見之時未動納交、要譽、惡聲而言；孩提愛敬，蓋指不學不慮、自知自能而言；平旦好惡，蓋指日夜所息、牿之未至反覆而言。是三者，以其皆有未發者存，❷故謂之「良」。朱子以爲「良者，自然之謂」是也。然以其一端之發見而未能即復其本體，故言怵惕矣，必以擴充繼之；言好惡矣，必以長養繼之；言愛敬矣，必以達之天下繼之。孟子之意可見矣。先生得其意者也，故亦不以良知爲足，而以致知爲工。

試以三言思之，其言充也，將即怵惕之已發者充之乎？將求之乍見之真乎？無亦不動於納交、要譽、惡聲之私己乎？其言養也，將即好惡之已發者養之乎？將求之平旦之氣乎？無亦不牿於旦晝所爲矣乎？其言達也，將即愛敬之已發者達之乎？將不失孩提之心乎？無亦不涉於思慮矯强矣乎？終日之間不動於思，不牿於爲，不涉於思慮矯强，以是爲致知之功，則其意烏有不誠，而亦烏用以「立誠」二字附益之也？

❶「常」，蘇本作「嘗」。

❷「有未發」，原作「未有發」，按「已發」「未發」乃儒學固定術語，故據四庫本改。

今也不然，但取足於知，而不原其所以良，故失養其端，而惟任其所以發。遂以見存之知爲事物之則，而不察理欲之混淆；以外交之物爲知覺之體，而不知物我之倒置。理欲混淆，故多認欲以爲理；物我倒置，故常牽己以逐物。來教所謂「平時不能專一翕聚，縱一時有見，安能常得炯炯？又況自私用智之心勝，往往欺其所不可欺」，蓋已得之。竊意陽明公之本旨，或不若是相遠也。

夫食實而不溉其根，飲流而不濬其源，世以爲亡本者之譬。今以一念之明爲極則，以一覺之頃爲實際，不已過於鹵莽乎？審如是，則「良知」二字足矣，何必贅之以「致」？審如是，凡怵惕者皆有火然泉達之勢矣，何必贅之以「充」？凡好惡者，皆有出入無時之妙矣，何必贅之以「養」？凡天下之人，自孩提以上者，皆仁義之君子矣，何必贅之以「達」？此殊有所未解也。

寄李株山嫺友

春初走雩陽弔善山，邐迤而返，則春仲矣。於執事行竟未把袂一别，耿切何如？恭惟榮選青田，乃名賢故里，迎送細節或不能免，然跡遺考故足以興豪傑之思，於觀法不少也。邑無小大勞佚，惟愛民省費可以得善譽。吾嘗誦讀古人語：「欲致之民，非縣令不可速達。」果盡吾心，即爲令，勝作守，勝臺省，惟有實心者可以語此也。

來年孟浪，於工夫頗缺失，歲月冉冉，遽爾衰疲。偶觸鑑愴心，漸知省改，前塵妄想，近頗分辯得下。若後來光景稍延，相見或有可呈似也。

誠意伯人品甚高，其立處儘得聖賢大分限，用行舍藏，幾希收放得去，所病或未能透底與入細不來，要之斷非世儒見解可比擬也。心無倚着粘帶，方發動不滯。不倚著粘帶是甚次第？有得之天者，有成之人者，若誠意則得之天者多也。兄謂如何？與諸生聚講，不獨夾持此心，亦足以收拾人心，興起風俗，此絶不可少。能斬然樹立，即講論不爲空談，不患人不相信也。兄質甚美，惟在振迅不粘帶，不涉疑慮，事過即了，理順即行，則政光顯矣。

自顧老憊，終非久于人世，與兄相見，未知何時？對紙不覺縷縷，知不爲嚽也。北風入户，淒然此懷。

二

令郎來自青田，承遠惠華札，知政通人孚，喜慰不可言。此處行得無碍，無處不可達矣。學問正在事務中，了得此心，更無閒雜念慮擾亂，即學與政總是一件。而紛擾處主宰不失，即工夫得力。此乃煆煉久久始得，未有見成受用者也。

區區兩年走匡廬，期與龍溪了夙念。近日知性命稍切，將一切酹應欲盡謝絶，入山閉户之計決在旦夕。蓋根器不淨，不得不用困勉之功。兄聞之，不相嗤否？

來命執筆縣志，正在禁中苦迫，得謝于令郎手。蓋不踰旬即病脾，今猶未出户，此其情可想也。萬萬不罪。令郎老成，在家又知向進，足爲兄賀。兩見龍山，爲誦美政，欲以清静相全，不知其不能致力也。朋友親戚貴于相全，官箴與鄉誼各有攸當，如何如何？感相愛，輒多言，山中野性不除可知也。

寄尹洞山

所諭學脉極爲中正，弟安敢倡言於衆，聊向一二知己證驗所見，未嘗持此於後輩中作談柄。當今惟實行實修乃學者首務，凡友朋相見，率舉相勉，即來諭所指，可謂千里感孚矣。若吾輩求進固自有序。戒慎不睹，恐懼不聞，非孔門傳授乎？不睹、不聞與虛静字面何異？然而孔門不諱者，舍此更無用力處耳。明道極稱述者，在「居處恭」一節，以爲切近。然又謂此是徹上徹下語，推之則篤恭天下平。以告樊遲者，極切近而又極高遠，蓋有抑之而不能使之卑者矣。兄謂然否？明道又云：「道理則極高明，行之只是中庸也。」此處更煩下轉語指迷，孤陋之幸。

答董蓉山

主静立極，濂溪嘗有是言矣。此非濂溪之言也，戒懼於不睹不聞，子思嘗言之矣。不睹不聞，静也。微而隱而見焉顯焉，非不動也。此無欲之體，無極之真，大易所由以生生，非有物以爲之根原，静爲動根，静在動中故也。此即所謂動而無動，静而無静，神妙萬物者也。故曰：「陰陽一太極，太極本無極。」彼得意而忘言，故不執言，而直顯其意若此。兄所引「動静一原，顯微無間」是也。

而指以静爲時動時静，則淺之爲静矣。《易》言顯也，見也，凡天地之交錯變易，日用之酧應作止，皆易也，皆動也。而其根則本静，本於無極，此即所謂根原也。兄恐其執静一偏而不識此根原，誠可憂矣。雖然，動静兩言，未有能實明之者。果明之，則静之一言盡之矣，不必兼之以動而後爲完具也。吾不能復無極之真者，孰爲之乎？蓋動而後有不善，有欲而後有動，動於欲而後有學。學者，學其未動焉者也。學其未動，而動斯善矣，動無動矣，此其大略也。至其所指無欲與所以至於無欲之機，非面面相臨，言固不能窮也。

今之言良知者，惡聞静之一言，以爲良知該動静，合内外，而今主於静焉，偏矣，何以動應？此恐執言而或未盡其意也。夫良知該動静，合内外，其體統也；吾之主静所以致之，蓋言學也。學必有所由而入，未有入室而不由户者。苟入矣，雖謂良知本静，亦可也；雖謂致知爲慎動，亦可也。此非生之言也。孟子曰：「大人者，不失其赤子之心。」赤子之心，良知也。不識不知，固至静也。若於知識中認得幽閒暇逸者以爲根原，却不免於識情有所去取，此豈特非陽明公之本旨，近日生且非之矣。兄謂如何？

與周成之論易

書來，知留心於學，喜甚。「數往者順」三句，往時亦如來説，如此則與上文何相干涉？夫往者，陽之舒也；來者，陰之斂也。陽自内而達外，故順；陰自外而反内，故逆。即上文圖意也。自

「震」而「兑」而「乾」，乃一陽至三陽；自「巽」而「艮」而「坤」，乃一陰至三陰。此天地消息盈虚之理，自然而然也。陰之斂不極，則一陽不能復生，此「復」所以次「剥」也。易者，生生也。然必本於斂静，則所謂逆數也，造化以之。卦、爻、象之所謂從中起者始有下落，反之吾心，所謂從未發者始有印證。此「逆」字與「地理金丹獨逆」「逆」字同，是凝聚處事理。來者，吾以此擬議，亦即知來到意決處，便是順應，便過化矣。解書一段亦可用，但聖賢本文之意必有深蓄。一時看不透，且勿厭煩。不然，便有任意鹵莽之病矣。

與友人論咸艮二卦

承示咸卦，要其歸，于咸脢與艮背相似，「志末」當云心無私係。此正艮背之義，生何足以辨此？前書有斷來章之戒，又念執事之取善無已，不可無對。

夫易，變易也，所以盡心之變也。故其爲卦不相假借，其爲爻不可混淆。蓋心之變無窮，則其辭亦無窮。引而伸之，觸類而長之，雖聖人復出，不能盡也。

艮何以言背也？言乎陽止于上，而内外之不相入，有背之象也。如是，恐疑于止而不應矣，故其《象》曰「時止則止，時行則行」，非不行不止也，時也。止其所，則時矣。又曰「内外敵應」，非不應也，相與於無相與，應而敵矣，是艮背之説也。

若夫咸脢異於是。咸，言感也，《象》曰「以虚受人」，感之正也，貞吉悔亡是也。咸拇、咸腓、咸股，咸輔，逐於動也；咸脢，墮於静也。或失則動，或失則静，皆非虚也，失其正焉耳。咸脢何以無悔也？冥然塊然，何動之有？動斯悔矣。悔生於心，無所用心，悔何從生！何言其志末也？志可以通於天下，而一物自居，斯末矣。本之則無，如之何得其本？萬事理於感也何有？

故艮背也者，無我無人，敵應也；咸脢也者，是内非外，絶應也。二者相去何啻千里！是何也？背可以言止，脢不可以言咸，言各有當，不可易也。即使易辭而曰「艮其脢」，脢猶可以言艮也；如曰「咸其背」，背非可感之物，猶夫脢也。知脢不可咸之義，而後學始不偏。何也？艮其體，感其用，體用不離，非言可判也。

艮言止之義矣，然不以内爲是，而曰「不獲其身」；不以外爲非，而曰「不見其人」。無我無人，夫固可以感也。故其《象》曰「思不出位」，言思而止也。舍思而言不出位，非訓矣。咸言虚矣，必曰「受人」，脢非受人者也。舍受人而言虚，非訓矣。故夫以咸脢爲艮背者，離體用而言之也。離用則有不思而不出位者存，告子之不動心是也；體在用中，用在體中，無爲而無不爲，周公夜以繼日之思是也。體用之離與否，毫釐之差耳。今之離體用者，必曰「吾但爲脢而已，無問其爲咸與否也」，猶之曰「吾但不出位而已，無問其有思與否也」。夫求咸於脢，不猶索照於反鑑乎？聖人不爲也。

將曰二氏得之，則佛老之作用别矣。佛近於儒，其爲言曰「應無所住，而生其心」，「應生無所住心」，❶未嘗兩言之也。近見禪者與之語，深以落静爲戒，每語必曰「道能應物」。予始聞而愧之，彼非主於應物者也，而拳拳以應物言，乃知儒異於禪，未易言也。

略不隱括，遂爾嘵嘵。惟正其得失，幸甚！

答門人劉魯學

周子所謂主静者，乃無極以來真脉絡。其自注云「無欲故静」，是一切染不得，一切動不得，無然歆羨，無然畔援，莊生所言混沌者近之。故能爲立極種子，非就識情中認得個幽閒暇逸者，便可代替爲此物也。指其立極處，與天地合德，則發育不窮；與日月合明，則照應不遺；與四時合序，則錯行不忒；與鬼神合吉凶，則感應不爽。修此而忘安排，故謂之吉；悖此而費勞攘，故謂之凶。觀周子争死囚即欲去位，趙清獻無少納交，卧疾敝簀，無錢行部，深入感疾，未嘗有分毫不盡分處，此是真能主静者。蓋樂則行，憂則違，或爲季桓子之仕，或爲膰肉之去，孔門相傳脉絡，至周子始相續也。若識認幽閒暇逸以爲主静，便與野狐禪相似，便是有欲，一切享用、玩弄、安頓，便是厭忽縱弛、隱忍狼狽之弊，紛然潛入而不自覺。即使孤介清潔，自守一隅，亦不免於偏聽獨任，不足以倡率防檢，以濟天下之務。其與未知學者，何以相異？是可不深省而致思也哉！

---

❶「無所」，原作「所無」，今據《金剛經》乙正。

答成井居

手諭夜氣一章，條示明切，尤見别後案牘中學問益密，此非有所致力，未易及也。敬服敬服！僕嘗細玩此章，重在「日夜之所息」一句，故先儒有夜氣之説。蓋言旦旦伐之之後，至於日夜一息，則百竅皆閉，諸機盡忘，猶夫天地之冬藏，以起元正日月之晦昧，以回朔望翕聚之極。必有發生，故平旦好惡猶能同人。使從此善養，更不以旦晝紛紜者梏亡之，則旦晝皆夜氣也。日用動静，莫非真性顯見矣，豈特平旦好惡而已哉！故曰「得養則長」，又曰「操存舍亡」，蓋極言不可不養也。息之功大矣哉！非夫退藏於密而齋戒以神明其德者，烏足以語此？夜之息，天地自然之運也。至於旦晝而一於息，去耳目支離之用，全虚圓不測之神，所謂動而無動，時時戒懼于不睹不聞，而不以外境奪吾真，所謂行庭而不見其人也。如是而耳目視聽、刑政簿書，皆非在外，誠如手諭云云矣。此君子法天之學也。然僕每自察之，倏忽之間便分得失。小小誘觸，即易泄漏，欲如夜之息也，豈不難哉！如是而望無一毫粘帶，無一毫障蔽，如手教云云，又誠不知何修以致之也。

答胡正甫

憶與正甫别，忽已三年。兩年得遠書，時豪放，時謙約，何善進也？此學不論破口與不破口，只是論上肩與不上肩，譬之説食不飽與含哺鼓腹者，豈論破口與否耶？此學是大丈夫事，一切世情道理，兼搭遮飾不得，直心直意，是非一毫自欺不得。果真上肩，即終日默默，却是真破口人，人人可得見之。不然，縱不破口，無益於不學一也。正甫聰明，豈不辨此？只爲伎倆尚多，前面路徑尚雜，以此未曾畢志。古人畊稼，皆是與人爲善，何啻舉業與官府事。此間只是認性命不真，譬之識得七日不食則死，一日不食則飢，縱饒他人枵腹，自當炊爨。時勢格套一毫，便易掛帶。正甫有氣力，與他輩脆弱者不倫，固可以嘿嘿領悟矣。區區别後，於性命處比昔稍切。一二年間，有畢力從事之誓。即不知日月果如何？掛帶處猶未能盡脱，向正甫云云，正是經過熟路，非億度也。幸勉之！

同輩凋謝，此時最甚，又何忍言？佳作值病中絕未覽，後當有商量。纓冠之論，孟子以時位言，區區以力量言。如卧病枕席間，即同室鬭，未有力疾而往者，又一意也。前書連領切磋，正所望於吾黨，幸勿謙抑是崇，以虚友誼。

答戴伯常

楚中習静，入山得疾。冒暑言歸，室人先逝。喪中無事，發尹子所帶手書，拳拳下問，於不肖所謬述，咸有質疑贊助。今世求此事於佔畢之輩，難矣；求之縉紳間，益見其難。況執事執金吾，侍陛楯，其所庸心有士大夫所不暇者，不尤難乎？讀之起敬起畏。雖然，中心有欲獻於執事者，不敢不盡。

夫子言學不厭、教不倦，必先以默識，何哉？欲人自得於心而後可以及於人也。學之不明久矣，自談學者出，即謗毁日甚。豈人人皆安於習俗，作惡正道如此哉？蓋有由也。彼以爲好名之心大勝，務實之意或寡，急於求人之知，而不急於自足其知，其所望於談學者固不細也。象山有言曰：「古之人，言論未形，事實先著。」有味乎其言之也。夫解釋理道，分辯是非，此儒者審問、慎思、明辨之事，不可廢也。言之不出，耻躬不逮。顔子終日如愚，非不問與思與辯也，彼反之於心有未協，考之於行有未一，則思所以自克而自修焉，此其爲問與思與辨也大矣！恐人知其有也，抑亦其下者也。躬之不逮於言，自古已然，况今日哉！

不肖向者云云，聊以質一時之疑，不謂友朋梓而傳播，不復可掩。故有昔以爲是，今又覺其非；昔者以爲非，今又有當察者。非敢謂月異而歲不同，彼一時此一時，未可執言以爲極則，且傳信於來世也。故曰「君子之道，闇然而日章」，非尚闇也，無所事於章也。執事所問，可謂詳盡。細繹微意，有不止於相質疑者。何哉？今世著書滿家，甲可乙否，使人莫知取的，有聖人起，必將付之秦火。以反躬實踐爲先，一切智足以先人言、足以文身者，皆沮焉而莫之張喙，然後乃爲還淳朴之俗，養忠信之德，以起相觀之善。其或文勝於質，言近於辯，必將禁而遠之。固不忍騰口説，逞文辭，日喪其真，以共騁於嘵嘵之場，啓人之口實也。雙江公衛道之意甚切，至其議論大廣，亦嘗病之。故願執事師其志，勿師其跡。以言爲戒，吾道甚幸。

執事如有疑於不肖乎？請試證之。孟子曰：「舜之居深山也，與木石居，與鹿豕遊，其所以異於深山之野人者幾希。」李延平隤然如田夫野老。夫與野人田夫無異，必有不知人之所知，而能行人之所不能行者矣。執事以爲何如？

不肖以病體遭喪，情思糾鬱，血氣遂耗，恐非可久人間者。與執事往來書不知幾通，每通書不可不盡，惟不以其相拂爲怪，即道在執事者，猶其在我也。豈必盡出於區區之言與其去取者哉！

答胡督學

舟中奉懷，漫有所呈，返棹又嘗往復一書。然十五年別來，彼此用工節次與所經嘗者未嘗細扣。近過玄潭見手題，徘徊久之，念人生如隙駒，消却白日，竟何所成？容易嘆老而悲窮，朋友分攜，安能爲謀？徒以切磋之誼慷慨相許，不爲有識者所嗤乎？於是獨卧蓬窗，愴然抱千古之思。歲聿云暮，百感方集。忽沈文學親持書幣多儀，及門發緘拜教，耿耿今昔，又若神交默應者，亦何奇也！既感善念無以爲報，復愧學未成章，不足以酬嘉惠兹土之盛心。躊躕自顧，又不獨徘徊雪浪之上而已。

夫學貴近裡密實，有足安頓，然後從此論進退。若一向支吾於見解議論之間，縱得友切磋，無益也。近裡安頓，乃在收斂枯槁一番後，精神自不走透，然後得之。至此方可語良知之通塞。《論語》所論「恥惡衣惡食」、「不患人不己知」與「言之不出」，皆是防走透之病，皆是枯槁收斂之功。若不從此路磨㓟至極，便欲隨事隨物流行感應，恐不止一暴十寒而已。兩年走匡廬與他境，屏棄外物，默默料理，正在於此。今歲體會得内外兩忘一言，真是致良知之功。良知本無内外，今人未經磨剉，却都在逐外一邊走透；稍知反觀而不得其要，又容易在守内一邊執着。脱此兩種，始入内外兩忘路徑，始是近裏有安頓人。此非收斂枯槁後未易言也。兩日正作《龍塲祠記》，發揮此件意味。只是不工於文，又無筆力，不得此件意味明白顯露以爲一快。俟脱稿，請正。

白鹿之聚，所謂嘉惠兹土，盛心果耿耿不已，必有能應之者，區區非其人也。夫學之在己者，既不可以見解議論抵當支吾，其推以教人者，亦不容以見解議論鼓舞興發。即能鼓舞興發，所令反所好，民且不從，況士人乎？精神感召，有不待言説而亹亹焉者，此則誠動於此，而機動於彼，教之不倦，乃學之不厭者致然，非有二也。執事其務近裡，俾有熏蒸融液之益，而毋汲汲於匪人之求，以辱多士哉！然此處亦發揮不得明白顯露，爲執事一快，又足以驗區區之非其人矣。何日相對，盡此懷抱。

答謝維世

心無止息爲真心，功無止息爲聖功，兩言似矣，惟顔子乃可語此。操存舍亡，倏忽之間已有千里之遠，所謂無止息者安在？若功無止息，又其所至難者。直至功無止息，方可承當。來書一番功課，得無猶爲漫言牽引耶？惟時時知所用功，漸漸該無止息，斯可耳。時時肯用功，方知時時多止息；知時時多止息，方知去聖人境界遠甚。惟反省勿忽。

與蕭雲皋

兄三年家居，生不能以時奉晤究竟此學，臨分徒爾眷眷，自增慚悔。兄以美質而又得師承與庭訓之素，將來遠到，舍兄誰望？至道難聞，盛年不再，仕路風波，日下日異，非有定力，豈能承當？萬頃洪濤而試險於一葉，見無患者，輒謂當然，智者固不爾也。學問爭差，只在疑信。纔承當便能信，纔退縮便作疑。當下到手，豈須瞻前顧後？若自瞞昧不過，亦須極力回頭，不可將就。一步既定，劄定脚跟，便是當下到手處。少頃有所移易，必究其故。從此斬除，便是信得及之機括。此等非是閒言，乃千番萬覆摸索相似。兄於此必久瞭然，但承當處稍屬思惟，即又落在第二矣。思惟爲校量非是，真能撇脱也。真撇脱者，善惡如水火，豈須校量耶？此去飛騰，相見未知何日？山洞開荒，自足給歲，可藏鄙拙。惟願兄勳業日隆，不作陽明公以後人物，則不獨田父一人之快也。途中專心文字，即是素位，但不當他思，亦撇脱一驗。惟兄勉之！

與劉龍山

奉别後，聞在郡甚取信上下，足驗學之所施，平日講説者，不落空虛矣。敬服敬服！

弟年來遭家多難，於此頗有煅煉，稍知進步。去秋入衡山，今春遊毘陵，得與荆川、七泉二三君子聚處，又覺彼此相長，始知此學須日有所操習，方是有尋路頭處。得此則處家家和，處邦邦治，事上可信，臨民可通，千聖所以豪雄一世，照耀千古，出入萬有，裁割衆務，而不一動心者，要有此具耳。

吾兄當官處事，亦覺有不犯手段時乎？亦有齟齬推挨時乎？只此是辨證路時也。貧子説金，又向大牙行開口，自謀則疎，爲人則至。如何如何？

寄尹道輿

改歲欲謝絶人事，嘿坐以待盡，即非待盡人，亦當如待盡人之心，始有結裹處。冬來與子良每商量至此，輒恨不得與道輿共之。

學問蹊徑，似有可着力，只是未純熟。然自打坐後，亦覺爲力稍易。道輿居官，與打坐雖動静二境不同，却好操練存習。若操存熟，便與打坐者相似，精神自散漫不得，時時有幹當處矣。

近來見得吾之一身，當以天下爲任，不論出與處，莫不皆然。真以天下爲任者，即分毫躲閃不得，亦分毫牽係不得。古人立志之初，便分蹊徑。入此蹊徑，乃是聖學；不入此蹊徑，乃是異端。陽明公萬物一體之論，亦是此胚胎。此方是天地同流，此方是爲天地立心、生民立命，此方是天下皆吾度内，此方是仁體。孔門開口教人，從此立跟脚，後儒失之，只作得必信必果硜硜小人之事，而聖學亡矣。《西銘》一篇，稍盡此體段。所謂大丈夫事，小根器不足以當之。識得此理，更覺目前别長一格，不是尋行數墨計錙銖照人眼目過日。到眼皆是吾人當爲，居官奉職，乃是了吾本分事，不是求免毁譽、畏法度不得不爾。此便是安勉、王霸之分，與尋常講究理道是非迥是殊别。緣尋常只是了格局，不是了吾本分事。了格局便有勝不勝處，了吾本分即力無不足，俱是朴實底事由中達外，自無周羅支吾之弊。古人汲汲皇皇，與隱居求志，行義達道，是達此理；今人言學，不免疎漏，雖極力向進，終無成就，是不達此理。以此與他人言，絶不見有一人承當；即不承當，亦不見有一人聞之生嘆羡者，不知何也？陽明公後，殊未見其比，豈無謂耶？區區不足法，只此一蹊徑，似出於天之誘衷，却非有沿襲處。吾身縱不能至，願諸君出身承當。承當處非屬意氣興致，只是理合如此。此方是做人底道理，此方是配天地底道理。能有諸己，何事不了？真不係今與後、己與人也。

萬里通書，既不易得，故不復以寒暄爲勤。渠珍重自任。

寄王龍溪

來諭「靈知徹動静，聖賢經綸無所倚，真血脉路」數言甚切。弟只玩味《易》中「艮背不獲身，不見人」一路，却不是分别動静，亦不是有倚，亦不是息緣住静。此中又安得凡心習氣包裹，此件工夫豈容歇手？

日昨王濟甫書來，亦責弟不合「良知」外提出「知止」字面，以爲良知無内外，無動静，無先後，一以貫之。除此更無事，除此别無格物。言語雖似條暢，只不知緣何便無分毫出入？操則存，舍則亡，非即良知而何？終日談本體，不説工夫，纔拈工夫，便指爲外道，此等處，恐使陽明先生復生，亦當攢眉也。千古聖賢，兢兢業業，所言何事？初學下手，便説了手事，惟恐爲工夫束縛，今住静者誰歟？不受動應牽擾者誰歟？往往聞用工話輒生詫訝，相沿相習，更無止泊。弟久不復開口向人，只覺心不安耳。

「死水源泉」之喻甚切，却是執境話。真知艮背，源泉中自然安流，常如止水。經綸與二氏不同，弟已勘破，今更不向此輩口中拾唾，兄亦當戒之。但欲似兄圓融活潑，信手拈來無非本色，又似高禪路徑，與千聖經綸所謂「坐以待旦」「不敢暇逸」者殊科。弟本是鈍根下器，望此殊非易至。如所謂「眼前撡得非究竟處」，又極的確。嘵嘵之説，亦當於靈知自生分别，寧容走透？有走透，知便不靈，它人難下口也。兄視弟所言若此，病可醫否？勿棄勿棄。

答萬曰忠

去秋楚歸，訪羅山公，晤子達，輒思思嘿。❶已而聞捷，以爲豐城雙龍起矣。比雲臯北還，又聞思嘿旅況，甚慰甚慰！斯道相期不小，一時利鈍，不足爲欣戚也。水毁敝廬，卧病野舍酷暑中，奠儀問書，存没兩致，悲感如何，别簡詳述。

新功讀數過，又不覺暑氣迫人，與積悲切衷矣。所論心體與端緒氣象一段，乃先識仁體之意，

❶「思嘿」，蘇本作「曰忠」。本篇同，不一一出校。

先明諸心知所往，而後力行求至，兩程家法莫不皆然。動静理會一段，乃格物之要，須如此朴實用工，始不落虚見，始於日見行事得力。先静一段，尤於心體所指更明，於理會所在更簡於前二段，甚肯綮。不爾，猶費分疎也。

簡云「吾心全體大用發見流行，雖昏壅之極，而自有昭明不泯之端」，此即陽明先生所謂「良知」。今時學者指愚夫愚婦與聖人同處，乃其相傳妙訣也。思嘿如即以此爲本來端倪乎？是無容細微察識矣；若謂此中别有本來端倪，須察識而後稍見，則所謂「全體大用發見流行」又何如哉？且惻隱之端，須是逢孺子入井見之；平旦之氣，須於好惡與人相近見之。以此推端倪，似未有舍感物而言端倪者。如静坐則清明和適，執事則精明安肅，居家則和柔愉婉。以此爲端倪而隨處得之，不知與簡中所謂「拿此一物看守，在此不令走作」者，又何以異？察識既不可緩，隨處又當理會，不知所謂「静息處玩其清明和適之體，則日用自有依據」，孰先孰後？爲一乎？爲二乎？此處更無歇後語，更無訓釋語，始是真能明諸心，始是不落虚見爾。

思嘿所言「皆身所經歷，本與想象不同」云云者，效切磋也。凉秋九月，翻然一來，彼此兩益。不盡。

答李石麓

内外兩忘，乃千古入聖秘密語。凡照應掃除皆屬内境，安排酬應皆屬外境。二境了不相干，此心渾然中存。非所謂「止其所」乎？此非静極，何以入悟！

答王著久

來柬述敘極喜分辨，路徑明正，今日正不可少此議論。第欲充此議論，令實有諸己，不徒爲虚見虚興，却在默默自修。真見時刻有不彀手處，時刻有不如人處，時刻只在自心内尋究虚静根柢安頓，不至出入，即有好商量矣。孫思邈所謂「膽欲大而心欲小，智欲圓而行欲方」，極有意味。行方膽大，人或悟之；心小智圓，却是煞用工始可及也。

寄謝高泉

今之展卷者，有欲一見古人不可得之嘆，然往往忽於當世之人。夫當世之人，不在山林，必在朝廷之上。同處山林矣，勢既不容奔走於天下以偏訪其人；其在朝廷之上，又不得以名位相近數與往來；即往來爲當時名人，或未必皆有志於聖賢之學；即志於學，又或各持意見；意見既不相下，求其於古人皆脗合不異，又其甚難者也。

不肖固處山林者也，十五六年來，亦嘗慨然於離羣索居，而欲奔走天下以偏訪其人，然出不能踰域，輒有所嫌避以去。去歲嘗入楚，得與楚之何吉陽氏相見。吉陽固在朝廷之上者也，彼方行役歸，執手語纔一二時耳，於一二時欲吐心腹相質，固不能也。病歸即有室人之變，稚子悲號思慕，勢不得更出户，自分取友四方一事已矣。不意擁衾敝廬，乃得執事書累數百言，雖未嘗一接面，欵欵若執手語，而又相許可以心腹者，此可不謂奇遇哉！至所記龍場之遊，載其山川風謡與究竟陽明公學問肯綮，皆極詳盡。反覆數四，又若相隨攀磴歷箐夷猶，詠歌於何陋之軒，侍諸君子之側，上下其議論，而得其風旨也。文之不可以已若是。然則天下固有不必姓名之通，足跡之勤，而可以徧訪名人；無勞展卷之嘆，而可即與古人相見者乎！龍場之事，聞之童時，其懲創所得，近時稍窺其一二，只是描畫不盡。如來記所云「費却辭説，點不出」者，然私心慕之，遂因承命少有述敘，以附千里執贄之義。倘獲可否，又不特比於頻頻執手相語，蓋終身論交之始也。

良知二字，今人皆容易説得。至如來記所云「點出此意者，不是只覺見在知是知非一念而已，蓋不由學慮而自能分曉，主宰不失」，此非經枯槁寂寞之後，一切退聽而天理炯然，未易及此。不肖三四年間，亦曾以「主静」一言，爲談良知者告。以爲良知固出於禀受之自然，而未嘗泯滅，然欲得流行發見，常如孩提之時，必有致之之功。如孟子所謂日夜所息與愛敬之達、四端之擴充，始有入手處，陽明公之龍場是也。學者舍龍場之懲創，而第談晚年之熟化，譬之趨萬里者，不能蹈險出幽，而欲從容於九達之逵，豈止病躐等而已哉！然聞之者，惟恐失其師傳之語，而不究竟其師之入手何在，往往辨詰易生，徒增慨惜。執事如有取焉，固千里而同心也。

與胡正甫

聞春榜報，如酌春酒，融融洩洩可知。是時方經大水後，卧疾野舍，蓬跣一榻，而有訓諸弟索所寄詩，漫爲書數語代賀，不識即達否？惠州有葉絅齋北來，謂吾弟精神收斂，喜甚喜甚！又過於聞春榜時也。

萬里長途，始於發軔。吾弟聰明，能闡發道理，縱不肖極力撰言，何以裨其一二。獨自心自斷處，不識勘得如何？千古真正英雄從此起手，千古不多見真正英雄亦只在此到手，❶吾弟勉之。吾見亦罕矣，奈何奈何？

少衡見報，已除南昌，恐精神不足，頗爲之慮。吾弟與穎泉必同選，旦夕切磋，何樂如之？月初待廓翁、雙翁聚玄潭，二翁精力勝常，而不肖則已頹然如翁。散會復病，後來日月可知也。問及者，以是語之。

答王敬所督學

往得二谷書云「敬所壁立萬仞人也」，爲吾道喜不置；未幾，聞莅敝土，又爲吾鄉士人喜不置。

❶「到」，蘇本作「倒」。

方卧病野舍，使書遠貽，加之重幣，推奬大過，不覺汗顔。不肖髫年以來，妄意古人謂可希冀。既長，遊谷平李先生之門，以濂洛之説自考。已而徧友四方之士，談論徒勤，躬行缺失，譬之趨遠役者入于迷肆，東奔西馳，取道泥淖，未有騁步京國之期。今老矣，後志不酬，懲創日切，加之家難，灰心屏氣。若有改圖，而疾病纏裹，天若桎梏，此烏可以辱盛意哉？拜賜拜教，且以心謝。

惟執事鋭意斯文，振衰起廢，必有相應於不言者。蓋精神之感孚，勝於言語之諄復；和粹之融液，深於法制之詳密。優游浸漬，使人鼓舞而不自知，乃所以爲道化。至於講究聚會，雖不可少，先後輕重，君子自有節度，非不肖所能窺也。濂洛而後，興廢不一，當時翕然風動，其機蓋可想見。若襲其故跡而觸發之，猶未易以歲計，又況其故跡不易襲也。舍講究聚會，固無以約其散涣；操進退予奪之柄而勸懲之，乃法制所得爲。執事身又爲之矜式，吾道其有望乎！

不肖竊伏下風，道揚微隱，弦誦滿户，寡缘咏嘆，以畢餘生，幸甚幸甚！支離其形，强以非任，是益其罪也。

答董生

日者區區所言，乃千古聖賢體統匡廓，足下能記憶入心，足見不忽。獨不記云「嘿嘿一室中，便是了得天下萬物」一句乎？知嘿嘿一室中，亦是了天下萬物；了天下萬物，亦與嘿嘿室中無加損。堂上一隅之辯，在心術，在身分，不盡在身之出與不出。此等處，却非一言可盡，足下且辯個是了得天下萬物胚胎，莫問在堂在室也。欲了天下萬物胚胎，當與天下萬物無有分辯，無有界限。足下自視此身果如何？與古人相應否？此處一切意氣、見解、力量，謬妄承當不得，要有真物在。故言學不厭、教不倦，而必先之嘿識。默識非細事，非易能也。舍己田而芸人田，聖人以爲病，今人以爲勇，吾不知其説矣。試有得後，彼此兩證之。

別後水至，室廬蕩然無存，百不足恤，獨病體遭此勞頓，幾於不支。今僦居野舍，暝坐待盡，更不知此身何歸？吾家何在？天爲畫出一虛静景象，敢不敬承之。吾弟忘家外處，藉朋友夾持，足見有志。獨於常道，覺興味有大高處。此道高之不可，卑之不可。近時悟得如何？五月能來，使病人不落莫，大快事也。

寄葉絅齋

羅浮矗立南海上，幾千萬丈；由鐵橋至飛雲，幾千萬層。若住梅花村下，亦不爲不勝，第無緣盡羅浮之奇耳。晨門、荷蕢，豈不爲高果哉？莫難聖人，不如是大刻，「學不厭而教不倦，好古敏以求之」，未有止也。若直以今人論高，彼何求哉？明道寧學聖人未至，不欲以一善成名，豪傑則然，斗筲之器易矣。世之言聖學，以任情爲率性，見持行稍孤潔，輒以好名目之，其流之弊，吾不知何所極也。令姪合志不患孤孑，羅浮待人，甚於人之慕羅浮者，窮高極深，毋轉別路，神遊八荒，舍二賢其誰？珍重珍重！

與雙江公

「持志無暴氣」一章，分明是内外併了。告子不知義而外之，乃極信仁爲内，做得主張定處，至應物、因物、付物，更不煩安排，此與聖學只絲毫之間耳，故告子最近禪。以彊制其心斷告子，❶似未盡告子。若「助長」一節，乃是孟子推出暴氣之病，恐不是發告子病源。試思之：以先孟子不動心之人，而以彊制勝，恐不足爲孟子道，亦覺與「不得於心，勿求於氣」兩言不相應也。長者教之！

答王敬所

洞中嘿坐，忽徐生齎手書諸集遠來惠問，啟讀之，獎借大殷而持謙彌下，即此見進進不已之機，所以興起不肖者深矣。感激感激！往劉生奉詩教至，鏗然雅音，日夕與士友誦之，竟以調高未能即和。比見徐生，始强爲之，可以知其懶慢拙陋矣。洞中坐閱炎凉，故吾無少長進。方切内懼，而來書亦以不息、自然往往有不湊合之憾，知非誑語。冗中與静處，爲力自有難易不同，宜執事之兢兢也。夫不息，其真體也。然而不能不息，非真體果亡也，其蕩而失之者多也。請以吾之經歷者爲執事言之。

---

❶「彊」，原作「疆」，今據四庫本改，下同。

吾嘗歸静以爲之主，冀其動而不括也。然視則逐於景，聽則逐於聲，思則逐於事與物，而吾之静不復存矣。夫思與視聽既不可少，而逐與不逐，其機常存乎倏忽微眇之間。任之則成馳騖，執之則拂生理。於此調停，俾常若有存而不敢忘，久之至於無所存而自無不存，此吾之所自勉而猶未能也。執事其有合乎哉？若夫技能之精敏，嗜好之沉濃，罅隙針芒，元氣盡敗，江海之積，洩於漏巵，此更不可不慎也。其向背輕重，足以移精而易智。象山所謂「是非可以立辯」，尤爲扼吭語，在自察自決而已。

答周洞巖

相違幾十載，每見京國人來，輒稱兄縝密静重，雖未及面承學問宗旨，知已先得此心斂實處，竊謂可以自附於知己之後，固不在言説之同與異、背與合也。楊兄來自荆州，遠辱存念，惠以多儀，復手裁示新得與學問宗旨，惟恐不肖無所砥礪，或至背於致知、格物之訓，交游切磋，不聞此義久矣。獨學寡聞之人，得此何啻百朋之錫？領教領教！

憶幼時讀陽明公答整翁書，其中惻怛懇到能見之，至其疾首可哀處，殊未知所指，只以文字漫擬耳。若止以文字漫擬其口氣而斷論之，而未及深究其疾首可哀之誠，則安得不來整翁之辨斥，而且嚴爲之防範？自以爲大有功於聖門，不知當面失却良友，徒令後人生嘅，卒無補於生者之拳拳，以爲千古之憾，此非遠事難驗也。生何敢望陽明公之萬一？若耿耿一念，亦欲不負于陽明公所言，今亦不欲復爾嘵嘵以增口過，惟自勉進所知，俟他日相見執手，莫逆而笑，即是與兄千里合席者也。

生日衰矣，百念皆廢，日惟汲汲了此心，期如秋陽、江漢影響，即就木時得瞑目足矣。兄德政所在有聞，願厚愛護以光斯道。洞中修竹古石，如對清嚴。

答馬鍾陽都憲

往承惠以口義，如面侍講論，諸篇皆有發明。至於未發之中，尤極有指證，非實用力向裏，斷不能以言句中肯綮也。夫未發之中，自不睹不聞中戒懼養成，到無不中時，即是致和，即是達道。此是千古列聖心心相傳正本，於此不同，便屬異端。然不睹不聞能自知之者鮮矣，知不睹不聞而能戒懼，斯又加鮮也。蓋謂之不睹不聞，是不容以形聲求；不容以形聲求，即不容以言句億中。故顏子仰鑽於高堅，必由博約而後見卓爾。夫子雖善誘，不能使全體畢露於言句間也。然則欲戒懼者，其將何所入乎？幸以實用力者示之。

與徐大巡

某無似，伉直迂疎，絶無寸長，古所謂臃腫鞅掌人也。獨以少時騰其言説，妄意古人之道，漫令虛聲動人耳目。罪廢以來，身居壠畝，漸知恥畏，自顧去古人益遠，不敢復有希望。而多病早衰，血氣羸憊，惟甘隱默了此一生，庶幾還造化耳。近日傳言執事誤采虛聲，過借美譽，上言于朝，以爲可備驅使。執事，耳目之司也。人以耳目轉相訛謬，執事固且信之，不知皆非其實。是某以言説誑人，人以耳目誑執事，執事將謂之何？某於是不獨自咎，又且慮執事不效所言，某之咎益不可解矣。雖然，古之報知己者，在於不辱所言，不期於所言之必效。牝牡驪黄之外，固馬之所以見信於九方歅者也。某之自量審矣，執事將謂之何？某素不工文，兼之衰病，筆硯久廢，學記之作，懼至違命，未及請益，遽有僭言。比讀來書，駁難窮詰，如治獄然，辭證具存，是非畢露，當即更思易草以稱明教，夫復何言？然既承下問，有不敢不盡其愚者。

竊以心之精深神變，自孔子繫《易》，蓋已曲盡其體。鄙見所指無物有所，即無思無爲與艮止其所之意，所指歷萬變而不改其故，主宰乎動静以發其靈智而實無所發，即通天下之故而常寂然之意也。見此者謂之知見，然未能實有諸己，而稍涉於推測，即不可以言踐履也；履此者謂之踐履，然未能至於由己，而稍涉於矜持，即不可以言自得也。自得者研極乎精深而神變出焉，常止其所而靈智通於天下，非夫義襲與踐迹者可能正，以義襲與踐迹猶爲以己合彼者也。故踐履而不至於自得者多矣，未有能自得而不事夫踐履者也。執事以知見、踐履爲所由以得，是矣，然其次第固莫强也。苟既得之，則居安、資深，左右逢原，行著而習察。幽隱洞達，日見其光輝，非止於有知見而已也；小大兼該，日見其篤實，非止於能踐履而已也。是聖學之的，而明道所謂「不須防檢窮索」者也。譬之入長安者，按圖計程，則知見之謂也；適途問津，則踐履之謂也；樂生興事，優游長安里第，則自得之謂也。長安遠矣，吾心之體與生俱賦，反而求之，内外兩忘，則本真未亡，頃刻立見，所謂欲之即至，以彼此譬之，固未切也。世儒嘗言由知見而踐履，由践履而自得，此言似矣，而實未盡也。人之爲学，有起於知見者，自以了悟爲明，而忽於責實；有務爲踐履者，惟以躬行爲驗，而昧於辯幾。此二者，謂之非學，不可；謂爲聖學之的，則非也。明道有言：「寧學聖人而未至，不欲以善成名。」白沙致虚，陽明致知，蓋無所因襲而求以自得，此皆有意於聖學，不屑於世儒者也。不然，康齋踐履，密矣，白沙「鳶魚飛躍」之説，何自發耶？此千古之案斷也。某少時入此言説，迄今垂老，茫無指歸，故以平生所苦爲言。相輪對説，安能曲盡？微執事之駁詰，不自知其言之支離昧晦，而與道故相遠也。

來書末章拳拳以身心安着爲快，且求明以自照，切問近思，今世君子罕及者也。某非其人，何以爲報？敢即前問終之。夫心之靈智，無微不照，譬之於鑑，無形能遁。所患者，日放逸而不自斂聚，以至散失本靈，淆亂真智，光遏佚而慮昏雜，猶塵垢蒙蝕，無能别妍媸矣。寂然者，心之所以通於天下之本，心常有止，則歸寂之功也。今執事臺務旁午，宜不暇有静境矣。然即旁午之中，吾御之者，亦有摇於轇轕紛紜而爲事物所勝者乎？此即憧憧之思也；亦有主於從容閑雅而在事物之上者乎？此即寂然之漸也。由憧憧而應之，必或至於錯謬；由寂然而應之，必自盡其條理。此即能寂與不能之驗，由一日而百年可知也。一日之間無静無動，皆由從容閒雅，進而至於澄然無事，而略未嘗有厭事之念，即此乃身心安着處。安着於此，不患明之不足於照矣。漸入細微，久而成熟，即謂自得。此非某之杜譔也，明道不言乎：「必有事焉而勿正，心勿忘，勿助長，謂未嘗致纖毫之力，此其存之之道。」夫「必有事」者，言乎心之常止於是；「勿忘助」者，言乎常止之無所增損；「未嘗致纖毫之力」者，言乎從容閒雅，又若未嘗有所事事。如此而後可以積久成熟，而入細微，蓋爲學之彀率也。

不善檃括，輒爾煩冗，惟更指其瑕疵，俾得繼請。何幸何幸！

答何吉陽都憲

伏承遣使惠以試録賦册，教養兼備，感何可言？夫「默識本體」一言，乃學者希聖切要處。未有學射而不知的者，生雖至愚，固未嘗懵然於此。所欲請者，正以録中諸語稍不一耳。據來書有云：「既謂之默，則非思慮意見可及，默識之外，豈復有工夫哉？」而録中亦曰「即其主宰，察其流行。取之於澄汰廓清之餘，立之於齋莊凝聚之地，游之乎平常易直之中。日用之間，若有見夫生生之機，不假人力，不分時境」云云。此其工夫，可謂密矣。已而曰：「默識雖非工夫所能爲，而要其所由致，未有出於工夫之外者，是以默識爲工夫之極致。」其前又似别有所謂工夫，而工夫爲最粗者矣。此與前語，一乎？二乎？將所謂「即主宰而察流行」，果非初學可及乎？聖賢誘人入門，要當平實簡易，使人易從，不應遽限以高遠若此也。

嘗觀明道有「學者須先識仁體」一章而心契焉。來書所云「默識本體」，得無似乎？其後有曰：「識得此理，以誠敬存之。」至言存之之道，不越乎「必有事而勿正，心勿忘勿助」，且加一語曰「未嘗致纖毫之力」，不猶所云「不假人力」矣乎？ 然彼所指「仁體」者，但渾然與物同體而已。至其真見其爲同體，既非可以言傳，明道亦不復更下一語，則真有得於仁體者也。夫守是而存之，人人可以勉進，至日久則可奪舊習，是其進爲次序，中人以下皆不至於苦難也。吾人有血氣智慮之運，自不能遽與道合，非假存習，斷無頓悟超入之理。此處辨之不審，則信其生之本直，而遺分殊從玆始矣。射之於的也，必先見而後中，至於中，則見有不足言者。學者之於道也，亦如是。學至於離見，則必身與道一，此未易及也。生也愚下，❶實無以幾之。今幸聞默識之教，即主宰而察流行，可守是而存之矣。而録中之語尚未歸一，生是以不盡釋然，而復敢有請，惟執事不吝教之。

賦册減過江過湖諸色銀，遂省四萬有餘之費，歲歲不改，爲利如何？ 至於起運存留，各有增益，不煩加賦而用自足，此又變通之微權，非執事用心之細，其孰能與於此？ 生處田里頗久，於賦役等項頗嘗留意，忽爾得此，欣幸若狂。獨於往日劑量，各縣科則尚懷私議。來使赴命倉卒，未及致詳。遇執事愛民如此，而不吐積慮，是亟失時者也。隨當條列以上。敝邑減丁出於東厓虞公，九縣通行繳册，有先後總會文册不載者，或本府之闕失，非敝邑之罪也。謹抄白全案，用備清覽。伏惟垂慈豁除，敝邑幸甚！

---

❶ 「生也愚下」，蘇本作「生弱且暗」。

答劉汝周

前在舟中，因人贈晦菴文抄，仔細查勘一過，覺此公所論與程明道所指，只在毫髮間，非迥然別白者也。自陽明公破除「即事窮理」一段，學者多至率意任情以爲良知，而於仔細曲盡處略不照管，不知心感事而爲物感之之中，須委曲盡道，乃是格物。理固在心，亦即在事，事不外心，理不外事，無二致也。近時執「心即理」一句，于事上全不委曲，既非所以致知，却與「在格物」一句正相反。但後儒指理爲格式見套，稍涉拘泥支離。若知事無内外，心無内外，理無内外，即格式見套，又皆在乎中，非全格去舊物乃爲精微也。

與蕭雲皋

與兄相處，爲歲甚深，而兄之相信，歲深一歲，誠愧無以爲兄先以馳驟於千里一日。而近者執禮益下，欲有所尊，以爲己約束之資，如游、夏彊曾子事有若者。以兄謙抑若此，固不患於無師資，獨不肖謬以身當其禮，又若祭祀之尸。然謂之曰「請自隗始」則可，若欲即真，則當撤皋比而聽易矣。雖然，恨不肖非其人耳，如真有益於兄，而兄能以身下之，將不爲末俗自賢與自暴者之勸與？不肖於此，又重以自責也。

夫學有可以一言盡者，有不可以一言盡者。如收斂精神併歸一處，常令凝聚能爲萬物萬事主宰，此可一言而盡，亦可以一息測識而悟。惟夫出入於酬應，牽引於情思，轉移於利害，纏固於計筭，則微曖萬變，孔竅百出，非堅心苦志，持之歲月，萬死一生，莫能幾及也。況得以言相度哉？兄資本謹實，可以坐進此道。惟覺嚴謹中或傷於畏怯，而無奮迅必往之志；篤實中或傷於拘滯，而無撇脱不累之操。此二病，不肖所素嘗者，故向兄言之。然時皆往矣，舍今不圖，後難收效。言之至此，不覺内悲。千古一遇，至寶輕捐，非夫也。

見荆川兄，眼當自別，意當自別。風便，幸有以益我。若以虚禮相拘而忘切磋，是相率而爲僞者也。非所望於兄也。

寄雙江公

邑使來，重得手翰別紙，指示極中近時肯綮，嚴絶而過懲之不爲非學。即其拒人者堅，則所以自守者不得不密。譬之遇盜，與之敵則當爲備，從而附和，則決藩破垣，不患窺伺我矣。此亦自辨處也。不肖所以泄泄致尊慮者，止不能爲辭色耳，然當時亦有説。

凡古之以一藝稱雄長者，莫不各有自得處，能虚心取之，皆足以爲觀法之助。故有持異説與我迥不類者，則亦詳察以求其故，而不敢遽有忿心以來扞格之勢。比其一無足取，然後從而棄之。而或病有所在，亦將按其症而嚴爲之治，使彼無未盡之情，而吾有難勝之實。以爲此乃成己成物之用，實則闇於聽言而緩於處事，其性行固然也。率其性行而往，使卒無足取而又貽之害，則從而禁之驅之，亦自有不容已矣。朋友之弊，誠無自解，大要存乎其人。如學求益，則相觀更速，不必不會。如不知學，則會誠爲蠹，如來諭云云。爲今之計，非必以不會矯會之弊，求爲益我者耳。所謂棄之禁之驅之，自不妨與於其中，猶畢公保釐東郊，旌別淑慝，乃爲善也。長者謂如何？

師泉兄處，此五日適弔七泉，不及奉柬。所言誠有過當，但其指歸，謂吾輩不能於胚胎上轉移，縱饒進退，皆屬浮漫。又謂於獨知微處當刻骨痛改，不容放過。此却是當今第一着良策，未可指爲奇論，不復掛意。此兄素持玄虛，即今肯向裏着己收拾性命，正是好消息。言之異同，不妨姑置之，庶吾之取益方無間隔也。如何？

答唐一菴

青原浪別，未盡請益。曾以書札往來，終不若對面爲切，忽書惠遠來，剖析分曉，直指機竅，又與青原對面不殊，何幸！

收斂精神，乃不肖自試驗語，或未可取必於人人，常覺聖賢工夫，合當如此。《易》言「洗心」，非爲有染着；《易》言「藏密」，非爲有滲漏。除却洗心、藏密，更無工夫。十分發揮，乃是十分緊固，此方是堯舜兢業過一生處。而以工夫爲作弄藥，以提掇爲隳怠藥，雖有時則然，却恐視此指歸，或不同也。即令病痛盡去，精神盡復，自有真消真息，亦容不得分毫走透，無走透始是真收斂。不肖去此尚遠，但覺吾人皆屬散漫馳逐度日，不向此作主宰，更無下手矣。幸明教之。

佳刻入手，如貧人驟見珍寶，怵目驚心，瞻視不定，安敢便斷成色？ 俟稍領畧，必有以復，若置口篇端，非其任也。

與劉敬庭

去冬奉違，擬今春必在首選，顧爾稍抑，豈有待耶？ 得失一念，極難排遣，若絲毫不掛，便一生更無欠事。 若一不斷，平生不了念即此在矣。 然爲其事無其功，又非古人所取。 還本分不動別念，此尤至難，吾兄當進於是矣。

答歐陽文朝

此學乃終身事，不是一時講論便可了手，兼關涉世道甚大。 若只一身一口計，即稍稍近實人，似亦難得。 在賢聖殊不是之貴者，蓋於道無與也。 執事此行，可謂鄭重，愧不肖不足以相副耳。

來書「平平照過」與「用意照管」兩種，分析已自明白。 此間却須自體驗，其稱量輕重，全非言語可及。 放亦不得，不放亦不得；照亦不得，不照亦不得。 此却在自家斡當處斟酌，務求一的當穩實處。 既不屬曠蕩，又不費看守，不論閑忙，咸可倚靠，又可耐久，始是當處。 若倚靠不久，便當改步，所謂初學難與成德者並論，此言極有次第。 未有入室而不由户者，既至室中，户猶在外，幸勿欲速責効，便非實心向裡人也。 有此工夫，即怒色、名利、毁譽、失得、病死，自覺漸輕，不甚受虧，爲吾有安頓此身處。即未盡純，慎勿因之致疑，自生皇惑。至於「學一而已矣」一段，却是虚見冒承，吾人於安頓此身處尚未定貼，或照或放，試驗不的，何得有一處可言乎？隨動隨静，自加體驗，此眼前至一之要也。

任意謾答，不識可采與否？惟嗣是再示，以啟其未知，幸幸！

與謝維世

書來，具見静中意思。凡人能向静中模索，便漸有向裏爲己處，此心漸漸可自見。動息之機如此，却日用間隨分應事，致吾良知，方於良知不浪指，不馳逐，不甚錯過。若一向憑知解所及便謂良知，一時此心不泯，或可指摘機括，摇盪氣血，奔騰慣習，日間盡屬妄中走透，安得尚有良知作主耶？

近來屏謝雜務，木榻上嘿嘿回視，往日多少過惡，可悔可恨，幾番流汗浹背。此生幸未就木，當兢兢度日，務不負此心。木榻當以歲年爲期，斷不狥人言，容易放手。吾弟既已知此路徑，幸益自勉，勿盡靠人言。到得時時有歸宿，自家脚根立得定，從容説捄人不妨也。

「無所存而自不忘」一句，説得太早，此最是毒藥。諸君一向用此爲妙劑，如何自求不得，不見超身，何也？「執之則生機拂」一句甚是，但容易爲人開手，且喫苦過甚無妨，操則存，舍則亡，孔子亦且云云，操豈可已乎？愈操愈熟，斷不成便放開手，千古未有開手聖人。「懸崖撒手」是莊子有此言，吾儒方妄引以自解，不知莊子所指何也？今有人到懸崖上撒手者否乎？何獨在平時說撒手事，惟有時時收斂，務求不負此良知，庶幾朴實頭不落陷穽耳。

與友人

雲南與江西鄉音遠不相同，而所指物件則同。若盡各執鄉音尋物件，終不可得也。來諭所指誠是，第又於鄉音一一求同，似費口舌，且不足以示後。後之人却皆執鄉音者也。性、心、意、情，在佛家分析則然，吾儒立言與佛迥別。《虞書》言心不言性，《中庸》言性不言心，《大學》言心言意不言性情，《孟子》言心言性，又且即情以驗性，如此者不一而足。即爲吾儒解此種語言，亦當隨其旨意爲說。必欲膠於一言，便自《虞書》不通矣。善乎來諭有言：「知至。❶誠、正之外，非別有格；心意□之外，❷非別有物；天性之外，非別有知。格、致、誠、正是一時事。」所謂不落言詮，故能出此言也。如此則性、心、意、情，亦只一物中有此分辨。古人言性言心言情言意，亦只指此一物，各有所主。必主一言，則孔子「性相近」與孟子「情可爲善」之說，又當別解，非其立言

❶ 「知至」上，當有省文。案明趙台鼎《脉望》卷六載，此當爲明儒李中溪之說，此處原文作「性復即是知至」。

❷ 「□」，蘇本作「識」，四庫本作「誠」。

本意矣。

與雙江公

今歲幸得閉户，稍與往時馳逐應酬景象不同。龍溪之學，久知其詳，不俟今日。然其謂工夫，又却是無工夫可用，故謂之「以良知致良知」，如道家先天制後天之意。其説實出陽明公口授，大抵本之佛氏，七月霖雨中翻《傳燈》諸書，其旨洞然，故有前問。直是與吾儒「兢兢業業，必有事」一段絕不相蒙，分明二人屬兩家風氣，今比而同之，是亂天下也。持此應世，安得不至蕩肆乎？近集程子論佛氏諸説，略爲申綴了，尚未脱稿。但明道于佛氏近裡處不欲與之理會，故只提其大約，使佛氏聞之，恐未必便歸降也。

閉户以歲年計，無由面請，不任馳嚮寇警，未嘗非福。前者餘黨百餘，歷許多郡邑，如入無人之境。險隘無如貴邑，乃不能執一人，可恨也。至敝邑以上皆遺饋，又可笑。及今官府正當爲備，須教人習射，多市弓矢，立射師，以一教十，十教百，一城得數百射士，賊敢縱横耶？此古人成法，無一人肯行者，不知何也？人便幸向郡中言之，竊計餘黨知此地空虛，必有突如來如之舉，麻沙之禍，不可不戒。

與謝高泉

往年連承指示學脉，亹亹數百言，傾吐肺腑，受益不可言。僕半生謬妄，靡有所得，數年反身，不任慚負，方以言爲戒。辱執事之提撕，敢不敬聽，敢增呶呶乎？來書迫之使言，誠無以應，嘗憶往年喜書象山「小心翼翼，昭事上帝，上帝臨女，毋貳爾心，戰戰兢兢，那有閒言時候」一段，龍溪在旁，輒欲更書它語，心頗疑之。每觀六經言學，必先兢業戒懼，乃知「必有事焉」，自是孔門家法。佛氏所謂「當下具足，一得永得」，斷不可同。傷於虎者，言過于懦怯。惟執事更有以教之。

念菴羅先生文集卷之四

族從孫　復晋　男士瓚　士璠　重校
六世孫　天衡　男韞琦
五世孫　雨霽　男廷衛　　謹梓
六世孫　隨元　男士璞　士璋

書❶

答蔣道林

往承惠書，論《大學》之旨，并《孟子講義》，縷縷數千百言，極感提誨。當時讀之至三，理極明暢。第於言下未有灑然快心處，以是未敢率意奉答。

❶「書」，原無，今據總目、卷首目録及各卷體例補。

未幾入深山静僻，絶人往來，每日塊坐一榻，更不展卷，如是者三越月，而旋以病廢。當極静時，❶恍然覺吾此心虚寂無物，❷貫通無窮，❸如氣之行空，無有止極，如魚之遊水，❹無有間隔。無内外可指，無動静可分，上下四方，往古來今，渾成一片，所謂無在而無不在。吾之一身，乃其發竅，固非形質所能限也。❺是故縱吾之目，而天地不滿於吾視；傾吾之耳，而天地不出於吾聽；冥吾之心，而天地不逃於吾思。古人往矣，其精神所極，即吾之精神未嘗往也，否則聞其行事，而能憬然憤然矣乎？四海遠矣，其疾痛相關，即吾之疾痛未嘗遠也，否則聞其患難，而能惻然蠹然矣乎？是故感於親而爲親焉，吾無分於親也，有分於吾與親，斯不親矣；感於民而爲仁焉，吾無分於民也，有分於吾與民，斯不仁矣；感於物而爲愛焉，吾無分於物也，有分於吾與物，斯不愛矣。是乃得之於天者固然如是，而後可以配天也。故曰：「仁者渾然與物同體。」同體也者，謂在我者亦即在物，合吾與物而同爲一體，則前所謂虚寂而能貫通，渾上下四方、往古來今、内外動静而一之者也。故曰：視不見，聽不聞，而體物不遺。體之不遺也者，與之爲一體故也。故曰：誠者，非自

❶「静」，原作「盡」，今據蘇本改。
❷「虚寂」，蘇本作「中虚」。
❸「貫」，蘇本作「旁」。
❹「如氣」至「遊水」，蘇本作「有如長空雲氣流行無有止極有如大海魚龍變化」。
❺「質」，原作「資」，今據蘇本改。

成己而已也，盡己之性，則亦盡人之性，盡物之性。宇宙内事乃己分内事，東南西北之四海，與千萬世之上下，有聖人出焉，此心同，此理同；其有不同焉者，即非此心與此理，乃異端也。是故爲天地立心，爲生民立命，爲往聖繼絶學，爲萬世開太平。非自任也，先知覺後知，先覺覺後覺，匹夫匹婦不蒙澤，如己推而納之溝中；天下之饑溺，由己饑溺之也。孔孟之皇皇，豈孔孟之得已哉？「天下有道，丘不與易」，「如欲平治，舍我其誰」，分定故也。故曰：「一日克己復禮，天下歸仁焉。」

隱居求志，行義達道，在孔子蓋已未見其人，況於學絶道喪之後哉！是故自小其心，自私其身，執一隅之見以爲學，若二氏者，有見於己，無見於物，養一指而失其肩背，比於自賊其身焉耳。諸儒闢二氏矣，猥瑣于掃除防撿之勤，而迷謬於體統該括之大；安於近小而弗睹其全，矜其智能而不適於用。譬之一家，不知承藉祖父之遺光復門祚，而顧栖栖於一室，身口是計，其堂奥未窺，其積聚未復，終無逃於樊遲細民之譏。其視夫子禮義與信之云，終莫知其爲何説也。則亦何以服二氏之心也哉！

自是而後，回視向之書册所載，有若先得我心之同然；向之心志所趨，又若未嘗必以聖人爲可學。蓋知吾心體之大，則回邪非僻之念自無所容；得吾心體之存，則營欲卜度之私自無所措。然此亦自知之耳，持以語之人，人第應曰：此萬物一體之舊説，未有省也。歸而復取執事數千百言反復觀之，而後知良工苦心，不覺有默契者。凡予之所欲言，固已盡於執事；而執事之所未言者，又若有待於予。獨不解向之未快於心者果何爲？今之有契於心者復何自也？以執事之懇到，與予之向慕有年矣，然猶參差若此，彼一時議論之異同，一言意氣之賞許，又烏足稱爲離合哉？

今夫《大學》言學之大，將以別於異端，則明德、親民是也。至善言其體也，虛寂而又能貫通，何善如之。知止則自定、静、安、慮，復其虛寂而能貫通者，是謂能得知止者，言其功也。格物以致知，知止矣。通天下與吾爲一物，莫非物也，而身爲本，有身則天下、國、家兼之矣；莫非事也，而修身爲始，身修則齊、治、平兼之矣。知所先後，而後所止不疑。得其一，萬事畢，執事所謂覷破此物是也。致知者，至所知也。致知何在，在吾與天下感動交涉，通爲一體，而無有乎間隔，則物格知至得所止矣，知本故也。是故知所先後，真知也，所謂識仁，所謂明善，所謂知性是也。致知而不於格物，則不足以開物成務，此聖學與二氏端緒同異所由辯也。故格物而後知行合一，聖學之全功也。白沙所謂見得體統該括後，更有分殊處。合當理會義理，儘無窮工夫。儘無窮者，要皆於格物盡之，非必覷破時一齊便了，❶只須守之而已。此執事之所未言者，今果以爲如何哉？如有異同，即姑舍是。

所恨年來衰病日侵，禍變繼作，將來日月幾何，不知能了此事否？

❶「要皆於格物盡之非」，蘇本作「正所以格物而不使間隔」。

與羅近溪

楚中之疾，起於再生，遠辱寓惠，至再至三，執事可謂過於愛矣。聞與廬山、穎泉諸君朝夕切磋，斯道何幸？古人有言：話説如扶醉漢，扶一邊，倒一邊。小主倚説話自過自改，漸入嚴密，此不肖尋收束處，然叢過固未能寡也。兄當異是矣。

寄唐荆川

王生行，聞榮擢報，未甚的，其後往來者能言過家與菑鎮之期，幸慰幸慰！

淮揚一帶，連歲師旅饑饉，極難整頓。兄適承其敝，當用力百倍，視師時勞瘁役役，蓋可想見，精力可能勝否？惟願節縮自愛，寬容待人，使人人可親，皆得進言，便是兄得力處也。古人作用，誠難盡同，外間藉藉，若於兄有畏心，似所謂夏日之喻者，豈彼自覺形穢，又爲先聲所讋耶？抑亦納汙藏疾，或未廣也？在兄自處，可謂出於形跡之外，極爲脱畧，即與士卒同甘苦者，亦不是過。視弟之拘碍，何啻萬萬，猶不能使人相忘，何也？弟既不得以身相許，有所聞不敢不盡。此爲士卒言，不盡爲郡邑言也。

别來衰症日見，冬盡自閉一室，應酬盡絶兩月餘，事可斷，念尚不斷。夫念念俱空，與念念不漏，總是一語。弟在此一念不空，與兄在官一念有漏，總是同科。但兄處其勞，弟處其逸，只此稍分便宜與否。然一榻之上，未嘗不與兄相對也。因念不空，血氣竟難料理，今只默默待之耳。虚負狂心，奈何奈何！

外抄稿一紙，乃弟實心招伏，兄千萬相體。象山所謂「一錢單客」，自合如此。萬一血氣可回，兄或脱離苦海，尚得相從武夷山中了此夙約。不然，終身作贅物矣。諸不盡言。

答萬曰忠

來書所述，皆屬經營，其所指，大要近之，然此只知見耳。凡聰明者善推求，推求則得之易，而亦易變幻，故其弊也曠；篤實者喜持守，持守則奪之難，而亦難通達，故其弊也拘。夫知見既得之以推求矣，倏忽轉移之間，萬感交錯，孰爲反觀？氣機相乘，習根起於隱伏，即與向時知見了不干涉，又孰能即爲别白，使之炯然内瑩，絲毫不令少雜哉？故知見透徹即是明善，不透徹即是支離見解，如所謂弄精魂者，猶是作用之謬，非吾人知見可擬。此處如澄濁水相似，直須久久調習；又如生駒入銜轡，其始不能不煩鞭策之勞，未可遽以知見所到，便謂足力可幾也。曰忠思之以爲然否？

往年孤寂中得曰忠來，真如空谷之音，終日方資益不暇，雖或有欲語者，亦不忍發。今吾與曰忠相會既不數數，曰忠相倚，更復何人？於此不吐肝膈，不特負曰忠，且自負此心矣。曰忠幸聽之。

曰忠高才博識，卓立而多能，視拙訥者若不在目，曰忠自視亦嘗以爲病否乎？或猶有未覺乎？夫論才智技能高下，則誠有高下也；至於心源，一切皆所不容。昨見曰忠文字，論「蕩蕩難名」處，有曰「若無一善可名，若無一能可狀」，曰忠自視去此何如哉？倘未盡然，則前之知見以爲愈微愈凝，以爲不測，以爲非二，以爲本末終始者，皆足以增其高睨玄論，未知與古人質實澹泊、視天下一能勝予者，果如何也？

凡人莫不各有習根，區區之習多在柔弱依違，不自振飭，視曰忠爲不及。今歲静坐以來，平生缺失，不待檢點，明若觀火，真有不欲久生之憤。但得此心淨潔，便可瞑目，不復他求。若曰忠一日千里之勢，道路頗長，明年一別，更不知相會有期否？故相望尤切。曰忠讀之，還以數字相報。明春暇日，能一來指我膏肓，未必非荆川所望於吾輩以爲瞑目者也。曰忠念之。

答李中溪

承示心性四圖并諸説，分别心、意、情與性，識與知，皆極精密，讀之一一皆無逆於心，非執事脱去儒家言語見解，斷未易至此，受益受惠多矣。

《詩》有之：「不識不知，順帝之則。」此已明言示人，第人不自覺察，爲陳言所蔽，汩没以終身耳。僕自己酉以後，幸亦稍覺以爲知識之與良知，感中有寂，與隨物流轉，皆似是而非，漫有所論。世之談學者聞之，謂與良知之説不類，頗費詞説，今已不復向人開口。惟從此自尋路徑，要之如執事所謂「悟之一字不同」，宜其嘵嘵不自覺也。惟「飲宋儒之毒」一句，斷盡訓詁人，更復何説？

雖然，僕亦竊有請焉。悟之一字，似亦當辨。有因言而悟者，有不因言而悟者。不因言而悟，真悟也，上也。因言而悟者，亦當辨：前人有此言，吾體驗得之，適與契合，此亦真悟，即謂之不因言而悟可也；有因前人有此言，思惟反觀而後悟，此雖自我得之，却不免因言而起，其次也；有因人解説前人之言，從而持行，漸漸後悟，若無此言，便無此悟，是又其次矣。悟有不同，則見性亦有不同；見性不同，則立言亦有不同；立言不同，則入道亦有不同。彼真悟者，横説豎説，無有不可，即衆人之言，便可上達，所謂言近指遠，不落言詮者也；因言而悟者，舍此言便無所託，必守一説，尋一路，雖未嘗非學，去聖域亦遠矣。執事所言，其無所因乎？抑亦有所從入而後悟乎？有所從入而言詮不除，恐於本性尚未能了無一物如不識不知之云，是猶有可進而求也。

末後「攑棄家緣」一着，只可作比擬看，若即真，又是佛家作用。儒、仙、佛三家自有不同，知其不同，又不疑其所同，夫是謂之真悟。此「不惑」二字，夫子所以待四十也。僕無所悟，不獨道輿爲然。辱不鄙下問，不敢不盡其愚。風便，更教之。

答鄒西渠

承手諭，累數百言，惟恐迷鄙昧，不憚啟發。中間指良知爲明明德之實地，與古人明明德於天下之願欲真種，而因推寂感一體兼致，極其周悉，皆一一深契于心，不見可疑。感激垂念，何可云喻？非執事真能明明德於不肖，宜不至是也。敬謝敬謝！

生往歲聞人談，大約宗旨亦不異此，悠悠歲年，於自身絶不相干，即着實下工夫，猶不免依言修爲，未是親下手種。去冬天啟其衷，一切應酧盡從謝絶，更不從聞言中討生活，却向裏尋求，得寸守寸，近雖影響有少路徑，尚未能拈掇以請。俟日用相應，不復多滲，方期請質左右，且相報也。

答曾月塘

吾兄能於平風静波中識得風波，此方有入處。詳來諭，凡應酬未盡是良知本然條理，故於精神足時大涉周旋，似有所加，到困憊後便生厭心，似有所損，此已説到良知本然條理不可加不可損處，但須於尋常言動處識得此條理，方時時有辨别。又須於尋常中調習得熟，方處處有工夫，豈特遇人有厭心爲有加損，即閒中快活處亦皆有之，須着得工夫，方是無衆寡、無小大、無敢慢。不然，見人生厭心，無人生快活心，總是心隨境轉，不是境隨心轉也。事上磨煉正謂如此，此是格物。譬之服藥，此是正方。如生近日盡絶應酧，又是隨病立方。譬之飲食，隨物可以養生。若身有疾，便素食亦是養生；若傷食，便減食亦是養生。故精神如常，即應酧是格物；精神當養，即少事是格物。此是一事，不是兩事。執定一説，教人不得；執定一説，自學不得。要之有益是真工夫也。

與王塘南

執事往日見教，以常知爲主，便自照察不遺。又謂此知烱烱，即死亦終有安頓處，近時當亦精明矣。生絶外許時，不似舊散漫大甚。只覺寧息處，非可以人力爲；即精明處，亦不可以人力爲。不可以人力爲，而後工夫至密而可久。不識執事證之爲如何也？言不盡意，惟逆志而教之。

與詹毅齋

每讀白沙翁詩有言：「白頭不負垂髫志，記得城西就館時。」適與心契。蓋僕未嘗忘仙居寺，則當時諸兄亦未嘗不往來于懷，忽忽老至，感念今昔，誰能已於悲乎？李子爲郵，時領教札，又如對面語，第未見顏色耳。

《中庸説》首尾貫徹，受益不細，惟獨知、惡幾與慎獨工夫微有未合。謂良知與物無對，故謂之獨，誠是也。獨知之明，良知固不泯矣。卜度擬議，果皆良知矣乎？《中庸》言「獨」，而注增「獨知」字，言良知者因喜附之，或非子思意也。來諭謂「獨」指天命之性言，得之矣。「知幾其神」，幾者，動之微也；微者，道心，而謂有惡幾可乎？故曰：動而未形，有無之間，猶曰動而無動之云也。而後人以念頭初動當之，遠矣。知此則幾前爲二氏，幾後爲五伯，而研幾者爲動静不偏。來諭似皆未盡。周子「幾善惡」之言，言惟幾故別善惡，能知幾，非一念之善可能盡。故曰：幾之先見，❶蓋至善也。常以至善爲主，是天命自主；常能慎獨，常依中庸，常服膺此一善，是謂先幾。如是而有失有

❶「幾」，蘇本作「吉」。

過，其復而改方不甚遠。若使兩物對待，去彼就此，此豈所謂齋明，豈所謂擇善固執者乎？此宋儒傳述失宗云然。象山先立乎大，固不若是勞擾補湊也。且當物欲意見之壅障，即時消改，以之言事之大者可矣；一言一動頃刻倏忽之間，其何以自謀乎？

來諭精研審察，各依天則而行之，已得端緒。但濬源與導流，未可並論。集義、義襲，孟子所以不憚煩而諄諄也。兄謂如何？❶

與泉口果齋侄

余自冬至後即屏坐一室，❷更不見諸賓客，亦欲收拾精神，了自家一心。即今不出户者三月餘，❸尚未有所得，只覺見過分明，一切淡薄得下，到終時不至抱歉足矣。來諭「静坐乃工夫至密處」，此延平傳授正宗，孟浪一生，未有湊泊。奈何奈何！

❶「兄謂如何」，原脱，今據胡本補。
❷「余」，蘇本作「生」。
❸「出户」，蘇本作「履地」。

與鄭大巡

生妄意問學，垂老靡有所成，而多病早衰，深負夙志。今惟有嘿坐一室，收拾馳鶩，惟念求作淳朴野夫，復還造化，庶幾不枉此生，他非敢聞也。手諭所指，自是質實向裡，乃古人「議論未形，事實先著」之教，得之豈任忻領。執事方以風采動□朝，著功業，壯社稷，即此植立，世道所賴不小。若鄙人僅如前之所云是求，寡一己之過猶恐未能，烏望有益鄉里哉？因之反覆沉思，重有省也。

與淩洋山

蕭麗水使來致手書，多惠，愧感交集。執事聞僕閉關，若有疑於外道者，殊不然也。往年汎濫於各家，深奇老氏之玄，以爲握陰陽之樞紐，可奪造化。反覆參同，究其指歸，而辭隱義微，旁解雜見，不能懸憶，方外庸鄙，口傳尤謬，遂不復留意。二年室中嘿坐，將收拾散亡，專精息念，以庶幾良知明瑩，了數十年心願。然知過雖稍密，欲得一切堅定，尚是遠在，此當以年歲期也。

夫玄學近亦有能言矣，易簡且見効者，大約須絶家室，去應酧，枯槁深山，然後可成；及其成也，又須密意保養，不令涉事，纔勞頓便散失，惟與木石爲伍則可。此聖賢所以不屑爲，決非用世者所得兼也。只自私二字，斷得此輩盡絶。聖賢之道，當生而生，當死而死，致命遂志，殺身成仁，寧作此等見識耶？執事高朗者，可以一言而悟矣。

若愈病却老山中，閒人有當知者，俱俟執事懸車後言之，今徒攴攪人心耳。辱知愛無以報，言絶不隱，❶惟亮之教之。

與劉仁山

前奉答來問，不記始末知止，止處該括動静，總攝内外，此止即萬物各得其所。若見物方絜，果屬支離。止則無倚，與物同體，便自能絜。今世與物應酧，漠不相關，固不足以語此；有持萬物一體之説者，則又牽己從之，終日沉綿於世情，依阿附會，以爲同體。不知本體淪喪，更不返顧，更無收攝安頓處，纔拈静定字面，即若傷我。不知無一物，方能物物；吾心已化於物，安能運物哉！此處絲毫倒一邊不得。若真識得，即無一物亦是，物各付物亦是，更不須回護牽合然後爲完全也。正甫所謂「絜矩未嘗外止」，最是最是！蓋矩即是止，原無彼此。於鄙説原無未脗，執事豈尚異視之耶？

近因寇亂，移家入郡，身獨留松原，終夜念吾人遭毒，惻然不能安枕。有述盜之焚戮者，此心刺刺如割，始知聖學只是完全此念，吾輩講學只是保守此念，除此更無工夫可用，更無功業可求。吾

❶「言」上，蘇本有「故」字。

輩讀書，原爲此事。今世吾人不得其所，只因此事不明，學非其學，故身廢不用。便當誘掖後進，發明此意，畢此心事。所謂其君用之安富尊榮，子弟從之孝弟忠信，千古聖賢扶植世教，不外於此。欲用世顯功業，與吾人求太平，舍講學更無措手處。一切才智力量，舍講學更充拓不成。千蹊萬徑，相併一路，一生儘幹當不了，何暇東馳西逐也？執事聞之，亦慨然否？風便，以數字商量。

尊眷幼郎之訃，聞者色變。傷虎之人也，當之者奈何？往遭妻喪，以未得面訣，又屢見尼，不之聽，已而悔之，故哭之慟。五十之世經此，頗成内損，鬚白齒落之早，有以也。不善處變，又安用學？願執事以吾爲戒。

正月如白下，可期一面否？閩、廣盜充斥吉境，敝邑東南俱嘗其毒，寒鄉幸隔一水，鄉人相率守河，曾有可恃，第緣此士友相尋無虚日，亦不相拒，比前僅不踰户而已。然善後之策，尚屬茫然。天早悔禍，或可紓眉，他未敢知也。

遠書專使，何以相報？惟順變受之命，怡然中心散釋，毋滑天和，千里之贈。

與松峰宗室

來刻精研，慚莫窺際，安能置喙少助切磋？高唫探佛氏密論，究竟無始，啟發良多。至於「靈臺聖基」一句，是又得吾聖賢宗旨，外道有不足羨者。魯齋有言：「萬般補養皆虚僞，惟有操存是要規。」其是之謂乎？到此乃知聖賢之道至大而不局於一偏，如大明中天，不藉爝火之光。乃知萬世立教在此而不在彼者，有以也。高明以爲何如？閒中亦漫有所書，附上請益，亦惟教之。

與胡正甫

《大學》工夫，始於致知、格物，然皆爲絜矩。絜矩是明明德天下實事，第絲毫此間尺寸不真，便絜矩不得。縱云與物一體，終然向外馳逐，未是聖賢有天下不與法度。此處倒一邊不得。學脉從來非一句便盡得，要人承領如何耳。故堯舜事業，只如一點浮雲過空，此與胼手胝足非是兩事。執事謂此如何？若自家未是絲毫不染，一切學脉皆拈不起也。風便，示一言果證之。❶

與陳子爲

前孔氏人去，曾順致一書，兹復附此。所云「增修德義，以厭人心」，足見勉勵邁進，誠有意於古人之事。區區近來衰病，絕應酧一切雜務，終日讀書，與古之聖賢爲偶，何等高爽。以此例執事，想見静中快樂也。

今人篤行甚難，風俗日見汙下。貴地近海濱，尚有淳龐意味。執事能樸厚誠實，躬行力學，内而事親無違顏，外而交友無違心，言信事敬，後輩可視以爲法。所謂「是亦爲政」，豈必有名位，然後

❶「果證」，蘇本作「證果」。

稱得志哉！ 願執事終身成之。 區區亦不敢不自振飭，無負知舊相期，共成千古美業。 千里神交，亦庶幾可瞑矣。

執事閒中勘破得古來聖賢在人世中拳拳盡道，初爲何故？ 是爲自心有所不安，須如此乎？ 是爲他人屬望，不容放恣，須如此乎？ 此處若見得分曉，即過於讀萬卷書。 却從自心自性上磨研真意所在，朝暮温繹，使此處時時了心，時時滿意，時時不敢放恣，便是千古真正美業。 區區有志未就，執事能爲前驅，區區敢不畢力從事。

答周訥溪

「閒中安樂境界，有如唐虞洙泗，非有福德者，不得居此，何羡於天宫？」聞來書形容語，誠令人興亹亹動，雖不相似，却誠慕之。 自交秋經寇亂，念生民慘酷迫脅，身如負芒。 今得蹔息，其境界追别，❶乃知兄所言者，日日相遇，第患人不肯受用耳。

澄湛渾全，發於喜怒哀樂，一以貫之，坦然無復起止。 此其境界，兄已一口道盡，何暇想像鄙人耶？ 人之觀狻猊者，不若畫者之爲工，幸不見兄，故浪得兄長思耳。 問之朝言，想當減去大半省勞念，如何？ 朝言遠來，更爲空負，文既無以慰其思，而學又無以助其益。 雖然，安知不以懲創爲激

❶「追」，疑當作「迥」。

發也？

時事未忍更述，相語有知，「寧爲太平犬，莫作亂離人」，不親罹此境，斷不能作此語，亦不能聞此語而酸臭刺心。鍾離詩云：「閒來屈指從頭數，得到清平有幾人？」即是求之，庶幾日望恢復，可以自解。

與萬曰忠

此心本自生生，萬物皆備，却禁發散不得。精神纔不斂束，容易走透，便於生生處繼續不來。故拙訥遲鈍，資與道近；穎敏才辨，往往幾淺而氣浮。此區區已患之疢，至今未盡歸根，蓋坐是也。然幸於拙處一則受病，一則尚存本質，故終不以爲悔恨。曰忠所患不幸與區區類，而穎敏才辨過之，區區固所不及。其超悟邁往，探玄極深，他年所造，誠不可量。只因此靈氣發散，未有渾朴純固，與世不相通處，此中受病，又非他人所可指陳者，在曰忠自察、自見，自悟、自改。蓋凡於道理看得圓活，事體照得周匝，利害辨得分曉，情僞覺得微細，便是得力，亦便是受虧。知識漸開，如水出竇，開竇雖小，將來滲漉，終難阻塞。年益長，知益廣，受虧益大，而今更無別法收拾。於世情漸刊落，安身漸有地步。時時不昧此良知，如馬被銜轡束縛，即容易脱署不得矣。曰忠此去必達，達則歸來難期。此是終身經歷仕途要緊處，不獨一二年中事也。曰忠聞之，不見迂否？

區區近獨留鄉，親友相亮皆少往來，兩月間如處深山無人境，晨起宴眠，頗覺無事。因悟已往之病，日間此心自有主宰，不走透，恍然足樂。往往思與曰忠面對時，翻不得共此景象。閒中輒復布此，致切磋之意，曰忠亦當思有以報我，毋以其衰弱不足與共事也。

答雙江公

周子曰：「幾者動之微。」此千聖之命脉，至此始盡露其旨。無二，幾也；萬動俱微，是謂知幾；稍涉於動，便是失幾。兢兢業業，喫緊在此。此幾謂之爲一，亦可；謂之爲萬，亦可。蓋一即一切，一切即一，佛家已識此件。若訓爲萬務，不見執中的意思，在衆人視之爲萬務，在聖人視之爲萬幾，微與不微所由辨也。六經指工夫有要緊處，至於提掇語，却又無二，無有精粗，除却執中，更無兢業。以兢業與行所無事作二義看，似尚可論。來諭謂兢業蓋有所在，不知更何在也？

與劉静之

學者談道，譬人問途。途之次第指歸，一言可盡；若經歷，終年不能徧也。志意定，即無適越北轅之患，此却須早決。只以平日聞之庭訓者實踐不違，區區不過督促耳。

與曾于健

維揚書中不忘檢點，慰慰。區區近來因閒静少事，覺此心稍穩貼，無甚存亡之異。此等景象，尋常當俱有之，只爲自家主意不定，奪之者衆，以趨向攻取，容易從散漫中蕩却，以此不成片段耳。風波中更要加意，如把舵然，安流與臨險，手勢亦當别論，自求方便可也。

與周洞岩

病卧榻上，辱執事枉晤，未得盡領教旨。是後即有均里之役，紛紛至今，即此頗知以煉吾心，始知心定處無動静二境之别，因之更有尋向。會龍溪自懷玉來，與信宿頗相印證，不以爲遠，從此可以安身矣。執事昔時曾以「攖」之一字相贈，比見捷報，爲之哂曰：「禍福有定，吾輩何庸心哉？」乃知孔門「受命」二字，無攖無不攖也。冗中裁布，不盡欲言。風便，幸教我。

與劉少衡

吾輩既知以學自命，凡處人世，固當直心直意，不容復有遮蔽。至處知己，尤當盡忘形迹，不容復嫌忌。然於當言當嘿，自有天則，亦不由人加減分毫。不惟區區不能自必於心，即執事亦不能取必於我，此正所謂分殊處。此處容易忽過，便不是精義，終當致悔致吝，學之不容已如此。一以慎於出語爲戒，一以樂於聽言爲心，彼此所處之地不同，而心無不同，分之不得不殊又如此。今世盡從抹撒，似大直致，無有義可精矣。如何如何？出處之際，豈不鑒執事之懇切哉？言之詳者，解其憂之深也。

敬所遭論，士人多爲嗟惜，臨事力量，未見有過之者。第此心或未盡朴拙，若遽捐棄，如美才何？久聞考察辨核，頗得致力，甚慰甚慰！稍有捄正，所補不小，爲善類慶。區區山中無他長進，只覺雜思不生，烱烱此心獨存時，無物可比擬，共故人樂北向以道耳。遠書忽來，既告以善，復分以財，對之赧赧，何以相報？惟執事力學不懈，千里之祝。

與李南屏

某生也晚，不及仰瞻盛履，動丰采於朝行。比退而跧伏田畝，又不能越疆執贄，問業釋疑，爲師以資之助。徒聽士人敘述，咸曰：南屏公倡明正學于其鄉，純純然篤厚君子。庶幾所謂子弟從之孝弟忠信焉者，則私心愧慕，以爲不及，猶念未聞緒論，發其顓蒙，以厲怠肆。乃今不遠數百里惠之教言，反覆於體統、工夫之詳，惟恐後生陷溺於所見，持勝心而不知自反，以爲斯道之害，亹亹數百言不輟，誠憫流弊而思援之，此嘉惠後學盛心也。某何幸獲此？譬之行者，有指途而爲之先驅，即懦夫且奮足促步矣。

某質最下，少年妄有志於古人，自先師谷平先生見背之後，自以爲學絶道喪，師友凋落，所恃以爲吾之準則者，賴有賢聖之詩書幸而可求。故曰：尚論古之人，誦其詩，讀其書，又論其世。蓋學本無窮，非可以一人之見遽爾抹摋，塗生民之耳目，罔之使入陷穽也。以是聞言往往未敢輕附，而必反之於己，以求合於古人。近年衰病，屏棄應酧，獨坐一室，益見吾之此心與古人之所言尚覺遠甚。如來論理一分殊與夫知行之説，固皆先儒喫緊爲人提掇指示，使不至茫蕩簡畧耳。所恨時過迄無所成，惟思收之桑榆，如古人所謂吾還造化者，日以自効，或不至自辱耳。遠聞先生瞑目端坐，收視反聽，獨寤千古，必有深得於中難以語人者，故姑舉先儒數語以開其端。

與吴冠山

不肖少而學道，白首茫無所知，一切見聞，皆非己有。今覺仁體一段意思，却是吾儒本真，當下遇境，隨分應酧過去，此間不敢因之厭怠馳逐，方爲了事。日間亦漸以此自遣，若來諭本貞原是打坐人，合當理會。却近來悟得如此而生，如此而死，原是吾儒本分。於中有所着意，似不受命，故與向來所見，又若差别。

答劉可賢

書來，喜慰喜慰！久矣此音不聞。蓋凡來問者世情耳，未有爲身心者，非吾可賢其孰能之？能使此心皎然，無摇改忽畧，此已漸有次第。其云執着，乃用工稍生自有之，到純熟自當輕省，不可便生厭心。此處一有憎厭疑貳，便是邪魔作祟，絶不可放過也。古人爲學，多以三年爲言，言其久也。烏有少嘗試而遽求方便者耶？知見之長，乃其生意，非吾所能與也。不觀樹藝乎？吾嘗栽培者，根本耳。至其爲枝爲葉，即老圃不能必也。今於初下手便思長知見，譬之根未着土，便思何處生枝，何處發葉，不已過乎？此心只慮不虚、不凝、不存，收聚之久，雜念不興，如樹根本足，春意纔至，當勃然不可禦。若疑皎然者不見靈明，即如根本上何得有枝葉來？然未有求枝葉不護根本者，可以譬而解矣。此件若欲啟發明爽，無如《傳習録》；至其規矩匡廓，無如《二程全書》。既能自持，又即二書印證，久之會當有豁然時也。工夫節次中，自有無端景象齟齬，不妨時時見問。兼館中優暇，正是專精之時，煅煉可以堅根基，不患至應事時有蹉跌也。珍重珍重！風雨中正爾獨坐，答此如對面談。

與王養明

敝都評議已定，大凡處人之道，當委曲調停，不得與物爲敵。真能前後左右均齊方正，始是絜矩，始能使人無怨。如是而猶有怨，非我致之矣。自始至今，幸絶未嘗有厭心，故終日紛紛，絶未嘗覺勞頓。緣動神而後有勞神，氣不動即動應，與静中無有異境，此中虚而無物故也。經此一番，又極領益，只自處與處人，未動絲髪意，便自無事。稍涉動意，未有不應者，此學問印證處也。又因以知聖人順以治天下，天下靡不從者，不問可知。徵之目前益信。恨老矣，無能遠致，徒小試自信，爲吾弟決疑耳。此意向他人勿道之，相信者不妨相率而詳言之。經事乃知得友之難，拳拳與人爲善，吾輩之職業也。

答劉行甫

來書中儘有好商量處，大段在一念。自考念頭能真割斷，即何事更能相染，所謂大虚不着色相者也。然今却未能即了此，却須隨處用磨煉工夫，大段静斂，豈不是此中却藏了好散逸懶惰之病？能無問事之清與俗、地之閒與忙皆有用處？

至於秀才又有本業，多讀書，熟作文，又是本業中當盡職分。舍此别尋一種清閒世界受用，却是禪家解脱矣。能於讀書作文中一毫不苟盡細泥功夫，❶便是執事敬。蓋此事乃聖人精藴，能與窮究到底，非細心如何做得？推之事事皆然，他日始不落空虚障。

近日出山，有所警悟，故以告吾子。相見同志，亦煩語以此説。能如此用功，而透得不染一着，却是真欛柄矣。

與錢緒山

兄在南浦，一日未安，則弟不能安松原一日。今離去大遠，此心如何？兄見《夜坐詩》中間指先天之病，非謂先天也，謂學也。記得白沙《夜坐》有云：「些兒若問天根處，亥子中間得最真。」又

❶「泥」，四庫本作「膩」。

云：「吾儒自有中和在，誰會求之未發前。」是白沙無心於言也，信口拈來自與道合。白沙雖欲靳之，有不可得者也。不肖正欲反其意，而言不自達，爲之愧愧。然不敢妄言，乃尊兄終身之惠，不敢不敏。病戒多年，復此喋喋，不任皇恐。

與習時甫

前胡盧山君來顧旬餘，備詢動息，云獨處小園街衢中，無往來跡。其他無問，即此可謂能立志矣。人之一身，猶置器然，置之安危，則安危隨之。聖賢庸鄙之歸，亦猶是也。一日不學，即同罔生；頃刻能學，天地清泰。何樂如之？來書所言，應是静中與動未契。凡動未盡契，皆由此間静中尚有絲毫執着，果空到底，眼前皆屬尋常，孰爲相忤對亂叢？此間清淡如水，方是真驗。與平日迥異者，染不得也。染即不宜相近以勝之。近賴諸友相尋者多，頗不落莫。如此而始，如此而終，足矣。幸執事前驅夾輔之。

與王信卿

不肖衰矣，無所求於世，惟得賢者朝夕，可畢此生。來教大殷，擬非等類，自顧增愧色矣。方主精明，懼落睹聞；方主混沌，懼入昏瞶。此於識認處未端的，故有此疑。今有見亡子而疑其爲妖魔矣乎？終日一意内照，不起息滅想，不起作用想，任其自動，務求的實，或真或僞，必自能辯。即此能便自有得。大端貴久遠，不貴速化，道未易至故也。

答杜道升

來諭隨在有感，受益不細。所言「疎遺」一節，畢竟當時重於向内，有虚寂象，故如此。自來虚實、寂感、内外，原是一件，更無兩件。言其無有不是，故謂之實；言其無少夾雜，故謂之虚；言其隨事能應，故謂之感；言其隨處無有，故謂之寂；以此自了，故謂之内；以此俱了，故謂之外。真無有分别者。真能時時精明强健，真一切俱了矣。但謂虚寂本體，常止不動，却要善看。不然，説本體，説止，❶説不動，便能作梗，便不是真虚寂矣。

與伍敦夫

卧病數年，故交疎絶。非朋友之棄我，實自不能當應酧也。一見傾倒，烏能忘情？吾儒有正脉，久矣不續，俟之豪傑。自愧負平生，遂令相知捐以爲鑒。❷阻其前進，是空談之罪也。雖然，豪傑有待乎哉？疇昔之夜，言雖不廣，不甚背於父師之訓。賢弟能果悚聽惕思，是區區者傳述父師

❶ 「説止」，原脱，今據蘇本補。
❷ 「捐」，四庫本作「指」。

之訓不謬，可以免於罪矣。百年倏忽，相晤能幾，萬萬珍重。

答曾于野

三月二十五日，得二月初手書，中間條寫問學委曲處，自來未有若是之殷。山中得此，感助不少，真百朋之錫也。謬意於學，自二十三歲始，然起滅相尋，歲復一歲，雖有警懼，終不免失枝落節，入于罪過常不自知。近始可以承籍，又苦請正之遠。故於來書，真不忍釋手耳。處處從小利害克治，便是克己實事，便是處死生成敗之根。亦不論有事無事，此處放過，更無是處。於克治知費力與濁亂，此是生熟安勉分限。不安分限，將下手實際，便欲並成德時論，似稍懸絶。此涉於比擬大過。不知工夫純熟，只在常明少昏，漸漸求進，到得成片段，却真是咽喉下能着力，能下此刀，與一念一事是非不同，却是得先幾也。據來示請正，惟近者日進高明，尚煩指誨。

與姜鳳阿

七夕得正月二日書，感日月流邁，爲之惻然。不奉執事德音二年，海内寥寥知己，能復有幾？執事不釋於生，猶生拳拳於執事也。自己未閉一室，今四五年，正欲謝絶應酧，完養精力。中間經荆川諸君之變，與外警之侵，終不能使耳目廓然一無所染，畢竟少事，得稍專精，自後相見可減愧色。以此絶無閾外之思。來書責之之意，厚矣，厚矣！生亦豈忍自比於沮、溺、荷蓧之流，以負夙心哉？顧於出處之義，頗有分限。多病羸廢，天若痼之。然殘喘少留，得與鄉之子弟一二人紬繹舊聞，以畢私願，是人之有爲，猶己爲之。聖賢無窮之心，雖不敢望其萬一，然亦庶幾餼羊矣。豈必盡出於我，然後足以稱心哉！又因來書，竊以自慰。以爲執事既以此責之生，則必以此責之己，而不忍一日忘吾同胞，以答其相望之素，則天下未爲無人也。以天下而有是人，則生之羸廢爲天所痼者，乃所以憐之以遂其私願，又未爲無意也。執事又何諉耶？

答劉汝周

天下至賾，不可惡也。學者不知惡智，而誤以至賾爲可惡，左矣。行與止，皆有止者存。行有時而無，而止無時可息是也。今之忘工夫者何哉？非有大不忘者隱於中乎？故必大忘而後不可忘者存，此非人可爲也，天也。莊、列窺之矣。來簡頗近之，然非言也。於紛擾中未嘗忘，乃近之也。識之哉！

與李石岡

講學一路，生未有得。自顧一生從事，不謂不久，承問不任，愧愧！執事如有意於此，以爲安身畢老之務，真不世希際，生敢漫聞之。

夫明道諸君子所以承此統者，非以讀書之多，積久而致然也。明道嘗云：「吾學雖有所受，天理二字却是自家體貼出來。」是體貼者，明道自爲之，自得之，無所籍於人也。謂純熟必竭才而能，此實言也。生嘗侍執事矣，諸好不動，歲月甚久，即此便無支吾。言支吾，即是竭才。所爭只動静打併如何耳。此心原無内外可言，以内外分，原是俗見。有内外，便有動静。若真體帖此心，當下説有説無，果在何處？於此稍有分別，便是真見；守此不少攙和，便是真得。六經、四子皆言此事，此事到手，便書本俱是實話，亦便是閒話。從此日用安閒，縱盡遺忘，始是好處也。

與傅國卿

吾輩有數十年不相見，而學問真實者，謂之日日相見則可。相見之實，固不在言語相接、拜揖之殷勤也。來諭所謂「形氣以後，自我本來真實」，似矣。乃又謂漫無歉己之説何哉？此處不得放過，須是一刀兩斷，是非善惡立辨向背，未可依違也。

與許敬菴

遠承惠問，有若莫逆。山中懷人之念，勃然有興。此學所賴於人者，在自尋求，即身發揮，漸有自得。一切言句，皆拈不似，此乃實語，與尋常追風捕影者不同也。先生豈有意乎？惟自省察，不盡瞻仰。

與劉見川

久因病廢，日遠教益。近始得侍諸友，朝夕辱兄審慮而提撕之，何幸何幸！孔門博文約禮之教，無非即人身心納之規矩，固非爲玄遠也。今世則不然矣。夫不誘之以規矩，而惟玄遠之務，猶異是閉之門而談天衢，不可得也。一二年來，深懲此弊，諸友相從，畧有徑路可尋。令郎静之弟方將有事於此，賴公之力，早入徯徑，即不恨聞道之晚也。臨書不任瞻依。

與王少方

前漫述静功，奉叩新得，而來章歷歷俱有着落。蓋静可言也；静中自悟，向此自進自求，非人言可及，亦朋友所不能盡也。幸時刻不忘了己了人，至大之業也。

與詹德甫

静坐澄心，乃是一生功課。來簡所指，亦畧似之。至於動静不偏之論，又爲解説分疎，不是尋求本色矣。須自查考動静，如何不偏？如何是偏？此心動念時支分不及，何處是静？何處是功夫？此中須有着實，有下落，方不辜負言語也。

與王瀾溪

盛价回，承手書，斬然以理自命，無復濡滞于朝夕之間，喜甚喜甚！平日立心如此，何患無出脱時也。但居官自有常度，望以非分，似爲失中。無以進取，惟日所安，無小無大，無進無退，得之矣！如何如何？

與吴蓀塘邑令

歲暮辱托人致厚儀，有庖廩繼餽之愛，某非其人也，何以堪此？夫分財之惠，雖一介猶千金，然顧吾心之安否何如，不可得而輕有所取也。昔者之賜，在執事則甚惠矣，在某則甚有不安於心者。舍其所不安而貪其惠，無乃爲君子之棄乎？執事念其居止之敝，而欲以此補助之乎？則一邑之無聊者亦衆矣，願廣其施于一邑，使一邑之士與民仰德愛之覆庇也，若夏屋之渠然，其於惠也不既溥乎？順人之情而不强使其足以自慊焉，其爲賜也不既重乎？非執事亦不敢以此言進也。唯高明諒之。

止先輩祈恩澤書

昨日傳聞翁有祈恩澤疏，不肖獨不之信，以翁清介老成，歔歷中外者數十年，一切進退出處大義，豈有難曉？ 而復爲此舉，竊爲翁不之取。 然知翁必無是事者，以後生之所不安，必先輩之所不講者也。 今世士大夫戀戀不能去位者，正以恩澤熒惑其心耳。 是以進則不勝其慶幸，退則戚然自顧以悲，有能解脱於聲勢之外，而一切無所冀望於沾滴之餘，豈惟足以占其平生，其爲世道補益，固不小小也。 翁平日自處何如哉？ 且身爲八座大臣，更歷三朝，與前輩名碩皆爲行輩。 今既完名以歸，歸途必不須貸借以行，歸家必能自給，必不使子孫即至凍餒。 而顧以恩澤爲言，士大夫之間必曰：「此翁不能舍恩澤，其不能舍官而去明矣。 大臣不能舍官，吾輩禄薄俸微，其何嫌之辭？」又必曰：「大臣久不去位，必非爲朝廷任事，皆不能割舍所欲耳。 吾輩亦何苦槁身焦思而建立於無報之地哉？」朝廷之上亦必曰：「所貴大臣者，謂其有絶德足以表下者也。 乃今無異庶人之行，吾又何望焉。」於是指區區名利餘穢，真足以制士大夫之死命。 而處之之禮，皆以一切縛束呵斥，如驅犬豕奴皂而與之食，損臣下之節氣，驕主上之謙虚，未必不自此等事始也。 先君與翁爲同年，心每相向，固知必無此事。 然猶云云者，以不肖受翁起死之恩，聞而不以告，則視翁大薄。 寧爲妄言，無寧默悔，欲翁不至於瑕疵，固將以爲報耳。

復三符翁論濮議

昨承手諭，極媿淺識，不足以定國是。 濮議與興國事體大不同，此兩項正當發明，使後日統嗣二繼，方無沮滯也。 繼嗣則所生所後皆稱父母，於義爲當。 蓋事須據實，方謂之經。 按禮服：既謂所生父母降服矣，又謂爲之後者爲之子，又謂於所後高、曾、祖、父母、妻，妻昆弟、昆弟子皆若子，則禮意昭然明矣。所謂義重於所後，服降於所生，自不得不兩名者也。若曰混於無別，宜於所生加「本生皇考」，亦自明白。「本生」二字，一則據實，一則表恩，亦自隆重。後世徽號多至十餘字獨不嫌冗，乃嫌冗二字耶？若曰嫌於兩考，則今之律令有三父服，又何多也？父母一而已矣，未有兩母而後有此身者。今曰前母，曰繼母，曰嫡母，曰慈母，曰養母，曰乳母，曰出母，名稱不一者，皆人道之權，倫次之變，勢有不得不然者也。若曰稱「親」，稍見歸一，則不惟失之大文，又反示以疎遠。何也？親親之義衆矣。本宗聯屬曰親，外姓姻婭曰親，父母通稱曰親，親何指耶？若曰陵園封謚，祭享或厚或薄，不甚關係，自有權衡，不足預定矣。繼統則明倫大典，萬世不刊，前聖所未發者也。何容喙哉？昨者票呈於濮議下，書曰：「當不没父母之名。」意正在此。但筆札未終，坐客常滿。兼以雨雪硯冰，手僵不能盡其統紀，故復此喋喋耳。望批教之。

答王克齋都憲

不肖抵家以來，即冒暑卧病。忽邑使扣門，致手刺坊價一封，雖未面對使詢其所由仰知，必出推愛俯念其饘粥不給，而欲假是以相助，其爲惠德至重隆厚，不肖所深感激而佩服者。第自省考，深有不安。竊以曩負虚名，冒于榮寵，一紀于兹，寸力未効。進無益于國家，退無益于鄉里。使天下之人菲薄士類，謂士真不適用，而徒靡廩食；功不及涓埃，而月費斗石。空言之病世若此，故累善不足以酬責，而士之榮辱進退，於天下了不相關，非天下不知重士，士固有負於天下之望。如不肖者尚何以自解耶？故不肖嘗謂使躬畊田畝中，猶有慙於農父，以食力之與媿心，相去固相遠也。不肖居室僅容膝，無肄習之館，歲租于田，尚不足糊口。每占水旱，爲一家食計，即尺帛斗粟亦可資潤，矧數十金之惠，何敢自殊於人情？惟平生耿耿之意不欲掩蝕，寧使其勤苦而歡顏，何復他望？恃公知己，遂露寸心，敢以來封付邑使繳納。來封有邑印，度邑令必有陳請，惟公亮其情而收成命，不肖受惠德滋隆厚矣。

答問喪禮

喪禮之廢久矣，士大夫鮮談及之。孰能於昏迷中勤勤懇懇，惟恐不合於禮耶？夫禮，緣人情爲之，非有一定。古之禮節，未可盡同於今；今之人情，未始頓異於古。君子者，權衡其間耳。《禮》曰「支子不祭」，又曰「廟無二主」，此爲宗法言之也；又曰「仕於他國，別爲祖立廟」，此權衡也；「身爲國賓，不得以終喪請」，今制也。情之在己者，不有得爲者乎？《禮》：「聞喪未得奔，即爲位而成服。」此虚位也。古之爲位若此，後世有以衣冠，有以几杖，有以圖像，而程子曾用木牌紙書，此可爲法。《禮》曰：「知神之在此乎？在彼乎？」可謂達鬼神之説。情有所感，洋洋如臨，何嫌於兩在乎？即寓設位，朝夕朔望奠如禮，居則衰麻終喪，出則襲衰從事，錦綺不御，宴飲不赴，此皆情所得爲者也。古有墨衰，今不行，惟襲衰近之。紗帽覆白巾、青布，員領覆麻衣之類。如有國君之事，則易衰以行。國君事，如祭祀、朝賀之類，行之亦非浹日，故可權。朞年之內，事有可已者，姑遲待吉，此皆所謂權衡也。事得已，如奉差、遠行之類。

雖然，此文耳。至於哀親之情，存乎其人。如其哀未忘也，雖服吉何害？如以儀文耳矣，雖衰終身何益哉？故曰：「三年之喪，如白駒過隙。時易情渙，鮮能終禮。」此古人所以病厚慈而薄孝也。吾再執親之喪者也，知其難，故言之不易。孔子曰：「喪事不敢不勉。」聖人且然，矧吾輩乎？

答魏大巡

日者，伏聞彩鷁將下文江，擬隨漁舟得望丰度，未幾傳言津符遄發，不可追矣。前因陳兩湖以書獻，意敝邑荒餒特甚，得推愛遣官平糴，稍緩旦夕命，且可易陳爲新，增一爲倍，官民兩利，勢或可行。未知賜允斷否？他鄉不可知，若目所經見，禾畝甚茂，可期大稔，止一二旬之急耳。敝邑所遭者，皆百年絶無之災，而竟免於大變，出於望外，此執事無疆之惠也，敢忘頌辭？方抱遐思，忽邑使將命，爲飾里門。且云：「費不濫施，俱由殊寵。」不勝媿汗。洪先自玷科名以來，反顧無片言寸長可以酬義。上負恩私，下慚鄉里，每一念及，靦焉不寧。且敝廬可以庇風雨，衡門烟草足藏微踪，又敢私冒往銜，厚增隱疢？故當道有所借潤，咸用避辭。非故矯跡，實存深創。今執事所以待不肖者，既異泛常，更復固守舊情，豈不背德？況當歉歲，同氣告饑，謹盡以付之，俾沾沛澤。古者一飯猶切報心，内省疎庸，何以稱此？惟當砥礪，能甘同木石，庶幾没齒永無媿心，有可免耳。草率勒狀不詳，伏惟鑒亮，不次。

奉黄久菴公

奉别先生七年矣。七年之間，不能以尺書進，乃辱手教再書焉，而又且以不久聚爲恨，以不盡言爲念。自顧不肖，何以得此於先生哉？竊用感激。惟迂拙之質，妄意問學者，二十年於兹，而未之有聞。近獲罪戾，屏置物外，而又重以災患。既得摧愴之益，於是終焉之計久而益堅。所念先生抱世不常有之資，操物無以尚之志，而又當舍我其誰之任，乃使用不深究，徒令人悲，此其關係豈小小哉？

嘗聞孔顔自任矣，曰「用則行，舍則藏」，他人莫得與也。其意以爲時止而止，時行而行，非達天德者，不足以語此。故夫未嘗無用也，欲此道之畢行，而無一毫己私之干涉，此難能也；未嘗無舍也，欲此道之畢藏，而無一毫己私之怨尤，此難能也。是則聖人豈必大用而後足以自盡哉！居鄉而鄉善其俗，在家而家安其教，修身而身見於世；進則贊天地化，退則與木石居，可屈可伸，可榮可辱，可小可大，而不可雜以非道。是舍之而道未嘗不存，學不以舍而廢也。先生所謂筆之書者，豈謂是耶？

千里而遥，既未有就正之期，耿耿寸心，徒以言往，言固未能達也。萬萬自愛，以重斯道。

復劉南坦公

青原山中别一菴君，敬陳啟事，不見長者之罪，盻盻然俟後命，久而不至。忽撫臺遣使致緘書，奉周視緘必數四，皆有手識，既驚且歎。而高詞激發，古調沖眇，若鴻冥鵬舉，鸞鶴交鳴，加以首服，副以圖書，若瓊玖璀璨，綺織繽紛，用目不及，而心已飫醉。已而繹來教，則又若父師之臨，提其耳而授以周孔之書，且鞭撻而程督其未至，扼德之念，逾于感惠又萬萬矣。洪先何幸得此於長者哉？

洪先不肖，每歎今世師友道喪久矣。往來問訊者，不過狎昵之私，正所謂以姑息爲愛者也。孰能相責以義，相勉以善，而以天下爲意者哉？夫天下賴以維持者，在吾士人；爲士人者，止於寒暄起居之問，無復他及，則亦無怪乎風俗日侵尋而不可返也。凡來教所云云者，皆不肖所痛心者也。竊然所可媿，而反責追咎者修習不力，未有與非之不顧之勇，磨之不磷之操，觸之不驚之量耳。竊觀自古名公鉅人，其身足以繫安危，其言足以定是非，往往不出於是三者，故不量誠欲以區區者與之頡頏。然是三者，非可以意相彊力而得也。❶兩年以來，居不安室，寢不終夜，以未得取正於海内君子豪傑之士爲恨。惟長者在今時，譬之罷釣之漁，風波出没，身所嘗試，非獨能言而已也。誠以其操舟之故，有授之於人。其人無志於魚則已，有如不畏險而冒進焉，有不以言爲恩者哉！若曰

❶「彊」，原作「疆」，今據四庫本改。

以□□爲樂，以返朴爲宗，是爲異端增飾籓垣。

不肖近已改步，惟氣體素薄，遭喪以來，疾病歲加，弱息數齡，更無弟妹，羸粮越疆，坐是遲遲，豈天有限之然哉！仰惟純嘏日茂，聰明天啟，繁祉多祥，豈獨鄉邦之賴，洪先所恃以自淑者，惟宜節是禱。别紙訓飭，不敢怠忘。

箬溪公以十月二十五過南浦，使者立取復書，草略殆不可讀，惟長者賞其意而頻教之。

答傅應臺都憲

頃者病卧深山，不得遠趨召命，面承所以勞心撫綏之詳。方自以爲得罪，忽有人自城邑來，傳聞執事於鄉之諸大夫，令有司人具綽楔銀若干以相餽，而不肖名亦在數中。方懼得罪，繼復蒙此，其爲媿感可知。而其不自安者日益甚，故不容不向執事言。

夫士大夫之居鄉也，有本業；而邦君之交之也，有故事。進也食於人，退也自食其力，而不以病其鄉人，此士大夫之本業也；邦君者之與交也，固以其賢也，訪其道術而揚其聲光，可謂有禮矣，其貧不能自給以辱邦君，則邦君特周之，不概施也，而受者亦曰免死而已，不盡取也，此故事也。往時邦君至敝邑，其餽賢者以餘廩數升，致盤飧焉，莫不以爲加敬。其後乃有綽楔之飾，然以施於既死而不及其生存，意曰「使人無忘其賢」乎？厚之道也。其後有及於生者矣，則猶周之之謂也。而近日乃得概施之，執事豈亦以爲先朝故事嘗有之乎？傳聞周文襄公在蘇吴時，亦嘗多飾士人綽楔，下至浮菴野刹，任意施予。當是時，府庫充盈，輸將及期，取羨餘爲之，而民不告病。然公卒亦以是得謗。其上執政書，至指天日爲誓，猶不得白。議者謂爲高才所使，此得公之似者也。不肖夏間二出山，❶嘗見一二有司，訴目前催何項拖欠，銀數止百餘兩，而一邑數萬口不能給，呼譽杖下，誠不忍聞。莫不攢眉束手，以爲大息。近又親見族中人，以一日支應，箠楚就死，而家亦破亡。問其故，曰：頃刻浪費，不能猝辨；猝辨不及，則重利行貸；行貸不與，則損直售業，而猶不得足。觀其勢，不至質妻賣子不已也。夫以質妻賣子支應邦君之一日，邦君何嘗享之哉？從邦君而來者，有司莫不以邦君事之故也。大抵甲辰以後，歲歲荒歉，而額外新科，日出日益。今執事往來撫綏，不敢寧居，而以鄉士大夫之故增一猝辨，夬非得已。第恐以近日故事，不得不舉，而執事才力，又若與文襄相似，故勉令有司者爲之。縱以此得謗，知不復悔也。若鄉士大夫之賢者，人人推執事之意，以其所餽分飼餓者，歲亦且給四五十人，使皆食執事之惠，何不可者？第恐至於違命，則亦不得不以一己專享之。而有司者奉行無法，則重爲鄉人之病，亦非賢者所敢聞命。今幸有司尚未舉行，願及此時豫止之，適足以彰愛民重賢之意，其於一切事體關係不小。且望他日，亦以此告之代者，無使後來復踵故事，則亦執事之留惠也。言之過直，正恃大度能容，萬萬不罪。

❶「二」，蘇本作「一」。

與張石磐公

小价武功歸，承手教褒答，且誘以登陟之樂，感甚感甚！往時懷五岳之念，聞人談奇勝，輒生羨心，亦以高人達士多潛其中，庶幾一遇云爾。二三年間，自開蓮洞後，翠竹青巘，儘可自適，然猶每歲不數往。於是悟曰：「舍近騖遠，不已惑乎？」舊念因之十減八九。又覺日間工夫，皆因奔馳，遂成擾雜，欲尋向着裏，宜在静中。冬來杜門，實以是故。倘稍有影響，求正左右，藉此爲久侍之計，則不敢憚勞，兹未豫期也。寒氣漸甚，萬萬加愛，以惠斯文。

辭張東沙都憲坊金

自執事之蒞敝土也，思有請益者，書不達意，相見止數刻，又即不能了了。旋聞内召至矣，因倉卒具狀以先行，託不朽於名言。已聞羣使言，節鉞東行在旦夕，或追不相及，遂不復再書。不謂尚留南浦，又勞記憶，遺書爲别，且致餙間之惠也。然則前者狀不肅，使不專，得無爲執事所訝耶？爲之感而復懼也。

生嘗辭坊金矣，非敢爲違衆之行，求矯情之譽也。正懼君子之惠贈，不能自安於心也。官帑之積匱矣，而上供之數，日益不止，持籌者方旁皇無所於處，何暇至於廣施哉！此區區之愚也。然在他時然耳，執事固已洞然。於此亦循故而不之改，又何耶？假是以爲相周，則生宜無所辭，第恐後此復有所拘，難免於逭責矣。惟執事聽之，不以爲罪，幸甚！先高祖以布衣老鄉土，不工述作之事，無以見知當世。施及眇末，又不能有所建立，焜華其族閥，是隱美寸長，泯然鏟蝕，此其足悲如何哉？雖然，哲匠鐫形，回生氣於没世；至人鑒理，揚表式於羣倫。死者何知，善人以勸，是一言九鼎之重也。執事惠愛拂拭，其孰踰之？來章垂戒，敢不策勵？鳩之不媒，櫟之不鑿，性有限矣。皐脛犧樽，誰辨怨恩？素禁遠問，不復續音。勉樹令業，以道自處，固所以報也。

與雙江公

今歲不數數得執事書，前兩書率易有請，皆甚謬不足入覽聽。盛使貴二持十月所寄書儀，高文華卷，厚幣重觴，茅屋窮窗，照耀赫奕。犬馬之齒，倏及五十，衰矣！分與糞草，同委山野。稱借之過，錫賚之蕃，何以堪之？對之幾至掩泣。愛之深，不自覺其惠之傷固如此也，感愧豈言可譬？將來日月稍餘，敢不自勉，求少進以副期待耶？執事功業寵渥日盛，此不獨知戚之喜，謹列狀稱慶。

別紙見諭，當道欲以軍旅物色荆川與生者，極力説阻，恐終不免。聞之且愕且喜。荆川命世之傑也，其行峻潔，其學精進，其志堅剛，其精力壯健，世不用則已，小用則小益，速用則速效，而又無擇於遲速小大之間，此世道之賴也，故可喜；若生非其倫也，非其倫而概求之，故可愕。願執事爲我圖之也。

往年鋭意功名，以爲人生不展拓則已，立乎其位，務使君享其成，民被其澤，然後奉身以退，斯無覥顔；即使卑官下僚，無所厭悔；不幸殺身碎首，亦當談笑從之。故嘗高魯連東海之節，壯少游馬革之語，蓋得之天性固然，不自解也。歸田以來，攻苦茹澹，淩冒寒暑，躍馬彎弧，身習馳突，考圖觀史，曲盡險夷。意謂任其職，庶幾即有其具，不至束手擁位而已。

庚戌之冬，警報疊至，當是時，目不交睫者月餘，已而病作，幾於不起。兩年以來，齒落二三，鬢已半白，稍近書册，則頭眩目痛，夜廢熟寢，即飲食不甘。乃自悲曰：「吾已不復可久人間世乎？」則又自反曰：「使吾無身，吾復何爲？」則又自反曰：「使吾有身，又有所爲，於性分亦何干涉？性分不有大於此者乎？」於是回顧向之所嗜慕者，蕩如飄風，澹如嚼蠟，脱如振槁。雖妻孥相對，如處深山，收視歛聽，坐以待盡。一切章句見解，世俗技能，甚若傷我，不能復親。蓋緩急輕重之辨，其勢然也。執事知我者，豈不以爲誠然哉！知其誠然，聽人之求，而不爲之所，何也？違期之罪，在近例不過爲民而止；拚爲民，即可無事。第不免形迹怪異，驚動耳目，故莫若豫計而默寢之，彼此爲兩得也。執事豈謂當道姑以軍旅行召，旋復他移，或還舊物，其職不過供應入直講讀諸務，殊不妨碍。此在少年可耳，以向衰之年，俯首硯筆，竭心思，徼寵利，未見其可。至於假途躐榮，累資待次，尤其所不欲聞也。若憐其早歲登第立朝，不踰再期，枯槁山林，不無可惜，此特待之大卑爾。吾儒名教，所守何事？退不失己，進不尸位，其道同，其責同，且性分固有真貴存乎在我，外物何得而

與哉？古人有迫於饑寒，苦於僕賃，不得已而爲之者矣。生幸有薄田百餘畝，歲入可給饘粥，弱子
多疾，福量輕淺，正不欲以厚藏美業累之。雖近日移栖，多所稱貸，二僮販易，久亦可了，吾何求
哉！且仕非爲貧，而吾之官，亦非爲貧者所宜居也。夫子有言：「邦有道，穀，恥。」恥之於人大矣。
生不幸得之天性者，恥心最重，稍有違拂，輒憒憒，恨不即死。自其少時，已不能被華袪新，與羣兒
競侈。其後取科名，官翰苑，他人以爲至榮也，每旦候鐘入朝，坐史館，書公會，出則垂鞭緩轡，歸舍
偃卧，對食嘅歎，不能甘飽，誠不欲以此身爲豢養物爾。及被罪歸，褫服乘蹇，出大通橋，行道指目，
有可憐之色，自顧此身，若釋重負。夫翰苑，無政事之煩，有儲養之貴，使當時低徊俔伈，守其常度，
積日累月，位可序登。然人競進，而己顧思退；人競榮，而己甘受辱。此其不能自解者，亦其福量
輕淺一驗也。昨得書，歸語之婦。婦曰：「不做罷，無若往年被罪恐嚇人也。」嗚呼！婦人之見，何
遽至此哉？彼相從於患難，見其害不見其利，又習知其平生所安，故能以是相勉也。

聖賢遠矣，東方朔避世金馬門，汲黯願出入禁闥，趙充國請擊先零。彼三人者，所業不同，然皆
視天下如一家，知其力足以任之，故皆無所嫌避如此。天之與我者何如哉？苟得性分之真，出其
緒餘，以委曲當時，大小必有所濟，三子者何足道哉？顧其所不能者有四：學問空疎，高之不能善
世利物；性氣悻直，卑之不能諧俗同人；識見淺陋，内之不能追陪暬御；筋力綿縱，外之不能效死
封疆。上負聖主知人之明，下負諸公知己之愛，亦竊以此自悲，卒莫如之何也已。人之置身，有如
置器，其安其危，定計於早。大要由己者，可以進，可以退；由人者，進亦難，退亦難。故衰者不可

以語勇，病者不可以遠謀。何則？在己有所不足也。生豈不知長往不返者爲苦節，爲我自私者爲末志，而與時消息者爲中行？譬之飲酒，有數升而醉者，有數斗而醉者，有一石而醉者，及其既醉，不復可强，亦性分則然也。故量己而進，進則不辱；非力不取，❶取必爲災。生自決久矣。

去歲與荆川别湖上，論及出處，謂之曰：「兄不可不出，吾則終老山林耳。」荆川不甚許可，彼蓋足以任之，故其見與生稍異。執事聞之，得無又以爲希高慕大，好奇喜新矣乎？生年五十，縱有希慕，時已不待。虚名無實，於我何有？然而云云然者，亦稍有見於性分之真，不欲負其平生也。天果有意於我乎？必不令其多疾而早衰；天如無意於我乎？相知雖衆何能爲！我果有聞於道乎，舍之不足以爲損；我如無聞於道乎，用之益非其所宜。已矣，已矣，幸勿復言！

長林邃谷，一介不通，瞑目委形，百念皆弛。考其言，無一編之書；責其實，無尺寸之效。泯泯默默，以還造化，豈於性分，遂有歉乎哉？望執事成之，不爾，終爲聖人罪人耳。事有關係，故不避諱。惟執事不以爲迂，幸甚！

答雲泉宗室

往歲，戚友劉龍山歸自平樂，爲言粵中有清貞君子，處黻冕之貴，素履博服，栩然不知其身之寵

❶「不」，蘇本作「而」。

辱，有韋布積學者所不逮；出其緒餘，揚性靈，序物則，則藝苑稱宗，名流讓實，蓋殊産也。聞其言已，灑然猶以爲無徵也。他日族姪果齋書言之，❶戚友李相峰再言之，信矣。比承惠書并諸染楮，颯颯乎古之遺音也。材碩而瑰弘，思玄而締密，建安陳思之儔也。乃伏几吟誦，如聽黄鍾於清廟，茹紫芝於玄圃，不知今何世矣。

生抱拙守陋，未能遠軌前哲，窮窗散帙，大率濂閩之餘訓，而弱質早衰，研究多廢，烏足以窺大方。而高誼旁咨，要其蕪語，豈信耳之過耶？可媿也。被罪以來，惟土物相近。華篇幽尚，相視不遠，竊動臭味，敢辭疎遜？先此爲容，西望湘雲，心旌遥逐。

答徐少湖相公

不肖歸田以來，藏修不力，獲譴于天，室家禍變，歲復叢集，積勞内損，血氣早衰，邇來默計，惟有冥心待盡而已。雖以雙江公在京，未嘗以尺牘至門，誠有莫能自强者也。遠勞手書，諄諄撫諭，豈以尚堪話言耶？雙江得歸數語，讀令人含悲。不肖何所知，徒有寸心耿耿耳。毛生懋宗會試便，勒狀陳謝。惟倍加保惜，以對羣望，某不任拳誠。

❶「族姪」，蘇本作「宗人」。

賀雙江公七十書

昔之大人藴道德之粹者，多不得與於爵位之隆；處廟堂之榮者，即不得遂其閭里之樂。蓋引年以全其私者，皆委任不專之人。委任專矣，必待時至而後敢請，則其人已衰老，而其去亦逡巡。宗戚鄉隣之子弟，有欲相聚奉觴爲一日之壽，以庶幾乎禮之乞言憲老而不可必者，十恒八九也。

先生極人臣之位，窺聖賢之奥，而又明保身之節。先幾而歸，志遂而身益以健。春暘載燠，惟壽之期，自内外親友、郡邑之士大夫，無遠近疎戚，咸得以致辭以祝其年。而先生又出其所自得，與其述著、論對、辨説，以答其就問之意，是人之至不可必者，兼而有之，不亦盛哉！

某不肖，心有所係，不得與諸賓從後以幸其會。然徜徉東皐之上，日侍其側而頌難老之詩以侑爵，固有日也。敢以飲食幣帛獻，惟先生鑒焉。

答尹洞山

承手書，兼分俸俾治屋，❶豈誤辱憐惜，不覺過與哉？古之聖賢，出則使斯民被其澤，至自處，藜羹不糁，捉衿肘見，竊嘗疑之，將固不屑於此歟？不然，以彼其智，宜詳於盈縮出納之間，即可使

❶「俾」，原空格，今據四庫本補。胡本作「佐」。

自足其身，仁及三族，以稱萬物一體之愛。胡爲三致千金，獨見於去越之陶朱；而賜也貨殖，即來不受命之譏？不以其道得之，終然不去，是何説也？若不肖又有可言者：躬耕終歲，不能朝夕，謂之惰農，惰農必見斥於田畯，如是而緣鮑管之義，恒取資於朋友，恐非聖賢所與。執事且欲覆庇羣生萬間廣厦，以吐握之法，❶顧留念故交若此，豈亦克勤小物故歟？第以非分之獲，又營其私，尤所不安。會敬所文宗助修洞屋，遂合來惠共作正學堂於洞南，俾來學有聚講處。他日解機務，而南訪故交山中，商訂舊學，授几布席，命童子歌《抑》詩，代合樂未間，時時與二三子推原所聞而服習之，萬一不背往訓，亦爲斯文增勝事，即謂之執事行窩可也。

與馬鍾陽都憲

日者，郡公遣王司訓賚鈞牌，并押送整屋物料，其爲計也周，其爲辭也恭，蓋嚴奉執事之命而處置有條，使不肖雖欲遜避，有不可得者，感激何可言？第於此心終有不甚安者，不得不爲執事言之。以執事自許爲生之知己，固宜無責其漫也。

生往歲妄意移栖，欲近溪田，爲子孫畊牧世業。會曹侍御有飭閒之禮，遂違初心。受之曾未五年，盡圮於水，則是以非分獲譴於鬼神也。生自是得大悟焉。可泉公聞其然，復遣使助遺甚厚，且

❶「之」，蘇本作「爲」。

迫其必受。其使奉命甚謹，留家二日，强之攜歸，不可。計是時可泉已自撫臺如漕府，且謂此物攜歸無着落處，勉從其言。使既出門，而心刺不忍，至今封識宛然，不能入目。此豈不足以葺敝廬而重以累執事哉！亡室歸窆，精力甚疲，鄉里隘狹，卜吉無所。可泉前惠尚爲長物，而又益以執事之賜，將安置之？且使郡邑人役額額於輸運往來，尤非生所能堪也。已具書郡公力辭，復以言之執事。

方今四方多故，上供缺乏，軍興財匱，促發不時。此有識者食不下咽時也，使執事以庇生者，移之以給一邑之空乏，則感惠甚衆，不愈於一身之安乎？惟執事聽之。

謝周峗山公

某雖卧深谷，每聞北來人士咸能稱述我公明業，莫大於進退人才，毫髮之私人莫敢干，誠國家無疆之休也。簡畀有在，旦夕見之，何幸何幸！

某悻直之性，無所於宜；衰白之容，盡消其舊。惟有杜門稍斂喙息，庶幾可免罪戾耳。我公篤念至戚，奬飾借辭，公言於庭，比于彦碩，聞之惝怳自失，以衡鑑清明，收一時朝野之望如我公者，其過於愛與厚，政不自覺何耶？竊意我公至此者，或以雖無他長，然一斥不復，不無可惜，遂進而揚之。我公一言，天下視以爲重，山嶽可撼，而我公有不易悦者。某誠蒙幸矣，不知其至無比數也。某之幸而事從中止，得以藏疾而守其拙。向使寸尺不展，進退維谷，將前言遂行，不重爲公累耶？某之榮進取而求表見，未嘗大遠於人情，今向我公云云，豈故爲游談作悖負人哉！要其心有甚不可强者，非我公亦孰能諒之？倘終愛厚賜之成全，此後惟委曲解釋，俾無罥繫。成我之德，不啻生我之恩矣。感激何既！

謝嚴介溪相公

某蒙幸於門下舊矣，邇來以犬馬摧頹之故，上廑尊懷，恐其遂至乾没，獨出力提論之，又數數惠書慰藉，若有不能自釋者，某誠不知何遭以致此也。感激，感激！

某福緣極淺，早嬰疾疢，放斥以來，加之多故，不善攝養，衰因病增。今年纔五十七耳，齒半落，鬚已盡白，動作稍勤，痰火坌發，旋致眩暈，非獨自覺無能有爲，即交游與閭里，莫不相對詫惜。蓋稟受至薄，理數有限，氣萎智短，百務妨弛。縱在任職，亦必仰仗鈞力營護脱解，求便其私，矧坐罪戾，適足藏拙，安敢尚有希冀？此念自斷已久，不敢輒以聞者，自知謀身之鄙計，不足以稱爲國之公心故也。然不言則尊懷不釋，言之不免疑於拂愛。夫乘時建立，誰無是心？非有甚不得已，忍自拚棄，此非明公，誰則亮之？荆川，某莫逆友也。學識才力，皆非其比。然此心共許，形跡久忘。閒相謂曰：「事變之來，固當有任之者，非甲爲即乙爲。爲者不避其勞，不能爲者不耻其相下。譬之負戴在途，多寡遠近，各求稱力，但令心安，固不係己與人、用與否也。」往歲，荆川特受深知，破格拔用，凡平日深願於荆川而不可必者，遂得之一旦。豈私荆川哉？彼誠足以任之也。病且衰矣，所欲爲而未能者，彼誠任之，即比于自效可也，豈必盡出於我哉！且以荆川學識才力，纔一出，猶不免人言，如尊諭所云，至煩向人指其議論注措爲之解設。有如某者，議論注措素出其下遠甚，則其招尤集詬，當復何若？又將何解於人言哉？然荆川自竭圖報，宜不暇計人言何若，久之當自白耳。某病以來，分與荆川出處，萬萬斷不能同。所恃愛人善捄，成物不遺，曲加保全，不令狼狽，庶幾殘喘少延，畢願林壑，即自今以後皆拜賜之日也，其爲厚德何如哉？懇切，懇切！

至後卧病閉户，忽手書與新刻稠疊下頒，快覩直廬之建，恩出曠古，上下交愛之篤若此，誠天下治平之慶。兼聞荆川序中所載論詩教旨，使學者知所從入，尤私忻躍。夫詩至於率意爲之，乃見性情之實。然非繩削素定，固不足以語此。某病衰，雖不得他有所爲，猶得因言以求性情之所未至，其所得又孰爲淺深也？謹因宋大理使便，裁狀陳謝，中間直吐情實，不覺肆言縷縷。伏乞原宥，臨楮皇悚皇悚！

與王幾甫

昨歲十月，於傳語中聞尊君遵巖公之訃，爲之隕涕。尊君聰明惠和，寬博舒文，爲世異材。而又力振古雅，一變俗陋。顧見嫉於世，早棄田野，亦已慘矣。天又不悔其禍，致此不測之變，使倉卒旅寓，未歸正寢，含忿而終，其爲可悼可憫，尚復忍言！某踈鄙無似，夙受知愛，方期晚歲結約，徜徉武夷之間，以卒所欲請者，顧爾割折，豈有靳之使然耶？悲夫，悲夫！

今家難曾解否？ 襄事尚在何日？ 銘文當屬之荆川。 荆川相知最深，相念獨至，一時即不能辦，緩爲之期，無傷也。 執事當爲孝子，務以禮自度，以振起名家，承續令緒，謹身勵行，勿墮先志。遺稿當盡收拾，勿至零落，此皆目前要務，幸勉爲之。

生衰病，嘿坐一榻，外事盡絶，獨於尊君眷眷不能忘。 乘便輒此相慰外，香帛上几筵。 病不能爲文，亦不忍文也，惟亮之。

與皇甫百泉

去秋承星使見招，且惠瑶音，誠出希奇。 當時以久病乍出，被酒操筆，裁復不謹，踰日走人。 玄潭語道士令掃雪浪閣，以俟文從，久不聞耗，旋復走人。 至臨江，則聞彩鷁已北發矣。 弟與兄皆山中無事人，千里命棹，乃阻一面。 弟爲俗物可憎，更何自解？ 是後衰症雜見，遂閉一室嘿坐，今半朞矣，猶爾尫羸，計此後日月，盡向一隅了結。 昨聞荆川兄訃，病日益加。 强者若此，弱者尚何恃乎？ 今同袍有幾？ 兄雖屈抑，晚當榮茂，兼美業流世，與千古爲行輩，區區者又何足道也？ 偶遣使往，附致謝意。 弟椎鈍無似，然目尚能辨妍媸，名作能多惠以慰岑寂，至望，至望！

與黄滄溪督學

前樂文學來，傳示面語，欲令世光見補廪缺。 此在他人仰求不可必得者，今不俟其求而直出至懷，非深周念庇有踰父母，何以蒙此？此其感激，言豈能盡？誠不知所以爲報也。敬謝，敬謝！第在生素心有不敢嘿嘿者。

生居鄉無他求，惟思還復故俗，長養善類，一切利害，與衆共之，庶幾易從易親，稍動其向往之意。蓋自視吾輩，退處山林，職分則然，非有所矯强也。世光考次第八，其上候廩缺者尚有一人，一旦躐次得之，彼即仰奉德愛，不敢有言，在生獨能安乎？吾心不安，而欲人安之，無是理也。故耿耿之誠，願執事不拘成命，更易明示，使當次者不失初望，世光不集衆詬，則執事爲惠爲訓，視前益大。所以全成不肖者，出于尋常萬萬矣。

與胡栢泉

日者，族弟會試謁臺下，過辱撫教，且遣人衛之出境，非骨肉相親，何以至此？且傳坐間，細詢不肖家事，若重有憐惜者，此其感激，誠非言可既也。族弟後生不知奉對，何若因自述以謝！

往歸田日，盡讓先廬二弟，自植數楹家園中以居。五年病濕下，形家咸謂弗利嗣人，乃徙陽田。其地曠漫無蔽，遂移故居，市敗屋實之。四年盡圮于水，不得已再徙松原。松原稍高爽，力鑒往失，且倦營治，盡托之友人。友人用形家言，取新材造屋，力不足，稱貸以償，則又頗違素好，甚慚悔之，而業已告成。昨寇起，家人倉卒入郡，只令市破屋數間以棲，憶他日嘗諷友人，有云：「土木一事，在國能貧國，在家能瘠家，在身能累身。」不謂既言之，復蹈之，可恨也。綽楔之制，古以表閭，而後世因以媒利侈俗，心極鄙厭。乙未歲，巡撫秦公以塲屋坐主故，爲建于郡，當時力謝，而郡守竹墟屠公不聽。已而竟燬於火。滄溪公復易以石，既成，乃聞之。不知費力置此通衢，何補也？

不肖素不善文，所作多覺腐爛，不欲示人。莫解何時騰播數篇刻之無錫，荆川以告，且欲盡選入梓。不肖應曰：「吾非名家，何得辱公！」避不復出。每自謂人品稍有地位，即庸言碎語，人自與傳；若人品卑下，縱連卷累册，祇益覆瓿。試觀一峰先生集，豈盡馬、班、韓、蘇耶？此事自決已久，更不煩執事留念。矧兵荒交困，在孔門亦須期之三年方有次第，而執事以數月之間疲極心力，區畫措置，使不肖可助力，即危其身且不恤，又安敢以意所不存者重累故人，自喪其平生哉！執事可以兩忘矣。

與李盤峰

往以弱弟奉役，不量疎逖，輒上啟事露心腹，具辱垂恤待之殊等，爲手足者感德何似？旋聞榮擢如鵬翼重霄，横絶萬里，搶揄細音，安從附風仰致？不謂數千里雲章飛墜蓬蓽作寒暄語，令人驚駭喜幸，踰昔匠石之掄材也。遇杞梓楩柟注目不瞬，❶不待持尋丈量度然後取之，知其中誠有之也。執事肩重據要，何以異是？往年北虜犯順，嘗窺飛狐而東至於白羊，故爲之關隘控制者日益

❶「目」，原作「自」，今據蘇本改。

固密，莫敢測視，今幾十年。昨見邸報驕種近擾遼水東西，而隴北亦有出没之警，譎情叵測，待之者其亦未可少懈哉！嚴委具答別帋，伏惟垂亮。裁謝不詳，以去使倉卒，倚筆不任馳遡之至。

與曾魯原

自聞榮擢，即爲執事念之。近聞張璉果就縛，北川公已班師，士人咸兢爲凱歌頌偉績者踵相逐，則是漸已安靖，君子可以次第展布讓溪免去代者，得非公乎？

人自閩來，咸云所在皆盜有，數城門不開。此須原赦而散除之，無令聚積。正如瘡瘠既潰之後，小小痞滯要當輔養爲主，勿專攻擊。而會城三衛，昔嘗叫號爲變，尤須恩以懷之。大約去貪殘之吏，則民自不擾，上之法令庶可行。若吏貪而無制，未有能宜民者也。赤子孱弱疾病，而後父母之慈益顯。執事譽業揚於東方矣，於閩也何有？

兩日方候一面，酷暑長途，刻期趨命，安得以迂鄙妨誤哉？促促裁復，遥望惟倍自愛。

與楊朋石

憶癸丑甲寅，明齋兄來自昆山，即得執事高文讀之，見其博學多才，而考據不苟，喜今世有如執事其人者出，可以爲法。嘗念同水一隅，踪跡不能出境外，將何從見之？乃今廬山君來，因已聞所未聞，既又出手簡多儀，輒復對之。生思顧今衰病，日且老朽，而執事在當今如駿馬馳康莊，蹔時停足，終當騰踏天衢耳。

不肖無所長，自幼即知慕海内人豪，於一言一動咸欲得其影響，求以自淑，未嘗少變。忽忽杜門二十餘年，丹渥化爲衰白，騶騶且就木矣。而一念向往，無能自副。方與廬山旦夕求所以自贖，而以耄見棄，箴儆隱寓，竊愧終莫能自拔也。奈何，奈何！

來諭道術多岐，聖緒未一，且有感於名儒凋落。不肖在紛冗中罔知所詣，兹聞正訓，日以内觀。以衰白就木之人，旦夕莫計將何酬之？片言之貽，過於箬撻，亦惟植立作我軌範，歷久無易，至幸矣。若荆川、大洲兩公爲況，皆非不肖敢當。大洲公尚阻一面，荆川公今不忍復言之矣。寥寥海内，心可如何？惟不遐遺，垂老至囑。

與謝高泉

居山不啻坐井，外耗終歲不聞。去冬偶鄉人自北來，携邸報，見執事持節東土甚久，驚慰可知。忽承遠使書儀，敘述往年踐諾，與近年新禁，極仰取善不遺、爲學日密處，著誠去僞，吾人隨在皆當顧諟，豈獨今日言語哉！此古人所以有「有餘不敢盡」之教，蓋千聖一揆也。孤寂中聞此，悚仄如何？魯原歸舍甚急，未得一面。來使刻期返趨，立取報書，草率裁復。四方多事，百凡惟撙節愛養爲上策。聊以此少助咨詢，不罪多口，臨楮馳情。

與尹洞山

秋既清矣，風力厚矣，天池之息已久，然而扶摇不至於九萬者何哉？此所未喻也。表儀庶僚，咸有典則，以孚觀聽，斯又未爲天無意也。第敝邑有均賦之役，爲鄉人所迫，紛紛四越月未得休。雖病拘一室，而日對百人，殊非意及。惟鄉井之愛，久亦不能動厭心也。冗中布此，奉候不盡諸懷。

與錢緒山

別簡數百言，反覆於僕之稱謂，謂僕以師陽明先生稱「後學」，不稱「門人」，與童時初志不副。稱門人於没後，有雙江公故事可據，且謬加稱許，以爲不辱先生門墻。此皆愛僕大過，特爲假借推引，在僕固有不然者。

竊意古之稱謂，皆據事實，未嘗狥其所欲，以著誠也。昔之願學孔子，莫若孟子，孟子嘗曰：「吾未得爲孔子徒也。」蓋嘆也。夫得及門，雖互鄉童子亦與其進；不得及門，雖孟子不敢自比於三千之後。惟其實，不惟其名。師法者宜如何哉？彼其嘆之云者，謂未得親炙見而知之，以庶幾于速肖焉耳。未嘗即其願學而遂自謂爲之徒也。此僕所以不敢也。雖然，僕於先生之學，患其未有得耳；如得其門，稱謂之門不門，何足輕重。是爲僕在願學，不在及門也。今之稱後學者，恒不易易；必其人有足師者，然後書之。如是則僕之稱謂者，實與名應，宜不可易。若雙江公與僕兩人，一則已侍坐面，一則未納贄事，體自別，不得引以相例。且使僕嘗有不得及門之嘆，將日俛焉，跂而及之，亦足以爲激昂之助，未爲戚也。惟兄聽其言。

與劉少衡

山中如坐井，不聞外耗。去冬忽見邸報，始知執事移司徒。將具問，又傳奉差息南，不之決。晤廬山弟，知之，兼云至家久矣。古之磨礪受益，不獨自其念慮悔悟之萌也，即使心所不欲，身所不處，而蒙垢受訾，百口辨詰，不能自明，所謂惟與心謀，雖朋友妻子有所不達。如此而堅於自信，然後可謂有諸己也。執事今日所遇，何以異是？然猶有可諉者，曰外言知者半，不知者半，使滿朝之人於此咸不能無疑，執事臨之怡然，所急者了此心而已，無他事也。如此則執事所遇，惟恐此事之不多也，又何足爲知己慮哉？至家喜嚴慈相聚，令郎長進若何？家居當幾許？一一皆欲聞之。諸不盡。

與錢緒山論年譜

兄下嶺過玉之期，友人皆能道之，淹留三四月，便了數十年欠事，回思向來悠悠，誰之咎歟？可賀可喜！但區區一無所知，徒以愚直不隱，吾兄委以筆削之權，竊念知舊彫喪，日月不待，而徐生遠來，强以相迫，而前此有請，已勢俯從，栢泉公又急入梓，勢不可緩。大約先生平生可法者多，亦容易下筆，不煩裝綴。遂以暇日奉命，尚俟再訂耳。

昔象山先生學術，因朱門相軋，其年譜不滿人意，每見友人於門生推尊處，輒有厭心。故區區於執事鋪序處，不復留一字，只平平説去，令人自看，彼自有題評也。年譜大意，欲明先生學術與事業之詳，故必根究的實，不敢稍加文飾，以取罪過。蓋先生學問已明，待人自入，安能爲人汲汲促之始知哉？只描寫用工，節次不失針線，將來自有具眼人，此萬世事，非一人之私也。荆川有言：「萬世人眼毒，瞞得誰過？」真知言哉！

雙江公在閩聞訃，爲位哭稱門生，皆親與區區言。若此蘇州事，想是書石登刻第二次事，幸勿執。國裳，非不知其曾稱門生與谷平師同。是時先生爲提督，二公皆屬下，屬下稱門生固宜。其後國裳不稱門生，自其後來實情，與谷平師同。反覆《集》中有市舶時《辭謝陽明公不赴召》一書，《代府縣學送公帳詞》三首，皆未稱師。其詩中有《送王陽明都憲之京次鄒會元韻》，題不稱師甚明。彼不欲師，而吾强之師，何也？善山友人有曰：❶「以先生之學，何患無門生，何必國裳？」其見稍大，請思之。先生未嘗一日離門生，故前後書「門人集」一句可省。奏議大長，且有成書，故須簡截以便版帙。前後先生事實與前忘書者，今更補入；或又更詞，未曾請問，必亮不疑。初見年譜云「庚辰正月在贛，九月始返南昌」，非巡撫所宜，心疑之，意必有據，不敢擅動。及查開先石刻與各詩，始知

❶「山」，蘇本作「乎」。

正月在舡，二月至省，六月如贛，至吉安，書青原碑，遂爲改正。當時龍北山光曾約來言擒豪始末，未及踐言而卒。昨念之，入其言與不肖身所親聞者凡六十餘條，詩十八首，以告來世。年譜貴傳事實，如殺九十三人，略不見奏議中，蓋行事與告君各有體段，盡從奏議，翻作誑矣，當用詞語轉幹，使人易見其情乃佳。

先生事業，莫微妙於破三浰，莫危於擒宸濠，故委曲描寫，以動人之思。其學問，莫要於致良知，故質直敘述，以俟人之悟。天泉橋上與龍溪兄分辨學術，當時在洛村兄所聞亦如此，與龍溪兄《續傳習録》所載不悖，此萬世大關鍵，故一字不敢改移。養正贛州所語，已別作敘述一段，後諸友云：「莫若用不肖舊記一段，方見五十年前實事，出於無意，遂自截入，更無自嫌。」

先生門人甚多，多不載名，如吉水不下十餘人，今見《録》中者必可傳，一概漫寫，似覺大濫。如裘魯江原未納拜，不必强入。再查乙亥正月《自陳疏》，本屬己亥考察，故隨例進，已不應有他言。年譜中所載，乃納忠於武廟者，與題既不類，比查先生文集，奏疏内絶無此疏，意者當時擬而未上歟？以無稾可據，而乙亥又自有《自陳疏》，遂盡除之。若有所遺，他日增入集中可也。

謝郤媚友祝年

今世風俗，凡男婦稍有可資，逢四五十謂之滿十，則多援顯貴禮際以侈大之。爲之交游親友者，亦皆曰某將滿十，不可無儀也，則又醵金以爲之壽。至乞言于名家，與名家之以言相假者，又必過爲文飾以傳之，而其名益張。凡此皆數十年以來所甚重，數十年以前無有是也。

夫滿十而不容無言，交游親友知之矣，然在人亦有宜不宜者。洪先今年十月十有四日幸滿六十，回思先人保抱維持之艱，與夫顧惜教誨之專，誠不意遽至于今。至于今年且六十，不可謂非壽矣，而先人所以望之子，與子所以自待以終其身者反之，絲毫無有也。故凡滿十而悲傷益甚者，惟洪先爲最。以悲傷負罪之人，而納賓客之禮際與其言，是非忘哀以爲樂乎？自洪先有知以來，以生日未能奉一觴于先人以爲報也，故未嘗受妻子之奉以自爲樂；平日不敢自爲樂，一旦而納賓客之禮際與其言以爲樂，非君子所取也。非君子所取者，君子所不行，惟執事亮之。

且古者六七十之養於學校者，尊其行也，故養之；以乞言，又其老也，則憲；老而不敢乞言，懼其勞也，是安其老者。將以乞言，未嘗以言侈大之也；不敢少增其勞，未嘗以飲食煩之也。不肖空生無比數，固矣；概以古昔，其不敢又若此。是以先期力疾以辭。不然，將掃跡一樓，是絶其承教于君子也。惟執事憐之。

與胡栢泉

承遣使致手書，并年譜原本見貽，且敘别悰，爲之惻惻。旬日内，此間飛報數至，撫建與瑞金皆有閩廣流賊之警，意執事將行，不應復有此事。近數日稍安静，不知將來何如也？

周兄有來耗否？舊政之告，若何若何？南康之留，爲日幾何？弟獨坐一室，終焉之計已決，惟常以書之密否驗衰與壯。然安身略有次第，亦不患無着落處。惟執事當大事，又逢多事時，所望愛身，所以愛國也。欲語雖更僕莫盡，況於筆札尤難曲盡，奈何奈何？

年譜序或可於南康圖之，弟盡力此書，固不必以言之有無爲將來輕重，但不知即梓何日？錢新建之意不識果否？前兩次續上改正處凡十五條，昨開卷不見更正，恐臺下所抄盡屬初本。其最謬誤者，如以「小劉」爲「小滕」之類是也。似此則即梓誠不可緩。《周禮》亦在此與看過。此出執事至意，正不欲其虚負二書。若幸完，必先上行次以相報也。臨楮惘然。

與劉熙臺太守

人之生於天地也，聖賢爲上，建功業遺將來者次之，而文字爲下，此儒家定品也。不肖年二十有三妄意談學，餘三十年於是，三者一無有成，待盡一室，求以寡過，不爲穹壤中穢惡足矣。近年栢泉公以同年之故誤念之，兩入螺川就榻撫視，聽其言不甚謬，則力索其平日所書私考質之，不肖不敢終隱，亦將以求益也。不意中有暗合，遂付梓人。不肖三書止之，豈徼强哉，亦以未死之日尚冀少進，兼多觸犯，恐速罪戾，反足以累諸君。而栢泉公堅弗之聽，豈以執事又同臭味故耶？

夫文字，小技也。趨向不同，操習頓異，而囿其説者，至以賢聖當之，而功業若可無論，不肖至無比數矣。自量文字家必在唾棄，而遽貽木，灾且播揚於衆不可掩飾，執事豈欲即此教之，始知愧且懼乎？伏枕輾轉，莫能自捄。

日者，栢泉公以新刻來，中或謬誤，又有當增損者。方思託邑令轉致，而陳元陽適使人來，敬裁啟言謝，并訴鄙懷。惟執事不終絶之，時賜教誨，俾有所進，則成我之恩，必思有以報也。力疾命筆，不任悚然。

與胡栢泉

昨晚始得峽江遞來回書，中間稱許過當，非不肖敢當。惟學問一節，自陽田至今，皆是磨擦處。近年賴天之靈，始有向往不惑於友人之言，然非知己如執事者爲之斷驗，固不免猶豫。今若此，可以放步終身矣。

自荆川兄見遺後，此身倀倀，誰復可言？平日所望者，今盡絲毫不理，此道危甚，有如一綫。不敢盡言於執事者，將以養之使有回互，不然，其心叵測，他計多矣。

近喜友朋中如胡正甫者，卓然以道自任，於不肖所助不少。晚年得此，殊爲快意。二月渠因送母南還，留此旬餘，近始入蜀。言之執事，可備藥籠物也。教語二幅，一一不逆，且有若嘿契者。敬謝，敬謝！

與王少方邑令

累月不敢以書相瀆，正以執事方有事於愛民、察言，勢不可以言相溷，兼執事聽覽公正，士民悦服，區區歆仰不暇，又何復云。兼上官之始至也，其性行果正，即任其意，令以己意與民休息，相忘於無事，使德意下流，人皆相信，始於小過不及之間漸次相告，隨時小補，此區區之愚與衆異者。今日惟恐執事之懈於政耳，敢重以言乎？幸相體，勿以言少爲訝。兼區區方爲人所忌，正當修省之時，亦不宜呶呶多言。俟執事五六月真情實意已行，然後時以己意相瀆，惟恐尚厭聽耳。

來書受教之語，正區區所欲告者。居官爲郡縣，至爲煩瑣；至爲縣，尤天下之至瑣者也。上下相臨，人各一心，安能與我同哉？此正學問用處。宋儒有言：「喫得三斗釅醋，然後做得宰相。」先師李谷平翁嘗言：「先儒謂『不哭孩兒誰抱不得？抱得哭的孩兒，善之善者也』。」內文明外柔巽，箕子之「明夷」以之。一於文明則近察，一於柔巽則近隨，不察不隨，非學問不足以語此。此處磨煉成熟時來，無往不可，獨縣已哉！

與王塘南

某泛觀於世，未有真知此學切身而致力者，蓋千百年始一見；而真知此學切身，又千百年中不數數見也。執事往年於學，常用心尋求矣，乃今相見，似於此學益津津有味。不逐世人稱許，此其所志固遠且大，未可直以目前所見爲則也。夫學之歸宿，固未可豫定，至其必爲此不爲彼，明白較量，固可一時而定。執事之所定，世人不知不識者既瞭然矣，其能已於精進哉！京國，名利場也；名利，人之所易惑者。執事此行順矣，於極順中不動乎？意其能乎？視極順中與不順，其能乎？

於名利之去來無少加損，而吾之所以不因之有增減，其能乎？此亦千百年之一辨也。絲毫牽繫，終身之累。幸不爲迂。

與成侶鶴

某自考無所長，惟一念好善，不可解於心。自以爲天之與我若此，而不能成之，以至悖叛，則其罪益大，如是蓋數十年。其不能盡類以負所生，誠有之；至於倒行逆施，固有所不敢也。自弱弟濫食許州，則已聞執事之名。又數月，執事政聲漸著，駸駸乎將進於古人。不徒了簿書常事，而上天付與獨厚，又若有縱而待之。某於是自幸斯道之有託，而弱弟得所依歸，不致倫於匪人，平生景仰之私，庶可以自遂也。遠書多儀，二力且至，蓋至願而不可得者，一旦畢達，是豈往來細故哉？古之貴學者，謂其力有未至，以故勉强而成全之，非有增益也。今執事以質實煉達之資，而又自信心之無他，持以終身無所攙雜，其進也孰禦哉？今之諛執事者，咸以年少爲言。當不肖爲民時，年纔三十有七，亦甚少也，山中展轉，不覺六十有一，光陰直迅速耳。惟執事無恃其年而自信其心無他者久而不變，無以一時外補爲進退，則今日之歷民事而諳吏才者，未必非執事之他山。蓋試之諸難，將以進之大受也。畧不辭讓，輒盡所懷。

答銀溪浙參公求譜序

適送别雙翁文江，冒雨返舍，二仲在堂持書幣相待者越夕矣。名宗華牒，源遠蔓鍾，既非偶然，而執事立例精嚴，詞婉義正，俱可流輝百世。某辱姻友之末，又得以文字繼諸鄉衮後，豈任榮幸，即未有成命，且欲自効附名其後，矧二仲傳語之專而爲禮之恭哉！徐頓首拜嘉。弟來幣過厚，不類通家骨肉情爲踧踖耳。

江左一派，中間既出舊譜，固不易遽削，而前列之例云九世五世之别，事有詳畧，是矣。竊意江左比於傳疑，衣錦則傳信矣。如衣錦傳信，便當如五世之例；若謂衣錦自有譜，亦當明注其丘墓所在，使他日彼此互相考見，安知彼之譜能比於吟溪哉？此亦子孫之心也。若有疑其非真，則當别以義斷。若江左或爲一敘，統括在前，微示己意，且述舊譜所載，而吾有去取之公，庶後之撰記者得所宗矣。如何如何？

中間查對世系，皆出執事一手，可謂功倍於事，勞心可知。分任而責之成，可免訛易。序稿便當速呈，不敢久秸嚴委也。春報想已盡聞，此間所録被人持去，傳臚者，二仲能口道也。貴體惟加崇護爲祝。

答劉龍山

前承枉顧，值行期甚迫，不得久扳以延清論，有負至心。然區區所未盡者，固不敢於兄有隱也。往玉虚之會，得吾兄而羣衆日喜，何也？當時意氣發揚，又善叙述譬喻，故有「無龍山則興滅」之説。自數年來，每見雖未詳論，而區區聽受之心未嘗敢忘。

凡人精神收斂寧静，而後意慮始精，言語有敘，動作有則。若一入以浮燥紛擾，即恐有視不見、聽不聞之病。吾兄深知學者，何待多言？但於收斂寧静處更加之意，則官政自裕矣。辱兄拳拳，不以爲愚鄙而下問之，故弟亦不敢自遠於君子而不盡其説，惟不以此言爲常談，幸甚！

嶺外瘴鄉，須加意保嗇。山中意態，弟不敢負，亦望時有以拯之也。

與尹洞山

屢承手教，明孔孟正脉，謂未有絶應酬者，惟恐流爲異學。感切磋之誼，何忍負之？第自反尚未能盡絶應酬，浪得此名耳。實則衰白日甚，病羸不耐煩冗，比於閉關晦息，非有他也。昔樂正子下堂傷足，數月不出，此只小有傷耳，使傷者大，當數年不出矣。「不出户庭，無咎」，非無條目，特未爲之者。兄謂如何？

與徐芝南

往歲承教音，久以乏便，遂缺具復。懷玉之會，弟方抱病，諸君罷還，曾荷瑶華。當時楮筆盡屏，又成欠事。栢泉兄至，讀佳文，知耿耿世道。已接手裁并諸稿，則又仰慕高風，且共懷人。徵往測來，益堅拙者跧伏計耳。自歸來，家難相仍，故病多衰從。少時謬妄不量，欲有所爲于世，今二三年，齒豁鬢白，壯心盡消。每朝夢醒，自顧冷然。獨收斂不固，意氣時浮揚，未得歸根入細，仰愧知己。行將即事攝聚，不敢漫過。

夏秋苦盜劇，始與鄉人相見，卧内從此稍多應酬，校前僅不踰户，深有感於萬物一體之論。即使逃入深山，終與二氏宗旨懸絶不同。兄静觀久矣，幸少出自得者提撕之。

念菴羅先生文集卷之五

族從孫　復晋　男士瓚　士播　重校
六世孫　天衡　男韞琦
五世孫　雨霽　男廷衛　　謹梓
六世孫　隨元　男士璞　士璋

記❶

冬遊記

嘉靖己亥，余當赴宫僚命，鄒東廓、唐荆川再書促余，有聯舟約。自念山中離索，嘉會難逢。閏七月十八日登舟，途次邅滯，十月二日始抵鎮江。聞二兄既遠去，不相待。王龍溪在南京，書來邀會。初六日，與胡大徽同往赴之。鎮江諸友送至樂亭，餞罷，日將暮，始

❶「記」，原無，今據總目、卷首目録及各卷體例補。

别去。是夜宿炭渚驛，對長松孤月，頗有懷人之感。

初七日午，過龍潭驛，夜宿東流寺，遣人入城約龍溪與王鯉湖會。

初八日，鯉湖遣人約余，❶與余所遣人不相值。是日，天且雨，不得會。

初九日午，龍溪來。少頃，鯉湖繼至。余與二兄別去七年，相對各悲悼年歲迅速，於是留寺一日。❷龍溪語間極贊荆川近來造詣迥別處，且以探余。余因呈曰：「數年前居喪，雖不敢自放棄，畢竟朋友疎遠，不得長進。近於静坐中稍見精神當斂束，不宜發散，一切寂然，方有歸宿。」龍溪曰：「自信何如？」余曰：「此去尚遠。」龍溪嘿然。

十一日，邀余觀都城勝概，薄午，自麒麟門入觀音寺。坐定，龍溪問曰：「寂得下否？」吾人説静終不歸静，有多少不妥貼處。於是鯉湖因問慎獨之旨。龍溪曰：「獨知甚微。雖至微，却是大命脈。縱是口説得是，事幹得好，誠與不誠，終逃此間微處不得。畢竟分分曉曉皆能自覺，費力與不費力，一毫瞞他不得。聖學舍此，别無可下手處矣。」鯉湖曰：「但令善意必行，惡意必改，接續去如何？」龍溪曰：「如此却是大不慎矣。古人所言慎者，正指微處不放過説，正是污染不上，正是常彀得不欺，皆如好好色、惡惡臭始得。若善惡二念交起，此是做主不得，縱去得，已非全勝之道矣。」

---

❶ 「約」，原作「值」，今據四庫本改。

❷ 「一」，蘇本作「二」。

十二日，龍溪入城了部事。余與鯉湖遊靈谷寺，由松徑入五里許，至殿前觀吴偉畫廊及後寶志，塔後有八功德水。午後，龍溪始來，同登無梁殿，校射塀中。日暮，宿月泉方丈。

十三日，遊禪堂。諸禪請作浴，次第浴罷，登禪牀，皆熟睡。睡覺，諸禪作齋供訖，移宿退居。是夜，龍溪再問余曰：「自信如何？」余曰：「欲根種種未斷耳。」龍溪曰：「今人爲學，只不緊要，故皆難成。須於咽喉下刀，方是能了性命。而今只爲有護持在。」余曰：「試論余如何？」龍溪曰：「汝以學問湊泊知見，縱是十分真切，脱不得湊泊耳。」且留余久居。余曰：「聞河北漸凍，既追東廓、荆川不及，吾當停舟途次，復來相聚。」

十四日，早飯罷，别龍溪。龍溪笑曰：「勿至前途改念。」余應曰：「欲改念，亦非一言可能束縛。」遂相顧大笑，上馬去。是夜宿龍潭驛。

十五日，由龍潭驛買小舟，破浪下儀真，爲故人留二日。

十七日，抵揚州。

二十日，移家入城。

二十三日，追徐波石、戚南山至金山，不遇，一宿而返。

未幾，南山書來，邀余往會。

十一月初十日，舟到儀真，爲大風所阻。林東城書來，期歲暮入安豐，余報諾之。

十七日，與盛範卿、盧天啟聯騎趋全椒。午飯臧家店中。日將暮，抵六合，宿東嶽廟。

十八日，午飯盤城店中。兩日天氣寒，三人面皆梨色，又不携酒殽，日蔬食，三次，❶不爲倦。晚宿東葛城驛。

十九日，午飯界首王欽家。午後抵全椒，吊南山。縣令李白洋率士友來訪。晚宿南山家塾。南山自訴學不得力，且曰近得荆川提拔一番，稍有憤發處。意將啓余，余未有所呈。

二十日，訪縣令及士友畢，南山邀入南譙書院。書院舊爲尼菴，巡鹽察院改置，去縣東二里許。余至，適聚樂堂新成，於是諸友數十人咸來會，各泛酹論半日别去。

二十一日早，同南山過南京，暮抵江浦縣白馬寺。寺中有白沙陳先生手書碑，當時與莊定山諸公相會處。南山曰：「前龍溪、❷荆川皆常宿此。」❸夜與南山論及斷欲處，南山大省發，喜曰：「今日白馬殊不虛行！」

二十二日，大霧，渡江，上下四顧不辨天水色，若遊混沌，與南山同歌海漫漫詩。午至江東驛，飯後入報恩寺西，方丈遣人促龍溪。薄暮，龍溪携酒殽至。喜曰：「念菴棄家爲何事來？」余答曰：「爲病人不能行，故求藥耳。」自是皆聯卧。

---

❶「三」，蘇本作「二」。
❷「前」下，蘇本有「此」字。
❸「常」，蘇本作「嘗」。

二十三日早，龍溪入部，余與南山觀殿外畫廊。有二僧説諸相出處詳悉，大抵皆苦行得道事。已而同登寳塔，至九層上。是日大風，塔牕中不能開目，余乃閉牕瞑坐久之，從四牕各開半户，盤辟竊觀，終不能盡。有頃，風稍定，余出塔牕，扶欄楯周圍視之，北指石城，南控雨花，東望鍾陵，西臨天塹，而塔僧復次第細細區別，於是頗盡金陵全勢。因與南山静坐，論六朝興敗事，撫時感激。日昃，南山爲田西皋邀語先下，余留坐塔中，久之始去。午後，❶南塘方丈候龍溪至昏夜不至。

二十四日，食後，余與南山閑行，入徐府菴。出寺，由春牛廠三官廟入高座寺。午飯罷，觀方丈中荆川所留詩。復從寺後登雨花臺，指顧山川，迴旋盤鬱，徘徊久之，下臺入天界寺新菴中，熟卧禪榻。龍溪使人來促返報恩。是夜，範卿問「善與人同」。龍溪曰：「今且未論及此，且看子路喜聞過處是何心。今人未辨善是何物，善惡皆隨人轉。此處不明，縱説進退，皆無着落矣。」

二十五日，與南山閒立庭中，南山曰：「人心不可有係着，汝平生爲風水所困，今正當割絶之。如昨日指顧問得無多事否？此學問所以甚難，願勉之，勉之！」余謝過不已。早飯罷，與南山同過大教場習射。射畢，入神樂觀午飯。飯罷，觀天地壇，薄暮始返。龍溪復來，同宿陸壽卿方丈。

二十六日早，投報單入孝陵，余素服行謁陵禮。飯夏大監宅中，夏乃鄉人。飯罷，其姪云：「尚有懿文皇太子陵。」由孝陵門左折東下，行叩頭禮。出，遇屈奉御，引余達觀陵外規制，并指吴王孫

❶「後」，蘇本作「飯」。

權所葬處，爲之悲悼今昔，令人輕世。薄暮始返觀中，同年張橫沙、歐橫溪來訪。南山、龍溪皆以王遵巖至江東，先往會，約余隨來。余辭二客，日暮不得去，心頗怏怏。

二十七日，由洪武門入，訪南衙諸老及相知，至則多入部會章介菴，談吐多感激。午飯歐橫溪處。薄暮，遵巖使人邀赴報恩會，至則湛甘泉來顧，❶且邀次日飯。別後，遵巖來自江東，與遵巖語至半夜。❷遵巖云：「念頭斷去不得，止是一任他過，便要如何斬除，恐更多事，此吾小歇脚法也。」龍溪引之出户外細論，余不得聞。已而論及詩文，龍溪曰：「荆川近攧得下，縱彼終日執筆，總是輕；念菴縱終年不作，總是重。」余初不肯服，已而自察果肰。

二十八日早起，方欲與遵巖語，適城中諸相知絡繹來訪。余亟盥畢，出侍客，❸遂不及別遵巖，與曾擴齋同入城，再謁甘泉翁。因述數年在山荒落處，翁未有答。出謁費鍾石，至則聞石塘來訪，別去。飯歐石江處。飲罷，訪北衙諸相知，過雞鳴山，欲登覽，以甘泉翁處促飲，不及登。日將暮，至甘泉翁處，則龍溪、擴齋與吴苕溪皆先在。席中因陳欲根難斷處，翁云：「自有知來，欲即相染，歲復一歲，已成深痼。而今無有頓去法，亦須漸次歲減一歲耳。」已而論及安南事，因出《治權論》見

❶「泉」下，蘇本有「翁」字。
❷「半夜」，蘇本作「夜半」。
❸「侍」，蘇本作「待」，當從。

示。夜宿龍溪家，卧論欲根處，余呈自家身分不濟事，只能彀得戒欲，不能彀得忘欲。龍溪曰：「千古作聖，不成只争這些子？」且曰：「凡財貨自外求，❶原是外物，故尚易爲力；色心與性命同來，所以甚難，此處尤不得放過耳。」

二十九日，飯罷，鐘石翁邀同鄉會餞，余再三辭之。已而來顧，復力辭得免。遂謁唐有懷翁。語次，每慮荆川過高，不近人情處。余應曰：「在令郎不可有，在今世不可無。朕令郎煞用功，終當消去，無過慮。」語罷，余解衣冠，獨乘馬由洪武門外阡陌中，欲避謝人事，投普照寺，龍溪、南山不之知也。余乃遣人物色南山。余獨卧禪榻上，既覺，值僧齋粥熟，就僧乞食。午後，南山始與盛、盧二子及殷虚白來，移宿方丈中。有頃，横沙攜酒殽相勞，至暮别去。是夜，南山謂余曰：「汝心中尚多間牽係。即如學射，精神優裕間一習之，未爲不可。吾觀汝面多陰氣，正宜調養休息。若見寬閒處便思學射，不惟减去精力，亦非息心之道。縱令箭箭入紅心，亦有何益？吾願汝心中光淨，無一毫留戀，方是吾輩倚靠處也。」余欲拜謝，相持竟不得拜。

三十日，盛、殷二子先别歸。余與南山及盧子同遊牛首。自鳳臺門出，西皋使人邀至萬歲寺午飯。飯罷，同步至祝禧寺，晚觀《楞伽經》。

❶「求」，蘇本作「來」，當從。

十二月初一日早，僧一菴設齋供畢，西皐别去。三人跨馬逶迤循山而行。❶有頃，抵牛首，至峻級處始下馬。古杉喬松蕭森屏列。循街而上，❷至住持方丈中熟睡。睡覺，飯畢，從方丈左折登塔殿。殿後依石壁左角，有小徑緣石而上，從石穴中出，上有小石塔，石四旁方平，僅容人行，名爲捨身崖。❸余與南山次第登之，盧子股栗不敢上。坐少頃，復從石穴下，由殿外左折，登憑虚閣。又折而上，入文殊洞。出洞，憑簷廊入，❹夕陽倒射廊中，天光下臨，遠近嵐烟，映罩林木，遠水横帶，暮鳥紛歸，大奇景也。出廊西右折，横過山腰，有僧結茅菴獨坐，與之語，亦稍知自謀者。宛復而西，觀辟支洞。洞甚小，且傾仄。下至禪堂，時已昏黑，則聞龍溪至矣。遂出相迎，龍溪乃與吴苕溪、陳紀南、趙尚莘同來。飯罷，同至禪堂，登榻分坐。已而三人皆分宿各方丈，余與南山、龍溪連卧禪榻上。因論告子義襲之旨，龍溪曰：「學問識得真性，方是集義；不然，皆落義襲矣。」余因請曰：「兄觀弟識性否？」龍溪曰：「全未。」因與南山歎曰：「如此，則吾輩已非集義，終日作何勾當，可不省哉？」因各惕然自懼。

❶「三」上，蘇本有「余」字。
❷「街」，疑當作「階」。
❸「爲」，蘇本無此字。
❹「入」，蘇本作「立」。

初二日早起，與諸公就禪堂前右室中閉門觀塔影，塔從門孔中入，倒懸向下，無問陰晴皆得見之。已而轉方丈中飯，適楊水田、吴前峰、陳五山、朱拙齋、張東滸、張甘節相繼至。飯罷，諸公各乘輿登眺，而余與盧子從石徑上山頂觀佛眼水，水在石孔中甚清潔，深數尺許，而是石背有鉛鐵光，❶盧子恐怖不敢近視。余盤踞坐其上，俯而下視，崖石千仞。少頃，登絶頂，坐盤石上，龍溪亦至。北望鍾陵，煙雲幕幕其下，❷獨露山頂，若螺髻然。周廻四顧，廣漠無際。龍溪笑曰：「可謂下視八荒矣。」方欲長歌，而諸公使人邀下就席，遂至方丈，諸公置酒爲餞。飲罷，諸公皆别去，惟龍溪獨留。余乘肩輿過獻花嵓，而龍溪、南山先入祖堂。余與盧子觀諸嵓洞，登芙蓉閣，反視牛首山，樓閣秀麗若畫。憑欄久之，嵓僧邀宿。以龍溪使人相促，復由山左轉入祖堂。至則二兄以迷道山下，適至寺。寺僧海天延入方丈，設齋供畢，同入禪堂，觀諸僧煉魔，皆數日夜始一休，因感悟自己悠悠處。歸宿禪榻，❸夜半請問「善與人同」之旨。龍溪曰：「善與人同，是聖凡皆是平等。如今纔説作聖，便覺與人異，若看聖人愚夫愚婦稍有不同，❹即非聖人之學矣。」❺且曰：「天性原自平滿，今汝縱是十

❶「背」，蘇本作「皆」。
❷「幕幕」，蘇本作「冪」。
❸「宿」，蘇本作「卧」。
❹「看」下，蘇本有「得」字。
❺「聖人」，蘇本作「大聖」。

分回頭用力，俱湊泊作平滿，作平滿，便是不平滿矣。此皆機心不息所以至此。」余嘿領受。❶

初三日，早飯罷，同觀懶融洞。洞中一石書「佛」字，乃四祖點化懶融處。余三四人依石而坐，適有道人唱道詞，皆警世語，令人心思冷然。出洞，觀無梁殿，乃海天所創。歸方丈，復設齋供罷，各跨馬過嶺，復入獻花崑。二公登陟，余止茅菴中。已而同下，至禪堂中，各占一席，披禪衣熟睡。睡覺，由翠濤軒玩竹。又從寺左石蹬下至方丈中，茶畢，各上馬去。是日，恐天雨，不復入祝禱寺，遂由紅石山經馴象門而西趨華嚴寺，至則天復晴朗。是夜，南山問龍溪曰：「兄善識病，幸直指看。」龍溪曰：「汝能心不除。」南山即跪，再拜謝曰：「領教領教。」已而問及余，龍溪曰：「在念菴自謂畢力從事學問矣，自吾觀之，終是爲性命心不切，於日間或看山，或臨水，只是悠悠的，所以精神尚爾散漫。若是爲性命切底人，他終日只有這事，更有何事可以奪得？凡人精神只有一處用，那得許多閒勾當？當初有人嫌《傳習録》中『持志如心痛』一段太執着，陽明先生曰：『且勿如此論，放此藥在，有用得時耳。』」余聞此，嘿然痛自省久之。龍溪目余曰：「此時念菴更有何事撓得否？更須湊泊否？」

初四，龍溪早別，余三人飯罷，由江東門外普惠寺中陸行入水西門訪西臯。午飯罷，遊西園。

初五日，早飯罷，别西臯，觀朝天宫。西偏有卞將軍墓，前爲祠。由祠前去靈應觀午飯。飯畢，

❶「嘿」下，蘇本有「然」字。

登觀後臺，瞰烏龍潭，望清涼山，以天將雨不及登。遂出清涼門，四人共乘小艇而北觀石頭城。有頃，天微雨，共持一蓋自蔽，衣幸不甚濡。將暮，抵静海寺，遣人促龍溪，與横沙別，遂宿對山方丈。

初六日，大風雪，横沙淩晨携酒殽出餞，西皐先別去。午後，龍溪始來，同飲餞。將暮，横沙別入城。余四人同遊方丈前小圃，列坐於洞中，時風雨交至，悠然有塵外之樂。

初七日，雪，龍溪至，餞於方丈別院。飯罷，令余大書《菊坡警語》并余途中詩爲別。

初八日，雪霽，余四人同乘舟遊觀音山，午後始達，遂登岸，憑觀音閣望江流瀰瀰。時天正寒，汀洲蕭疎，帆檣寥闃，因步至觀音門，望獅子山積雪。日沉西，登燕子磯絶頂。將暮，宿道院中，與龍溪談及儒與老、佛之辨。龍溪曰：「用儒書解二氏，不識二氏；用二氏解儒書，尤不是。此各有機竅，所謂毫釐千里，自混不得。」已而究竟學術歸宿處，龍溪隱而不發。余再三詰之，龍溪曰：「此事難以口説，須是自悟。」余曰：「如今只有無欲一着，不敢不勉，舍此恐更無着力處。」龍溪曰：「無欲上着力，乃千古聖學宗旨，只得從此立説，從此用功，真是不懈，應有別悟。汝此去與荆川切磋，當有辨别時也。」余念此行既非泛遊，乃竟含疑而返，畢竟何益？因請曰：「所貴朋友，當規過勸善，不得欺隱。吾三人當直指病痛，庶有省發。」龍溪曰：「誠是。」❶因論余曰：「汝學不脱知見，虚知見有何益？看來總未逼真。若逼真來，輪刀上陣，措手不軼，直意直心，人人皆得見之，那得有

---

❶ 「曰」，原脱，今據蘇本補。

許多遮瞞計較來？若一向如此，決不能有成。遇有事來，決行不去。從前錯過好日月，須從此發憤，勿至墮落可也。」南山、龍溪令余言渠病，各有呈似，互相省發。因倦就寢。至中夜，南山熟睡，龍溪覺，余問曰：「如何是真爲性命？」龍溪曰：「擆得性命，是爲性命。」余曰：「如何？」龍溪曰：「如今爲性命不真，總是擆世界不下。如今説着爲善，不是真善，却是要好心腸，皆隨人口脂，❶總是打毁譽得失一關不破。若是真打破之人，被惡人埋没一世，❷更無出頭，亦無分毫掛帶，此便是真爲性命。能真爲性命，時時刻刻只有這裡着到，何暇陪奉他人？如此方是造化，把柄在我，横斜曲直、好醜高低，無往不可。如今只是依阿世界，非是自由自在。」因歎曰：「今世所謂得失，不知指何爲得失？所謂毁譽，不知他毁譽箇甚麽？便説打破，已是可歎矣。」余因此有省曰：「此一句，吾領得，原來日用工夫皆是假作。」龍溪喜曰：「如此，不是不知痛癢矣。」

初九日，早飯罷，各拜别。南山曰：「吾有一言，贈作路費。」余曰：「如何？」南山曰：「舟中正好静坐，百事不問，養得精神完後，百發百中矣。」余領謝之。南山、龍溪送余至磯下，登小舟，戀戀不能舍去。是日，江風尚微。薄暮，抵儀真，夜宿見齋客舍。

初十日，飯暮中江處，夜半發舟。

---

❶ 「皆」下，蘇本有「是」字。

❷ 「人」，蘇本作「名」，當從。

十一日早，大雪，至揚州，乘雪去訪吴疎山。❶

十二日，移家入船，欲入泰州，爲風雪阻。

十五日，同王渌湖赴東城之約。舟次上方，與一川李子及揚州諸士友相聚，夜宿大洋方丈。

十七日，暮抵泰州，東城邀宿公館。東城曰：「吾往日在京，❷不覺有病，近日知病，只是知識不除，有機心在。」問余何如，余曰：「欲根不斷耳。」東城曰：「若論欲，吾亦不斷，但知世味，縱要亦不來，所以尚輕在，只是悠悠底可慮也。」

十八日早，州守朱存齋、朱雙橋輩率諸士友咸來聚論，盡夜酌餞而罷。

十九日，因巽峰林公至，❸余先入安豐。

二十日，至安豐塲，見王心齋。心齋時以病不能出，就榻傍語。余述近時悔恨處，且求教益。心齋不答，但論立大本處，以爲能立此身，便能位天地、育萬物，病痛自將消融。且曰：「此學是愚夫愚婦能知能行者。聖人之道，不過欲人皆知皆行，即是位天地、育萬物把柄，不知此，縱説真，不

❶「去」，蘇本無。
❷「京」下，蘇本有「師」字。
❸「巽峰林公」，蘇本作「林巽峰」。

過一節之善耳。」❶

二十一日，再見，因論正己物正處。曰：「此是吾人歸宿處。凡見人惡，只是己未盡善；己若盡善，自當轉易。以此見己一身不是小，一正百正，一了百了，此之謂天下善，此之謂通天下之故。聖人以此修己、安百姓而天下平。得此道者，孔子而已。」余於此言頗有深省，見得精神更不須向外，時時刻刻只有自了一着，於吾人最緊切。

二十二日，雙橋、巽峰、東城皆來。余謂東城曰：「余兩日聞心齋公言，雖未能盡領，至正己物正處，却令人灑然有鼓舞處。」是暮，黎樂溪率如臯士友皆來坐，室中至不能容。

二十三日，聚論盡日，至夜咸欲別去。心齋相留，因論「仁之於父子」一段，極爲闡發。且曰：「瞽瞍未化，舜是一樣命；瞽瞍既化，舜是一樣命。可見性能易命。」夜二鼓，欲別，心齋復執余手不釋，因作《大成學歌》見贈。其略曰：「十年之前君病時，扶危相見爲相知；十年之後我亦病，君期枉顧亦如斯。始終感應如一日，與人爲善誰同之？我將大成學印正，隨言隨悟隨時躋。只此心中便是聖，説此與人便是師。掌握乾坤大主宰，包羅天地真良知。自古英雄誰能此？開闢以來惟仲尼。仲尼之後惟孟子，孟子之後又誰知？我説道，心中和，原來箇箇都中和。我説道，心中正，箇箇人心自中正。常將中正覺斯人，便是當時大成聖。」是夜，與雙橋、樂溪及諸士友別。余與東城及

❶「不」上，蘇本有「却」字。

泰州諸友發舟安豐。

二十四日即抵泰州，❶存齋復來追送，別去，余與東城及王叔居、張濟化、周子貞、陳子龍同舟至揚州。

二十五日，別四子，獨與東城同訪吴疎山，各述所聞。因劇論學問病痛，且求直語爲别。疎山謂余曰：「念菴聰明，凡聰明必不隱固深蓄。」東城曰：「念菴常欲静斂，畢竟尚覺發露。以言相感，言語易盡，且説得死殺不能動人，只是真意相蒸，彼此兩益也。」已而二人索余言，以次遍及。將别，東城復謂余曰：「吾有一言贈君：斂束精神，培養善類，❷念菴責也。」各拜别去。且曰：「凡朋友相會不易，得遇有語言感發處，不妨直書示我，兼得切磋。」余歸舟，因思朋友切磋，直剖肝膽，令人不容逃閃，倚藉此生知己，可以指計感激。歌曰：「父母生我身，師友成我仁。我身如不仁，形神俱非真。聞歌乃易簀，受言永書紳。誰知百年内，一義無疎親。」

二十六日，龍溪以書來别，曰：「吾人包裹障重，世情窠臼裡，不易出頭。以世界論之，是千百年習染；以人身論之，是半生倚靠。見在種種行持點檢，只在世情上尋得一件極好事業來做，終是

❶ 「即」，蘇本無此字。
❷ 「養」，蘇本作「植」。

看人口眼。若是超出世情漢子，必須從渾沌裡立定根基，將一種好心腸徹底洗滌令乾浄，❶枝葉愈枯，靈根愈固。從此生天生地，生人生物，方是大生，方是生生不息真種子。今去此尚遠也。且吾人學問，須識真性，獨往獨來，使真性常顯，始能不落陪奉。自家時時得箇真實受用，始不被世情所轉。吾兄好處，弟方取法不暇，何消復贊揚？然密觀所安，還覺有許多費照管放不下處，到底脱未得陪奉纏繞，只此便是没受用。此中須有一種萬死一生真功夫，❷非聰明知解所能支持湊泊也。臨别終宵之話，兄能不忘否？荆川能曉了此義，然亦還脱未得要好勾當。二兄各有好處，以善養活人處，荆川却不如兄，正好交相爲用。所謂不有益於彼，必有益於我也。」書旨痛切明白，可謂袖珠相示，不作謎語者。

余於二十八日發舟北去，回思往跡，既不可尋，而藥石在心，服膺懼失。竊念自丙戌以來，致力此學，當時自負意氣，謂聖域舉足可入。每懷五嶽，頗志四方。十四年間茫無所成，過惡蝟集，更歷多變，皮骨疎脆。受此鞭策，更不進步，即恐日就淪逝，終成狂謬，爲人忌諱，誠大可憫。因書所聞，時得證驗，并以貽鄉里同志，亦望共求不負，無若不肖悠悠爾矣。

❶「好」上，蘇本有「要」字。
❷「種」，蘇本作「着」。

夏遊記

余歸田之六年，得石蓮洞於敝廬之北，自是頓息山水之興，如醉者遇芳醪，無復羡慕，誠不自知其何也。又明年爲戊申，族之長者以譜事見委，閉户洞中三月。垂成，會友人王龍溪期會匡廬天池，遂輟以往。是時五月下旬，暑氣初熾。友人諷曰：「康節四不出遊，聞乎？」予曰：「聞之，然予非好遊也。雖然，不聞上官者避伏臘何居？」曰：「彼有車馬廝隸之便。」曰：「應試請舉，亦有車馬廝隸乎？」友人無以應。

二十六日，登舟至新市，邀尹道輿，以父命辭。晚泊玉峽徵君樓，其下即徵君蕭雲丘故居。蕭以布衣受知當道，王三原折節下之，往復論學，❶其事功可稱，良有以也。

二十七日，至新淦，訪同年吴雲泉、饒湖田。

二十八日，泊白馬，邀盧虚舟、朱周卿。

二十九日，宿河泊所，盧、朱皆畏暑，挾醫以行。

三十日午，泊石頭口，將取道建昌，從者皆顧望不肯行，❷以汎彭蠡入南康爲便。返至南浦，附

❶「往復」，原作「復往」，今據蘇本乙正。

❷「皆」，蘇本作「咸」。

商舟。

六月朔，拂曙將發，醫自城來，云龍溪昨暮南上矣。遂乘艇泝流而南，❶宿曲江。

初二日，至豐城，追及之，同舟爲錢緒山、貢玄略、王濟甫。因與虛舟笑曰：「事豈可逆睹哉！方友人見尼，余堅欲往，不虞其遽止也；子欲挾醫，醫謝再三，不虞其弗用也；從者顧望，衆頗怒之，不虞返舟之遘會也；醫將入城，衆疑其逃，不虞入城之有聞也；諸君期於天池，亦不虞遇於劍江也。自今視之，孰爲然，孰爲不然，而又何足以動吾意哉！」是日，南風盛作，中夜宿樟樹。

初三日，龍溪將晤張浮峰大參於臨，予不得辭，暮同會慧力寺。❷浮峰知予故態，謝遣郡邑而後來。

初四日，出天王寺，登舟，盧、朱别去。宿清沂。

初五日，至新淦，同飲雲泉、湖田所。

初六日，至玉峽，邑令成井居以錢、王同門，邀會後山寺。

初七日，自玉峽趨石蓮，酷暑中入石室，毛骨洒洒，不禁偃伏懷濂閣下。余以近歲所學相質，且述逃世之樂。龍溪曰：「吾儒之學，本以經世，此心與物相爲流通。人有弗善而不能委曲成就，即

---

❶「艇」下，蘇本有「子」字。「泝」，原作「沂」，今據蘇本改。

❷「會」下，蘇本有「于」字。

於己心有礙。故此心與萬物析離不得，見稍有偏，便落無情。此二氏見解，吾儒之所不道者。」因指洞石笑曰：「若與物無干，只如此石，奇則奇矣，何補於有無哉！」予詰曰：「酷暑得之，何謂無補？」龍溪笑曰：「終是受用不久矣。」辯析二日，始覺其說本之《西銘》，《西銘》本之孔門之仁，自孟子没，未有能究其用者，因之有省。

又明日，緒山題石而出弔周七泉，連榻而宿，各指所病，莫不泠然。❶

初十日，❷同宿敝廬，露坐月下，友人有問「未發之中」者，争論不一。久之，龍溪曰：「未發之中未易言，須知『未發』却是何物。謂之『未發』，言不容發也。發於目爲視矣，所以能視者，不隨視而發；發於耳爲聽矣，所以能聽者，不隨聽而發。此乃萬古流行不息之根，未可以静時論也。」衆始嘿然。明日，諸君别如安成。

二十五日，會於青原，四方及同郡之士，先後至者百六十人，僧舍不能容。每日升堂，諸君發明良知與意見之害，退則各就寢所商確，俱夜分乃罷。予嘗問龍溪曰：「凡去私欲，須於發根處破除始得。私欲之起，必有由來，皆緣自己原有貪好，原有計筭，此處漫過，一時潔淨，不過潛伏且恐陰爲之培植矣。」緒山曰：「此件工夫零碎，但依良知運用，安事破除？」龍溪曰：「不然，此倒巢搜賊

❶ 「泠」，原作「冷」，今據蘇本改。

❷ 「日」，原脱，今據蘇本補。

之法也。❶勿謂盡無益也。」

七月二十三日，解會，龍溪與貢、王二君先歸，邀予同擇龍虎山中爲江浙會所。予以先忌歸祀，祀畢，與周柳渠、王有訓發同江。❷

八月朔，至新淦。吴雲泉以弟之喪將如杭歸櫬，約同行。

初二日，復遇龍溪市汊，明日將至南昌，龍溪入城別浮峰，余與貢、王避處玉清宫静鶴樓。

初四日，雲泉至，入其舟。

初五日，先發窑頭，候龍溪。午後，以王汝敬來，遂發。晚泊八角樓。

初六日午，過趙家圍，登舟尾望彭蠡，宿瑞虹。

初七日午，至龍窟，龍溪易舟。漏下十刻，泊餘干上三十里。

初八日，先龍溪舟發，會於安仁。邑令黄兩山、桂應溪與弟軏先後相見。黄乃雲泉門人，攀留再三，不可，别去。宿上流二十里。

初九日早食，至鶯萱潭，❸始知安仁下八里，舟趍潭，步沂溪入，可盡龍虎山下流之勝，聞言已

❶「也」，蘇本無此字。
❷「同」，蘇本作「桐」。
❸「萱」，蘇本無此字。

不可返。凡時過而悔，大抵此類也。午間，黄令遣人相行，至十里許，遥見遠勢若青雲乘風旖旎不定之態。問之輿人，答曰：「此仙岩諸山也。」令人神爽飛動。自是沿途流視，如牆壁四立、馬牛奔風者，不可勝數。約四十里，過郭家渡，輿人告勞，暫休仙巖寺中。食罷，復出江上，乘小艇沿洄觀之。臨溪數山，上偃下䌫，❶如龍鐘老人傴僂附物而行，又如蒼虬夭矯拏空上騰。溪轉開石，岩穴錯出，從行童子呼曰：「石上那得有懸棺乎？」余以爲石勢類爾，則又徧指爐灶罌餅門閾倉櫃，讙呶詫訝。余亦眩惑，斜倚艇中倒觀之，復艤棹登坡睨望，崖中器物皆實不謬。土人以爲飛仙故宅。余見石山多外竅而中空，豈避難者從中拾级據高臨險，久而堙其穴入處耶？同遊者或然或否。會雷雨至，風迫水游棹，顛危甚促，冒雨返寺中。寺中壁板有張郎之書，遒勁可愛。是夜與龍溪共榻言别，因請指余之短。龍溪曰：「念菴每欲破除私欲，但又似在破除上尋一道理，拈一物，放一物，終非了手，須更勉之。」已而龍溪令余有言。余謂：「此番對兄，尚覺於人情上牽連不斷。大抵過於厚善，遂致防檢稍疎，此中澹泊得下，即無染着耳。」

明晨雨止，欲登上岩寺，輿人紿以徑滑不可。遂循石麓，穿雲行二十里，至真人府。府臨溪，溪南有山如九陽巾，四山盤旋，勢不險迫，風氣秀敞，前所見奇詭峭厲者在其下流。形家咸以爲善，而上清宫在其左五里許。府中有裴道人，年六十，獨處西院一室，披褐色衣，稿面而碧瞳。見諸君入，

❶「䌫」，蘇本作「䌹」。

冷笑呵呵，顧其室，敝席塵几，蕭然無繫。余與諸君分坐地上，道人倚樹斜立，口囈囈多不曉了。忽呼茶相欵，茶畢，輒呵呵。且曰：「没有甚麽，便就是只等。」❶門者曰：「胡不向諸公言修養乎？」道人蹙額大聲曰：「世人言修養，多是向人乞討，全没了自己。有自己，便好了也。」所言概如此。有頃，自言曰：「夏桂州也不久了。」則又怒目向空，囈囈不休。有頃，拱手肅行，復呵呵曰：「世界儘寬正好遊。」一笑而别。其神氣頗閑静，蓋已知醒心者。是時夏未被刑，而云云者，猶嵩山王董故事也。既出，門者賀曰：「道人喜怒不常，自來未有今日恭敬。」余亦呵呵。午後，息上清宫精思院之虚軒。晚遊鶴歸亭，亭爲張虚静煉丹處，其菴猶存。已而登昊天閣、真風、寥陽二殿，殿閣與府皆嘉靖丙戌敕建，纔二紀，梁柱已蠹敗。怪而問之，侍者曰：「凡敕建必京師工作，利在數易，故用速朽計耳。」余曰：「速朽可必乎？」曰：「木液而鬆采者腐，築未堅而甃者侈，墁而多震者圻，速完者速朽矣。」余顧諸君曰：「有是哉！」

十一日，貴溪邑令周君遣人修餽，周與龍溪鄉姻，又余同年履所之弟。雲泉避去不食，予不能拒，與龍溪數酌而徹。是日，柳渠病虐。午後，應溪至。晚，同眺福地樓，入碑亭，觀松雪、虞、揭諸公手書。宫中道侣千餘人，多以符籙取給四方。凡方士挾術至者，真人必館穀之，以羽翼其教，此外無他奇也。初，青原議擇江浙會地，以龍虎爲勝。至是厭其喧劇。

❶「只」，蘇本作「這」。

十二日，聞沖玄幽阻，同諸君往，雨下如注。入門，深林複澗，水聲濊濊。登愛山樓，蒼青四塞，迴異人世，心頗悦之。遂題樓壁云：「嘉靖戊申中秋，山陰龍溪王畿、宣城貢安國、王汝舟、新淦雲泉吴逵、吉州念菴羅洪先、王託、洪都王緝、安仁桂軏同遊仙岩，入龍虎山，冒雨過沖玄觀，登愛山樓。憑闌四顧，萬木蕭森。感年華之不留，慨朋簪之難盍。日者，青原之會，緒山錢德洪、晴川劉魁、東廓鄒守益、獅泉劉邦采諸君子相期，選勝名山，論心晏歲，偶逢兹境，良副夙懷。且楚越道理適均，而朱陸異同可合。鵝湖地近，再求續於荒盟；剡曲舟來，永言歸於新好。共勤遠志，無負斯文。吉水周充以病留上清。」題罷，雨止，返宫。

十三日，衝雨出山，薄暮至貴溪。中途，江午坡遣人持詩相招，至舟，次韻謝之。

十四日，龍溪酌别，語未竟，貴溪士友有物色者，余與柳渠、汝敬、有訓乘小艇先去。艇中僅容八九人，夜宿浮石寺下，不可展轉。

十五日暮，至瑞虹，始附商舟。雨霽月出，湖光瀲灩，碎金滿目。欲持盃賞之，求酤不得，飲水浩歌而寐。

十六日，過彭蠡。是夜，宿黄家渡。

十七日早，過南昌。晚泊曲江，月色如晝。

十八日午，過樟樹，易舟。夜深至新淦，扣城遞雲泉家報。

十九日午，至桐江，柳渠與予分歸，有訓乘舟返泰和。

明年九月，東廓諸君將赴約，予以外父大僕曾公十月歸窆，擬畢事而行，比束裝，聞會解。

又明年春，壽東廓，出會語一册相示。自卓峰、瑶湖、明水、覺山、獅泉、少初、咸齋諸君，至於遠近士友，多所發明，而龍溪條析詳甚。余既卒業，東廓笑曰：「沖玄之壁，龍蛇縱横，而足跡不至，諸君有舉火戲諸侯之誚，子可無一言以相報乎？」時應酬紛拏，未有以應。既歸，反覆諸君之教，有不容於嘿嘿者。蓋辱提撕之惠甚久，固不敢徒聽受而忘切磋也。龍溪之言曰：「先師提掇良知，乃虞廷所謂道心之微，一念靈明，無内外，無寂感。吾人不昧此一念靈明，便是致知；隨事隨物不昧此一念靈明，便是格物。良知是虛，格物是實，虛實相生，天則乃見。蓋良知原是無知，而無不知；原無一物，方能類萬物之情。或以良知未盡妙義，於良知上攙入無知意見，便是異學；或以良知不足以盡天下之變，必加見聞知識，補益而助發之，便是俗學。吾人今日致知工夫不得力，第一意見爲害。這意見是良知之賊。卜度成悟，明體宛然，便認以爲良知。若信得良知過時，意即是良知之流行，見即是良知之照察，徹内徹外，原無壅滯，原無帮補。所謂丹府一粒，點鋏成金。若認意見以爲實際，不知本來靈覺生機，封閉愈密，不得出頭，便是認賊作子。此是學術毫釐之辨，不可不察也。」此八條之首，亦自以爲第一義者，然質之陽明先生所言，或未盡合。先生嘗曰：「良知者，天命之性，心之本體，自然昭明靈覺者也。」是謂良知即天性矣。嘗觀《中庸》言性，所指在於不睹不聞。蓋以君子之學，惟於其所不睹不聞者而戒慎恐懼耳。舍不睹不聞之外，無所用其戒慎恐懼也。夫不睹不聞，可謂隱而未形，微而未著矣。然凡吾之發見於外者，即此未形者之所爲，而未始有加，是雖至隱也，而實莫見乎隱；凡吾之彰顯於外者，即此未著者之所爲，而未始有加，是雖至微也，而實莫顯乎微。君子可無戒慎恐懼哉！由是言之，謂良知之體至虛可也，謂其體虛而形實亦可也。❶今曰「良知是虛，格物是實」，豈所謂不睹不聞，有所待而後實乎？先生又曰：「至善者，心之本體。動而後有不善，而本體之知，未嘗不知也。」是以良知爲至善矣。

嘗觀《大學》之言「至善」，其功在於能止。蓋以吾心之體，固有至善，而有知之後，得止爲難。知而嘗止，非夫良之能止其所而不獲其身、不見其人、不失動静之時者，孰能與於此！譬之遠歸者，返其故廬，復其恒産，自無蕩析離居之患，徘徊逆旅之憂。雖誘以向日之馳騖，彼且謹避而不顧矣，不亦無所遷而能定乎！既能定矣，則必垣墉之高崇，扃鑰之深秘，以保有其聚積，不亦無所動而能静乎！既能静矣，則必飲食衎衎，婦子嘻嘻，以畢遂其天性之真樂，不亦久於其道而能安乎！既能安矣，然後交鄰睦族，布惠解紛，明無不照，用無不周，以盡其才力之所能及，不泛應曲當而能慮乎！定、静、安、慮者，至善也；能定、能静、能安、能慮者，止至善也。能止，而後至善盡爲己有；有諸己，而後謂之有得，則明德之謂也。是故先之以定、静、安者，物之所由以格，止之始也；後之以慮者，知之所以爲至，止之終也。故謂致知以求其止，可也；謂物則生之於定、静，亦可也。今曰「虛實相生，天則乃見」，豈定、静反由慮而相生乎？先生又曰：「良知是未發之中，寂然大公

❶「體」，蘇本作「本」。

之本體，便自能感而遂通，便自能物來順應。」又曰：「當知未發之中，常人亦未能皆有。」豈非以良知之發，爲未泯之善端；未發之中，當因學而後致？蓋必常定、常靜，然後可謂之中，則凡致知者，亦必即其所未泯，而益充其所未至，然後可以爲誠意，固未嘗以一端之善爲聖人之極則也。

嘗觀《大學》之言致知，亦有次第。蓋以小人在閒居而爲不善也，夫孰得而指議乎？爲不善而至於無所不至也，又烏可以曉譬乎？及其見君子之時，自有不免於厭然者，既知所爲雖不善，而吾實不可有也，必從而揜覆之；又知善雖未嘗爲，而吾實不可無也，必從而顯著之；又知君子之不可誑，恐其畢知吾之所爲，將揜與著者皆無益也，而自慚之。若是者何哉？以其本然之誠，素根於中，故一念之知暫形於外，雖其斲喪之極，亦有不可得而滅息者，此君子所以謹其幽獨，不敢以自欺也。夫以小人之尤，而其良知猶有存者若此，而況於常人乎哉！此先生所以喫緊爲人耳提面命之也。雖然，小人之見君子，亦一時之感觸云爾。自其閒居之爲不善，而至於無所不至，彼誠於中者，果安在哉！故謂良知爲端緒之發見可也，未可即謂時時能爲吾心之主宰也。知此良知，思以致之可也，不容以言語解悟遂謂之爲自得也。其曰「意見爲害，良知之賊，卜度成悟，明體宛然」，便以爲實際不知封閉本來生機，可謂切中今時之弊矣。已而忽曰「若信得良知過時，意即是良知之流行，見即是良知之照察，徹内徹外，原無壅滯，原無帮補，所謂丹府一粒，點鐵成金」，又若恐人不知良知之妙當下具足，而速之悟入者，何其諷未一，而勸者百也？昔者，三千之徒，皆得聖人爲之依歸，而夫子者，固又誨人不倦矣，然猶曰「吾未見剛者」，「未聞好學」，「不知其仁」，❶「不可以語上」，是何難也？今之學者，幾何爲漆雕之知未信？幾何爲曾點之能進取？幾何爲子貢之穎悟而性道難聞？幾何爲仲弓之持養而渣滓未化？幾何爲參之聞一貫而即唯？幾何爲回之見卓爾而喟然歎者乎？以利欲之盤固，遏之猶恐弗止矣，而欲從其知之所發，以爲心體；以血氣之浮揚，斂之猶恐弗定也，而欲任其意之所行，以爲工夫。畏難苟安者，取便於易從；見小欲速者，堅主於自信。夫注念反觀，孰無少覺；因言發慮，理亦昭然。不息之真，既未盡亡；先入之言，又有可據。日滋日甚，日移日遠，將無有以存心爲拘迫，以改過爲粘綴，以取善爲比擬，以盡倫爲矯飾者乎！而其滅裂恣肆者，又從而譸張簧鼓之，使天下之人，遂至於蕩然而無歸，悍然而不顧，則其陷溺之淺深，吾不知於俗學何如也！

先生又曰：「知者意之體，物者意之用。」❷未嘗以物爲知之體也。嘗觀《大學》言物與知，自有先後。蓋有吾身之所接者，❸皆謂之物，則天下、國、家是也，而身爲之本，有其身，斯有天下、國、家，而本末形焉。物之有則，蓋如此。吾身之所爲者，皆謂之事，則齊、治、平是也，而自修爲之始，

❶「仁」，原作「人」，今據蘇本改。
❷「意」，原作「應」，今據蘇本改。
❸「有」，蘇本作「以」。

即其所修推之，爲齊、治、平，❶而始終具焉。事之有序，蓋如此。誠知天下、國、家本於吾身，而自修之不懈也，而天下、國、家之事皆自此而推之，則知所先後，而能知本，知本則知至矣。夫處物之則，本於吾身，而知本之後，物始得所。大學之道，不既明辨矣乎！其曰：「良知原是無知，而無不知；原無一物，方能類萬物之情。」語雖殊，而意相發也。而緒山乃曰：「知無體，以人情事物之感應爲體；無人情事物之感應，則無知矣。」將謂物有本末者，亦有别解歟？人情事物感應之於知，猶色之於視、聲之於聽也。謂視不離色，固有視於無形者，是猶有未盡矣。而曰「色即爲視之體，無色則無視也」，可乎？謂聽不離聲，固有聽於無聲者，是猶有未盡矣，而曰「聲即爲聽之體，無聲則無聽也」，可乎？質之龍溪未發之説，則知之爲體，蓋自有在，固不必若是之牽合也。

或曰：「緒山所言，其諸先生萬物一體之義矣乎？」曰：「先生拔本塞源之論，蓋亦有爲言之也。程子嘗曰：『仁者渾然與物同體。』蓋以仁者之視其身也，恒無以異於人之身，而忘其情焉，視聽言動雖出乎己，實則未嘗有所與也；其視夫人也，亦無以異於己之身，而同其情焉，疾痛疴癢雖在乎人，實則未始有所間也。此其至虚之體，私欲不留，即前之所謂『未發』，所謂『天性』，所謂『至善』，同出而異名焉耳。求仁者，存乎此也，用之而行，禹、稷之所以胼胝而未嘗加也；舍之而藏，顔子之所以閉户而未嘗損也。大學者，學此者也。故在齊家，則言好惡之不可少辟；在治國，則言藏

❶「齊治平」，原作「齊平治」，今據蘇本改。

身之不可不恕；在天下，則言上下、前後、左右之所惡勿施。蓋視其身者，即所以視乎家；視其家者，即所以視乎國；視其國者，即所以視乎天下。而天下、國、家之於身，雖有遠近、大小之殊，吾之所以處之者，未嘗不一。雖謂天下、國、家爲一身可也，而豈必闒闒然日以奔逐阿狥乎外，而後謂之兩相成哉！且立言有不易者，不可以無慎。如曰『物莫非己』，雖無訓釋，至意盎然；從而易曰『己莫非物』，則窒礙而不可訓矣。今夫手足之爲一體，此感彼應，不言而喻者。有號於人曰：『吾之手以足爲體，吾之足以手爲體。』聞者有不以爲異乎哉！一身之中，手足頭目，猶有尊卑，扶傷持危，急緩不爽。而謂『吾與人物渾然無別』，則執言之過也。《大學》首言新民矣，而厚薄之則，未嘗不舉，儒、墨、老、釋之辨，正在於此。若夫比昵爲公，而泯親親之殺；掩飾爲愛，而混尊賢之等；衣冠言動之有違，謂爲形跡之不校；辭受取舍之無節，而謂爲有無之相通。斯又異端之所不屑，憂世君子宜曲爲之防矣，而忍借之辭也哉！」

近嘗因郭平川有問，答以書曰：「陽明先生良知之教，本之孟子，故常以『入井怵惕』『孩提愛敬』『平旦好惡』三言爲證。『入井怵惕』，蓋指乍見之時，未動於納交、要譽、惡聲而言；『孩提愛敬』，蓋指不學、不慮、自知、自能而言；『平旦好惡』，蓋指日夜所息、牿之未至於反覆而言。是三者，以其皆有未發者存，故謂之『良知』。朱子以爲『良者，自然之謂』是也。然以其一端之發見，而未能即復其本體，故言怵惕矣，必以擴充繼之；言好惡矣，必以長養繼之；言愛敬矣，必以達之天下繼之。孟子之意可見也。先生得其意者也，故亦不以良知爲足，而以致知爲功。試以三言思之：其言充也，將即怵惕之已發者充之乎？將求之乍見之真乎？無亦不動於納交、要譽、惡聲之私矣乎？❶其言養也，將即好惡之已發者養之乎？將求之平旦之氣乎？無亦不牿於旦晝所爲矣乎？其言達也，將即愛敬之已發者達之乎？將不失孩提之心乎？無亦不涉於思慮矯强矣乎？終日之間，不動於私，不牿於爲，不涉於思慮矯强，以是爲致知之功，則意烏有不誠，而亦何至如來教之云云也？今也不然，但取足於知，而不原其所以良，故失養其端，而惟任其所已發。謂離已發，無所謂中也，遂以見在之知爲事物之則，而不察理欲之混淆；謂離常感，無所謂寂也，遂以外交之物爲知覺之體，而不知物我之倒置。理欲混淆，故多認欲以爲理；物我倒置，故常牽己以逐物。來教所謂『平時不能專一翕聚，縱一時有見，安能嘗得烱烱？又況自私用智之心勝，往往欺其所不可欺』，蓋已得之。竊意陽明公之本旨，或不若是相遠也。夫食實而不溉其根，飲流而不濬其源，世以爲亡本之譬。今以一念之明爲極則，以一覺之頃爲實際，不亦過於鹵莽乎？審如是，則『良知』二字足矣，何必贅之以『致』？審如是，凡怵惕者，皆有火然泉達之勢矣，何必贅之以『充』？凡好惡者，皆與人相近矣，何必贅之以『養』？凡天下之人，自孩提以上者，皆仁義之君子矣，何必贅之以『達』？此殊有所未解也。」龍溪聞之，亦或以爲然否？

龍溪八條之末有云：「一切世情淡得下，此是吾人立定脚根第一義。淡是吾心之本體，惟心體

❶「矣」，原脱，今據蘇本補。

淡得下，便無許多濃釅勞攘，便自明白，便能知幾，可以入德，直入至無喜無怒、無聲無臭，只是淡到極處。」此却與未發之説前後相應。蓋真自不睹不聞中立脚，便一切世味染不上，直從此路深入，庶可以語淡矣。不肖悲覺迷之已遲，知悦言之非助。每危坐以嘿省，遂簡出而息遊。顧弱質早喪，良時易失。雖襟期之暫阻，幸緒論有可紬。疑問弗思，恐乖師商論交之義。輒緣述往，附以折衷，遊始夏中，標爲篇目，好者其必有貽也。舉筆三年，撫心一嘅。念菴子書於止止所中。

甲寅夏遊記

己酉春，予追書《夏遊記》。又明年辛亥，質之龍溪王子。龍溪不謂然，將面訂焉。明年，有匡廬之期，癸丑五月往，龍溪不至。明年甲寅四月，龍溪書來，申前期。未幾，報至匡廬。予倦遠役，遣人邀之南。又數日，沈古林憲使書云：「趙大洲留家黄梅，與龍溪待公爲天池十日之遊，公安居，得乎？」予與大洲，相聞者十六七年矣，失期，則終身不面，且慮龍溪未必南也，乃復往與劉龍山、趙子良、尹道輿偕。

五月三日，玄潭罷會。

五日，發客坊，李鵝洲携酒餞，自流灘過羅家渡，龍山與周龍岡來。頃之，别龍岡。出桐江，别鵝洲，待子良、道輿於新市。

六日，道輿且食，食已行，宿新淦。東望城陰，有懷雲泉卒於去秋，愴然欲涕。

七日，至樟墅，選暑藥，宿黄土腦。

八日，至南浦，易沅陵舟。

九日，早發，晚宿大姑山小江。

十日，阻風，午發，宿老鴉磯。

十一日，至九江，大洲已去黄梅。龍溪留天池旬餘，得予前報，暫趍黄陂，相去纔三十里，急託書鍾班田郡守追之。班田急走予舟勞問，爲移舟趙公橋，假栖海天庵。有閣瞰江，暮雲野樹，風帆霞鶩，遠近映帶，足以娱客。班田與郡丞羅青野、節推范斗山來訪，辭其常餼。

十二日，雨，鄉中儒生授徒其地者十餘人次第來。晚，班田燕閣上。

十三日，桑南臯、毛青城先後來訪，因留食。食罷，同年何鴻汀載酒來訪，同二客話，晚始去。南臯留匡廬甚久，頗盡其奇勝，又留意禪學。自云：「杖襄陽行宫前，卧病逆旅，勢必萬死，非此學斷不至今日。」青城極該博，老、釋、方術靡不涉獵，聞其談峨眉，則匡廬又覺劣下。鴻汀曾爲嘉定，青城乃其州人，故言能悉。與大洲期不得見，見其鄉人，聞鄉土事，且慰且恨矣。

十四日，聞追者不及，避客乘小艇，泝龍開河入匡廬。回顧郡治，山自吴章西北走轉而南，望匡廬，迎龍開河，長江環繞宛復矣。水鬶玄武，又寡外衛，己卯之變有以哉！吴章，南康後枕，五老前阻彭湖，勢奇甚，四迫於水無餘氣，孤戍也。僭竊者，多據九江抗衡，上國何居？至石塘舖，謁濂溪先生祠，祠隘，且不固。役者云：「往年官計直百金，今工費踰其半，是病民也。」琳宫梵宇，一室數千，酬何功德哉！儒者或從而益之，儉此以餙彼，何也？考諸藩志，先生愛匡廬，因築書堂。山谷詩序云：「先生仕宦三十年，志在溝壑，明先生無居室心也。」今其地左逼而右傾，獨溪水清駛可挹，庭草離離，清約不改，宜祠者之不欲堅且壯哉！夜宿祠傍夏家，月色東出，萬峰寂寥，如睹吟弄之狀。題其堂曰「思賢堂」。

十五日，展先生墓，墓去祠五六里，龍虎蜿蜒，穴巧而法，案如貴人執簡伏拜。前山如蓮，即蓮花峰也。先生素愛蓮，豈類應耶？裔孫南春先來，具飯，不得辭。名仕爵，自道州取來。墓止一封一碑，憶《志》中先生祔母左，二縣君從葬，不言所在。按禮以右爲尊，言生者坐位，非祭儀與墓制也。《周禮·冢人》：「兆域，先王居中，以昭穆爲左右。」是墓制尊左也。嘗謁孔林，夫子墓南向，由漸門入，在墓東南，並墓左爲泗水侯，而前爲沂國，其東稍南爲駐蹕亭。心疑焉，謂聖公曰：「泗水爲昭，而沂國爲穆，昭穆相當，夫子墓必東南向矣。亭與漸門當其前，神道也。不然，泗水並夫子，禮乎？」聖公瞿然曰：「聞韶亦傳諸先公也，朱子葬其室劉夫人亦虚左。」是先生祔左，而右爲二縣君明甚。且先生葬母匡廬，遺命祔之，亦欲托兹山爲不朽也。然遊匡廬者，聞先生之風，低徊卒不能去。問其墓次，又若倚廬不忍終身離者。孝思之心，可以油然而生。母得賢嗣而有聞，山待至人而益勝，皆足爲勸，顧可隱而弗彰乎？遂書三碑，托班田更之，仍同封。去墓十里爲馬尾水諸菴，畏暑不復入。四十里入太平宫，宫乃詠真洞天。飯五峰道院，宿靈隱菴，料行李。

十六日，輕囊上天池，午食東林。至錦澗橋、陳抑亭，憲使遣問。暮至淩虚閣。

明日，以龍山初至，同觀佛手巖。歸，掩户不復出。日共僧素食，食甚健，三人亦增飯，始知酒肉不甚益脾若此，自是爲之少御。

二十一日，青城來，亟稱佛手巖乳泉之勝，復遣人汲取，飽飲而去。予再取飲，甘之，久而津津留唇吻中，非青城未有異之者，人之遇不遇猶是也。

又明日，宋陽山侍御自河東在告，將趨德安，聞予蹤跡，遂枉天池，談趙浚谷破虜事，且云世多短其人。予謂一書生提孤軍不滿千人，入千萬勁虜中，能手刃督戰，摧其馳突，前後得級九十，亦令人生氣矣。近年來無敢與虜交鋒，即交鋒亦出倉猝，決非與敵；即與敵，決非吾輩自往，而且多級，可不謂奇功哉！是時浚谷防秋代州，大兵東援廣昌，而虜分道西入平刑，掩我不備，迎戰於代州東十里，伐其謀也。使嬰城，則南無忻崞大原必矣。或言其故撤邊備以誘賊，不知遠戍疲卒納幣於虜，且爲之耳目，冀緩旦夕之死，即令在邊，固不能禦虜也。虜再入老營堡，爲總兵李淶信地。淶自寧武趍至，三道溝陷没，去代州五六百里，浚谷往援，去❶三道溝四十里，聞敗而返。淶之寡謀，固非浚谷逼之出也。浚谷之病有二：曰偏，曰淺；其大節有過人者，曰忠勇。此則瑕瑜不相掩矣。陽山爲聶雙江、歐南野門人，傳南野入直病勢，相與憑欄愴惻，方病卒。語未竟，胡練溪來。明日，

❶「谷」，原脱，今據蘇本補。下句同。

陽山別去。與練溪燕坐，班田遣報，龍溪同沈古林邀會海天。❶

二十五日，予四人拂曙下山，練溪獨處閣中，俟秋入武當，龍山、子良次靈隱，予與道輿如海天。至則抑亭、青城咸聚。抑亭留燕衆客，叔兄商於秦者二十餘人，邂逅菴前。既別，目送之。或以爲問，予曰：「白河，予之并州也。予先大夫著藉漢中白河，有故居尚存，先宜人妊予於是。」❷是夜，宿古林舟中。古林質甚美，心無機事，以工夫斷續爲患。予謂工夫須問頭腦，若頭腦全是，自少斷續；若頭腦未是，即暫免斷續，終是接換處多。此頭腦却是自家理會，自有辨別，到得少斷續，便是至當處也。古林在蘄，率士友論學，懇切如按閩時。至是攜門人七人來，至忘形跡待之。予創見若不能安，深愧無以相報。

二十六日，班田亦遣勞、朱三生來。午後，古林與諸生皆別去。晡時，班田餞別於海天舟中。是夜，龍溪舟從湖入。予以龍山、子良留靈隱。

二十七日，與道趍東林，邀之同行。自予往來匡廬，不敢與有司相聞，是行上下山坂，班田時時遣人持輿馬，又問饋鹽米果蔬，燕勞至再，咸出私廚。班田爲人介特而誠於愛民，食不御肉，僕無完裳，交際未嘗苟狥於人。感其誼厚，不能辭。午至圓通，却輿馬，物色開先輿人。

❶「沈」，原作「忱」，今據前文及蘇本改。
❷「先」，原空格，今據蘇本補。

二十八日，馬報貴客南北至，起避塔菴。卓午，開先輿人至，由面陽遞山，竭靖節祠。令土人前導，披蓁莽展墓。墓前正見南山，立誦挽詞，良苗遠風，如侍公側。宇宙上下幾千載，未亡者何物？爲之灑然。道出隘口，南觀温泉。泉出溪流中，勢若燔湯，不可以手。行其傍，腥氣蒸人，謂地有硫黄，或然也。晚宿歸宗。

二十九日，班田遺贐，却之。遂趍渚溪左星石家，名希顔，爲保寧通判。龍山以未至開先，白鹿獨往。午食後，龍溪泊舟。頃之，❶龍溪自開先來。予四人别買舟，遂行。龍溪舟離岸，風迫帆檣傾側，衣裝盡濡，復返星石家。是夜坐亭中，有星孛於北斗中，大理彗入紫微，自天乙太乙指右樞後數夜，移並樞星，經天牢西南没。時有談方外之學者，龍溪因問予曰：「公見二氏如何？」予曰：「老氏窺向上根源，竊弄闔闢，傷於巧；佛氏見無始幻妄，但守寂樂，近於拙；吾儒因時立教，率本人情，萬物賴以並育，天地待之成能，其法守庸常，其功用廣大，二氏不得而與也。雖然，道亦大矣，百家九流咸有窺竊，雖不出於吾儒範圍之内，然知力之專，各有自得。後儒區區載藉以爲是非，鹵莽抹撥以爲衛道，不復究其説之由來，吾又病其解王章而藉寇兵也。」龍溪因敘《夏遊記》，予謝曰：「此非立異，恃兄見信，故借以顯學脈，少有間隔，即開口不得矣。」龍溪從容曰：「請兄面命。」予曰：「陽明先生苦心犯難，提出良知爲傳授口訣，蓋合内外前後一齊包括，稍有幫補，稍有遺漏，即

❶「頃」，原作「項」，今據蘇本改。

失當時本旨矣。往年見談學者，皆曰『知善知惡，即是良知，依此行之，即是致知』。予嘗從此用力，竟無所入，蓋久而後悔之。夫良知者，言乎不學不慮自然之明覺，蓋即至善之謂也。吾心之善吾知之，吾心之惡吾知之，不可謂非知也。善惡交雜，豈有爲主於中者乎？中無所主，而謂知本常明，恐未可也；知有未明，依此行之，而謂無乖戾於既發之後，能順應於事物之來，恐未可也。故知善知惡之知，隨出隨泯，特一時之發見焉耳。一時之發見，未可盡指爲本體，則自然之明覺，固當反求其根源。蓋人生而靜，未有不善，不善者，動之妄也，主靜以復之，道斯凝而不流矣；神發爲知，良知者，靜而明也，妄動以雜之，幾始失而難復矣。故必有收攝保聚之功，以爲充、達、長、養之地，而後定、靜、安、慮由此以出，必於家、國、天下感無不正，而未嘗爲物所動，乃可謂之格物。蓋處無弗當，而後知無弗明，此致知所以必在於格物，物格而後爲知至也。故致知者，致其靜無而動有者也。知苟致矣，雖一念之微，皆真實也；苟爲弗致，隨出隨泯，終不免於虛蕩而無歸。是致與不致之間，虛與實之辨也。謂之曰『良知是虛，格物是實，虛實相生，天則乃見』，將無言之大深乎？即格物以致其知矣，收攝之功終始無間，則吾心之流行照察，自與初學意見萬萬不侔。謂之曰『意見是良知之賊』，誠似也。既而曰『若信得良知過時，意即是良知之流行，見即是良知之照察，所謂丹府一粒，點鐵成金』，不已言之大易乎？凡此皆欲效忠於兄，亦爲先生發所未發。今正面承可否之時，所謂不有益於彼，必有益於我者也。」龍溪曰：「近日覺何如？」曰：「二三年來，與前又別。」龍溪曰：「試言之。」曰：「當時之爲收攝保聚，偏矣。蓋識吾心之本然者，猶未盡也。以爲寂在感先，感由寂發。

夫謂『感由寂發』可也，然不免於執寂有處；謂『寂在感先』可也，然不免於指感有時。彼此既分動静爲二，此乃二氏之所深非，以爲邊見而害道者，我固堅信而固執之，其流之弊，必至重於爲我，疎於應物，而有不自覺者，豈《大學》『欲明明德於天下』之本旨哉！蓋久而復疑之。夫心，一而已。自其不出位而言，謂之寂，位有常尊，非守内之謂也；自其常通微而言，謂之感，發微而通，非逐外之謂也。寂非守内，故未可言處，以其能感故也，絶感之寂，寂非真寂矣；感非逐外，故未可言時，以其本寂故也，離寂之感，感非正感矣。此乃同出而異名，吾心之本然也。寂者一，感者不一，是故有動有静，有作有止。人知動作之爲感矣，不知静與動、止與作之異者，境也，而在吾心，未嘗隨境異也；隨境有異，是離寂之感矣。感而至於酬酢萬變，不可勝窮，而皆不外乎通微，是乃所謂幾也。故酬酢萬變，而於寂者，未嘗有碍，非不碍也，吾有所主故也，苟無所主，則亦馳逐而不返矣；聲臭俱泯，而於感者，未嘗有息，非不息也，吾無所倚故也，苟無所倚，則亦膠固而不通矣。此所謂收攝保聚之功，君子知幾之學也。學者自信於此，灼然不移，即謂之守寂可也，謂之妙感亦可也；即謂之主静可也，謂之慎動亦可也。此豈言説之可定哉！是何也，心也；心也者，至神者也。以無物視之，固泯然矣；以有物視之，固炯然矣。欲盡斂之，則亦塊然不知，凝然不動，無一物之可入也；欲兩用之，則亦忽然在此，倏然在彼，能兼體而不遺也。故曰：『操則存，舍則亡，出入無時，莫知其鄉。』古今學術之所以異，其在兹乎？百姓日用而不知，聖人知之，而又與百姓同其日用，此二氏之所不及，學者難於自信者也。使於真寂端倪果能察識，隨動隨静，無有出入，不與世界物事成對待，不倚自己知見作主宰，不著道理名目生證解，不藉言語發揮添精神，即此漸能自信，果能自信，則收攝保聚之功，自有准則。譬之收寶物者，第不令其輕毀耳，必不至助揚其光怪，炫飾其華采，以傷其本色也；譬之保赤子者，第不恣其挑達耳，必不至阻抑其好惡，增損其言笑，以戕其天性也。惟其少有欠缺，便用作爲幫補，比擬裝綴，即使功夫懇切，終不免影響依附。如以萬稗作五穀，較之稿苗與揠苗，又有間矣，豈所以充達而長養之哉！此非予之言也。明道有云：『識得仁體，以誠敬存之，不須防檢窮索，必有事而勿正，心勿忘，勿助長，未嘗致纖毫之力。』此其存之之道，固其準則也。兄意謂何？先儒云：『但得道在，不係今與後，己與人，天下之公也。』公言之而已矣。」龍溪曰：「今於感中寂得否？」予喜曰：「切問也，豈曰能之，收攝保聚焉耳矣。雖然，其或免於適越而北轅已乎？」龍溪笑曰：「《夏遊記》豈盡非是，只三轉語處手勢大重，便覺抑揚大過。兄已見破到此，弟復何言！」

初四日，與龍溪别舟行，晚宿牛欄横上。

初五日，風雨大作，舟顛甚，宿黄家渡。

次早，至南浦，復易舟，宿市汊。龍溪見過，内訟追悔甚勇。❶

初七日，舟至小港口，出一紙相示，索予手書。覽之，乃「林間八戒」也。龍溪平生自信大過，於

❶「悔」，原作「誨」，今據蘇本改。

世俗毁譽所指爲好醜高低者，一切無所揀擇，以爲道固在是，不知情欲走漏，從此便有夾雜疎脱之病。夫病有所偏，則當於偏處嚴爲之防，所謂對治之劑也。故「八戒」中雖小不遺，其自敘末有云：「從前種種譬如昨日死，從後種種譬如今日生。」其懇到痛切，猶拔眼釘，去背芒者，又欲予助警語以爲後驗。予喜甚，憶往年聞謗，曾以書告，誠意未至，未聞幡然，玆何怨艾之深也。因許至洞中整暇書之。午後，宿豐城，散步堤上。

初八日午，泊樟墅，避暑寶經山，待選藥。

初九日午，憩大洋洲，謁英佑侯廟，讀其碑，覺道家方術咸有據。宿河埠。

初十日，宿仁和，坐石橋下，對月徜徉。

十一日午，泊峽江。自豐城至是皆逆風，從者牽舟酷日中，困甚，予沽酒勞之。刻期行過新市，道輿別去。至桐江，月初上，豫募輿人。

十二日，別龍山、子良，輿入石蓮。

十三日早，予弟遂夫來省，食已，別去。

十四日，雨，遂爲龍溪書「八戒」，題其首曰「蓮洞心盟」，復爲之説於後。

十五日，取雙江、東廓諸君論學書復與商確。❶

❶「復」，原作「後」，今據蘇本改。

十六日午後，泰和陳兩湖遣使邀會玄潭，安福鄒東廓、劉獅泉、劉月山、顏以賓、鄒繼甫，泰和郭平川、王有訓，永新尹洞山、方崖及二姪，皆次第先至，予爲地主。

十九日，如玄潭。是時邑中士友聚者，冷塘、龍山、道輿、子良，與羅鎮峰、周龍岡、謝潮溪、蕭雲皐，凡三十有三人。午，洞山先發，諸君聚雪浪閣下。龍溪時出警策語，且曰：「諸友會此一堂，試思即今飯次，自始至終，此心皆不走否？各樣雜念皆不起否？聽某説話皆不忽否？此處做得主張，即不枉此會；不然，即是非徒無益，而又害之也。且此會，父兄臨之，師保勉之，猶不能定貼得下，閒居獨處，又安有振迅脱卸時耶？」時在坐者，罔不斂肅。東廓公謂予曰：「獅泉與龍溪有未了語，待公而判。」予曰：「願聞。」於是二兄各述所言，往復者二日。獅泉大意，以夫人之生，有性有命，性妙於無爲，命雜於有質，故必兼修而後可以爲學。蓋吾心主宰，謂之性，性無爲者也，故須首出庶物以立其體；吾心流行，謂之命，命有質者也，故須隨時運化以致其用。常知不落念，是吾立體之功；常過不成念，是吾致用之功也。二者不可相雜，蓋知常止而念常微也。是説也，吾爲見在良知所誤，亟爲而得之也。龍溪問：「見在良知與聖人同異？」獅泉曰：「不同。」曰：「如何？」曰：「赤子之心，孩提之知，愚夫愚婦之知能，譬之頑鑛，未經煅煉，不可名金。其視無聲無臭自然之明覺，何啻千里！是何也？爲其純陰無真陽也。復真陽者，更須開天闢地，鼎立乾坤，乃能得之。以見在良知爲主，決無入聖之期矣。」龍溪曰：「指見在良知，便是聖人體段，誠不可；然指一隙之光，以爲決非照臨四表之光，亦所不可。」因指上天霎䨴處曰：「譬之今日之日，非本不光，却爲雲氣掩昧。指愚夫愚婦爲純陰者，何以異此？今言開天闢地，鼎立乾坤，未可别尋乾坤。惟掃除雲氣，❶即成再造之功。依舊日光照臨四表。」龍溪因令予斷。予曰：「獅泉早年，爲『見在良知便是全體』所誤，故從自心察識立説，學者用功，決當如此。但分主宰、流行兩行，❷工夫却難歸一。龍溪指點極是透徹，却須體獅泉受用見在之説，從攝取進步，❸處處綿密，始是真悟，不爾，只成玩弄。始是去兩短、取兩長，不負今日切磋也。若愚夫愚婦與聖人同異一段，前《夏遊記》中亦嘗致疑，但不至如獅泉云云大截然耳。千古聖賢汲汲誘引，只是要人從見在尋源頭，不曾别將一心换却此心。且如兄言開天闢地，鼎立乾坤，以爲吾自創業，不享見在，固是苦心語，不成懸空做得？只是時時不可無收攝保聚之功，使精神歸一，常虚常定，日精日健，不可直任見在以爲止足，此弟與二兄，實致力處耳。」

午後，雨稍止，諸君解會，與兩湖各登舟去。舟中稍静，龍溪因問余近日持行處，予曰：「舊覺此心收攝須有着到處，今覺此心收攝，只是誘引不得遷善改過不變。二境工夫，稍不撓心耳。」因問曰：「兄視弟如何？」龍溪曰：「兄比前逈不同。弟察日用間尚犯做手在，蓋緣未盡脱見。學問脱

❶「掃」，原作「歸」，今據蘇本改。
❷「兩行」，蘇本作「兩項」。
❸「攝取」，蘇本作「收攝」。

見到盡處，便都是尋常事，一切不須占起。此是以良知致良知，縱饒差失，本無根蒂。如醒眼人不入夢境，如此則應用時真機圓熟。真機不圓，即真用不顯。此等處没人直信得及，舍兄亦無復有商量者矣。」龍溪此言，乃其一生超悟處。但不知從何便得平鋪，都是尋常，其差失便無根蒂。此處須有收攝保聚之功，見得端倪，似此煞好進步。若以見在良知承受，即又不免被虚見作祟耳。

至桐江，冷塘諸君送别，是夜宿新市。

二十三日，午後登舟，泊玉峽話别，至夜半不能寢。龍溪曰：「何以贈我？」予曰：「陽明先生之學，其爲聖學無疑矣。惜也速亡，未至究竟，是門下之責也。然爲門下者有二：有往來未密，煅煉未久，而許可大早者，至於今，或守師説以淑人，或就己見以成學，此非有負於先生，乃先生負斯人也；公等諸人，其與往來甚密，其受煅煉最久，其得證問最明，今年已過矣，猶不能究竟此學，以求先生之所未至，却非先生負諸人，乃是公等負先生矣。尚何諉哉！」於是，龍溪矍然起坐，曰：「惠我至矣！」

二十四日，各贈詩留别，食已，各解去。

是遊凡五旬，與龍溪處纔一月，而爲之期者三年。

念菴羅先生文集卷之六

六世孫　天衡　男　韞琦
五世孫　雨霽　男　廷衛　謹梓
六世孫　隨元　男　韞璞　士璋

雜　著❶

訓儉別盛範卿

儀真盛範卿者，余故交也。嘉靖庚寅，始通謁，至己亥再見，相信益篤，遂與南遊全椒、金陵。返而余別北去，範卿若不能舍，則持其父儉菴像圖求言爲識。

範卿亦思「儉」之爲言也，嗇在中而弗移乎其外者也。人之儉於財也，未嘗無飲食衣服之費也，然而僅僅求自保，恒懼用之不及，無以繼乎後也。嗚呼！何獨至於心而遺之？範卿知謹身之略

❶「雜著」，原無，今據總目、卷首目録及各卷體例補。

矣，儉言，儉思，儉視，儉聽，誠不忍役心於持形。形勞而心逸，多言不能動其虚，彌文不能益其智，長生不能奪其好，盡倫不能伐其攻。斯誠儉矣，纘世德矣，行始篤矣，本末備矣。余之交也，非漫矣。

別蕭子

余集先人己巳遺稿，有《挽蕭處士》詩，不知蕭爲誰氏，欲問其行事，無從也。庚子，余以罪廢，將離京師，適吾邑燕山蕭望瑞上疏述民艱，爲當道所抑，來訊歸期。相對頃刻，不得聞所疏何事，亦不知爲誰氏子。

壬寅夏，望瑞復有意如京師，詣余質前所疏。余力止之。問其家世，出挽册相示，先人詩在焉。始知謁先人詩者，其兄望應；處士，其考選貴也。望應督賦至京師，謁先人。後三十四年，望瑞又上疏至京師，與余相見，其意侃侃，與時不相下，豈處士固有啓之者與？

先人棄余，至今蓋已十年。余奉遺訓，周旋不能有所光顯。撫手澤而長悲，有深懼矣。禮稱「孝者，能敬親之支」。❶由是言之，余與望瑞，其皆有責爾乎！

❶「支」，似當作「友」。

與邃夫弟静海別言

吾家十世以來，皆食貧，無有奇産。仕者十餘輩，皆業儒，無有他途。先大夫食禄十有三年，無有厚藏遺子孫。吾與汝失怙恃十有三年，兢兢自保，無有妄取辱先世。此汝所習聞與所共見者也。吾不才，不能委曲愛誨汝續先大夫之業，使以疾廢學；又不能守先世之教，使以例進。力不足共，稱貸以行，寧負吾夙心，而不欲拂汝之心者，亦思隨器成就，求補吾過焉耳。今將別，以三事告汝，汝不相背，即此舉亦是出就外傅之義。吾雖稱貸，比於鬻産資遺，夫復何悔？不然，吾過日益，將無面目見先大夫於地下矣。汝勉之。

夫保身、擇術而節用，此三者，至道也。害身莫甚於色，其次莫如酒。色慾，聖人之所豫戒，故曰「不邇聲色」，又曰「戒之在色」，未有邇而能戒者。人之百病，起於精血妄施，壽命短長，嗣續盛衰，皆係於此。汝爲先大夫暮子，吾與汝止二弱息，每檢先世手澤，懼守者不效，顧影孑然，輒自寒心。汝素有疾，必能知畏，勿損勿伐，不俟盡言矣。酒易令人沉溺，其蕩情耗氣，肆言失容，爲害不減色慾。吾歸田來，歲嘗一醉，皆由節令聚樂，長者勸酬，不覺過度，既醒而悔，至以死誓于先大夫之前。此吾舊愆，慎勿藉口自誤取敗，況客處數千里外，萬一疾作，誰汝顧者？無是二者，耳目聰明，血氣調暢，勞役不損，寒暑不侵，丈夫事始可爲矣。先大夫常引書以訓曰：「父母惟其疾之憂。」朱子申之曰：「人子體此，而以父母之心爲心，自不容於不謹。」吾至今愧此數語。飲食以節，出入以時，步履安詳，談論簡嘿，此皆不容不謹處。果能守此，所謂保身，即非徒養血肉之軀，其於擇術思過半矣。

自古百工技藝以上，未有無所業而遊食者。士之擇術，在於適道。適道必先師友，爲其漸染薰陶，指引開發，不至迷謬乖戾，得免罪惡也。大學賢士所聚，今幸上有松溪、巾石諸公爲之師，下有四方英俊爲之友，外有善山諸君子爲之保傅，汝之所遭，誠爲不偶。但志意不專，即有言不聞；志意苟在，則無往非教。此顧所擇何如。汝於諸師保，凡事當守其規矩，不可違犯，有疑即稟，其命令不可欺隱。於諸友朋，勿取昵於己者以爲益也，言多箴戒勸勉，能令吾有敬畏嚴憚之心，皆成我者也；勿指逆於己者以爲損也，言多褻狎鄙薄，能令吾有縱肆放弛之心，即賊我者也。以此推之，博聞强識，❶可以資吾之見聞；苦行勵節，可以堅吾之節操。汝其事之若父兄。浮華摇蕩者，敬而遠之，勿與親比，寧失之固，無失之和。一或少防，被之驅引，如投陷阱，更無出脱時矣，可不畏哉！友朋以道義往來，自無酒食徵逐之擾。

其諸日用，大要以澹泊貶損爲主。汝居家頗能節儉，但恐至此，隨俗改念耳。節儉有數益：人當自食其力，無功過享，後必有災。先大夫暮年，非飯客不市肉，或以魚蔬飯客，未嘗不飽。先大夫且爾，况吾輩哉！知守分，即他日處貧與賤，可無異望，可無怨尤，此一益也。省浮費以均僮僕，足

❶ 「博」，原作「愽」，今據上下文義改。

其衣食，令免饑寒。元亮有云：「此亦人子，可善遇之，恩結其心，緩急得濟。」此二益也。妄用者多妄取，財者，人之命也，豈容以妄得之？得之以妄，彼必妄以相加，吾身危矣。授受之禮，度不能報，勿受其施；如施過情，不責吾報，必有非情之望隱於其中，慎勿貪之。廉耻不喪，始名爲士，此三益也。同生天地，即爲同氣，不忍之心，乃吾生機。然非財力有餘，即惻隱不可全。前在舟，見汝以米濟溺者，吾甚慶喜。此心不忘，去道何遠！減一滋味，於食無損；全一性命，利人不細，此四益也。

三事畢舉，在身利身，在家利家，在天下利天下，是乃吾家好子弟，例進豈能相浼？反是，在身害身，在家害家，在天下害天下，縱貴進大僚，富兼巨室，中人羞與伍，辱莫甚矣，况其祖考父兄乎！吾躬行不逮，於家庭無所感化，徒勤齒頰於離别之際，其責何逭？詩曰：「我日斯邁，而月斯征。夙興夜寐，無忝爾所生。」先大夫固無失德也，爾勉之。

刻鄉約引

有寇攘奸宄，虞舜不能治華夏；無牆屋薪木，曾子不能反武城。古今人情，未甚遠也。井田并而守望廢，更卒起而兵農分，法常變矣。情不變，法即變，終不容泯。民散無紀，或爲之戍鼓，或爲之保甲，變者名，不變者法之餘意，鄉約又其近也。藍田而後，祖述漸衆，强半彌文，然在吾鄉有五善：利禦寇，故衆樂從；世家力鈞，故專横絶；聽命於官，故威難相假；不攝訟，故謗無由作；事已而退，各守常業，故人莫擅功。卒之大憝消，外侮拒，矜棘之呼，顧忌而不敢逞，殆又其近者歟！

正德己巳、庚午之難，亟矣。非憲副泉南曾公隱智秘計，莫與倡其始；非前令玉巖周公堅信力斷，莫能保其終。法曰：「能捍大患，則祀之。」謂二公者非耶？仁人踵起，相繼輔翼，迄今垂五十年，畫一是守，坐享成利，法固有不容泯者，類如此。

乙巳、庚申，再罹阻飢，邇者，郡邑復多警訊，爰集衆思，考故補亡，莫能原始，蓋故老凋喪久矣。移文盟主，得之旁搜，懲往詔來，梓傳以永，俾勸毋壞。不獨因利導之，抑亦廣議法者之咨詢也。

紀事

泉南曾公，名昂，字光表。爲御史，以才名，官至福建按察副使。坐罷家居，能以計已土賊之亂。

賊本大姓諸佃，其酋兄弟數人，膂力凶悍。嘗陰結死黨掠境外，久之，爲主者所覺，恐見除，弑主而反。自此白晝坐里門，恣意屠磔，持金帛乞哀，乃得免。正德己巳七月事也。是時，大倉玉巖周公廣令吉水，有惠政，會南贛流賊破城郭，順流下，將入境。吉水故無垣壁，市井竄潰。周沿門拜留，民皆感戀來歸。郡中自捄不暇，無力他及，遠近搖煽，賊勢益張。

公所居竹山湖，去賊半里許，動息輒聞，心患之。一日，特置酒，設巨觥大臠，延其酋數人，上坐欵飲。諸酋驚且喜曰：「小人安得蒙此？」公詭訴曰：「吾與若相鄰，吾家故無有，若輩所知。惟二女未嫁，然資遺疏，素不堪用也。得容庇何幸！」諸酋即應聲諾曰：「大人厚意若此，更復何慮？

鵠子豈食自窩雛耶？」公佯感激，持巨觥起謝，諸酋盡醉飽去，不復以公爲意。

踰年，事稍間，公乘媢友召集，暮如白沙，微服棹小艇詣縣，扣縣門。門者曰：「誰？」曰：「曾家遞書人。」門者入報，召至衙。周見公自來，屏左右，訝問故。公曰：「事亟矣。更不處，吾鄉將無噍類，公爲奈何？」周曰：「計將安出？」公曰：「賊無多，皆挾大家諸佃壯聲勢，易制爾。」乃出袖中小票數十，則已區分九團名數，與某家某人堪爲某團約長，及委任、點集、防禦諸法。且曰：「不如此，賊黨不散。不賴明府力主於上，少假之權，則約長畏禍，孰敢出應？即應命，勢亦不行。」周瞿然曰：「是何言？公以身家代吾憂，敢不盡力！」乃手印判各票，復指案上燭，自矢曰：「此後物議，不以任者，有如此光！」公別周衙前，潛放艇白沙。明日返舍，四遣人密召各大姓山中，人授一票，語之計。即日，九團各集，諸佃自治。嘗黨賊者多致死，賊勢遂孤，稍徙下區五里外。於是諸士夫始出就儀，賊亦漸除。今所傳鄉約，公手筆也。

其後謗騰于朝，謂公居鄉專制生殺。臺諫將糾論之，得周辨解乃已。周尋擢御史，以直諫謫。再起，歷江西憲使，終刑部左侍郎，行業著顯。公雖以壽終，然竟短後，鄉人至今憐之。

別陳子爲

博羅陳生子爲，不遠數千里來學於余，會留匡廬未返，旅食以待，蓋旬有五日，始相見於石蓮洞。已而別友江上，又旬日，再見於默成之堂，與之語。不三四日，而生以弱軀痛炎暑，孱然不能久留。於三二日之間，無有以益子爲，以酬其數千里之勞。雖有速化之術者，亦莫之措，況於余之不肖者哉！將行，子爲請所以別者，則爲之曰：「人之强也，以精力盛；而其病也，以精力衰。聖賢必有高於己而大有爲於天下，皆愛養乎此。舍此，固無復所謂學也。自夫世俗之卑，矜以技能，軋以名利，以眩毁譽，使人疲精神，竭智力，强其所不可能，而期其所難必。敝敝然取足於衆人耳口之間，而忘其身之所在，故有皓首奔走而不知倦，疾苦呻吟而不知休者。彼非不欲倦與休也，爲其事未睹其效，其心固不能一日安也。嗟乎！鈞是人也，上之則配天地，體萬物；而次之則留偉績，垂令名。此其建立不大哉！顧乃枯落鬱抑，生爲負版之悲，而没無腐草之耀，不亦可哀也乎！子爲年已漸長，而身復病，其歸也，斂視聽，崇簡嘿，温習其舊聞，而薄視夫浮艷，以求精力之稍裕，其亦少有以異於世俗矣乎！余方謝客閉關，遊神於無極之先，而脱跡於壒埃之表。聞子爲之居，去羅浮兩舍而近，倘精力有餘，尚欲攬奇勝於四百峰頭，歌扶桑之章，徘徊鐵橋之上，尋石翁之遺躅。是時，子爲其尚能相從否乎？」

攬鏡

閑時覽鑑，鑑余之貌，莫不變者。昔皙而今黧，昔肥而今瘠，昔澤而今槁，昔未髯而今髯已白。蓋自頂踵無一不變，獨余之寸心耿耿猶壯時耳。嗚呼！人生一世，百年爲期。或壽或夭，莫或知之。奈何日遷而月化，莫惜分陰之改移。虚渥丹之華滋，甘黄耇以衰頹。懷初志之未遂，忍日昃之披離。悄獨嘿以自況，張悠悠而凝思。

圃答

世每言「稂莠荆棘，害嘉種，損美材」，故余在圃，見即誅之，又從而根柢之。蹊徑濯濯矣，圃不加茂，怪以問老圃。老圃曰：「嘻！荒枝敗葉之未除也。彼荒而敗者，外强而燥，能耗滋液。邪側傾壓，衆以見迫。沾塗附影，難爲扶掖。雨久腐浥，侵淫氣脈。故存之不爲益。且夫不殺不生，不虧不盈。新者漸進，故者必更。以裕民用，以章天刑。故去之非不情。若使美惡並蓄，犄角相伏。縱益以年，不能蓄育。君未嘗其毒爾矣。」於是爪之劚之，斧之劈之。曾不逾旬，目有華滋。余曰：「信如老圃言，世之冒同類而貽其害者，獨草木哉？彼荆棘稂莠者，❶蒙其名者也。不察於利害之實，而徒以名焉者，於圃且不可，如世何？」

諭俗 四條

凡人莫不自食其力，皆以力之所及，爲享之厚薄，未有飽食無所事事者。若終日怠荒，忘其本業，不獨身爲棄材，殃咎亦至。

---

❶「莠」，原作「秀」，今據上文改。

居家宜厚於賓祭，薄於自給。却須量入爲出，勿相競爲侈靡。否則不至失所，必致敗德。然吝嗇過甚，則怨惡隨之，亦所不可。

宗族鄰里，以謙和退讓爲尚，不可校量是非，久之情意浹洽，爭訟自解。蓋今人小不能忍，一言之間，遽欲求直。報復相尋，畢竟何益！

訓子弟，教《詩》《書》、守道理爲第一事，不得假之聲勢，誘以利欲。蓋年少習慣成性，既長變化甚難，此係家道興衰，不可不慎。

讒戒

讒興於人，色變於面，相者知之，而己不知。得食於晝，夢見於夜，占者知之，而己不知。或在千里之外，或在旬月之後，然則人己一物也，晝夜一氣也。君子由是知感無遠近，不敢入僞心；命無小大，不可庸智計。❶

❶「計」，原作「司」，今據蘇本、四庫本改。

念菴羅先生文集卷之七

族從孫　復晋　男士瓚　士璠　重校
六世孫　天衡　男韞琦
五世孫　雨霽　男廷衛　謹梓
六世孫　隨元　男士璞　士璋

論❶

異端論上

昔者，夫子自叙所學之進，四十而始不惑。夫志學至能立，寧復有可惑者，必待四十何哉？解者曰：「非謂理之是非，曉然在人心者也。學術之是非疑似，兩在其端。至於極微而不可辯，吾皆原其見之所由來，究其弊之所必至，如孟子之知言，無俟乎比擬校量、推測億度之勞，信非聖人之

❶ 「論」，原無，今據總目、卷首目録及各卷體例補。

智，弗能照矣。」

儒者指釋氏，莫不曰異端異端。及考其故，則棄倫理、遺事物二者其大也。夫聖人立中國生民之命，設名教以絶禍亂之源，莫大於明物而察倫。而釋氏顧遺棄之，其相去不啻南北之背馳，豈俟聖人而後見哉！不必聖人而後見，則是二者決非端緒所在，審矣。今夫桃杏梅李不能相同，不必見其蕚也，於種辯矣。如使桃種而李蕚，人孰不以爲怪？儒者乃曰：「三教根源，固未嘗異；其少異者，乃其假權顯、真承傳之流弊。」非實然也。而善於融會，又陰用其所長，若以爲兼收而不害者，蓋樂其簡易直截，即其情所便安，外雖依託名教，而内實決裂以從己。問其所傳，則曰：「吾聖人之學固如是。」蓋高明之士之所喜趍，而前所指異端云者，不過習其常談，❶未有察其所以然也。

夫生死者，生人之所必有。聖人不以爲病，而不爲生死之所拘，故能與世同其好惡。而爲佛之説者，首欲脱之。惟其首欲脱之，不見所謂生與死也，縱横善變，不可窮詰，若超無始而睹鴻濛。爲吾儒者，習而不察，既不能遠有窺以破其蔽，而高明善悟驟聞其訬，又往往易於受變而助之主，有非區區議論所遽能勝。然則釋氏端緒所在，其孰能知之？

易曰：「差之毫釐，謬以千里。」蓋必有見於千里之謬始於毫釐，夫是之謂異端。然歷千有餘年以來，止以棄倫理、遺事物爲釋之謬，而毫釐之間，卒不可指。信乎似是而非，非聖人莫能明，而四

❶「常」，原作「嘗」，今據蘇本改。

十不惑，夫子所以獨覺其進也。

異端論中

夫子嘗曰：「道之不明、不行也，我知之矣，智愚賢不肖之過不及者爲之也。」夫愚不肖者之不及，謂其不明、不行可也；比其等於賢智之過，不已甚乎？已而曰：「夫婦之愚不肖可以與知、能行。」而不及賢智，又何與卑近而惡高明也？豈所謂百姓日用者，即所謂道，而索隱行怪，固其所必弗爲者乎？

夫子之道，何道也？行乎子臣弟友之間，而常若未能，固未嘗遠人爲之也。夫惟常若未能也，❶是故言不敢盡其有餘，行不敢不勉其不足。蓋其視己，果無以甚異於愚與不肖；其相異者，特學與不學焉耳。

釋氏則不然。彼其下陋塵世，名爲「五濁」，而讚自性本覺，圓融净妙，至爲希有。故其言曰：「上天下地，惟吾獨尊。」夫獨尊其身，而濁視塵世，又何有於愚不肖哉！愚不肖者無論矣，彼視聖人，宜亦有甚不屑者。何以明之？聖人之教人也，中人以上可以語上，中人以下不可以語上，因其材也；彼則有一衆生未得成佛，不取泥洹，又何神乎？聖人之與人也，以直報怨，以德報德，欲其

❶「常」，原作「嘗」，今據蘇本改。

稱也；彼則無有冤親恩仇平等，又何大乎？ 聖人之急人也，由己溺之，由己饑之，然可逝不可陷也；彼則割截支體，行于布施，又何慈乎？ 夫是三者，聖人豈謂弗能哉？ 道不遠人，人情大遠，即不敢矯强爲之先，而易知易從，夫人皆可學而至，是乃所謂中庸也。 譬之於天，九天之上，天也；九地之下，亦天也。 使其清虛善覆，而不能持載，亦何以成容保之功？ 聖人亦天而已矣，故曰「知崇履卑」。 崇效天，卑法地，高卑兼該，聖人之天也。 彼釋氏者，達上而不根于下，周遠而不詳于近，好怪而不拘于常，輕爲難能而不切日用。 極其闡揚之妙，不可以知能求，不可以思議盡，不可以修證得，不可以權實顯。❶ 非大智慧、大神力則秘而不傳，何大高也？ 惟其大高，故卒不可以語聖人不敢之心；惟無是心，夫然後張皇恣肆得以入之，而兢業祗畏之真，一無所動。 揆之中庸，非過歟？

卿雲甘露，非不奇也，而不可以資生，資生之常，固無踰于風雨也；玉髓赤芝，非不異也，而不可以療饑，療饑之常，固無踰于五穀也。 數月而無風雨則災，數日而無五穀則餒；數十年而甘露不零，赤芝不耀，人不爲病。 是故隆古之治，奇衺必斥，聖人之道不可斯須而去身。 即是推之，儒釋之得失辨矣。

善乎先儒之言曰：「儒爲大公，佛爲自私。」夫自私者，非物累也，謂其不能同人，而處己誠大高也。 又曰：「佛氏無實。」夫無實者，非謂言之僞誕也，謂其過高，不益於實用也。 夫卑近之失易指，

❶ 「實」，四庫本作「貴」。

高明之病難攻。自非聖人，孰知賢智之爲過乎！此中庸至德，所以鮮能；索隱行怪，必有述於後世。而莫與擇者，謂其彌近亂真、似是而非故也。

異端論下

《記》曰：「廣谷大川異制，民生其間者異俗。中國、戎夷，五方之民，皆有性也，不可推移。」是言也，其有所本乎？故曰：「齊一變，至於魯；魯一變，至於道。」夫身毒之國，處中國之西，得金氣之專者也。其民剛梗暴烈，健鬭喜殺，淫湎貪盜，而無紀度；然重信好潔，嗜音樂而少機智。此可以計誘，不可以力挾也，故釋氏多方設科調伏之。於是爲之慈忍，以消其忿；爲之澹素，以堅其性；爲之戒律，以攝其欲；爲之果報廻輪之說，以恐怖其愚；爲之苦空寂樂上乘之門，以安其上智；爲之髡緇遊戲，以和其俗；爲之偈咒讚唄，以暢其情。即意之所便安，而陰以爲利，使之聽順而不疑，故《列子》謂之「西方之聖人」。蓋謂其不以刑憲法制，而人自不亂，甚異之也。夫自西方言之，斯可耳。東西之必不可易，猶南北之不相謀也。夫南北之極，或祝髮而裸，或鞨巾而裘，輒沐之食子，儀渠之焚親，其得之若素習，其從之若性成，此未易以常情度也。

今居中國，情變百出，讒説殄行，寇攘奸宄，自堯舜之世，已不能恭嘿無爲而化，乃欲誦習西方之教，比於聖道，以行於倫理、事物之間，不亦謬乎！豈惟地固限之，即一家之内，父祖子孫所遇之時不同，亦自有不可得而强者，三皇之於後世是也。夫三皇者，治中國之始道也。譬之父母於乳哺也，訶禁提撕一無所用，何則？彼其知識固未開也，老莊之學實遠宗之。楊氏出於老，而墨氏近於佛，故皆不可以治天下。以異端治天下，譬三皇之治治後世，不至於蕩而無制，固不止。非三皇之道則然，守三皇之治不知變者爲之也。雖然，學吾儒者，亦有異端否乎？其或近於楊、墨、釋、老，抑亦楊、墨、釋、老固有恥而不爲者乎？如是又何儒者之是，而楊、墨、釋、老之獨非？

雖然，孟氏不云乎：「大匠不爲拙工改廢繩墨。」儒者之學，固治中國之繩墨也。又曰：「伯夷、伊尹，皆古之聖人也，吾未能有行焉，乃所願，則學孔子。」言繩墨誠審，又其所已試也。嗚呼！彼於夷、尹猶有辨矣，況又出於異端，且非中國之人，其不見斥於孟氏者，幾希。斥於孟氏，而人固昵之，抑又何也？嗚呼！此學術是非所以必俟聖人而後不惑也。

宗論上

余讀宋濮王《典禮》，乃知載籍能惑人也。當是時，言禮之臣皆賢智，其發明宗法與爲後之義，可謂切至矣！然考其事不合，揆其義未盡，豈因襲者其入久，師承者其守專，附和者其言辯，卒無以自解哉？學者以其言本三《禮》，又訂於伊川之疏，遂爲百世不易至論，不復詳考本末同異。余恐將來之誤，不特一濮議也，乃著論俟君子斷焉。

按宗法載在《小記》《大傳》，其言曰：「君有合族之道，族人不得以其戚戚君，位也。」蓋言諸侯絶宗，不可與族人齒也。是諸侯以上無宗法可知矣。又曰：「别子爲祖，繼别爲宗，繼禰者爲小宗。

宗其繼别子之所自出者，百世不遷者也；宗其繼高祖者，五世則遷者也。」蓋言宗法爲公族卿大夫設也。諸侯之始封也，有人民、社稷之寄，有朝覲、聘享、祭祀、省助之政，勢不能自領其宗，而公族無統，國人不可得而治也。諸侯絶宗，大夫不可得而祖也。故設宗法繫之别子者，始封始徙之諸侯之嫡次子；繼别者，嫡次子之世嫡也。世嫡相傳廟祀，别子百世不遷，謂之大宗。大宗百世廟祀，别子則聯屬别子之子孫，亦百世而不改，宗者大，故曰：此大宗也。繼禰者，世嫡之弟及其次子，或嫡或庶者也，生則從世嫡以祭，没則其子禰之，至於五世則遷，謂之小宗。小宗祀禰，則聯屬者止於禰之子孫，五世親盡，祖遷於上，宗易于下，宗者小，故曰：此小宗也。是皆自始封諸侯言之者也。

又曰：「有小宗而無大宗，❶有大宗而無小宗，❷有無宗亦莫之宗者，❸公子是也。公子有宗道，公子之子，❹其爲士大夫之庶者，❺宗其士大夫之適者，公子之宗道也。」蓋言諸侯之適，世居君位，而世世又有嫡庶次子，所謂公子也。公子不比於始封之别子，爲祖無一統也。一君必立一宗，使領羣公子及公孫，而其宗亦有大小焉。宗其嫡者爲大宗，宗其庶者爲小宗。大宗、小宗，皆五世

---

❶「大宗」，《禮記・大傳》有「者」字。

❷「小宗」，《禮記・大傳》有「者」字。

❸「之」，原作「知」，今據蘇本及《禮記・大傳》改。

❹「之子」，《禮記・大傳》作「之公」。

❺「其爲」，《禮記・大傳》作「爲其」。

而遷者也。有嫡無庶則宗嫡，是謂有大宗而無小宗；有庶無嫡則宗庶，是謂有小宗而無大宗；嫡庶惟一，是謂有無宗而亦莫之宗。嫡庶惟一者，無羣公子也。己無宗，亦莫爲人宗，多嫡與庶，即所謂以其庶宗其嫡，乃公子宗法之正也。是皆自繼世諸侯言之者也。宗法盡於此，則知庶人以下無宗法，又可知矣。

蓋天子、諸侯者，統夫人者也，非五宗之謂也；庶人者，統於人者也，比閭族黨之謂也。刑不上大夫，而後豫制之以禮，故曰：宗法爲公族卿大夫設也。古制廢，貴賤殊勢，宗法不可復行矣。❶世儒守陳言而不察時變，乃比附曰：「天子，大宗也；諸侯，小宗也。入繼大統者，不得顧私親，此爲後之義也。」於乎！易父子之名，失君臣之義，禮樂不興，刑罰失措，其必由此也夫！蓋其不詳考之過也。

《禮・喪服》：「斬衰爲人後者。」子夏傳曰：「何以三年也？受重者以尊服服之。」❷蓋言受重大宗，始有此名，非大宗則無爲人後者也。又曰：「如何而可爲之後？同宗則可。」言惟慎所擇，不必其親者也。又曰：「如何而可以爲人後？支子則可。」則知不奪人之宗以承重也。又曰：「爲所後之祖父母妻，妻之父母昆弟，昆弟之子若子。」言「若子」，明承重情不可二也。又曰：「爲人後者

❶「可復」，蘇本作「復可」。

❷「受重者」，《儀禮・喪服》下有「必」字。

爲之子。」申若子之義，所謂推類至義之盡也。齊衰曰：「爲人後者，爲其父母報。」傳曰：「何以期？不二斬也。」持重大宗者，降所尊也。又曰：「尊者，尊統於上；卑者，尊統於下。大宗者，尊之統也；大宗者，收族者也。」蓋言尊統於上，君也。宗子收族統於下，有君之道焉。比君之義，故降服。降其服，不没父母之名，恩與義兩得者也。又曰：「爲人後者，孰後？後大宗也。」蓋懼昧爲後之義，亂父子之服，故申言以別之。是知爲後，止於大宗，無二後也。《小記》曰：「庶子不祭殤與無後者。殤與無後者，從祖祔食。」無後者有祔，則知小宗雖無後可也。凡一封君，大宗一，而小宗四。大宗之主一，而四宗之主不知凡幾。必大宗而始成此服，則知非爲後者，其服不必皆斬。而降者，不必皆不杖而期也。必爲後而後降，則知天子、諸侯之與庶人，不可以類推也明矣。是何也？天子、諸侯無降服，則知無爲後者也。天子、諸侯之禮也，有子則繼，無子則及。故公子各有大小宗，而不比於別子之祖。其死也，公子祔於公子，而不各爲廟。蓋以序或相及，必至奪宗故也。故當其及也，即公子之長子，亦當承之，何必拘於支子乎？其不及也，則雖庶不得以干嫡，何至擇於同宗乎？不著其服者，臣於君服必斬，不問其序，而皆以先君之道終焉。則魯之閔、僖是也。夫閔、僖以弟傳兄，諸侯也，而其禮已若父子，況爲伯叔姪者哉！又況爲天子者哉！蓋其統不止於公族，故其義亦不止於爲後。義有所重，則禮有所加，不敢以卑者之辭名之。所謂「尊者，尊統於上」是也。庶人無爲後，則又其微也。

先王之爲政也，鰥寡孤獨有養，而死徙者無出鄉，禮不下庶人，其喪也，人得而主之。所謂「擇之五服之内，擇之前後家、東西家，或其里尹主之」是也。故曰：「喪有無後，無無主。」有主則不必後，此聖人之責實也。故天子、諸侯之後也，皆不可比於大宗。强以大宗推之，持重比於爲君，而父母降服，比於族人之不敢以戚也止矣。族人不敢戚君，君未始即没其名。而今之爲後者，遽改父母之名，其義也何居？且擇後於同宗，亦不必皆伯叔姪也。《禮》曰：「族人以支子後大宗。」是亦將以族人之名稱父母乎？稱以族人，而服以齊衰，恐聖人之裁禮，不如是之舛且背也。此亦不詳考之過也。

宗論中

大宗有爲後，而小宗無後，何也？按《禮》：「大宗子之喪也，五服之内，親者月算，如邦人。」月算者，服之月數也；邦人，五服之外者也。宗子及母與妻之喪，丈夫婦人皆齊衰三月。其親者，月數從五服，制服從邦人。是自三月至于期，合親疎而皆以齊衰服之，雖大夫之期不敢降焉。何其尊也！庶人爲國君，畿内之民爲天子，齊衰三月而已。邦人服宗子，無少殺焉，何哉？以宗子有君道，故比其義也。何謂義？尊统是也。天子、國君统世人，世人非此統不治，故謂之世統。世統者，尊無上，前所謂「尊者，尊統於上」是也。宗子統宗人，宗人非此統不治，故謂之宗統。宗統者，尊亦無上，前所謂「卑者，尊統於下」是也。小宗子之喪也，父爲之三年，曰：「繼吾祖也。」丈夫婦人之爲小宗，各如其親之服，非獨避大宗也。其統小，義故微也。故大宗立後，所以收族也。收族，所以尊祖也。尊祖者，不敢以先祖之遺逮於刑戮，故抗宗法治之。尊祖故敬宗，敬宗故爲所後，尊服齊衰，加而斬。三月進于三年，尊之至也。族人有支子，不敢得而私焉。曰：「是吾先祖之所託，非吾所獨尊也。」有宗而後族可收，宗廟可嚴，是吾考、吾祖、吾曾、吾高皆從此而有託，吾何愛焉。故爲人後者，不言所後父。雷氏之言曰：「其所後，或祖，或曾，或高，未可豫定，故闕之也。」嗚呼！似矣，而未盡也。爲後者，獨爲彼乎哉？蓋其祖也。爲其祖，故所後不得以爲子，而己亦不得斬於父，是乃至公之心，聖人所自裁者也。小宗無爲後也，勢也。祖遷於上，宗易於下，五世易，無復續矣。其族統於大宗，而其親分於四宗；喪主於其親，祭祔於其祖，又何後之有？其爲大夫士者，則爲之置後。置後者，暫假以行大夫士之禮，蓋主其喪者也，其無爵也。男主同姓，女主異姓，則皆其親也。其廟也，繼高者絶，繼曾者得主之矣；繼曾者絶，繼祖者得主之矣；繼祖者絶，繼禰者得主之矣。繼禰者祔祖，繼祖者祔曾，繼曾者祔高，則皆其祖也。舍是而必於爲後，則是專其貨財、處其宫室，而以爲己私，有識者必所深恥而不爲，而庶子昆弟之旁親無賴者，皆可覬覦而幸其禍及，是開自私之端，聖人所必禁也，而可以爲訓哉？❶ 故曰：小宗無後者當絶，非聖人之忍也，勢也。

天子、諸侯不言後，則又其重者也。天子者，奉天命以臨天下；諸侯者，禀天子命而致之國人。故繼天而爲子者，謂之天子；諸侯尊王而爲之臣，則皆王臣，非祖所獨專者也。故曰：「公子之公

---

❶「可」，蘇本作「何」。

孫，有封爲國君者，則世世祖是人也，不祖公子。」夫公孫，非自絶於公子也，以其有所禀命，非公子所獨專也。故封君之子臣昆弟，封君之孫臣諸父昆弟，言禀命之重，無弗斬焉者矣。周之郊也，以稷配；而明堂以文王，不專於祖父，何也？以其奉天，故先尊而後親也。故曰：「我其夙夜，畏天之威，于時保之。」保有天命，而後先祖之祀可以無墜，此天子之所守也。故崩薨者，有世及而無爲後；踐祚者，無尊卑而稱先君。大宗之後，必擇支子，固不奪人之宗，又以肖賢也；先君之繼，必順統序，固不逆天之倫，亦以防亂也。此其説，不可得而同者也。宗子殤而死，庶子弗爲後，蓋代其宗，不成其廟也。非殤，則擇之族人，故宗子之後，無兄弟及。兄弟，是殤之矣。而天子、諸侯有世有及，是豈以殤事先君乎？此其説，不可得而通者也。事以先君，則先君后夫人無弗斬焉者矣；事先君之祖父母，父母、昆弟無弗若子焉者矣。事之若子，而不稱子，不敢以私昵辱先君，先君之義，重於父也。己之父母，享其尊養，而不易其封，受之先君，非己所獨專也。故曰：「幼不誄長，賤不誄貴。」又曰：「父爲士，子爲大夫，葬以士，祭以大夫。」何不以大夫葬也？重先君之命，不忍死其親也。其或重私恩，致殷禮，則亦不可瀆於廟，不可齒於先君之親。此會通之宜，《禮》雖不言，可以義起矣。自夫昧於宗統者，既陷君於奪親；昧於世統者，復陷君以干正。使聖人制禮曲折之詳，皆爲固僻難繼之説，則世儒之陋、載籍之繁啓之也。傳曰：「辠多而刑五，喪多而服五，上附下附列也。」嗚呼！彼固附於上下矣，而卒以陷君，則又何説哉？故曰：「禮儀三百，威儀三千，待其人而後行。」

宗論下

宗法不可行於今者，有三：封建不復舉，學校不復修，井田不復制。其不可行者，勢也。古者，風氣醇穆，靈哲彙生，故聖人之立極也，必分土置牧，以共天位，而建封之典行焉。是故諸侯世其國，別子世大夫，於是立三廟，設壇墠，得于祫祭有圭田，食有采邑，有家老以治其事，有僕圉臺輿以供其役。夫物備而後禮嚴，禮嚴而後義立，義立而後勢行，勢行而後法可盡。故名之宗子，而族人莫不聽焉，朞功以下莫敢戚焉，此名實之應者也。今之大夫，起於白屋，非有尺寸之籍也；載符而出，受代而旋，非有定位可以長子孫也；致其事即食其力，非有體貌之隆於族類也。故紈袴之後，同於隸廝，至不自給，則轉徙而流亡。其或懷賄敗官，又皆怙惡汙俗，其身之不自淑，而又皇恤其他？此其不可行者，一也。

《畢命》曰：「世祿之家，鮮克由禮。」敝化奢麗，萬世同流，蓋自成周之時有然，其不至陵蕩者，維持之素耳。是故師氏正其行，保氏授其文，成均養其和，司諫考其過，司馬正其射。不幸而族人罹刑，王曰宥者三，有司曰辟者三，而卒致于甸人。此豫道諭而防禁之，故其教易尊，而後爵可命也。及其風俗既成，耳目不雜，則蒸漬優游，餘韻不殄。雖以春秋之衰，僭亂已極，而名卿大夫，國不乏人。如魯之孟獻，晉之子犯，齊之平仲，鄭之子產，秦之蹇叔，吴之季札，楚之叔敖，何易哉？

是皆禮教之效也。漢承秦制，郡縣破滅，世家二千石皆以鋤治。彊宗豪右爲政，❶又懼其勢未易解也，遷其宗于近郊以離貳之。於是景、屈、諸田之族，皆爲關内編氓，不得復纘其世業。其後經術盛而禮教衰，功利熾而争奪起，淮南七國連從以畔，而功臣得侯封者，不數傳皆以罪惡國除。此皆奉朝請天子所親治，猶且爾，況令其分土，得專制哉？此其不可行者，二也。

夫人之爲惡，非必其性成也，要亦有以驅之矣。古之選士，不於商賈，爲所計者卑，而所存者薄，志分則業不精，力劬則慮不遠，故爲善者，貴有賴也。三代之制，必有夫田分業定，衣食足，然後責其不肖，雖有非僻之心，不敢肆矣。夫饔飧不至，❷父子不能保其親，況衆人乎！是故行刼起于攘伐，攘伐起于聚積，聚積起于慮不足。無不足，則亂國之民可使由禮。今士師非不尊也，象魏、憲典非不具也，❸榜掠、笞黥、刀躓、燔剔之器非不慘且毒也，卒不能使游食者外無異謀，乃欲假服制、聯親屬、抗宗法以復古道，豈不謬哉！此其不可行者，三也。

於勢稍順，而分得爲者，惟藩封與勳戚近之，然所存者勢而已，非其要也。將欲維持族類，以附于小宗，其爲説亦有三：尊尊，老老，賢賢，惟所遇焉，斯可也。視其族，行輩長者得主之，斯尊尊

❶「彊」，原作「疆」，今據四庫本改。

❷「至」，四庫本作「給」。

❸「具」，原作「異」，今據蘇本、四庫本改。

矣；無已，行卑而年高者得主之，斯老老矣；無已，而德誼足稱，年行雖卑，亦得主之，斯賢賢矣。此宗法之變也。宗法變，爲後之義亦變。孟子曰：「天之生物也，使之一本。」世儒兩考之嫌，必是之取矣。雖然，得其常則父母一，不得其常則父三而母八，獨兩考哉？彼其實固未變也。《詩》曰：「拊我畜我，長我育我，顧我復我，出入腹我。」蓋言恩也。是故一者，指所生而言，實之謂也；變者，指其恩而言，情之謂也。情有變，實不可變，斯固物之一本，民之宜也。《禮》斬衰曰：「慈母，何也？子夏曰：『妾之無子，妾子之無母者，父命妾曰：女以爲子；命子曰：女以爲母。生養之，死喪之，皆得如母，貴父命也。』」是故慈母之名，本於父命，非其生之謂也，情也。無子而後人之子，其父母命之，所後者幼而畜之若子然，將不得比附矣乎？附其列矣，其於所後，雖父母名之可也。此載之律令，聖人所不違也。既死而人爲之後，比於置後，執其喪，奉其祭，事其親屬，而不得以父母名之，則猶行古之道可也。今之民散久矣，各私所有而莫與相謀，惟有後則攘伐之奸不作，斯固所謂民之宜也與？民宜之，聖人亦安得而違之。嗚呼！此固古今之辯也。

念菴羅先生文集卷之八

族從孫　復晋　男士瓚　士播　重校
六世孫　天衡　男韞琦
五世孫　雨霽　男廷衛　謹梓
六世孫　隨元　男士璞　士璋

銓　著

別朱子韶語

子曰：「古之學者爲己。」程子曰：「仁者以天地萬物爲體。」莫非己也，識得是己，敢自賤其身哉！戒慎、恐懼而惟恐或入於非僻，豈曰自成，亦所以成物。以一身而爲天地萬物成敗，不已大乎！夫是之謂大人。

今世儒生學士，舍射策無所用其力矣。即有知者，不過談説理道，其致身，固不若射策之篤且精也。故進不足以達志，退不足以自庇其身。詰之，則曰：「吾率其常，不敢以自異也。」夫射策，小藝也，猶且疲心思，窮年歲，求而不獲，不憚勞也。至於改過從義於子臣弟友之間，求庸言庸德之必謹者，夫子所未能，而憂其弗踐其志者也，固以爲尋常易之。此義弗明，天下將何賴焉！朱子子韶，質甚篤厚，與余會者數四，心頗愛之。愛之而弗以善告，姑息也，非子韶所望於余者也。

別宋陽山語

今之談學者，多認良知大淺，而言致良知大易。蓋良知本於不學不慮之虛體，而後有知是知非之流行。今認知是知非之流行盡以爲良，既不免於浮漫而不根，又謂不學不慮之虛體無事於存，則終不免於馳逐而化物。譬之於火，謂星星之火有異於燎原，固不可；謂燎原之火不加於星星，亦不可。知是知非，愚夫愚婦與聖人同也，愚夫愚婦則星星也，聖人則燎原也，自星星以至燎原，其藴積鬱熵，賡續廣大，必有次第。而顧持星星自足，措之於用，可不可耶？故吾人知是知非不足以爲事物之主宰者，以其不盡出於虛體故也。今使人順知是知非之發，而一無所存，是取足於星星之譬，有不熸滅者乎！欲燎原者，必能存乎虛體，如赤子然。無以人爲之私雜揉乎其間，則於是非之辨，若無以甚異於夫婦之愚；至其堅凝不搖，洞徹無蔽，則與愚夫愚婦天淵迴殊。故曰：智之實，知而弗去，是乃所謂致良知也。

同一揖遜也，有矯媚者，有用情者，吾嘗一無所存，率吾之良知而揖遜，而以矯媚爲用情，時時有之，不自知也；同一交際也，有貪黷者，有誠享者，吾嘗一無所存，率吾之良知而交際，而以貪黷爲誠享，時時有之，不自知也。豈惟不知，又從而掩覆之；其甚焉者，又將以不事掩覆爲直，遂爲任性，而良知之發，蓋無幾矣。

「君子無終食違仁，造次必於是，顛沛必於是」，懼其易失，而務有所存，故懇切若是也。今曰：良知萬古不息，自不能泯，吾特依之而已；其有所存照，有所收攝，皆爲未悟良知真體而然。然則聖人之兢兢業業，果何謂耶？豈亦未悟良知耶？

侍御陽山宋君將如京師，以書別予，深病近之談學者紛紜於異同之辨，以爲未有契於良知也。已而送之同江，誦予所聞，君不鄙，令遂書之。予聞良知最久，而從事不力，固嘗苦於身病，非敢藥人之病也。君尚以瞑眩而投予哉！

別淩海樓語

嘉靖己亥，予訪東城林子海陵，林子不予鄙，攜其門人與士友數十人胥來問學，幾日乃去。又明年，林子卒京師，而予已歸田。每憶往事，未嘗不有感於存亡離索之故。自考所學，又未嘗不有愧於今昔玩愒之久也。

甲寅，海樓淩君來爲永豐，始至有聲，問其鄉，出東城之門，爲之色喜。明年，會于玄潭，以事東城者事予，爲之憮然。當與林子論學時，年壯而氣盛，又竊有四方之志，於學問所操，不切切然，獨議論同異，未忘於心。今《冬遊記》中可考也。十餘年來，變故之更涉，憂患之摧剥，意見消而缺失露。回視往事，有不可復追之悔。海樓在永豐，潔己奉公，惟恐事有累於吾民，而調停劑量，可否之間，又皆曲盡其道。予方仰羨，而海樓以予一日之年，屈身而事之，不已過乎？

海樓滿考，内召且至，瀕行别予，不相值。念其勤懇不可虚也，則謂之曰：「君知聖人之學，亦由海樓之治永豐乎？夫心本無事而常定者也，有物累之，動斯多危。譬之於民，征斂急而刑罰暴，反側頑獷，不易馴也。先之以虚中，毋以世之可歆羨者雜乎視聽，懼其累之也。無累，則心存矣。心存，不能以不應應不善者，中弗虚也。酬世接物，雖極紛撓，轇轕之來，而皆順其自然之則，不遺乎外，不失乎内，必調停於致力者，乃得之。是故主静制動，擴然無極，夙夜緝熙，月有所將。至于首出庶物，與天爲徒，則今報政之期，而榮寵日臻之効也。漆雕難仕，曰『吾斯未信』，難之也。君易其難矣，有弗信於此也哉！且吾民與吾心，遠近難易相去何若？抑言有之：『堯舜事業，只如浮雲過太虚；至謂其心，至今尚在。』又何其輕重小大相懸也？由是推之，得其心，雖不見事業，亦可也。海樓豈以事業累心哉！無累於心，則可以永豐，可以天下，可以榮辱，可以進退。斯説也，予病未能，而志弗已也。東城不可作矣！予與海樓幸存，庶幾無負久要之誼！」

别陳雨亭語

嘉靖丁巳冬，常熟雨亭陳君以進士出知永豐，余嘗邂逅一再語，未深知也。已而，聞永豐之頌：「自檢若處子，視民若慈母，御跳梁獷戾者，言語歐歐，❶若訓其憐愛子弟，絶不能以疾言厲色加人。」久之，近而城市，遠而村鄙，咸倚以生，不知令之終去我也。余始異之。又踰年，就敝廬問學焉。其志駸駸聖賢之域，其氣斂静，能謙以處人，禀受則皆雙翁先生之旨，余無能相益也。

四年辛酉，夏六月，會閩寇數千人突入境，聚散倏忽叵測，既畢力防禦。是月十八日，迫城下，君親冒矢石，乘埤垣督戰，守六晝夜不懈。寇不得間，退如峽。又三日，而君且内召，永豐之人既素倚君，會初出之水火而登衽席，遽奪以去，則益相率攀戀不忍舍。❷又自知勢不可已，而期不容緩也，則携老幼擁車灑泣，步而隨舟者，蓋若干人。

君過同江，道路戒嚴，遣尺書問學焉。余告之曰：「君知禦寇乎？其知學矣。當寇之突入而迫於城也，使兵不素練，器不素具，計不素定，其能猝應否乎？即猝應，其能必勝否乎？是故制治未亂者，聖王之道也；養於未發，禁於未然者，聖人之學也；終日欽欽，有若對敵，名將之烈勳也；必有事焉，勿忘勿助，君子之集義也。當君在嚴城中，目無汎視，耳無雜聽，即有奇瑰之觀，詭異之好，莫或干之。何則？吾所重者有在故也。學之於道也，亦若是。知其所重，❸精神心思凝結專

❶ 「歐歐」，四庫本作「姁姁」。
❷ 「遽奪」至「不忍舍」，原作「遽奪以益去則相率攀戀以益己」，今據四庫本改。
❸ 「其」，蘇本、陳本作「有」。

一，妙通鬼神，無弗勝焉已。君今去嚴城，拜寵命，自此陟崇據顯，不啻脱幽圄而入層霄也。雖然，君其毋忘永豐乎！傳有之：『素位而行，無入弗得。』即有於天下，非猝應不之辨，蓋言學也。素非必勝，不足以言得；非在嚴城，不足以顯悠悠之情。能知悠悠之非素，則精神心思之用，君所自試於永豐者。余言猶有所不逮也，而又何以相益乎哉！」

别蕭曰階語

嘉靖壬戌七月，潮陽蕭曰階返自南宫，過同江來謁。予方閉户會鄉人言版籍事，於是曰階留且再月，相對語學之日可數也。將歸，請曰：「始端升就外傅，先太史公命之曰：『吾不願汝講學，世之講學者，皆可知也。吾願汝立好心，行好事，做得一分，便是一分好人；做得十分，便是十分好人矣。』端升不敢忘。先生何以教之？以庶幾不辱。」予告之曰：「而翁其務實者乎！雖然，世稱十分好人，孰與孔子？孔子言『正其心』矣，不言立好心；言『敏於事』矣，不言行好事。此其故何也？自呼吸之頃，以至於終身，何莫非心？自動静之常，以達之天下，何莫非事？立心、行事之過與惡可指矣。無少過與惡者，順其常，安得舉其一二而名之？即如世人所舉以爲好者一二名之，又未可相襲而遽有也。是故理無定在，欲事之好者，莫若求其心之善；善無常主，欲心之好者，莫若求其學之專。時時不昧此心之靈，是謂立好心；時時不昧此心之靈以應乎事，是謂行好事；以此不昧者勉之己，亦以此淑之人，是謂做好人；未嘗張講學之名，亦未嘗嫌其名，是謂真不辱。

惟學之專，斯務實矣。」曰階唯然，識其言而别。

别周少魯語

落思想者，不思即無；落存守者，不存即無。欲得此理炯然，隨用具足，不由思得，不由存來。此中必有一竅生生，夐然不類者。言此學常存亦得，言此學無存亦得。常存者，非執着；無存者，非放縱。不存而存，此非可以倖至也，却從尋求中由人識取。❶

别沈萬川語

唐虞之時，只是「安汝止」工夫。心有常止，不易動摇，此便是真收斂處，何等簡易！後世全向動中分散，只知向外尋求，議論多而學忘矣。

書克齋卷

余嘗讀先儒言，謂：「人常不忘有我意，衣曰我衣，食曰我食，日用諸事，莫不皆認爲我。」當時，謂此語似粗，學之即易辨耳。及今十有五年，始知此語甚精要，甚周悉。孔子告顔淵，「克己」一言

❶ 「中」下，蘇本、陳本有「得」字。

最盡。姑舉日用言之：視人衣食甘美與粗糲，直過目前，曾不足以繫念；一涉在身，顧惜厭惡頓殊。至於田廬諸物，莫不類此。使其在身猶視他人，則觸處平鋪，無復蹊界，萬物一體，真即此在矣。

程子有言：「將此身在天地萬物間一例看，大小大快活。」此端緒甚微，意念纔起，便落舊習，與之相稔，不復辨別。旋復增加，猶自論理，論欲，論克治工夫。此與盲人抵掌而談方輿者何異？司徒勾曲王先生，有味於克己之義，常以「克」名齋，與先生論其義者甚衆。余覯而省發，深媿自治不勇，十有五年，猶未能會悟先儒之至訓。因書就正，亦且以爲久要。

書黄謙甫卷

謙甫别四年再見，見而各計其歲之所獲，惘然不能自釋也。將别，求所以語之者。余初學農，姑以農喻。農之耕也，計歲而獲者也。一失歲，則皇皇焉無所於之，矧於再歲而又倍之者耶？彼誠計衣食於軀命之戚也，失歲矣，而無所戚，則必有他望可知。今與謙甫别四年而無所獲，然又無所於戚；與戚矣，而不至於皇皇焉無所之，則性命之所寓者，其亦有在乎？而人莫能與知也。行且察之，異時再見，其無若今日之虚腹矣哉！

書退省卷

晴川先生書曰：「學當求病痛所在而砭箴之，想更得力。或謂聖人教人，只是直示本體，未嘗説及病痛。不知參魯、柴愚，非各人所受之病耶？」洪先聞之，悚然敬受。及讀先生謂弟洗心君有曰：「退而省察於念慮隱微之間，果能皆得其正，而不失其本體之明矣乎？」洪先反覆慮之，是凡爲學者，務求得乎其正，以不失乎其明者，乃吾之明善以誠身。如是而不能盡然，皆病痛之所在也。即從而決去之，然後有以復其本體。此誠之之功，擇善固執者也。

夫人固未有無病者，然未知本體，則亦未能辨病痛之所在；未知復本體，則亦未能望病痛之必去。譬之於行，趨家者其主也，辨岐，惡其有與家相違者也。譬之於禮樂，養生者其主也，治病，去其與生相戕者也，一也。良知在人，宜無不自知者。然言説之偏，亦足以眩心而淆性，非時時省察於念慮隱微之間，固未有能明善者。夫未知執善，安從固執？未知所執，失得奚辨？蓋不深求之隱微，而止出入於一是一非，不免展轉相尋，而未得乎本體之明。雖曰去病，實不離乎念慮纏繞。雖暫止息於驟發之時，而未能斷於未萌之始。固非謂本體易復，欲事去病；亦非謂不問元氣，漫求去病者也。未知先生之意謂之若何？洗心君試爲問之，并俟面究。

書龍華會語後

嘉靖戊申仲冬，西石王君聚九邑士友於龍華，旬餘而後别。將别，求東廓先生之言以爲久要。先生於是追録其講語，條列而聯次之，以致切磋之意。明年，持示不肖，俾續其後。不肖反覆先生之言，於經傳中所載，大約解釋明白。令人反身自省，較之平日書册之研窮，若談異時他人語者，萬萬不侔。從此而善進，可以自得無疑矣，安用贅哉！

嘗自病資質凡庸，談學者二十有三年，往往逐人口吻，學人步驟，未嘗有特立不拔之志，以探千古不傳之微。邇來自驗，凡所以如此者，皆緣欲根未除，故隨在染着耳。既有染着，縱令解釋得去，亦與自己無干。當下循省，不爲無功。其視德性相將背馳，與談異時他人語，又何别也？

欲之有無，此心自能覺得，是謂明德；不由安排推測，時時斷絶不得，是謂德性；覺處無有不是，是謂善；無有别物，是謂約；無有不宜，是謂義；此件原無奇特，聖人如此，愚人亦如此，是謂庸德庸言；從此處作用，是謂發育峻極；爲三百、三千，又謂之博；雖屬作用，却又原無物，謂之静動無端，無二物也；常存此覺，不得有混，是謂戒慎恐懼；有未至者，求以至之，是謂徙義；錯後自反，不容停留，是謂改過；全體完足，是謂復，無二功也。而所謂官職、貨賄，技藝、事功，雖若甚粗，然人人未有能出脱得盡者，則皆所謂欲也。夫覺處，人人有之，宜易存也；然所謂欲者，亦人人未能盡皆出脱，則所謂雖有存焉者寡，豈不爲世人之患歟？夫欲者，我自欲；而覺者，亦我自覺也。我既欲之，而亦自覺之，又從而去之，而欲竟不盡出脱，然則所謂德性者，果安在哉？ 我自不欲，則無所用其去之之力，而所謂覺者，曉然其中，若是者，亦嘗試有之乎？ 有之，則欲之易以去，與覺之易以復者，其幾在我，顧自斷者何如耳。 未有爲之而不成，求之而不得者也。 然非未可以解釋求之，得其似，未有不咀其真者也。 此不學者之始事也。

不肖資質凡庸，年久而猶不能出脱，於是視君之鋭志，誠當多讓。 故申東廓先生之語復之，俟君出脱盡時，書以報我，則諸解釋語，可以一笑而破矣。 君以爲何如？

書馬鍾陽卷

余去歲走匡廬，冒暑歸，鍾陽馬君將期會南浦，風便舟駛，不竟初盟。 踰月，以是卷索余近作，久之未暇執筆。 今夏，復入天池，往來海上，每瞻棠樹，輒動依依。 抵舍覽卷，勃然興懷，方擬之辭，而君山東之報至矣。 回憶初盟，翻成别調，豈非數耶？

君書札往來，未嘗不孳孳以躬行爲先，以寡欲爲要，尤以空言少信爲深恥。 聞其人，即欲痛絶嚴拒，不少假以辭色，往往以余之不擇爲嘆。 其居官，謹於持法，敏於集事，而厚於用情。 雖未嘗皦皦炫暴，而聲聞四馳。 官至右轄，尊榮矣，聞其家朽椽敗瓦，歲入不足以自給。 聞之士論，以爲稱首。 嗚呼！ 使講學者皆如君，其尚有遺議以病吾黨者乎？

今且别矣，切磋既未可期，則將何以爲贈？ 聞之古之善寡欲者，非有欲之後，而務去之之謂也；防於未然，不復萌動焉爾矣。吾心固不能以無欲也，防之而使不復，則亦未有自然廓清之期。如是而學，猶之聚兵峙糧，以冀寇之不我侵，比於無備者遠矣！彼寇猶與我相持，非所謂儆戒無虞也。善爲治者，保無虞；善寡欲者，保無欲。無欲者，吾心之真體，天下無以尚之者也。辨乎此，而順以存之，虚以養之。譬之於民，畊田鑿井，養生送死，以各遂其有生之樂，如是，四境之内，皆吾之赤子，弧矢之利，皆所以自守也。誰爲寇我？所謂天下歸仁，雖有萌動焉者寡矣。夫是之謂寡欲。率是寡欲者，以施之身，是躬行也；推是寡欲者，以加之民，是美政也。夫是之謂聖學。生有悟於此，而愧未之能行。君有其具，得其端，在致其精而已矣。敢述以請。

若謂心無無欲之體，而以理欲交雜爲疑，則至善終不可得而止也。若謂保無欲者頗難爲功，此則存乎其人，不可得而執一論也。矧君孳孳然問於不肖，有不曉然於是者乎！深山寡侶足音，跫然輒有喜心，況此學蕪昧久矣，他日窺測稍真，而君之造詣日粹，使生動色於足音，則斯卷也，未必非左券也。

書蕭天寵卷

泰和蕭子天寵，在門十年。近而玄潭、青原、雲津之會，遠而芝城、象山、江都之遊，無弗得從；四方君子切劘之訓，媢友交遊問難之詳，無弗得聞；婚喪勸相繁瑣之節，田廬盈縮棄置之宜，無弗得與。予之弗能無天寵，猶天寵不欲與予相失也。

天寵始讀儒書，即治明法科。在官未幾，倏出代，遂得入銓司待次。踰期矣，猶不往。一日問故，天寵面有慚色，俯首對曰：「隆佑幼孤，懼無以自立，求爲明法，稍别於庸人，不知其不足爲也。入夫子之門，而後知吾之大。吾方愧悔不暇，又何往焉？且縱往得官，不過効奔走，甘呵喝，忍賤辱，以資升斗耳。世之必不相容，與力之必不爲，知之審，其孰與二三子者，從夫子之後，徜徉長林大谷之中，諷誦夙昔所聞，以反之身，求少自得以報夫子，不愈於伈伈俔俔者哉！」應之曰：「子以明法非道耶？亦爲明法者非道耶？抑亦視明法者爲非道耶？聖人之治世也，上下相維，小大相濟。府史十視六官百執事，❶特勞者耳，必其簡而佚者，乃得爲道，將委吏、乘田無聖人耶？且其人固皆道藝之選，今之明法，責在弗選，❷非其人之罪也。而之所謂庸人者何似？非指小用其心者耶？此無係於位之上下小大也。知吾心之大矣，能反之身，則宇宙之維持，豈不勝夫山林之觀；躬行之密實，豈不過於談論之雅？庶府之出納，民物之利害，豈不廣於室家之務？儒者之業，主於用世，而不聞吾與道林論《大學》者語耶！」天寵津津色稍解。

踰年北行，别予石蓮洞中，曰：「今與夫子相失矣，不知幾歲年矣，夫子忍無言乎？」應之曰：「而知用其心，無以庸人之小者雜乎其間。其職之冗也，則猶助吾同江之役也；其職之簡也，則猶

❶「十視」，陳本作「卜祝」，四庫本作「之視」。
❷「弗」，陳本作「道」。

共吾石蓮之居也。又何言乎？」天寵聞之，色慘然，顧洞徘徊，久乃去。

書周子仁卷

今之學者，只有切己收斂，務行實事，以敦本質；一切乞言請益諸件，諸皆削除，庶幾有補於世教。蓋凡内不足，然後有所藉於外，此誠僞之辨也。周子仁往來三至蓮洞，而兹來却索言以別。予禁弗與。臨行若迫，❶謾書《夜坐詩》以應，俾能静坐收斂，將來必以此紙爲贅矣，而況容喙耶！

書劉静之卷

同年見川劉君，携其子静之造予廬，令執弟子禮，且求有以教之。因語静之曰：「而年十八舉鄉試，莫不榮其利達矣。而翁命而稟學之意，何居乎？人之舉鄉試者，莫不榮其行且仕矣，亦知仕者，固有萬世之業否乎？昔者，聖賢之視天下，咸若手足骨肉之親，而凡天下之與吾交，實鈞疾痛痾癢之愛。蓋出於不忍人之本心，怵惕惻隱，隨感自然，非有所强而加之也。志苟得行矣，一邑一郡即蒙其澤；幸而大行，明明德於天下，天下之人日遷善而不自知，未嘗施其勞也；志不得行，修其身以淑人孝弟忠信，舉世且儀型之；不幸而極於拂逆困否，若匡之圍，涪之放，有言不信，窮之災

❶「若」，四庫本作「苦」。

矣，然後獨善其身，無敢他與，然夫子在陳，猶念吾黨小子，曰『歸歟歸歟』；至於卒老于行，顧曰『我非斯人之徒與而誰與』。蓋必如此，而後天地始有所賴，以遂生成之德，而不至於大亂。此聖賢之道之大，所以異於老、佛二氏者，以其通天下爲一身，不以一身自私故也。彼自食其力，安匹夫之貧；各守所長，全曲士之節。非不善也，而不可以及遠。自孔孟以後千餘年，是道或隱或見，若有待乎其人。嗚呼！兹非萬世之業哉？故自念慮事爲，必致其精，而不止於考文字，譬良工之善利器；自飲食男女，必防其肆，而不止於臨財利，譬行旅之保斧資。程課試之文，猶古者之羔雉，修辭以厚誠；端嚴謹之操，猶處子之髢纓，表志以示信。欲有爲於天下，必先求備於吾身；愛惜吾身，將收大效於天下，此學者所有事也。信及此者，措父母遺體於古人；不之信者，墜造化靈氣於腐穢。此道明，則天地變化，草木蕃；此道晦，人自各私，斯民無所於歸命。吾嘗以語同志，而自反不肖，甚慚於斯言。」

静之爲改齋王公外孫，其善源有自；又自幼不出而翁之庭，無異見雜習撓其中。聞斯言，能慨然否？今赴南宫，將盡友天下士，其知持此辨品類否？白沙先生與友人云：「諸君急於入試。區區迂濶之論，恐難驟聽，然又不敢淺視諸君，而謂吾言之無益而不言也。」嗚呼！静之無以予之不肖，遂負而翁命學之意哉！

書王龍溪卷

王龍溪君有丈夫子三人：長曰應禎，字以允成，言成禋而禎于周也；次曰應祥，字以允和，言和氣能致祥也；又次曰應吉，字以允修，言修之吉者，君子也。君之望其子也，可謂至矣。壬戌之冬，至吉水訪予松原，將別，曰：「何以誨吾子？」於是道三子性行甚悉，且留一卷索書，俾識不忘。

予嘗誨吾子，而有懼矣。每誨子以道也，輒思曰：「吾之誨子如此，吾果有諸身否乎？」則又惕然嘿然，不能竟其語。今告三子何以哉？憶壬辰歲與君處，君是時孶孶然神不外馳，惟道之求，汎觀海内，未見與君並者。遂託以身，不之疑。今三十年，君益自信，以爲無所事爲。學于孔孟之教，不啻若浼己者，而惟老莊之是據。然則君之誨三子，豈可量哉！爲之踟蹰久之。

君之言曰：「允成和厚而牽於情，牽情者，近柔矣；允和斷而長于才，多才者，近剛矣；允修介守而志于古，闖闖乎以之上進，其可語也。」愚惟君之處家，必有道以爲諸子法。身能確，可以起柔；身能忘欲，可以用剛；身能以聖爲則，可以考千古而不謬。審如是，即無望于三子，三子者，其能已諸？夫身教者上，言教者下，徵人之言，又其下矣。君試思之，謂之何如？

書胡正甫册

泰和胡子正甫之在山也，與王子有訓、歐子文朝爲莫逆。既自常德僉憲擢四川參議，奉母南歸，將獨身以往，則約有訓、文朝聚松原，證所學。至則與居蓮洞，盡出所長相正。將別，復聚松原，共求爲久要者。

是時，正甫見《松原志晤》有「收斂静定」語，稍有難色。予曰：「予之收斂静定，非外事物酬應也。自身驗之，愈收斂愈周徧，稍不静定，即作用不切。蓋直信此路，時時可用，蓋實説也。」正甫唯之。已而正甫曰：「《志晤》中『今人乍見孺子入井心，即堯舜心』，必指無三念者言之，未可盡廢言也。」予曰：「予謂堯舜有是心而不起三念者，兢業爲之也。但言心體，而不言工夫，將工夫何在乎？」正甫嘿然。蓋言有未盡也。

未幾，正甫將如蜀，有訓、文朝與王子信卿持一册，願書之以益正甫。予惟正甫所見甚至，與論宋學，則首明道，❶而疑濂溪；論良知，則謂學者過自信，而輕外物。居今之世，求此語無聞，此語信之不疑，尤不易也。有訓思所以益，何哉？亦曰：正甫所言者，見也，非盡實也。自朝至暮，不漫不執，無一刻之間，時時覿體相對，是謂之實；知有餘而行不足，嘗若有歉于中，而絲毫未盡，是謂之見。見與實，非實用力者不能辨，在余皆所不免。然非正甫，莫可語進也。于是，即所言書之，以贈正甫。正甫自蜀歸，尚以實修者盡言之。

❶「首」，陳本作「守」。

書王有訓扇

《中庸》曰：「戒慎乎其所不覩，恐懼乎其所不聞。」斯言也，合内外、該動静、兼巨細、貫終始而一之者也。言其收斂，謂之存養；言其辨别，謂之省察；言其決擇，謂之克治。省察者，言其明；克治者，言其決；決則愈明，而後存養之功純。内不失己，外不失人，動亦定，静亦定，小大無敢慢，始終條理，可以希聖矣。有訓勉之！

書門人扇二條❶

戒慎不睹，恐懼不聞，此孔門用功口訣也。白沙先生曰：「戒慎恐懼，所以防存之而非以爲害也。」此爲矜持太拘迫者言，乃捄病之藥，無病，則此藥不應遽拈。平生不就自身緊切處用功，而爲多言所轉，垂老無成，正當爲戒。

白沙先生詩云：「千休千處得，一念一生持。」于千休之中而持一念，正出萬死於一生者也。今言休而不提一念，便涉茫蕩，必不能休；言念而未能千休，便涉支離，亦非真念。苟不知念，則亦無

❶「二條」，原無，今據蘇本補。

所謂能休者；能念，不期休而自休矣。

書胡正甫扇

區區初及第，謁見吴之莊渠魏先生。先生曰：「達夫有志，必不以一第爲榮。」嘿坐終日，絶口不言利達事，私心爲之悚然。此生雖未敢汲汲於名位，以負知己，今回視之，此身承當此言，煞不容易。蓋不榮進取，即忘名位；忘名位，即忘世界；能忘世界，始是千古真正英雄，始作得千古真正事業。炫才能技藝，以規時好，視此路，蓋背馳也。不知吾正甫自謂如何？

始聞正甫進士報，喜甚，意正甫耿耿欲有爲，得此階級，將來可展布。若夫世俗所競，皆在身家起念。區區不以此自待，亦不以此待正甫，正甫亦不以此自待也。然在身家起念，真爲世道與不爲世道，此却即正甫亦未易辨。吾見談學者矣，往往藉口於道理，而誠心實意各有所在，他人如見肺肝，而終身不悟，何哉？正甫其免夫！

書萬曰忠扇二條

寂然不動者，誠也，言藏於無也；感而遂通者，神也，言發於有也；動而未形有無之間者，幾也，言有而未嘗有也。三言皆狀心也。常有而不使其雜於有，是謂研幾；真能不雜於有，則常幽常微，而感應之妙，是知幾之神。謂幾爲一念之始者，何足以知此？

能以天地萬物爲體，則我大；不以天下萬物爲累，則我貴。夫以天地萬物爲體者，與物爲體，本無體也。於無體之中，而大用流行，發而未嘗發也。静坐而清適，執事而安肅，處家而和婉，皆謂之發，而不可執以爲體。常寂常虚，可卷可舒，全體廓如。

示王有訓

烏乎！知無不足之理，則凡不盡分者，皆吾安於肆欲，而不知竭才者也。吾人日用之間，戒慎稍縱，即言動作止之微，皆違天常，而賊人道，可不懼歟？可不省歟？王生有訓，求書警語，宜事於此。

悟　言

或有問曰：「昔也，吾有會於聖賢之言，視其言也，若爲豫設而無庸擇也，則又有惑焉，若曰胡爲言不盡若是，而使予孳孳矣乎？已而意解，失其所以然，則又以爲凡其有言，未嘗不予會，而自滋惑也。若是者，何哉？」應之曰：「奚獨於言云爾也？醫之爲方也，涼苦温辛，斂發補洩，無一不備，而不限人以一劑；圖之於方隅也，夷險行直，遐邇委僻，無一不載，而不示人以一塗。何則？

藥以愈病，非可逆料；問道適途，視力之所至。病去道通，昔所言者，非贅則妄，無復用之矣。學者於聖賢之言，亦猶是也。謂可棄歟？或有以中人之所蔽；謂可擇歟？或不可以周吾之所求。即其言之未盡也，吾心得焉，則是吾後聖賢而足之言也；其已盡也，吾心惑焉，則是聖賢先吾而誑之言也。故子貢之懼不言，固不可；公都之疑好辯，亦不可；楊子之折淆亂，尤不可。彼有所待焉者也，求之自有之中，得之未發之先，而遇於相忘之後。當其忘也，不知其言之在我耶？在彼耶？可謂似矣。是故未至是而揣者，謂之億；至是而執者，謂之見。億與見，免者其鮮乎！異端者，見之謂也。故聖賢之言，廣大弗遺，變動不居，惟其不居，非積至而悟，不可得而據；異端之言，專而可守，徑而易入，惟其易入，故人咸樂而趨之。偏門速効，一隅小技，亦猶是也。彼沾沾爲知、硜硜爲行、炎炎爲言者，亦有所會矣。其謂子何哉？子慎無多問。」

日　札 二條

在復古書院，當大衆中，忽省吾人當自立。身放在天地間公共地步，一毫私己着不得，方是立志。只爲平日有慣習處，軟熟滑瀏，易於因仍。今當一切斬然，只是不容放過，時時刻刻須此物出頭作主，更無纖微舊習在身，方是工夫，方是立命。此意須常提醒。不爾，又只一時意氣興廢也。❶

❶「廢」，蘇本作「發」。

觸之不怒，則驚之不懼；投之不好，則失之不憂。斯須之剛，終身之防也。堅者守，瑕者攻。

艮齋贅答

《艮》之《彖》曰：「內外敵應，不相與也。」不相與，言不相入也。內與外不相入，非內自固密者不能；止其所，乃固密也。止其所之所，非言可及人之身。至近而不可見、不易動、不容執者，惟背爲然。取象於背，使人反求，必如是，而後無所入者可幾矣。是故內無所欲，外無所合，不向道理生知解，不逐作用增安排，獨往獨來，隨其所在，不出其位，非定性之君子，烏足以語此？

戴君伯常書來曰：「吾少也，學于龍山楚望臺，以爲生已矣，安能如古人執陛楯自效，以不辱先君子之教乎？其後攀附輦轂以來，猶以『楚望』名吾齋，懼忘也。比數十年，宿衛周廬，得列下士，思爲臣止敬之義，朝夕惴惴焉，其尚敢有他望？則又以『艮』名吾齋，以庶幾知止不殆，其亦可以無咎矣乎？」

往見雙江聶公，稱其門有善問者，每談《周易》諸書，即劄記其所言以傳，意者，其即伯常乎？如是，則「艮」之義，蓋習聞之，奚俟余言？而凡言之所不可及者，雖思索推求，無益也，如是，則又奚獨於公乎？使公能言其形似，而伯常又即劄記之以傳，是輔與頰舌之象，非背之象也。姑寓問之。

示楊生二條

楊生某，來自宜春，問學於余，而多文墨之好。謂之曰：「此余之夙證也。當少年時，精神無所收拾，逐物移好；今衰矣，一藝無所成名，始知悔焉。即使藝有成，於吾衰何補哉？夫玩物喪志，自養德言之，養身在其中矣。神不兩用，物不兩大，吾與若皆病身也，而方逐逐，可無懼哉！」

《中庸》曰：「戒慎乎其所不睹，恐懼乎其所不聞。」言聖學全功也。不睹不聞，心之體，戒懼以存之，此心常止而物莫能亂，率性之道出矣。止者，中也，道出而和達焉。天地萬物莫之違，聖矣乎？然戒懼未嘗已也。今言良知者，多忽致知之功，而輕於作用，豈未之思乎？

閒書

年少精力絶盛，足以有爲，却爲血氣奔騰，東馳西鶩，未能降伏得下。及更歷之久，百念漸灰，方有收拾之計，而志慮衰頹，日月促迫，有不及之嘆，夫復何益？後之友朋，宜以余爲戒也。人生有知，不能無欲；欲不得其道，始流於惡。然自古賢聖，未有不由嗜好淡泊、用度簡省而能有成者。濂溪攝洪州時，偶病危，衆視其篋中，無一長物。無欲之學，固如此。今欲師賢聖，而又雜以世俗之見，豈容兩得哉！

書　壁五首

能以天地萬物爲體，則我大；不以天地萬物爲累，則我貴。處其貴，用其大，萬物以賴，是曰「三才」。

祝年莫如惜時，愛身莫如務學。故知道者，不以事役形，不以形役心。其視頃刻也，亦若萬古。

惠迪必吉，是謂降祥；從逆必凶，是謂降殃。一念之正，和風慶雲；一念之邪，迅雷風烈。祥與殃也，孰甚！

欲威下，先反身；欲保族，先盡倫。情不可徑，恩不可狎，無居羸利，無昵私好，則家治矣。

嗜欲無窮，時命有限。妄得者侈過，厚藏者蓄憂。惟知施，則富不溢；惟知儉，則貧不屈。

示後生二條

人年少氣鋭於進，莫不思有所倣効向往，故辨别路頭爲第一緊要。路頭一錯，先入之言爲主，終身不得出脱，其俗好淺薄，容易逐聲勢爲進退，稍不覺察，賺入其中，結裏只成俗態，殊可鄙厭。謹交游，擇見聞，是辨路頭實事。路頭既定，人品從此懸絶。

衣服飲食之間，雖日用小節目，却關係心術不細。好馳騁，便落俗見；務朴實，便近天常。食色固是至性，然不可無檢制，故曰：節性惟日其邁。「節」是不敢任情自遂之謂。天性在人，猶金出礦，不經火候煅煉，終不成器，使用不得，至性亦然。故節嗇一着，乃煅煉之助。到得不生貪着，即心體泰然，焉往不利！

寐言十四條

天高地下，日東月西，山起有原，水歸有委，春近必雷，秋近必風，自然之體也。兹伏羲之圖乎？非也。自震而離而兑而乾，陽之浸也；自巽而坎而艮而坤，陰之浸也。其在陰陽動静之交乎？觀日以亥子，觀月以晦朔，觀歲以冬至。先天不可圖也，圖其一陰一陽者觀之。周子於太極也，亦若是。

自内如外謂之往，往主發生，由震而乾是也；自外返内謂之來，來主歸復，由巽而坤是也。數往者順，順其後天乎？知來者逆，逆其先天乎？故曰：「易有太極。」太極者，逆也；生兩儀，則順矣。逆順相感而化行，故月從逆爲朔。嗚呼！是道也，其微乎！

月借日光，信也。陽稟陰育，其精乎？舍是，天地無所施其功。陽全陰半，語隱矣，宋儒黑丸之喻，又何億也？象之以兔，猶坎之中陽，兔本卯神，所謂借之日者也。又曰：「顧兔，象其顧而孕也。」又曰：「兔者，吐也，吐生光也。」《易》曰：「日月相推而明生。」懸象著明，莫大乎日月，莫不見之，莫或知之。

先天之爲逆也，曷徵之？吾徵之身。目不逐境而內觀，耳不逐聲而反聽，心絕物誘而忘智，口忘言詮而守嘿。自外來感者，我無馳也，其可以大生廣生矣乎？喜怒哀樂未發謂之中，夫子遺之子思。

人之生也，無姓無字，無序無位，無室無貨，無器無用，蒙蒙然未嘗歉也，而真我存。長而字之，又長而行輩之，進退之，又長而聚積給遺之，我始紛紛然亦隨而寄之矣。是故詈其字則咈然嗔，榮其進則驩然喜，增其聚積給遺則充然得，諸我出而真我亡。故守真我者，可以捐名譽，薄爵位，一貧富，齊生死。而從諸我者，失一物可以易親疏，忿一言可以決性命。

人日營營，與外物交，以我應之，未始見其非我也。久而見化於物，故舍事無心，舍物無身，蹔爾瞑目，徬徨無垠，有如處於寂寞之鄉，曠莽之野。不與物對，我乃卓然，是所謂對治也。病去藥除，何損於用世？以不能去家室、離鄉井爲重遷，不知斯人假宿丐食，終其身而未之歸也。悲夫！

天地之間，萬生萬死，天地不爲欣戚，以其在天地未嘗有增，未嘗有損也。生死不增損於我，我何欣戚？故聖人寘之。

麗吾形者，是物非我；擾吾思者，是事非我。釋吾累者，是理非我；斂吾散者，是學非我。置理學不講，離事物不爲，我將何在？知我在者，古今不能限，智愚不能別，高之不爲顯，卑之不爲汙，故常泰然無懼。

毁譽能拂人之情，桎梏能殘人之形。吾有至富至貴者，人莫之能辱，莫之能榮，然亦莫之能明。夫惟不明，聖人不得已而自鳴。

世人喜僞，粉黛易貌，綺綴更形，丹堊移室，髹采辨器。示之以真，莫不厭之。有言吾身本僞，别有真我者存，孰不以爲怪！

人但知惡外物，而不知絶内馳；但求解外膠，而不求融内見。吾苟不欲，物多奚緣？物不相緣，於吾何病？未能者知吾所止，無彼此形視，所萌觸非，來去相隨，❶知立化，不復因循，是謂攝物歸我，我大物忘。蓋求聚於散，其聚必專；煉有入無，諸有不作。

攝物歸我者，無物非我；牽我徇物者，無我非物。無物非我者，物化我也，處紛雜而精不摇；無我非物者，我化物也，屏幽寂而神不静。知化物者不易反，則化物者不易離也。是故往反者，生死之機；離合者，聖愚之辨。

人有冥然於識，蕩然於守者，何如？吾試觀之，雖冥其識，不冥其虚；雖蕩其守，不蕩其朴。見大人則厭然，故百姓日用不知，而可以與能，聖人不爲病。

室穢則潔之，身垢則澡之。雜念龐心，俗好熏心，甘言誘心，尤物賊心，未有爲之濯拭者，何也？故識變而後障礙除，識泯而後混沌合。

❶「來去」，陳本作「去來」。

垂虹巖説静

敬所王君，訪予石蓮洞中，與坐垂虹巖論學焉。因請所得，君曰：「吾有見於不息之真體矣。夫天地之化生，日月之運行，不能外是體也，而況於人乎？吾觀於暮春，萬物熙熙，以繁以滋，而莫知爲之，其殆庶幾乎？明道得之，名爲識仁。識仁者，識此不息者也。吾時而言，吾時而嘿，吾時而作止進退，無所庸力也，其有主之者乎？」予首肯曰：「然，言雖殊，其旨一也，不息其功而已矣。」

君問予曰：「聞公歸静爲説，有諸？」曰：「有之。」「請問静何歸？」予曰：「君可聞者，吾之言也；所從出此言者，君不得而聞也。雖然，豈惟君不得聞，吾亦不得而聞之，茲非至静爲之主乎？然而必云『歸静』者，何也？今之言者，必與言馳，馳則離其主矣；離其主，則逐乎所引之物。其如吾雖言矣，而静何有所從出者？存於其中，受命如響，如是而言，如是而嘿，言與嘿殊，而吾未嘗有二主也，斯静矣。從而推之，作與止殊，進與退殊，常與變殊，晝與夜殊，而吾未嘗有二主也，斯静矣，斯可以言歸矣。故曰：『君子思不出其位。』至静而無思者，思之位也；如是而思，思則得之矣。又曰：『戒慎其所不睹，恐懼其所不聞。』不睹、不聞，静也；戒、懼，不欲馳而離也。又曰：『知止而後有定，定而後能静。』知止，所以歸静也。馳而離焉，不可謂之止，故歸静，言乎其功也。而謂任心之流行以爲功者，吾嘗用其言，而未有得，是以守其陋而不知變，非敢倡説以眩人也。」君釋然曰：「始吾聞歸静之説也，固亦疑之。今而後知即吾所謂不息者，而非以對待之静言之也。」

君將行，請曰：「何以益我？」予曰：「不息其功而已矣。」君於是悚然，期以來年課其績。

答復古問

嘉靖壬寅，余訪東廓先生於復古書院。自是丙午、庚戌凡三至，至則邑之諸鄉先生咸在，門人弟子從而列坐者又若干人，相與問難，必數日乃能去。

間有問復古之説於余者，余答之曰：「字義有之，十口爲古，古之爲言，傳述之久也。夫心之精微，不可以嘿授也，不得不託之於言；言之流布，不可以遠致也，不得不筆之於書。自書之所載，與口之所授，固有間矣。自其形之於言，與其不能自言者，又有間矣。六經者，聖人以其心之精微授人者也。始而爲訓詁，久而爲傳註，又久而發爲議論，敷爲辭章，果皆不謬於聖人否歟？是故六經古矣，人之傳述六經者，未必其皆古也。爲之奈何？復古之六經而已。古之六經何也？不於其傳述，而於聖人之心之精微是也。聖人遠矣，心之精微不可得而求矣。復之奈何？復吾心之精微，不異於聖人之心之精微，斯可矣。吾嘗睹宋儒手筆，爲之寶愛，爲之顧惜，若不能釋手，非以其書也，念其年歲之久，不易見也。矧曰闕里之履，周室之鼎乎！今吾之心，非獨吾一人然也，宋儒如是，孔子如是，自文、武至於堯、舜、羲皇以上如是，即謂之天地之先亦可也，不亦久乎？夫以一物始於天地之先，其傳至於今日，其當寶愛顧惜宜如何耶？甘於棄失而不求其復者，則又何也？陽明夫子所謂良知，固指其心之精微言之於先生者也。去其世不數十年，非若十口傳述之久也。

學於先生者，或失則深，或失則易，或惟其言而不知其所以言，求其實，反之吾心，所以不異於夫子者，乃不數數，則又且奈何哉？夫相去不數十年，而傳述之謬，正自不免，乃欲求不異羲皇以來聖人之心，吾懼其難也。夫形之言者，尚不可得，又欲因言以求聖人之心之精微一無所謬，至於天地之先，其爲尤難，又可知也。畏其難而沮者，無論矣；不知其難，自以爲聖人之言如是如是，闖闖然而不知復，不亦反古之道哉！」問者目瞿，余亦神悚。

讀雙江公致知議略質語

第八條，此龍溪極誤人處，亦自誤處。生蓋已嘗之毒，不可不破口説明。自來聖賢論學，未曾有不犯做手一言，未有學而不由做者。嘗思孔門之學，已於《大傳》開示明白，至其教人，只隨至攧掇便是。如《論語》喫緊工夫，無過告顔、冉者。言克己，不離視聽言動；言敬恕，不離出門使民、施人，在家、在邦。非是教之只在視聽各處做工夫，緣已與敬恕無可形容，着口不得，故須指其時與事以示之，未嘗避諱涉於事事物物與在外也。至教弟子，亦只在謹信、愛衆、親仁；論君子好學，只在敏事、慎言。其他門人隨問隨答，若色難，若言訒之類，皆是實指其事提醒人，未嘗處處説寂。何也？欲其即實事以求之，俟其自得，所謂語不能顯者也。故曰：「中人以上，可以語上；中人以下，不可以語上。」其立教之旨固若此。是時，惟老、莊始有妙論，與孔門便分兩宗。後世分内分外，分心分事，自宋以來，便覺與孔門稍不類，豈非佛氏入中國談空説妙，後之儒者因之辨析，遂有許多形容微妙語哉！故區區之愚，亦願長者於致知、格物諸解釋處，更乞渾融，令與《論語》教旨相似，即龍溪更不得肆其口舌，而其失亦自易見。否則，不獨無以服其心，亦恐落禪之譏隱然四起，使長者苦心，卒未得即達也。如何？

松原志晤

余與龍溪兄别於楚中，垂今九年。九年書札往復，大段余以專提良知、不拈學問爲學者憂；龍溪亦慮余專守枯静，不達當機順應之妙。屢期面晤，究竟斯義。壬戌仲冬七日，忽自懷玉訪余松原，余不出户者三年，於是連榻信宿，盡得傾倒。

龍溪問曰：「近日行持，自覺比前何似？」余曰：「往年尚多斷續，近覺工夫只是一切無有雜念。雜念漸少，即感應處便自順適。此是年來尋向路徑行持處也。」

問曰：「工夫有先後否？」是時余爲閭里均平賦役，因舉似曰：「即如均賦一事，吾輩奉行當道德意，稍爲鄉里出力，只得耐煩細膩，故從六月至今半年，終日紛紛，未嘗敢憎厭，未嘗敢執着，未嘗敢放縱，未嘗敢張皇，未嘗敢褻侮，未嘗敢偏黨。自朝至暮，惟恐一人不得其所，雖甚紛紛，不覺身倦，一切雜念不入，亦不見動静二境。自謂此即是静定工夫，非止紐定嘿坐時是静，到動應時便無着静處也。」

問曰：「君信得乍見孺子入井，怵惕與堯舜無差别否？信毫釐金即萬鎰金否？」❶曰：「乍見孺子，乃孟子指點真心示人，正以未有納交、要譽、惡聲之念。無三念處，始是真心，其後擴充，正欲時時是此心，時時無雜念，方可與堯舜相對。」

次早，縱論二氏之學及《參同契》。龍溪曰：「世間那有現成先天一氣？先天一氣，非下萬死工夫斷不能生，不是現成可得。生機出於殺機，不殺不生天地真機，故水能制火，不激不滅；木能出火，不鑽不然。此一部《參同》大旨也。」余應聲贊曰：「兄此言極是，世間那有現成良知？良知非萬死工夫斷不能生也。不是現成可得，今人誤將良知作現成看，不知下致良知工夫，奔放馳逐，無有止息，茫蕩一生，有何成就？諺云：『現錢易使。』此最善譬，今人治家，亦須常有生息，方免窮蹙。若無收斂静定之功，却説自有良知善應，即恐孔孟復生，亦不敢承當也。」於是龍溪爲余發揮此段意義，極其痛快。以爲學者若無工夫，只説良知，不獨無所於得，將使後生文其恣縱，助其輕俠，妄毁儒先，凌傲尊貴，此真吾輩所當領受，非細事也。予因請曰：「吾輩所以必須學問者，皆緣習氣作梗，要得消磨。蓋自有知以來，各就氣質偏重處積染成習，遂與良知混雜而出，如油入麵，未易脱離。故雖雜念已除，而此習氣消磨難盡。臯陶所言九德，皆自質之相近而言，但能不墮習氣中，便是成德。即堯舜亦且兢兢業業以應萬幾，況吾輩耶？誠不可以平日良知虚見，附和習氣，順其安

❶「信」下，蘇本有「得」字。

便，以爲得手。須是終日應酬，終日收斂安静，無少奔放馳逐之病，不使習氣乘機潛發，始不負一生談學耳。」

龍溪聞之，不以爲妄，盡吐心腹，彼此悔責，各取短長，無復隱怨。一時感觸，真有一日蹉跎，矢不復生之勇。既而偏訪雙江、東廓諸丈，重來執别。因念九年一晤，時不易得，切磋真誼，可質鬼神。即恐遺忘，又成虚漫，瀕行，手出一册，索書前語。於是次第嘿憶，不加文飾，聯綴筆之，冀别後时一展閲，常如松原對榻時。是别猶未别，固千里命駕之心也。

念菴羅先生文集卷之九

族從孫　復晋　男士瓚　士播　重校
六世孫　天衡　男韞琦
五世孫　雨霽　男廷衛　謹梓
六世孫　隨元　男士璞　士璋

傳❶

懋齋李公傳

懋齋李公者，吉水谷平人也，名勳，字功大。先世多顯官，❷而公曾祖仲和爲會昌訓導。仲和生從遜，從遜生即温。即温爲人長者，少敦貞介之行，年三十，不知卜婚，里人號爲拙隱君。後娶蕭

❶「傳」，原無，今據總目、卷首目録及各卷體例補。
❷「先世」上，蘇本有「吉水李氏谷平最著」八字。「官」，四庫本作「達」。

氏，生三子，而公在仲。少微喫，兄熙數苦楚之，問不速對，輒摑面，固不容啼泣也。母見面墳赤，疑曰：「兄汝摑耶？」曰：「無也。」於是家人莫不憐公。拙隱君賈懷寧，有息産，公因留爲懷寧弟子員。

是時，年且三十有二，同舍生咸以課業推公，及背誦諸經子書，又不遺字，其條貫肯綮，悉有口傳，屢爲督學御史賞識。比鄉試，輒忘試目所坐，以是竟不一遇。

又二十年，以歲貢上禮部，而拙隱君年又甚高，求便養，得河南新野訓導。訓導故不得抗學諭督諸生，諸生課業既無口傳，每試教論，未有知指摘者。公乃日夕爲説書正課業，人人聞所未聞，即有品評，一一皆當，莫敢背語。有勤業者，助膏火，夜且具食勞之。於是教諭讓服，而諸生亦競文相高，舊習一變。新野久不舉鄉試，陰陽家指學宫阨倉儲爲解，會御史戴忠行縣，公白徙倉，未幾諸生蕭聽、齊雲相繼舉。而新野地易歉，市妖游食甚衆，公病之，號於衆曰：「教化所以閑風俗，風俗不經，教之辱也。今聚倡優，誘無賴，爲奸汙，諸生行又摴蒲蹴踘，射注能傾人家。夫民性若水，易下也。耳目染濡，將室家奔潰，敗産廢業，父兄何利焉？其共逐之。隱弗告者，治如法。」未幾奇衺爲之越境而徙。

公故爽健善濟事。成化乙巳，河南大饑，流移載道，令不能捄。公捐俸施粥待之，多所全活。嘗攝縣，朝廷遣中使禱太和山，沿途怙威索賄，公一莫應，且嗾縣民挽車訴貧。中使懼，夜遁去。當道數廉其才，而公亦以九載當代，至京師考最，陞永豐王教授。永豐懷順王者，賢王也，文而下士，往時衛教授老而罷教，王諸子無狀，數蒙詬詈。及見公豐頤長髯，肩背負鍾，衣冠甚偉，乃大喜，謂諸子曰：「李先生真教授也，而輩無若視衛然。」公朝王，從容援古今賢哲事爲諷，王亦從容引謝，退必起送，盡階乃已。未幾，懷順王薨，而長子嗣王，不敬喪。公爲書以諫，其略曰：「臣聞三年之喪，天子達於庶人無隆殺者，本人情也。今王喪未及朞，而飾袨輿馬，國人駭嗟，臣竊悲先王之盛志不續矣。臣聞祖訓者，高皇帝所以保佑後人，慮至遠也。今有十金之産，猶思念其祖父，獨奈何輕身犯不諱乎？夫御女太早，則體不內充；馳馬逐獸，則氣狂奔而易竭。內外交蔽，欲求永年，猶膏自焚而爇之薪也，蔑不燼矣。且制節謹度，滿而不溢者，諸侯之孝也。今王歲禄不增，而賜予太濫，薄視先王親戚，婚嫁不時，宫室蕪穢，殆未可以聞于上也。臣愚謂非痛抑而力改之，不可以保國。謹上十事：一曰法祖，二曰厚倫，三曰勉喪，四曰親賢，五曰遠色，六曰謹玩好，七曰絶射獵，八曰馭下，九曰别嫌，十曰節用。惟王財幸焉。」書上，王頗悔悟，而公亦有拙隱君喪，將告奔，王曰：「嘻！吾可一日無先生？」乃上教授善狀，請無注代，而自給半俸。終喪，公傅王十六年，宫中事無弗與聞。後王禮意稍衰，公覺之，棄官歸。王弗能留，念公勤勞，請進階淮王右長史致仕，復終身。上從之。

公家居十五年，族戚無少長，莫不敬憚公。公正容體，謹言笑，性峭直，喜面折人。人有過，多自掩匿，懼相聞。後里中盜起，白晝殺人，過公門，呼曰：「公幸無恐，我輩何敢傷善人！」蓋劻勷二年，竟如言。

公娶曾宜人，生四子：璞，璘，璿，璨。女俊嬌，適先大夫山東按察副使羅某，封宜人。曾宜人者，石瀨曾文簡女也。性質木，勤女紅。公居貧，賴之。年三十二卒懷寧。懷寧張慶遠者，重許女而慕公，聞曾宜人卒，以女歸，是爲張宜人。生子琉。女阿嬌，適弟子員張京。曾宜人之卒也，四子幼，先夫人纔七歲，張宜人婚嫁無所分異，以慈煦稱。

自公上世多壽考，拙隱君壽九十有九，而公亦九十有二，卒且二十年，不得葬，洪先悲焉。嘉靖戊戌正月壬午，葬公周嶺社山，前甲後庚，兩宜人祔左右。是時，子璞、璘，孫俔、健先卒。視葬者，獨子璿、琉，孫儼、侃、偉、佐六人云。

張簡肅公傳

國家當盛治之時，必有維持培植之人生乎其間，其博厚純實，剛介平恕，若出於天性而不可已，未嘗有矯戾眩飾、纖靡慘薄之態入於見聞，是以朝廷刑賞簡當，公議清明，天下趨向咸歸。一時君子恃之，得以無恐。譬之少壯之年，元氣充滿，起居以時，嗜好有節，自足以凝精而握固，不待服食導引之外助。嗚呼！此其所係如何哉！

某數歲有知聞，先大夫與客談，皆弘治時事，且謂當時六卿大臣，江右有安成張公，浮梁戴公，二公行事，酷類古人。至若剛嚴難犯，張公又其最也。我朝政在内閣，士之始進，以翰林爲極選，而競進者率規計恐後。公與華容劉公堅避不往。且曰：「願就部曹習聞民事，爲國家建勳業甚幸，没没徒老文字，竊所恥也。」於是自兵部郎中出爲浙、湖兩藩，擢副都御史，巡撫山、陝，進尚書都御史，掌院事。歷仕凡四十年，所在咸有樹立。縉紳之間，倚以爲重。其後閹瑾用事，憚公執法相尼，一日假内降促令致仕，公去而紀綱廢矣。悲夫！

公致仕時，瑾遣人道偵之，禁假官舟，且不得與有司見。公乘敝艇至徐州洪，觸石敗漏，適先大夫以工部治洪，夜且半，聞扣署聲，問之，知爲公也。於是密往慰勞，時寒甚，衣盡濡，乃解裳治具相授。鷄且鳴，易所乘便舟以行。臨發，公慨然曰：「吾受先帝厚恩，恨莫能報，賴君復生。吾有孫，當以今夕事語之，必且遂吾志也。」先大夫灑泣而别。後洪先既長，見公孫御史鰲山，詢其所聞於公，良然。御史者，即公所指之孫也。

御史嘗爲余言，公初爲郎中，奉使畿内，夜遇盜劫其囊，得俸銀柒兩，慚悔而去。一日，屠人告衙隸易公銀，同官紿之曰：「焉知非張衙銀乎？」屠叩首曰：「張衙惟有俸銀，以是知之。」是時，爲浙右轄尊貴，家口衆矣，日料肉止一斤。公子某以歲久來省，體魁碩，食兼數人。公笑曰：「吾固慮汝不飽也。」尋遣歸楚中，任滿，庫羨金二萬餘，公盡籍録之，副在諸司。歸見路夫人，戲曰：「汝常笑吾貧，今羨二萬，不已富乎！」自夫人侍公，至是始聞戲言，則爲應曰：「得子孫無饑寒，常如今日，足矣！」於是相顧一笑。公不獨在官無所私也，即以小物餽遺，亦必有義。路夫人卒，有以帨奠者，公返其人。御史從旁問故，公曰：「帨以爲奠，知我廉矣。不知帨非奠物也，我故返之。」孟子曰：「身不行道，不行于妻子。」觀夫人之言與其處子者，益可信矣。此至隱細者也。

當陝西用兵，即有俘獲，止以地方事入奏，❶不爲張大語。故事兵部多幸外功冒恩賞，銜公所爲妨己，數窘詰之，竟不少變。及督漕運入京，諸閹用事者聞公名，樂與結納。因李西涯、戴浮梁、傅新喻三公通姓名，復以名香爲壽，冀得往謝。公固辭曰：「三公以公會，故得朝夕，某則不敢。」三公强之，公不得已，各報以幣。使者纔入内城，急追還曰：「幾誤矣！吾平生無内交，忍一旦自敗乎！」其後劉公薦公於上，上曰：「朕非不知張敷華，但忒難爲人耳。」公之處己若此。然遇人，無問善惡，休戚相通，不爲峭厲。山西鎮守閹人劉瑯，以公不便己，入賄于朝，移之陝西。及代者至，相視無禮，悔思至于泣下。掌院當考察京朝官，三山林公爲吏部，欲清汰鄙薄以厚風俗，公於中獨多保全。有坐帷箔謗者，咸欲黜之，公曰：「彼不幸而有遭，非其罪也，曷謫之使自勵？」嘗曰：「寧失不明，無爲不仁。」林公亦莫能奪。

瑾之害縉紳也，多詗倉庾之虧，以爲奸贓。公坐楚中耗糧三百石，禍且不測，翰林武功康公與高陵吕公，皆公賞識士也。康恃瑾鄉里，故以弄語調瑾曰：「公陝人也，陝人愛張某如父母，忍相薄耶？」瑾意始解。其後吕與御史云然。吕素鳴康之冤，言之將以揚康也。然公忠厚之報，於是乃見。夫喜功者易於矜，而持正者近於刻。公捐辭美秩，視若贅疣，竊念一時意氣激發若可矯强，至於功名之際，不事表暴，與人欵欵，而自操之潔凛於冰霜，非博厚純實、剛介平恕迭用而不悖者，烏

❶「以」，原作「有」，今據蘇本改。

足以語此？古人有言：「人臣執法而不求情，盡心而不近名，出死力以捍社稷，使天下之心繫於一人，而已不與。」公不其庶幾乎！宜其遭遇聖明，先資畢效，以身壯國，逮擯斥而不悔也。

蓋嘗因先大夫所論推之，當弘治時，朝廷之上，未嘗無小人也。雖其憚於公議，限於刑賞，欲亂君子之所爲而不可得，亦以君子者，以其道相勝，是以得久於位，稍行其言，以遂其維持培植之力，若公者是也。彼狥俗以就功名之會，委曲以拯時之艱，斯人也，吾莫得而詰矣。惟任己者，悻悻以自是，皦皦以自異，其始未嘗不藉口於公輩也。然饑寒之慮，或奪於妻孥；利害之機，或問於朋友。賣直則訐陰細而忘大體，好剛則觸凶虐而啓釁端，理不制欲之流，誠不勝私之積，内乏堅凝，外無孚感，卒之不免於矯戾眩飾、纖靡慘薄之歸。而小人相乘，翻爲鑒戒，國家元氣因以摧傷。若是者，視公何哉！使其有以自勝，即不幸擯斥矣，其於世豈竟無所補哉！此余所以語公行事，語若頌，而不厭也。御史所述，皆志銘行狀所未載。且憶先大夫遺言，不敢忘忽，竊緣世誼，别爲列傳。抑亦備史闕文，冀或風於君子云爾。

永新文竹周母劉節婦傳

予過永新，謁譚烈婦祠，覩八磚血影，歷數百年不磨滅，徘徊感愴久之。已取道入文竹棠市，而又聞有江周兩節婦者，颯颯乎有譚節婦風。江嘗旌於朝，周節同而遇異也，里人士共悲悼焉。予於是作周節婦傳。

節婦，大社劉超邦之女也。年十七，歸周生養清，無幾，養清由邑諸生鼓篋北雍，强婦從行。婦以姑衰疾留侍，朝夕菽水湯藥。越二年，周生抱病歸，夙夜籲天請身代。既没，婦痛盡，誓不從地下不已。時厥孤育卿甫三歲，家老長指而諷之，謂而即死耶？而不念而夫綫緒耶？婦始悟，迺囓指血滴周生柩曰：「今而後，敢於君之盟是貳，有如君；敢纖微不督兒於成，有如君。」於是卸鉛華，屏釵鈿，閟處奧㝔，女姻宴好絶不往來。曰：「我孀也，宜然。」育卿稍長，婦洴澼絖佐之學，每夜歸，必篝燈火與相對，時時稱説周生之蹈履與其志所未竟者，勗育卿識勿忘也。育卿遂强學入南雍。婦撫育卿幾何年，匪金而堅，匪玉而瑩，即里之頑悍者，莫不交口稱節婦。年五十八卒。卒之辰，堂中地裂數尺許，隱隱如雷鳴，人謂精氣所觸激，眎九磚奇磧鮮甚異。

先是，邑大夫嘗以婦事白於中丞御史，督學使歲給粟帛，而薦紳士文學弟子共作爲詩詞以咏歌之。安成鄒東廓先生手筆爛然特著。嗟嗟！婦之節，其庶幾不泯矣夫！庶幾不泯矣夫！

維昔在大猷，天子親巡狩，太史氏陳詩以觀民風。二《南》而下，獨《柏舟》有奇節，助流風教最大，故仲尼采之紀籍，垂之千萬世而不湮没。今國家歲遣直指使代狩，察謡問俗，儼乎先王遺意。有如按兹土者，推隱拔潛，輔翊世教，則諸君子所咏歌，不可采而聞之上乎？吾意婦之節，駸駸乎並《柏舟》風後世矣，奚奬且旌之足重爲？雖然，婦當夫之亡也，知有死耳，卒之一死，以不死其夫，要以求無怍地下，第天理民彝自有久而不可泯者在。婦何心哉！婦何心哉！婦閫行多懿淑，予不悉紀，紀其大者，使後世知有周節婦云。

周宜人傳

員外公配周氏，余王大母也。以先大夫貴，始贈安人，進宜人。父德柔，祖參議公紀。宜人長宦邸，貴重矣。比歸員外公主家政，故無長物，食指繁，日有賓客之事。經衛公剛嚴難事，飲食供具稍違程節，輒詬怒不御，員外公率諸孫跪解，或竟日不得命。宜人自入門，兢兢捄過，以織紝補不給。聞堂上詬怒聲，即以手自擣，含涕向杼柚，亦竟日不敢食。諸妯娌慰勞良苦，宜人曰：「我不善爲婦，取怒翁大人，非翁大人苦我也。」自非大疾病與大故，未嘗一日不在杼柚間，亦未嘗一日不歛含涕，然竟不能令家有長物。先大夫在三子中最善事母，宜人亦鍾愛之。先大夫從外傅晝歸，宜人顧曰：「兒饑來耶？」即投杼取殘食哺之。先大夫見突無烟，受食返半，意以讓母也。宜人曰：「何不盡啖？」先大夫曰：「我飽，固不能强。」宜人心憐之，撫其首，遣曰：「我兒何慧也！」即又反面，涕泫然承睫下，不忍令兒見之。嗚呼！悲矣，悲矣！

宜人年三十九，夭於産難。後二十四年而員外公卒。余皆不得見。第歲時侍先大夫，御燕私或節序，持觴爲壽，輒掩泣曰：「天乎！胡不令我父母嘗臠肉巵酒，少厭兒心乎？」因自述少時事若此。又言宜人背棄後，從外傅不能償束脩，傅强持書篋去，乃發憤自閉空舍中誦書，父不我省也。一日，聞書聲，從户外窺曰：「汝能然乎！」則又掩泣曰：「使母在，能織紝，斷不令我至此。」嗚呼！吾從兄弟且八九，子姪十餘人，皆宜人之一身也。此數十人者，今且餘蠹書而殘鼠粟矣。家無嗃嗃之威，人負訑訑之色，雖强之學不從也。而見人菜色鶉衣者，即族屬莫肯與揖。即相揖，首不俯，目且流視。彼知昔日何如哉？公與宜人日遠，先大夫遺言不聞，將無有見遺器而訕譏者乎？噫嘻！

上鏡徙柘口心全府君傳

心全公名彝，字性常，教授之子也。教授被逮時，諸子卒於纍係，獨公間關扶侍無恙。教授以公可託宗祀，受密計獲免。食苦務學，儕輩多推先之。是時方重辟舉，有司及卿大夫以明經薦。❶公念教授死非命，飲恨自廢，屢徵不就，而終身爲里人師。

里人欲延師者，即竊嘆曰：「安得如吾性常者乎？」每歲聘啓交集几案，公莫能可否。或先期率子弟肩輿於門，候門啓，擁公往，甚至相爭於道。既爲有力者所得，則各遣子弟來，館舍不能容，其見重於士人如此。然公於子弟，不獨以課程督率，其立教，自言、動、食、息，具有規度。子弟入其門，無敢譙訕嬉遨佻達，道遇長者，拱手趨揖旁立，長者未過，不敢行，不問可知爲性常門人。

是時陳公本深爲郡守，待以賓禮，郡中碑版文記多其授筆。陳在郡十餘年，公雖與稔交，未嘗有私謁，陳亦禮之不衰。今之爲人師與上人交者，自獻以求之耳，非有求於我者也。而爲之守令與

❶ 「明」，原作「名」，今據四庫本改。

其子弟者，亦不復有令名。此其相待以成者非耶？噫！

前村黄節婦傳

曾子有言：「仁以爲己任，不亦重乎！死而後已，不亦遠乎！」貴剛毅也。嗚呼！奚獨士人，在女婦不尤難乎哉？夫秉彝之良，雖則常存，顧其質有强弱，俗有淳偷，時有順逆，勢有易難。當困苦拂鬱之會，持端嚴貞淑之操，非其性行剛毅，質任直，遂義集於暗合，非歆羨以爲華，知囿於先聞，無疑似以相間，宜莫能勝矣。濂溪言性，歸之剛柔善惡，有以哉！故余傳黄節婦事，務本性行，不獨明婦常振世教，抑亦著剛毅之善，使學者反求之。

黄節婦者，名某，姓周氏，吉水人，左庶子崇述曾孫也。年十八，歸同邑黄子仲。子仲故業儒，劬於書。次年生子協華，六越月而子仲夭。協華將及朞，體羸甚，家故無贏，歲收僅僅，百用空絶，周安之。内人相對撫慰，咸指乳兒嗟咨，故以言試探，伺釁隙，或可乘。周俯首不一應。比寧母，母家内人，出語更多可憐，且爲慮終身久遠，非旦夕可目睹，令早自計。周性故奮烈，面發赤不能忍，誶之曰：「汝誠人耶？乃向吾開此口也！」誓不復與見。即日趍歸，禁婢子往來，不容一人至其門。如是者十餘年，而協華亦漸長，則出其織紝，令從師稟學。且曰：「汝父力學，志不竟，汝當成之。若窮達固有命，吾不敢過望也。」以是協華爲諸生，數十年無所遇，周安之如其初。今六十有六，力衰矣，猶織紝自給云。

論曰：某自少喜談節義事，有所聞，輒思紀載，俾人傳誦，冀其或知向方。聞有黄節婦者，顧未識其子也。歲丁巳，督學憲使王公宗沐訪余石蓮洞中，因言近世旌典鮮能盡舉。余爲畫曰：「命之表宅，出於朝廷，誠未易也。體朝廷德意，致而布之下邑，遣使具禮，及門存問，此又何禁不足以風乎？」王矍然起謝曰：「恨不早聞之。」明年，吉水存問者二人，周與焉。是時始識其子，得詳其性行。嗚呼！女婦本弱植也，而士人乃往往以窮達改慮，豈無剛毅如周者乎？豈歆美不可以語性，而疑似固足以賊道也乎？嗚呼！

叙嶺下陳節婦事

陳節婦者，里中陳洪妻，校之母，南嶺劉理同女也。理同嘗夢蓮香異常品，既覺，猶聞馥郁滿室，心異之。會妻某當免身，祝曰：「幸而生男，將大吾門乎？」已而舉女，訝曰：「是何兆也？」因名曰蓮珠。稍長，性決烈端凝，與諸女治女紅，諸女莫敢嬉笑相向。年十九，歸洪。居三月，同侣促洪商，洪以新婚未決。劉毅然曰：「男子安能顧室耶？」❶亟爲治裝。是時已覺有娠，洪乃强往。既一歲，果得兒，即校也。明年洪歸，病瘴，抵家困瞀不省人。劉納校洪懷中，大慟曰：「汝不念汝此塊肉耶？胡遽至此極也？」洪聞聲稍甦，顧劉曰：「我負汝！」言出而卒。劉呼洪不應，乃以手擣

❶「室」上，蘇本有「一」字。

胸，頭觸地流血，求與同死。息僅僅相屬，久不得死，則走就溺。家人挽出之。凡三溺，又不得死。遂不食，既數日，又不得死。家人懼且就縊，日夕嚴守之無間。劉乃抱校哭曰：「吾終不得與汝父同死耶？」自是哭必氣絶聲枯乃已，聞者無不欷歔淚下。既免喪，家人疑其事洪日淺，或不能留，故爲調語嘗之。劉乃頳色叱駡曰：「汝以犬彘視我乎？」竟與言者絶不復見。即妯娌不與同坐，即坐不與多言，嘗懼其有他也。當是時，繼姑周主其家，劉奉周如所生。周亦惻惻憐愛之，見其日夕閉户績紝，蔬食常如初喪時，勉令肉食。劉泣對曰：「我寡婦也，焉敢當此？」校稍長，教之一準于禮。且婚矣，督過之，不少貸。嘗曰：「我不負汝父，而負我哉？」校跽請罪，怒解乃已。其後校有諸子，治家嘗如蔬食時。有餘即以推與貧者，曰：「是人所遭，猶我身也。」嘉靖丙辰，年七十，守志五十年云。

洪先曰：嘗觀漢時條令，孝子、貞婦，長吏必覺察以聞，漢治近古有以哉！夫人之爲善，性成者上也，教習則其次也，畏威遠罪又其次也。旌淑之典不行，而望美俗卓行踵出，難矣！今制，節婦五十則旌。然二三十年來，未聞以是事上聞者，何也？往見前令王某詣住岐陳節婦門拜而禮問，以爲希談。嗚呼！其果希哉？予家有羅洪一妻李氏，年亦七十餘，與劉事類，又且無子，今猶績紝自給也。而里中曾生焕母，亦爲人所誦。豈天性未泯，有不待旌而勸者耶？或言劉生而異兆，何居？應之曰：「性善，常也；不待教習者，異也。出泥滓而不染，殆其類矣！夫旌者，表異也；異矣，而失旌，於兆也何尤！」

田心象溪張君傳

象溪張君，名幼楨，字植卿，吉水田心名家也。少穎敏博洽，八九歲通文辭。十餘歲，試諸生，督學憲使空同李公奇其文，舉前列。而是時西墅翁珥亦爲諸生，每試，顧先翁，於是有名邑中，廩于學。九舉鄉試不利，年四十六，以歲貢上禮部，而翁之年亦已向老，遂授郴州學訓導，以便迎養。已而翁不樂往。踰年，丁母憂歸，復補台州府學。

君雖以禄仕，然師道端嚴，在郴則以詩書課藝文，不令蕩弛。而台有金一所諸公，行誼學術名一時。君虚心往來，樂聞其語。諸生執贄見者，無貧富盡絶之。諸生知其然，不敢以貨取往。在郴有以古琹爲儀者，君拒矣，家人誤携以行，至家覺之，必返其人。其生平絶裂堅執若此。其意以爲吾受非義以奉吾親，即陷吾親於非義，吾何以爲人師哉？在台纔二年，一日，思翁不置，投狀當道，乞致仕。適河南鎮江教諭檄且至，納之官，竟棄歸。前後兩入官，留家侍翁，獨以身往。既歸，與翁同寢處，一飲食，必手致，無他故，未嘗輕去左右也。

君于奉親盡力矣，然與人顧寡合，絶不能以辭色假人。即隆貴，未嘗稍有依附，借氣力以自便。聞其不善，望望去之，惟恐或誤投足，沾其餘穢，以故人鮮得與之交。然交游中，信義篤厚，固莫有過于君者。往爲諸生，至友人藍瑜家，藍中年罷舉業，家亦落莫，君往來一不減少。時藍既貧老無子，病且死，君日夕撫慰，即以事返田心。田心去藍家數里，而限一水，徒步僕僕，朝往暮歸，未嘗少輟。比卒，親爲沐棺治殮，經紀其後，無憾乃已。此非有所爲也。然或以爲少年故交，未忘情耳。當貢京師時，邂逅與邑中貢士張冕爲同舍，張挾厚貲而寡侶，病且死，以後事屬君。君踐諾甚謹，封識囊篋，飲食其子。至歸櫬，寧捐己貲，于張不少損也。家居七年，遠近漸重其所爲，於是縣大夫咸賓禮之，以爲可以矜式人士。君亦嚴重自處，終日與縣大夫相對，口中未嘗有軟熟語，縣大夫亦未嘗不欽欽也。

君素彊盛善飯，性不畏病，西墅翁偶沾疫，君滌穢烹劑，踰日亦病。翁病亟，君猶强起命治後事。翁卒，而君病已危，不能號，因擗胸氣憤憤不能下，遂困瞀。後十日，亦卒。是爲嘉靖己未四月二十八日，距其生弘治乙卯，壽止六十有五。余往哭之慟，蓋傷善人薄佑，而天命之難諶也。爲之躑躅久之，又念天固奪君，君之行事固不可泯，因叙其平生爲之傳。遺其子咨伯，亦以代誄招云。

論曰：侍疾者言，君自翁卒，即絶食拒醫藥，以是不起。或言君令治翁殯室，須稍大，意將爲倚廬計。嗚呼！推君之心，何所不至？此兩事誠優爲之，即使君不甚病，或强藥食病起，或未即廬居，其平生孝友侃侃，自足不泯，觀君者，固有在也。人之强於善者，以有名義要束耳。夫名義者，耳目之所可及，未若謀諸其心也。謀諸心，固有耳目不及者矣。君于人情習而安者，顧於心覺其不義，即一物之餽不使浼焉，其肯取非其有乎？不肯以親故受其汙，其肯隱忍於其身乎？君之官，一郡邑博士耳，使其位稍進，處風波靡蕩中，卓然獨立，其振綱紀、作貪懦，豈小補哉！自君之先，吉水多鄉先生，其行事，大抵守己，而無他狥，各成節行之奇，終其身不爲變。君蓋有所師法，深信而不移，所謂「斯焉取斯」，兹又其一驗也。然世之資於君者，乃獨不遠。嗚呼！君則已矣，有如聞其行事，將不足以勵世俗、表士規而聞之？觀風豈無惻然而興嘆，蹶然而起敬者乎！

新淦金灘盧氏神琴傳

閎侃公，文人也。世媚大洋洲英祐侯公，髫時從外舅❶

❶「舅」下，原闕。

念菴羅先生文集卷之十

族從孫　復晋　男士瓚　士播　重校
六世孫　天衡　男韞琦
五世孫　雨霽　男廷衛　謹梓
六世孫　隨元　男韞璞　士璋

説[1]

見義説

《易》之八卦，庖犧氏先天之學也。庖羲氏通神明之德，類萬物之情，以教天下。於是象天法地，遠觀近取，見至賾而不窮者，不出於有無之相因，始設奇偶二畫以象之。二畫錯而八卦成，八卦錯而四圖著。是卦畫者，庖羲氏之文，謂圖無文者，非知圖者也。圖之文不一，陰陽消長之象則一。

[1]「説」，原無，今據總目、卷首目録及各卷體例補。

陰陽消長，天地之變化也，於先天何居？　且夫「先天」云者，言夫天地之所由始，是天地所不能與也，而況於人乎？　夫安知其逆順與否？　而又安所據而圖之哉？

嘗試言之，先天其源，後天即其委也。　善窮源者，必循其委，即變化之所由始，而天地可推矣。是故觀圖之自震而離而兑而乾，則一陽漸長之象形焉。　陽主發動，其機進而上往。　上往者，生遂者也，故曰順，言順而遂也，則出有之謂也。　觀圖之自巽而坎而艮而坤，則一陰漸消之象形焉。　陰主斂静，其機退而來復。　來復者，反本者也，故曰逆，言逆而反也，則入無之謂也。　二者推盪，而天地之變化賾矣。

雖然，方坤陰之已逆，而震陽之未生，固陰陽消長之間也。　是時也，無有乎朕兆，無有乎端倪，無有乎期候，彼一陽之來，果何所自哉！　是故有不始於有，而始於無；無不終於無，而終於有。　一息之出，其先則入之源也；一日之子，其先則亥之交也；一月之朔，其先則晦之終也；一歲之復，其先則剥之極也。　故曰「復見天地之心」，言觀此而天地可見也。

然則闔闢之始，必自渾淪恍惚，坱圠沕穆，不涉有無，不屬動静，擬議有所不能至，思爲有所不能及，其猶陰陽消長之間乎！　故曰：「易逆數也。」是故以其無分於動静有無，常爲主宰而言，謂之天心；以其動静有無交錯變化，而擬議思爲一無所與而言，謂之大易；以其變易不窮，終不離於主宰而言，謂之逆數。　蓋自其源而觀之，若已判然於天地開闢之始；自其委而觀之，則亦不離於陰陽消長之間。　惟不離於陰陽消長之間，則亦不離於此心往來之際。　孰知夫元精之先一息也？　孰知夫夜氣之先旦晝也？孰知夫混沌之先日月也？孰知夫開藏之先歲運也？孰知夫大極之先天地也？是庖羲氏之學，而未之嘗言也。故曰：通神明，類萬物，不出於有無之相因。

風氣漸澆，情僞相感，列聖繼作，皆因時以捄弊，於是文王重之以盡其變，周孔繫之以効其動。及其久也，意義繁，圖書聚，諸家之學競起而莫之凖矣。是故狥於有者，見動而不見静，於是刑法名理功能之説興，其蔽也常外馳而不自止，是化物者也；墮於無者，見静而不見動，於是偏槁苦空虚静之説興，其蔽也常内揵而不相應，是絶物者也。惡絶物者，斥無爲之言爲異端；惡化物者，病有爲之迹爲同俗。或舍二見而求一致者，則又未能超後天之質，以還先天之源，而不免執見以爲本。庖羲氏之學隱而不見者，數千年於兹矣。於數千年之後，諸家紛紜之中，捺往聖未言之意於數畫之圖，非自有得於此心之往來，自一息之微，推而至於天地變化，脗合洞徹，渾一無二，其孰能之？

劉士仁字説

天地之氣，翕聚而至於發散，必且氤氲磅礴，薰蒸融液，彌漫于覆載間，不獨甲折之微，肖翹之形，絲縷毫芒，靡不貫徹。雖石至頑悍，土至剛瘠，亦復含澤潤而吐華滋，蓋生生之動，莫能遏也。斯時也，名之曰春，春之爲言，從屯從日，指日之暄燠，草茁然欲奮出之象也。

惟人亦然，至静之後，真心來復，太和畢達，無有間隔。自愛親敬長，盡人之遠邇疎戚，極于萬物靈蠢纖鉅，通一無二，神感幾應，不異彼此。蓋得天地之生生而未有遏之者也。斯念也，名之曰仁。仁之爲言，從人從二。二者天地，惟人同之，言同天地之春也。故曰：「仁者渾然與物同體。」不能同體，即不足以應春之生生。大哉仁乎，其三極之精乎？春之至也漸，仁之成也難，學與不學有辨矣。

龍山劉節推君將冠其長子子韶之子應春，問字于余，余字之曰士仁。夫人之仁以其心，而士之仁以其學，未有不學而中心安仁者，是以必屬之士。彼愛親敬長，此心不容遏者也。即此一念，推之可同于天地。嗟乎士仁，吾知其願學矣！

天命説

世之言自然而不容强者，類名之曰天；有所賦予而不可違者，類名之曰命。委之天命，則一毫經畫措置之力，大抵皆無所施，此夫人而知之也。雖然，亦有不盡自知者矣。自吾知有生也，❶而視聽焉，而言動焉，而愛親、敬長、慈幼焉，有一不足者乎？誰則誘之，誰則使之？惟其自有生而足也，則其生也，若有賦予之者，而其所自足者，又皆自有生而然，此獨可以私意雜乎其間哉？聖賢者，以爲吾之心固有若然者矣，❷而言性者顧或失之，乃名之曰「天命之謂性」。其言天命

❶「知」，蘇本作「之」。
❷「然」，蘇本作「焉」。

者，又失之也。乃復解之曰：「莫之爲而爲者，天也；莫之致而至者，命也。」言至於是，不待師友之傳授，詩書之訓釋，而吾之心，固已昭然無隱矣。雖然，如此而視聽可矣，視而擾擾，聽而逐逐，豈所謂天命者乎？推而論之，言有所餂，動有所爲，愛有所强，敬有所餙，慈有所蔽，非有誘其中而使之然乎？此雖加以師友之益，詩書之澤，而吾心之欲其昭然無隱，❶不可得也。於是聖賢者，以爲吾之心固又有若然者矣。乃復示吾人以學。學也者，所以學吾之心也。學其所謂天命，而去其不出於天命者也。不出於天命者，何也？凡吾有以爲之，有以致之也。有以爲之，有以致之，非他也，即吾之視聽而動意乎中者是也。

白沙先生有見於是也，其言曰「學以自然爲宗」，言希天也。陽明先生曰「致良知」，良知者，自然之知，無二言也，皆所以致其命者也。至命者，至之也，知命爲之主也，俟命惟所適也。立命者，弗去是也，學者之事也。學不達於天命，不可以言盡心；心有不盡，則日困於紛拏膠轕而無以自免，是所謂天之刑人也。而何羨於獲年哉！

往余讀一峰先生文，知秋江劉氏有素彬翁，心雅敬之。嘉靖己酉春，先生之孫受及弟暘、姪冕，訪於石蓮洞中，語及蓉江劉子者，孝友人也。其平居恂恂謹於禮，不敢私其家以病鄉人。問其世，素彬翁之孫也。予喜兩家再世有人，可以不墜先人之業，爲之動色久之。受因告曰：「沆四十時，

❶「心之」，蘇本作「之心」。

常辱教於雙江君，則以孔子四十不惑者語之，或者以爲言太高也。今加十年而志不衰，曷亦有以解之乎？」余謂曰：「有孔子之志學，而後可以語不惑。不惑者，言於天命之性，學之而不疑者也。五十而知，非始知也，日用而無不知也，加於不惑矣。蓉江如曰：『此聖人之事，吾則安能爲？』幸爲解曰：無所爲而爲者，義也，非訓字語耶？其謂莫之爲、莫之致者，又何以異也？今之以言壽人者，多託之長生。長生，無足道也，而其言有曰：『無淈滑爾魂兮，彼將自然。』聞者不以爲高大而懷懼心。以是取譬，蓉江之惑釋矣。」

爲後説

禮有無子，無無後。何言乎後也？不忍其無歸而爲之喪，不忍其不食而爲之祭，不忍其父母妻之無養而爲之主，是三者，事至重也。身有所繫，情不得以兼舉；情有所專，禮不得以並隆。故曰：「爲人後者，爲之子，而爲其父母朞。」蓋爲死者之慮至周也。夫舍其父母之情而爲人後，此非得已也。而一有利於其間，則有無之之心矣。利於人而舍其父母，不可道也。孔子射於矍相之圃，爲人後者不得入，其意以爲斯人之不可語慈孝，猶敗軍之不可語勇，亡人之不可以與圖存也。絶之弗嚴，後世必有因爲後而亡父母者。聖人禁亂於未萌，故民鮮入於刑戮，此禮不可一日無也。

後世之言後者，狥其名以利之耳。悖其實而人莫非之，顧以爲聖人之經，不足以捄；有司之法，未之思也。予嘗睹三陳孝友事而贊之，以爲充三陳之心，可以復古之禮無難矣。陳輔國、輔華有兄輔邦，爲人剛梗而篤於愛弟，二人之奉其兄，自少至老，未嘗一言忤也。輔邦死，無子，輔華誄之。輔國曰：「吾兄之墓宿草矣，而室且無人，吾何以盡吾心哉？吾視其視吾昆季猶其身也，其視吾昆弟之子猶其子也，亦孰擇而爲之後，亦孰忍自後而不爲之後哉？且吾恨世之爲後者之爲利也，而又忍效之？雖然，吾二人之不能常保，猶夫兄矣。後世孰有知吾心者？吾將割花橋雙源坑之田若干石以供歲事，俾世世守之，吾二人之傳漸遠，則吾兄之祭不廢，孰與爲後者之怠棄哉？」輔國既死，輔華卒舉其議。

余聞而潸然者久之。蓋傷其志而感其有合於古禮也。夫古者貴專，而茲以合舉。何言乎合也？以其無利之之心，而又能行乎其不忍也。嗚呼！世之名存而實亡，與實同而名異者，可盡道哉？因書其事以爲勸，復附爲說，俾議禮者參考之。

月借日光説

「月本無光，借日爲光」，此必古語。宋儒聞而不察，以黑毬擬之，真噲囈之説也。《易》曰：「日月相推而明生。」傳曰：「月盈則虧。」《書》曰：「哉生明，旁死魄。」此明言月之生死盈虧也。日之象則兔，兔，卯神也。卯本日位，而藏於月；月象則烏，烏，酉神也，酉本月位，而藏於日。此象坎離之交也。乾交於坤而爲坎，坎爲月精，其中之陽，兔之譬也；坤交於乾而爲離，離爲日精，其中之陰，烏之譬也。陽明陰暗，陰本無光，其光則陽之藏也，故謂之「借光」，蓋指其生死盈虧不定而言之也。

故一月之首謂之朔，朔之爲言，蘇也，猶日死而復蘇。其字從月從逆，言月至此，逆而反也。順則死，逆則生。數往者順，往者屈也；知來者逆，來者伸也。嗚呼！有能知逆之義者，其於道也庶幾乎！

雙壽圖說

昔孟子以父母俱存爲君子之一樂，而即以不愧不怍繼之，其意以爲非俯仰無愧怍固不足以悦乎親。不足以悦乎親，則亦不足以爲君子矣。不然，世之具慶者何限，其皆謂之樂矣乎？

葛山王生安器，游予門，每與語孔顔之樂，髣髴然有意乎尋之也。一日，持其父思畏君、母劉氏《雙壽圖》來乞言，問之，曰：「母劉以明年戊午，而思畏以己未，並壽七十。」予爲之喜曰：「生乎！汝曷自反其心，其果樂乎？予言無以爲也。父母於子一體也，自子之外歸也，使其欣然若有得焉，父母見之，有不動色者乎？使其戚然若弗寧焉，則必駭訝而相問。此其見之外者然也，況深有得於中者哉！生果求其樂矣乎？驗之於君子之俯仰而已矣。」

辯

良知辯

予問於龍溪子曰：「吾記熙光樓若何？」曰：「將以捄病，非言學也。」曰：「何？」曰：「良知者，感觸神應，愚夫愚婦與聖人一也。奚以寂？奚以收攝爲？」予不答。已而腹饑索食，龍溪子曰：「是須寂否？須收攝否？」予曰：「若是，則安取於學？饔飧與禮食，固無辨乎？」

他日，龍溪子曰：「良知本寂，無取乎歸寂，歸寂者，心槁矣；良知本神應，無取乎照應，照應者，義襲矣。吾人不能神應，不可持以病良知，良知未嘗增損也。」予曰：「吾人嘗寂乎？」曰：「不能。」曰：「不能，則收攝以歸寂，於予何病？吾人不能神應，謂良知有蔽可乎？」曰：「然。」曰：「然則去蔽則良知明，謂聖愚有辨，奚不可？求則得，舍則失，不有存亡乎？養則長，失則消，不有增損乎？擬而言，議而動，不有照應乎？是故不可泯者，理之常也，是謂性；不易定者，氣之動也，是謂欲；不敢忘者，志之凝，命之主也，是謂學。任性而不知辨欲，失之妄；❶談學而不本真性，失之鑿；言性而不務力學，失之蕩。吾懼言之近於蕩也。」龍溪子曰：「如子之言，固未足以病良知也。」

四 聖 辯

夷之清，尹之任，惠之和，與孔子卒不同者，孟子屢引而不發，非有愛於言，不能言也。三引孔門弟子之言以告丑者，欲其深思而再問耳。至謂「集大成」，則已指其故矣，而所謂其「中」與其「至」

❶「妄」，蘇本作「罔」。

者，卒未之明言，豈待人之自得哉？

夫射者之於鵠，猶學者之於天命也。學不本於希天，猶射不指夫正鵠，縱力有餘，或過其鵠，謂之「中」，不可矣。夷、尹與惠，忘私也，而未能盡性至命，與鵠猶有間者也。孔子希天，是謂至命，至命者，至鵠也。忘私，脩行之極也；至命，希天之極也。學見於行則有跡，有跡則猶有可舉，有可舉則有所遺，故其流各有弊，然以其所造，皆無私意之留，故皆曰聖。學通於天則無爲，無爲而無不爲矣。孔子嘗曰：「我則異於是，無可無不可。」惜哉！顔子没而此意不傳，「下學上達」「知我其天」之語，告之子貢而不能悟。微孟子，其孰知孔子之所指乎？

物　辯

植青箱者，以扇類箑，以握類指；種香瓜者，直剖則長，横剖則短。熊膽占朔，雉尾卜晴，春泥繁雞，夜燭敗蟹，是無知者有知，無見者有見也。然則知不係心，見不憑目。動於心者，知必不靈；拘於目者，見必不廣。是以聖人虚其心，不偏物；蔽其目，不見人。

昭穆辯

古之昭穆，果以世耶？不拘子孫相比爲説耶？然世之言昭穆者，斷謂隔世相附。考之商南庚而下至於小乙，五世俱兄弟繼，如果以世耶？則將廢諸帝之祀矣。然在位則其祀不可廢也，七世之廟不可越也。廟無二主，豈容一廟五主乎？既不可共，是始祖而下，止祀及父子兩世，而高、曾、祖俱祧，則於禮愈不通矣。制禮者必有定説，姑識所疑，以俟詳考。

日晷辯

日晷，本元太史郭守敬圭表制也。余嘗入司天臺觀之，卧石圭刻尺寸以爲瑱，樹銅表南端，高四十尺，爲室表北霤，中以候景。室闇則景愈明，而候視審；表高則景愈長，而尺寸别。蓋本土圭之制，五倍以數，以變通之。今世所傳日晷，以木爲簡穴，南端立表，北畫時刻，持之對日視晷，不必定方位而設者，即其遺意也。

嘉靖乙巳春，予祔亡弟造夫圳嶺大墓山，取以測時，是時爲立春節，日入酉初，初刻將晡，視其景在戌之終，竊疑焉。畢葬，取《元史》考之，北極出地之度有多寡，夏至測日之景有短長，是地之勢，與日之行，皆有南北參錯也。因悟曰：「世人但知減表之盈虧，以合日之異行，而不知變表之短長，以準極之相去。極之相去有遠近，則地勢不同；地勢不同，則表之則當變。於變表之中加以盈虧，而後日之晷刻可得而測也。今世所傳，亦曰本之守敬云爾。守敬，邢臺人，表在大都，大都，今京師也。取京師之表，行之四方，其謬何疑？於是即大都北極出地四十度之數爲舊表之則，十分之而取其八分、六分、五分，通爲四表，以合二分、二至之日行，而測其景，以定晷刻，無弗驗者。乃知守敬之制，得之變通；世人之謬，失之執泥故也。」

明年如毘陵，語之荆川。荆川精於曆數者，聞予驚曰：「兄聰明善悟若此，胡不究曆法乎？」將强以授。予應曰：「程子有言，某那得許多工夫？」一笑而罷。他日語之人，多不解，或又索予表以測日。予曰：「此非吉州也。」慙而止。後十年，龍山劉子問日晷。出其制以告，不甚解，乃爲之辯，復詳其制遺之。

舊制：夏至後表一寸，春分與立秋後表八分在下穴；立冬後表五分，秋分與立春後表六分，在上穴。夏表準今木工尺正一寸，今以京師當之，爲四十分强，西安四十少，登萊、太原三十八少，濟南三十七少，大名三十六，東平三十五六，嵩山三十五，開封三十四大强，河南三十四大弱，漢中三十三半强，楊州三十三，武昌、成都三十一半，衡山二十五，吉安二十三半，雷州二十六，瓊州十九半。自長安以下，夏至表皆從京師四十分中得數，又十分之以爲寸。其三表又劑分而遞減之。如雷州二十，正當京師四十之半，其夏至表準木工尺之五分，如此則春分當四分，秋分當三分，立冬當二分半，他準此。蓋以木工尺之五分，又十分之，取八分、六分、五分三表，此減表法。又按《周禮》：「日東景朝，東陽；日西景夕，多陰。」❶則知東西二地，朝夕表又有增減：近東減卯辰，增申酉；近西減申酉，增卯辰。長短準此以漏。木簡長七寸，博二寸；中高長五寸五分，博一寸。晝時刻，南起午，北迄寅戌，往來數之，五寸五分之內。午四分，巳未五分，辰申一寸，卯酉三寸，寅戌五

---

❶「日東景朝東陽日西景夕多陰」，《周禮·大司徒》原文作「日東則景夕多風日西則景朝多陰」。

分。午四晝之，往來數得八刻；寅戌一晝，餘刻之半；他時皆八晝之，凖八刻。其分寸凖木工尺，不復減。或疑木工尺有短長，以何爲凖？解之曰：即以一尺之分寸晝刻，取一寸四十分之，視所在之地當直多少，折爲表之分寸，無不凖。知四倍土圭者，皆可盈縮爲之。當南端晝中，外爲上穴，内爲下穴，以立表。四周下陷爲水渠，聚平。❶渠深二分，徑三分，外爲廓竅，其復下以藏表。

箴

一 真箴

種穀去稗，種桃失李。將美靈根，必辯本始。天地之性，在人爲理。事應無方，心實不倚。惟聖先覺，立極陳紀。不失天真，自然而已。知以物遷，志爲氣使。百骸雖存，諸用盡弛。譬之幻偶，機不由彼。即獮而冠，有無奚裨？有思希聖，莫先反己。在身所由，如意之指。言或有餘，行不相比。類躬負販，謬羨陶猗。假寐一厠，遊魂千里。覺而自顧，境非昔擬。何以責之？曰非真爾。目不外營，聽不遠徙。易慮改圖，爰表及裡。神解精存，口談足履。如饑索飡，如渴飲水。得寸守寸，知此保此。持之終身，可以夕死。

❶ 「聚」，蘇本、四庫本作「取」，可從。

慎齋箴

慎哉慎哉！有身實難。孰阽于危，孰麗于安？譬彼措履，周道平平。漸漸之石，亦既隕顛。毋曰莫悔，神在爾室。毋曰于邁，尚鑒于抑。飲食日用，莫匪爾質。庶靡有他，以觀遺式。

銘

奇石銘并序

雙江先生之訪石蓮也，披榛篠，陟巘崿，取片石，若拱璞。隨叩中律，七竅匪鑿。蓋念菴子屢寓目而未始驚愕者也。嗟夫！物貴遘時，人有知己。幾不可强，何莫非此？於是爲之銘而贈焉。銘曰：

以爲汝有遇耶？則失所處。以爲汝不遇耶？則得所主。雖然，苟不轉矣，在邇在遠，焉往而非汝耶？

小硯銘

其廉若夷，其長不施。挫鋭處卑，行與時隨。以修爾辭，吾以爲身之規。

方硯銘

質之剛，德之方。静而有常，中玄且光。遺之無疆，匪余爾臧。曰：人文之用章。

月岡曾氏宗祠明禋堂碑銘并序

堂曰明禋，崇三尋，廣五筵。主藏後寢，神庫旁翼。致齋兩廡五間，門三□序。前啓綽楔，夾庖與庚。度地爲尺，脩三百五十，廣一百八十，月岡曾氏宗祠也。曾之先居豫章，徙廬陵自延構始，至崇朴再徙泰和文溪。七世安强提舉湖南，又十世寶慶通判如驥，以死國，謚忠愍。忠愍有弟如龍，判岳州，文類其兄。四世俊甫、新甫徙檀樹巷，至今有祠祀三公、二甫，一以賢貴，一以始徙，禮也。三傳爲遼海翁子永，徙韋家巷。翁篤行忤時，國初坐誣，謫戍遼左，長厚博服，帥領悦之。晚得代歸。子伯愚卒，遺孫士俊、士敏、士鼎。鼎義請戍，二兄得留。士俊早逝，士敏攜子姪徙今月岡。俊再傳勉訓，拓室南岡。長子才冠，金壇教諭。敏以仲子知州瑀貴，封光山知縣。孫勉敬，五井鹽課大使。大使生才達，以子山東按察使于拱貴，封郎中。知州稍移文水，生清遠訓導、任貴陽知縣憲，曾孫于冕訓導澧州，而桂陽子才漢爲湖廣布政參議。自居月岡，未踰五服，顯貴相踵，諸生輩出，輒負時名，族日衍肆。於是長老知州子晲、清遠子才澄，暨郎中桂陽子才涇、諸生金壇子于乾、參議子于鑑，合澧州按察率其群從，同心一辭，本始祖德，食惠莫酬，於義豈可？卜既獲吉，斂材庀工，爰建堂宇，遂定祀儀。晚執歲事，斷自遼海，服在高祖，伯愚惟曾，俊、敏始遷，親則王父，匪鼎振義，曷有遺音？宜祔且報，咸以妣從。遼海而下，引引繩繩。上遷下祔，班敘遞進。復因于乾，請文牲石，用廣明禋。或謂祀四世，於今匪倍。禮曰：大夫有事，省於其君。干祫及其高祖，於古匪僭，不僭不倍於明禋。曰：庶哉！某按廟制，以世代近遠、章數隆殺辨貴賤，然皆外垣都宫，昭穆異處。主無二尊，文至飭也。《爾雅》：「室有東西廂曰廟，無廟曰寢。」今祠皆寢，非廟也。籩豆籥羽，不登于階。即世遠，其不謂殺乎？且夫始徙不遷，賢貴不祧，遵人情也。如以四世再一升祔，遼海父子將遂忽諸。祠議始程朱，程朱推祀至始祖，不嫌禘祫，物未備也。是故祭別以時，時有疏數；主藏於祏，祏有專附。情盡者義嚴，世遠者禮變。惟明與禋，生諸心，達於神明，斯可祼享。獨曰不僭不倍已哉！乃勒銘詩述故，俾事事者觀焉。詩曰：

曾著泰和，氏繁出異。檀巷文溪，世遡廿四。行直至杜，惟遼海翁。詩書塞上，莫躓厥躬。再世怡怡，弟任兄業。爰植爰培，一幹百葉。文學徵辟，博士揚休。守良令惠，政立譽收。或佐于藩，或臬是長。朝録其勤，親榮其賞。惟兹童耄，逮爾婚姻。壽考飲食，孰匪一人。揆始本功，造自遼海。美彼友于，矧能身代。堊垣黝寢，祠啓其間。祭緣于服，主齒于班。歲歲玄孫，灑掃庭下。牲肥酒清，載獻載亞。甡甡孫子，左右駿奔。進豆及俎，烹肆炙燔。以侑以歌，舉勺如醢。庶幾顧歆，罔敢或怠。尊罍匪潔，明明此靈。享以精意，匪黍稷馨。誠惟神依，是謂報德。神惠孔時，慶遺不忒。神鑒烈烈，靡幽弗知。有來徼福，誦此銘詩。

跋

跋江門指南卷後

按先生二十有七，從吴聘君歸，而苦心考索者三年，閉户嘿坐者又十年，而後有得。此詩自叙在成化癸巳歲，是时四十有六，蓋其自得久矣。顧收斂歸静，若初入室然者，晦不久則光不大，固先生進道之因也。今人從事於學，既乏静專，又易發露，如是而欲與古人上下並驅，烏可得哉！爲之深省。

跋陽明先生與雙江公書

陽明先生與雙江公書，在嘉靖丙戌。又二年，先生遂有南康之變。是時公猶未執弟子禮，而先生盡以近日所獨得者，切切語之，惟恐不盡吐露，斯其付託責望之重可知矣。夫萬物一體之義，自孔門仁字發之，至宋明道始爲敷繹，其後《西銘》一篇，程門極其稱羨。自是止以文義視之，微先生，則孔門一脈幾於絶矣。故嘗以爲先生一體之説，雖謂之發千古之秘亦可也。公珍重是書，既勒諸石，乃以原稿付謝生經，以其責望，豈無意乎？

跋白沙和兼齋詩

同年張良夫遺子統貞省余，持四手卷以示。其一白沙先生與素菴公和詩，考其時，蓋先生赴召寓京所作。後有東白君跋語，則公遭貶南歸時也。東白謂樂於退隱，非古人之心。其言雖是，似未足以槩先生。夫先生之學，以自然爲宗，至其德要，❶則隨動隨静，終日照應而不離。彼豈以隱爲高者哉？公直聲動一時，其貶也，時人莫不高之，而先生所傾嚮者，亹亹不置，要非爲一節之奇者，此豈東白未定之論耶？不肖生公之鄉，而年實相後，恨不獲執事杖履。幸與公子同袍，夙資麗澤，又得拜手展讀手澤。因見先生所書，而遂論次若此。後之覽者，其有謂余言何耶？

跋通書聖學章後

右濂溪先生《聖學章》，以無欲爲千古入聖指要。《易通》始之以誠，則曰「誠則無事」，又曰「誠無爲」；終之以艮，則曰「艮非爲也，爲不止矣」。夫自堯舜相傳精一之秘，莫不由兢業以得之。孔門格致、戒慎，其功若不一而足也。今曰「無事無爲」，不已悖乎？曰：「不然。無欲者，至近而遠，至約而盡，至易而甚難者也。明道得之濂溪，重其言曰：『所欲不必沉溺，只有所向便是欲。』

❶「德」，蘇本作「得」。

夫有所向者，欲也。所以必向是者，有以爲之主也。夫意之所向，隨感易動，日用動静，何往非意？於此辨别，使意無所向，自感自應，則心體泰然，他無干涉，静虚動直，由此而得。其於用力，不已切乎？是無事者，乃所謂『必有事』；而無爲者，乃其至剛者也。」白湖君志於聖學，不以某之不肖，而數數下問，愧未有得也，姑述其所聞於師友者，書以相質。倘無疑於是，當詳爲説以申之。

跋大極圖定性書西銘論仁體四篇後

無聲無臭而萬物生，上天之載也。天命爲性，萬物同此出焉。無極者，言乎其本也；無欲者，言乎其功也。無欲則渾然與物同體，夫是之謂仁。仁也者，言乎其復也。仁存則人極立，順事畢，夫是之謂合德。濂溪之言至矣，横渠見其大者也。誠敬存之，未嘗致纖毫之力，則性定而内外忘，明道所以發其藴也。予誦言久矣，未能得其所以言也。柴子某，與語契甚，書此定交。蓋予方有悟於是，而病未能，君亦孳孳焉若不及。嗚呼！日月逝矣，其毋爲枉生哉！❶

❶「日月」至「生哉」，原闕，今據蘇本補。

跋九邊圖

古者男子生，懸弧矢，示有事四方。及其長也，憂樂以天地也。❶故夫子曰：「吾非斯人之徒與，而誰與？」所與者，必好謀而成，雖慎戰，戰則必克。非衛靈問陳，未嘗無對也。不幸舍而藏焉，猶曰「隱居以求志」。然則聖人之學，不可見乎？

余少慕玄虛，厭世事，不知異於聖人也。已而悔之，則身病矣，而又以罪廢。日聞邊警，但覽圖而悲，思見其人，無由也。某大夫遺畫史從余書圖，冀其可語此者，因取《大明一統圖志》、元朱思本、李澤民《輿地圖》、許西峪《九邊小圖》、吴雲泉《九邊志》、先大夫《遼東薊州圖》、浦東牟、錢維陽《西關》二圖、李侍御《宣府圖志》、京本《雲中圖》、新本《宣大圖》、唐荆川《大同三關圖》、唐漁石《三邊四鎮圖》、楊虞坡、徐斌《水圖》，凡一十四種，量遠近，别險夷，證古今，補遺誤，將以歸之。蓋再浹旬而就，然非飽食無所用心者矣。昔陶侃運甓，比於惜陰，將以致力中原。議者取其志，而未與其學。某君如有志也，其必賢余于博奕，而無自畫於運甓矣乎！

---

❶「地」，四庫本作「下」，可從。

跋鄭少谷與傅丁戊暢叙幽情卷

余少時，得鄭詩、鄭文讀之，意其人必凌駕風雲，偃仰林壑，飄飄然不羈於世，故能言中節，而無俗韻，然微有悲歎無聊之聲，何耶？ 是時少谷已亡，與余游者，皆未接其人，無從考驗余所渴也。嘉靖丙午歲暮，從傅丁戊見其暢叙幽情之作，乃往年元夕山中所書，則已盡洗，且有羽化登霞之興態，豈情景相逼然歟？ 夫有得於中者，無所蕩於外。然大要居遠絶塵，習久其移，見幽人貞士，避朝市如酖毒，而雅詞古調，往往枯槁巖冗者專之，有以也。明年丁未元夕，余與東廓諸君會於恩江樂丘，共坐山樓，聞城中簫鼓，有如是□。再展少谷是作，異地同情，不能續吟。俟默悟玄覽者暢發之耳。

跋周氏卷

右壽昌訓導止齋周公詩四十六首。公名某，舉順天鄉試，官止壽昌，以子貴贈監察御史。所爲詩皆沉實敦厚，蓋勤學篤行者也。集而補書者，侍御公魯；裝軸者，侍御公子祁也。侍御公清德雅望，於先君莫逆。祁視洪先爲通家，故出以示。

記有之：「父没而遺書不能讀，手澤存焉耳。」此人之至情也，况出其手跡哉！ 洪先始喪先君，見隻字，即櫝而藏之，不令入目。歲久痛定，始取讀焉，然已不勝涕泗矣。侍御公是書，自謂在四十三年之後，祁得之，公没三十餘年，而洪先所集先訓亦在昨歲。蓋通家之情同，故其事無不同也。卒業淒然，秋風在户。

跋蕭服接送遼使語録

宋有天下三百年，政和前是一天地，靖康後又一天地，景炎後又一天地矣。余讀景炎五月詔有曰：「玩愒於尚可爲之時，醖釀此不忍言之禍。」爲之淚下。嗚呼！安得使政和之君臣聞是語哉！嘉靖庚戌八月，虜犯郊畿，其冬重讀是録，不覺髮豎。

跋雙江先生顔魯公手書

右中丞聶雙江先生家藏魯公手書《祭季明文稿》，自乾元戊戌至於今，幾八百餘年，紙墨猶新。世間何物不朽？獨此完好，其故蓋可知也。後有陳、文三君跋，皆能明其書法。而伯敷叙季明事，根據史傳甚悉，獨言杲卿之葬，❶稍爲失實。當泉明購屍時，問之行刑者，云其父死時，先斷一足，故泉明啟履謙之瘞，以無足者爲驗。此謂止獲一足，豈未之深考耶？憶嘉靖戊戌冬，訪先生翠微莊，始得捧讀。當時留意書法，徒生羨慕而已。今年庚戌冬，先生攜之舟中，諦觀數過，則有不勝其

---

❶「杲卿之葬」至本篇末，原闕，今據胡本補全。

慨然者。

人之意氣激烈，往往蹈險如夷，不畏白刃；久之意衰氣竭，瞻顧利害，悔心繼之矣。惟發於天性，而又能以聖賢之學輔養之，是以當其處變，委曲審時，不失之踈抗，而足以成天下之事。至於勢不可爲，然後從容中道，視死如歸，此夫子之所謂强，浩然所以塞天地也。公祭季明時，年五十一耳。骨肉凋殘，親黨離散，犯難得禍，孰不含悲？公幸脱於虎口，使稍有所瞻顧，尚能留念世事耶？而希烈之難，乃出於二十六年之後，齒近耄矣，英英如壯夫，不少挫折，此豈無其故哉！

議者謂公之文雜出於神仙、浮屠，以爲不合於理。彼神仙、浮屠之於世事，視聖賢較然殊也，獨其所謂静定者，則幾於無辨。漢唐以來，聖賢之學不明，故二氏者竊據以神其説。公之喜談而不置，得非以其近似而取爾乎？當時之人，既不足以語此；而傳史者之智，又不足以發之。使公之學不顯，而等其忠義，至與意氣激發者同科。後之儒者，亦不深究，凡語近於二氏者，輒指以爲非道，而迂緩自處，顧謂當然。何怪無捄於世事也！羨慕書法者淺矣，感公之忠義，莫有知其所由，此豈善論世者耶？

先生之學，亦本於静定，故凡所在皆有建立。今以中丞之節出鎮漁陽，乃公故欲恢復之地，而先生受知聖明，遭時久泰，徼千載之威靈，將使邊圉寧謐，以伸其未遂之志矣乎！

跋一峰先生告龍文[1]正文闕

貞孝一天跋正文闕

跋崇祀名宦録正文闕

書遲松八景圖正文闕

跋教貞册正文闕

跋廖氏遺墨後正文闕

書辭禄善養卷正文闕

[1]「跋一峰先生告龍文」至「鑑湖熊君贊」，原無，今據卷首目録存目。

書曾木菴册正文闕

跋桂源秋景圖正文闕

跋忠孝册正文闕

跋蔡清惠所書碑後正文闕

讀匡山志正文闕

跋余左丞傳正文闕

題春景圖正文闕

題余方池卷正文闕

讀感二鳥賦正文闕

贊

宇宙贊正文闕

一峰先生贊正文闕

白沙先生贊正文闕

先竹峰府君贊正文闕

先秀泉府君贊正文闕

壽星贊正文闕

夢先君贊正文闕

鑑湖熊君贊正文闕

陶靖節贊

先生自況，無懷、葛天。又曷似之？黔婁之言。止酒而醉，其忘者天。世無孔孟，夷齊孰賢？吁嗟先生，近於自然。

贈工部尚書寒泉潘公贊

公名旦，字希周，舉弘治末年進士，江南婺源人。

君子之道，所重持身。暨其有位，職在憂民。屹屹司空，終始匪懈。庶慎庶獄，有勤無戒。漕不中梗，盜不内戕。莩餒者起，誣蔽者彰。府則羨金，家則乏食。孽社何妖？當途何力？我正我色，孰能凌之？我直其辭，孰以爲疵？帝鑒孔明，晋位錫誅。又何酬之？壽考孫子。業收嘉靖，弘治之遺。匪鄉國是程，朝著之儀。

廬江訓導黃君復菴贊

中軒庭訓，好古所先。長公詩學，師友淵源。比多士而咸避舍，寄一命而遽引年。孝弟之心，垂老不變。文字之癖，雖病猶堅。考八十之前，而毀不致；問二難之後，而業有傳。庶幾可以忘情於世，而聽命於天矣乎！

東泉周先生贊

《詩》亡畔道，經起名家。承學擅宗，孰探荒遐？振振先生，稱時之對。哲類雲從，詞源春沛。人曰茂淑，虛中罔安。問道于虔，惕焉省觀。辭脩以誠，身率爲政。侍卒若偶，行涉未病。庭有昃食，里無夜呼。踰境避惡，薄海輸逋。考最弗酬，色愠何有？位在具瞻，余敢所否。暮金不入，肺石常虛。嶽神作配，魯國化儒。盡瘁匪躬，遺榮卷跡。愛重桐鄉，❶淚墮峴石。井泉比節，伏臘專祠。邦留典刑，鄉失蓍龜。宗老曰嗟！在家無怨。俊髦曰嗟！誨人不倦。爰咨爰度，有容有儀。匪惠之懷，惟道是禆。無晝於懦，毋棄于耄。有求其覺，視兹允蹈。

❶「愛」，原作「爰」，今據蘇本、四庫本改。

都察院都御史三厓歐陽公致仕贊

公負奇氣，夙成於文。容如玉山，才若春雲。既鋭且敏，亦剛而勵。無堅不摧，能矜厥細。越人之言，剖劇有神。滇人之言，惠在保民。執簡所指，遂威傲慝。亦既脱冕，縉紳動色。寂焉野處，于塲于圃。人惜器受，公懼過取。天子圖治，旦夕召公。公不慕榮，人以嚮風。

北山龍君贊

身乎青衿，非儒術之拘；身乎黄綬，無官謗之虞。此一夫也，❶若其處三軍之殿，入百蠻之區。叛服未定，勝負難圖。懸河之辨，挺身而是非立決；轉丸之智，附耳而禍福頓殊。使乘風雲之會，登日月之衢。吾不知與酈生之徒何如也？然則入陽明先生之彀者，豈其偶然者哉！

桃林一愚翁贊

我觀於翁也，曷以名諸？其凝精也，豫兮若畏。其御物也，頹然若愚。家學之成，在穉童而有立；師傅之守，至耄耋而弗渝。群居而心則遠，戰勝而貌亦癯。即榮悴之過前，能從所好；無衆寡

❶「一」，蘇本、陳本作「亦」。

而處後，常得自如。興至五言，其擊壤歌而情關風月；閒居一室，其承蜩處而身若橜株。俯仰不干，行則啓期之樂；形骸自肆，命非桑户之拘。蓋封君邑奉有無，曾不能爲之外重；彼畫史丹青形似，又烏足以盡其中腴？其殆斯人之儔，而與天爲徒者歟？

吉邑城頭蒙菴陳君贊

持義凛然，不可干私。薄勢如畏，慕善若饑。怡然相向，杯酒故知。克己展親，忍性避時。對聖賢語，亦瞿然思。及聞穢惡，奮然吐辭。塗炭浼我，疾痛切肌。

城頭直隱陳君贊

嗟余幼兮見君，君倜儻兮不羣。年既躋兮壽域，智日炯兮有聞。坐里門兮夕訓，養上庠兮起酳。嗟星聚兮東井，豈伊人兮流胤。陶齊飲兮忘天，粤余世兮交堅。君胡爲兮莫留，瞻儀容兮永傳。

宫保太宰文莊羅公贊并序

文莊公既卒之七年，仲子郡守珝，奉公遺像，俾洪先識其爵氏于題。洪先再拜嗟曰：「古之名賢碩輔，流聲無極，聞者莫不詢其閭里，詳其狀貌年齒何若，以慰其思慕。如古所記述，其或略而弗考，將以爲史有闕文。蓋嘗觀濂溪遺像眉目之間，識者猶有高下豐瘠之辨。惟公一代鉅人，出處係世道，言論裨經説，大史之所必書，尚友者之所深論，誠不可無識也。」敬書其題，附以贊，歸翊藏奉之。贊曰：

儒者矩矱，以理爲宗。孰是訓式，言斯行從。公嘗自言，四十始覺。彼此同心，聖賢可學。既辨畛域，益謹行藏。小物克勤，舊章不忘。文必布粟，儀則圭璋。位進身退，志謙譽光。司馬洛陽，當宁眷顧；衛武淇澳，先民寤寤。名辭黨碑，智先志墓。百寵無驚，不疑何懼？昔拜公堂，聽厲即温。今睹公貌，意遠思存。記曰困知，欲明正的。褒古貶今，毫分縷析。公貌在目，公言在書。肅穆公神，對越儼如。身有準繩，久而不朽。小子且興，矧嗣公後。

楓山吴公偕配蕭孺人贊

於惟先生，晦耀而潛。執道之矩，不北以南。抱朴守素，文采中映。出其聲詩，儷古鳴盛。人競於智，我掩其華。謀在食力，外孰我加？杜陵長鑱，栗里移居。稱意所須，時卷而舒。亦有少君，克相厥美。終窶無嗟，敬恭相對。貞曜作苦，大家辭榮。偕老眉壽，令聞方升。豈無儉行？遠識莫稽。豈無博服？❶徼利而迷。孰若先生，侃侃自好。儀考其儔，視昔高蹈。圖史失紀，蒙庶

❶「無」，蘇本作「不」。

罔則。撰行述辭，訓彼幽側。

梅窗黄君贊

容之愉愉，服之舒舒。言不及乎錙銖，而施則厚；身不出於里閭，而樂有餘。持然諾以自重，謹交遊而不渝。顧齒髮之逾邁，日月以居諸。曰：此梅窗甫之所以恒處其逸，而忘其形之物物者乎？

樂耕劉君贊

孰出貴裔？弗化于習；孰榮宦遊？違俗特立。惟祖有遺，懼或墜之。智出嘗試，計效不貲。余豈若人，惟財是守？棄餘若穢，競羨獨否。爰取負郭，載勤菑畬。豈不塗體？惟心樂且。匪樂斯耕，惟安可久。稱力而食，雖厲無咎。再世皆穫，如播有秋。穮蓘在兹，尚念詒謀。

進齋盧公贊

其性侃侃，不刓以方。其行磊磊，亦巽以良。性之方矣，處羸資而素無他偶，是以室有孟光；行之良矣，挺英標而順於事長，是以庭有伯康。年老而逝，業垂彌昌。蓋可繪不可留，七尺之幹；至其不可犯而可傳者，其惟方寸之剛乎？

明水陳公贊

訖乎獨立，嗒然閒行。如望弗至，而保此生。問其静，謂無所息，而嘗惺不昧；問其動，謂有所據，而良知自成。終歲含藥，汎應漸屏。晚年一榻，諸説方評。侍側者，卒然遇之，而恍若有見；久别者，疑公無語，而聽之無聲。嗚呼！其志之凝然歟？其目之瑩然歟？❶

李南屏公贊

萬全會興，惟公是視。公曰伊誰？南屏李氏。昔公之出，白簡鋨冠。作上耳目，邦國改觀。迨其既歸，遺榮守嘿。斂虚匿明，獨還幽德。寶不自秘，教以時通。侁侁子佩，扶長携童。聖謨孔揚，有典有式。有來恭敬，莫敢弗飭。公實倡導，天佑平康。其跡雖晦，其心則光。載覩芳儀，肅肅如對。匪語之華，惟衆余誨。

四川右布政使東谷敖公贊

君子出處，有如風霆。方其未遇，履危蹈屯。亦既得勢，山岳暝晦。該博渟涵，百氏交態。意

---

❶ 「瑩」，原作「縈」，今據四庫本改。

中出意，説外立説。枯淡探奇，鬱滯通轍。陵今范古，以剥以升。列賢作弁，多士同登。水曹三載，比部再試。僉陝惟監，進豫之貳。大邦論學，郡哲效能。惟仁不刻，即抑乃懲。備魯行師，移蜀允協。總運越資，貴陽彈壓。右轄之職，三川首臣。知足之戒，不謀姻親。一鶴一琹，布袍葛檠。絶外掃軌，習静閒詠。奚囊何屬？惟詩與書。又何益之？邊防國儲。回顧壯年，曷無曷有？卜吉占勝，❶子孫予守。問予脩己，行險懷憎。常官奉上，惟法是憑。勿擾而堅，勿僻而細。清不易俗，和能酬世。孰謂道遠？適予同歸。不恃形氣，有生是依。八十四年，乘化返正。人壽謂何？斯則順命。惟昔所寓，實彼自基。於乎吾儕，尚慎所之。

鍾山劉世簡贊

若有人兮高㘭，被靚服兮好脩。蹇壯趾兮中蹶，逸覊韉兮莫留。揆余原兮水部，遵文懿兮初路。羌戒言兮忝生，亦式好兮振步。既有繁兮駢枝，春藹藹兮不違。麗荆華之旖旎，歌棣萼而猶夷。采采丹芝兮鍾山下，寶不秘兮世莫賈。顏顣頷兮悲下土，名一技兮聊自處。時冉冉兮流惠光，❷雜芳珮兮由周行。五十加兮始艾，懷戰勝兮不忘。紺髮澤兮色沃，容襘襘兮獨行。世方競兮

❶「占」，原作「古」，今據蘇本、四庫本改。

❷「時」，原作「是」，今據蘇本改。

綺縠，君何爲兮杜谷？ 畹多蘭兮蕙芷，植威蕤兮紛靡。 樂融融兮未已，矢分志兮未履。

周中符贊

子輿莫逆，吾得君焉。 植而不靡，貧且益堅。 昔館於我，情狎而容不惰；今鄰於君，交久而愛不遷。 持老成之矩矱，子弟樂得其養；守儒者之門户，處家庭而無間然。 此余社中一人，其齒居吾之先也。 何以祝之？ 曰惟永年。

念菴羅先生文集卷十一

族從孫　復晋　男士瓚　士璠　重校
六世孫　天衡　男韞琦
五世孫　雨霽　男廷衛　謹梓
六世孫　隨元　男士璞　士璋

序[1]

困辨録序

雙江先生繫詔獄，經年而後釋。方其繫也，身不離接摺，視不踰垣户，塊然守其素以獨居。久之，諸子羣聖之言涉於目者，不慮而得，參之於身，動則有信。慨曰：「嗟乎！不履斯境，疑安得盡忘乎？」於是著録曰「困辨」，以明寂感之故。歸質之友人，友人或然或否。或正以師傳曰：「陽明

[1] 「序」，原無，今據總目、卷首目録及各卷體例補。

子所謂良知，不類。」

往歲癸卯，洪先與洛村黄君，聞先生言必主於寂，心亦疑之。後四年丁未，而先生逮，送之境上，含涕與訣。先生曰：「嘻！吾自勝之，無苦君輩也。」其容翛然，其氣夷然，其心淵然而素。自是乃益知先生，遂爲辨曰：「先生於師傳如何，吾未之知，請言吾所試。昔者聞良知之學，悦之，以爲是非之心人皆有之，吾惟即所感以求其自然之則，其亦庶乎有據矣。已而察之，執感以爲心，即不免於爲感所役，吾之心，無時可息，則於是非者，亦將有時而淆也。又嘗凝精而待之以虚無，計其爲感與否也。吾之心暫息矣，而是非之則，斯亦不可得而欺。因自省曰：『昔之役役者，其逐於已發；而今之息者，其近於未發矣乎？』蓋自良知言之，無分於發與未發也。自知之所以能良言之，則固有未發者以主之於中，而或至於不良，乃其發而不知返也。吾於暫息，且有所試矣，而況有爲之主者耶？夫至動莫如心，聖人猶且危之，苟無所主，隨感而發，譬之御馬銜勒去手，求斯須馳驟之中度，豈可得哉！道心之言微，性心之言定，無欲之言静，致虚之言立本，未發之言寂，一也。而何疑於先生？」

先生聞之曰：「斯言知我哉！《録》有之：『良知者，未發之中，寂然大公之本體。』固吾師所傳也。問之友人，或然或否。」洪先曰：「吾學也，困辨弗明，弗可以措。」叙而梓之，質之於知言者。

困辨録後序

余讀雙江聶君《困辨録》，始而灑然無所疑，已而恍然有所會，久而津津然不能舍。於是附以己見，梓之以傳。而或者謂曰：「言何易也？自陽明先生爲良知之説，天下議之爲禪，曉曉然至於今未已也。夫良知，合寂感、内外而言之者也。議者猶曰：『此遺物也，厭事理之討論者也。』今而曰：『吾内守者，寂也；其感於外者，皆非吾之所能與。』其不滋爲可異歟？夫分寂感者，二其心者也；分内外者，析其形者也。心譬則形之目者也，目不能不發而爲視，視不能不發而爲萬物，離物以爲視，離視以爲目，其果有可指乎？吾懼曉曉然於聶君者，又未已也。」

余應之曰：「言固未可齊也。昔者，孔子不云乎？曰：『吾道一以貫之。』當是時，未能以其一者示之人也，而曾子乃曰：『是忠恕也。』今之言，與忠恕者同耶？異耶？彼以得之心者應之，而世儒之言，從而分曰：孰爲一之體，孰爲一之用，而後忠恕者始明。嗚呼！使曾子若然，其尚能聞言而唯乎？夫聶君亦各以其得之心者爲言，固未暇爲良知釋也。子以心譬目，有問於子曰：『寂感於目奚譬？』必曰：『視者，感也；物之不留者，寂也。無有分也。』嗚呼！似矣，而未盡也。子謂目之所以能視而不容翳者，何哉？夫天地之化，有生有息，要之於穆者，其本也；良知之感，有動有静，要之致虚者，其本也。本不虚，則知不能良。知其發也，其未發則良也。事物者，其應理者，其則也；應而不失其則，惟致虚者能之。故致虚者，乃所以致知也。知盡其天然之則於事事物物，而理窮；理窮則性盡命至，而奚有於内外？雖然，知所先後，而後近道，此學之序也。故無樂乎其專内也，所以求豫於外者，非是則無以先也；無樂乎其守寂也，所以求神其感者，非是則無以先也。彼禪固賊道也，而其内之寂者，固皆離事物以爲言。彼視所謂理者，何啻於其目之眚也？而豈患其相入哉！故言有相狥而非也者，乃其無與當之謂也；言有相反而是也者，乃其喻所指之謂也。子徒畏人之嘵嘵矣，而獨不懼夫己之膠膠者乎？今世言聰明才辨、見聞强敏，孰與聶君？所謂表然才大夫也。其持世儒之學，以見先生反之也，非師之也，而卒俛首以聽。今又盡知其故，兢兢焉自守一言以觸世之所諱，其爲逐聲與塊也夫！且吾亦嘗聞而哂之，以其爲億也。及逮而送之境，無戚言憐色以亂其常。蓋未幾而是《録》作，其曰『困辨』，是遇困而益辨，非辨於困者也。而余爲之言者，亦若辨焉，何哉？蓋余困而後能知，又信于未言故也。」

重刻一峰集序[1]

天地有義氣，大和乘以代其運，陽春賴以斂其成；震而爲雷霆，激而爲風飈，慘而爲霜霰，起而爲山嶽，奔而爲湍瀾；其凝於物爲堅金，爲完璞，爲後凋木；其靈於人爲剛嚴，爲果毅，爲直遂，爲無側頗；得之而諸欲亡，言之而異端熄；用之而羣奸屏，四夷寧；而不用則爲萬世法。孟子曰：

[1] 蘇本題作「重刻一峰文集序」。

「我善養吾浩然之氣。」先立乎其大者，則小者不能奪也。嗚呼！若吾羅文毅公，其將庶幾乎！

公名滿天下，童孺皆能道其行事；至其所得，雖學者不能盡識也。死生之際大矣，公家貧，日中不能舉火，而對客談學不倦；得新衣，遇道殣輒解以瘞，而身無完裳。今之言處貧賤者，未必皆困於衣食者也。困於衣食者，少矣；至於凍且餒者，益加少矣；公凍餒幾於死亡，而一無足以動其中，他尚何有哉？名位不能使之榮，擯斥不能使之辱，功能不能使之樂，禍患不能使之憂，言論不能使之惑，意氣不能使之改，所謂浩然而剛大者，性成然也，非有事於勉强者也。吾獨怪夫學者之爲言也，或病其僻，或疑其矯，纚纚乎聽之，非不和且平也。語其平生，雖絲髮之微，亦足以動心而變色，而猶自以爲知道，豈非世教之慮哉！

洪先幼聞公於人，輒有不獲執鞭之歎，且欲以身私淑之。然止歎其難能耳，固亦未知求所得也。二三年來，❶漸悔其謬。於是再讀所謂《一峰集》者，不牽章句，不涉蹊徑，不執意象，不事雕鑱；慨乎其於辭，沛乎其於氣，而皎乎其於光。❷得之心，出之言，懦者惭，鄙者懼，然後乃知孟氏之學至公，一明其言，實天地義氣之所發也，而烏可視以空文爲？

桂林張君思默，以進士來令永豐，首考文獻，風厲諸生。聞公之文有遺刻者，請于雙江聶君，蒐

❶「二三」，蘇本作「三二」。

❷「光」，原作「先」，今據胡本、蘇本改。

緝編次，俾爲全集以傳。遂因君索言於余。嗚呼！公之所得，不係集之有無與全否也。有欲知吾之浩然者，觀於是集，將不爲濯熱之清風，蘇蟄之迅霆也夫！

諸儒理學要語序

古之學者，無多言也，各得其本心爾耳。方其未得也，必皆由悟以入，所入之途雖有不同，而其爲力，皆若有不容已者。惟其不已於力，而後所求者不阻於難；惟其有待於悟，而後所得者不假於外。既得矣，於其心已不能有所意必，況欲執其所從入哉！於心且然，況於人之言哉！譬之適國，跬步者其不容已也。自問途至國門，雖有遠近之殊，則皆所由入也。居國中矣，回視向之所問者，猶不免於鶩而闖焉，則得與未得之辨也。六經、四子，聖賢所以示人適國者也。吾之資有難易，力有勤怠，故於擇言，亦因以殊。惟夫用力者鮮，而不究其所以難，則既未有得矣，乃或病其略而求益之。嗚呼！果言之罪耶？自有宋至於今，諸儒之語六經、四子者，不啻六經、四子之多也。彼既未有得於六經、四子矣，求之諸儒而猶阻於難，於是乃更病其繁而約取之。嗚呼！果言之罪耶？夫未跬步而談登坂、涉川、穿林、入箐之宜，雖詳略何補於道路？六經、四子所以未大明於世者，非皆阻於難而未之有求矣乎？如使其一日不能自安於心，而奮然有不容已者焉，則必求所以爲用力之方。欲求用力之方，則必考聖賢已試之法，用其説而取足於自得，則是終身誦之非畧也，終日語之非詳也。蓋吾得以爲用力之方，雖道聽亦益矣，況於六經、四子乎？如反之而不爲吾用，雖義畫亦贅矣，況於六經、四子乎？甚矣！夫人之身未出户，而言則觀國也。方其言之不已合也，則亦以爲不容已而力争之，不知所不容已者，日吾遇而不自覺。蓋有大辨焉，而不免於爲言歟。嗚呼！其必有待其人乎？吾觀泰和曾明卿所擇《諸儒理學要語》，自宋至近世凡十有五家。意曰：「求於此者，亦已足乎？」吾以爲苟得其人，自有擇矣；非其人，不猶以爲游談乎？夫游談者，不必其遠於事之謂也。非吾之不容已者，皆是也。嗚呼！吾已不能自免於此，而暇憂人乎？明卿知吾必有正之者。

谷平先生文集序

孔氏之傳，自濂、洛、關、閩諸大儒出，而其説益詳。説之詳，其指不能以不異。學者視諸大儒之説，有如法家律例，一字既不得輕有出入，又必一一求合於異同之間以爲按據，否則人且以杜撰譏之。於是自宋以來，號爲理學者，無慮數十家。其書至連數十百卷，往往轇轕於理氣之有無，動静之存省，轉相駁難，至於漫衍贅複，顧益無以見聖人用意之微，讀之使人心煩而目眩，斯亦孔氏之一厄也。我朝理學，始推薛、胡，其後乃歸白沙。此三家者，其説異矣。今其書並傳而不廢，豈皆有自得耶？

谷平李先生，抱渾朴之資，負剛正之氣，早緣授經，有感師訓，即能獨立於童稚之後，絶意於財利之媒。習忘累歲，恍若得門。其大要以求仁爲的，以閑邪爲端，以自作主宰、不致纖毫之力爲功；以生生不息、不與以己爲體，以心正而動、自有分殊爲用；以脱然無繫、常如太虛爲樂，以遯世無悶、不求人知爲至。其他一切支離纏繞、眩飾馳騖之説，曾不足以入於中而摇其聽。蓋不假朋友之助翼，不雜佛老之緒餘，真可謂雄偉不常者矣。已而見世之學者，務高虛而遺行實，則益肫肫於隱脩嘿省，而且以徒事講論爲切戒。侍其側者，未至密契，固莫知先生之爲深也。

先生平生無習染之鑿，故其簡静近於夙成；無逆億之懷，故其知識全於質任。而又益以精思深詣之勤，固能直信乎己，而無分於外。視附和他人口吻、依違似是、自以爲得者，豈直不可同日語哉！議者謂先生倦於誨人，緩於從政，疑有所詘。此非然也。昔横渠晚歲勇撤臯比，延平隤然有如野老，不揣本而齊末，誰則無疵？必比而同之，是參魯、柴愚，固有歉於速肖；而公綽之短於滕、薛，又安所取於成人也？豈不悖哉！

洪先弱冠執業，老益固陋，無以光顯舊聞，懼就湮没，乃與先生之子元生、庚生，手録遺集，次第删訂，將以傳之。嗚呼！先生之學，固不求知於人矣，乃若詳説而反之約，可無求正於先生哉？里諱官行，附在末編。蓋誦詩讀書，必且尚論其世，亦曰「患不知人」，固孔氏家法也。

重刻文山集序

吉安舊刻《文山先生文集》，簡帙龐雜，篇句脱誤，歲久漫漶，幾不可讀。中丞德安何公吉陽來撫江右，❶既出素所養者布之教令，復表章列郡先哲以風厲士人。會郡守浦江張公某始至，❷即舉屬之。張公手自編緝，釐類剔訛，出羡帑，選良梓，刻將半，復致中丞之命於余，俾序所以校刻之意。

嘗觀孟子論北宫黝、孟施舍之養勇，而有感焉。彼其不挫與無懼者，若詛盟而要結之，終其身不可解也。夫二子，憑氣者也，猶有爲之所者以主於中，矧其進於是者耶？余於是反覆先生之事，取證其詩與書，因得其平生之詳而論之。

始先生弱冠及第，憂歸。四年，授京兆幕，未上而邊事遽起，❸董奄力主和議，首應詔，數其罪，乞斬之以安社稷，且自罷免。既改洪州，復自罷。尋用故事以館職召進刑部郎，而董奄復用，即又上疏求罷。自知瑞州，轉江西提刑，爲臺臣論罷。後兼學士爲福建提刑，即又連論罷，如江西。已而權學士院草制，忤賈似道，嗾臺臣劾之，罷其少監，及除湖南運判，又論罷之。遂引錢若水例致仕去。當是时，年纔三十七耳。當其甫入朝著，非有兵革艱大之委，而國事他屬，又無臺諫糾弼之權，其言與否，宜未有訾及者，乃不能一日稍待，何哉？人之遭蹉跌者，往往回顧而改步，三已不愠，古人難之。今罷而仕，仕而復罷，經歷摧創，至于六七。志愈堅，氣愈烈，曾一不以自悔，此其中必有

❶「吉陽」，蘇本作「遷」。
❷「某」，蘇本作「元諭」。
❸「事」，原脱，今據四庫本補。

爲之所者矣。且自始進而遽早休，當盛年而甘退處，目爲猖狂而不辭，置之危地而不變，彼非異人之情也，亦曰爲世道計，吾之心未能已也。與吾相持而不使其直遂者，勢也。吾屈勢而違心耶？亦求以自盡耶？故言寧不用，不能容嘿以避權；事寧無成，不敢隱忍以阿世；身寧終廢，不可苟且以趨時。其必爲此，不爲彼，決絶審固於死生之間，秋毫無所皇惑，是先生之平生也。

余觀其文辭，矯乎如雲鴻之出風塵，泛乎如渚鷗之忘機械，凛乎如匣劍之藴鋒芒。至於陳告敷宣，肝膽畢露；旁引廣喻，曲盡事情，則又沛乎如長江大河百折東下，莫有當其騰迅者。此豈一朝一夕之故，偶得之者哉！

及其灑泣入衛，捐家餉軍，流離顛頓，出萬死一生以圖興復，力既不支，猶以拘囚之餘，從容燕市，收三百年養士之功，跡愈久而聲光不滅，使天下後世，曉然知有人臣之義，莫不以爲處死之難，古今未若是烈者。不知其屢罷而不悔，誠有以爲之也。使幸而不值其變，則處死者人必不聞；不幸而聞於人，人且歎其難矣。或擬之憑氣，而莫能原其所以爲心。使先生平生所養，卒不暴白於天下後世，是尚爲知論世矣乎？夫不幸，非人所常值也。值其幸而能自盡，則亦何至於屢罷？夫惟不免於屢罷，則知決絶審固於死生之間者，乃所以豫爲之所，而非先生所願亦明矣。非所願而必爲之所，知其不免而不爲之動，古之知所養者蓋如此。彼擬先生於憑氣，而徒自幸其值者，其尚憮然於此否乎？

余生先生之鄉，想慕其平生，設以身處，而深有感於養氣之説，因序《集》而并著之。嗚呼！使人人皆知所養，不徒仰歎先生之難，其於世道，將必有賴，二公風厲之意，至是效矣。

解學士文集序

始余遊東山，經三麓而後躋浮黎。浮黎者，東山之巔也。據是返顧，培塿層疊，環以百數。當是時，第謂高厚必資積累，理固然耳。後數年，友人相期于衡，百里而近，望其高與東山似。即而仰攀，百折縈紆，窮日乃至祝融之峰。自峰頂下視，旁無倚附，緣麓一谷，横四十里。蓋拔坤維入漢紀，特立而博敷，諸山非其倫也。又數年，入匡廬，其他不異東山，獨五老峭峙，得衡一體。於是悟曰：物固有至鉅者乎？彼名岳者，山之至鉅，不由積累而高厚者也。匡以五老，亦得名岳，譬之形貌，兩人戴立，豈不矗然，而不可爲鉅，偏長抅行，無以語聖賢之大，亦猶是也。

夫聖賢，至矣！彼畧毁譽，輕利害，視天下事無不可爲，而不可罔以世俗之見，故卒應王佐，而稱豪傑。若是者，亦謂鉅人。春雨解公幾之。方高皇揮斥英雄，濯拭宇宙，此何時也？而公未弱冠，天眷獨隆。成祖之初，契符魚水。觀其應制寓諷，封事犯顔，有鄭公之正；乳兒朝貴，敝屣爵位，有方朔之奇；忤權蹈危，投荒厲節，有太白之邁；保儲忘身，徙家戍邊，有東之之烈。是果積累得之否乎？即使有歉於聖賢，亦當不失爲豪傑，何則？其才固自殊也。世之知公者淺，類以詞翰賞之，至論平生，莫定題品。伏聞仁廟嘗曰：「人言解縉狂，縉非狂士。」嗚呼！非日月之明哉？公亦有言：「寧爲有瑕玉，莫作無瑕石。」斯固且自況矣。

公蒙禍既酷，藁袝外氏，某再過其下，欷歔嘆息，不忍輒去。會柱史遵化古松段君來按江省，弔古采言，檄縣禮葬，將刻其遺文以傳。公天才逸發，援筆萬言，不事屬稿，而又經籍没，故多散亡。從孫桐輯録凡□十卷，求加詮次，稍剔其僞，不盡删繁，亦以見公不屑屑尺寸間，所謂不由積累一驗也。嗚呼！覽者其辨人中之岳安在，無徒高卑之校哉！

雪浪閣集序

余雅有山水之癖，然病不能遠出，每觀圖經雜志，必考其幽隱，以寓所好。往往見名山大川多假僊翁羽客事張其奇秘，甚則指嵓石、泉竇、詭異人所不經見者以神異之。至吾聖賢之經畫建置，顧泯滅莫究，竊嘗疑焉。豈長於遺世，得以恣其窮探而然耶？亦其心未能忘世，故假神物以遂其濟物度人意耶？抑其致用之殊，而人得以訛言相蒙耶？夫既不能忘世，而術不能遠致，欲致其用，而必假神物，用殊於人，而言從以訛，是三者，皆吾聖賢之所無，則山川假以稱奇秘者，必於仙翁羽客，而不敢加之於吾聖賢也，亦宜矣。夫既以相假矣，至於淪没摧敗而猶不泯其傳，豈亦以其去道近而致志專耶？夫近道則不累於外，而志專者乃凝於神，爲吾聖賢之道者，顧雜而不精，日鶩焉而不知自返，實既不足以相勝矣，則其不容已於媿服羨慕，而彼之相假者，陰藉以久傳，固勢之所必至也。

章貢之水，至吉水之境，益衍以肆，無有當其衝者。及境之半爲玄潭，羣山夾水涯，中流怪石多伏上下，其狀若相抗扼，水壅至不得驟洩，則憤怒鬱號，激爲驚濤，縈爲急湍，濺爲飛沫，兩厓望之，若剛風釀雪，眩目沁心，毛骨竦豎，凛乎其不可久佇也。東厓故爲崇元觀，瞰水而翼然起者，爲雪浪閣。登高俯視，勢益高，水益奇，而世傳許旌陽試劍山石，石迸裂，乃入水斬蛟，留劍於觀而去。其後吕純陽嘗題詩閣上，墨皆透壁。閣中所見既奇，而其傳聞，又皆變幻可駭，故凡達人高士，寓所好於此者，真若投筆躍劍之勢猶存，而又或意其有神助之然者，故其詠歌，必皆極其形容，以各致其媿服羨慕之意。閣廢至今數百載，而詠歌者不休，亦豈偶然之故哉！

道士欲重建閣而力不足，乃增刻王元福所集詠歌以傳。夫淪没摧敗，而或一興焉，其盛而復衰，蓋亦所謂勢也。雖然，豈徒在彼然哉？❶安知其興廢不由此之盛衰也哉！故因序其事也，而言以驗之。

别李檀坡序

襄陽檀坡李君，爲吉水分教，不及三年，擢蘭陽教諭以行。李君爲人敦謹，心直而行慈，諸生莫不相愛重。今時常調官未三年不易擢，而在校官爲尤鮮，諸生既駭其速，惜其去，而李君亦若有戀戀者。蘭陽隸開封，與定陶、東明接境，實古梁、宋故墟，其人寬博習事，李君往，當有所遇，固知不

---

❶「徒」，蘇本作「獨」。

至久淹，宜無以戀戀爲也。

邇者，發文水，泛章江，出彭蠡，攬匡廬之翠，問潯陽之酤，竊聽故鄉客語風謡，舒寫旅況，然後溯赤壁，登鶴樓，含江遵漢，❶踰沔望郢，指峴山鹿門，而慰離懷。大抵皆少時觀游覽眺處，而又倚艫張颿，不出蓬窗，顧盼越數千里，豈不快哉！雖然，旬朔再踰，暑謝涼生，白露丹楓，物候立改。蜩息響而鴈來，賓未可計旦夕之速也。別襄陽而北，由唐泌、舞許以赴蘭陽，固將戒車秣馬，載槖負糒，假館市飱，風埃之慘黷，廬井之聯涣，觸目拂耳，有平日所未嘗宵逝晨趨，有壯年所不堪。景既殊矣，然限程晝期，不七八日即可達，又無俟旬朔之淹也。然則勞佚遲速之間，其爲短長更互錯迕，固有不兼得者耶？

夫人之爲學，能不惑於勞佚遲速之間，則志專智明而業可精。李君即試之身者，以教蘭陽，其諸生宜無不聽。聽則因之感悟，而愛重者日衆，李君焉往不得也？官職之勞佚，遷擢之遲速，晴雨遇吾前耳，烏足計哉！烏足計哉！

流芳集序

余童時見先大夫聞司空舫齋李公訃，泣下曰：「公志固未盡施，而今乃若是耶？」對客述公行

❶ 「含」，蘇本作「舍」。

事甚悉。余既不能記憶，然大畧知公剛正人也。

後侍大僕曾公，言及正德間流賊事，則曰：「李公，丈夫也。當巡撫畿甸時，劉六之黨匿天津王指揮家，公追捕甚急。王指揮故錢寧腹心，錢是時方以義子擅威柄，聞王指揮告急，欲嫁禍公，公不爲動。已而，擢公兵部侍郎，陰以相中。公覺之，遂致仕去。」及余官京師，司空蔣公論劉六初起時，自山東敗後，潛歸治垣屋，將謀自脫。蔣爲巡按御史，公與議招撫，乃遣固安典史諭降。劉六聞言羅拜，典史令其姊自首乞命。公連疏其事，乞赦勿治，不報。會壩上賊刼團營軍器，大監張永疑爲劉六，發軍圍其家。劉不得脫，乃敵殺指揮及諸官軍。既解圍，與鄉里慟哭別去，遂刼掠州縣，自北直隸、山東以南，無不殘破者。余聞而識之。會公子原道集公傳記諸文以來，余細考之，亦畧見此兩事不甚備。此兩事雖細，使當時公之疏行，賊必可除。使公不即擢去，賊縱起，亦可即撲滅，不至流毒四方若是之慘。

余以是重有悲矣。世之競功能者，拘目前常算，不知消患於未形，往往以小利激大變。至於權勢怵迫，即畏縮束手，不一置問，其視公志何如哉！公之志，即此兩事，可見大畧。其施與未施，何足爲公悲？獨悲斯世不遇公耳。

先宜人出李氏，往在京師，逮事公淑人，嘗往來其家。而先大夫素辱教於公，公之行事頗盡知之。其聞訃而感，亦不徒以婚舊也。公故吉水谷平西湖人，今家蕪湖。余每從鄉人詢問其家，知原道守官不媿於公。敬叙所聞歸之，使人知《集》之所載者，皆實可據；且知在位者，不必皆取合於世而後能立，其不盡施於世者，雖其既久，固將有所繼也。

水厓集序

自聖人之道不明，學者往往溺於神仙之説。大要握固守氣，可以遺世而久視，故貪生與廢務者必趨之。彼方守氣，其於向人出一語已爲損漏，矧肯與世酬應，役役文字間哉！惟吕純陽、白海瓊則各多所著述，然皆縱逸不範法度，又出入變幻於怪異之事，不過偶以自適，而溺者傳焉。如以質于聖人之道，同不同奚足辨也。然聞其説而不動於心者甚鮮。彼蓋確乎有遺，而此失所主。吾嘗即是以測人之淺深，未有不驗者也。

弘治間，京師多傳尹蓬頭。尹善絶粒，每食輒又數升，不畏寒暑，或雜乞丐宿閭閻下，人無異者。而士大夫争邀致之，不去。顧時時假館於水厓彭公。公是時爲南京刑部。尹來必索食，食已，相對危坐，間出幻術相調，復試以隱語。後公出守兖州，尹涕泣别去。於是人皆疑公得仙。比爲布政使去位，無以爲家，年八十餘，氣甚壯盛，日飲水數碗，人益疑之。余往見公，公好議論，張髯傲視，語琅琅終日不休。公既卒，讀所遺詩文數百首，皆據理道，關風俗，其意欲追作者之軌度，是豈有所溺者哉！

當公守官時，侃侃持法律，多忤人。人遂以是尼之，故其官止于方伯，不大顯，而公於去就無少惓。尹之戀戀，蓋知其中有所主，而世之視公者，真若羽化獨立，無復塵埃垢穢之跡，然公固不以是自多也。余獨悲世之溺仙者，其遺世反不若公；而取材於世者，其識公反不若尹。余又以悲世之溺者，固不在仙；而仙之於世，當亦恒悲其鮮所遇也。

夫以神仙之説，人所易溺者，猶且如此，又況爲聖人之道者耶？余幸生公之鄉，而先大夫復在莫逆，既得見公，又得論次行事于墓石。兹復集其詩文若干卷，藏之家，因叙其所存，且以悟人之疑者。

續刻南嶽志序

衡嶽，南方宗山也。舜之巡也，五載一至衡，舉望祀之典，南方諸侯咸受命焉。夫望祀諸山，則諸山之神聚而享於衡，其諸侯亦以受命畢至，於是衡遂以宗。宗衡，所以宗舜也。文中子曰：「五載數矣，何居？儀衛寡而征求少也。」是故儀衛征求，聖人之政所必察，如其不節，雖聖人不可以至衡。時變而文，周之時，巡疎於舜矣，然諸侯之至者必有食邑。以食邑共天子之事，則其事不爲患於民。及其後也，求金索車，不勝其困，於是包茅不入於楚，而王者之迹熄矣。

秦漢封禪，復湯沐之邑，而衡以險遠乃獨不與。當是時也，釋老者出，伺以神奸鼓其術以役民，而又能竭己以終之，故其居代明堂而恣專據，其以儒得至者，非羈旅之人，則老而倦休者也。彼羈旅者，既無力以自振矣；而倦休之心，則又絶外而厭勤，其能兼而有之乎？

夫問俗必之野，登高而賦，大夫之事也。舒抑鬱局縮之懷，而蕩迷瞀煩冤之疾，張弛其意而和柔其政者，莫善於遊觀。異時聞以職事至者，縣官具車徒、道置食，少亦不下數百十人，是其勢自不可久也。以其至之難而復不得久，其瞻望不及者，不已多乎？夫上之不蒙王者之迹，而下焉棄於采風之吏，其次又多不遇於羈旅、倦休之人，則二氏之據而專焉，宜也。然民困矣，今二氏者，無從而給役之，故其居亦隨以敗。然則衡之宗者，果何歟？

余往讀邑舊令彭君簪所爲《衡志》，心慨慕焉。後二十年而始至，考問其《志》所載，若觀海日、俯洞庭諸希奇事，大抵出於騷人寓言，無盡信者。今令章君某續刻《志》文，因邑人楊子續問序于余，遂爲論次自舜以下，且附己見若此。使至衡者，或有取於余言，則可以求聖人爲政而得民。所患其限於勢者，能不惑於寓言，而原其所以爲宗，則衡猶諸山也，亦何戚於未至哉！

白潭詩集序

我朝孝廟時，最稱得人，議者擬之慶曆之盛。其人才力雖不同，大要寧爲骯髒以窮，不欲以媕婀而進。皎然出于清議之上，若是者無不同也。夫畏禍而恤其私，此人之常情也。捐其私以就所不欲，雖刑賞之，尚不爲耻勸，而往往甘心焉者，豈獨無丘壠之舊，妻子之託哉？且是時四方無兵革不測之事，足以危其慮而感於心者，然不忍以一食之暇遂其優游，此又何也？

嘗竊聞之，朝廷以敢諫爲賢，而士大夫未嘗以失言獲譴，優容成全之意，過於懲創之威，故感激報稱之誠，自出於職事之外，其不奪於常情，皆上之作養爲之也。自是之後，終武宗之世十有六年，以三數人維持其間，晏然拱手而難不作。嗚呼！得人之盛，豈細故哉！

石首白潭劉公某，登第於弘治末年，自翰林庶吉士出爲監察御史。正德初，奄瑾當權，惡其直而美其才，百計羅之不至，怒甚，特坐巡按雲南。京師如雲南，必出荆州，且以往者，多恃險遠自肆取敗。自公承遣，時時使人偵之，求絲髮隙不能得。偵者既厭，故露其跡以邀賄，公堅不應，卒爲偵者所誣。下詔獄，數箠楚不死，則令荷校日中，旬餘復不死，久之，乃得除名里居。公是時年纔二十四五，京師呼剛梗人，必曰：「汝小劉御史耶？」過而聞者，不問可知其爲公也。

公在孝廟時固未甚久，然至於跌頓挫折而峻潔剛嚴，日厲不撓，非有賴於作養之素，其能然乎？又十餘年，而當今上即位，海内更新，向之尼公者，既伏其辜，還公于臺。公益感上知遇，數數上封事。已而出補福建按察僉事，公曰：「可以休矣。」遂致仕去。

公前後在朝，不踰三年，雖當言路，言出輒又見忤。蓄其才力無所售，盡於詩辭發之。其爲詩傲兀雄偉，縱意所如，未嘗有拘檢窘約之病。其藻思奔逸，不可馴伏，猶捕龍蛇，扼虎豹，至於束手閑觀，乃益見其氣有餘也。公年既盛，而業不暫廢，歲月所積，多至不可收拾。公壻王之誥來令吉水，携其所刻《草堂集》者數百篇，索余爲叙。余素喜談孝廟時事，悲公之不盡用，然猶幸得見其才於詩也。雖然，詩之有無，奚足病公？有如公者，止於爲詩，其亦有足觀矣乎？詩末繫奏疏若干篇，讀者宜得之。

夏朗劉氏重刻宗範序

劉文介公《宗範》十有九條，原其先世所傳，參以憲副君之議，而公折衷之。其取義遠，而於事爲常；其立辭嚴，而於情爲近。蓋公之致用，於此亦槩見矣。嘗考先生之時，閭里之間，出入負戴，少長老幼，咸有秩序，不獨士人明而易遵，顓侗之民無敢踰犯。此曷謂耶？竊嘗察之，其道有三：求之者恕，習之者久，而持之者至衆故也。

夫先王之禮嚴矣！然非强人以難能，要皆即其情所甚欲者以爲之節文，其視以爲嚴者，自其蕩而不檢者言之也。彼情在所甚欲矣，固不患乎習之不安。及其久也，風行化流，雖有强悍乖盭不勝見聞之衆，亦且顧視而反慮，是先生之禮，若將綱維而拘防之，不知其所由起者有道也。

吾邑世家，無慮數十，其禮俗號近古，則先夏朗劉氏。劉氏勝冠者幾二千人，合祀于祠，而推其有信義者爲之長，自争訟至於大故，帖帖走聽斷如見長令。長令追逮之使、榜掠之刑，數十年不過其門。異時，余甚慕其所爲，常自撰《家誡》數十條，以希冀萬一。無何，而齟齬者紛至，則益異之。每向長令言，當表其閭，以風厲遠近。乃今讀《宗範》，然後知公之爲用，而自慙其不逮矣。

公之《宗範》，自婚姻、蒙養、文學、名檢之教，奉先之儀，宴饗盈縮之節，靡所不舉，而先之以善惡兩言。於意曰：善者，人情之所必好也；惡者，人情之所必惡也。未有好而不有諸己，惡之而加乎其身者也；未有可好而福不臻，見惡於人而禍不至者也。嗚呼！獨訓劉氏已乎？

公孫潭等重梓以傳，請序於余。惟余先曾受《尚書》于公，至于今守其業。相觀而善勉其所未至，余固不得辭，又況道其所甚慕也。

忠愛録序

吉水故俗，尚節槩，勤事功，而耻乾没。故士之仕者，生則人譽之，没則人思之，甚則特立祠以爲之報，若王教諭省之於濟陽，羅少保通之於居庸是也。彼二公者，捐生於艱險之間，以維持綱常之變，死與不死等爾。故教諭以其忠，而少保以其愛。侍御王公臣之在河東，所理者鹺政，而紀其所行，高垣深塹數事而已。其没也，民亦祠之，以「忠愛」名。

夫思患豫防，爲政之常，而築堰治城，有司者歲不絶舉，不聞其皆特祠。今特於公何也？臣子之忠，非瞿瞿然奔走之謂也；父母之愛，非恤恤然顧復之謂也。于其情焉耳。當公如河東時，舉朝之人莫不薦之，鹺政之壞可知也。公勞來計畫，垂死不懈，是其奉公守法以稱任使，苦心焦思以備凶菑。必有言所不能宣，力所不能逮，人人得之於視聽之間，而出於高垣深塹之外者。夫視聽之於人也至審，而入於人之視聽者至神，有醖釀而成之者，有激昂而得之者，二者皆不可以指目也。成之於醖釀，不容釋矣，則亦不得不即高垣深塹之可指目者以寓其思。而其人往矣，於是特祠焉，而又爲之名，豈偶然哉！是故濟陽之祠，死位之情感之也；居庸之祠，捍衛之情感之也；解池之祠，勤事之情感之也。

夫銜命而行，專署而居，連鼎而食者，孰不在公之位也？ 而惟公之情則然。 彼誠根於性者厚，而成於俗者至漸矣。 使其重内顧之懷，忘饑溺之思，習文具之辭，而張蹇謂之業，其掩取聲稱，以躐顯融，幸矣，烏能盻蠁無窮耶？ 吾以是知感應之不可誣，而又以悲吾吉水之俗，或有間於故，而莫之捄也。

公没時，幼子佑纔三歲。 既長，集録制詞與紀述銘誄諸文存于家。❶ 又二十餘年，諸孫龜年梓之以傳。 龜年與兄龜蒙皆佑之子。 龜蒙舉鄉試，令諸城以没。 而龜年至是始貢于禮部，少時與予同師谷平李先生，志業端謹，將亦不辱其先乎？ 因其請叙，詳特祠之故諄諄不已，亦欲假是以切磋，非特激昂吾吉水也。

皇明吉安進士録序

昔人有言：「名不必魁，魁不必名。」蓋嘆人品與科第不能盡相值也。 我朝開科一百七十九年，吉安一郡舉進士者七百有九十人，可謂盛矣。 而名人亦往往出於其間，有足爲千百世之望者，豈非國家養士之效，輕重低昂之勢，不得不趨於此哉！ 雖然，謀畧如羅弘文，相業如楊文貞，忠義如顔沛縣，其他政事、文學不可枚舉，固又不盡以進士名也。 今進士所題姓名、邑里、官爵具在，有視之

❶ 「詞」，原作「祠」，今據蘇本改。

而不知其人者，此果何益於有無之數？　然此特言其無能而已，其或集詬蒙穢，使人羞與爲伍，欲殊井疆不可得，斯一之已甚，又何以衆寡爲哉？

嘗聞藩臯有挾進士鄙闒帥者，諸闒帥積不勝忿。一日，同謁文廟，登禮殿，指四配、十哲像戲闒帥曰：「君識姓名否？」闒帥應聲曰：「某不讀書，不識爲誰氏，但聞皆非進士出身也。」戲者慚無以應。嗚呼！　爲進士者，其毋爲此輩姍笑哉！　其思爲千百世之望也哉！

是本始吾邑學海鄧君，續之爲廬陵同年華山曾君，然多遺誤。予爲增其年世里氏，且補書改書，及近科未入者凡若干人。泗州魯軒常君以進士知吉水，梓以傳，今爲户部主事。

峽江縣志序

峽故隸淦，然與吉爲隣壤，語言、食味、室廬、衣服之尚，婚婭、交好、里巷、什五之習，山川、土疆、穀果、竹木之宜，皆無所辨，獨限以峻嶺而已。自其未有邑時，地遠於淦，而比於吉，吉恒以境内視之，不知峻嶺之限也。峽既以遠淦，其徭税之徵發，期會之呼召，争訟之逮攝，時有不及，於是始議分邑以涖之。邑分至今未三紀，官府之章程文物，日益美盛，然民之習尚與其土産，漸耗斁矣。夫淦以分峽去三之一，謂淦有損，宜也；峽乃坐敝，其故何耶？　論者以爲山川之氣不洩於物，則凝聚而鍾於人。意者必有異材挺生，鳴國家之盛，而以其邑望於天下者乎？　是亦勢之低昂矣。

關中何君某，爲臨江别駕，而承檄署峽者三至。既周知其山川、習尚、今昔之異，取積滯之太甚者而振刷之，又懼其去速，使故實不傳，來者無所稽，以爲節縮渫汰之據，終不足以起其敝也，復輯省郡淦志與諸狀牒奏移，苟有裨於咨諏者，命諸生類集，而手自校論，以寓其欲爲未竟之志。總爲圖九，志六，編年一，傳二，紀畧一，而凡邑之所當宜者，志靡不畢書。至於民艱、士行，尤惻然而有餘悲，憬然而不容口，以啟觀者之視聽。蓋爲峽之計，至深遠也。

稿成，束書索序于予。竊念吉雖隣峽，而地倍之，三紀以來，民之敝亦亟矣。每欲考賦役增損之由，與夫條格行罷之故，請命于當事君子，而紀載疎濶，莫能原始。蓋有相傳於田父野老之口，而士民或不盡知；雜見於野史家乘，而官府難於必聽。則既深以爲恨，屢思執筆追補亡遺，且得論次先世之流風，以垂勸鑒。訛言肆興，畏顧而寢廢者，不知其幾，又歎來者將何所仰，而亦卒莫爲之力也。何君之志，每一易稿，輒持求正，故數得以盡其愚。後之有志於起敝者，如室之已構，食之已具，特在苫葺齊調之耳。其於力豈不易，而亦豈至如予之所恨也哉？余居隣峽境纔數里，其名人賢士又皆得之幼時見聞，則既不能已於仰止之心；而山川在望，風氣所感，生乎峽者，必有先得同然，而令乎吉者，亦可以相觀而善。兹非隣德之不孤乎？亦可藉以慰余之心也。遂不辭而爲之序。

海豐縣志序

海豐，故漢邑也。州郡之名號數易，而邑未有改。其地瀕海多虞，習尚椎質。問是邑昔所由起，父老莫辨在何歲月，蓋圖經之缺失久矣。於邑之名號且若此，諸凡建置始末，與夫名人良吏出處之詳，❶幽貞之士、孤嫠之懿，沉伏於山谷廬井者，其撰記舛遺，又何怪也？

余友張君道甫來爲令。初入境，采故問俗，靡得而述，心竊慨焉。會其時有兵革之役，當道廉其守官，數奉檄奔走境外，視事之日歲無幾。既五年，漸以無事，始自執管，盡去舊志之謬誤，而先其大者，勒輿地、人物上下兩編，凡事聯於輿地、人物者，類從之。於是邑之大都頗可考次。覽其書，雖在數千里外，如登五坡，泛三江，以望大海。與其父老子弟，指畫問對於蒼烟白葦之間，雲潮風汛之涯涘也，豈非茲邑之盛典哉！

今夫争訟，事至微也，不究其端，而卒然以告，縱擅才智，不能決是非。談鴻荒之神聖，雖極模擬，未有以爲信然而歆羨之者，其故何也？論事者原本始，揆物者根情實。孔子，聖人也，入廟必問。非過慎也，見聞不及，則舉措懷疑。從海賈而遊者，觸鯨波不測之險，入龍伯浩渺之區，而心不畏懾，則鄉導在前可恃也。故惡害己者，先去籍徘徊敗墅而示之事，莫不憮然。蓋不達興廢之因，則無以酌損益之宜；不徵善惡之跡，則無以動懲勸之感。人之常情固有然也。張君於輿地所附關利害者，纖悉不遺，且傅己見爲著論，皆可措之行事。而所取人物，寧嚴毋泛，又皆耳目所逮，未嘗遠引博收，飾疎逖以惑觀聽。其有補於茲邑甚鉅，豈直稱盛典已哉！而考張君之政者，亦將有在，

❶「吏」，原作「史」，今據四庫本改。

蓋識其大者故也。

張君名濟時，出余同邑，通敏而文，潔己愛人，故能善其役。

七泉遺稿序

予弱冠，與周七泉子同師谷平李先生，聞濂洛之學。先生不立文字，而予方有夙好，則私相與上下其說。七泉子天資超邁，銳然向進，充其志，前無往古，無論近代。予自視殆弗若也。未幾，入大學，盡友四方談學之士。於是，四方談學之士莫不知有七泉子。久之，所學既漸有見，則一寓之於文字之間，而其言又足以表見己意。於是，四方談学之士，又莫不知七泉子之文。蓋其文始而取之濂洛，已而取之名家，雖未知其與古之作者法度若何，至其縱恣奇崛，主於表見己意，而無有乎艱深迂滯之病，能使讀者冷然如聞其面談，曉然如扣其心緒，則固其所長也。

七泉子之學，既有見其平生，尤飭内行，居官守己，穎敏峻潔。嘗判永州，同知德安，所在皆有惠政，兩郡人士咸德之。不幸年止四十有八，無以竟充其志。於乎！予與七泉子，昔之相期者謂何，而遽止也？此非後死之責哉！然予衰矣，文字之好日益減，而爲學之志日惴惴焉，常懼弗效，誠不自知其何也。

七泉子卒，家貧無所仰，其交游一無遇者。又六年，德安吉陽何公來爲巡撫。蓋嘗德其爲政，且莫逆也，既哀恤之，又不忍其泯没。取遺稿，俾其子秉鈞、秉忠就予删訂，將刻以傳。予存三之二，以復於公。蓋主於表見所學，而不暇他計。使知七泉子者，不獨四方談學之士，而凡德其政者，又皆知其有本若此。抑亦廣谷平先生之傳，固不徒以文也。

螺陂蕭氏文獻集序

按《周禮》：「小史掌邦國之志，奠繫世，辨昭穆。」所謂邦國之志者，志前人之行事，而繫世昭穆，緣是可明。此三代之世教也。三代既遠，馬遷《史記》所述世家，自始祖受封至於累傳，片辭微事，駿功盛烈，靡不畢傳，其尚有所本乎！小史業廢，而後邦國始各有志。志不備，而後名家貴族各記其前人行事，將以補邦國志之所不足，而後有族譜，有文獻集。譜者，譜其繫與昭穆；集者，論次其上世之行事。族譜、文獻廢，則世教益無所遵，君子之澤斬矣。

吉水同水貴族，以螺陂之蕭、湴塘之楊、谷村之李、泥田之周爲最盛，至考有宋勳名不絕，著稱史册，聞當時而耀後世，莫盛於螺陂。螺陂之族，起吳之乾貞，尤莫盛於慶曆之後，嗣是連延代有聞人。至于我明尤莫盛於正德、嘉靖之間。蓋武寧處割據而能戢定其人民，侍郎公以政事受知昭陵，武翼寧謐疆場，爲世名臣；屯田介潔解元廉孝在諸昆中最有名，太常繼侍郎後，其剛正風烈稱之；武翼捐身許國，雄偉一世，提刑監廟，實步其武，貞節高風，有位所愧；至方伯公謹朴自持，位高譽起，而甘早休，進士軾、麗水轍不墜勤教，故能纘緒而張拓之，其諸父子兄弟聯隊而起，又多磊磊縉紳，中蓋廿有二世，而幾至百人，可謂盛矣。其謹約謙仁，世世相傳，久而不失。考其話言之祖述，行誼之持守，精神之所注，聲光之所襲，有出于尋常衣冠榮顯之外者。在一家可以立教，在一邑可以考故。至其宣命榮賜之寵于君，歌贊誄述之信于友，既足以徵世業而紀世變，而國家章服名號、因革郡邑、統治分合之詳，又足以補史氏之未備，而證其訛舛。所謂「禮失求諸野」，斯殆其一驗歟？

吾每讀《史記·世家》至七十子，輒慨然于古之賢聖；至覽郡志，恨其文之不備，無以考見先輩之世而尚友其人。間遇貴族文字或篇章殘缺，即爲愴惻。最後自緝家譜，繙閱諸集，偶得文字有相涉者，手抄口誦，不知疲苦，猶以少獲爲歉。蓋垂十餘年之力，僅得成編，而螺陂則自揚吴至于今，代更三四，年垂八百，其中鮮所遺漏。於是歎其積累繼續之勤，非一日之久，一人之力。而進士與麗水用心尤勤，又足以知將來之所遺，固未有窮也。

予交於方伯公父子間號最稔，今歲復與麗水有婚姻好，故於是集成，尤致私幸。蓋不獨同水貴族相觀競爽，將於世教實咸賴之。集中周平園跋吴告身，謂「演殂之明年，溥改元乾貞，爲後唐天成二年」，與史不合。按溥代演嗣吴王位，改元順義，又七年，稱帝，始改乾貞。解春雨嘗駁之，以爲過信，尤國志之誤也。由是言之，族譜文獻其有裨於邦國之志，豈小哉！豈小哉！

昭陵寶墨序

吉水螺陂，蕭氏世家也。宋仁宗時，侍郎公定基以制置安撫鎮邕，管交趾甲馬洞亂。侍郎公奏方畧，并乞更帥。仁宗賜敕褒荅，委信益堅，卒致平定。敕在秘閣，永樂間，翰林學士解公縉紳見之棄櫝，驚喜曰：「此世家所寶，留此特敗楮耳。」取以歸蕭之長老。其後奉守不嚴，僅存其半，而逸字二十有餘，污損者又若干。今福建布政公晚，侍郎公十八世族孫也。總廣憲時，命工繕飾，復取先世所録全本，并宋大理寺丞葛閎跋文附載其後，且遣季子轍持以示余。余受而讀之，興千古之思焉。

惟侍郎公以政事受知仁宗，仁宗常題其名殿柱。敕中所謂深知材畧者，本淵衷也。嗚呼！提數萬之師，臨萬里之夷，以御狡譎叵測、臣叛不常之情，苟内間而遥制之，雖良、平執籌，頗、牧折馘，無濟矣。使人蹈水火而無恐者，恩信之結也。侍郎公之善政，仁宗之善任，可不謂千古一時乎？史言「昭陵之朝，兵以不用爲功」，由是觀之，非不用也。上之所用者，在人不在兵，故公之成，❶兵不勞而人不知也。嗚呼！豈獨兵爲然哉！

敕不載年月，惟閎跋書康定元年，則敕必在景祐、寶元之間。古人臨文，質直不煩若此，其歸秘閣，不知何時。往往見宋人章奏繳進，詞頭必緣故事，然靖康之遷，紹熙之災，三館所藏，盡聞散逸，獨此經數百年，離而復還，可異也。

布政公勳名日著，在廣時，朝廷將征交趾，實董其役。未幾登庸，竟納降表。諸子多貴，又酷與殿中諸君相類，兹殆爲之兆矣乎？他日有以材畧受知于上，紀之秘閣者，不知視侍郎公又何

❶ 「公」，蘇本作「功」。

如也？

劉桂隱文集序

嘗讀危大樸《名士傳》，人詳其事，大抵吉水爲多。是人在一邑則紀載重，在一家則閥閱重。蓋百十年不一見，而一時滃集，豈不異哉？向非其人，即數千里内不異荒野，是重紀載與閥閱者重人品，而區區尋常富貴起滅不與也。

吉水中危所甚慕，而又推其心事，尤異於當時諸公，稱許其父子祖孫皆守節義，則莫有過於桂隱劉公。當元初時廢科舉，抱所長無所於洩，於是尚行誼，盛文墨，自任斯文之重，與宋遺老上下徜徉。屢爲文集賢陞鄭尚書鵬南、蕭御史泰登力薦不屈。既卒，賜謚文敏。元雖廢科舉，而謚不爲限，故公以布衣得之。我朝法度明峻，非五品不得謚，即隆貴無問也，其異如此。

公之平生，詳著《元史·儒學傳》中。世出南嶺，與秀川爲婚姻。余譜秀川，得據所言爲證。七世孫諶爲高州郡守。郡守與先大夫同事武宗，號莫逆，故予得以異姓昆弟交。三德用敦公所著有《桂隱集》，已梓行，今多散逸。山田志孔重入梓，而節推君方興與弟子員子武、天健索予爲序。謂之曰：「公之平生與詩文，《元史》諸集已詳，無可俟區區也。惟其聞當時、垂來世而爲人重者，固必有在。然布衣也，非世所謂富與貴也。在公之後，自布衣以上，必自樹立，始不辱公；能不辱公，始不辱吾吉水，此則若與某所共也。」然世之言紀載閥閱者，或不在是。嗚呼！曷亦就斯集觀之？

贈泉口懋德姪令遂安序

嘉靖丙戌，余與姪懋德、周欽之講學谷平先生之門，是時始有四方之志。嘗竊嘆曰：「嗟乎！吾安得一邑自効乎？」誠獲所願，即淹一邑，何恨！夫天下皆邑也，士吏之臧否，廛野之利病，賦役之輕重，訟獄之微鉅，賓祭之交接，兵農之豫密，工徒之興弛，其在天下者，即一邑者也；諏咨之詳，剸裁之敏，盈縮之變，審斷之公，感孚之實，儲備之周，緩急之宜，其治邑者，即天下者也。故待人而行者，天下可爲也，一邑不可爲也；待身而行者，一邑可爲也，天下不可爲也。夫兼天下之事，而得身親爲之者，惟邑爲然。故欲自効者，必自此始。効於邑，雖不効於天下可也。已而偏觀今之爲邑者，不曰「地不我宜」，則曰「民不易治也」；不然，則曰「吾所習者古之道，非今所宜也」，甚則曰「是奚足以處我也」。夫不安於所處，斯人也無論矣，彼其罪時與地與人，固皆思以自効者也，而所言一至若此，何也？况其若此言者，固不止於十人而九，則是可懼也。是非一邑之計也。邑不治，治天下胡可期也？已而聞以賢令舉者，歲不乏人，則又爲之廣延細詢而求其故，皆曰：「其始猶夫人也，及其久也，能因變而爲之通，習於嫭婀辨給衒霍詷伺之目，即可以免患。」吾又以悲今之易於爲令若此，而人顧罪時與地與人，則又何也？吾於是益懼焉。已而待罪史官，未幾以無狀罷去，而欽之始得判永州，有聲名。夫判之責半於令，其聲名宜也。又三年，懋德乃拜令遂安。遂安在淛南境，去吾鄉不甚遠。其民俗土風宜亦相似，而四境多山。負山居者，必敦龐木彊而寡詐誕。❶懋德之質故甚朴，能篤信古誼，而不忍自負。今又值易與之時，縱使嫜婀辨給衒霍詷伺之未盡當，必有諒其心者，將來其以賢令聞無疑也。獨自念抱志甚久，竟不一試，而三人之中，迺試於懋德，故不獨厚爲之望，而且以爲幸，又因以卜吾之説，果可効於天下否也？

忠惠實紀序

能爲己責賑匱乎？其才著矣，不必其皆惠；能爲佔危犯難乎？其氣烈矣，不必其皆忠。夫政令有所拘，即懷私不可以自遂。乘忿鬬而前，三尺童子亦且踴躍而忘其軀，何則？有所畏與激者，其勢不得不至是也。使無畏與激，斯已矣。惟君子者，尚慕古人而恒有意於天下，其爲守與令也，猶受人之牧而常懼其瘠，其遇權奸，則虎豹之臨赤子，惟恐去之不速也，又何屈抑悦媚之有？故愛有專者，必嚴於所事，甘於嘗禍，要有大不容己者存於其中，固非勉於一事，動於一時爲可幾也。御史長洲涂公，其庶幾哉！

方公之未仕也，每以古人自期待，不肯隨俗以辱喪。及爲江陰，江陰地善易染，公決滯平枉，濬渠設防，禦盜興學，上治行天下第一。比去官，囊無餘資，貸之故鄉而後行。至京，拜監察御史。是

❶「彊」，原作「疆」，今據文義改。

時逆瑾專擅，所在樹黨立威，公巡視長蘆鹽課，劾其黨畢真撓法，語連瑾，瑾已銜之。會將代，瑾遣人刦令上羨賂己，公既不應。比入朝遇瑾，衆咸跽，而止長揖，於是大怒，矯詔下獄，備受拷掠，廷杖三十，戍肅州，不及出獄而卒。

嗚呼！公何利於此哉？其爲御史也，猶夫江陰之心；而其爲江陰也，亦猶夫未仕之心。其心以爲朝廷紀綱一日不立，則天下赤子一日無所恃以爲命，是豈古人所忍泯泯者哉！蓋其惠愛天下之心，雖欲已而不可得，而豈暇復他顧耶？此公所以爲忠也。

公在獄也，江陰人願入金于瑾以求貸，公聞，力拒，乃止。既卒，舟過淮，江陰奠而賻者，累至七八百金。公故貧，藉是歸葬。而瑾逮其子補伍，形勢狼狽，得以不困。嗚呼！此非忠惠之報哉？公三子：朴、素、渾，皆世其家。朴集公行事與諸表狀，名曰《忠惠實紀》，遣渾之孫繼宗相示，已而自率二子子行、德重來乞言。惟先大夫與公同年舉進士，家相去不二舍許，皆以古人自期待。爲武選即忤瑾私人，幾至不免，及今談之，猶覺色變。某既幸與公子孫往來，復叙公之忠以傳，使知有所畏而激者相去大異，亦作求思齊者所當辨也。

壽羅整菴公八十序

君子談世道，必先風教，蓋言感之速，及之遠，無意相遭，而適以相成，猶風之行於物也。今夫草木之生，雨露滋之矣。必披拂於和煦，而後生意盎然。至其震林盪谷，斂豐茸於寂寞，霜雪不得專其威也。君子之於人也亦然。當其勤施篤，惠澤生民，而制群動，此有位得志者之常，無足怪也。惟夫身已退而道愈隆，處人之所不能，而薄人之所甚欲，可使遠者慕，近者化，縱懷不肖之心，亦且慼然悔悟，索然潛沮，有不待言説而要約者，其視披拂之與震盪，亦何以異，非所謂君子之風乎？今制，仕于朝者，七十致其事，而大臣以六十告爲最鮮。大臣家居八九十者，天子必有存問，而以太宰被是命爲尤鮮。

整菴羅先生，自侍從登太宰，年六十遽以去請。上不能舍，屢召不應。積二十年，年且八十，上聞而嘉之，特命守臣及門舉禮如制。往時，朝廷更定禮樂，天下文學之士顒然向進，而先生有是請，故人不爲重其位而重其去，蓋始知有明哲之幾。邇來邊境多虞，百司飭厲，夙夜不皇，即老且病，不可自引去。而上舉是禮，故人不獨重其壽，而重其賢，蓋始知有退休之樂。莫不曰：先生之決於幾也如是，其不輕於出也已，吾其可以病於俗？亦莫不曰：先生之安其樂也如是，其不苟於處也已，吾其可以利於官？於是，鄉之士人祝之以矜式，邦之大夫頌之以考問，朝之公卿歌之以典刑。自有先生，而後出處之節，侃侃然稍著於天下矣。夫出處有節，則士有廉隅；士有廉隅，則民有所賴，以免於蠹戾。乃先生以聖賢之學，日有俛焉進於無疆，將謂天以先生風世道也，不亦可乎？

洪先幸而生是鄉，又幸爲同姓，嘗竊取行事以鼓舞不怠，且喜斯世皆有遭也。故於祝頌，不敢以不文辭。

劉晴川公六十序

嘉靖二十年，工部虞衡、員外晴川劉君焕吾上封事，下詔獄。是時，上親覽章奏，明察幽隱，謂君之言和而有體，又不越他人職事，故不深罪，第欲稍留之以觀其誠。遂與富平楊伯修、姑孰周順之留獄中者六年。上復遣伺三人動語食息何似，有所異否？聞其食乏衣穿，色不沮，言不懟，而講論終歲不輟，則又時時給食食之。既久，而三人之誠愈著。一旦不待有司之請，釋歸故鄉，天下之人莫不感聖天子之仁，慶三人之遭，而於劉君尤有私幸。蓋其出獄之明年，年且六十矣。於是門人諸生得從君遊者，其感與慶又自有加於天下之人也。相率索余言以爲壽。

余觀自古進言於君，有扣閽牽裾、泣血碎首致其忠者，彼蓋適有所迫而爲之，非得已也。其後遂有勦襲其事者矣。然當時之君，肆其威斷，加以戮辱，誅譴之慘，而一時之人，亦皆駭聽而動其嗟咨，不知抱抑畏譏，不勝困挫之苦，曾未幾至於隕穫摧頽以敗露者多矣。又或望之於君父，而不免躬蹈其非，嚴於論國而恕於家人妻孥者，往往而是，則亦何以望古人哉！

蓋嘗思之，其所以至此者，要皆不免於意氣之爲也。夫理有可據，乘以少壯鋭進之年，則意易動而難忘；義有所激，輔以剛直不平之資，則氣易使而難制。及其既衰，揣擬之見不效，他願之私横生，回視向之所進，適足憎其悔焉耳。其身之不能自信若此矣。故雖聞其名，傳其言，若足以鼓一時之觀聽，然其人未終，音響消歇，此與孟子所謂「浩然之氣塞天地而常存」，豈直不可同日語哉！

劉君篤厚沉默，早聞陽明先生致良知之説。自入官即以所聞者行之，而未嘗變易以趨乎時好，固非獨六十之齒、數年之困始足以見君。而君之脱獄也，色益恭，歉然恒若有所不及者。嘗語余曰：「今而後知弗欺而犯之難也。」又曰：「聖天子生全曲成至矣，而吾負罪引慝，猶有未盡，吾心慚焉。」夫以顛頓窘束之中，而不忘恐懼修省之誠；當衆人歆羡嗟咨之時，而益嚴於檢點收斂之實。摧之不能令其損，揚之不能令其前。其言也，出其不得已，而非有所惑於中；其無言也，斂其所可已，而非有所懲於後。故不特聖天子諒其言而已也，而天下已陰蒙其施；不特士大夫尚其事而已也，而武夫獄卒亦知理義之可信。由是而推極之，非孟子所謂「浩然之氣塞天地而常存」，而彼勦襲其事者，非夫欺而犯者歟？嗟夫！不知學，則其人不可以朝夕計；知學矣，窮達、禍福，升沉、得喪，不足以動其常存。古之言壽與夭者蓋如此。

君既歸，與鄉之士大夫，及其門人諸生，日從事於學，而余之不才，亦與有聞。其將何以壽君？相率而索言者，某等凡四十有幾人，皆其門人諸生，而鄉之士大夫不在是數。其所謂不能行之天下，猶可驗之一鄉者與？使鄉之士大夫至於門人諸生，學焉而皆至於不忍欺，則君雖無是封事，其常存者，固自與天地無敝矣。

秀川撰述序

昔在丙戌，先大夫以譜授小子洪先，命之曰：「譜不續百年矣。惟予守官，弗皇于家，既乃播遷，未能卒業，汝勉哉！」洪先受而藏之。當是時，年纔弱冠，未知斯言之難也。嗣是收緝散亡，歲有所書，志行弗加，頽焉就老，常恐奄忽無以光先大夫遺命。戊申，集《世系圖》《内外傳》《名位表》。己酉，草《居徙考》。丙辰，《傳》《表》成。癸亥，《祠墓志》始就。將以告于祖廟，授之族人，而先大夫背棄蓋已三十餘年于兹矣。嗚呼，傷哉！

雖然，吾於撰述，得大悟焉。蓋嘗汎而觀之，有以一身而繁數百十指矣，有以編氓而食禄且數世矣，有親執作業而富埒封君矣。爲之躍然喜曰：「是非駸駸亢宗者耶？」已而，考其下方墮爲溝瘠者，昔之家餘萬石者也；旅寄而道瘞者，昔之衣冠詩禮者也；中斬而漸微者，昔之倚衆擅力者也。則又爲之蹙然以悲。其始以爲偶然耳，比其久也，校之上下數百年間，莫不皆然。乃撫卷而爽然曰：「兹非屈伸往復之相尋，所謂天道者耶？其有不盡然者，非係其志與行之修否耶？志行修矣，即使孤弱而賤貧，猶將有所遺於後，矧其强盛而貴富者耶？」然其人往矣，不可得而盡詰矣。已而，視吾之族人，其强盛而貴富者，不徒爲之喜，而繼以懼；而於弱孤賤貧者，不徒爲之悲，而幸其有遭。夫爲之懼，則無健羨之心而保誨不忘；有所幸願，則無狎侮之心而休戚相繫。雖有疎戚不齊，其爲喜與悲、懼與幸無有乎弗同，吾亦不自知其何以然也。吾以是知民胞物與之義。起而嗟曰：「是固先大夫所爲弗皇者乎？ 小子烏足以承之？」

雖然，吾於撰述，則又有大悟焉。凡書于譜者，其必有在也。在吾之上，則皆父祖之列，未有見吾父祖而弗敬者，推而上之，不有尊於吾者乎？ 在吾之下，則皆子孫之列，未有見吾子孫而弗慈者，推而下之，不有卑於吾者乎？ 在吾之前後，則皆兄弟之列，未有見吾兄弟而弗愛者，推而廣之，不有大同於吾者乎？ 在吾之上下前後，雖有疎戚不齊，其爲可敬、可慈、可愛者，無有乎弗同，又不止於可喜而悲已也。是故盡吾之敬，可以事人矣；盡吾之慈，可以使人矣；盡吾之愛，可以與人矣。夫人莫不可事，莫不可使，莫不可與，此其志與行爲何如耶？ 則又何計夫盛衰貧富貴賤之有？ 吾以是知盡己之性不爲近，盡人物之性不爲遠，各親其親不爲異，萬物爲體不爲同。小子固未能也，願學焉。

譜始宋淳熙，嘗限十年而一書。今可考者五，書于元者三，書于明者二，此皆先吾而有意于族人者也。後之書者其謂何？ 自宋以來，譜善歐、蘇，近世義例祖李。小子寡識，罔所裁正，《世系》故類蘇譜，不復更易；《考》《志》《傳》《表》創以己意，乃若信其言，補其不逮，以詔無窮。使先大夫遺命久而彌光。必也，自修志行之君子。

東廓公六十序

聖賢於衆庶，鈞之爲是人也。至其以一身爲天下，以一日爲萬世，則固有大者存也。夫聖賢之少壯衰老，猶衆庶也，而有所謂大者何也？以形而觀，彼無所加也；以性而觀，固有通乎天下萬世者。是故能自得之，不能私之。不明者師其所已明，不能者師其所已能，而性始各足。雖其既往，家誦户説，教萬世無窮也。夫人不相爲謀，求一言之喻不可得也。今舉天下萬世，莫不惟彼之師，如是而曰「鈞之爲是人也」，可乎？此孔孟所以大也。雖然，孔孟之時，其弟子三千，從者數百人而已，而楊、墨之言至盈天下，烏在其爲師也？然至於今言師弟子者，必曰「孔孟孔孟」。是故苟得其大，雖信於一人亦足矣，而況於三千數百哉！天下而一人信之，即天下也；萬世而一人信之，即萬世也。天下萬世信之，謂之天下萬世存焉可也。

孔孟之後千餘年，而有濂、洛。濂、洛之興，師友之道一光矣。及其衰也，數百年而有陽明王先生。先生之門，師其學者，幾數千人，而此數千人之中，又有東廓鄒先生者，師其學而自任以大。嘗曰：「萬物吾之一體也。教不倦者，即學之不厭，此吾師所傳也。」先生以温醇廣博之資，得師於英發榮遇之年。悔其平生而盡棄之，蓋三十餘年未嘗一日置其言於孔孟之外；自國子祭酒歸者十年，亦未嘗一日分其力於功名勳業之中。故先生之門，師其學者亦千餘人。

庚戌之歲，二月之丁，先生春秋且六十。其在門之人，以爲先生之年，視其師不啻過之，將其爲教益無窮也，則群趍而爲之頌。而其在交游者，相與屬言於余。余惟先生以誨人爲學，則壽先生者，果在其門之人矣乎？使其人有三千者出焉，是孔氏其師矣；使其人有數百者出焉，是孟氏其師矣。尊其師爲孔孟，是以天下萬世頌也，而何有於六十哉！雖然，濂、洛以來，爲師弟子者亦曰

「孔孟孔孟」云爾，今其人可指也。將其信於一人者，固亦不易矣乎？夫必信於一人，而後可以天下萬世；自得於其性矣，而後可以信一人。則先生之壽可知也。

先生間謂余曰：「吾戒懼矣，吾戒懼其不睹不聞也已。」此於性有固然也，而天下萬世鮮自得之。由是而言，雖謂學不厭者，即教之不倦，亦可也。請即先生之言以頌其大。

劉兩峰六十序

聖人之學，取之至近，行之至遠，苟不得其門，雖皓首以終身，求一日之幾乎道，不可得也。知其幾矣，造化由乎一心，瞬息可以千古，其奚歲年之足云？歲年所不能計，雖瞬息之間謂之得年，亦可也。有瞬息而得年，則知有皓首而不得者矣。世之皓首者何限？然得年者少，而不得者恒多。

安福兩峰劉君，志於聖人之學者也。始而師陽明先生，棄常業以從事，而行輩遜其勇。其後與雙江聶公爲友，假舘舍以居，而子弟感其化。其爲學也，求得其心而已，而不苟以狥人言。其與聶公友也，聞其所語此心寂感之機，歸寂之要，十餘年來未嘗輕一諾焉。一日，忽自省曰：「公之言是也。」人之目劉君者，若負而可釋，若探而可執，若有所守而不易，而年且六十矣。聶氏之子弟往爲壽，索言於公。公將赴召，遂以命予。予惟慶以六十，歲年之謂也。雖予於劉君一日自省而有慕焉，人之求歸也，贏糧躡屩，歷險夷，辨南北，有更寒暑而不至者，此歲年之譬也。及其返鄉井而望廬舍，則有聞似聲而喜、見故物而悲者，此一日自省之譬也。苟於鄉井廬舍弗之見，則遲回於險夷南北之岐，雖加以歲年，烏足多？劉君將得其門矣，不亦足慶乎？

雖然，劉君之升堂入室，其猶有所待乎？昔伯玉與孔子友也，五十而知非，六十而後化，故其使者曰：「夫子欲寡過而未能也。」劉君既知之矣，其進而至於化，孰能禦之？予生後劉君十有三年，其於道也，望而未之即。不知近劉君之年，果何似也？因爲之慶而慚。

雙江公七十序

孔孟以其身立萬世之命。萬世而下，仰之如見，此豈有間於久近哉？其出也，僅爲諸侯卿相，而席不及煖，又已去位。蓋孔子歸魯，其年六十有八；而孟子去齊，自稱長者。垂老猶且皇皇於行，當時之人，幾何能被其澤也？夫人固有終身談學而不聞道者。聞之既難，而成之尤難；有成矣，大行之又難。孔孟之後，濂、洛明道可謂成矣，而年與位，又皆不逮孔孟遠甚。其或壽考而沉於下僚，即在下僚，又且早休以去，而以大登庸者，又往往病其行之不顯。是數者，嘗不能以相兼，疑若有默爲之制，而忌其全者，豈所謂天命固然歟？

永豐雙江聶先生，豪爽蓋世，不爲苟狥，以簡静閒雅之器，而砥礪于名節。登進士，出爲華亭，取濂、洛諸書自隨，思以其學反之於身。比擢御史，持風采出同列上，一時權貴畏憚如虎。聞陽明王公講學東南，顧折節下之，反覆辨難，凡數千百言，弗明弗止。自是盡聞良知之説，以爲孔孟之復出，不易斯語。其後追稱弟子，比於及門之士。及知蘇州，以憂病歸，閉户翠微山中十餘年，屏耳目之交，考《易》《庸》之旨，喟然嘆曰：「夫所謂良知云者，蓋指不學不慮而言，則未發之中是也，其感則愛與敬也。學者舍不學不慮之真，而惟執愛親敬長之感應以求良知，不幾於義襲而取乎？」乃自爲之説曰：「致良知者，致吾心之虚静而寂焉，以出吾之是非，非逐感應以求其是非，使人擾擾外馳，而無所於歸以爲學也。夫知，其發也；知而良，則其未發所謂虚静而寂焉者也。吾能虚静而寂，雖言不及感，亦可也。是説也，吾得之於孔，爲乾之健，爲坤之復，爲艮之背；吾於孟，得之夜氣；於濂洛，得之主静，得之定性。是致知之正傳。而徒曰『良知良知』云者，吾不知之也。」是説出，而聞者莫不盡駭。會先生自平陽擢漢關兵備，在告而以誣逮，怡然就道，履險如夷，無幾微見面目。於是追而送者，始共嗟異，以爲先生之學有所聞，非徒異同於言説者也。釋歸之明年，北虜犯順，今上用大臣議，首以都御史召，行改兵部侍郎，進尚書。當是時，虜歲窺塞，朝廷旰食，内外洶洶。先生臨以鎮静，事必己出，從容籌計，不奪於横議。異時紈袴之子囊金竊符、溷爵恩賞者，不敢一過其門，天下始有羔羊之節。以功累加太子太保，勳至柱國，廕其子至錦衣千户。而先生年且六十有九，上憫其勞不懈，不煩以事以優閒之。其在兵部，邊警旁午，猶勤著述，與天下之搢紳學士辨論不輟。及歸田，取賜金建堂於東臯，名其堂曰「賜老堂」。邑之博士諸生就而問者，户屨常滿。

明年爲嘉靖丙辰正月十有三日，年登七十，其視聽步履飲食，視少壯不殊也。於是諸生將修執酳祝頌之禮，問言于予。予謂孔孟以上無論，濂、洛而下，至陽明公而後，顒顒然然，謗言四起，幾困而躓，竟顯然立于朝廷之上。田州之役，天下至今嗟之。先生既以所聞見之於行，而又終始保全，無少疏敗，雖同時大臣羡慕不得蒙曠恩之賜，豈可不謂至幸歟？間嘗侍先生問京師時事，則又欿然不甚滿意。❶且欲畢其餘力以求，若不知老之將至云者。夫孔子七十，學之於虛静不厭；而孟子之去齊，則曰「當今之世，舍我其誰」。夫爲萬世之命，非道之行與不行可加損也。先生殆有意於斯乎？

予少先生十有八歲，自庚寅相見於蘇州，稱爲莫逆骨肉，其後遂有葭草之好。❷至其辨難，亦嘗反覆數千百言，雖蹔有合離，而卒不予棄。故予於先生猶有望焉，不獨祝其年而已也。

劉龍山七十序

念菴羅子談學于鄉，龍山劉子數過焉。覺其言之多，不覺其説之迂。然性好忘，中無他腸，鄉人之所競者，旦言而旦忘，夕言而夕忘。惟己之適，而弗人之合，不知其有喜怒、從違與順逆也。嘉靖丁酉，舉於鄉，爲平樂推官。三年，以忤上官棄而歸，怡怡然無所戚。其在平樂與視上官也，猶其在鄉與鄉人居也。間與羅子泛彭蠡，遊匡廬。友人見其然，笑語之曰：「在他人患不忘，在

❶「欿」，原作「饮」，今據蘇本改。
❷「草」，四庫本作「莩」。

公患善忘。」聞其言，亦漫與大笑，弗顧也。

其生長羅子十年，於是年且七十，覩其色，聽其言，躡其步履，不異在平樂時。子汝虞、汝周，婿楊以倫，孫應春，皆在學校；而應夏、應秋、應冬學舉子業，方有聲。嘗遣汝周來聽談學，不謂行之迂也。居旬餘，汝周辭，問之，曰：「將潔舍壽吾翁。」羅子曰：「來！吾與言。鄉人異而翁，貌類有道者，其信然耶？嘗寢于余，弗驚弗寤，神則静矣。不記陽里華子乎？昔華子好忘，而其家弗解，請於魯國儒生治之。儒生曰：『吾將化其心，變其慮，而後可。』與居七日，而積年所患都除。華子悟，以爲賣己也，乃逐而走之。問之，曰：『吾之昔也，蕩蕩然不知天地之有無，萬物之得失好惡，擾擾萬緒之吾侵，乃今胡可復得矣？』子貢聞而駭。夫子曰：『是非汝所知也，夫此一好也。』由前言之，是而翁之所好，不可留也；由後言之，是而翁之所好，不可去也。汝歸壽而翁，其尚以微言探之，其孰留耶？其孰去耶？其亦留與去各有所屬，皆其大不可已者耶？抑而翁任乎天，不緣乎己，固無所謂留與去耶？且吾昔之學也，留與去皆有所屬，而吾之心有所當，有所弗當，固有似乎前所言。今之學也，近乎華子之求，常恐儒生之我欺也。子儒生也，其試探之，而勿吾欺，而翁果今之華子乎？則吾昔之談學也，固已囿于而翁，而吾不自知者也。」

壽郭癸峰六十序

言有之：「經師易，人師難。」此謂文行異致也。夫實行之艱，固矣。句疏之牽附轇轕悖戾，而又槩以宋儒之見以爲折衷，其書滿家，言人人殊，自非歷歲月、更指授，未即窮也。人之生也，出則雜於交遊，入則累於妻子，齒增而氣歆，計短而智昏，矻矻然鑽研於故紙殘牘之中，委曲於世態局面之變，而不能不銜於新奇、不淪於舛謬者，豈易易哉！

自予爲童子時，吾邑《詩》有南嶺周氏、王氏，《書》有白沙鄧氏，《易》有諶陂楊氏，其諸生各百數十人。此百數十人者，雖皆讎校講論，久爲人師，然大要重在祖述，不敢輕叛前説。二十餘年，先輩凋落，人争爲高，莫能相下，粗知章句，即抗顔登席，師日益衆，而昔之經師，亦無有僅存者矣。不亦可慨耶？

夫三經中，惟《易》道隱而易蕩，故爲説恣肆滉瀁而難凖。羅易齋、劉平湖、蕭東潭三公之《易》，皆本楊氏。癸峰郭君，受《易》於三公，攻堅剖疑，盡領本旨。三公既仕，君遂以《易》爲諸生師。諸生欲邀至，患不能得，多相率走其室，諸生才品分授之。其慈幼弱也，不啻父母之在側；而其給助貧乏也，不啻子弟之在家。久之，遊其門者亦且百數十人。其取科第而仕，與仕而倦休者有矣。君年六十，名猶在校官弟子籍中，與諸生讎校講論，無異在師門時也。噫嘻！以吾邑數百里之間，二十餘年之内，求其守師説而不失者，自君之外不多見。然則經師可易得哉？

君以甲寅四月十七爲君誕辰，乞予言爲壽。且君處家惇恂，取予不茍，而强於義。又嘗見君質厚而氣和，慎言而寡合，是不獨可爲經師，以其有得於《易》學故也。於是樂而誦之，亦冀聞者毋怠於説經，毋謬以人師自居也。

城頭陳蒙菴六十序

世人遇年至者，多爲慶幸夸詡之詞，以致敬愛。其所徵述，則眉壽兒齒，皆《詩》之教也。余竊以爲不然。凡臣子於君父，祝願無疆，情也，禮也；若朋友，則當磨切以義，要在及時自儆，不宜以諛悦也。《小明》之詩曰：「我日斯邁，而月斯征。」彼於兄弟且爾，況朋友之間哉！

余少侍先大夫邑居，蒙菴陳君數往來，來必燕坐，坐必縱語，語必盡夜乃止。先大夫嚴重之。君是時年三十，方自大學歸，負豪氣，喜談論謔飲，雖數數夜語，不知倦。其後余上春官，而君亦以謁選行，遂與道懷玉，沿錢唐，渡江亂淮，遡河入濟，出鉅野之藪，涉桑乾之流，登金臺，排閶闔。蓋寢同席，食同器，水陸同舟車，中間炎暑冰雪之侵，水土氣習之乖，顧賃薪米之費，夷險遲速之候，憂愉悲駭之情，貴賤新故之交，不知其幾矣，而又離合屢變。余登第在告，君感余歸，遂不復待次。余疾甚，共留旅舍，朝夕視藥食，疾已乃行。年雖四十有五，而氣猶烈烈，不知惜勞役、畏濡滯也。今又十有五年，數其年，在禮爲耆，得以意指使令家衆。顧甘靖退，篤任質，擇子弟可爲後者托之，日遊乎長林大谷、鬱阸寥闃之境。視其意，蓋已不欲與俗俯仰，於人之怨侮，世之浮艷，若將有所甘而棄焉。

於乎！當其豪論時，意氣振發，何其壯也；及與遠遊，見仕宦人不當意，輒切齒，恨不即爲天子出氣力，少効尺寸以求表見。今自甘泯泯若此，謂有得於更嘗之力非耶？夫人非不遇，孰能自甘泯泯？而自壯至老，數其平生，豈無更嘗之多於君？而君獨得以自處者，謂不有異於人不可。使後此數十年更嘗之多，回視今日，又安知不有異也？夫求往者更嘗之跡已不可得，而年徒積矣。將來者，又何定乎？則凡有所甚願而不可必，有所不欲而不能免者，又安知不有異也？

自余見君，方十三齡，而今亦逾四十矣。嘗惜時而無所就，竊媿心焉。君婿胡生某，乞言爲壽，因有所述，以期君之將來，且冀爲朋友者，必有助我，固無以諛悦也。

竹塘王石泉翁九十序

玉笥之南，有山如屏，衍而下馳，王氏世居其麓，人因號曰「王嶺」。王嶺之北，群峰突起凌漢，而其中幽邃環複，仙人羽客往往藏焉。《圖經》所載，自秦漢而下，無慮數十百人。訪諸名嶽，未有若斯衆盛者矣。

王氏之居曰「白竹塘」，其世最久，而其名益著。所産多高年逸人，子弟好儒術，高才能文，然類不甚顯，豈亦地氣使然哉？予嘗見石泉丈人，魁梧頎碩，其氣敦龐，若無他技。與之語，引古執誼，崇尚風致，怡怡可親。與子弟言，如其昆季；與昆季語，如其朋友。早嘗從事藩府計資，且官矣，會逆濠誣布政使鄭公，毅然就理，三木在身，口不二詞。事白，棄去。又幾何年，而鄭公復起江西，遣人召故從事，思叙録以報德。固謝歸，優游田里間。子孫衆多，而又謹良，無辞語拂意事。每晨夕出於池沼上，偶樵人牧子荅問。顧見諸子相從，亦且六七十歲。餘鬚眉皓白，衣裳簡古，不異畫史之貌商顔，墨客之歌鹿門也。

友人東溪曾子以書來曰：「丈人以是月十有六日，年九十矣，而容色沃若，飲啖視平時不少衰，意者有導引之術歟？」某曰：「不然，丈人七十時，聞其内寢無侍人。語曰：『逸則生欲，欲生而精氣告疲。』夫聚散者，攝氣之大較。管括疏密，形影立徵。故堅真幽潛，元化滋彰，施布闓發，百脉沸狂，丈人殆有意乎？丈人俯首，嘿然不應。今飲食起處，二十年如一日，是所操者微密，在丈人且不自知，而謂有鍊形以和體者乎？聖賢之學，不邇不殖，日用飲食，知識泯汶，其端可得而窺矣。外道竊之以離類遠俗，駐世延年，其用特淺。儒者矯之，至於逐物，是又居其下也。夫逐物者，易與物化。不隨化者，非道而何？」東溪子曰：「善。」

予與東溪，自幼交其仲子。仲子舉於有司，不及官，所謂能文不甚顯者。然延陵達生，無所沾滯，此蓋管括之徵，不獨地氣能移人也審矣。於是，因東溪之問，著于篇，俾有意於丈人之壽者，得考法云。

外母王夫人六十序

吾鄉在吉水西北境上，衣冠之族以十數，其里閈糾錯，姻婭聯複，而貴顯亦若代禪者，自宋元則然，咸以爲風氣鬱積，山水之所委洩也。以今觀之，其淳而未漓，朴而未雕，因其故，足以善其習；陳其實，足以孅其辭者，往往鉅公達人積之微漸，達之内外。蓋隱有維持之力焉，而莫或知之。

外舅三符翁謝事歸也，灑掃一室，處其間，日取九經、百子、史書讀之，疏注其義，到終卷，復温繹如初。蓋食不重味，器不髹采者，十有五年，忘其身之既貴也。而王夫人之事翁也，先旦而興，後夕而休，嘗以起居見焉，非釃酒漿，視雞豚，則工緝紡紉綴，其菹醢之器，烹飪之宜，必手除而躬治之，矻矻然，雖窮簷委巷之嫗，不是過也。

夫人爲主事君貴裔，歸翁者四十有三年。後一年而爲母，十七年而爲外母，二年而爲姑，又二年而爲祖母，今計其年且六十。而其歸也，侍翁爲縣令，爲尚書郎，爲郡守，至監司，爲大理，進大僕，稱朝廷大臣，固未嘗一日遭窘阨事。其在邸閣也，山珍海錯之奇異，吴錦粵紋之精綺，未嘗輕入矣。然而歲給月俸之隆，御筵宫醪之美，白金寶鏹之錫，飫見聞而接口體者，亦已甚久。其視窮簷委巷何如，而顧與之敵勞也？夫窮簷委巷者，皆其所素服與不得已焉者耳；如得已，而又加貴焉，則必有所甚不欲與不屑爲者；不然，則亦不免於怨懟之形。然則翁之仕而歸，歸而忘其貴，而又若有甚宜之者，豈細故哉！夫爲祖母若母如此，其子與孫可鑒也；爲大臣如此，其士與民可鑒也。古者聞瞽誦詩，即能使胎教之端嚴，況目接其事，又近在里閈姻婭間，孰能已於漸漬熏染之益？豈亦山川風氣之故，使類召而美聚乎？

洪先自慶吾鄉維持有人，又得爲夫人婿，以傳述其事，將聞者益信而可遠。六月二十六日，夫人生辰也。既書以獻，且俾里閈姻婭來壽者，歸而揚之。

外舅曾三符翁八十序

大僕卿三符曾先生年滿八十，聞宗族、閭里、戚屬與其子弟將期爲壽，深謝避曰：「何庸累吾宗族、閭里、戚屬、子弟爲？」家人代以請，則曰：「將吾宗族、閭里、戚屬、子弟與爲，禮若不能堪也。」

於是，先生幼婿羅宰言於長婿洪先曰：「已諸，禮歟？」洪先曰：「是古禮弗行之故也。禮：在位，八十者不俟朝，有政則就舍而問之，若曰：『得無有所苦乎？』是以安其體如是也。在野，東西行者方巡狩，必少佇車而弗敢過，若曰：『得無與相迫乎？』是以舒其氣如是也。上之於養老也，八十加五豆矣。然必祖而割牲，非爲無庖也；執醬而饋，執爵而酳，非爲無百有司也。憲德而不敢乞言，有之，亦微簡其禮，不必言與否也。老者之事上也，八十拜命一坐，而再至若賓客之事，固弗與聞也。夫位莫尊於天子，政莫大於會朝，遊莫遠於巡狩，事莫辱於庖翟，善莫美於乞言，榮莫大於賜命，然施於八十，即殊常焉。又況公卿大夫而下，不得以爵先之者哉！又況宗族、閭里、戚屬至其子弟，不得以年等之者哉！故朝不俟畢，則燕享之節，必不敢有所拘；行不避尊，則出入之宜，必不容有所制。執饋重於養體，則酬酢必不行；相見主於憲德，則應對必不及；拜命止於一坐，則揖遜必不施。此其優逸靜暇，恬愉泰適，何所不得，而豈病於禮之行哉！今先生不然，位列于九卿矣，然早致其事以歸，既不得與於就問躬饋之事；居專於一室矣，而今時無巡幸，又不得與於高年延見之列。其公卿大夫在是邦者，既未嘗居位叙齒，以時其溫存省候之意；而宗族、閭里、戚屬、子弟又未嘗聚觀盛典，以動其歆慕敬畏之誠。先生耳辨鬭蟻，口嘗脱粟，人既忘其齒之甚尊，然少長不遺，答問無倦，且又無以異於五十、六十之年。以是獻食者不求其所宜，進謁者不乘其所便。聞言不能稽其故，覿德不能觀其深。顔色不加，則曰『先生其遺我哉！吾不敢以繼見也』；議論不入，則曰『先生其挾我哉！吾不欲與盡聞也』。蒠蒠然，役其視聽於接遇之時，而勞其智慮於應對之末。即使彊有力者，猶不能以朝夕，而況於先生哉！夫古禮之行也，可以使田野之老，得蒙幸於天子；其廢也，雖爵隆齒尊如先生，不得享其宗族、閭里、戚屬、子弟之奉。忠信薄而彌文盛，孝弟衰而少儀缺，此豈直細故哉！雖然，使吾能行於禮，而使先生安焉，則長者必曰：『吾亦其子弟也，彼之致敬若是，吾何敢以色驕之？』少者必曰：『是猶吾父兄也，彼之致愛若是，吾何敢以辭煩之？』宗族曰：『斯以教吾家。』閭里曰：『斯以仁吾俗。』戚屬、子弟曰：『斯以篤吾親。』群而化焉，固不特爵如先生者，得全所尊也，將田野之老，可免於凌賤；固不特齒如先生者，得安所養也，埒五十、六十之年，可免於飢寒。如是，則古禮之行，不庶幾乎！」

於是，使宰徧告其宗族、閭里、戚屬、子弟，使皆以其觴豆進。而洪先復書以申之。

李母貢孺人六十序

聞人之善，悦而敬之，又從而誦之，而婦人之善，得誦於人者，蓋鮮有之，必其夫與其子之賢者也；聞人之善而獲報者，嘆而信之，又從而揚之，而婦人之獲報，見揚於人者，蓋益鮮有之，必其夫與其子之賢者也。夫婦人豈不足與爲善哉？閨閫之中，所爲不越乎滫瀡甘滑之齊，織紝縫紉之細，而無所謂境外之事；所見不越乎妯娌姑妹姊姪臧獲之類，而無所謂閾外之人。其人既近，則爲之聞者必不遠；其事既常，則聞之者必不駭且異。而其夫與子之賢，又皆不可必得也。如是而婦人之善，誦而揚之之鮮也，何疑！

劉向之傳列女也，盡千餘年之間，爲書八篇，而所書以爲善者，僅數十人耳。此數十人者，自后妃以下，非其夫與子之賢，則皆不幸之極，與流離饑困之餘者也。夫不幸之極，非人所深願；而流離饑困之餘，則將益遠於人。即有誦而揚之者，世無向矣，孰爲聞之？使有人如向矣，取數十人於千有餘年之間，其暇及其事之常者乎？如是，則婦人之勉於善，而冀其獲報於天者，其鮮亦宜。夫生致愛敬，病致其憂，夫子所以教曾子者，豈間於爲子婦者哉！此非甚難能者也，使爲人婦者能舉其言，其不爲夫子之所取乎？見取於夫子，則向之書不書，宜無足計也。然向之書，特取甚難能者，以愧人之不能者耳，非此數十人能盡千有餘年之善，亦非以善不在於閨閫之常，蓋史氏激勸法也。

余先宜人出谷平李氏。李氏之族，有司空公蕭夫人者，居蕪湖。蕭夫人從宦京師，先宜人朝夕見之，常誦其得婦貢氏，至孝也。蕭夫人病亟，貢爲露禱以身代，如是者累月不止。衣不解帶，藥必手進，蕭夫人竟壽康無恙。是時貢年三十餘，未有子，人皆爲孝婦惜也。已而，承寵、承武二子生，人曰「善報，善報」。自夫子之教言之，可謂似矣。然皆以爲閨閫之常，未有爲之誦而揚之者，豈過信於向然哉？余嘗爲史氏，纘向之業者也，而又嘗與禮部司務宗銘氏厚善。今其子承寵書來問訊，敦先世之好，欸如也。則余又且識其夫與子矣，忍不爲誦而揚之乎？

貢以戊申正月望日六十。承寵書曰：「不肖不能事吾母，常恐母之善行弗聞也。」貢出吏部郎湖亭，氏爲世家，相司務，教承寵、承武，爲令妻賢母，此皆不書；而獨書其孝者，蓋亦用向之意，又史氏成法也。

周魯齋七十序

陰陽、風雨、晦明，疾矣，意者，其有爲之感乎？窮通、順逆、得喪，數矣，意者，其有爲之制乎？雖然，有感之者，有莫之能感者；有制之者，有莫之能制者。知有感而不知有莫之感者，其人也亦必周於外衛之嚴；知有制而不知有莫之制者，其人也亦必委於外境之順。外衛嚴，外境順，其於人幾矣，而非其至也。故古者謂之與人爲徒。夫內無攻心之憂，則不見攖身之物，數起於有形之後，固不能及乎無爲之先。是道也，黃帝得之，名爲登天；堯舜得之，名爲壽；孔孟得之，名爲樂；老彭得之，名爲長生；而俞扁得之，名爲神術。至人不作，夭年之數不盈久矣，孰能免於人之徒哉？

魯齋周君者，邑之偉拔士也。其少也，托於神術以已疾，又能即形脉窺大素之始，以逆人禍福，期日發無不中。郡邑聞其數驗，争迎致之。而君固憫人苦疾，有所投不即應，則食不甘，寢不適，亦往往有怛然之容。異時，余過之，去其廬數里許有丘窿然，指語余曰：「是臯如廓如者，吾所息也。」望深林而笑曰：「吾將取匠氏之不睨者，斵而窽之以爲室，其可乎？」則又握手曰：「明歲尚能與我遊否？」是時年且六十六七矣。余既歸，聞君挈其家授二子，而日偃休乎其庭。時而出户觀魚喚，對禽語，忘其所以處；入而顧其妻宋，抱有二孫，飲食于于，惚乎不知其日之將暮。客相問者，非其意不顧；與之見，曰：「無以營營者入吾耳也。」又幾時，君之年且七十，其貌益勝，而其言乃益不自驗。或曰：「是君寓言以遠世也。」余曰：「不然，恬憺虛無，真氣從之，非岐伯論耶？君能以神術憫人，乃獨不能以此治身也歟哉？雖然，氣運主治之詳其説者，是數聖人所以盡乎形而下也；其説詳者，以其爲理賾而術難精也。持難精之術，而人於我乎托命，其能心安而不懼，形勞而不倦耶？是昔之於人也，言乎有形者也，六氣猶可得而干也；今之於己也，近於無爲者也，諸數之所不能窮也。」嘗聞君欲著書，明己意以示後人。倘以是爲秘乎？吾將執此補其闕矣。

族叔母彭孺人七十序

人之飲食衣服，莫不皆有常嗜。以常嗜者投之，顧其力若易致，未有奇之者也。惟夫四海九州之異産，中土四裔之更販，雖一物之微，莫不駭視而嚴奉之。何則？計其地，非越寒暑、累月日不可易致，以其致之不易，雖於有無不加損，未有弗競於得者。玄黄之於筐篚也，芻豢之於燕饗也，古今所同也。然卉服織皮，山虞海錯，不絶書於《禹貢》《周禮》之間，考諸《詩》《書》載記，人之情畧可睹矣。稱觴爲壽，其始於爵酳之養乎？故斯禮也，飲食先之，其次幣帛，其次原哽噎之祝，做罔陵之頌，侑以文辭，禮則加矣，然可誦於學士大夫之前，而不可通於寢門之內。彼其外言不可入，《詩》《書》載記之説不數經於耳目，而以頌祝之辭，飾之以文，不亦遠乎？雖然，文辭之於閨門，或有所弗嗜，至聞善言而色喜，聽樂音而氣和，則婦孺之與士大夫未嘗異也。故古有服綵以爲悦，舍羹以爲獻者矣。彼有得於世俗之所矜重，閭里之所罕遇者，孰無忻慕歡愛之心哉！苟可以得其忻慕歡愛之心，則雖一物之微，千萬里之遠，猶將致之，以盡吾人子之願，而況文辭之所稱引，揚盛美而錫純嘏，其於事爲甚切，而於孝爲尤大，使取之不勞，而傳之可遠，其能已乎？是固備物之一道也。

彭孺人者，吾族祖謹齋公配也。公善治生，資産嘗雄里中。孺人佐以勤儉，尤喜《詩》《書》，教諸子必就儒業。嘗曰：「使兒子矻矻衣食，此不足稱吾志也。」公中年捐舘，而長子柟爲縣諸生。柟之子文煒未冠，接踵青衿之列。其弟桐、極，兢兢守先業不敢廢尺寸，故其養孺人也必以情。

嘉靖甲寅正月十一日，孺人壽七十，文煒奉柟命乞言於余。余以拙訥寡言，而人謬以其言爲重，於是文煒請至再不能已。噫嘻！余安能組織經訓爲文章，如古之祝頌者，足以膾炙人之口乎？譬之海錯，見嗜者少，然雜陳俎豆，或足以清脣吻而解沉酣，若是則孺人聞余言，豈有不悦？而文煒之得其請也，其亦可以致養也哉！

曾白塘公七十序

凡磊落瑰偉之抱，不可盡繩以常調；悙恂直易之質，不能從事於彌文。非獨其志則然也。人之所長，有能有不能；而上之所好，有遇有不遇。苟不相值，雖有偏技奇能，無所用之，况强其不能者耶？

昔我高皇，知天下之才之不可以數限，而皆可以器使也，於是廣賢良方正、茂才異等之科，以補塲屋課試之不逮。既懸之令甲矣，復命閭閻田野之間，有周知政事利病，欲自言而不得者，皆許面聞。既熟視其精神狀貌，言語風旨，中采者即日拜官，與方伯郡守不吝。如鄭浦江、葉金華諸君是也。某嘗嘆息以爲大聖人之見，度越尋常萬萬，若此皆可以爲後世法。使必拘拘塲屋課試，如諸君者，欲望尺寸表見可得耶？惟貨惟來，薦辟久廢，耆宿穎秀，有不出於塲屋課試者，甘戴白槁馘，不知其幾？吾未嘗不感其所遇，而惜其所能，又恨貨來之作俑，無以追正其罪於百餘年之後也。

吾壻於曾，而曾氏有白塘丈人者，多聞善記，早以經書教授里中，里中子弟多從之遊。其爲人内剛而外和，與人言必歸於正，有取平者，非丈人出一言竟不解。丈人既竭其是非，顧覆瑕掩疵不欲面直，或即跳號嘲謔語侵丈人，丈人若爲弗聞，徐以甘言嘗之，務令冰釋悔謝乃已。其始或以爲依違，然卒不撓，久之益爲鄉人倚信。有大政役，請以相屬。

嘉靖辛丑冬，縣履畝，丈人則總一都之計。庚戌，予聯近鄉立倉同江，以便漕舟，丈人則總四都之計。當二役初起，人懷異志，丈人之持身，如投白璧濁滓中，不少涅也。邑令西石王君聞其賢，以書幣乞言。丈人上賦役書累數千言，積蠹隱病，毛舉櫛剔。王君讀之，連日嘆服不已，多見之行。嗚呼！自王君以書問丈人，一邑始知有丈人，然亦駭王君所爲矣。王君雖能屈身乞言，固不能以丈人言上之；丈人雖能致王君之乞言，與鄉人之倚信，固亦不能自致其言聞於上也。自予耳目睹記里閈中，即得丈人；其足跡未至者，宜多遺論矣。今人見塲屋課試中式，即謂之才，其中式者，亦且以才自許。顧槁馘垂白里閭田野間，莫之睥睨，此不足慨哉！浦江諸君姑未論，假如丈人得一郡邑自試，操三尺以盡所能，計年考績，不比於今之良吏矣乎？不然，即令入惎管庫，❶持籌削牘，猶勝寄心腹於刀筆，不知何負於此輩也？

丈人有雅度曠識，中年失嗣，人爲莫堪，獨能抑情。已而得丈夫子二人，與其孫森然玉立，而丈人年且七十，瞿瞿然與里子弟遊，視少時如一日，意不衰也。嘉靖丙辰四月十有三日，爲丈人初度，其婭志與子布同亨等，凡十餘人聚于予，謀爲之壽者。予每見丈人，輒有所慨，因爲之書。蓋予亦塲屋課試中式之人，方有愧於負時，固無嫌於憤世爾矣。

❶「惎」，蘇本作「幕」。

姑氏曾夫人七十序

天道之篤厚，豈不關於人事之隆盛。後世因仍承習，安陋就簡，其相沿烏可盡信哉！蓋自吾姑夫人生，而女德之求，至是一變。後之談者，咸有根據，非復假借漫爾云也。當元之季，民多轉徙，於是吾家始自廬陵遷吉水，而有黄橙之居。居黄橙十餘世，覆育相滋，益繁以庶，而女子之適鄉里結婚姻者，代不乏人。最而計之，其子孫漸衍沃者，常有之矣，求其仕而食禄于朝，則甚鮮也；其名位可稱述者，間有之矣，求其貴而爵至五品，則絶無也。以夫之貴被封者既少，求其有子推恩身享尊奉，不獨吾家，即一邑之中，求其一二不可幾也。豈非人事隆盛，固亦未易致歟？

然在吾家，七八世以來，歷成、弘之世，莫有過於吾夫人者。夫人，蘭谷公七世孫宏齋公女，余之從祖姑，而同堂共處，閨閫相距。其質任木訥，得之漸漬，而長厚成性者也。夫人之適曾也，方伯公以行誼聞，其自奉則甚約也。夫人甘苦茹淡，無少嫌怨，如是者又十餘年如一日。及方伯公顯貴也，夫人怡然處之，不知其異於前也。故終方伯公之世，事業日著，而閫内之言不外聞。未踰年，見臺君登進士高等，于健同舉於鄉，而能務學，于心因之亦有聞。當是時，夫人迎養京師。京師之間，扃邸内外森然，矍然顧盼，不及識者，取以閑家，動中繩檢。而見臺君方推舉入吏部，縝練精確，默斂密脩，聲稱出一時縉紳上。今歲甲子，夫人年且七十，五月十日，實惟其期。先是，見臺君食禄三年，以滿告。凡滿三年者，通前後勞勩雜記之，故其所書事務最衆。至於關係天下人才進退，又不可盡聞于人，有非可以事務計者。於是天子思所以慰答群臣，以爲所欲尊而不可必得者，莫父母若。而其階等得自致者，其相遇固不齊也。而夫人以方伯公顯貴，遂得具二品服，翟冠錦帔，照耀烜赫。蓋欲爲親之樂，而快意於自致者，自三公九卿數人外，無加隆者，豈非至榮之會，而天道人事亦有相成者哉！故因夫之貴於生前者非難，因夫之貴於身後者爲難；受子之養而致樂者非難，受子之養而致榮者爲難；合夫與子以爲榮者非難，合鄉人之言以爲頌，而事甚稀少若夫人者，又其甚難者也。蓋吾族自齊魏兩國夫人以下，莫之與並，而東山父子，直節守道，型範若一，越六七百年間至于今，曠世兩見，是豈可易致哉！

然世之言篤厚者，既莫能追原本始以反其初；而議論因仍，尚依違而昧特達，卒之世教輔翼，終何賴也？故夫人今日之榮，甘苦茹淡不二視者基之也。謹畏儉朴者，福所由生；而侈大靡肆者，入而悖出。不恃其有者，細行所以周也；日進不已者，至德所以升也。慕彰施者，其亦無忘積累哉！

葛山王母羅氏六十序

《坤》之六三，推「無成有終」之義，比於妻道，以爲妻於夫、臣於君，事相類也。余觀往史，鞠躬盡瘁，託孤寄命，忠藎純一之士，視彤管紀贊，端操烈節，誠莫可軒輊。至較其所據，與其所資，又若有不盡然者。

夫爵賞酬功勤，而刑戮以懲弗恪，人君奔走天下豪傑而致其勞力者，持此具也。風聲鼓舞，雖中人以上，皆可自勉而不致於敗闕，即使立綴旒之朝，當土崩之勢，事變倉卒，人心危疑，孑然無可他仰，顧其位已崇矣，責已重矣，近而儔類之猜嫌，遠而筆削之毁譽，豈無捐軀以成名者乎？故有幸而獲聞，矯而必爲者，此其所據與所資，則誠便也。至於女婦閨閫之靚嚴，不敵光儀之赫奕；酒漿之供給，不關外閫之謀慮。及其遭坎坷，撫孤遺，百責之叢委，隻影之悲辛，而又食貧作苦，歲悠日積，無聊憒憒，感時摧懷，姆傅之訓不聞，背貳之俗踵習。苟其志成矣，寸縷勺水，誰爲貽之？窮鄉僻野，誰爲傳之？彼何恃而甘心哉？例之委質食禄之人，此其尤難，宜不待辨也。夫外無所據，而後知根於中者之爲誠；外無所資，而後知發於中者之爲力。余每聞節義事，輒憬然戚於心，而於女婦，益有深省。遊余門有王生暹者，母羅孺人，蓋其一也。

孺人年十八歸王象翹，象翹病且卒，顧暹纔十歲，而母老弟幼，懼孺人有他也，謂之曰：「汝能終我事乎？」孺人掩泣，剪髮以示。象翹復堅之，輒又走取刀，向象翹自斷指。翹持之曰：「果然，吾瞑矣。」象翹素喜言張公藝事，至是目數顧諸弟，孺人測其意，即與諸弟婦合食。孺人所生止暹一人，而諸弟稍長，皆有子；已而婚嫁，又皆有子與女矣。早夜劬劬，無有厚薄，是時年二十八耳。諸弟婦與群從子婦視孺人如其母，至於今亦無有厚薄也。噫嘻！此不謂「無成有終」，而尤處其難者耶？將非根於誠而又發之力者耶？惜也沉於笄褘，而不厠於冠裳；不見於受遺，而止於立孤也。

暹奉孺人教命，以學《易》爲縣諸生。督學憲使可泉蔡公賞識其文，聞孺人行事，復表異之。臺院諸公將遂聞之於上，而爲暹友者，若某某某，以今歲八月二十有七日，孺人年且六十，謀之爲壽，乞言於余。余惟賞善莫大於表宅，錫福莫永於廣譽。孺人處尤難之地，宜足憐矣。然上而褒異於公卿，下而令聞於鄉里，且得年以來諸士大夫之祝，其所得不已多乎？愧余不文，不及古之史氏，以一言爲衮鉞，繫後世之予奪，以塞諸士大夫之請也。因觀卦辭，乃論而序之。

北京大學《儒藏》編纂與研究中心 編

《儒藏》精華編選刊

念菴羅先生文集（下）

〔明〕羅洪先 撰
徐儒宗 校點

北京大學出版社
PEKING UNIVERSITY PRESS

念菴羅先生文集卷十二

族從孫　復晋　男士瓚　士播　重校
六世孫　天衡　男韞琦
五世孫　雨霽　男廷衛　謹梓
六世孫　隨元　男士璞　士璋

譜　序[1]

廬陵安塘蕭氏族譜序

吉安諸蕭氏，惟吉水之螺陂最盛。余嘗考其譜，蓋始於武寧令，其子孫榮貴賢達，與國史相應，余甚慕之。廬陵安塘蕭氏以譜請敘，亦稱出于武寧。螺陂譜云：「武寧上世由長沙避馬殷亂，卜地得坎，遂徙廬陵。」今廬陵諸蕭，實皆長沙之後，與安塘所稱，又皆脗契。安塘譜作于元別駕文潤，至

[1] 「譜序」，原無，今據總目、卷首目録及各卷體例補。

正德間，其後人弘深、主善、興秦輩，又加詳訂，宜不舛誤。大約安塘自始遷祖特山以下，其世次皆無可疑。疑傳疑，信傳信，固君子之所爲譜，至其輕重，要各有在，亦不貴世之遠且近也。

然世之爲譜者，不援遠胄，即假冒榮貴，或附益以他人行事，而不復根究其是非，其始亦起於歆艷爲善之心，而不知於己初無所與。無與於己而歆艷之，止於自惑耳。惟假冒遠胄，則必自遺其祖，而祖他人，其爲不慈不孝孰甚焉？孟子曰：「人人有貴於己者，弗思耳。」蓋務光、許由，不必族類而自傳；伯夷、墨翟，不以官邑而始著。禹之於鯀，惠之於蹠，一體同氣，各不相掩。又況攀附於洪荒不可考信之說，而欲竊以自重哉！

君子之爲譜也，以爲自吾之前而考之，人不可得而見也，觀諸譜可知也，其善也惡也，可以勸戒而不可改也；自吾之後而逆之，譜不可得而知也，反諸身可見也，其善也惡也，可以勸戒而不可懈也。是之謂能重其身。能重其身，然後能重其譜也。

興秦訂譜，自特山以下，橋頭、巷口、象山、西園、東陂諸族，皆直書世業，無所攀附。其子檜與弟良弼，謹傳而梓之，其庶知所重也哉！而又聞余之言，安知不有名世者出也？而亦豈獨螺陂之譜，爲能起余慕也！

螺陂蕭氏族譜序

往先大夫自橙溪道出縣，休檀橋寺，讀螺陂蕭氏諸碑文，歸語某曰：「烈哉！蕭氏多賢也。其後必將有興，興則必且繩繩焉。而其時必在休明之會，汝識之。」是時，余爲童子，無從旁考世家傳記，且不能遠遊泛覽，以驗先大夫所言。未幾，今參政公晚第進士。又十餘年，公子軾、轍相繼舉鄉試，而軾以進士令仁和。余始從觀其家譜，乃知先大夫皆據其世業，而斷之以理，但言其勢之久，與時之所遇，皆豫奇中，何哉？孟子有曰：「君子之澤，五世而斬。」非謂見聞習而志意乎耶？夫習則不駭其所未嘗，乎則漸廣其所未就，雖數世稍息，然不數世而間有人焉，則必探其所遺，悲其不續，憤發焉以追配而光大之，是以鄉里名宗右族之流風，至于今猶未墜地，要其倡之者之遠也。而其能自立者，其剛直廉退之守，非有培植條達，必不能遂其所就。而培植條達，惟盛世有之，不爾，則事變之摧蝕，毀譽之屈抑，雖有志者，亦將韜跡而易方。然則世家之興，其勢必久，而其時必昌，蓋亦理有必然，而先大夫之策蕭氏，或以是也。

蕭氏自長沙遷吉水螺陂，自定基以侍御史顯宋仁宗朝。大抵正而不阿，介而能辨，而世業之傳，與宋終始。今參政公父子出，適當今上修明禮樂之際，號稱中興，其事與往行又皆相類。然宋自仁宗以後，用舍漸乖，故御史服嘗以鞫獄得罪，竄嶺南，其他皆坐新法方行，不欲久仕。是今之所遇，視昔過之，其所立又當如何也？然培植條達而後成此，衆人所能耳；經摧蝕屈抑而能憤發，其立也益堅，則其倡也益遠，此又無關於時君子所自考者也。而世莫知其然，故因先大夫之言廣之，並以告其族人。

南嶺劉氏族譜序

昔六朝之興，天下名彦多歸江左；至南唐，士之流寓者咸赴閩粵。此南北風氣一更端也。自北方變故相仍，人無恒止，先生學士遺澤，僅僅不再世而斬，獨其氣剛梗，雖無所倚藉，能斷然自樹立，故多慷慨崛起之士，而菲薄門第。南方則不然，其地不當戰争，土著之民，累世不易其據，子弟誦説先世行業，必援述史册紀傳爲證，亡是，雖盛美弗信，或即鄙夷其族類，男女婚姻不通，交際不行，故門第之禁，於是爲嚴。余始厭之，以爲拘陋大甚。已而泛考閭里間，雖盛衰迭乘，卒未有無緣而興者；不然，則其族也；不然，則其戚及所與也。夫人不能無鄙賤庸下者，勢也，而卒不可以變化，將風氣柔下，不能自振，必有待門第維持矣乎？

吾邑同水南嶺，故姓莫加於劉氏。劉氏之先多聞人，然莫著於桂隱先生。先生爲人，以聖賢爲師，不少狥俗貶理道，一時名人推重之，以爲庶幾濂洛之學，其紀諸史册者，仁義之言炳如也。先生没，雖世遠而餘烈不衰，往往子弟知向慕，以不逮前人爲懼，則莫衆於今日余賞識者。由此言之，耻下人則能自好，而守世業者能使舊聞不遺，所謂維持之道非耶？然論世者，以爲南方之士，好矜飾而鮮直道，繁校量而缺雅度，泥陳故而怯創始，多顧戀而重捐私，視慷慨之風，若或疵焉。豈亦有低昂之故乎？嘗觀習俗之殊，多緣於所見，而莫切於世業之相沿。如《詩》《書》所見殷周之事，各述祖德爲成憲，彼固明聖，亦其業則然也。故一人作之，不如百人起而和之之易成也；百人禁之，不如一人弗倡之爲速已也。桂隱先生，嘅然以聖賢爲師，所謂豪傑之士也。遂能出風氣之外，而垂後人之思。彼羣起而和之者，亦何諉乎？自非有見，不可以超風氣；見弗遠，習弗久，不可以移風氣。余又以知寡之不勝衆者，由人蔽於近而遺於久遠，非其地之罪也。

余與劉氏，世爲婚友，近從三德、方興、天健輩讀其家譜，喜其述之遠，而因自媿於先世也。廣其說，使二家學者，咸有思焉。

安成華秀彭氏族譜序

《周禮》比閭族黨，聯國中之民，固將一風俗也。然又立宗法于卿大夫之家，以收其族人。夫宗法不下於庶民，是收族之禮，獨行於君子，而不能同於國中明矣。聖人豈不欲盡國中之民，皆以禮約束之哉？君子者，明其道；小人者，致其力。力不勝道，則禮有所遺；禮不盡力，則法有所限。是故爲之祧祔繼斬，而廟統立焉；爲之尸祊爓饋，而祭義敘焉；爲之冠見婚會，而親情合焉；爲之問勞賙助，而恤典行焉；爲之含殮虞祥，而凶事同焉；爲之隆降厭報，而服制通焉。此六者，人情之所必有，而惟君子能行之，故宗法非强立也，因君子以爲之先，是以責之也。勢不得以盡國中，故此詳而彼畧焉，此聖人之權也。封建廢，卿大夫無世家矣。無世家，則宗法不可得而復；於不可復之時，而存什一於千百，豈不難哉！取其意稍可行於今，惟族譜近之。然亦必有服於禮者，而又居卿大夫之尊，自其子孫皆能世其說，夫然後浸漬督率，而人與宗之。今世三者恒又不相值矣。惟江以南，人無遠徙，羣其族而居，寡弱者不下數百人。仕於朝，雖位卿大夫，不忍去其鄉，其尊卑之敘，歷數十世可不紊，又惟吾吉爲最。

吉之著姓，彭其一也，而族皆不同。爲南唐中丞嵩之後，徙自金陵者，曰吉州司馬仁禎，子慕慶爲安福兵馬團練使，四世爲宋進士德全，始居安成邑城中，當時號爲華秀里。華秀里人既繁盛，而嵩之別子，亦多散處郡邑中。嘉靖甲辰，大常少卿黯、大守時濟譜華秀諸氏，斷自德全，而不及其他。且曰：「不附，懼後不吾信也。」人於是謂惟彭氏善譜。於乎！民同胞矣，凡後嵩者，孰非骨肉哉？然而不盡譜者，則猶宗法之彼畧而此詳，所謂勢也。如使吾之視華秀者，不知愛而敬，哀而思，於其休與戚也，猶之夫途之人也。如是譜矣，亦何異於不附。如使約束之以禮，而吾所以自盡者，不足以爲之先，亦孰爲信之？故君子明其道，身有之謂也。又曰「禮不盡力」，先之謂也。夫大夫勤於禮族人，厚於信他族，欲無興焉，不可得也。又孰爲非譜者，是謂君子之德風。余竊有志於是，而反身不逮。今爲二大夫所先。然禮必世而後通，禮通而俗成，則宗之者益遠，是二大夫之志，然非所能逆也。繼之難，故以告後之君子。

永豐聶氏族譜序

人之不可易者，生之姓氏；而不可離者，血氣之親。斯二者，人皆知之，然非其至也。同是姓而且親矣，推而本之數世之上，有能辨而不遺者乎？即有之，能無疑乎？推而廣之，五服之外，有能聚而不散者乎？即有之，能無間乎？是非不用其情也，久近、疏戚、存亡有時而變，非吾愛惡可能取必故也。今夫指古之凶德，而謂之曰「爾祖也」，則三尺童子必且詈之，非謂其無徵，中其所惡也；設美言以譽其族人，雖至疏且遠，必爲之色喜，非不知其謬，中其所愛也。夫愛惡之於目前，猶其近者也。今至於數世之上，五服之外，常情之所不能推者，而顧且然，此非至不可易與至不可離者耶？是情也，非特吾於祖考、族人有之，即子孫、族人於我，亦猶是也。使吾有可愛，後世有冒爲祖者，況吾子孫乎？如有可惡，後世且不敢祖矣，況於族人乎？甚哉！愛惡之情，足以奪親，而久近、疏戚、存亡之變，有不與也。

永豐雙江聶先生之譜其族也，考所自出，推下市磊源，得十餘世而止，曰：「據可信也。」於族人之承傳、分徙、名諱、配氏、生卒，俱有書法，曰：「不敢苟也。」可謂不誣其祖，不遺其親矣。然於譜之末，必附勸戒之辭，而復以質於余，豈有不能盡言者歟？蓋先生之學，驗於性情，而措諸實行。附勸戒於譜者，蓋將有以感動之，曰：「吾之所以爲是勸者，非獨舉吾之愛也，即汝之所願於祖考，亦欲汝之善爲人之祖考者也；吾之所以爲是戒者，非獨舉吾之惡也，即汝之訓於子孫，亦欲汝之善爲人之子孫者也。」先生以身率，而導之以情，又復若此，聶氏子孫有不全其愛者哉！

雖然，猶有進焉。盡吾之可愛而行之，則善端充；善端充，將天地訢合，而萬物皆與爲體，所謂天下一家，此大人之事也。一有惡於志，則在我已餒，不獨人得而棄之矣。先生方行其學，與天下共之，顧忍族人之不與於斯乎？有以待之，而或不可必，先生固不與也，此余不量而盡言也。

盧陵楊氏重修大同譜序

昔金人敗盟，破建康，忠襄楊公不屈死之。其後韓侂胄專權，而文節公復抱憤不食死。自古賢者之作，其居之相去，世之相後，未有能同者也。二公同出虞部侍郎輅之後，而又共生其時，故楊氏之族，遂爲廬陵諸大姓重。楊氏既以忠義聞天下，天下之人亦莫不嚮慕之。凡楊姓出於江南而失所傳者，往往自謂爲二公後，故廬陵之楊，遂爲天下諸楊姓重。雖真贋不可窮詰，要之在廬陵者，固自若也。

廬陵諸族，多自吉水湴塘、楊莊徙。楊莊以忠襄名，湴塘以文節名，諸族有不自湴塘、楊莊徙者，雖在吉水，不得稱雄長於諸邑。故譜廬陵楊氏者，必由吉水；而在吉水，尤以出於湴塘、楊莊爲重。同出於湴塘、楊莊，雖居相去、世相後甚遠，諸大姓莫有彈壓者矣。

明興，吉水諸族義方與長史季琛、御史惟敎嘗再爲譜，譜不續者，百有餘年。嘉靖丁未，憲副公必進與族人某某，共成其役。自輅四世，而有四延，四延之後，他徙者各著其系，而不必盡録子孫名氏。以爲求之詳，則勢必有遺；舉其概，則來者可考。名之曰《廬陵楊氏大同譜》，蓋欲以是統諸族，使諸族據以爲譜者，皆得不失所原。公世居湴塘，自免於疑謬之論，又以文節公爲余先世婿，兩家婚姻相緣至今，而某固稍知嚮慕者，則請序以申之。

余讀是譜，生忠襄之前者，鈐轄而下凡七公，而丕之清謹，存之剛介，爲甚著。其後簽判而下凡八九公，而復之貞靖，長孺之文惠，爲甚著。其德善勳業可誦法者，世有其人，不特忠襄、文節爾矣。而卒使是譜重者，乃在溋塘、楊莊何歟？詩曰：「人之秉彝，好是懿德。」尊賢有等，禮之所自生也。好德矣，而尊之有等，其小大卑尊，非親親之情得而掩之。妻不敢以妄擬之夫，而父不得以强奪之子，廣庭之訓飭，暗室之慚恧，若是者孰爲使之？而又孰爲辨之？是所謂人人有所重於己也。知己有所重矣，至其處身，乃或就所棄擲者而安之，是果秉彝之良乎？余又因是而竊有慨焉。夫人營田廬，密蓋藏，固將冀吾身之有傳；而樹丘壟，嚴祠墓，正懼先世之不祀也。彼數世之後，真贗不可窮詰矣，其稱引而尊奉者，固不在其祖考，而在忠義之聲聞。是徒勤百年之身，曾不得一豆之獻；而精意所嚮，乃出於無因以相求。然則規規於厚積而遠遺者，爲計不已左乎？即使無忘其祖考矣，至談其行事，則精神與通，焄蒿如見，愈久而愈親者，果能如談忠義否乎？故傳而不朽者，非必其有文之謂也；死而不亡者，非必其有子之謂也。楊氏子孫讀是譜者，亦有同余之所慨，而且嚮慕之不容已歟？

憲副公與余皆曾氏之戚，數與相見，爲談譜事。會是年，余亦續秀川族譜，方有感於先世行事，至敘文節夫人勤儉，有三歎焉。既以自儆，遂以相復。雖然，余言豈能爲他日重哉！亦以寓嚮慕之私爾。

伍塘王氏重修族譜序

高崗柏下，在古新淦縣，去吾鄉五十餘里，宋金陵御史王公敏卜隱地也。敏生恕，登紹聖丁丑進士，封樹而墓之，奉牲而享之。凡二世，恕之子琛，始遷伍塘。一傳忞，官四川提刑。再傳勉，任大理評事。迄我明興，三憲並起，太守、御史、郎中、令尹相聚，一時冠裳濟濟，即三代威儀，不加此矣。

余考宣之官僉憲也，慎而勤，即胥占之際，尤審爰書。驥則歷工、刑二部以至臬司，冰蘗之操，四十餘年如一日。琳則初任刑曹，受知英廟，恤刑湖廣，一日釋疑獄數百人，德活民命，夢感隍司，必昌厥後。法不貸者，即權貴弗避，竟以執法忤戚畹，引疾致仕，士論惜之。御史臣巡蘇松等處，勅往河東整理鹽法，立禁牆冷，鋪地侵於人者，悉歸之官，載安成少保彭公華《記》中。軍民啣恩請祠，賜允勅額「忠愛」。郡學舉祀鄉賢，列《人物志》內。此皆古良臣風度也。其餘儒官冷署，與孝廉未仕者，縷不可指焉。因思王之爲姓，周天子因生以錫也。由周而來，晉、宋爲盛。蘭亭高士，三槐留記，百派之所宗也。今伍塘所譜，不援古，不假勢，獨詳本支，真得古人作譜之意矣。

余家與王氏世好，從吾遊者，如龜年，如方平，如龜從，如邵，如以貞，如御，皆矯矯特出者也。因請序於余。乃晉諸君言曰：「王氏先輩，世叨法官，名重朝端。忠義凜凜，所望于後起者不小。今君等津津好學，御史之高風，三憲之芳躅，繩繩繼繼，作法於前者，必述於後。夫國有名世，國史增輝；家有賢胤，譜牒生色。屬其宗者，志不在温飽，斯庶幾無愧于先型。古來有德之士，刑書明啓，民歌遺愛，饗宗廟，燕子孫，萬世之聲名福澤必歸之。睹斯譜，回念孰啓之？而孰顯之？必有見於羨牆者矣。」

白沙陳氏族譜序

嘉靖戊申春，余緝家譜石蓮洞中。白沙陳君某，與其族從父某某，請敘其譜，且曰：「先考東熙公之命，不敢忘也。」東熙公名琛，蓋嘗手録世系以授之某者。余喜其志之同也，遂以考正所傳之系，❶敘而歸之。

按某族祖鈍，敘其正統譜曰：「陳之先，出高宗子叔慎之後。叔慎子曰宗先，當隋末徙廬陵匡墓，依富人匡太以居，號小隱，今其地爲玉笥之廖田。」是宗先其始遷祖也。考之史，淳于姬生岳陽王叔慎，禎明三年，臺城失守，爲秦玉所害，年纔十有八。其子孫之徙在隋之末，理則宜然。《臨江志》云：「玉笥鄉有陳岳王廟，武德中，王之子嵩爲吉州别駕，卜隱于此，遂遷王墓舘頭安山。」由是言之，嵩豈即所謂小隱者，而宗先豈其字耶？宗先之後又幾世，爲觀察判官岳。岳生翰林學士濬。濬生門下侍郎喬。喬相南唐後主，死事于開寶八年。宋太祖嘉喬之死，詔許歸葬，且官其三子誠、

❶「以」，蘇本作「與」。

議、詔。誠徙派源，議徙林城，詔爲將仕郎，仍居匡墓。詔生伯恭。伯恭生彬，舉制科。彬生溪，登元祐三年進士，官起居舍人。溪子肇，始徙黄師禾坑，又十年，徙下白沙。肇子定，爲廬州教授，三子：明、晦、旭。明留白沙，晦徙中村之竹山，旭徙住岐。竹山數傳稍微，❶而白沙、住岐之後甚繁衍。其居百歲舍埠鄭園者，又自白沙而遷者也。歷元而明，出而仕者，有新淦學正達德，儀鳳司知事性翁，將仕郎能安，東阿主簿本道，泰寧訓導好古，重慶教授三榮，上高教諭純，此皆近而可據者。而某之意則曰：「始吾族之祖宗先也，蓋推其所自出也。夫創業而遺之緒，使吾子孫衣食有賴，守其訓戒而不至於敗，古所謂功與德者，則肇於下白沙有之。故舉歲事，必於肇報功德也。雖然，祀始於此，則祖始於此矣。矧白沙所得專焉者也，而譜不始肇得乎？」於是敘世自肇始，而餘從其舊。

余既考正其譜，至於喬之死事，讀之又有深感者焉。當後主惑於憸邪，喬雖相位，不信用。早識之士將謂不得其職而去，固亦無負於國也，喬之意不然，若曰：「我世臣也，國存與存，國亡與亡，去將何之？」比將納欵，則又死争之。至于事不可爲，乃謂後主曰：「宋如以負命見責，請以喬自解，保無憂也。」遂經而死。夫慷慨殺身，難事也，古人猶或易之，以其見迫於義，則氣之所激，有必至焉者矣。方喬之就經也，國事既去，無可爲矣。主不我責，而恐其速死，是又無所迫矣。而決於自裁，若不容已，其不爲至難者乎？是喬之處位也，固將以全主之國；而其處死也，又將以全主之

❶ 「數傳稍微」，蘇本作「止于數傳」。

身。隱忍委曲，寧甘汙名，而不欲顯主之過。嗚呼！推是心以往，優於天下矣，況於家乎！喬特遇其不幸者也。今人嬴衣食，即悻悻入閭里，見貧乏者，不少加憐恤。以業歸，必損直而後領之，甚則攘寇朘削，淩暴摧殘以自肆，而不復計其卑與尊，疏與戚，若是者豈少哉？然而名謂之存，祭餕之會，慶吊之通，未嘗改於其舊，則所謂陽示之形，而陰奪其實，斯固無取於譜。此自私而不能相全之害也。其於先祖所遺功德，不惟不知報，而且棄絶之，又安在其爲專祀也乎？故欲爲肇之報者，必如喬於後主而後可，必如喬者，施於家則恒以身當其勞，不專其利，自責以難，而遜人之美，是孝子、慈父、弟弟、貞婦，可接跡而出也。其於功德，不既引長矣乎？始喬死，後主尋其屍不得，有見喬衣黄半臂行者，跡而求之，果得屍。其歸葬也，至玉笥大綏潭，舟旋舞不進，有頃，柩自沉石穴中。里人以爲神，立廟潭側祀之，歲時禱祠有奇應，輒著其事于碑。

余聞某言，乃令某往録碑辭，互相考正。先一夕，神見夢守者曰：「明旦有白衣人來，善視之。」守者異其語。未幾，某果白衣至。嗚呼！有如推其心以全其後者，豈無默相之道哉！余既序其譜，而復附以此，使知能以身全人者，其身固未爲不永也，又況遺功德于其子與孫也。

白沙鄧氏族譜序

陳居白沙凡十九世，今食指三千有奇，而住岐則别譜云。

自同江趨縣治，中道爲白沙環，郵傳比居若櫛也。問其世家，獨鄧氏有聲。憶昔諸生時，見友人多傳鄧氏尚書。已而，助祭學宮，則有鄧温州之位。其後以外氏姻訪鄧氏，入其門，壁有懸車，長老子弟多儒衣。顧其室廬，僮奴不加於比居也。

又幾年，而晴峰璜氏以族譜至，且曰：「譜之於族，猶防之於滙也。禮法不嚴，訓戒不密，則羣居有傾敗之患，吾何以制其潰哉！宋之萬鎰，元之俊明、梅隱，嘗爲譜矣，吾得免於遥冑之嫌。然文之遺者，闕且半。今所傳伯祖番禺公之譜，梓於無錫公者也，伯父參政公，先君温州公，病其大簡，將續之而未克就。今四世矣，不可以緩。惟鄧祖廣平侯淵，而家白沙自公弼始，又九世至雲卿，行乃可詳。譜傳始雲卿，貴傳信也。繼以宗範，重守也。夫創綈，必有始也。作居址，保于無極，記祠墓業，貴有徵也。著錫典言，不可以無文也，以著述終之。雖然，吾寧無遠思乎？古人有言：『假器莫如比鄰，❶考故莫若近代。』參政、温州而下，其至近也。曰宜，曰淵，曰廣，曰駢，曰忠信，則璜之諸父行也。曰簡，曰兆，曰璁，曰璞，曰珏，曰穆，則璜之諸兄行也。吾之子姪猶及見之，吾書其有弗信者乎？自參政、温州兩公以儒行顯，❷其授受可知已。儒者之道，載之諸書，❸始於親愛，而終於天下。其進則致用以利夫人，其退則固窮以和其族。雖然，親愛者，其本矣。吾見積蹄以富

---

❶「如」，蘇本作「若」。

❷「行」，蘇本作「術」，當從。

❸「諸」，蘇本作「詩」。

者，於其家之凍且餒，不獨無與恤也，蓋有朘削以自益者矣；吾見冠裳以貴者，於其家之賤且弱，不獨無與援也，蓋有驅迫而徙遠者矣；吾見議論而賢智者，於其家之愚不肖，不獨無與養也，蓋有掩覆以相給者矣。❶彼知於吾之親疎何如耶？而又何暇及天下耶？如是而持《詩》《書》之説，旅進旅退，號於人曰『儒術在是』，是何啻於以儒爲戲？嗚呼！曷觀吾之上世與吾父兄也乎？此吾立防之義也。」

余讀之而喜，又從而慨曰：兹鄧氏有聲者歟！夫世家云者，謂能世其家之學也。學于家者，不可以利於天下，即世守之，何足貴？吾因晴峰之言，厚有望於鄧氏矣。往余見晴峰薄視進取，介以自潔，所著諸書，多切世教。兹於譜也，維持之意益周，於是盡舉其言敘之。他日吉水傳儒林者，論乎其世，將不直有聲白沙之間也已。

樂安湖平王氏族譜序

余讀《詩》至周室禮樂之盛，以爲形容盛德成功至極矣。然后稷、公劉而下，其陶穴、取煅、于耜、采葛之事，往往見之篇章，有若咏歎而不足者，何哉？蓋至是而聖人教家之道，概可窺也。夫引譬小，則志易從；比類近，則情易接。言之而改聽者，可以作其怠；思之而戚心者，可以防其偷。

---

❶「給」，原作「紿」，今據蘇本改。

此其流風善俗，逾久不廢，有以鼓舞之然也。余族稍衆，間嘗考顔、吕《家訓》《鄉約》之意行之，詘於勢，不得遂。其後取族之譜，次其世行而撰述之，族人時時聚觀焉。感盛衰之際，或蹙然而悲；覽失得之故，或慨然而慕；較微顯之迹，雖至愚者，亦或俯首負慙而嗟。當是時，雖莫告語，若有發其朦者矣。因竊自謂欲教家者，取之《詩》以幾聖人之用心，莫近於譜。譜以考鏡，詩咏歎之，其深入鈞也。

樂安多大姓，在湖平獨王氏著，析處凡數千人，行于途，有問名氏而不識者。長老某某等患之，相與謀曰：「吾何以聯其涣散，而咸納之人道矣乎？」既得大理節推紹議合，乃命某續譜。譜成，使价時等來乞言。价之言曰：「余姓出於金陵，曰士堯者，自分宜白芒遷吉水帶原，祠墓存焉，譜之所由始也。五傳而有延，湖平之始也。十傳而有國寶、國器，則上下二族之始也。譜作于子純，繼于時寶、景烈，今二十有五世矣。不敢後，懼逸也。不合帶原，遠也。上族之系，有吉水葛山之文才，九江德安之文斌，不之詳，慶吊所弗及也。匹配必書閥閲，惡無教也。銘而下仕者二十有四人，獨子純、方貴、時寶詳焉，惠政聞也。濟甫而下，舉於有司者十三人，獨良甫詳焉，師草廬正學也。富者不書，書謙銘而下五人能以粟賑，義其施也。信周非賑亦書，飾禮容知務也。懿行隱矣，書吴與董，重節也。璉昌善而下四十餘人，或仕或否，均書之，崇儒也。爲王氏言者多矣，獨一峰、東白是徵人也。乞言不之他，必于執事，傳信也。」

余聞而異焉。胡其事與予似，而又與時相值？雖然，何以益諸？惟昔聖人教家，既爲之鼓舞其辭矣，然大要自其少時習爲長幼、禮容、俎豆、誦説之節，以淑其性行；俟其既長，使之出而治民，以行其所知；及倦而歸，則訓于里門以溥利于鄉黨。其材能下者，躬耕孝養，而出其嬴以佐人之急。至於世變，負殳與戈，捐軀赴公，不皇其私，是以閨門化之，咸有宋姬、共姜之風。蓋立人之道，莫大於此。是説也，《周禮》所由以興，而草廬傳之獨詳，王氏之所習聞也。數稱道其所習聞者，以振起其偷惰，由草廬之傳，以究九經之旨。其仕則爲韶州，爲金華，爲徵江；不仕則爲雲卿，爲尋欒，爲蠢菴。以發粟之心臨財，以治堰之力庇衆，以鰲溪護尉處變，以貞婦姆訓。子不云乎：「文之以禮樂，亦可以爲成人矣。」兹獨教家已乎？古之爲詩者，刺時政率先民風，蓋一國所慕，咸在巨室。予鄉去欒安不甚遠，又嘗濫廁采風之職，既喜德之不孤，而遺俗可正也，故并道所以處族人者興發之，俾有成焉。

廬陵賀氏族譜序

某嘗從同郡諸君子爲朱陸之會青原山中，與前麗水令龍岡賀公數相見。公在會中年已高，端坐竟日，聞聖賢旨要，沉思頷首，不喜辨説。心竊慕之，以爲老而不衰，可訓也。一日，衣冠造敝廬，言曰：「賀之先，出唐會稽憑，因令永新，留家焉。傳四世而有曰美，曰圖，曰琰，曰緒，諸賀所從出也。良坊、大城、下布、廬陵、荷山之賀，出於美；龍田、後田、江頭、灣東、上江頭、江南之賀，出於圖；攸縣、湘潭、小車、高田之賀，出於琰；賴田、耒陽、安成、樓前、界塘之賀，出於緒。而鈞則荷山出焉，四世而下至於今，二十有二世，總食指數萬有奇。而大吾賀者，則若弁之詩，泰之義，性翁仲善之達，學士先生稱述不絶于口。鈞懼後之無以繼也，取舊譜繹之，作譜序、凡例、世系者三，曰內篇；貴貴、賢賢、稽實者三，曰外篇。於意若曰：凡爲父子、夫婦、兄弟、叔姪，以至于羣從者，必求其慈孝、和義、友恭、愛敬，而非徒以父子、夫婦、兄弟、尊卑之名爲也。貴貴者，爲其能達乎此；賢賢者，爲其能守乎此；而皆有實可稽，亦非徒以其貴、以其賢之名爲也。然徒言之爾矣，幸以子之身教者教之可乎？」某謝不敏，至于再，公弗釋也。

嗚呼！公知學矣，奚以言哉？蓋學也者，所以學爲人也；學爲人者，學爲父子，爲夫婦，爲兄弟、叔姪，以至于羣從，而後人道始立也。人性至善，何所弗能，其待于學者何也？今夫一人言之，十人咻之，聞者不從其言，而從其咻，則知性之成於習也；十人言之，一人行之，聞者不從其言，而從其行，則知學而後有教也。故學，非能爲之謂也，謂其有所弗能，而求以能之者也；教，非必人之能也，謂其已能，而人自求之者也。嗚呼！夫孰無父子，孰無夫婦，孰無兄弟、叔姪與羣從哉？則亦孰無人道之責，而於學其可已乎？是故繼志述事，所以學爲父子，而亦以教人之爲父子也；反身刑家，所以學爲夫婦，而亦以教人之爲夫婦也；飾讓去争，厚施薄責，所以學爲兄弟，學爲叔姪，學爲羣從，而亦以教人之爲兄弟、叔姪、羣從者也。貴者得此而身益尊，賢者得此而名不滅，傳者得此而文可遠。而一有弗學，則凡彼之越履斁彝，雖非教之逸欲，而習俗之移，抑亦均有責爾矣。嗚呼！可無懼乎？

龍岡公以向衰之年，堅向往之志，雖以子給舍君之貴，而瞿瞿然如有弗及，蓋知學而後能若此。賀氏之族，相觀而善，增其不能，興於《詩》，由夫義，達其道，以進乎聖賢之業，安知不有出於虞、歐諸君稱述之外，而所以教賀氏者，奚必取之他人哉！吾見賀氏之譜成，而學者繕性輔世之訓昭也。

洪同南巷宋氏族譜序

夫子有言：「吾猶及史之闕文。」❶蓋傳疑也。夫疑於傳，削之可也，存闕文何居？若曰：「庶幾有所待乎？」厚之道也。他日，告子張曰：「多聞闕疑，❷慎言其餘。」是又不獨紀載爲然。於是悟曰：「斯所謂直道而行者乎？闕文借馬二事，蓋以實之，其篇章固相聯也。」《檀弓》言：「孔子少孤，失其父墓。」夫鄹大夫，世禄也，喪則君使人涖之，猶不免失墓之疑。而馬遷所紀堯、舜、禹傳序累數十世，如指諸掌，較其世次疎戚，其疑特甚。遷爲良史，其失乃爾，況其下哉！族之於譜，猶國之於史，其紀載無專人，而聚散無常勢，所疑闕者，又可知矣。

洪同宋氏之譜，其存而可考者四。始天定，而子温、子環、昌憲繼之。方其自丹陽而柘鄉，而洪同，諸宋之所宗也。洪同而後，有深、清、溢、渺四派。四派之後，在吉水爲篠陂，爲苦竹寨，爲田

❶「及」，原脱，今據四庫本補。

❷「聞」，原作「文」，今據《論語・述而》改。

心；在廬陵爲郡城；在永豐爲濠上，爲白水；而在峽江爲石陂；在新喻爲某。相去踰二百里，食指幾萬餘，可謂繁矣。以其繁，而又聚散不常，故四譜所書，咸不能無疑。天定於溢下書孟祥，而後以三十七郎當之，其配氏爲不同。子温去三十七郎，易以宗瑞、宗武，宗瑞而下，五世無名，而所謂大四位、十一位，與宗武之後，天定不能詳也。天定去必政，混其子邦寧、孫子東爲兄弟，而以國允之子屬之子先。昌憲則書必政於兄子後，子先、國允有三榮，甫至子環之祖雍丘，則又信解文之過也。至是，田心詔等懼其久而益舛也，合諸族爲譜。而洪同則主天定、昌憲，永豐主子温，羣然持以問於余。余惟辨得失於數千年之前，馬遷有所不能强置是非於衆口之間，孔子有所不能必，而吾何以應之？雖然，所不知者，斯亦已矣，自其可知者求之，豈無是非得失皎然於人心者乎？即其皎然者，而弗以從令爲孝，勿以億中爲智，勿以勝己爲能，固所謂直道而行也。推不從令之心，則改過固所以善繼也；推不億中之心，則傳信固所以尊祖也；推不勝己之心，則自立固所以邁迹也。豈必求勝於譜哉！吾嘗從先大夫視穫洪同之野，其山水不甚秀特，土物無奇品，其俗淳龐而近於野，然稱世家者必歸之。至論世，必先田心，其有以也。宋氏諸族，其果求勝於人乎？吾將告以常勝之道。始於學文，勿爲史遷之誣；進而干禄，勿爲子張之過；而要其所誦法者，必以夫子爲師。斯其人之名與氏，必且不見釋於後世之譜，其争也，非君子哉？是役也，詔倡之，而執事某某某，費出於衆，其以争而解去者，宜虚其簡俟之，固猶史之闕文也。

廬陵王田曾氏族譜序

江南之曾，大抵皆祖武城而宗據，其在吉水，則蘭溪爲名族。予嘗數至其里，四周崇山疊嶂，溪貫其中，沿溪甍闥，鱗次櫛比。傍有故墅數處，問之，皆宋元名人，如所謂「光庭」者所居，蓋《詩》《書》之澤未斬，而貲儲視昔幾倍。每登眺，爲之徘徊嗟咨久之。

嘉靖乙卯冬，廬陵王田曾氏，以其譜來考所自出，亦云徙於蘭溪。所刻文字，如《小堂》《槐堂》諸篇，即予所至山溪與徘徊嗟咨之故墅也。蘭溪之宅，卜自南塘。自林塘燬而衣冠凋落，然其子弟誦習不輟。今王田在廬陵，食指既繁，貲儲漸盛，子弟恂恂知服禮教，豈亦氣類相感然歟？

蘭溪譜於各族所徙，或載或不載，而王田所稱徙自蘭溪者，爲晉孫之後。又幾世，而爲子貫、子省、子恕、子勉，伯仲始自爲譜。譜始于晉孫之世，曰：「是吾之近而親者也。」而教授蔡公持己，與鄉先生康公頫，蓋已序之。自永樂戊子至于今，又若干世，譜之不續者，若干年矣。於是某某等，奉其長老之命，既裁圖系之蕪冗，與名氏之未入者，次第于譜，復來索予言以序。豈以予嘗往來蘭溪，知其故實而求正歟？

蓋嘗讀曾子之言有曰：「彼以其富，我以吾仁；彼以其爵，我以吾義。」喟然曰：「吾人特立於天地之間，無所假於外物者，其不在茲乎？今夫仁義在人，無財而足，無位而貴，無衆寡而有親，無今古而常存，無遠近而得名，是衆甫之所自出，萬世之所宗也。戰戰兢兢，如臨深淵，如履薄冰，以誠其身。身誠而仁義不可勝用，是曾子之所爲『三省』。仁義有諸吾身，即貧賤寡弱不病可也，況未至於貧賤寡弱矣乎？是故居富貴而不淫，處衆盛而不驕，歷久遠而彌張，亦豈有假於外物哉？有假於外，必其不足於中；中有不足，即外物之來，未足以相益也。」

予始徘徊光庭之故墅，憶其當時衣冠之盛，文墨之富，真足以膾炙人口，然至于今，其可指數者安在？故予嘗以吾人特立者爲蘭溪言之。王田知蘭溪矣，不知遡蘭溪以上有廣居焉。安其居者，可以宜家人，以教于國，而絜矩於天下。此曾氏之所遺。今《大學》之書故在，人人童而習之者也。今夫善守祖宗之遺者，必且私其載籍，履其疆域，以保有其聚積。曾氏所傳載籍明甚，然其所遺，要在於仁義有諸身而已。反而求之舞雩之風，金石之歌，相在爾室，於王田乎何有？

永豐水南程氏族譜序

永豐巨室在郭居者，有水南程氏。環南郭水外，甍宇殷殷，咸累貲產，擅藝文，尤多忱恂長者，及諸儒生。儒生有某某某，時號「八程」，皆秀穎敦朴，可與陳述古昔，明習理道，以故外邑亦知有水南程氏。然閭巷不甚聯比，歲時驩會弗盡辨名氏，道遇或昧戚屬先後，諸父老患之。於是用中等二十有四人，集諸儒生緝舊譜，譜前世所由來，與後生未載者。蓋程之先，武裔也。當宋神宗時，有程巽者，由洛徙歙，爲淮西戍夫。子統立功建炎中，官千户。子仁傑，紹興中進朝列大夫。朝列子賓興，淳熙中移署鄂州帥府。帥府留後子梓忠。梓忠子明秀，有大勳，淳祐中授懷遠大將軍，鎮臨江，移守永豐聖嶺。子翔雲繼之，以他故謫右武將軍，戍龍泉。宋亡，遂失官，家永豐之永寧洲。有四子：伯源徙今水南，叔源徙流原，而福源之西郭，德源之楓木橋，再世皆無後。巽之戍淮，賓興之帥鄂，不常厥居。明秀而下，世有祠墓在永豐，故譜始明秀而宗伯源。伯源凡幾世，無遠近必書，書必詳生卒、配氏，於是程氏之譜粲然有條畫矣。

嘉靖乙未，諸儒生以譜請序。予爲援明道、伊川以進之。大意以爲：洛故無程，由大中而程始名，微二程，大中泯矣。諸儒生不鄙予説，受之以歸。又二十餘年，某復持序來索書。予覽之，感焉。當其爲是説以授諸儒生也，亦慨然思以濂洛之學自任於身，而且持以喻諸人，疑若易易然也。今二十餘年以來，聞之者既已稔，而言之者無所效，不亦自愧於心乎？且夫二程之學，主於求仁。其言仁也，以渾然同物爲體者也。夫同物爲體者，謂其如手足於一身，疾痛疴癢皆相關也。疾痛疴癢皆相關者，思其所必安，而營其所必捄，此不待言而自喻者。今水南之族，凡幾百人，稱謂之序，往來之跡，體貌之恭，吾知其不悖於譜矣。其幾百人之善敗利害，若是其不齊也，亦將何以體之？見其顛連無告者，亦惻然而思爲之援；其氣勢之加於我者，亦有忿疾而思逞者乎？夫言同物者，不必皆血氣之親，猶之曰凡物云爾。名爲族類，則固同一體而分也。然於疾痛疴癢，顧有言之而不喻者，則又何哉？惻隱之心，人皆有之。諸儒生既以明習，而且陳述之矣。然猶有不能踐其言，以推之於族類，豈二程之學卒不可復明矣乎？夫學不明，則仁道熄；仁道熄，則人己判，而大人之業不傳。興觀微而巨室之風不競，此非細故也。夫子有言：「有能一日用其力於仁矣乎？我未見力不足者。」予以二十餘年之久，不能自効，而顧以爲愧，亦何以諉於人哉？孟氏有言：「人病不求耳，子歸而求之，有餘師。」諸儒生於二程是也。因其再請也，遂盡言而書以遺之。

安成社布王氏族譜序

嘉靖丙辰，予續秀川族譜，族與安成社布王氏婣者，介其省祭某、諸生某、大學生某來請敘譜，且曰：「世之言王姓者，咸出太子晋，遷于琅邪，望于太原。自唐而上，《新書》具存，吾無贅矣。生唐之末，長者諱該，吾之始祖也。長者避亂，由太原徙蜀，由蜀徙吉之水東，再徙廬陵荷山。後梁龍德元年，有龍見舍傍，將復他徙，胡僧過之，曰：『北走百里，遇三白止。』長者以爲讖，北入安城，僅百里，遇乘白馬者，問其地，爲大、小白茅岡，因卜居之。今連嶺王氏是也。長者生二子，長曰餘，次曰肱。肱長而武勇有智略，從金陵楊演征虔，留家七里鎮。自連嶺而徙者，爲楝頭，爲茅塘，爲什鄉、東向諸處，皆餘之裔也。餘之十三世孫宗白翁，紹興元年葬母邑東，廬居其側，其地有社祠，泉多瀑布，於是人呼其處爲社布。社布至是始有王氏。宗白生層七，層七生清甫、洪甫。清甫生介翁，介翁生大屋之震元、花樹之鼎元、白竹之巽元。洪甫生琦翁，琦翁生福元，福元生復初，復初生傳芳，則高村之支也。元季兵變，譜失所在。宗白十二世有孫曰奎登，弘治庚戌進士，既爲祠祠長者以下，復謀於叔父乾澆，更作族譜。其後平樂守一鵬續之，弗及梓行。至于今，族屬日繁，譜之不登者又幾世矣，此某輩之所懼也。夫推所自出，始于長者，其上不可得而知，其下不可得而詳者，勢也。詳始宗白，親親也。親之故，貧不耻，賤不捐，否則貴富不敢他援，一體故也。系以五世，蘇氏法也。有名有行，著妻若子，生書年，卒書藏，人道有終始也。先世之誥勅、碑銘、諸文彙紀之，示不敢忘也。先生其爲序諸。」

予曰：「吾之譜秀川也，亦若是。雖然，此譜之譜，非人之譜也。夫爲譜者，孰不本始、聯衆、緝文、比行以傳遠哉？稽其實而一弗當，皆彌文耳。夫人不亦有譜乎？吾之初生，性源渾渾，聲臭俱泯，不可窮詰，不猶姓源未啓乎？居所而遷，上下無常，不猶擇里而處乎？慎獨不二，庶類以成，不猶本支蕃盛乎？全而歸之，毋忝所生，非即本所自出乎？父父，子子，兄兄，弟弟，夫夫，婦婦，以正其家，非即世系相屬乎？言法行則以獲乎上，信乎友，治乎民，非即彙紀之事乎？然莫有舉其廢而新之者，何也？修人之譜者，有弗譜，譜斯遠矣。《新書》諸王之譜，足傳者幾人？河汾少年布衣，明王道，著經訓，彼非貴富顯赫者也，而萬世之下，猶然仰之；夷甫身都三公，死于晋室，宜其有述，而不免於疵議者，名實乖也。不又有蒙穢叢垢，子孫羞以爲祖者乎？身隨世往，而取榮者多莫大於實勝，夫是謂修人之譜。修譜之譜者，人得贊以辭；修人之譜，非自反諸身，弗可幾也。」

予嘗以是告秀川之子弟矣。社布與秀川世婣，相去地里邇甚，其請序也，至于再三，故以告秀川者告之。樂聞人之善，又勉其有成，固睦婣之道也。

泰和高平郭氏族譜序

今之親愛尊事於人者，其姓氏既稔，其州里既辨，其性行既得，然猶懼聞之弗詳，不足以盡探其實。而或不相值也，又將徘徊其故居，愴惻其遺物，而拯恤其子孫，又恒懼爲之弗力，不足以曲致其私也。彼其人往矣，吾之所親愛而尊事者，無所待矣。猶然注其耳目於寂寞冥昧之後，豈冀斯人之我知哉！斯其不解於心，所謂情也。故心思有所屬，則見聞因之營以周；見聞有所觸，則心思因之積以固。此無擇於疏與戚，而固有然者，矧於身所從出？問其居，不遠於百里；考其傳，不間於越世。而又誦聖賢之言，敦倫篤行，明道術而施之當世，以永君子之譽者，其於親愛而尊事之也，情將謂何？即使吾所從出，或至不可窮詰，而下之庶孽之孑遺，支緒之他逸，其存亡失得之故，不幸不得識之耳目，以致夫肸蠁展省之數，慰其思慕而安其棲處，爲之慶會、問贈、吊恤、捄助之節，以收其散敗，嚴其訓飭，以廣慈厚於將來，君子於此，有不以爲歉乎哉？即是推之，譜之用情，可得而知也？

泰和平川郭君致祥，與予同年舉進士，爲人惇恂純慤，而切於問學。嘗爲給舍，以直道見抑，再起爲嘉興郡守，將大拜，一旦棄其禄歸養，終身不悔。蓋斷斷必爲君子者也。既稱其力之能爲，以聯疏戚而訓飭之，其子弟咸彬彬以文學進，雖力田服賈，亦多馴謹朴茂之風。至是復取舊譜續而新之，推本其所從出。自今蜀江高平祖子高而上，凡幾十世，至汾陽之四世孫御史中丞瞿始。自中丞徙泰和之龍泉鄉十善鎮隱儀岡，而其子樞密使延嵩則徙符竹，數傳至逵，再徙雲亭鄉之西平。又數傳，而爲子高。子高上世有文勝者，以善施仁其鄉，而其後代有聞人，如寶祐乙卯解元魁、遼陽千户承宣、固安訓導暹、大寧教諭燦、光化知縣讓、京衛經歷諭、南寧同知治，則皆與君聚居高平者也。

君之譜，追遡甚遠，而承傳、徙居、存亡、失得之詳，上下四百餘年之間，言之靡有遺憾。高平之族，足於見聞若此，吾意必有敦倫篤行之士相繼而起，以植當時而譽後世，則此其具矣。雖然，見似之悲，本於識貌；無服之喪，緣於知生。廟而爲之尸者，不忍離其形也；祭而爲之餕者，不敢私其遺也。然則肸蠁展謁之數，慶會、問贈、吊恤、捄助之節，雖君子未之行，其能自解於心否乎？嗟夫！至情之發，固有遏之而不能使其止者，彼其心思不齊，所謂積以固者，或不在是，豈皆不足於見聞歟？抑所謂情者，必本於學，而後各得其正；而語之以學，又必本之身以先之歟？然世之以身切於問學者，恒不多見，是譜雖具，猶不足以觸其心思，又況并譜而忽之者也？

君之爲此，自謂終族父南寧之意，且以支庶繁盛，不能人給，則别五宗之親，授之其長。會予緝秀川之譜垂成，而序譜之命適至，自喜與同情也，遂本情之至者爲説，亦以著君之用情，蓋有本云。

銀溪謝氏族譜序

江左之世競門户，門户之盛，以王、謝爲首稱。至其保全功名，無有挫衄，王固非謝比也。嘗讀安石家傳，其諸彦傑之士，皆出羣從，故封胡羯末之號，傳爲美談，豈亦一時之氣會哉！然史稱安石處家，嘗以儀範訓子弟，又時時以言戒約之，似又由於論導然者，其故何哉？古之醫卜，必善累世；漢氏經説，咸祖專門。夫醫卜，小藝也；經説，儒生所有事也。猶然必待累世專門而後精，論導之功，焉可誣哉！江左品藻，先器識而尚才智。夫器，局于質矣，識則可以學而弘；才，限於稟矣，智則可以學而廣。廣智弘識，則器可大，才可通，氣會與論導，固相成也。

予邑中謝氏，惟銀溪爲最盛。其在宋元國初，投仕牒者，無慮十數人。故鄉里有爲二謝三毛之语，蓋華之也。自余之少三四十年以來，綰綬佩符，不絶于當途，起進士而衣紫者，前後相踵，彦俊在庠序，多魁厚簡朴之資，則又氣會之逢也。其後因爲婚姻，數至其家，見其長老博大惇恂，而本於慈儉，内外習尚，具有成規，而諷誦《詩》《書》，承傳統紀，不至二三其旨，然後知其纘述既久遠矣。邇者，參議潮溪君待次于家，以舊譜相傳，凡三書。而來者日增，不可以無續也，復緝爲二編，以遺族人。首譜例，次訓誡，次世系，次雜紀；而下編則首誥勅，次文獻，凡涉於溢美黱僞者，擯弗録，有維持之道焉。譜成，謀於族之長老，遣諸生某某致書幣，委予敘之。

惟謝之先，本江左，至豫章太守顒之子雅，尹興國，遂留衣錦鄉。又三十二世，曰昭祖者，徙銀溪，在紹興之七年。參議君以其近而可據也，續譜斷自錦衣，而以昭祖爲一世，至于今十有六傳。生聚之繁，物産之殷，衣冠之衆，駸駸甲閭右矣。乃尤拳拳於訓誡、紀載之詳，其深有意於論導非耶？江右盛矣，考其羨慕，惟在器識才智之選，故其訓子弟而戒約之者，不出於儀範。嗚呼！彼所謂儀範者，豈皆聖人之教，抑亦不免於世俗之所品藻乎？銀溪今當聖學大明之時，而儒者維持之效，厚倫理而敦道誼，即家庭閨閫之間，以盡慈儉惇恂之實。處則即所行以善其鄉，出則即所志以善其世，固不直爲江左儀範而已。

史又稱安石雖受朝寄，而東山之志，始終不渝，是當時諭導所在，雖不盡聞，要之一一必本諸身，故言易入而不疑也。嗚呼！安石且然，而况不爲安石者乎？聖人之教，折其衆議，則爲經説；見其一節，則爲器識，爲才智。而全體諸己，則德日崇，而教自行，未有無諸己而能喻諸人者也。

予與參議君，皆谷平李先生門人，其諸彦俊，又皆以聖學問答相往來，既皆任諭導之責矣，將無有進於是者乎？因爲之序以先之。

泰和鄧氏族譜序

一峰先生隱金牛山，山深溪毒，從者多病。惟泰和鄧公鼎，歲餘無所苦，先生器之。比登進士，爲鄧、睢兩州，有惠政，擢郎中。嘗謁告捐俸，合食族人，力竭乃已。余少聞而羨之。無何，與其子玉瓚同舉于鄉，纔一再見，不及問家世。

嘉靖己未，縣學生鄧用光等持譜請序。考其代序既甚遠，而所祖止于慈谿主簿晞顔。晞顔在宋紹興間，自建業始遷西昌，六世爲神童有興。神童五孫，傳者三人：輝叔徙城西，焕叔徙水南，新叔徙冠朝。三叔之傳，十有二世達可以後，仕者聞于時，隱者聞于鄉，上下三百餘年，文學行誼，磊磊可舉者，二十有六人，蓋公其一也。公居冠朝，其磊磊出衆上。嘗欲因叔祖文淵所爲譜增修之，力不逮，以付其叔璧，子球、瓚。瓚爲虹縣知縣，與二人先後逝，皆不果。於是，用光及諸學生天祚，集樂成瓚之志。而水南城西，又多長老，克紹前聞，懇懇佐費，致期相之。蓋鄧氏居泰和，幾二十世，至是始有完譜入梓，嗚呼！難矣。

當余聞公事時，無問其家世如何也，即使雜於委巷，素無冠裳閥閲之榮，吾羨之者，不加損焉，何也？以其人也。比知其家世且有冠裳閥閲之榮矣，乃益爲鄧氏羨，何也？以其得是人也。然則人與譜，將孰輕重？彼欲重其譜者，果何以哉？夫人所可重者，爲能通天下爲一身。彼其一身猶夫人，而天下至廣，安在其能通之？則仁之推也。故不獨稱名于譜者爲甚戚，而且旁達于蠕動夭喬之類；不獨飢寒觸于目者爲可憫，而且有關於疾痛疴癢之情。公之合食，近矣，自予觀閭里間羣居燕見，稱名未始不以譜也。彼我相形，貴富相軋，稍涉利害，所争僅錙銖，而相持輒斷斷不暫釋，彼豈異人哉？誠懼其子若孫有所不足，思以遺之，勢不能兼耳。夫愛子若孫，孰與於自愛其身？今夫趨名于朝，趨利于野，冒寒暑，輕險阻，棄家室而淹歲月以求之，非不知寒暑險阻能害吾身，不勝其求之之誠也。誠於求道者，亦何異於是？身弗恤矣，烏暇計其子孫何若，又烏知有彼我之形？公之推仁，其始於金牛之遊乎？夫忘其身與子若孫，宜非情也。人顧羨之以爲譜重，是公未竟於譜者，稱名未盡書耳。夫譜之爲書，非止以詳稱名，而凡得書爲公之族者，皆有可推也。推求道之誠于分之所當爲，凡世之齟齬拂逆，皆吾平生之經嘗而不可怨；推合食之仁于力之所可及，凡族之强弱衆寡，皆吾四支之肥瘠而不忍傷。反諸身，率其族人，使稱名者不爲徒書，如是，獨公能重譜哉？

方公竭力合食，當貧矣，至于今，其子若孫未始以貧病，此耳目所逮也。逮則徵，徵則信，信則從。羨鄧氏者，吾知其衆矣。某等凡再及門，其意勤甚，而予自少已羨鄧氏，樂道其善，又故舊也。於是乎書。

萬安横街劉氏族譜序

儒者論風俗，必先立宗，顧未有原其所以爲宗者。夫宗之爲言，相率尊之云爾。先王深知人之常情，耳目之視聽必有習，心志之趨嚮必有歸，不可無與宗也。則又以爲敦悔啓迪，不逮於表儀之崇嚴；氣類感孚，每資於户庭之浸漬。於是即其骨肉至戚，立之五宗，假禄秩以統之，約其視聽之所注，趨嚮之所主，而不至於涣散，是宗法也。宗必有禄秩而後立，故其尊比於君道。五宗之人，不敢以其戚臨之，而其法亦易以行。後世貴不世禄，代不襲賢，二者常不相值，故有業足致遠，不自行於族黨之間；言當垂世，不即信於朝夕之内。若漢之石、周，宋之陳、吕，乃幸而間值焉耳。如是而談古之立宗，不已左乎？

吉安多巨族，各以閥閲相侈競，又能嚴祠祀以萃睽離，緝譜牒以明昭穆，其意皆本儒者所論，將以補宗法之不及而維持之，非不勤也。然觀風俗，惟萬安横街劉氏稱最善，嘗就而詢焉。其先自汴爲萬安丞，有惠政，民愛之，子孫留家邑西門，仕漸融顯。七世以來，凡一尚書，一侍郎，兩布政使，其他都轉運使、參政、行人、州郡長倅、參軍、文學，至數十人，而舉於鄉者，歲不絶踵。其起丞簿至臺省，父子兄弟相繼，與省華家世頗類。侍郎公直道忤時，飭躬範後，視正獻原明，亦若近之世爲大官，無所失德，比之周仁，莫或高下。其家規馴謹，徒御簡朴，與人交際，不違尺寸。童孺靡絶服之飾，衣冠無崇阿之居。蓋有闤闠所狎而臧獲見嗤，紈綺所安而閨閾不識，肫肫乎中涓之遺風也，將非得之濡染以成其性，傳之唯諾以豫其防歟？抑亦鼓舞於聲望之重，裁正於端凝之操歟？吾於是益知宗法之立，必有所藉，儒者之論，其亦未概今古矣。

嘉靖己未，劉氏長老咸思知縣璜，懼譜牒不續六十有七年，而名不登者二三世，謀於羣從，分任其事，以庶幾所謂補宗法者。其年九月，因參政君某，與其子弟索言於余。憶侍先大夫，言名臣必及侍郎。往歲與繼卿氏游，稱莫逆，得聞參政昆仲，歷名藩皆爲良吏，比見與之偕者，又皆氣柔而貌恭，無近世宦家態，喜其維持者衆，將風俗日復于古可期也。爲之慶曰：「古之宗法，不行於今矣。然今之爲譜者，統於上而爲父母、祖父母，以至于高、曾，孰非五世之宗；聯于旁而爲兄弟伯叔，以至于曾祖伯叔，孰非五宗之人？此郡邑諸族，可得而同也。五宗之人，視聽之所習，趨嚮之所歸，咸知相率尊信。其高、曾所遺，而不至于渙散，惟劉氏則然，郡邑諸族，不可得而同矣。」

夫所貴於賢者，謂能以身爲人宗，而不必見之于其身。身信於人，此至難也，人信之矣；身且有位，位且世焉，此又難也，世其位矣。相望而起，將尊信者，久而彌固，此尤難也，然則劉氏誠亦何幸而爲之，賢者將何以待之？ 語云：「登高而招，不必力；順風而呼，不必疾。」審若是，即謂古之宗法猶存可也。嗚呼！ 古以其法，今以其實。以其法，故可常；以其實，必有俟乎？ 間值劉氏是矣。論風俗者，其尚有考於斯乎！

泰和梅岡王氏族譜序

夫能自得者，斯一無所羨於外，豈獨君子之心身爲然，即人之術業亦有之。工鼓瑟者違時好，甘飯牛者忘爵禄，彼固有勝之然也。豈獨術業，即人之族類亦有之。一夔之足，非假伯仲；八元之才，未兼勳庸。仁不可爲衆也，貴無敵於賢也，自昔爾矣。今世譜族類者，吾惑焉。援遠冑則先神聖，附華閥則連望郡，飾彌文則傅史書，非不侈聽聞也，反諸身，枵然而靡所存，此何以觀之？ 吉郡多世家，又率不鄙予言，聽其論次，因得究其習好所在，至梅岡王氏，尤嗟異而歎賞焉。

往予遊泰和，聞士人談梅岡居室之衆，子姓之蕃，《詩》《書》之澤，稱盛閭里間，奕奕然莫或過也。比從僉憲君鳴臣觀宗譜，其系出南唐保大中吉州法曹公徽之後，未嘗援遠冑。又幾世，啓相由廬陵甲村徙今泰和梅岡，未嘗附華閥。自七世仲端、八世致恭、致堯、致平而下，至于今二十五世，其序述皆本劉、胡、梁三公語，未嘗飾彌文。於意亦曰：「世與遼遠而莫徵，孰若信其所可知；人與涣散而不倫，孰若念其所當厚；言與夸詡而無當，孰若求其所必傳。」其將務孝友之實，而不以外衒者哉！ 夫無鑿於外者，其中必堅；假之人者既輕，則責己也必嚴以篤。吾意梅岡族類，其將日有聞也。

序梅岡之譜者，皆言宋進士致堯之《易傳》，與致平祖孫、父子、兄弟之科第，元之詩，明興伯奇、履善兩監察之政，琛、修、伋之文學，至是而有僉憲君及合肥君育仁兩君，皆登進士有聲，以爲梅岡術業之善相傳若此。余未暇考其上世，惟僉憲君爲給事中，以直道外謫，起今官，爲人博厚愷易，禄食幾二十年，奉入盡均其同生，無有分異，遂皆以弟子員著聲郡中。兹特其一事耳。人之昧尺寸者，即錙銖動顔面，矧奉入垂二十年，誰能捐之？自非孝友至性根於中，宜不易也。誠易之，即其行於天下，必求稱吾之心，視外物去來，皆不足以爲輕重。此其心身自得，當復何似？美成在久積之近而風且遠被。觀梅岡族類者，又何適乎？吾將執是譜待之也？予弟居先辱僉憲君兒女好，因數與往來。既得論次于譜，樂其有成也，遂盡言告之。

滁陽胡氏族譜序

江北古來戰争地。滁和以東，五代至國初，尤當兵衝，蹂踐抄掠，莫計啓闢。夫土無寧宇，人無强宗，轉徙靡常，見聞弗逮，厚本敦愛，感無緣生。士人非甚好古，視譜咸若贅餘，其勢固然也。惟江以南，中原限絶，禍非難首，定自傳檄，間入割據，敗不旋踵，宋元遺構，僻隱宛存。故譜牒莫盛於江南，而附援亦惟江南爲甚。世下俗偷，重遠交而陰圮族。内行乖矣，彼其附援，非哲人名賢，即古忠貞端廉之裔，謂世夸嚴榮羡者也。顧所存乃不在是，子孫將何以觀？如是即謂譜牒，果爲贅餘亦可也。

滁陽胡君汝茂，博學飭行，慨然有古賢哲貞廉之風。其自立既足遠聞，間撰譜牒，聯族上遡止七世，無附援，述訓戒，次列有紀，復舉存乎禮之大者，告宗人士。予嘗輯家譜，頗疑姓源，考始祖以墓爲據，傳外内言行巨細，俾知法準。不謂胡君論適與合。夫能存乎己者，曠時相感，即古賢聖，猶且幾之，矧追遠以厚本，連類以敦愛，人性所同。豈以風氣習俗間哉？江北譜牒，其必自兹廣矣。

東門徐氏族譜序

吉水城中多世族，其聚散大抵無慮數十家，然生齒貲産咸不逮東門。居東門内外稱世族者，不下十餘家，其生齒貲産既相稱，而世固多聞人，先大夫在武宗朝最善南峰徐公穆。公博學高才負時望，官至侍讀學士，不竟其用以卒。於是所謂十餘家者，自視又若不逮徐氏。自學士没，其長老益自矜重，諸生在學校中，時復藉藉有聲，而萬州判官焕，又數數以所爲祖祠規約求證可否。自餘祭冠婚喪咸有品制，訓飭可誦。間又謀之長老，遣諸生光述等，持新譜請曰：「自我明來，徐氏爲譜再矣。在永樂間，則有自南、城南兩公；在成化間，則有泉州教授公鼎。鼎之爲譜也，自宋通判以下，咸能道其世業，而保寧同知公禮，又自以其意列爲譜圖，圖世系詳甚。自成化至今且百年，譜之不續者三世，三世而不書，恐遺忘者衆，無以成先世之志也。幸爲敘之。」

於是，某又知徐氏聞人，不獨學士。而同知，又予先曾莫逆，蓋通家也。乃敬復曰：「諸君知譜不續，不可以爲世族；亦知學之不續，不可以善世業矣乎？夫所貴乎世族者，非生齒貲産之謂也，有世業之謂也。今夫農圃醫卜、釣射獵奕之善，其世業也。雖以庸賤之品，委巷之陋，必有指而趨者焉，謂其有所傳也。彼農圃獵奕，非大業也，而且以世名，況非農圃獵奕乎？君子之學以成身，必有資於世濟也，何以異於是。何則？聞見習熟，話言不能發其藴；感悟迅速，授受不能達其機。譬之於射，十人議之，不如並耦而進之，足以示禮樂也。惟醫亦然，百方擬之，不如一劑之效之足以辨虚實也。故能繼其學者，得於家庭唯諾之間，雜以俗而莫之移；成於蒙幼導化之素，終其身而莫之變，夫是之謂以身淑人。夫以身淑人者，不言而教行；以言淑人者，言湮而教熄。其教行者，世以爲準；教之熄，求一言之善，弗可得矣。雖然，一言之善苟存矣，亦足以訓，則焕之規約是也，矧於有之身者哉！」

憶往年誦學士文，嘗以銕爐步喻世業之不競者。徐氏聞之舊矣，然則今昔之以東門名也，非有自哉！是譜也，長老主其議者，曰某某；纂緝登録，裁以義而增未備者，爲某某。而焕蓋教授之後，故知竭力繼其業。光述又嘗學於予，即非通家，予之言亦烏能已也！

泥田周氏族譜序

吉水鄉五，而同水爲最大。同水都八，而六十一爲最大。都之故家且十餘，而人至衆，時至久，惟泥田周氏，蓋姓之大者也。余家兩婚于參議公，而先大夫爲甥，其曾孫鄖陽同知子恭，故於某莫逆，知其族在宋元貴顯頗詳。比試諸生，聯名尚書延。而第進士，則憲副汝員爲同年。鄖陽稱表叔，尚書爲表兄，憲副婿于余族，實姑行也。每聚輒言：宋譜始于嘉泰尚忠，起宋淳祐戊申，梓於克開、士寧諸公。其後大德、泰定，屢修于壽伯祖孫。在洪武甲寅，則有觀國爲首。在永樂丁酉，則有岐鳳、時立爲首。而宣德譜則主事公南巽、御史公皞、修撰公時簡、學士公功敘、參議公紀、知府公源主之。至于今百數十年，且未續，而吾後人幸禄食，而奔走四方不一暇，則爲奈何？未幾次第即世。嘉靖癸亥，族長老道治等竟其事，而尚書嘗命子弟捐百餘金爲倡，若永新之勝鄉、厚田，安成之横龍、連嶺，廬陵之周原、湖山，新喻之城西、羅坊，咸助其費，而在泥田者成之。蓋其力厚，故易舉若此。長老謂余親且故，不可無言。往見故家諸譜，咸祖歐、蘇兩公。蘇譜主服制，服以五，故止五世，上殺下殺，世至於九，則服之變極矣。歐出吉水，喜遠冑，冑遠者，世多不續，故嘗揭系立之傳以間之。泥田始沂濱，下逮所生，列圖以九，蓋蘇例也；圖首汾翁，揭房之派，而不立傳，雜歐例也。長老則曰：「注而復揭，贅矣。曷盡從蘇順乎？」乃損之，附以各文，文與世增，越幾月而竣事。嘗謂諸長老曰：「而知而譜之類於蘇，亦知蘇之用情矣乎？夫服之有五，本乎一身，至於曾、高、孫、玄而旁極于親盡，固蘇子所謂勢莫如之何也。彼出於親疎遠近，而無有乎貧富衆寡之別，原所稟之良，靡所加損，其休與戚，通爲一體，五服有所不能限，則其情也。」

嗚呼！五服之制，禮之爲教云爾矣。有不肖者出，雖至戚猶歉於迫惻懇篤之懷，而惟己之適，彼暇守其法而不貶抑哉！惟夫性近於厚，不忍少逸，以庶幾賢者所趨，乃能僅僅勉狥以就禮之常，斯亦鮮矣。過此而推己之情，以均五服之所不及。凡譜之所書，等其骨肉，固甚難也。有能不阻其難而進所知，由一族以至天下，豈有辨族之譜，其一驗矣。今試求之，有書其父母之名，而不動心者乎？有書其兄弟、妻子之名，而不動心者乎？夫人莫不有父母、兄弟、妻子，固一身之所值，然未有爲之迫惻懇篤者，則又何也？夫人之自私者，一身之外，莫能相同。苟棄形骸，忘爾汝，即一身之外，其視人與天下，亦何以異？故能同於族者，必能同於天下，而無有乎親疏、遠近、貧富、衆寡之分，是治譜之學也。而其毋以蘇譜治譜而善體之，其體之已者，能推乎人，而靡有間於親疏、遠近、貧富、衆寡，使他日出是譜也，咸有所放，而不敢以載名之書視之。其於大姓先世，固皆不負矣乎？

於是譜垂成，凡增入者，必原乎舊配之名氏，究實書之；存言務擇其善，不必備；而美行諸足法者，則爲列傳以傳，即親疏、遠近、貧富、衆寡，一視罔異。意曰：「此皆沂濱之後也。」蓋自沂濱而下，幾三十世，小大必詳。而永新、安城、廬陵、新喻，既仍共譜，外系者凡八。而勞于譜之長幼共續譜者，具在自叙中附見別簡。

高安雲岡況氏三修族譜序

江南重譜牒，多推原世系所由起，與何代相準，自始封迄今幾百年，少亦不下數十世，其真贋不可窮詰，而父子承傳，祖孫分聚，莫不鑿鑿可據。至舉他書相證，或疎或密，或增或損，即彼此不能胳合也。故江南譜牒，率遠冑而多貴種，任割截而輕附援，概之名宗，得免者鮮矣。況郭山君之治譜也，異於是。其言曰：「吾況之族不繁，徵諸此文不相屬。吾考其可知者，以貽諸後，求爲可信而已。於是，遷筠，始政公。遷雲岡，始景仙公，遭元不綱，避禍外徙。太祖初，民咸復業，適當均仁公之世，故均仁公者，中興之始也。均仁之事太祖也，赴京陳言十二事，思以便民，而山租願以鈔代錢，曰：『其順貧民所有乎？』太祖聞言，欣然納之。自筠而上，不敢妄附，慎也。自筠而下，有況璉公，有況文公，事相近也；況鍾公，況玉公，行可傳也；況長寧公，史不磨也。」且曰：「欲尊祖而睦族者，庶有省乎！蓋僉憲彦琛公、理問俗菴公、四一居士公、正郎汝明公有事于譜，至于予又三修焉。」是郭山君之治譜也。於乎！其過於人也遠哉！

夫務上人，而少根據，江南之俗，大抵類之，求其實勝自力，誠難事也。不惑于俗，而惟尊祖睦族之求，以庶幾於實勝，而不見從事之難，此其人尚得以耳目拘之哉？且夫祖廟見重於人，而爲世世尊仰者，亦曰實有諸身，外物不得勝焉耳。均仁公之陳言，蓋其一也。當太祖之圖治也，下至微賤，片言不遺，意曰：「爲吾言者，其必有蘇息乎？」而均仁公不遠數千里，身至闕下，事爲之慮，至於以鈔代錢，垂戒深遠。蓋江南免於錢幣之患，其思審矣。夫痛錢幣之患，不啻吾身自罹其苦，即思有以處之。使患重於錢幣，不啻吾身自罹其苦者，從可知也；幸而不比于錢幣之重，而身之所罹者，乃其至輕，又可知也。推之至于一草一木，一飲一食，其事不盡仰於人，而彼此相去不至數千百里之遠，舉手動足，足以施無窮之利，玆不足爲乎？又推而至于所及不止一人，而吾之所爲，不可以時計者，不知凡幾。則是爲吾嬰情者，尤種種也。又推而本吾一身，卑高先後，咸有所仰，以至顛連無告，皆思有以庇之，斯又善於尊祖，并睦族之仁舉之矣。是道也，獨譜牒哉？其又止於善俗而已哉？

郭山君與予同舉于鄉，幸皆同棄于時，得以盡力於學，而郭山君不予棄也。喜其遠俗，因可語而盡以告之。

澄溪華山周橋羅氏族譜序

吉多羅姓，雖融塞不齊，大抵皆祖印岡肅矣。余家牒記祖肅，僅識名耳。其業嫩劣無徵，然他氏牒記稍異。或曰冠軍將軍恭後，或曰南唐進士潁後，或曰吉州刺史，是何據也？惟澄溪近宗弘正，遠祖時濟。澄溪者，少保通里也。英皇十四年，北虜乜先以計中中國，天子興師餝邊，困于土木，百官行成。通起儒吏，以都御史提兵當關，掩窮其歸。乜先沮謀。累官太子少保。世言少保多智喜術，善任變，又精風角伏射等技，神其軍事，以故能立勳。今考其策危幾，遏驕悍，寄障一面，豈非偉然奇丈夫哉！少保譜曰弘正本鍾公後，居白芒，爲吉水主簿，官罷，擇澄溪家焉。葬池上，因名「主簿塘」。子孫散居塘南澄溪間，遂爲澄溪氏。後源章徙華山，一爲華山氏。後仲淵徙州橋，一爲州橋氏。仲濟徙石瀨上實先居完塘完塘以芒以上先居一爲石瀨氏白鼓嗚岡。❶鼓嗚岡者，乃拯公時濟自宜城爲吉州司李始遷所居也。而完塘爲其子日宜所遷，白芒即四世虹所遷。至弘正，實拯公六世孫矣。當少保薨，譜不就。厥後郡丞栢、舉人諒、學生可久，緝倣價楠竟業云。

余嘗讀史列傳，推見本始，未有不抵隆貴裔聖哲以爲善源，至其證故，雖輓除削緍郵肆治畦諸惡業弗諱，然後知其爲訓深遠也。孔子曰：「有教無類。」今夫汗血超母，不離提奔；攙檀女貞，何殊植性？彼其哀然不羣者，材力淩軼，文采固續綸矣。❷是以循牆傴僂，實基素王；文身自屏，姬猶吴俗。君子之澤，五世而斬，作者創列，加於纂述久矣。近世水心系源武崗，談者必先文毅，西崗三大夫，非必君章仲素支庶也。人至歆之若世希有，故曰：莊厲之士，白屋焜華；憸刺之夫，冠綦髡跣。且如聯附簪紱，席胤組圭，而顯蹈大戒，子孫罔敢稱籍。此其食報，固不比於短祚哉！

騰蛇之遊，無所附援，絳績所擯，雖芥羽金距，不登翰音塲矣。語云：「人貌榮名，邁迹蓋愆，貽無疆慶，獨貌耶？」譜言少保祖恭，性伉爽，矜志節，嘗以十策干文皇，并論救江寧、上元兩知縣罪，有古豪士風。治器尚型，漸習則然。諺有之：「而翁播秄，驕子射時。」言難守也。余親覿郡丞行事

❶「仲濟徙石瀨」至「白鼓嗚岡」，文義難通，且各本互異。雍正翻刻本改作「白芒以上涀瀁不載載弘正始」，而四庫本則作「仲濟徙石瀨鼓嗚岡」，其間錯訛，存疑待考。

❷「續」，四庫本作「繽」。

甚淳謹，與其子弟遊，多穎篤克類，自非振樹，惡能符於世德哉？

山原羅氏族譜序

三潭羅君，晚年與先大夫爲莫逆交。嘉靖辛卯、壬辰，延爲子弟師，於是昕昕相對。每程課誦稍暇，即索紙就窗隙細書，及暮乃罷。取而觀之，山原之族譜也。予起告於京師，君送至桐江，袖中出二簡齋銘，一請譜序。癸巳以後，予以憂病出入，不獲踐諾者二十四年。丙辰，予輯秀川族譜，因憶前請，索譜於君之子瑾，恍然今昔，而予之頷且垂白矣。

予族與山原同，然所出秀川祖尌之先，本湘東人，而序譜者，咸謂豫章徙同江，莫辨其自。獨山原祖襄陽拯。拯爲吉州推官，在郡志可考。子日宣，舉慶曆進士，具載學碑中，是時秀川科第尚未興也。秀川詩學始於印山武知軍棐，恭賓狀其行。印山仲子上行卒安仁，智縣武岡聞訃而泣，且爲之銘，載其同官相得之殷。兩家氣味之同，又不獨先大夫之於三潭君矣。

君之譜既增昔之未備，至於家規禮訓，使人人展卷而興孝弟之心，有所依倣以保合親睦，有維持長久之道。賢里皆有所益，又足以起予之不逮。山原爲世家，其維持者代有其人。後之人尚思體君之言，等而上之，使秀川之族感發而興，以復相與之盛，是非人間大快事？君雖不及見，必且瞑目地下矣。

秀川居徙考序

余觀《生民》詩，述后稷之生，至於平林委巷，不隱其陋，豈真顯神異，張幽恠？蓋反始懷舊，人性本誠，而積累難艱，固足聳示子孫，動憂勤矣。今人去家數舍許，聞故鄉事，無問驗否，瞿然悲感，或至泣下，此非好誣祟誕也，耳目不逮，則見聞因之眩易，不可得而强抑也。

余往入秀川，見頹垣敗瓦，雜榛荆間，問之長老，或曰：「是先世之遺，今某其子孫也。」或曰：「是外徙而不歸者也。」於它姓屋廬，則曰：「是吾族子孫不能保而歸之者也。」而幸存者，又皆經歷兵火，凡幾易地而始復。余於是徘徊嗟歎，若不能去。久之，頗盡時變興衰之故，有郡乘國史所缺遺者。十餘年來，長老漸亡，雖欲再從追問，且有不及之悔，況後余而出者耶？

於是，别簡識之。崇寧前，事簡而語詳，其後變數而語畧，簡者系以世，數者系以年。總其綱，故特書；盡其變，故分書。此二者，書之大較也。年莫可考，約其時類書之。析産編户，以著齒繁。夫四民未有不出於編氓者，比閭什伍以聯之，王政之大經也。室敗與更主書「廢」，反舊書「復」，輕棄所有書「失」。家之正寢，尊與祠同，先人神靈在焉，弗可後也。祭田之失復，譜之續書，皆事之大者也。表宅，樹風聲也；災祥，辨安危也；瀦堰守望，以厚義也；不名所自出，蘇氏法也；旁及，不遺親也；詳先君，情之至也；不旁及，聞不逮也；復爲之説，不没所聞也。而朝廷郡邑之事，因以考焉。觀時變者，必有取於此。

秀川内外傳序

《易》有之：「男正位乎外，女正位乎内，男女正，天地之大義也。」其《象》曰：「君子以言有物而行有恒。」嗚呼！言行善，固所以正位内外，言行善矣，家人之道有弗盡乎？雖然，其外云者，非獨晝不於寢之謂也；其内云者，非獨夜必以燭之謂也。孟子曰：「其君用之，安富尊榮；其子弟從之，孝弟忠信。」明進與退，皆有事事。《記》曰「男子之生，桑弧蓬矢，志于四方」是也；婦人之事，不踰閾，謹酒漿，共蠶織，而順教令，可以稱幽貞矣。故禮男尊而女卑，言乎内外，而職之小大遠近，不亦較然矣乎？聖賢之學，千古之遠，六合之内，不出於性分，性分得而天地參，是故上焉者以輔世，其次易俗，其次宜家，其次保身。自保身至於輔世，其小大遠近，亦有間矣，概於善，則一也。故一言一行之足誦，人斯傳之矣。傳也者，傳也。傳之必愛其美，而則傚之，其能已乎？

洪先自幼服膺庭訓，口授耳熟，不敢怠忘。比考手澤，見聞益廣，緝而紀之，漸成篇帙。足則徵，徵則信，故遺稿附録，備載下方。昔魯、衛同姓，《史記》别立世家，蓋貽謀擇術，家殊人異，啓後不可不慎也。人居不比者，其傳亦再更端，以著世業。疎與數，皆據情實，無敢借辭。婦不别簡，取諸從夫與子之義，抑亦觀其刑于云爾。夫人不皆善也，固亦有爲不善而書之，足以戒者。詳其善，隱其不善，雖其人無足誦，而交游有以善言至者，存而弗去，抑又何哉？所以示友道至重，亦曰順人之至情，且誘之也。雖有至弗良之人，未有不愛其先人者。呼其祖父而譽之，即絶德不以爲飾僞，蒙垢穢語，輒艴然頳色不悅，而於他人則否。非好善之心獨明於此，而闇於彼也，此誠骨肉之親，不可强而同也。今夫談聖賢之事，咸恐畏而不敢當者，其故非難知也，以其出於教詔，非耳目所睹記也。惟夫家庭唯諾之間，閨闥宴昵之實，聲聞之所薰蒸，意態之所浸漬，不俟察而明，不待詔而喻，其去耳目睹記，又加切矣。有舉祖父之善，而夸詡羡慕之不置，其言豈不易於相入，而其行豈不易於相襲哉！夫善者，必可傳矣，而於骨肉之親，又誠好而莫或疑，則是余言必有取於族人也。雖然，余豈徒以言也哉？傳曰：「身不行道，不行於妻子；其身正，不令行矣。」父爲子綱，夫爲妻綱，作《内外傳》。

秀川名位表序

嗚呼！自大時府君而上，其隱與顯，世代遼邈，吾不得而考矣。府君居戡村者，又八世，凡二百四十餘年，而始以儒術顯，豈不難哉！蓋考宋大觀至于今，四百五十七年之間，致有名位者，二百三十九人云。孟子曰：「孔子三月無君，皇皇如也。」彼聖人者，用則行，舍則藏，何遽至於皇皇哉？伊尹曰：「一夫不獲，時余之辜。」天下之饑溺，若禹稷之饑溺也。是故畎畝稂莠，農之耻也；器用苦窳，工之耻也；臭載背時，商賈之耻也；違教麗法，齊民之耻也；缺卒敗伍，將帥之耻也。教化未明，德澤未降，庶職未熙，羣生未和，此獨爲士者之耻，非它人所當與矣。知恥而皇皇矣，上之人不能以禮羅致，則亦不得枉己從之，故三月皇皇，不能已於一日，接淅而行者，乃所以爲孔子也。爲之禮羅致之矣，名不顯，位不當，則亦不足以爲士，故名與位者，上之所以致士，亦士之所以自致其用也。於乎！後之羅而致之者，未始不爲禮矣，果不愧於士矣乎？君子疾没世而名不稱，不患無位，患所以立。於乎！此吾表所以作也。

宋之羅致凡九途：曰舍貢，曰解試，曰童科，曰國學，曰漕舉，曰正奏名，曰特奏名，曰銓試，曰恩封；元有鄉試、國學、銓除，加辟舉、軍功、道術而爲六；明則鄉試、會試、歲貢、國子、保舉、吏員、軍功、恩蔭、封贈，其數視宋而制不同，時勢異也。

當宋之初，有解試、進士、童子、國學諸科。其諸州解試，得省試對策者爲進士，賜上、二甲曰及第，三甲曰出身，四、五甲曰同出身，皆謂之正奏，而落第仍還本州，故由進士者，其散官書左，而它途書右，示所重也。開寶間，與十五舉者，本科出身，名爲特奏，一曰恩科，其後雖一二舉，間亦得與，而其科亦且四等。童子科有明經，有文試。明經止於記誦，而試文者，得永免解。若國學升補，止在京師。崇寧以來，行其法于天下，罷諸州解試，而州以學生分外、内、上三舍，入辟雍，登大學，俟命殿試，謂之舍貢。宣和三年罷之。南渡後止一大學，其法歲一放補，入外舍爲補試，内舍爲監舉，上舍爲舍試。而以外學中下等入者爲混補，取之諸州解試乙榜者爲待補，天子幸學，特與免試入省爲恩免，此三者，國學法之稍變者也。景祐以來，慮取士不廣，凡依親游學與職官門客去家二千里者，得就所寓轉運司解試，謂之漕舉，一曰白頭科。❶淳熙中，進納借補軍功官，皆得相沿而蔭

❶「白」，蘇本作「别」。

補，及雜科人則就吏部銓試。其蔭補之法，自朝奉郎以上，遇大祀大慶及當磨勘，輒與一資，而父母之封，則自國子至於解試者，皆得請焉。此宋之九途，而待士之厚，亦畧可見矣。

元時貴國族而薄漢人，寵吏書而鄙儒士，至於道術，亦甚尊顯，故銓除中多屬吏胥雜流，若所謂速古兒赤者，則御前控鶴諸執事也。延祐八年，始行鄉試于行省。蓋混一者三十餘年矣，然解額既虧，未久而罷。至正初，始復再舉，而天下且亂，有行之一州者，若贛榜是已。其他國學所舉，與薦辟所授，止于學職。天下既亂，百姓自爲團兵，乃有義兵軍功。其死事之贈，行省承制，天子無所問也。

我太祖皇帝之興，不吝爵賞，豪傑景從。既以武功取天下，即定鄉試、會試之期。而鄉試一舉，即名貢士，得會試禮部。其進士止于三甲，而乙榜爲下。學校年深者，拔爲歲貢，與保舉明經、賢良諸科列爲三途。國子則以落第貢士與歲貢生爲之，其始猶行積分，近皆因序注選。有限年歲貢者，謂之恩貢；不拘年次者，謂之選貢。或以進納，謂之援例，皆間行而止。其吏選限以三考，士人鮮復爲之。至於恩蔭，則自三品推恩，與死王事者，其封贈通於七品，非遇大慶，皆以給由爲限。蓋酌宋之制而行之，然皆據表中所及爲言，未盡其損益也。

大要我朝與宋皆務重儒，故外是途者，百不數人焉。至於元末，纔一舉鄉試就學職者，十人而九，則猶足以見羅氏士風之端廉，而時勢之異，亦較然矣。雖然，此豈細故哉！於是，起大觀，迄嘉靖，上列諸科年歲，下系名位，皆遵其世錯書之，俾後之爲士而有志世道者，因得以考鏡焉。

田心張氏族譜序

古之君子，嘗歉其所不足，而不敢恃其所長。其爲歉也，不獨一言一行，必欲反諸己也，即身世之勳伐功行、爵邑籍屬猶耻言之，而況蒙諸人乎？後世不然，嘗侈其所長，而不知勉其不足。其爲侈也，不獨一言一行，必欲加乎人也，即交接之勳伐功行、爵邑籍屬猶冒言之，而況有諸己乎？予每見人之稱引，而有感於古今之異，竊爲之深怪，因歎古之君子何其鮮能，而後世之流風濫注密移於人心，何若是其遠也？

往年，惠安張中丞淨峰公爲巡撫，求曲江公之譜於吉水，近邑志張氏悉上譜，大抵皆祖五宏，如永豐杏園所言，徙自宏淵，是爲五宏之一。而其父景重居吉州，則曲江玄孫也。浄峰公據史系駁之，謂景重爲繼高之宗，不應遠徙，且史不載五宏何世，獨景重之傳，而有涉、渥、淪、沼、洪，五宏是其字耶？蓋其子孫不能紀載，或億言之，而吉水田心之譜，視諸張詳甚，浄峰公固未見也。

田心之譜曰：徙吉水非始景重。景重生熇，熇生廷傑，廷傑生涉、渥、淪、沼、洪。洪字宏海，始居恩江之蟾塘。宏海生瑛，瑛生鑄，鑄生仕謨，仕謨生才賨，才賨生大猷，大猷生公翼，公翼生端仁，端仁生喬林，喬林生季成，季成生子庚，子庚生伯瑛，伯瑛生引年，始徙吉水田心。自曲江而下，至是二十世矣。其前系既與史合，而其後人又足以補其亡遺，蓋信譜功當浄峰公求譜時，諸張狺狺，言如聚訟，咸説田心辨之。其長老子弟不可，曰：「是侈吾籍伐，而顯諸族之闕失也。」又數年，家石洲君鈍爲武昌太守，以書告其父老子弟曰：「吾譜嘗燬而幸存其署，今不梓，後世得無有爲杏園之言者乎？」則又曰：「曲江，吾所自出也，其世遠；引年，吾始遷也，其世近。遠者情盡，近者情親，是詳署不得而比也。」又曰：「遷田心，子庚志也，引年成之，吾烏乎可忘？」於是，別曲江而下十有七世，爲《派衍圖》，别子庚一世，爲《肇基圖》。圖止書名，不詳其世數功行。敘功行，紀世數，自引年始。曰：「譜自田心作也。」居田心十四代，代有聞人，别爲大傳，證以衆論，而不溢辭。曰：「庶其免於誣乎？」譜成，既自捐俸梓之，復以書索序於予。予終始成之，蓋深信其稱引之非億言也。

夫蟾塘之緒重矣，而不必持辨於人；曲江之裔貴矣，而不必盡詳其事；田心之聞人衆矣，而不必自章其美。是曰父乾母坤，人肖乎其中，固有至貴於己，而辨之尤所當先，以進後人者乎？嘗觀曲江公争仙客之封，明皇怒曰：「卿固素有門閥哉！」曲江，賢相也，明皇歛其丰度，舊矣。彼豈有意於勳伐功行、爵邑籍屬之榮顯，而君臣猜嫌之際，乃復云云若此，則其濫注密移於後世之人心者，又何怪哉！夫惟人心濫注密移於勳伐功行、爵邑籍屬之榮顯，則其有所恃乎人也，不得不至於捐己；其得之於己也，則亦不得不至於加人。苟於濫注密移之中，有能反己之所不足，如夫子所謂「未能於君子之道」者，辨之於一言一行之微，以求身之可貴，真有見於勳伐功行、爵邑籍屬不足以爲榮顯，則於祖功宗德但筆記之，以傳信於後嗣，而不必頻入於人之耳，屢出於己之口，斯固君子用心也。

予家世與田心聯婣，俗尚重倫理而篤於義。其前聞人行事，鉅細莫可悉述，自方枘、野塘、竹丘、静庵、孚齋諸公，予得以文著其志，復請益於西墅先生，而與其令子象溪君幼楨爲莫逆。其奉長老詔之命而速言者，爲品，爲銑，爲少中，爲少均，爲鎰，爲日熙，爲應之，爲應舉，爲鴻漸，爲忱，爲登選，皆髦士之選也。才既各有所長，而又儳然若有所不足，皆可以謂之君子也。故即有感於稱引之非億言也，而序之。譜言宏海崇仁主簿，而史所謂虔州簽判者，乃宏淵也。崇仁與恩江蟾塘接境，揆其勢，譜如之。

永新文竹周氏族譜序

余族與泥田周氏，衡宇相望，婚媾相尋，出入守助，稱爲仁里。而泥田則膏粱華腴，諸姓莫能與匹。余嘗與其縉紳先生同遊，知其族有派衍于禾川之文竹者，敦詩説禮，度越時流，心竊慕之。及余與東廓先生講學於復古書院，爾時周君婁偕其猶子太學生一才與焉。余觀其進退雍容，中規中矩，望而知爲泥田家風也。其後二年，復講學于禾川，因得至兩君家，兩君與其族之賢者，孔舉、孔庠、孔章等，出其初修派譜相示，且踵事增華，爲之重修，而問序于余。余披覽其籍，見其條理井如也，其昭穆森如也，其親疎同異晰如也，斯固家乘之大觀矣。吾因是而知譜爲人倫之重也。

昔者，天子賜姓命氏，以彰有功，是時人皆土著，情文歡洽，而譜系作焉。雖至遭逢變亂，或去墳墓而離宗族者，猶挾其家譜以示相承。中葉而降，風教漸薄，譜録多廢，于是李失隴西，劉失彭城，華賤一區，可爲三歎。即如陶元亮自謂與其族祖長沙公同出于大司馬，而後屬漸疎漸遠矣，故其詩曰：「同源分流，情殊世隔。悼彼行路，眷言踟躕。」杜子美在蜀，邂逅姪孫濟，而不免于形骸矣。故其詩曰：「所來爲宗族，亦不爲盤飧。勿受外嫌猜，古道世所敦。」黄山谷謫居嶺南，經衡陽過黄成而相見，不免于感歎矣。故其贈成之序曰：「殊鄉異井，兄弟未遠。六十相識，中心是愴。」向使諸君子果亦有泥田之合譜，文竹之派譜，元亮何至于踟躕，子美何嫌于盤飧，山谷何至戚戚于殊鄉異井也哉？今泥田之有文竹也，墨潭琴水，聯如一氣，墟墓與共，祼將與同，非如大司馬之疎遠也。文竹之與泥田也，主伯亞旅，合爲一身，非如子美、山谷之流落貶謫，對面不偶也。入其家而少長有序，内外有别，上下有章，勃谿不争，鬩牆無怨。喬梓之俯仰凜然，葛藟之本根常庇。親親故尊祖，尊祖故敬宗，敬宗故睦族，兢兢乎有禮以相繩，彬彬乎有文以相接，宜其碩大而蕃滋，源遠而流長，簪纓之盛，將與泥田而繼美也哉！

是役也，纂修者，爲周君婁暨其姪一才；同纂修者，爲孔舉、孔庠、孔章；勷勞協理者，則慶梅、孔寬、孔鸞、孔褒、稟梓、宗典、養和、養恕等，例得並書。

玉峽雲塘陳氏重修族譜序

余讀方子古家乘，而有以知夏塘陳氏之譜爲信譜也。譜之法凡四，而重其譜以永存者弗與焉。一曰明祖無妄承，二曰辨宗無强援，三曰聯親無忍遺，四曰昭分無淆齒。兹四法具，譜之信也，不倚前達而自詡，不諱先瑕而自弛。《詩》《書》《禮》《樂》，隱達交修，則譜必重，而未見有朽焉者矣。

夏塘陳氏，玉笥望族也。實自閬中堯咨子長修出牧新淦，卜築今地，傳少明、少肅、少潔，析爲東西派，既盛矣。元有壽鵬、壽鵷、壽軒連登巍科，陟膴仕，復熾矣。獨少潔徙豐邑鸛坑，再衍爲櫪溪，同一本也。迨國初，有諱仲長者穎脱，西派愈盛而熾。長史宏中甫始志譜，解大紳學士序之，間爲兵燹磨滅。迺歲仲春，西派之彦承明君謀新舊譜，董諸族人聘豐邑文學郭君栢司譜局。事竣，持其譜索言爲序。

予展讀至再，見其承祖必斷自長修，而不嫌其金魚墜地之愆；援宗必明指二派，而不附里忠烈狥國之裔。果同所出，雖櫪溪異地而未遺；已定昭穆，雖樵叟魚童散而有紀。其殆庶幾具譜之四法焉者。陳氏之❶

玉峽羅田袁氏族譜序❷

人道莫大於親親，親親故尊祖，尊祖故敬宗，敬宗故睦族。凡支分派别，而族屬不等於塗人者，皆譜之所繫也。故蘇氏作譜以教孝，顔氏作譜以教弟，誠以長幼、昭穆、尊卑、大小、親疎之倫不明，將以富貴而加於父兄宗族者有矣，抑先人之有德行、功名、勳勞、爵位、學問、文章而不知著，婜不知

❶「之」下，原闕。
❷ 題目原闕，今據四庫本補。

其氏，生不知其日，卒不知其年，葬不知其所，類由無紀傳焉故也。譜之所繫，顧不重哉？

今節届上巳，余欲往瀟江陸通羅田，會雨溪漲，留於袁君本節、本清書舍。因見袁氏譜牒爲蠹魚朽，昆季前而請曰：「先生辱臨敝廬，是家之光也。意欲重修此譜，乞先生一言弁之，宗族於以增重。」余乃詳閱舊帙，始知袁氏之先，本軒轅黄帝八代孫有虞氏，七傳至莊伯爰生諸，諸生濤塗，遂以王父字爲氏曰爰，爰即袁也。及漢興，博士固申儒遏黄，倡業於前，袁氏遂大顯。至司徒安，懷德於身，望重汝南，歷任三公。其子敞、京，孫湯，曾孫逢、隗，玄孫紹，並居公位，故稱四世五公官，袁氏之盛甲天下。其後十四世孫顗，仕五代宋爲雍州都督。❶顗九世孫滋，爲唐永貞相，後謫吉州刺史，遂家於吉州。及子致輔，復遷袁州之袁家坊。至趙宋至和元年，致輔六世孫日嚴，爲袁州教授。有幼子武仲，字志安，英宗治平四年授評事，尋刺吉州。時淦屬吉，公因遊淦縣，卜隱地，乃擇處於沙坊之烏石岡。厥後嗣續日蕃，其由烏石岡而徙者不一處，而惟羅田爲盛。

羅田自藝公肇基，子孫蟄蟄，衣冠繩繩。如思文公崛起軍官，以武功顯者無論，即僉憲朝陽公，越今未遠。以余幸魁多士之日，去公登第之年，僅六十有四載，似僾然其若接也。而當年内閣東劉先生吏部侍郎，名珝，暨秉鑒侍讀學士丘濬，少詹事徐博，深爲公雅重，如謝遷、劉戩、王鏊等，名甲一時，尤於公有聲氣。厥後官河南，政績爲河南所稱，是公之文章、事業、聲名、爵位，彰彰在人耳目

❶ 篇首至「仕」字，原闕，今據四庫本補。

間。雖與本節昆季爲同族，而要之其始，皆一人之身也。夫萬派必始於一本，小宗悉合於大宗，乃有次而不紊，有倫而不瀆。今昆季欲修茲譜，豈非孝敬之至念，親親之仁愛歟？故雖世遠年湮，先人之事蹟未能悉詳，務紀其大概，俾世系不至於紊瀆，❶派衍得及於奕葉。其中爲孝廉，爲明經，爲弟子員，有徵必書；爲封誥，爲勅命，爲忠孝節義，有美必載。至娶妻必書者何？孔子曰：「天地不合，萬物不生。」婚娶，萬世之嗣也，可不書與？故書之曰「娶某氏」，使子若孫，知其所從出也。又曰：「天地之大德曰生。」生者，人之始也，故書之曰「生某日」。有生必死，死者，人之終也，故書之曰「卒某日」，是以君子有終身之喪，忌日之謂也。死必歸土，故書之曰「葬某地」，使雨露既濡，而怵惕之心生焉。是皆所以教孝也。且長幼辨則大小無凌躐之咎，昭穆序則疎戚無隕越之失，而尊卑不有定位乎？是又所以教弟也。如是而寧，復患有致相見如塗人者乎？無有矣。又致有以富貴加於父兄宗族者乎？無有矣。

譜既成，勸宜先勤儉以立其本，忠孝以植其基，積德積學朝夕而灌溉之，則日新月盛，自能保世以滋大也。余深嘉斯舉，且屬在婣親，爰抒數語以謝所請。

---

❶「系」字至篇末，原闕，今據四庫本補。

念菴羅先生文集卷十三

族從孫　復晋　男士瓚　士播　重校
六世孫　天衡　男韞琦
五世孫　雨霽　男廷衛　謹梓
六世孫　隨元　男士璞　士璋

行　狀❶

明故通議大夫總督南京糧儲都察院右副都御史谷平李先生行狀

昔孔子没，顔氏又復夭死，門弟子無所歸命，欲師有若。當是時，非賴曾子數言，其事固未止也。夫因言而止，亦必因言而遷，其於是非之微，固非斬然辨也明矣。彼皆親炙聖人而終身，其速肖亦且七十，不可謂不衆也。而易惑猶且若此，又況其遠者哉！自孔門至宋儒，得數人矣。自宋

❶「行狀」，原無，今據總目、卷首目録及各卷體例補。

以後，其言愈明，其實愈晦。於極晦之餘，有能得其立言之旨，雖未計其所至淺深，要之皆可以追逸駕於諸子，豈虚語哉！夫學至不易矣，而端緒之别，又且什百而千萬，於什百千萬之中，歷世既遠，幸一人焉，有志者聞之，其不切思審問，求其傳述，探其紀載，固非情也。今世之於宋儒，宋儒之於孔門，概可見矣。後之視今，豈異昔哉？故谷平先生之行，無問巨細，洪先必究終始次第言之，要亦有待其人焉。

謹按：先生姓李氏，諱中，字子庸，吉水谷平里人也。李氏居谷平久而繁，世爲著姓。宋有諱次魚者，以道鳴，南軒、晦翁善之，學者尊爲復齋先生。又幾世，爲先生高祖沂泳。沂泳生復泰，復泰生爾肅，爾肅生崇道，號坦翁，是生先生。先生貴，自坦翁二世俱贈中大夫、四川布政司右參政，配羅氏、歐陽氏，俱贈淑人。

先生生有異質，不假訓習而穎悟絶人。在襁褓，歐陽淑人撫之曰：「汝繼舅氏業乎？」蓋歐陽出文忠公後，其父西原先生，有道者也。五六歲，未識書，解爲聲偶，數試之，不能窮。八歲，讀書忘寢食。大父歎曰：「是兒必昌吾家。」然自高祖以下，世敦行誼，無厚貲，會淑人亡，束修不常繼。弘治壬子，年十四，始授《尚書》，學舉子業。明年，從坦翁如郡城，道出周文襄公墓下，聞行事，心慕之。丁巳，受學玉齋楊先生之門。玉齋先生名珠，里之諶溪人，歐陽淑人母舅也。其學自傳註遡濂洛，能躬理道，不苟榮勢，貧老，瞽而無子，横經授徒，未嘗見戚容。出其門者，以解釋考據爲名家，然自謂所學不在是也。晚得先生，與語，喜曰：「吾甥女固未亡乎？」盡以其學授之。且謂曰：「吾言本之明道，明道其醇者也。而吾未嘗輕語人，驗其資，皆不足多也。聖人與人何異？亦爲之而已矣。子勉之。夫財利者，人所至欲，而易以迷。動意於此，不可以語道。吾嘗有言：『金用火試，人用財試。』未有役於財，而强於義者。子勉之。」先生自是慨然有志聖賢之學。

戊午，遊遂江，爲子弟師。明年冬，坦翁攜如楚，寓景陵，景陵多師之。辛酉，訪大父寓舍如隨州。是時，大司馬李公士修初爲州守，見其文，異之，薦爲州學增廣生。明年，議婚。又明年，年二十有六，張淑人始來歸，然猶不能市書。一日，見一峰先生集，手録歸，歎曰：「大丈夫不當如是耶？」始獨居。遇大雪，食且盡，室無烟火，誦書不輟，忘其饑寒在身也。比爲州學生，月廩矣，復分以給鄉之窶人。窶人異之，聞於隨，愈益敬憚。先生故不假辭色，即州守子弟來學，意不合，不能少留。以是行輩私語不名，而指所居里稱爲白石先生。

正德丁卯，舉湖廣鄉試第一人。甲戌，賜進士出身高等。楊少師一清爲吏部，將舉臺諫，數召試，不往。六月，授刑部浙江司主事。是時，武宗皇帝縱西僧出入禁内，宦官用事居中，先生憂之，上疏切諫。疏有曰：「今日大權未收，儲位未建，義子未革，紀綱日弛，風俗日壞，小人日進，君子日退，士氣日靡，言路日閉，名器日輕，賄賂日行，禮樂日廢，刑罰日濫，民財日殫，軍政日敝，天變於上，地變於下，此道之不明不行，陛下之心惑於異端故也。」其他指斥忌諱，辭氣激壯。疏入，武宗大怒，人人危之，先生藁坐飽食，待罪從容，以當道捄解得免。踰月，忽出内降，謫通衢驛丞。縉紳嗟曰：「先生辭言職矣，顧以言去，豈常情哉？」争爲詩歌之。

乙亥，奉坦翁之通衢，闢愛梅亭，讀《易》其中。戊寅，病移長樂學宫。新建伯王公守仁鎮贛州，檄先生與王公思議軍事。己卯三月至贛，而宸濠方謀不軌，時論煽摇。王公問計，先生豫策其敗，引古爲證，力贊其決。變作，王公邀以助己。平居不屑自敘，語莫得聞。濠既平，返通衢。

辛巳，今上即位，有詔敘復，未行。壬午，擢廣東按察司僉事。八月，監鄉試，事多仰成。部下有訴鄉貴人奪民田，鄉貴人方恃寵，多畏憚之。聞監司受訴，求質語甚厲。先生不與辨，無何，竟還民田。張都御史某鎮梧州，家人自鄉雜商販來，爲巡檢所詰。張將罪之，先生歎曰：「逢人怒以奪官，烏用法爲？」不聽判。張心銜之，以他故上疏論劾，爲朝中所理，不行。癸未春，陞廣西布政司左參議。其夏，陞廣西按察司副使，提督學校。先生憫俗學支離，喪失真性，凡教一本於身，不事言語。嘗曰：「璽書所載『迪正道，崇正學』，此吾職也。」又曰：「感于此，應于彼，不行而至，自有以潛奪汙俗，興起善心，誠之不可揜，固如此。」於是，擇諸生聚處五經書院，五日登堂講説敷悉，自晨至暮不休，人多嚮之。甲申夏，以繼母某氏憂歸，諸生追送，有泣下者。丁亥，起復補前職，廣西人士聞者交賀。

己丑，陞浙江布政司右參政，督糧儲，除催科苛令。辛卯夏，陞廣東按察使。八月，監鄉試。九月，監武舉。十月，以坦翁憂歸。往先生官廣浙，必奉坦翁行，曲盡娱樂。是年，再强入廣，不聽。訃至，即日就途，不復候謁，同官以賻金至，盡卻之。

乙未，起復陞廣東右布政使。巡按御史戴某用法峻刻，欲罷南海、番禺吏六十人。先生驗無實，面直戴，戴不樂，且曰：「是六十人者，寧無枉法意耶？」先生面發赤，曰：「法者，治其太甚者也。以意罪人，何以捄過？且不聞有故入律耶？」徑趨出。戴既慙怒，會曹參議卒于官，都御史以婚故，令賻千金。先生曰：「不能還鄉者，法得賻，曹也何待賻，即賻，豈必千金也？」竟賻以法。同官請益，不可。都御史面語，又不可。而故事平大盜，布政必具宴犒諸司，藉以賂者數十百金。先生舉宴，不以賂。都御史愈怒，故拒宴嘗先生。先生既無所謝，而前宴金亦不復償。於是，與戴交誣，坐不稱職當罷。朝中顧諫都御史而直先生，爲疏解曰：「李某素著廉節，復有才望，第不能俯仰，爲衆所嫉，應留用以責後效。」蓋霍公渭厓筆也。而時宰中復以先生無關説爲慢己，竟謫四川布政司右參政，督糧儲。始先生在廣東聞彈章，欣然且歸，答同官書曰：「此事於余無損益，但恐仕者以余爲懲，則薄俗日流于苟媚，世道何賴？獨此不忘情耳。」及是之蜀，無悻悻狀。丁酉，至官。數月，乃具疏乞休。人有問者，復之曰：「士君子行止，自有孔門家法，不可苟焉自小也。所謂家法，吾心天理是也。進退遲速，莫非天理之流行，參以毫髮意氣，不免爲過高之病，皆私也。」同官力沮，乃止。明年，告之撫巡，不允。己亥，明堂禮成，得推恩三世，先生以爲方切感恩，未可言私。其夏，假入賀歸道，陞浙江按察使，未上。陞都察院右僉都御史，巡撫山東。庚子春，至歷下，始謁學廟，見車馬，取道屏外。先生瞿然曰：「是不可徒行耶？」命撤之。曲阜三氏學生舊無廩，建議增給，曰:「使東土人知天子敬學,❶庶其興乎?」是年,大歉,蝗蝻且起,餓者流離道路。先生會計郡縣不足,取泰山祠金以待賑。乃命流民捕蝗,與穀;與蝻穀,倍蝗數。又慮盜賊將熾,下令曰:「官軍非郡縣得調,緩急全恃民兵,今應募多白丁游食,不識弓矢,萬一何計?其限郡縣募驍勇,籍記練之。」河南關繼先,黠盜也。能散金帛,得死力。嘗被擒,鉗鎖加三木守衛之,其黨竟穴地入獄,脱去不能得。遂流刧燕、趙、韓、魏間,數十年無敢當者。至是由燕入青,先生部下設法擒之。而燕之撫臣,攘以爲功,先生不辨。其他訟獄細務,責成所司,不欲侵職,務存大體。

辛丑,陞右副都御史,總督南京糧儲。往時,運艘泊江轉搬,既爲市民所紿,而官稽程期,鮮不得罪。先生乃令自水門入庾次,又檄監視者無先放衙,無使庾人侵羨,病諸役者,人皆便之。

壬寅十月,偶得痰疾,而是時,先生爲金御史所誣,當調。金御史者,嘗按四川,疏先生之賢于朝,及是,怨不德己,而公卿中又多懷忌,以故其誣得行。是日,晨起將出,忽端坐而逝,十一月九日也。距生成化戊戌十月一日,❷年止六十有五。而張淑人先卒十有五年。子男四人,女一人:長元生,戊子舉人;次紹生,縣諸生;女適縣諸生楊浩,皆淑人出;次寅生、庚生,俱縣諸生,出側室楊氏。孫男五人:長太學生曾,次縣諸生春,次兆華,次兆宗、兆龍。孫女三人,皆幼。嘉靖癸卯十二

❶「天子」,蘇本作「朝廷」。
❷「十月」,蘇本作「十一月」。

月二十三日，元生等奉柩葬桐江赤石潭某山，遷張淑人合窆焉。

先生氣剛而豪，貌莊重，聲吐震厲。對客終日危坐，身不傾倚，步趨如有循，手容張拱，望之嚴不可犯。然意態安舒，不甚求異。言有可采，雖田夫孺子，皆得曲盡其情；意有不存，雖王公大人，未嘗輒阿所好。每默坐問答，注目傾聽，隨言剖析，億逆比昵之態，不少藏畜。平生於物價低昂，事情微曖，曾不經意。至當大事，決大疑，聞大謗，衆人牽係於利害得失，噤而不敢發者，灑然脱卸，若江河百折東下而不可回，蓋其性成然也。是以平生雖極窮苦，而出納之間校量不形。自入仕至按察副使，十餘年俸入不足以供朝夕。居憂，嘗留門人飯，貸米乏薪，至爨浴器。日暮矣，竟不及飯而别。起復見時宰，無一帕以爲贄。終其身，官且顯，而田廬居室敗壁腐榱，雞塒豚苙不蔽風雨，然竟不知支一木，覆一瓦，爲子孫計。其興致蕭曠，若處九層之臺，俯萬有而享百珍也。蓋先生早年聞玉齋先生之言，即以聖賢爲必可至，以學爲必不可已，停涵操習之久，失復困頓之頻，於是，性命一委於斯道，而無一毫常情俗見參雜其中。惟其不知不愠，不見是而無悶，故懲創履蹈，必極其茂實。信其可信，闕其可疑，故辨難往復，必極其精研。早悟高明，則以何思何慮爲標準，而未嘗冒古昔之訓，以爲門户；晚循漸次，則以知及、仁守爲難能，而未嘗矯世人之弊，以爲高奇。嘗述程子之言曰：「吾學雖有所受，天理二字，却是自家體貼出來。」由是觀之，先生之學，雖受之玉齋，至其主張，斯道以求仁爲主本，以閑邪爲入手，以直任天命流行，無事安排，而心中洞然，四無畔岸爲實際，則其植立擴充濯磨究竟，豈一朝夕之故哉！雖其一時嫌忤，萋斐横生，而燕居閒言，不一致辨。家庭族黨，或有不悦，而出入接見，曾不加損。至於日侍左右，不善觸機，則又沉默渾淪，略無强聒。此其積累之厚，蘊藉之深，即謂之間世一遇，猶未足以喻其難也。如是而視其泯没，不爲撰述以傳于世，而待乎其人。嗚呼！將非自絶於先生哉！

洪先不肖，自丙戌歲與王龜年、周子恭輩始趨門牆，得聞緒論，躬行不逮，實負儀刑，尚冀來者可追，期之末路，而天不憖遺，遽爾痛割，悲夫！先生祭玉齋文曰：「斯文未墜，先覺在兹。竊圖晚境，以報夙知。」是在先生，猶有未已者也，況於門人小子哉！諸孤俾撰至行，得效管窺，不愧冥愚，輒加詮次。先生晚年好《易》，不尚語言，諸所著述，竟未筆札。應酬感述，咸寓道機。手澤所存，謹各輯録。總爲《疏草》二十有八，《日録》三百餘條，《書問》三十有三，詩與文一百六十有五，藏諸其家，并示來者。

劉忠愍公死事狀

鄉人錦衣指揮彭德清，往來王振門下，頗用事。諸公卿率趨謁，而公獨不爲禮，彭啣之。會公上疏，彭欲假以相報，乃激振曰：「劉某疏中『權不下移』之言，暗指公也。」振既大怒，而公疏中嘗言：「太常不可用道士，宜以進士處之。」未幾，編修董璘自陳願爲太常少卿。振因誣公與璘同謀，故先以言爲璘地，并逮下獄。已而，陰嗾錦衣衛使馬順以計殺公。順是時掌衛事，一日五更，攜一小校，推監門入。公與董璘同臥，小校前持公，公知有變，大呼曰：「太祖、太宗之靈在天，汝何得擅殺我！」小校持刀斷頸，流血被體，屹立不動。順走前，舉足踢倒，因曰：「如此無禮！」遂支解之，裹以蒲包，埋衛後空處。董從旁匿其血裙，數日，密歸公家，家人始知公死，乃以血裙爲櫬，歸葬。

小校失其姓名，本盧氏人，與耿公九疇爲鄉隣。耿素愛其年少俊美，因與往來，後久不至，甚訝之。一日見耿，耿視其貌，羸黄不類，惜之曰：「得無有他疾乎，何羸至是？」小校吐實，且曰：「順先一夕密語某曰：『今夜有事，汝當早來。』至期，令懷刃相隨，迫於勢，不敢不行。比聞劉公爲忠臣，是某無故作逆天理事，死有餘罪，特來別公，且謝誤愛耳。」因慟哭悔恨不自已。未幾，果卒。耿與廣信僉都御史高公明嘗言之。高語永豐鍾恭愍子知縣啓，啓以語東廓先生。而洪先讀先行人如墉手記，公下獄在正統八年六月十二日，至二十一日而變作，二十三日家人始得聞之。又二日，乃敢發喪。當是時，親朋無相吊者，踰月而歸。此事固秘，莫得其詳。公家諱祭，自二十一日後連三舉，蓋亦疑之，不知實二十一日也。先行人手記，日載晴雨諸細碎，此事甚大，且經目擊，其必審不謬。且數往哭其家，無所嫌畏，土木之難，甘心隕首，豈朝夕之故哉！

始鍾公復與公同舘相厚，善封事，實約與偕。疏成，爲妻所窺，泣勸乃止。明日，公如其家，鍾他往。妻大駡曰：「汝自幹事，何得累及他人乎！」公驚走，且歎曰：「鍾固謀及妻孥耶？」遂獨舉。未數日，鍾病死，妻亟悔之，每號輒曰：「早知若是，曷與劉侍講公同死耶？」其子同年尚穉，習聞之。比長，疑以相問，母告故，同懷忿恨，常欲申父志。比後諫易儲，杖死，入祀郡中忠節祠，與公同日迎主，且聯坐云。

東川先生行狀❶

東川先生，吉水鄉先生也。先生居富溪東，而行又甚高，聞士大夫間，於是學者尊先生，率稱東川先生。

先生姓羅氏，名僑，字維升，生天順壬午十月二十六日。幼有奇名，六歲偶文句，應聲成。十二通文詞。是時，父通判君爲南京大學生，先生因學大學中，閉户誦習，貌甚莊，諸大學生見之，呼爲小先生。長爲邑弟子員，有文聲。是時，弟子員拘制業，咸有門户，牽綴試目，窮年不得休息。而南昌張東白公元禎以道術鳴，先生往從之。居半載，盡得其説以歸。自是授生徒，輒以「收放心」爲言。於是，行輩益推先生。

乙卯，舉鄉試。明年，試春官，不第，爲南京大學生。祭酒劉震聞其名，特禮之。己未，舉進士。癸亥，授廣東新會縣知縣。新會，廣東劇縣，號難治。先生治尚風化，謂學者溺章句、無本實而專内業者，輒目爲異端，於古人甚悖。於是，表陳白沙公言辭行事，令學者誦法，朔望坐學宫講論不輟。諸所行罷，多放故事之善者。三年，民安之。

己巳，内召補大理評事。是時，閹人劉瑾擅王命用淫刑，先生自念刑官無狀。庚午，歲旱，上封

❶ 「東川先生行狀」，蘇本、陳本題作「東川羅公行狀」。

事，其畧曰：「臣聞人道理則陰陽和，今旦夕齋戒，而雨澤尚滯，臣竊以爲天心仁愛未已也。夫先王視朝遊觀，咸有常度，故賢妃有《雞鳴》之警，召奭陳《卷阿》之詩，此敦穆穆之化也。今陛下日昃不朝，戲狎羣小，殆非所以基大業矣。宰相、諫官者，將以輔政通蔽者也。今文法太深，誅求太急，盜賊白晝殺人，流移載道，元氣竭矣。而宰執、諫臣，噤不爲語，安得不致壅蔽爲大患哉！是以黥劓之刑，上於大夫；竄戍之罪，加之耆舊。如劉大夏忠藎，置之行伍；潘蕃譴遠，幾無生還。陛下置而不問，是豈勸大臣之道歟？先朝律例，裁酌古今，咸足以禁奸而懲罪，今往往比附深巧，隱中善人，竊臣之所不忍也。詩云：『迨天之未陰雨，徹彼桑土，綢繆牖户。』今日防患，如護巢然，防不密則巢傾。天下固大器也，愛惜預防，可不如鳥乎！」當是時，瑾肆虐立威，道路以目，無敢言時政者。先生疏上，瑾意疏語隱約，咸有所指，將處之極刑，大學士李東陽力解，得免官歸。

其年秋，瑾敗，於是御史淩相上疏，謂：「評事羅僑，燭事幾之未露，遏氣焰於方張，君子之所難也。宜大用以勸忠直。」明年，復大理評事。病作，復告歸。又明年，喪母與伯兄，獨居者三年。己卯，宸濠反，都御史王守仁起兵吉安討之，聘先生居守吉水。濠既擒，王奏功疏先生名，而前後臺諫亦交薦。辛巳，今上即位，有召旨，先生感激就道。數日檄至，陞台州府知府。先生自辛未病告，家居十餘年，蔬食讀書，於公府無所干謁。及治台，摧奸惠良，興學禮士，愷悌宜民。民訟，歐歐語利害，多解去。歲時循行阡陌，舉冠婚喪祭禮教民。布衣張尺賢而貧，延之上坐，訪民間何所疾苦。尺具以所聞對，乃爲尺置僮僕給侍。於是，台人因多感悟。戍衛食倚各郡餉，前守漁其中，即溢取嗇出之，入覲治裝咸苦民。先生首除羨餉，而覲行自給，無他與。於是吏部上天下守令，殿最以先生治行第一，賜襲衣、牢醴旌異之。

癸未二月，巡撫延綏都御史姚鏌奏云：「人君之道，莫大於納諫；人臣之道，莫大於進諫。諫固難也，而勢尤難者，則獨處雷霆之下，與首擊豺狼之横者耳。臣聞武皇臨御，八黨擅權，皆逆臣劉瑾爲之魁也。故尚書韓文伏闕倡言，旋遭斥逐，其後敢有嬰其禍鋒者乎？而給事中劉茝復言之，已而評事羅僑繼言之，已而竟不復聞。是所謂獨處雷霆之下，與首擊豺狼之横者也。今遇聖明，首宜獎擢，以風天下。顧茝知長沙，僑知台州，皆常調也。夫以懷忠盡節之士，而待以常調，人將何勸？臣伏悲之。」四月，擢廣東布政司左參政。台人呼號，留之不得，强脱靴去，而郡縣咸爲立「去思碑」。

甲申，先生至廣東，分守嶺西道。是時，西山諸賊猖獗，先生設擒捕法，竟多斂避。八月，以故事當引年，即上疏，乞骸棄官歸。總制都御史張嵿、巡按御史熊蘭奏，畧曰：「左參政羅僑，學靡詞章，志趨道義。劾權奸而直氣不挫，遭擯棄而貞節益堅，誠未可遽聽其去也。」先生乃復上疏，詞旨哀懇。而吏部移檄，以先生忠貞在朝廷，循良在郡省，且引年乞休，於故事未協，使者促行甚急。先生不得已復至韶州，固以疾辭。於是，總制都御史盛應期疏其事，竟得請云。

先生既歸，杜門謝客，日對書史，著《潛心録》，探索理道，謂學須寡欲，則心中無事。平生自處甚儉，食無兼味，家無奇玩。賓客至，具常食，無所計量。事伯兄，終身怡怡。歲穫贏，分給諸族。

時聚謁，誨以孝友，故終先生之世，家人鮮有違教令者。

先生早年以學自命，故諸制行，必謹規矩。爲新會，厓山在治境，感宋死事諸臣，歲泛海祠焉。而洪先在台，建忠節祠，祠方孝孺，置祀田若干。壬午，❶東廓鄒子講學青原山中，時與往來議論。而洪先居喪不廢業，先生以爲不應古禮，責以書曰：「講學之功，尊德性之資，未爲無補也，何獨嫌於喪次乎？愚以爲取益於友，不若取益於心，取益於天。子何不自信而過遜哉？恐索子者，當於牝牡驪黄外矣。」是時，先生方病痰，書皆口授，而據禮嚴振無少讓。九月五日，對客理前語，端坐卒矣。

嗚呼！儒者之學，至近世門户各異，先生獨遠探玄覽，古昔是尚。雖宗旨異同，砥礪疎密，未敢溢詞，然自壯至老，凝然樹奇履坦，不雜浮鄙，其可不謂志士哉！吉水民俗朴，而士負氣，故多偉人。自先生所及見，張黻以諫留大臣，謫死；劉觀好學，棄官貧居；袁道守法，暴死嶺南；劉恒令上邑，家無帛錢。先生行事，視此四人者，頗相類，豈亦地使然哉？語曰：「魯無君子者，斯焉取斯？」先人與先生同舉進士，皆以行誼相高。洪先以故得幸侍側，時受成訓，悉聞諸懿。恐盛美不傳，後世何述？於是考先生操向，列其行事，俾風流遠遺，尚有興者。

先生子二，孫男一，孫女四。長子卿，谷坪李宜人出；次子宰，側室濟寧于氏出。卿子忞，縣諸生。先生上世曰必先，宋季由廬陵大安家湖南，再徙吉水富溪。曾祖支順，富而好士。祖聲振，精

❶「壬午」，蘇本作「甲午」，當從。

《易》學，負時名，屢聘不就。父穎，世其學，後爲太平府通判，有惠政。壬午，先生以恩澤請，於是敕贈穎承德郎，職如故。妣袁氏，配李氏，俱贈安人。而先生墓，在所居南半里。

念菴羅先生文集卷十四

族從孫　復晋　男士瓚　士璠　重校
六世孫　天衡　男韞琦
五世孫　雨霽　男廷衛　　謹梓
六世孫　隨元　男士璞　士璋

墓　表❶

明故福建等處承宣布政使司左布政使東潭蕭公墓表

是爲福建左布政東潭蕭公之墓，在墨潭將軍山先墓之原。其系出螺陂宋侍郎定基之族。侍郎政事，得荆公之文而益傳。後侍郎數百年而有公，其敭歷中外，與侍郎正相等，而政事所施，有古良吏所未嘗者，即無荆公墓上之石，其可虚乎？

❶「墓表」，原無，今據總目及各卷體例補。

自公起進士，爲南京刑部、廣西清吏司主事。三年，以承德郎進山西司署員外郎。未幾，即真爲奉直大夫，轉郎中。以薦，出爲岳州知府，失上官意，調瓊州。歷中憲大夫廣西按察副使，右江兵備，廣東布政使司右參政按察使，福建右布政使，尋轉左。三年，上疏乞骸骨，遂致仕。近世郎署被薦，即不補郡守。郡守惟瓊州多不遷，而又以他調，來者必不得藩臬爲藩長。積資二十七年，無有訾議，即當次九卿，又孰肯自致其仕以去？觀公進退若此，其政事大畧見矣。

在刑部時，以持法律忤近貴有聲。故閹佛保謫死，挾禁物貲無所屬，而火者徐美發其狀，大閹高隆者，思没入之。公得狀，密遣邏者，逮美以貲物至，封識于官。高聞之怒，使人來曰：「若爲郎中，侵司禮監職事，何也？速返我，不者，我且論奏，若不顧官爵耶？」公不應。高言之尚書，尚書直郎中，高益不勝忿，上疏誣公，待理，久之不得白。會考察京朝官，高復以浮言中傷，賴尚書力救，乃免。又歲餘，適尚書改北京都御史，始上章白其冤，而公以無事。當是時，使公爲模棱語，即不及禍；或畏禍見幾微，亦不爲尚書所庇。尚書者，嘉魚李公承勛，蓋名人也。公既爲李所知，又數數言之于朝，顧得岳州以行。

岳當孔道，困于供張，公至，一切罷損，而日矻矻民事。常德牒逸盜十二人，藏華容，屬公踪跡。既置獄，未及訊，而十二人者干鄉貴飲公求貸，公不知也。或洩于公，公笑而不答。明日，出十二人于庭，曉之曰：「汝怖死，求貸于某乎？使汝實爲盜，吾豈以一飲廢法；使汝實不爲盜，吾亦不以一飲自嫌故有出入。汝慎無受誣也。」已而，迄無左驗，列其狀，上下盡釋之。公治獄用情，不以喜怒輕重，手無深文微名，大抵皆此類也。公爲岳州勤苦矣，而巡撫都御史者，以私怨啣公，索垢不得，則第以爲儒緩不宜于岳，改知瓊州。

至瓊，值黎佛二之變。往歲，瓊人利黎田，而懼其逼，聚兵護耕。歲四更番卒五百人，兵寄溪峒，半疫死，而黎數出，攻刼莫制。至是，佛二殺官吏，虜村堡，勢張甚。督府欲以大兵蹙之，公曰：「虜係未歸而急之，是促其死也。吾且觀之兵，而携其黨，庶可圖乎？」乃遣人招降十八村，至則厚其飧勞，善諭之。察其尤雄傑者，倍與衣物，寄心腹語，令歸所虜生口。別授方畧，密擒佛二以自效。佛二素雄傑，手挽彊三百斤，人莫敢近。降者既受戒，慮賊逸無以解口，乃陰導官兵，設伏諸隘，而身紿佛二以走。俟稍倦，分負其刀弩諸械，嗾走隘，至則伏發，因成擒。佛二既得，以大兵綴之。諸酋恐，奉約束輸税者，四百餘户。歲省防兵二千，計活疫死者幾百人。

永淳令激渌里賊爲變，且薄賓州。公在右江，以兵請于督府，不聽，因自計曰：「此斷之我者也。」既諜其虚實出没，而是時思恩土兵適罷古田之役，遂檄以從，更摘他兵佐之，據險深索，殲潘公廣、韋公抱等一百七十有奇，俘老幼六百籍，所捕獲，給軍餉，而出其羨以報督府。督府口雖壯之，實嫌其異己，不以捷聞。公在瓊擒佛二無所敘，至是復見沮抑，一不爲意。且欲乘勝以兵臨八寨，招藍昇降。八寨本南丹屯地，爲猺所據，朝廷分隸土酋羈縻之，然恃險遠，數出爲患。至是，藍昇聞渌里之捷，自懼禍及，因請内附。當事持勦、撫、守三説，不能決。公上議，以爲受其降而襲之，兵威黷而疑衆；信其降而忘爲備，法弛而貽侮。先以撫、守二説，俟有他變，徐制其後可也。於是納其請，以屬思恩，密建屯砦，遣官列戍，梗其出入，而右江漸以無事。

陽明王公田州之役，既降府爲州，慮岑猛嫡孫芝幼不可立，立其季子邦相爲判官，頭目盧蘇爲土巡檢，統其衆。邦相忌芝爲後患，而蘇素驍悍，利立幼，且樹黨，思兩除之。蘇覺，嗾芝母携孤走軍門爭立，而自與邦相相拒。既殺邦相，迎立芝，諸土酋與猛庶子邦佐乘釁搆亂。朝議令土酋自相擒治，而督府先有所入，陰爲蘇掩罪。蘇益横，嘗以兵衛六千人，聲言見巡按賓州營城下。御史引病不出，諸司倉猝噤口。公曰：「蘇，罪人也，何敢爾！」遣千户持符逮蘇。蘇懼，退營十五里，囚首隨符來。公辭色俱厲，宣朝廷威令，令自計。蘇益恐怖，請輸逋賦、斬首虜自贖，至叩首丐死，久乃許之。因勒獄辭，列罪狀，停各酋官職，爲請命于朝，督府不能奪。是時，議者以猺獞難制，欲割隸土酋，以其積威可劫，又自保分地，無外望，可恃爲安。公執不可，且謂之曰：「朝廷以流官制猺，非不知其勢輕也，亦欲用夏變夷，不忍化爲異類也。今八寨固屬土酋，未嘗不叛，而田州用兵，富貴安保？吾豈不能斥疆土，而顧以藉寇兵乎！」議者始詘。

先是，岑璿以思恩叛，朝廷既誅璿，更置守，而璿之餘孽金者，潛他境。至是，諸故酋挾以邀我，擁衆二千人南寧城下。沈參將希儀慮爲變，召以好語欵之，俾來見公。公令候于賓州，而密語沈曰：「金在則無思恩，無思恩則廣右必危，此不可不除也。且其腹心楊留在賓州爲募兵，已往附金，金來而留應之，是尚有賓州乎？今日之事，在我與公。公贍智而達變，吾所不逮，惟所命無避也。」沈知無他腸，乃與公計，欲徐徐以他故散遣金衆，而後圖之。公至賓州犒金，牛五輀，輀載酒五十罌，就給之。金大喜。沈紿之曰：「汝欲得官，胡不納我與兵備公金乎？」金訴貧，則納帖子爲證。沈復謂曰：「如兵備公何？」金曰：「聞兵備公素不愛錢，小人不敢。」沈欲堅其意，則以目瞬之，曰：「第以帖子來。」沈納于公，公笑而密焚之，亦更以好語時時欵金，間出漫語相調。金既仗公不疑，會御史巡柳，沈與公説金相隨，而沈卒擒金于柳，即又以殺金爲留功，而謬賞以張之。留愧見紿，又恐爲諸故酋所圖，旋憂病死。此事載唐荆川所爲《沈紫江戰功序》中。序中功多歸沈，故公語不盡載，然非公，沈故不能獨任也。

公嘗以兩事忤督府，似少戇，其與沈圖金，機發圜轉，意授聲應，又若甚敏捷者，是豈儒緩者耶？爲廣閩藩臬，議加賦，決疑獄，所執者尤衆。公平生喜誦胡文定《教子書》，故其爲人，一主於恂謹篤茂，輿服寢食，兢兢如寒素，而當官行法，不敢失尺寸以狥人。至論人，必取其長，而諱其所短。少時，爲里中惡少所淩，幾不免，比貴，以衆人遇之，無所修怨。兒子輩聞其事，間以探公，絶口不言爲誰氏也。

公年六十有七，素無疾，卒之日，殊整暇。三子：輅爲縣諸生，軾登進士，令仁和，轍舉鄉試，皆能世其家學。蕭氏在螺陂以進士起者，先後相望，而位登大僚，至公纔兩人。侍郎以政事受知仁宗，而公爲布政使，輒引年不盡其用，意者有所待歟？墓去螺陂四十里而近。公之處家，雖細行，鄉人莫不知之；至其政事，有士大夫不盡聞者。故書其概，鐫之石，俾將來者得踵承焉。

贈奉直大夫磁州知州翠亭劉君墓表

嘉靖丙辰，磁州守劉君峻，以治行滿考聞於上，得推恩贈其父翠亭翁一春爲奉直大夫、河南彰德府磁州知州，如其官。蓋既卒之六年，其葬在神潭密溪橋石角嶺，有志而無碑。明年丁巳，余爲子世光求婚於翁次子前進士大平推官峴，於是聞翁行事。又三年，推官以大夫墓制未碑，於典爲缺，令季弟舉人崐來請文。翁行事既足傳，三君又賢且貴，而余幸爲婚友，是命也，蓋樂承之，焉敢辭？

翁之先本汴人，自宋太常卿琰，從隆佑太后南遷，留家萬安之長仙，遂爲萬安人。高祖孟淵，贈大理評事，徙今城東街夏。曾祖曦雲，南按察司僉事。祖公穎。❶父景暘，嘗隨按察如雲南，倜儻好施，不屑居積，貲稍餘，稱心而盡。晚喜播植，號樂耕。樂耕娶於温，生翁三歲而病。病亟，托翁外氏，曰：「善視兒，兒必貴。」八年，祖母謝恭人思而還之，已斬斬如成人，於是十一歲矣。萬安俗，視諸縣稍靡，而在城巨族爲甚。翁自少特立，疏衣糲食，處衆中，一無所動，其意若耻以俗終者。是時，食指頗衆，歲不給，則修樂耕之業，躬視錢銍，薫蕘瀦瀉，咸識程期，早作暮休，比於農舍。歲更月積，斂發新陳，辨物授時，漸致饒裕，則又居贏待急，畧不自惜，其在身口，毫髮無加增也。

❶「穎」，蘇本作「碩」。

正德庚午，流賊焚掠城邑，質人妻女，迫索金幣，勢危計迫，骨肉畏禍，竄避不相捄。翁獨囊金遣人代贖，無問疏戚，日數發不止，於是得全爲多。事平，不欲掛齒。而宗祠既燬，即出貲倡衆修復之，祭謁必時，非大故，未嘗不先衆。祖塋被侵，世遠矣，力訴於官，❶必白乃已。翁之爲此，非以不足而儉於己也，意所不存則安之，不自知其爲儉也；非以有餘而豪於人也，心所不忍則捐之，不自知其爲豪也。其後家益起，年益向高，則構堂塾，延師友，以處三子。督其課，如其督農；而推之族之子弟，如三子。左右圖史，旁植花卉，四時翠色，常若林深，將以娱師友而忘其歸。然不必其皆師友也，苟以善言益子弟，雖至鄙者，必酌之酒，不能辭；亦不必其皆子弟也，有能就己愛善，❷雖至賤者，必爲之容，不敢狎。比三子之並舉也，不以其交遊、先生、長者之側，而懈其督之之心；三子於其既舉也，亦不敢被纖華、盛輿馬、選僮奴，以負翁之教。鄉人得入翠庭，見主人古貌布袍，初終一日，然後乃知其平生肫肫者，天性然也，非故欲與俗異也。

夫震起於剥，質先於文。長厚忱恂，安常足分，而不易乎其外者，所以啓大受之來，而集無疆之慶也。三君功名日顯，發聞於時，固翁之遺矣。然隱行積勤，鬱而不著，光世業者，靡所纘述，其爲缺失，獨碑也哉？翁嘗訓州守，有曰：「愛民如子，守己如女。」嗚呼！登高原，仰豐碑，三復斯言，

❶「訴」，蘇本作「鳴」。
❷「愛」，蘇本作「受」，當從。

必有感於朝廷褒寵作勸之果不謬，而翁之所以爲必貴也。翁壽七十有八。配胡氏，封大安人，别有墓。孫男八人：某某。孫女二人：長適某某，而世光婚其次。其生卒之年月，内外之戚屬，皆詳志中，不更書。

明故登仕郎翰林院待詔湖涯貢君墓表

自古磊落奇崛之士，懷孤憤，惜休明，垂老而不肯休者，豈值赴日月之光，羨膏澤之潤哉？亦其中有所負而不忍棄，與其時有所值而不易得，蓋悲河清之難俟，耻覆簣之無成，固亦不容自已云爾。憶在嘉靖癸巳，余再職史官，聞諸舘閣，嘖嘖稱宣城貢君之才，而未詳其爲人。其後歸田，識君之子安國，鋭然有志於道，遂與定交。久之，以貢授永豐縣學訓導，數得朝夕，於是聞君平生大節，爲之慨然悲焉。

方君始爲郡諸生，年纔十四五，業舉子課試耳，每閉户，累黍于管，定黄鍾，候冬至氣，沉思其損益數，務與宋儒之議相當。助祭孔廟，禮成，仰而歎曰：「大丈夫不以孔孟爲法，即隆貴，豈足多哉！」而是時，海内人士有傳白沙先生之學者，競目爲禪，獨君欣然願從之遊。聞于督學林公，心奇之，乃令師南陽王文莊公鴻儒、京口丁補齋公某，二公皆當世博雅君子，有行業者也。君至門，聽其言，遂潛心宋儒格物之説。於是參訂三《禮》，爲之註釋，至考證古今治亂之由，推而極於陰陽進退之變，靡不通究，而尤長于《易》。

正德癸酉，舉應天鄉試，屢上春官，不第，則一致其餘力於禮書。思益邃而辭益古，期以獻之朝廷，布之天下，不徒充簡册而已。會今上修明禮樂，釐正郊廟百神之祀，自以爲百世一時之奇遘也。集其平生所論著者，將上之，而禮官方聘天下儒生通知古雅者，撰修祀儀成典，於是名在選中。書成，蒙賜金帛如例。是年乙未，莊静皇后喪，議者謂當絶服。君未應聘，獨以衰絰出入京師中。又明年丁酉，以輔臣薦，除翰林待詔。待詔久不備員，嘗以待奇士之淹滯者，且因撰書之役，乃簡選補君。一日起自剡薦，人莫不以爲榮。明年，預史舘，校録諸經史，給大官酒饌。君既感激知遇，乃益發憤，將以表見所學，上《復古治策》十五事，其言滿三萬七千有餘。戊戌冬，章聖慈壽皇太后喪，咸遵以日易月之制，君復請三年喪以風天下。疏兩上，俱留中，聞者莫不韙之。己亥二月，今上南巡，立皇太子。君乃輯古昔教養太子法，爲書三卷，名曰《保傅補》，病作，不果上。君在翰林纔二載，所言屢上，不一采用，欲棄去，於是告病者三，致仕者一。輔臣惜其才，强留之，竟卒于官，年止六十有四。其所志雖不酬，然其平生，畧可睹矣。

君之先，多文學忠義之士，世遠弗載，而元集賢直學士奎、禮部尚書師泰爲最顯。國朝東駕郎中時之，時之生乾，乾生順，順生鏞，鏞生君。自乾以下，皆以儒業相傳。鏞之學，宗伊川程氏，而不用於世，卒，謚文貞。

君爲人丰神俊逸，坦無他腸。自少穎敏，常恐辱其先人。文貞病，自刲股和藥以進，病立愈。其後執喪甚嚴，倚廬者三年。與兄弟居，誓無分異，既不得遂，田産任所推與，弗問。至鬻田市書，日夕誦讀，不知計算作業，家耗落，泊如也。久之，博極羣書，含腴咀華，詩文取法漢魏先秦，而用意尤深于禮。所著有《三禮纂注》《三大禮賦》《南陽畧》《保傅補》諸書，而詩文則有《和齋集》《湖涯二稿》《倚㓨子》《燕市吹劒集》《杜機子》《瀛海集》《市鼎腊餗》《湖涯劒吷集》《籟野集》，其亦可謂博矣。嗚呼！是豈能隱忍乾没於聖明之世，而甘與瑣瑣者爲儕伍哉！

夫聖學不明，士無歸命。雄偉傑特，不欲以俗終者，其人既鮮，幸而有之，乃復遭值阨塞，坐坎壈以賫志，如君之類是也。雖然，其志誠不酬矣，然其言幸且上聞，而君之子又將竟其所未至，不猶足以自解乎！於是，既爲之悲，而復以慰言書之墓上之石，無亦使其鬱鬱於地下也。

君三子：訓導居長，四夷館鐸字生持國次之，昌國又次之。女二：閨貞適建平監生姚彪，❶親貞適同邑給事中孫濬。孫男克明，孫女某。具生卒、❷配氏在志銘者，不復表。

鵝溪彭君墓表

習俗之移人，豈不甚微，而師友之功可少乎哉？昔武皇帝朝尚武功，喜單絞之服，鉦鐃之音，且詔天下富人皆得入粟拜爵，爵自列校至將軍、騎尉、鶡冠、虎服，殆滿郡國，士大夫欲捄之而不能

❶「貞」，蘇本作「真」，下同。

❷「具」，蘇本作「其」。

也。則競賦詩飲酒，以文雅自表異，而廬陵鷲溪彭君席，乃考樂堯之豐貲，婚相國莊靖之華閥，自其少小好奇偉不羈之行，思男子不能以文墨取榮顯，便當乘時累貲，異日有少緩急，得效尺寸於窮邊遠夷，其亦可以瞑目也。於是起布衣，奉詔爲吉安守禦千户。而又懼不齒於士大夫，猶未足以傾動遠邇，而極其志意之所得也，則又學爲近體詩，與館閣山林諸賢往復上下其議論，若徐南峰、鄒東廓輩，莫不折節下之，與爲婚姻行輩交。當是時，君之轉眄投足，軒如也。

武皇帝末年，陽明王先生督兵虔州，首以理學授士人，虔、吉之間，豪傑響應。君雖不能頓棄夙好，私心固不能無羨慕，以爲古今詩歌之上，又有所謂理學者，誠足以取重於人也。然業與東廓爲友，氣概勃勃不相下，歲時問訊，不失舊歡而已。又十七年，爲嘉靖甲午，東廓大會士友於青原，君嘗以故交來。東廓素善解譬，懇致悃欵，君志意漸已消奪，而語之所指，一一潛中其肺腑，又若盡爲己設者。乃内愧，發汗沾衣，前席跽曰：「今而後知淪之所以自貴也。」强納弟子禮于東廓而歸，取昔之衣冠輿馬盡屏之，宴飲賓祭，一以深衣從事，躡敝食糲，寒畯殆不若也。君年已五十餘，長東廓且八歲，而鬚髪又早白。自是每會必至，至則先諸弟子請益，拜起執禮，視諸弟子恭甚。旁觀者多指目之，東廓亦引席相就，君退然如忘也。夫此一彭君也，由前觀之，車從赫奕，吹彈喧還，鄉人之所侈大也；由後觀之，寒暑稟業，山水忘疲，鄉人之所鄙笑也。而君子者，一或訾之，一或與之，君何所見而不惑於鄉人哉？雖然，彼侈太而鄙笑者暫也，其既也，即鄉人亦未嘗不陋前之爲貪得，而服其後之爲善變也。夫昔之不免見陋於鄉人，而今乃得見與於君子，人性豈有殊哉？顧所習與導之者何如耳。

余識君二十年之前，而相信於十年之後，見其以將衰之年，而欲捐其厭棄之事，以内疚之悔，而求償於樂易之心。故幾希之辯，吾未知其如何，至其知善之必可爲者，固不以小利而移也；瞬息之間，吾未知其如何，至其知過之必當改者，固不以顯露而文也。其將病也，訪余石蓮洞，再宿不能去。已而訪彭石屋，訪東廓，疑若預爲永訣者。蓋既歸而即病，始病，自治後事，棺殮贈遺，條序井井。病亟，聚家之長幼，拱手告終，神氣不亂。余隨東廓視窆，在其里之北岸下莊之山，與妻陳同穴。東廓既述世次、名字、年齒、子女以志，而余復書其墓上之石如此。於乎！君今乃可以瞑目矣。後之溺於習俗而求援於師友者誰乎？求諸師與友矣，皤然今昔之有間者誰乎？於乎！

陂頭静樂高君合葬墓表

同江東下十里而遥爲陂頭，陂頭原上㞚岡帶溪，喬木森蔚，室廬蟠其中，世爲高氏。高本居仙世家，自居仙徙馬田，至是若干世未貴顯，而席據饒貲沃産，往往稱雄里中。若静樂翁，又其傑出者也。

始翁數歲，頭角嶄嶄露才智，父奇之，而其家亦稍沃饒。無何，父卒，翁年纔十有六，與母朱獨居，而弟秀猶在髫齔，懷私者不無側睨。翁逆其故，當室矻矻，勞勩無遜，彊力慎行，見者斂手。既長，器宇魁碩，益務跌宕軒豁之行，豪爽傾一時。然能區别取予緩急，執其大要，不能錙銖纖細自益。居常晨興督率，田畝菑易，犍牸畜牧，旱潦瀦坊，蒔刈早晚，川沼梁，圃畦蔬果，機杼績紝，具有法戒。月息歲課，百用漸贏。異時樵蘇苦乏，求之遠境。翁與族人約種松，彌野嚴爲禁厲，曾不數年，道餘薪楚。性故喜客，每賓戚往來，宛欸夷猶，縶馬投轄，肴核酒醑，魚鶩豚彘，肥腯充物，❶一不外取而足。然土木之工，歲亦不輟，門垣廡寢，去故更新，咸秩以辨。如是者累二十餘年，而田廬校之初時，不啻再倍。

已而，室燬于盜，弟病且卒，遺嫠穉孤，形墨露栖，啼號咨怨。翁慨然曰：「此不足爲損也。」召匠營畫，不數月，復舊觀。又十七年，而堂構塗塈，視昔加壯，稱其志意。自翁當室，與弟同爨，弟，嫡母鄧出也。化居積蹛，盡主於翁。翁配陳孺人卒，食口繁，或請析産，翁曰：「不可，孤姪未盡婚也。」當是時，田廬便利者，既多歸翁，其後析産，均爲二，而一予弟，畧不自專。或問之，曰：「不如是，彼此出入，弗相屬也。」以是終翁身，家庭内外無間言。

翁既辛勤治生，尤以理道飭子弟。每夜舉酒相聚，爲語祖父締造之艱，鄉里盛衰之跡，世變升沉之故，俾知覽觀以自植。嘗曰：「吾待以光大門户，徒爾温飽，是豈所願於汝輩哉！」翁次三子巴州君，自少刻厲向學，别延師友資翼之。其于師友，貌恭辭懇，禮際周給，終始恐後。顧其心肫肫，猶若有未盡者。而於巴州君，尤極力相導，不令摧沮。試有司歸，無問久近，必爲飲食，聚族慰勞。

❶「物」，四庫本作「牣」，當從。

頃之不第，則又應詔入粟，上大學，曰：「吾聞大學，天下賢士所聚，汝其勉之。」又即成就巴州君者，以待鄉族子弟，分餘給乏，愈久靡倦。後翁卒七年，而巴州君竟以《春秋》舉順天鄉試，徧歷州縣。於是，陂頭日貴顯矣。翁之意以爲吾慕趺宕軒豁之行，而力不逮，使昆季瘠薄、子弟罔所庇賴，而内多顧繫，即懇懇訓指，孰爲聽之。其區别取予緩急如此，固非徒以沃饒稱雄里中已也。

翁名某，字某，生成化癸巳，卒嘉靖甲午，得年六十有二。陳孺人，下白沙定寬長女，柔順慈厚，而達于事，獻饋齎貸，不詔而集。翁嘗嫉惡過嚴，陳聞解譬，多所抑損。子女有拂意者，累日不見，見亦不輕答語，以是翁能成其教。其視姑若母，視姒若娣，少至長一日也。卒先翁十年，爲乙酉，其生先翁一年，爲壬辰。合祔本里桐木蠏形祖塋。桐木之塋，自馬田祖十七世隆譽、十九世東可始，至二十世仲璋遷陂頭，又二三傳，爲政文，爲夢育，❶皆以昭穆葬，而翁、孺人附其側。馬田之遷，在十二世孟良，❷而居仙始祖，則爲公矩。翁四子：璃，環，珍，瑜。珍即巴州，瑜未婚而夭。一女，適某。孫男幾人，孫女幾人。

巴州爲五河九年，以治行擢異守名邦，將行，詣門請曰：「吾無以報先君，得公一言，甚幸。」今制，爲州縣滿，考有治行，得貤封父母。巴州君官五品，階大夫，又能以經義飭吏事，自足顯親，奚待

❶「夢」，蘇本作「孟」。
❷「孟」，蘇本作「夢」。

余言？而請不已，則爲表曰：古者，聖王御世，民有恒産，黨庠術序，賓興賢能，此無關于下之人也。後世民自爲養，其傑出者，始以貲畜稱雄，然逐末遺本，多蔑禮教。太史公傳貨殖，大抵豪爽競勢，日近侈僭。而翁振奮孤危，躬持友睦，開家尊儒，竟收其效。鄉之不懈於力，其計慮豈不深遠哉！使盡才智於力之可能，其建措宜未可一二計。而彼錙銖得失，叢骨肉怨誹，徒貽大戒。來者聞翁行事，亦可感矣。他日道出墓下，有低徊而不能去者，得無起過庭鼓篋之思乎？

念菴羅先生文集卷十五

族從孫　復晋　男士瓚　士璠　重校
六世孫　天衡　男韞琦
五世孫　雨霽　男廷衛　謹梓
六世孫　隨元　男士璞　士璋

墓志銘❶

明故湖廣鄖陽府同知七泉周君墓志銘

聖人之道雖至近，學者苟非忘己而無累於外，固不可以造其微；而質弗美，志弗切，不能學也；美且切矣，其時力不足，亦無以幾動忍增益之功。故學可精而不可期，道可求而不可能，此朝聞所以難，而聖人之不數見，復何疑也。

❶「墓志銘」，原無，今據總目、卷首目録及各卷體例補。

始余與七泉周君師谷平李先生，先生之言，統括包并，不涉蹊徑，以俟人之契悟。君處二三子中，獨以爲名節不立，不可以範俗也，於是取所聞以自重其身。又數年，出而友四方之士，增其所未高，則又以爲議論不一，不可以決趍也，於是持所見以自居其學。已而爲郡，政譽大起，則又以爲內外不達，不可以適時也，於是據所行以自信其心。信吾心以行之，其於爲郡也，亦何異於天下。視天下事，若無不可爲者，闖闖乎將出而小試，而身病矣。數月，謂余曰：「吾今乃欲根未能除，靜機未嘗入也，吾幾不免罔生。」嗚呼！今之才能如君者幾何人？即有之，固不能自致於道；即嚮道，稍信所行，必不能一旦自見其短以爲悔恨。使不即死，得踐言，必且屢變以求其是，其不止於此也明矣。然竟死也，豈非大可悲哉！或人因君卒，咸疑聖道至大，曾弗若一行易完也。解之曰：「僅僅食力者，細民也。如爲朱頓，必收效遠而失算多，固孔門取狂遺意也。此正可以觀君。」

君姓周，名子恭，字欽之。幼有異質，觸目而心解，聞言而機生，能超忽於衆之所難，而脱落於人之所執，喜於用奇，而耻於持下。爲文酷似其人，有司駭之，竟不第。然名騣騣滿江右，以增廣生舉嘉靖辛卯歲貢第一。歲貢故不以增廣生，實自君始。明年，卒業大學。後連試有司，又不第。辛丑，授湖廣永州府通判。至官，廉儉逾儒生，嘗奉父戒菴公、母黄氏孺人行，肉食或不繼。即行縣，蔬食蒞事，事已嘿坐，或走學宫，説諸生經義。其他行、罷建措，一就己意，大率在慈惠省約，人稱爲周佛子。署居江華，主治盜賊，多瘴。君數數往，久之，得羣盜出没道路，與攻守之宜。躬躡屩入猺洞撫諭廖道堅等，廖感泣聽命。嘗以策干當道，當道信之，卒殲九嶷郡盜魁鄭大義等數百人。道州蔣居鄉哨守踈遠，增靖邊營戍將屯兵，調發有紀。楚大飢，臺省遣糴萬金，君執不可。比再至，移通郡在官之食以應，分授其直，纔六十金。上不逆令，下不病農，人服其敏。撿郴州廩藏，上議易陳化滯，可省歲覈。又治僧訟，當没貲，請市田增祀濂溪，食其裔孫之貧者。君之行於郡，多此類也。居五年，當道上治狀，越次擢德安府同知，治如永州。歲餘，以戒菴喪歸。當道廉之，給喪費。免喪，至京師，公卿以下聞其來，争相引重，欲留内，例不可，補鄖陽府同知。未上，丁黄孺人憂，禫而病。明年癸丑二月八日，卒于家，距生正德丙寅十月二十五日，年纔四十有八。君既廉儉，賻而後能喪，以是年十二月二十一日祔六十二都鷓鴣龍圖山黄孺人墓右。娶上官氏，達相女，有婦德。二子：秉鈞、秉忠，皆縣諸生。一女，適谷平先生次孫暹。一孫：豫。當師先生時，余多病，自分且夭。視君目瑩而骨竦，謂且必壽，嘗戲屬君銘，安知君竟先於余。君銘友人墓曰：「我今銘君我自悲，後之銘我其誰與？」又安知後之銘予者，以何言也？嗚呼！銘曰：

二人于旅，爲期千里。一人載塗，車敗馬瘏，困不復起。一人趦趄，行且莫止。於乎欷歔，匪命也歟？寄斯道者終何如？

南京工部屯田清吏司主事善山何公墓志銘

嘉靖戊子，予計偕北上，求友于四方。咸曰：「君不聞陽明之門所評乎？江有何、黄，浙有錢、王。」蓋指雩都何善山秦、黄洛村弘綱，與紹興錢緒山德洪、王龍溪畿也。未幾，遇何、黄兩君于途。

黄君爲人簡嘿，而何君則魁形長髯，廣目而豐準，與人語，必依於所學，無少長敏純，歐歐懇欵，援證喻譬，指畫歎羨，如有味乎其中而不能吐者，必伺聽者意解乃已，否則雖假宿傳食，連日夕不爲倦也。其煦濡而且婉孌若此。自是定交，相與問難，辨析不少隱避。君歸田，靡歲不相見，見必踰月乃去。庚戌冬，大冰雪，君留最久，而相語益合。方期與予結鄰終老，而病不可作矣。又八年，其子進恒葬君城東之東岳廟後之乙辰向，黄君爲之志，而以銘屬予。予曰：「知君者，無踰于予二人，是烏敢辭？」

君初名秦，字廷仁，晚以字行，字性之，號善山。當陽明先生以提督之節駐贛也，常聚四方君子論學。君聞黄君所聞于先生者，慨然曰：「吾恨不及白沙之門，先生，今之白沙也。刻期往謁，又可失耶？」友人以不利舉業尼之，不爲聽。會先生征桶岡，裹糧追從，相見于南康。是時，丁繼母憂歸，而斬然以禮自度，不狥流俗。先生聞之，曰：「是能以身爲學者。」久之，授以「萬物一體」之論，與「致良知」之説。終夜思之，達旦不寐，忽有省悟。嘗曰：「吾人須從起端發念處察識，於此有得，思過半矣。」又曰：「知過即是良知，改過即是本體。」其語學者，每曰：「學務無情，斷滅天性；學務有情，緣情起釁。不識本心，二者皆病。」又曰：「執有無而論，莫若兩忘，只聽良知，是非善惡，莫能自欺。有情無情，自無不知。知至至之，更無可知。」此皆苦心察識，而驗其必然，不以人言少摇奪也。惟其悟之甚艱，執之甚堅，故言之甚詳，而不憚重復。蓋謂舍此無以爲致良知之實，持此處人，自庶幾於一體之義。而於言句稍涉精深微密者，輒摇手相戒曰：「先生之言，無是，無是。」凡海内談學之士，人人善君，君亦人人視爲知己。至論學脈，未嘗輕許誰何也。

君以諸生事先生，在贛趨贛，在南浦趨南浦，在越趨越，一不以舉業爲念。每試，據理直書，顧往往出人右。壬午，舉鄉試。上春官，久不第。辛丑，授新會知縣，喜曰：「吾雖不及白沙之門，今幸聞其學，又仕其鄉，吾敢以俗吏臨其子弟耶？」始至，釋菜于祠。乙巳，遷南京屯田清吏司主事，分司儀真。歲餘，榷貨蕪湖，所至有聲。滿考，投牒吏部，乞致仕，去不少濡滯。是時，年纔六十有四，而貌又壯盛無衰容，時論莫不以爲高。君少，善治生，家故豐，而自奉極嗇。及聞學，勇於克己，而急於就義。卒之日，囊無餘金，稱貸而後襄事。嗚呼！君之見重于師門者，有以也夫！

何之先，有伯勝者，以好修聞里中。四世，至景忠。景忠生汝礪，汝礪生克平，克平生潛，字若愚。若愚公質直長厚，以君貴，贈承德郎、南京工部屯田清吏司主事。配孫氏，贈安人。三子：長泰，武平知縣；次春，歷詔安、含山、霍山三縣知縣；君居幼。霍山與君同事先生，而性慨慷有大節，皆能不負師門。君生成化丙午十月初三日，卒嘉靖辛亥五月二十五日，享年六十有六。配李氏，封安人，無出，賢明著稱，通達理道，尤善處嫡庶之間，故竟有子進德、進恒。進德，側室李出，早夭；進恒，吴出，今爲縣諸生。三女，二出李氏，幼出杜氏，壻爲丘循輝、郭鳳崀、季子廉。君卒，諸生即北郭舊遊之地爲專祠。明年，督學憲使鄭君某，檄有祠，❶祀之鄉賢祠。又七年，督學王君宗

❶「祠」，蘇本作「司」，當從。

沐配享先生于鬱孤臺，于羅田巖，而在新會、儀真、蕪湖，皆樹碑識思。此於君宜不足輕重，然回視少年所爲，若兩人然。向使卒爲友人所尼，沉埋舉業，役役於一隅，其所就宜未可知矣。然則君所謂「察識于起端發念」者，非已試之藥歟？自戊子至今三十餘年，三君無恙，而君結鄰之約，奄忽不待。予既不能無悲，君所學若此，而予自顧未知底麗，即恐無以酬往昔求友之初心。蓋不獨悲君，亦重以自悲也。銘曰：

江門崛起，世有真儒。孰出僻阻，懷彼步趨。違俗就師，決于一念。邁往無前，良知自驗。遷善改過，不昧此知。持以淑人，念兹在兹。有覺方來，毋易厥視。能尊所聞，古人鮮是。

文江兩生墓志銘

文江兩生者，趙生子良弼、尹生道輿轍也。子良居文江北門，道輿在新市，距余松原半舍許。俱稱「文江」何居？過文江者，莫不識兩生。兩生能重文江，今忽見奪，故爲文江悲之也。

始余早歲談學，方藉啓助，然多勦其談，而忌所學。自乙未得趙，丙申得尹，於是文江有師友之義。子良爲諸生，廩于官，居市中，惟雅静寡營，因誦《傳習録》有感，毅然思自樹，不甘逐庸流。而道輿舉丁酉鄉試，嘗師雩都黄子正，其穎悟不及子良，其質直樸厚，寬慈而善忍，似遠過之。兩生往來，無間寒暑，徜徉石蓮雪浪之間。近而青原、玉笥，鳳林、白水，遠則衡岳、匡廬，靡不得偕。或踰旬朔不歸，蹈險不怨，求證所得，互指瑕疵。其形貌俱聳瘠古逸，嗜欲清寡。家極貧，然善奉親。兩親質故近道，不逆所爲，得嚴交際，即人以一箑相投，稍不當，堅不可强，視物無厚薄，皆一箑也。

子良從静中悟入，見心體常虚湛，一切無能相入，自謂得此可旁應不疑。有問詰者，摇首微哂不答。終日垂目，宴坐自適。即忖余猶若隔數塵者然，稍稍不足於氣。聞人過，面輒赤，心不自禁，亦竟莫能作一語。喜飲酒，暢志意，後偶病不食，少茹酒，月餘健如常。如是者越半載，忽僊而卒。

道輿尤重耻心，矜細行而尚大節，未嘗失辭色於人。聞談論稍涉高遠，目瞿瞿若驚。謹密内守，即事驗心，以至自慊。至契悟處，挺身捫胸，又若啖異味，意津津莫能自述也。初授崇明知縣，崇明在東海中，藪鹽徒爲亂，往者出没風濤，多不測，選人類規避。道輿名列浦城，爲有力所易，聞之不一動念，忻然戒行，省費實賦。奸宄革面。是時，城嚙于海，積餘帑，將徙之，以内艱去，不果。月餘，倭難作，代者不免。起復至京師，京師貴人愛其賢，競以鄉邑請銓部。會逆銓部意，莫逞，困以雲南太和。在太和，治行猶崇明。獨身萬里，絶不以險遠懷怨。地故儉瘠，供需如中土，民困甚，則搜括利害，務令簡薄，毫積絲累，歲贏若干，田里稱均。咸願立石垂遠，著在令甲。訟簡事給，時時集士人談學，身刑意感，信者日衆。嘗以疾請攝，攝者恣箠楚，聲達署，即復視事。或勸之，答曰：「使病吾民，是增吾病也。」居四年，竟以勞瘁卒于官。既卒，而部檄以賢能召。太和士人悲如失怙，憐其貧，競助之。復請兩臺賻歸櫬，而思不置，復請祀之名宦祠。且檄鄉邑，以鄉賢祀學中，皆如言。

當道輿將如太和時，余偶言：「此心之大，渾然與物同體，一無所繫。惟同體，故感無不通；惟不繫，故窮達不得加損之。」忽躍然起，計禄可備養，斷棄去，相守畢業，言不自效。訃至，與子良弔其家，哭盡哀。子良灑泣別去，無何，遂病，而余衰獨留。嗚呼！此獨文江不幸哉？

前後從余遊者，有羅生汝奎文詳、周生天臣忠、謝生子貞中孚三人。興致高遠，善啓發，莫如羅；謝擅才力，能羣衆；而周愿介，不染非義。二十年來，相繼夭。兩生言及，輒痛惋欲涕。嗚呼！安知今之痛惋，復有甚於兩生者乎？一邑之間，信學者幾何？而傾摧若此，即後死，何益矣。嗚呼，嗚呼！

趙本宋濮安懿王之後，自中奉大夫不伻始寓吉水，墓在二十一都善果山，子孫因家城中。高祖某曾祖□□，祖邦貴。父克潤，邑鄉賓，母藍氏。正德庚午三月四日、嘉靖庚申七月三日，其生卒也，年五十有一。寡兄弟，而無子，以再從兄子嗣宗爲後。娶徐氏，繼高氏。二女：長適道輿次子，次尚幼。

道輿生後一歲八月十三日，卒前一歲，爲六月二十七日，年五十。尹出河南，至吉州兵馬鈐轄崇珂孫守誠，留吉城舊市街，後徙吉水新市。十三世爲高祖宗連，郡鄉賓，有行誼，士人稱之。曾祖建陽知縣載魯，祖體震。父錫，母蕭氏，三子：長即轍，次軫、軒，縣諸生。錫與克温，皆以儒終其身。道輿娶峽江劉氏，三子：棐，采，樂；一女，適舉人羅徵竹。

子良卒之五日，祔善果山祖墓左，首乾亥，趾巽巳。而道輿葬里中賴坑甲山，庚向，其期爲辛酉十月庚辰。值余病，皆未臨穴。兹爲銘，且弔之。別書其一，納善果之墓。同遊地下，其尚知余之悲否乎？ 銘曰：

古道荒昧兮，將余振之。援枹奮鼓兮，聽者其誰？ 仡仡兩生兮，前驅秉麾。靡遠弗致兮，彌堅可摧。天胡弗弔兮，莫或相而。一割中折兮，寧究厥施。處者嘿嘿兮，溘其泯澌。嗟余孰輔兮，悵悵安之。有來景附兮，邅迴後時。匪直文江兮，千古所悲。

明故雲南清吏司主事致仕洛村黄公墓銘

正德丁丑，陽明王先生以中丞督軍于虔，延見士人，輒語以聖學。是時，虔中士人，無少長皆得其門，❶獨雩都洛村黄君與何善山兩人最有名。是時，君以《詩經》舉丙子鄉試第七人，丁外艱。往兄弘彝墮父貲不能償，父怒，將杖之，君憐焉，自代三百金以解。先生聞而異之，嘗謂士人曰：「黄君來何遲也？」既小祥，始上謁。三日而悟心理合一之旨，凡所誦説，即能無悖於先生。先生之教士人也，擇資之近者，特置左右，時掖獎頓挫而造就之。知用力矣，則又諄諄操習其誦説，與己無悖。士人初至者，令先以意接引，且察其性行何若。俟漸領略，徐共面語，故己不勞而人易知。君首在造就中，自以接引得朋友益，故從先生去虔至歸越，不忍離者四五年。戊子冬，先生道卒，門人倣築場義，歲擇一人紀其家。君居守二年，身處以禮，而用情於人，内外大小咸信服，莫可指誹。於

❶「其」，蘇本作「及」。

是，士人出先生門者，無問遠近，莫不知有黄洛村矣。

久之，思得一職自試。甲辰，授福建汀州府推官，厭世俗脂韋，背公無忌，執法明峻，不肯少失尺寸。巡按御史何公維柏而下，率倚爲重，遇疑獄及人畏忌不敢發者，必以相屬。君亦感激知遇，不事姑息，能聲漸著，而望者亦衆。戊申，召爲刑部雲南清吏司主事。又明年，北虜入寇，皇上震怒。邊將多逮西曹，或不盡法，即加責問。畏罪者，務深刻以希旨。君直據法遣之，不輕進退，往往忤人。兼質任剛直，既不能爲軟熟語，即有容貸，又不能自暴示恩，以故讒者四起。辛亥，當考察期，閫之望君者適當事，例予謫調。因上章請得原職致仕，報可。蓋公卿中多嗟惜之，故爲曲全若此。

既歸，每歲必放舟青原、玄潭間，與吉之雙江聶公、東廓鄒公期會。先會，必走書速予與劉君方興爲後先。興未慊，或留蓮洞，更旬月乃能去。其體肥稍短，目長秀，而聲厲以舒。士人有所請質，瞠視注聽，不遽舉似以俟意盡。衆論既畢，徐擇一二言諷之。不競談以眩所知，意態含蓄，未易涯涘。然善啖喜浴，曾不自異。己未臘，忽痰壅轉爲風痺，歲加劇。辛酉五月二十八日，端坐而逝。距其生弘治壬子七月十八日，壽止七十，後善山者十年。

憶予識君兩人旅中，善山慈和，曲意欵納；而君嚴簡難近，未嘗假色笑於人。然予獨與心契，往來二十三年，而敬不衰。觀其學，亦且再變。始者持守甚堅，其後以不致纖毫之力，一順自然爲主，至其平生，終始曾未少變。大抵厚於自信，而薄迎合；長於持重，而短機械。倉卒不撼，可以鎮燥心；瑣屑不入，可以消鄙見。古之所謂「不爲嬰兒之態，而有大人之志」者，庶幾近之。蓋望而知爲有道，不待言之出也。雩都士人，多出兩人門，而邑中喪祭，舊俗尚鬼，至君始還古云。

君名弘綱，字正之。先世居贛縣下横，自春源翁始徙雩都，生子敬。子敬生仲庸，仲庸生廷本。廷本生思盛，號静軒，里中稱長者。娶于吴，生君。君配易氏，有二女三子。女適易廷科、劉克端。子褒，歲貢國子生；次褧、衮，皆縣學生。孫子十一人：瓚，珍，珩，璠，玖，璨，珙，璁，瑄，璞。珍、珩，縣諸生。孫女二：一適易紹音，一許何某。曾孫四人：某，某，某，某。曾孫女三人。君卒之十二月二十五日，褒等葬之西門外生佛寺右，首巽而趾乾。何之殯也，予走雩都哭之哀。君訃至，而予卧病，則哭諸寢門。明年，褒持劉君之狀來取銘，予泣曰：「如君者，可復得耶？且我信矣，銘非我孰宜？」銘曰：

宋儒窮理，理實心虛。虛與實合，匪學弗居。君雖得師，速悟由己。一言而判，即心即理。持之既久，持以不持。流行坎止，自心不疑。感本寂中，寂非感外。心有本靈，嚴師斯在。維内之私，維外之疑。不隨不倚，胡施靡徵。我將質之，逝矣弗作。載韻遺言，堅珉亦託。

明故禮部主客郎中致仕明水陳公墓志銘

嘉靖辛丑，某歸田，始會明水陳先生于螺川上。又五年，再晤于毘陵。繼是，庚戌聚青原，壬子留玄潭雪浪閣，甲寅過桐江，❶咸朝夕請益，既久乃别。最後丙辰大水，獨對於寓舍，尤盡傾倒。蓋先生之學，得之陽明公致良知爲深，以爲能致吾心之良知於事物感應之間，是謂格物。物格也者，事物感應，各中天則之謂也。竊謂良知即未發之中，無分於動静者也。指感應于酬酢之跡，而不於未發之中，恐於致良知微有未盡。方欲求決於先生，而先生亡矣。悲夫，悲夫！此豈交遊之情已乎？自念此學當詣極致，不負千載一時之機，而先生自任其重，負荷且堅，東南士人歸心取平，而卒無疑貳者，在吉有東廓、雙江諸公，在撫則先生爲倡首，蓋浙中所未有也。如是而不得少延歲月，以卒所請，豈不大可悲哉！

先生名九川，字惟濬，初號竹亭，改明水。陳本宣之寧國人，高祖觀，擅智勇，高皇征僞漢時實在行，以功進小旗，留撫州守禦所。既老，返宣城。曾祖禮，代隸元帥金大望麾下，樂臨川風土，始留家，子孫遂爲臨川人。祖溥，寡言笑，能前知。生崑，字獻璧，號閒翁，娶吴氏，生先生。後推恩封文林郎大常寺博士。母某氏，封孺人，常夢吞星而娠。先生幼善記誦屬文，十餘歲，里人辭不能師，乃遊行齋饒某門，問難相長，饒喜得助。三試當入學校，三辭不赴，而肆其力於載籍，爲督學崆峒李公所知。明年癸酉，與饒同舉鄉試。故事，舉鄉試，鼓樂譁之，獨徒步歸。甲戌，登進士第，觀政禮部，與同舍共一驢，不避嫌毁。已而，忽覺難仕，三疏請告。乙亥，師陽明公于虔，有所聞，盡火舊所

❶「桐」，蘇本作「同」。

爲《周易》《春秋》《詩》《禮》諸書。丁丑，起告授太常博士，講習靡倦。己卯，武宗將南巡，衆莫計，獨與舒梓溪國裳、夏東洲良勝、萬五溪潮連疏諫止，有旨荷校跪午門外五日，杖五十，除名。直聲動朝野，而病日甚，然南巡竟止，識者壯之。庚辰，卒業於虔。辛巳，今上即位，拔諸諫臣，仍補太常。癸未，進禮部儀制員外郎，册封弋陽王。甲申，侍陽明公于越。乙酉，轉主客郎中，正貢獻名物，節犒賞費計且數萬，羣小懷啣。會是時有他甘心者，思藉爲媒，嗾通事，假夷語奏之。下詔獄，數瀕死，不變。言官論捄，弗聽。丙戌，戍鎮海衛。己丑，郊祀，覃恩解還。後兩遇詔，得閑住致仕。凡再履危機，而卒不肯濡滯依違，以爲身家之謀而易其計，蓋性成然也。歸餘二年，六旬内連遭父母兄弟四喪，躬視斂含無遺憾。

始未師陽明公，卓卓衆中，篤倫嚴禮，實恐玷缺。比務學，即謹喪祭，正廟制、宗法、塋域諸役，不一他諉。宗族不足者，捐己助之。間走寧國，掃丘壠以畢先志。嘗構别墅，術者羨其所窆，惻然曰：「伯父久殯，敢私乎？」遂奉之。而事仲兄如其父。陽明公既喪，自走越紀其家。而踪跡所經，北至毘陵，南盡東粤，徜徉雁蕩、九華、匡廬間。登五老峰之絶標，窮三級泉之奇勝，結茅忘歸，自以爲無地非學，無地非友，亦即無地而非講習之處。其説主於陽明公，以致良知爲主，以格物爲實下手處。不特定會期擬峴臺與懷玉、浙東、青原、玄潭尋訪而已。先生卒後數月，即有東廓之變。嗚呼！此豈交游之情已哉？

先生生弘治甲寅十月十六日，卒嘉靖壬戌八月某日，享年六十有九。諸生即以言之官，祀學宫。未卒之春，痰上壅，耳不聰，至秋遂不能言。有星墮居旁，須臾瞑，殯于家。鄰不戒火，室盡燬，而櫬宫弗震，若有衛者。初娶潘氏；繼董氏，大理卿璜溪公女；側室王氏、李氏。子三：長本，嘉靖壬子舉人，娶張氏，合州善女，繼李氏，董出；次朱，縣學生，娶樂貢士其任女，繼李氏，李出；幼休，聘何永興文明女，王出。女三：長適縣學生黄國紀，次適府學生吴朝禎，幼適安城刑部員外郎鄒善，皆潘出。孫男三：本子文烺，未聘；朱子文燉，聘崇仁謝氏；文榮未聘。孫女二：本女許嫁曾如闓，朱女許嫁詹勝。本等將以明年癸亥某月某日，葬先生城北南岡山，首癸趾丁，近閒翁之墓，而封同潘。先期持衡州推官舒化所爲狀來請銘。予悲先生不可復得，又愧無以相報，虚其平日知待也，慨而銘之。銘曰：

良知之致，得者其誰？二紀相從，達矣奚疑？有來青衿，示以蓍龜。爰述所聞，可師可資。力主國是，不慮身危。載戍于閩，莫摇彼夷。迨其還歸，汝水之湄。邁邁何求？獨守我雌。斯道若何？今屬舉之。既永斯藏，亦以志悲。

明故南京國子監祭酒致仕東廓鄒公墓志銘

夫學之始也，莫善於以言相啓；及其久也，莫不善於執言而離宗。知言有宗，不爲所眩，性情相應，加損不形，而擔當負荷，屹然特立，此師道至難，古今一奇遇也。自陽明王公以學自命，遊其門者衆矣，融會敷衍，傳之人者，無若東廓先生。故於其來也，虚席以待之；其去也，凝目而送之。

以爲斯人也，吾道之所寄也。嗚呼！其望之重如此，是可一日失之，使不得與於斯道也哉！

先生名守益，字謙之，號東廓，姓鄒氏。鄒之先，自永豐徙安福。至克修，居澈源里，始以儒起家。曾祖仕魯，祖思傑。父賢，登弘治丙辰進士，仕至福建按察僉事。母周夫人，以弘治辛亥二月一日生先生，有異夢。僉事官南都，而先生師胡司寇璉。年十七，舉鄉試，娶王夫人。未幾，周夫人卒。辛未會試，❶陽明公爲同考官，賞識之，遂置第一。廷試及第第三人，授翰林院編修，而僉事遂解官。踰年，先生亦告歸。

自少舉業有聲，比歸，授經山房，無異也。一日，談《論語》《中庸》，訝曰：「程、朱補傳，而先格致，《中庸》乃言慎獨，何耶？」積疑莫釋。己卯，就問於陽明公，論辨反覆，憣然語曰：「道在是矣。」自是奉言無所違。

宸濠反，從義起兵。今上登極，録舊臣，先生始出。癸未，如越，既別，悵望不已。門人問之，公曰：「曾子羨友，所謂以能問不能，彼幾之矣。」既復職，與經筵，加文林郎。於是贈僉事奉政大夫，母進宜人，封妻孺人。大禮議起，偕同官上疏，不報。甲申，復疏，忤旨，下詔獄，與吕修撰柟聯事。未幾，謫廣德州判官。復入越，久而復行。在官未歷民事，至是無敢退託，發奸摘伏，有未嘗試，而剖析如見者。猶曰：「若保赤子，愧未之能也。」三年，擢南京主客郎中。戊子，服陽明公喪。辛亥，

❶「會試」，原作「鄉試」，因前已有「年十七舉鄉試」之文，故據蘇本改。

當給由而痔作，遂以病歸。冬，進奉政大夫，妻進宜人。丙申，程太史文德量移爲令，爲之翊化，任嫌不少辭。戊戌，用薦起爲南京吏部考功郎中，以司經洗馬召，上《聖功圖》。有所犯，衆捄得免。在職充經筵講官，上薛文清從祀議，品據精確。是夏，陞太常少卿，兼侍讀學士，掌南院。六月，王夫人没。十二月，陞南京國子監祭酒，以嚴爲教，意不少回。辛丑，九廟災，上時政，拳拳解譬，冀有感動，語大直致，竟解官。明年，娶李夫人。

己卯至壬戌四十餘年，學之不足，反而加密，蓋進進不知幾矣。而教之所施，莫大於自任之隆。無一日而衆不與聚，亦無一日而不與衆偕。中之自得，有名位卑高所不能移也。道之衰矣，士無承稟，故不得不力振以爲先馳。始而專求篤踐，無少疑滯，既惟恐其説之不明；已而心與言俱，言與聲應，又惟恐其傳之不廣。久則精神意氣，無有二事，欣欣朝夕，不知孰爲在我耶？孰爲在人耶？與之俱忘，不自覺也。蓋紹興之學興，而致良知之説，莫不甚習。衆口交騰，是非互出，未有即其心所安者。先生引誘其入，不至相忤，既得底裏，而唯諾應對，又皆足以發之。舉其似者，不聞則已，聞則莫不盡其情；執而疑者，不見則已，見則莫不平其氣。欲究陽明之説者，探之而愈深；欲伸百家之喙者，辨之而不得。温言和氣，隨幾轉授，無往而非可教之人；曲譬廣證，隨事發揮，無感而非可動之聽。雖未嘗立奇異以駭常，而隨問隨答，莫不各中其節而得所欲；雖不必懷飢渴以慰意，而無小無大，莫不各吐其衷而遂所長。入門者，得指摘以爲持守之階；向風者，取形似以爲關鑰之助。故與先生交者，徧天下；而尊王公之學者，至于今不忘。然冰玉皎潔，有如神明；怡怡可親，無復嫌忌。惠愛爲德，被以春温，怒者忘，躁者釋，如奏雅樂，聞九韶，聽之不厭，即之而莫能舍也。蓋其得于天者厚，故出之而有餘；成於學者多，故泯之而益競。獎人之善，能悦服矣，不以志合而益增其高；拯人之愚，能含容矣，不以跡殊而始張其大。雖家庭耳目之近，言皆可師；而衽席屏帷之間，曲而不隱。蓋躋之使前，不可得而克肖也。知教之不可不豫也，則立書院，建祠宇，廣鄉約，以濬其源；知弊之不可不革也，則舉清量，明户役，以正其始。其他賑貸周族，睦鄰施義，繕道橋，廣陂堰，又若恫瘝在身，不容但已，恐去害之不速，不知永利之垂也。至於文辭翰墨，巨册十餘，咸主從心，獨出己見。若寂感之無界，道器之無分，良知之無倚，真性之無待，聖學之無染，費隱之無間，性善之無二，又皆發先儒之所未發，實則根約理緒，曾無剿襲。然則先生不朽於世，遠而必傳者，是可以輕擬妄億哉！

庚申，先生以季子考績恩復職致仕，妻王氏、李氏進恭人。是年，先生七十，海内學者咸祝誦之。又明年壬戌，偶病不愈。病亟，召家人訓飭之，不異平時。十一月十日，無言而卒。病之稍加，走而禱者交于途；變之驟起，哭而奠者屬于道。嗚呼，希矣！夫人王氏，嘉溪少參公理孫女；李氏，出瓜畬巨族。五子：義舉癸卯鄉試，娶廬陵黄氏提學僉事國用女；美舉辛酉順天鄉試，娶王氏御史文女，繼周氏；善登進士，刑部郎中，娶臨川陳氏禮部郎中九川女，出王氏；養聘劉氏員外郎文孫女；蓋聘伍氏同知宇女。女三：長適劉布政使佐子紹藩，大學生；次適廬陵楊參議儲子應禎；幼聘萬安朱吏部侍郎衡子維京，出李氏。孫男十一人：德源、德濬俱諸生，德涵舉戊午鄉試，德溥、德温、德治、德泳、德濟、德洙、德汴、德澡。孫女九人。曾孫男八人，曾孫女二人，娶聘皆名族。又明年，閏二月甲申，義等奉柩安于里之白竹陂，首震趾兑，先期請銘。

洪先少先生十有三歲，後進行也。每勞汲引，不過鄙夷。己亥之徵，得與同列。辛丑遠播，事異迹符。香社精廬，追隨實久。閉户三載，何遽見遺？曾不踰年，雙江亦逝。行輩漸寡，附麗安從？嗚呼！豈不悲哉！惟先生所營，關係萬古。一日之是，人心所同。矧會大方，立辨諸趣。既執要領，且獲依歸。秉妙鑿而羣分，賦異質而深造。尚友之士，亦有考于斯乎？銘曰：

惟道在人，如水隨器。盡其所容，皆以爲是。哲人器巨，言與道稽。或就質問，響答無疑。繼師作人，幾四十歲。有覺方來，陽明之裔。早繙帝紀，違俗求之。應時而出，爲夔爲夷。入聽不諧，一斥南服。親歷諸難，郎曹再辱。宫臣載召，于國有華。手綰正印，日麗天葩。立之司成，士有歸命。不諒其忠，奉身以正。斂於旁達，守嘿時揚。一時之遇，百世之光。惟道之精，多與時會。孰嗇而存，孰施而潰？孰引孰尼，惟是之歸。於乎斯藏，來世其依。

明故封文林郎無錫縣知縣桂亭萬公墓志銘

士以達節奇行震耀當年、傳誦來世者，豈不難哉？然或觸於一時，奮于一事，究其用心，有未可概論者。彼一無所憑藉，本至性所發，持之終身，久而靡易，亦何其稀少也。世之誇詡崇尚，冀以風厲人者，宜不暇他擇矣。苟欲反澆漓而歸之醇懿，則畏壘漢陰之類，泊然于中，不能與機械謀者，非君子深與者哉！此予有感于桂亭萬翁也。

翁爲人質易簡嘿，而依於慈厚，不知隨俗低昂計度。意微狷，事至是非，斬斬立辨，出口更不回，人莫能難。以游談聞者，即赤色勸之，不令復張。而於人之是非，與其成敗，又若目睹一二，不俟指覆，即翁不自知其爲能也。

少嘗工舉子業，既以家棘棄去，躬治生。始而人欺其肫肫，多乘間苦楚之，竟不與理，曰：「吾家十餘世門無訟牒，今敗自我，不可。」百計隱忍求免。久而稍稍信服，率先推讓，燕會爭鬬，得翁一言爲平，又未嘗居其勞。其最大者，逆濠藉户口給少貨以收倍息，不稱多死箠係，以次將及，鄉人來謀，翁曰：「吾儕輩貧，人所知也，能勝貨乎？」相戒勿往，人咸危之。會濠反，乃首倡議，結壘自固。是時里有附濠者，聞中丞王公議兵過境，懼連坐，多盡室以逃。翁爲譬止，不聽，則走縣令顧佖告故。且曰：「反者濠耳，道路訛言，謂且屠村，閭里洶洶，小人不知所計，明府不早慰諭，恐脅迫生變，是爲反者敺兵也。」顧用翁言，鄉人以寧。翁之走縣也，衆岌岌矣，竊窺翁家庭户晏然，賴以不摇。

翁雖治生，然雅信諸子傳註所言，以爲學者必當如是。其書取法趙吴興，一點畫不敢苟，故其教子亦最嚴正。聞有明朱子學者，傾囊爲贄。未幾，次子方伯君舉鄉試，翁方視穫，聞報不甚色喜，履畝如初。比舉進士，知無錫縣，縣人有避徭者，懷金謁翁。翁覺辭去，然亦不洩姓名於人。無錫迎翁，間一往輒歸，歸途見隸人持杖稍大，剖其半，書以戒無錫。而無錫亦日有聲，徵南京兵科給事中。用無錫滿考，恩封翁如其官。既拜命，不欲以冠裳入公門，郡縣臺省間來起居，顧深避匿。曰：「我雖受命，實庶人也，何敢與官府爲禮？」角巾野服，與諸親鄰往來，道故舊懷抱，肫肫視往時，略不少衰，亦絶不以封君自殊。蓋自給事至爲福建方伯，二十年常如一日。其以方伯交際來者，漫漫遇之，若不識也。其後年益高，意益純，終日泯沕如嬰兒。孫廷言舉鄉試，顧益畏懼，常訓其家人曰：「汝不見松柏乎？其愈高而不凋者，貞色常斂爲之也。」於是，鄉人乃益服翁。翁卒，其舊與往來者，無遠近莫不悉來，來則莫不盡哀乃去。

嗚呼！翁在少年，孑然獨立，未有莩粃之援，可以傾動人耳目也。當逆濠氣焰薰灼，犯者立至虀粉，此未可嘗試者。翁爲鄉人計，慷慨振迅，捐身赴之，忘其利害，豈智專然耶？夫久抑而伸，得少而不勝願者，此淺中所爲，無足論矣。至履榮盛，意滿氣逸，憑勢而改步者，往往不少，此其故又何也？翁雖有遭，然用心肫肫，始終若此，此不可以風厲哉！無錫始爲給事也，翁遺書曰：「主上聖明，毋訐人以衒直，毋毛舉以存大體，毋以恩仇變是非。」嗚呼！執此三言，即古之遺直，不啻過也。此尤足以觀翁。

翁名廣載，字汝育，號桂亭，姓萬氏，世居南昌東溪里。東溪之萬，建炎間曰楨者，徙自新建城頭。至國初，有國輔公，生而雄武非常，有絶識，鄉人伏之。高皇帝欲以官，不受。無子，兄國寶子玉中爲之後，於翁爲高祖。曾祖觀禮，祖景星。考必昌，號養拙，母羅氏。自祖考妣以下，皆翁治葬。翁雖不工形家術，考其所卜向背浮沉，一一皆準法度，專門者率不能訾。今祔翁灞橋西策塘之溪湖山母墓下者，所自豫定者也。翁生成化丙申，卒嘉靖丁巳，享年八十有二。素少疾，至是病足。一夕，家人問寢，嘿自刻時，至期無疾而終。初娶傅氏，贈孺人，生子虞託；次虞愷，即方伯君。繼娶李氏，生子虞瑞，縣諸生；次虞鄰，德府典膳。孫男七人：廷言舉乙卯鄉試第二人，某某某俱縣諸生。孫女三人，適某某。曾孫男四人，曾孫女一人。

予未嘗識翁，往以臭味交于方伯君父子之間，見其謹約慕古，意必有啓之者。既得聞其家世，比往吊，入其廬，猶及睹其遺風而慨之。方伯君以丁巳某月日葬翁，持前給事徐君少初所爲狀來請銘。嗚呼！似翁者希矣，烏可不銘？銘曰：

世降樸散，巧智紛攘。以能不能，定士否臧。自壯至衰，踵故爲常。如器敝漏，莫補其傷。翁頹乎中，肫肫是將。俗則寡偶，而泯所長。德之方矣，實鏟其光。不矯而合，於性有當。惟古云同，今也則亡。我昭其微，胡直永藏。

明故誥封奉政大夫刑部山東清吏司郎茫湖李公合葬墓志銘❶

嘉靖壬辰，豐城茫湖李翁，以季子遂刑部郎中恩封，如其官，而次子逢爲給事中，相與迎養京邸。昆季俱美官，其禄既足以養，而是時鄉里官京師者，又皆争爲酒食壽翁。久之，名聞公卿間。

❶「郎」下，蘇本有「中」字。

翁長身豐頤，背負鍾音，響震發自韋布。與隆貴語，意態閒雅，曾不沮怍。即素以桀驁聞者，猝然相遇，莫不斂聽。至是，公卿相物色，翁衣冠以客禮見，顒然有儀。語時政及古今成敗事，亹亹不絶，若久淹仕途，歷多故者語，公卿咸敬重翁。大中丞王公廷相善鑒裁，尤數歎賞，謂人曰：「使李翁爲方面郡守，可不試而效，柰何僅爲封君耶？」其未與稔者，望其父子賢達，莫不羨慕，稱爲福人福人。至其行事，非其子與家庭羣從能久受教令者，未有盡知之者也。

翁二歲而孤，潛鞠於母氏，遭家訟侵迫，獨力支拒。嘗詣御史劉公某，劉奇其狀貌，謂訟者曰：「是兒且長，雄偉一世，若等豈其敵哉！」特取堯肩勞遣之。翁既出孤危，益折節問學。資故穎異，童時已能爲聲偶句，動諸長老。比試諸生，又爲督學蔡虛齋、邵二泉兩公所獎拔，然顧刻厲行誼，務脱流俗，求與古人頡頏聞於世，非直工文辭而已。母育翁艱辛矣，翁事母尤極孝謹。居喪哀毁，出至性，即垂老言及，猶嗚咽悲泣不休。與人交，慎取予，即纖微必嚴義利之辨。嘗曰：「父子兄弟懷利相與，古人以爲亡徵，非過論也。」以是累世雖貴宦，絶不知操切盈縮，求增尺寸，而其家乃日益起。翁故闊略豪爽，亦隨手施給，又絶不能爲寒士態。至於自奉，無衰壯，其儉素如一日也。平居動止端凝，不喜諧謔，不蓄媵侍，即處燕私，虎蹲山峙，凜不可狎。督諸子學，嚴於官府。後登第歸，終日侍立，無敢跛倚。比在官暇，時時舉平生所欲爲而未得自盡，與其所必不爲者，訓飭之。會同時各以職事爲大臣所中，下詔獄。翁倉卒聞報，不少見幾微，第曰：「升沉常事，奚足計？」旋遣人持書督過，不令摧萎。晚年益明消長之故，署所居曰「抑畏」，旁書「虧盈益謙」四句以自儆。雖以高年據榮寵，見戚屬、卑幼、賤役，亦必斂容。爲封君二十年，不能以片楮入公府，而郡縣數虛鄉飲賓席以待，深避不就。

遂二子相繼舉鄉試，自視欿然，若有所畏，而不能色喜，視遂與逢登第時不異也。遂自外謫稍進爲中丞，是時翁且八十，先期迎賀于留都，翁辭曰：「余以三世一身，遭罹多難，乃苟延大耋。于今孫曾三十餘，繞膝稱觴，已爲過望，汝乃欲假公卿之重，以爲一日之榮，吾恐造物忌多取也。」竟不赴。已而北虜犯順，召中丞督兵于薊，翁直責以捐身許國之誼，❶不令内顧。未幾，遂得釋政。三年，而翁感微疾，謂遂曰：「吾必不起，雖然，得汝在侍，殊非平生意及也。」家人環泣，問所欲語。曰：「吾平生語甚悉，若等能守忠孝勤儉，宅心保家，吾目瞑矣，何泣爲？」已而曰：「人多怖死，遂令神識昏亂。吾心曠無一事，欲了便了，不見可恐怖者。」言訖，端坐而逝。

自翁遭家訟迄于終，不一言訟者名字，其意以爲毋使吾子孫不忘于心，且修怨也。其大節隱行，磊磊若此。然拘于命，不得達，凡七試場屋不第，輒棄去，而微寓其意於詩。詩成，日吟詠以自適。歲時家庭宴會，或自度長短句，令童子倚音歌之，以代鼓吹。然亦不欲以是名家，筆墨散逸，今所存惟《饑豹》《穴遊》《桑榆》諸稿十餘卷耳。其平生所欲爲，與其所必不爲者，既以傳之於子與其

---

❶「捐」，原作「損」，今據四庫本改。

家庭羣從，❶今衣冠滿門，勳名方甚顯赫。至於敦博之氣，孝謹之風，即其子與家庭羣從，咸自推讓，以爲不及。諸公卿數歎賞矣，又拘於時，未有以其名薦者，故翁行事雖近古人，而竟以封君終其身。

翁諱萬平，字惟衡，姓李氏。李氏自臨汝徙茫湖，在天福五年。處士從始至翁二十有八世，世有聞人。曾祖南輝，封監察御史，贈按察司僉事。曾祖妣屈氏，封孺人，贈宜人。祖考諱瓛，號牧麟，以進士爲監察御史，改四川按察司副使、松潘兵備。祖妣黄氏，贈宜人。考諱與鎬，負才志，年二十夭。母林氏，茹苦立後，有司上其事于朝，旌表節婦。翁生成化辛卯，卒嘉靖癸丑，享年八十有三。配劉氏，善治家，急義掩瑕，俾翁全其嚴重，尤能以儉約成其子。及封宜人，身貴矣，一御命服，返布素，無所改也。生成化戊子某月日，先翁十二年卒，爲辛卯某月日，葬驥山。子四人：選太學生，逢官至德安府知府，遷河東鹽運司知事，遂今以都察院副都御史巡撫鳳陽。女一，適某。孫男十三人：櫝、橡、格，選出；惠、德、慈，逢出；杭、樸、楠、櫝，遠出；栻、材、嶽壽，遂出。孫女四。曾孫男二十幾人，公及見者幾人，爲某某。甲寅冬十月某日，葬翁里中香社寺後，戌山辰向，以宜人還祔。後二年，而中丞委銘於某。某始壽翁京邸，徒懷羡慕，不盡聞其行事也。蓋歸田始知之，方欲請益，而翁已不作，訪其墓而拜焉。故不辭爲銘。

❶「羣」，原作「郡」，今據四庫本改。

翁從子吏部侍郎璣，狀翁行事，有云：「翁年四十八時，得奇疾，氣絶三日而寤，云至帝所，伏庭下，遥見殿中紫衣者，麾黄衣人掖以出，道遇羣狙圍之，翁躍馬奮刀殺數狙，晚至野市，憩酒肆，主人持簿相示，覽之，即翁詩稿。所與語，皆身後事，病且愈。後二日盥手，狙之毛血凝爪甲間，乃知非真夢也。」嗚呼！翁處死生之際誠異矣。其子若孫，與夢語相符不謬，翁果異人哉！其不盡用于世者，豈亦有靳之者乎？嗚呼！銘曰：

維古立賢，不專一途。或引自代，或同大夫。叔季競能，浮藝是拘。不量器受，守資以除。人譬彼豫章，輪囷敷腴。委棄弗睨，見惻垂輪。完璞遺珠，元精所儲。亦有神物，時斂以舒。人莫可測，機與化俱。鬱鬱兹丘，天實閟諸。儷德克享，孰敢覬覦？不足于前，後則有餘。揆厥終初，理也弗渝。

明故前翰林院編修文林郎方洲楊君墓志銘

西蜀擅俊爽秀異之産，故發解者多有聞於時。❶方洲楊君，名實卿，年二十有四，舉四川鄉試第一。明年，試大廷，今上親擢一甲第三人，官翰林編修。無何，故鄉大疫，而祖三溪翁及妻劉相繼卒，請告歸省。明年還朝，充經筵官，例得賜書。豳風亭成，進講章，與賜宴。又例進《白鵲詩》，多

❶「時」，陳本作「世」。

諷語。壬辰會試，爲同考試官，務在得人，不必己出，咸服其度。是秋，彗見，應詔極論用人行政之道，本於喜怒。疏入，上疑意有所指，令具實對。衆謂宜伏辜引謝。君氣故豪，視人多不當己，且鄙引謝爲巽軟，直據所見覆奏，語干用事寵幸諸臣。有旨下詔獄，問佐使安在，刑訊垂死，無一言他及。主獄計窮，度同官程君文德與厚善，將追榜之，會兵部侍郎黄君宗明上言論捄，遂俱見逮。君懼連坐二人，每鞫必自誓，力争不屈，上怒尋解。獄成，謫戍瞿塘。歲餘，詔例得釋，旋予致仕。

君既負豪爽，自及第至被謫，食未及三年，不得封，懼二親無以歡，遇節序稱觴集客，務極所欲。且治室廬，列歌舞，娱其耳目。而士大夫不知者，顧以爲謗。君方及時縱志，惟恐不足，莫辨人言瑣瑣爲何。弟台，故善事君，君友愛特甚。用君之學，舉鄉試魁。而三妹適士人，復懼二親將有離憂，即市舍旁地屋三區，别割産均給之，俾得數奉朝夕。後盡讓己田宅膏美者於台，曰：「汝子多於我，非此不能立也。」而三族待以舉火、婚嫁者，又甚衆。養其妻劉之家，如其妹，其他舉義周急，歸死殯而全孤嫠，無問貴賤，費出不貲。此在他人固皆甚難，君遇之，一語立就。性耐勞，不憚遠役。至忤己者，即詬詈其門，❶一無所省。蓋其才豁略脱灑，意至輒行，動無拘滯，而又善于用情，故能周愛若此。歲久，薦達屢矣，然未嘗尺書求援故人。間與耆碩結社賦詩，笑謔傲睨，若不知有人世。至論天下事，往往剖截直易，靡所畏忌，顧其力，誠若足以勝之。所爲詩文，稱其爲人，下筆如注，有千

❶「其」，蘇本、陳本作「及」。

里莫禦之勢，絶不能組織崖岸突兀語。所著有《猶及編》《觀槿野言》《庚辛集》及諸稿四十卷。嘗自謂得之沉思，而出以率易，舉是概平生，宜亦略可睹也。

憶君早慧，爲先輩余君所奇，補諸生。督學王公廷相賞其文。比及第，程君與予三人故聯名，君少予纔一歲。是時，上親覽諸試策，手賜褒語，一時公卿侈爲稀事，每相期必有以報天子。而紹興良知之學初聞于予，予亦數數言之，獨君心契，聞與就薛君侃、歐陽君德問所以。一夕，予已寢，君扣門就榻，曰：「吾適有悟，思決於君。」若不能終夕者，其意興勃勃類此。相聚不四月而別。當行戍，僅聚數日，而程君坐前事竟外謫。其後稍起，至吏部侍郎罷去。予在朝之跡，頗與君同，别一十七年而君卒。未幾，程君亦不起。余幸存，顧病衰無能少進，即後死何益矣。

明年，台以訃來，且索銘，曰：「没時，意所屬也。」嗚呼！君即不言，吾能嘿乎？以君才力，志學有不成乎？至於今，吾三人夙所期者何似，其尚可追否乎？嗚呼！忍不爲銘以志予悲？

楊氏，本楚孝感人，避元亂，入蜀居遂寧。幾傳爲思寧，思寧生友德，友德生萬全，萬全生時景，即三溪翁。翁生洪江，娶杜氏，是生君。比没，葬長庚山，君與台嘗廬其側者。免喪而病作，卒嘉靖己未，距生弘治乙丑，壽五十有五。配劉氏，繼王氏，皆先卒。劉一女，適某。側室蘇氏、白氏。蘇氏一子羲臣，縣諸生，娶王氏參政嘉賓女；四女，適某某，皆士人子，一尚幼。羲臣將以某月日葬君棗坪之原，而二配墓在長庚山右。銘曰：

初交久暌，忽悼絶也。道廣車馳，孰摧折也？志壯且衰，今古别也。後死何期，我心惙也。積惠有遺，文聲揭也。考履列辭，石不可滅也。

明故贈刑部雲南清吏司署員外郎晴岡胡君墓志銘

贈署員外郎晴岡胡君，泰和義禾田人也。名天鳳，字時鳴。父諱行恭，號謙齋，篤學慕古，行誼嚴振。嘗感時事，有所論著，識者謂可裨政議。羣居平恕，每歲里中弟子争迎師，莫能舍，以是終身不去其鄉。君自少稟家學，不更他師，性行方介，酷類父。既補縣學生，授經虔之雩都。

是時，王陽明先生去虔未久，高第弟子雩人何公廷仁、黄公弘綱，傳先生學，主於求心，而緩窮索。居聞之，未即信，退而沉思。會冬夜從友人所宵分歸，已熟寢，覺聞漏下不及三十刻，心訝之，已而數覺，漏不加促，則疑守者怠謬，披衣起立，候天曙，❶比四問，鷄未鳴也。愯然悟曰：「漏非有永不永，由吾心動，聽聞亂耳。夫聽聞亂，故逆億起而愛憎移，不自知其妄也。不求諸心，吾之妄可勝計哉？」於是積疑頓釋，乃著《自信篇》以明己志。時時就何、黄究所傳，且曰：「始吾未信先生之學，謂與宋儒異耳。夫『性即理』與『在物爲理』，皆宋儒語也。理在物，猶可言外；謂性爲外，可乎？性非在外，理非在外，吾之窮索宜何從？」於是，復爲《理論》申之。然君不獨能信其言，反諸己自處，獨至接衆，務與心應以爲快。嘗遇病攣者，旁有人云：「孰予一金，當出奇藥起之。」君即倒

❶「曙」，原作「睹」，今據蘇本改。

囊。從者疑曰：「驗否安知？」君曰：「吾心誠不自已，豈俟其驗哉！」門人問：「見色不動，有道否？」曰：「人之自視子女，未嘗有動，視人猶子女，固其道矣。」雩士雖以舉業從君，君所語多在舉業外，以是出其門者即有聞，御史袁淳、訓導周文其最也。在雩三年，所學視昔大異。方以稱力澤物爲己責，而竟卒于瘵，年纔三十有八，不及其成。里中嗟曰：「謙齋阨矣，復阨君耶？」

後卒三十年，君之子直，登進士，爲刑部，致有今贈。未幾，出爲湖廣按察僉事，念君待吉淺土，亟歸卜地於某山之原，面乙辰，負辛戌，將以辛酉正月五日下窆，前期自撰世敘來請銘。僉事故與余遊，嘗疑有啓之者，其私淑先生也，志甚厲而位漸進，將所謂稱力以澤物者，終有在乎？於是諸其銘，以告諸幽。

胡之先，徙自金陵，宋慶曆進士衍，官至尚書屯田員外郎。幾傳爲伯雅，登永樂丙戌進士。進士之弟季和，生寶坻訓導哲。哲生佘極，君之高曾祖也。君生某年月日，卒某年月日。配周氏，生子三人：長按察，次某某。孫男四人，孫女三人。世敘云。銘曰：

學晦識礙，如夜方寐。孰寐有聞，羣酣未悔。匪辭是修，自踐抑抑。命或格之，極詣未即。皇錫有赫，貴豈在名？惟古好德，乃福之榮。又何考祥，不曰有子？遺者方長，雖夭弗死。

明故慈溪縣知縣雙渠謝君墓志銘

謝雙渠君，初名珥，字子器，其上世嘗立弟爲後，君正其失，從兄弟名行，更曰應嶽，字顯之。自少以《易》學爲衆所推，出其餘力，又能爲古文辭，於是子器之名滿郡邑，四方争迎爲師恐後。然名不相逮者，顧得舉，而君至四十以上，猶不第。更名之幾年，爲嘉靖戊子，會朝廷遣京朝官主考郡邑鄉試，始賞其文，擢第一人。明年己丑，登進士。庚寅，授慈谿縣知縣。❶二年，卒于官。

君面肥皙，腹便便垂，孝友慈和，出天性。嘗捐産贍伯父後及從叔與女兄之貧，視從子如子，隨質礲就，且植立之，皆次第取科第。然豁略有度，笑語諧謔，跌宕不羈。凡施愛於人，與人之倍德者，曾無校量，怡然遇之如一也。爲進士，即以更名之故聞於朝，欲著爲令，復請旌表節義，以勸海内。觀政工部，爲尚書所知。是時修正《會典》，與撰本部《實録》。慈谿巨邑，號難治，君以廉勤涖之，弊祛訟清。横徭詭税，羨茶妖祠，盡釐以法。邑畏濕不禁火，民居善災，故有市河，久淤，且入於豪，因力復之，患以漸息。又建尊經閣，廣楊慈湖書院，增置祀田，風厲士習，竟以勞瘁得疾。將入覲，至揚返，卒於壬辰二月十日，❷距生成化癸卯，得年五十。

先期家人知不起，泣問後事，輒訶走之。士友候疾，令以序進，語皆邑事，一不及私。其卒也，民哀之，請祀名宦祠。❸當道廉其賢而貧，賻乃得歸。既歸，而今上以治行徵，不及聞。明年某月

❶「谿」，原脱，今據四庫本補。
❷「十」，蘇本作「九」。
❸「祀」下，蘇本有「於」字。

日，葬於本里連田虎形祖塋右，❶首丁趾癸。娶蕭氏，無子。側室彭氏，生子國典，爲縣學生。一女，適周台應。

君本吉水銀村巨族，曾祖三奇，祖建鈞，父正用，世業儒有聲。母毛氏，大守超長女。憶余髫年即識君諸生中，比舉進士，同年稱莫逆。而國典失君故甚幼，既葬十餘年，始來索銘。又十餘年，余始執筆，則國典已舉三子，而蕭亦卒。國典之幼也，蕭鞠之甚艱，不異所出，尤能教以忍讓，故竟有成。生成化癸卯，卒嘉靖戊午，得年七十有六，葬八都大井田中蜈蚣形。君舉進士時，每向余憂國典小弱。嗚呼！余銘雖稍遲，然得載孫之名于石，其可瞑矣。銘曰：

於惟慈豁，才孰縱之？久躓而興，復遏其施。于嗟志士，能幾邁時？兆足以行，於君奚疵！

明故都察院左都御史贈太子太保謚簡肅周公墓志銘

嘉靖乙卯，都察院左都御史缺，所司疏擬請，❷今上若曰：「惟是法紀，攸司必公且嚴，實難其

❶「右」，蘇本作「左」。
❷「疏」，陳本作「奏」。

人，❶其慎擇之。」於是僉知上意，遂以崦山周公名上，自南京兵部尚書特授焉。例辭，不允。在院考察天下述職諸臣者再，在廷諸臣者一，法守剛決，陟明黜瑕，私莫敢干。獨立朝著，望者斂色，臺綱爲之一變。上重其代，委信益堅。二品再敘，加資政大夫、太子少保，遣中使賜羊酒寶鈔勞之。幾七年，不得告。會長子經歷君夭，鬱憤成疾，疾卒于位。上聞悼惜，遣禮部侍郎李公春芳諭祭，特贈太子太保，謚簡肅。工部具棺治塋，仍命行人孫君汝翼護行，中書舍人李君輔涖葬，有司畢祭如數，恩禮隆備，咸侈爲榮。孤宣，將以是年十月五日葬同江下赤石潭，期促不及請銘。當朝名公謂公視某則外兄弟，迫之寢所，俾代是役。拒謝不聽，乃力疾取禮部祠祭主事曾君同亨所撰行實，參以平日知見，撮其大端，列書壙石。其政事之詳，未及盡聞，俟之作者。

公名延，字南喬，居近崦山，因以自號。周氏泥田水溪巨族，相傳系出都鄉侯胤，因守袁留居之。至汾翁徙烏東，五世沂濱，再自烏東徙泥田，十六傳而爲學顏。學顏生榘，舉洪武庚戌鄉試，官至台州府同知，以治水知名太祖皇帝。榘生公智，泰和訓導，於公爲高祖。曾祖適，台州教授。祖仁讓，祖妣宋氏。父良福，妣李氏。公既貴，俱贈兵部右侍郎，兼都察院右僉都御史，二妣俱淑人。

公始爲儒士，舉嘉靖壬午鄉試。明年，登進士，爲潛江知縣，用薦調廣之新會。戊子，召爲兵科給事中，以言謫大倉州判官。徐丁妣淑人憂，起復補宿州。已而，擢揚州府同知，南京禮部主客郎

❶「其」，蘇本、陳本作「惟」。

中，調南京吏部考功。戊戌，擢廣東布政參議，轉按察副使，擢左參政，轉福建按察使，擢右布政使，歷廣東左布政使，以都察院右副都御史巡撫應天，再擢兵部右侍郎，兼都察院右僉都御史，提督兩廣軍務，兼巡撫。無何，召爲刑部侍郎，復擢南京都察院右都御史，轉南京吏部尚書，改南京兵部尚書，參贊機務。凡二十任，至今官。

初仕時，年纔二十有五，家居先後止三數寒暑，自餘三十五年，未嘗一日不在位。方峻謹潔，無他嗜好，面顔寒峭，人不易合，在親交一無所昵，亦未嘗一言受呰于人。自其少時食貧力學，間授徒以自給，有弗率者，旋即斥遣。喜深沉守獨，日端凝上視，密於致思。即夜寢，多不易瞑，凡晝之所爲，至於事物之微，人易忽者，必檢晝得當乃已。與人語，忖量是非而後發，將出口，尋繹復止，如是再四，或終含舌，嘿嘿不苟應。退則静坐一室，儼如對賓，妻子不敢輒至其前，偶有違拂，厲色經時不解。僮僕侍側者，惴惴失措。以此持己，亦以此視人，不別爲賢否；以此處家，亦以此治官，不少失尺寸；以此臨下，亦以此事上，不輕爲附援。蓋出性成，非矯强也。

始至潛，未試吏，據律擿發，奸蠹破露。常堤黄漢垸田三千丈，防恩江河，潛得常稔，而沔無水患。盜入東北沙圳，驅民驟往，盜驚有備，卒敗以去。新會窟猾逃税，習不可治，則又設計誘之，畢賞其逋去。兩嵩邑俱祀名宦祠中。入諫垣無幾，坐論新建伯奪爵事外謫。謫者例居他署，自別僚長，遇以客禮，大倉、維揚皆然，獨違衆聯署受事爲常。去宿，宿人祀之如兩邑。歷廣、閩藩臬，值南交議起，贊畫居多，以征黎功獲優賞。而採珠中使畏其禁令，不敢苛暴蛋人。在閩中，吏無佚罰者。

巡撫應天，首清海洋巨寇林成之擾，以靖江防；次復溧陽水次之兑，以寬民力。未幾，督兩廣，則又主於節費息兵，務安靖以杜倖功，軍餉非給犒不發。疏止番舶交易，毋啓外侮。罷瓊萬、烏石諸驛，歲贏千金。宦迹所至，過者惜其去，聞者冀其來。墨吏多謝病求避汰擊。自是出入南北兩都，官益尊，其清約自守，交游屏絶，門外蕭然，不異在下寮時。異時考察，或可計免，至是竟莫能相撼。至所保全，又非讒毁可動，事無巨細，度其害不勝利，即時調皆然，所見有未定者，寧棄置不復舉，縱拂羣情不恤。皇鑒精嚴，靡有遺照，近臣尤所注意，往往捄過不暇，公周旋八座，曾無蹉跌。嘗自贊其像，有曰：「退然若畏，鈍兮似迂。然其不違義，不趨利，不隨俗，不靡風者，殆之死而不敢渝也。」其終始令名，豈易然哉！有司議謚，擬之一德不懈曰「簡」，正己攝下曰「肅」，上特允之。蓋既接跡安成張公之後，而所遭過之。在吉水百八十年間，登穹階受完寵者，惟公一人。嗚呼！其可謂不死矣！

公生弘治己未，卒嘉靖辛酉，享年六十三。娶熊氏，累贈夫人；繼王氏，累封夫人。子二：長守，以廕至右軍都督府經歷；幼宣，國子生。女二，適羅思、李祖庚，俱縣學生。子女長者熊出，幼者王出。公不樂爲無益文字，至所陳述咸整潔有章，類其爲人，多不存稿，惟奏議若干卷，存于家。

銘曰：

泥田之野，原自崦山。周宗世衍，焜燿其間。篤産名臣，特立無懼。揆厥初終，一節允固。肅則有帥，簡固能專。在邇不泄，持久彌堅。諸難咸宜，于藩于臬。薦登大僚，聲光有烈。惟帝曰都，惟爾予孚。孰司邦紀，御史大夫。率爾素履，爰正庶位。臣敢不恭？百辟所視。亦既七載，表樹自躬。吏獲楷式，士耻汗風。矢死奉公，疾弗仰叩。力瘁生前，慮周身後。帝用心惻，垂卹有加。進秩賜誄，易名孔嘉。備物飾終，重使遠道。石潭之湄，塋壙堅好。形閟志顯，著在王言。嗚呼簡肅，百世如存。

明故白竹山徙柘鄉族叔北軒墓志銘

吉郡地雖廣，然生齒甚繁，不足以食衆。其人往往業四方，歲久不一歸，或即流落，不識家世何在。而長沙與吉郡接畛，其産故饒，其留滯又爲特甚。吾嘗治譜，見客遊而葬其地者，心竊悲之，爲書出處甚悉，以待其歸。又竊恨處異域而忘故鄉，使父母盻盻然無以待老，誠不知其何心也。

吾族祖秀英，嘗客長沙之寧鄉粟溪。既久，娶其地章氏，有二子：鈞，錦。未幾章氏卒，而秀英之嫡曾氏二子，曰銘，曰錢，既有室，視寧鄉二弟爲異母，又遠在千里外，秀英慮其不相能，而力又足以兩分其業也，欲令鈞、錦留寧鄉以居。鈞年十二三，向父泣曰：「人孰無祖？吾忍終爲客子耶？」情旨悲懇，秀乃攜歸。曾氏性頗嚴，鈞事之甚謹，顧獨得其歡心。曾氏嘗語人曰：「吾不意鈞能孝我也。」以故，銘、錢視鈞如同生。鈞稍長，往來寧鄉，有嬴即以周其族人。於業儒而貧者，不惜傾其貲。里人王志本死不克葬，聞而哀之，遂遺以棺。又嘗解衣助秦用達之殮，然家故堇堇不甚裕也。其生弘治癸丑，嘉靖乙巳卒于家。娶段氏，有二男，曰程，曰秋。程爲府諸生。一女，適顏來。

歲時婚姻，宗族問訊，咸謂鈞能持門户。嗚呼！視彼輕去其鄉，久而忘歸，與同室而胡越者，又何如也？不可謂難哉！

程以丙辰冬祔葬吉水五十九都東邊下坪，辰山戌向。先期以外父袁君梧狀來，曰：「吾父雖無善行，顧一言使後不忘。」予與程同出峽丘公珣之後，又嘗壯钧之爲人，奇其所爲，乃志而銘之。鈞字仲和，北軒其號云。銘曰：

寧鄉生，故鄉死，安能鬱鬱久居此？居竹山，葬吉水，爾能德人人德爾。樂哉兹丘誰忍毁？

明故三潭府君墓志銘❶

三潭府君，曠達人也。方頤豐準，性度純謹夷猶，與人處，無疾言狂態，而心常熙熙，若不涉世務者。❷故善詩、楷書。書宗顔氏，皆有法度。喜飲酒，遇醉不能辭，時時舉盃至唇復止。嘿嘿工苦於詩，詩不得，盃屢舉屢止。如是，雖移晷刻不知倦。或主人勸酬至甚醉，目光傍流，輒拱手告寢，鼻息齁齁。主人不厭，雖累月如是，不舍去。往年，常游金陵。金陵多鄉貴人，好爲詩及顔氏

❶「府」，蘇本、陳本作「羅」，正文同。
❷「世」，陳本作「時」。

書，相遇甚驩，飲之酒，見其狀若此，更相稱善，交引辟爲子弟師。居無何，忽忽不樂，棄歸。

嘉靖壬午，始與先大夫相見。先大夫高睨一世，無富貴態，常鬱鬱不欲與俗人交，杜門城市中，巷無轍跡。遇君至，啞啞笑言，旦至暮不休。每席地坐，共持尊酒倚筆床，嗚嗚長吟，彼賡此倡，揮灑滿紙。當是時，余弱冠旁侍，謂嗜文墨耳，未之多也。他主人或相招，皆不樂往，而先大夫座中無君，輒慘慘不樂。乃延爲子弟師，歲且暮，猶相對。予至是益愛敬君，間與語周、程之學，悚然俯聽。歎曰：「惜吾老矣，枉此生無可贖者。」遂爲詩贄谷平李先生，願師事焉。不獲請，退而日誦陽明語。予笑曰：「得無勞乎？」應曰：「誠有聞，即死無憾。」❶久之，詩類白沙，字類陽明，見後生，輒談先大夫與谷平先生，口不置也。又歲餘，先大夫捐館，君且病。方病時，聞訃，伏枕痛哭不自已，故病日甚，勢且亟，猶欲爲誄辭，舉筆淚涕交下，竟不成語。後二月，亦卒。

平生不知計算事，少嘗學爲諸生，以門户廢業，而身亦窘。子弟束修，囊無停滯。家不能舉火，對客不少見戚容。日遊山谷中，趺坐盤石，以此爲常。辛卯，縣令吴惺廉其老貧，禮爲鄉飲賓，固辭，不可，乃以讓蕭廷翰，而自爲介。衆謂稍自媚，即可以謁得謝，而君不一動齒。卒之日，其子珵無以爲殮。又十餘年，不得葬，而素所交游，日多零落，今無復有談其事者，悲夫！

君名輅，字木夫，世爲山原羅氏。始祖時濟，爲宋吉州推官。高祖敬簡，曾祖存淵，祖丕冠，父

❶ 「無」，蘇本、陳本作「何」。

效。祖母石鼓周氏。君生成化戊子，卒嘉靖癸巳。娶周氏，生二子：長珵；次玧，早卒。珵娶胡氏，繼劉氏。女適某。孫女一。乙巳十月丁酉，祔葬本里某山，皆珵力貧終其事。銘曰：

若有人兮山之阿。殆沉瀣兮被芰荷。行無頗兮志匪他。莫我好兮謂我何？歸去來兮擇所處。孔鸞相從兮猿鶴與侶。逝而不返兮將遐舉。延味嚇腐兮奚足語？潭有月兮松有風。生此樂兮没此終。相贈遺兮留無窮。後千秋兮何悲恫。九地修文兮多君子。異丘墟兮同寢止。勒室銘兮考終始。天地爲徵兮永安此。

明故泉口彦山府君墓志銘❶

予聞懋德述親之行，❷則爲之泫然而悲，蓋悲其時之難也。先王田里樹畜之教詳，斯民得以厚生而寡外慕。當是時，有弗若于訓者，刑之所必歸也。其安於俗者，則福之所必集也。後世養民之意微，而利欲之穽徧於天下，非捭闔不可飾情，非累黍不可居積，於是恂恂者多齟齬，而卒底苦厄。彼能自靖，宜無怨矣，然孰能免季路臯魚之情哉？故既爲懋德悲，亦因以悲吾先世也。

懋德之述曰：「吾考彦山公，篤厚人也。雖不事文學，心肫肫近於理，至不知計算處，多暗與古

❶ 「府」，蘇本作「羅」。

❷ 「聞」下，蘇本有「羅子」二字。

人合。嘗業商，商即墮貲。已而躬耕，耕嘗餒。旁觀者不勝其坎壈矣，顧所出浮於所入，無苦語。吾祖喜賓客施予，則爲治具營辦，不令親有他慮。諸父昆季遭誣訟，若身與其事，傾作産出之。故終其身，貸貲以食。教其子曰：『汝必讀書，無効鄉里薄俗孳孳於利也。』」嗚呼！若公者，非所謂恂恂而齟齬者耶？

公卒二十年，懋德舉江西甲午鄉試，而養已不逮。辛丑，改葬公于下符高伯祖庸範墓側，午山子向。述是乞銘。余四圖泉口，系出秀川印岡仕倫公後。二世德輿，文學著於楊文節公記，而夢祥明弼，行業載乎郡邑志。嗣後顯達遞傳，難以枚舉。自余與懋德同遊谷平先生之門，講學甚親，重其述言，而悲其用情，遂次第書之。嗚呼！公可謂不匱矣。

公諱俊，字岳彦，號彦山。爲鄉飲介賓。生成化己丑六月二十七日，卒正德甲戌二月二十四日。娶谷平李氏。曾祖啓旭，祖復敏，父美瑛。懋德諱哀，號果齋，二子：豸，麟。豸爲邑庠。銘曰：

惟古重民，性同異遷。質而不鑿，俗以爲賢。世降彌文，棄道詭利。惟避拙樸，機巧爲媚。今有君子，屯蒙弗渝。恂恂之白，篤於族閭。躬之不亶，淑聞滋至。有考兹丘，視其來裔。

魯齋周君及配宋孺人壽藏銘

魯齋周君，名錬，字愈豐，世爲吉水淼塘著姓。曾祖峻魁，祖廷伏，父履循。履循嘗爲諸生，苦疾棄去，問醫于婺，精其術歸，用治他疾，輒已，遂有名。郡邑中以其不羈，號曰散人。君，散人長子，長身豐骨，準柱中起，睛微赤，爲人剛嚴質任而達於事計，慷慨不爲委瑣狀，意必己出。

當散人問醫時，君六歲，獨與母李居，學書四年，而散人歸，君已背誦書史，趨拱拜揖如成人。又五年，母卒，而散人益無家念。郡邑人聞其能已疾，又性善酒，迎去率日夜飲之。散人得酒，不復求歸，而門户呼召，宗戚訊勞，但知有君。君既學不能專，又因出侍散人，通其術。郡邑故奇散人，逆計當有秘方隱説私其子，求迎者得與同載爲幸，以是君未弱冠，蹤跡亦且徧郡邑中。

散人卒，君之名顧出其上。其方藥間用李東垣、朱彦修，而一聽增損於脈，不復拘牽舊法。或疑之，君應曰：「吾用藥如韓信之兵，多多益辦；吾製藥如武穆之陣，運用在心。蓋因病以立方，方無定用；若拘方而待病，病豈常形。此非若輩所知也。」然君脈人，動移數刻，已復如初，或至三四，乃言狀，言則病者頷首，絶不令自叙苦楚何在；又能即脈之浮沉徐數、微洪利滯斷人禍福，殊驗。如言某病合死何日，或前數十年言某當食禄，與他人失得時月，詢其後果然。

余先大夫數禮重之，余以故聞其斷驗甚衆。至脈余，又獨不失一言。然傳者失實，又多憚其剛嚴，莫敢與狎。君亦落落寡合，即隆貴人，每儕輩岸視之，不能綺語相調，以卑陬唼噏爲容。遇稍不當意，拂袖去，雖累金幣追謝，弗顧。即郡邑大夫欲招之，非有人左右，莫能致也。其後英韶虔臨諸郡，有奇疾，輒謂非君不可，業已難效，數嘗君，君意久亦厭之。嘗語吾曰：「歲在某支，❶吾當死，不

❶「某」，原作「其」，今據胡本改。

爾，吾不復言脈。」乃擇材爲棺。又幾年，爲嘉靖丙午，買地二十一都某山，去家五里許，以丁未元日治二穴其上，一以自待，一待其配宋孺人。余聞，往勞之，執余手曰：「人生固然耳，獨不憶間者言乎？雖然，昨臨封，淚泫泫不自已，非有懼也。吾少失母，遺弟鑣四歲，吾與妻宋再事繼母，而子視鑣，其困瘁，吾兩人知耳。吾父坐誣，法必死，吾忘饑寒，累跋涉，求見長吏，頭搶地乞代，幸得白。當是時，寧知有今日乎？鑣有室，求分異，倍與父産，而自取其一，哀其早孤也。其敗也，復與合食，而姪潭者顧又甚少，何意鑣已死，吾獨存耶？伯父履泰，負官賦四十餘金，以誣逮，代償之。履輝者，三從叔，幼無歸，吾食而婚之，又婚其子。其子死，始罷食。凡爲食者，以爲祖宗之遺也。今吾已矣，誰當復念之者？所置田宅，僅中人之貲，固養生者不廢也。不知此身所藉者，數尺地耳。縱深錮而厚藏，又何益於此身？即後朽，又安從而知之？然而爲之者，毋使子孫之我累也。」則又曰：「歸是地者，吾宗也。不敢迫其祖，而從其下，庶與死者兩適焉。他日能爲吾書乎？」余曰：「公叔之丘，靖節之挽，惟古人行之。能不諱，即今何辭？」君顧曰：「善。」余聞通於理與數者，皆能前知，以息其心，而推於其故。君豈通禍福死生之說於脈者耶？

自余識君，衣履布素，垂二十年如一日。兩造其家，見其茹苦食力而不敢怠。夫奉之厚，則損之不輕；愛其小，則難反其重。彼怛化者，皆不早見而去其累也。君之自待其身若此，其篤於爲義有以哉！君之脈，未必自驗；即其果驗，當訣時知不惑於所歸也。

宋孺人出郡城上巷名家處士諱某女，敦樸慈惠，足以濟君之剛嚴。君之兩合食也，食指繁，孺人早暮操作，不忍告勞以敗義舉。人以疾迎君，君嘗厭怒，則解之曰：「彼皆人也，疾苦在身，恨見君不早。孰無父母情乎？」密戒輿馬相其行。先宜人聞其然，語諸婦曰：「是酷類我。」疾且亟，猶命曰：「汝無忘宋孺人。」孺人二子：長淑，次渠。渠爲縣諸生。二女：長適永豐張最捷，次適富灘梁錫。君生成化己亥八月十四日，年纔六十有九。孺人生後二年，而月先三日。皆甚康强，而謀及此。吁噫！可以爲之歌而銘也已。銘曰：

有形之爲贅兮，疾病疴癢交爲侵。大患是用貴兮，藥石焫刺其相尋。計修折以恐惴兮，不虞跳號而呻吟。詎知自寶汙穢兮，乃謬咎夫愆陽與伏陰。持以語儕類兮，莫或懷余之好音。

何伊人之哲慧兮，先得同然於我心。皐如廓如並竃兮，曰與同室其將臨。來者月日昧昧兮，聊以樂夫斯今。孰能歌而在隧兮，又自穴而鼓琴。出入生死易位兮，譬則躍冶之金。大壽期以元會兮，攬煙雲爲裳衾。田廬僮僕委背兮，與逆旅而浮沉。飲且食而無悸兮，翩然視其居歆。

去來志自遂兮，寧大塊之我禁？待木拱而積歲兮，吾將索子於高深。

念菴羅先生文集卷十六

族從孫　復晋　男士瓚　士播　重校
六世孫　天衡　男韞琦
五世孫　雨霽　男廷衛　謹梓
六世孫　隨元　男士璞　士璋

墓志銘❶

明故中大夫太僕寺卿三符曾公合葬墓志銘

今上皇帝之初，習於政事，百司庶獄，覽決必親。武臣有恃寵撓法者，嘗受賕違詔改配軍人，縛邊將，爲御史趙鏜所劾，復强辯逆旨，下朝議。衆以其嘗與大議，又與戚里有連，咸顧望。三符曾公爲大理左少卿，獨言罪當死，得減爲幸，何得復計其他？數以語侵法司，凡再下議，公色益厲，至拂

❶「墓志銘」，原無，今據總目、卷首目録及各卷體例補。

袖起，不署奏。慶陽伯有甥張柱，驕横歐人母死，爲東廠錦衣衛所覺，既伏辜，法司以賕移獄，坐其子。朝議謂廠衛乃天子私人，不可偏聽，致輕法司。公言當計是非，不當有所向背。上先後遣人偵知之，大怒，爲罷尚書都御史、大理卿各一人，用公議奪武臣兵柄，削保傅銜及其禄三之一，而竟誅柱。且曰：「滿朝之人，惟曾某孤立無黨。」將以爲刑部侍郎，用事者不能平，嗾言官交章論劾。公上章請去，疏至八九，累旨慰留，猶忿忿不自已。公之名自是滿朝廷，而忌公者益因以衆。已而擢太僕卿，實以抑之。居歲餘，以守藏吏爲奸自劾，致仕去。自公去，朝廷不復有此兩事，亦不聞以少卿廷争忤衆者矣。

公起家弘治壬戌進士，知鄞縣三年，鄞人愛之如父母，久而不衰，有西漢良吏風。丁卯，以母憂去。己巳，起復補保定之新城。未幾，擢工部營繕司主事，分司通州，滿考，調刑部山西司主事，擢署山東司員外郎。明年甲戌，轉署郎中，忤閹鋭，引病去。丁丑，檄召補陝西司署郎中，遇都御史彭澤獄起，戊寅，復在告。終武宗之世不復再出。辛巳，今上即位，用薦者起爲肇慶知府，且録己卯勤王功，贈常俸一級。丁亥，擢福建按察副使，未上，擢大理右少卿，至京，轉左少卿。自入仕二十六年，履危陷險，晚始遇矣，然略不自知顧惜冀少進。嗚呼！是可以凡心窺哉！

平生剛介寡與，遇事直前，不知畏忌。勢軋利浼，寧死弗移。好咨察人情，以制幾事人。或以言嘗試，輒嫌以爲誚己。怒發自任，矯之雖或少過，無悔也。當進士奉使歸，日持律就叔父憲使昂講説疑義，假獄辭斷議，如爲諸生。除縣未上，鄞諸掾留京者百七十人，率卑禮問所宜行。諸掾感其義，人投所知，滿數篋。公擇可信者，爲便簡出入袖中。至鄞有所行罷，動中幽隱。豪猾驚曰：「公神明耶，何自聞之？」摇手戒不相犯。閹瑾煽虐，民多爲盜。瑾舉連坐，無辜者踵繫於道。新城去京師甚邇，公上盜狀，多以野處爲戒。瑾遣二校實之，公曰：「土廣人稀，始便爲盜，何更實爲？」二校不能迫。鷹坊使假瑾威往來畿内，郡邑吏數遭撻辱，而括財至數百金不止。公用市猾詭計，新城獨得不擾，計其費，纔十金。分司通州，與諸閹同事，禁索錢舟人，籍諸軍陶甓月課，閹人畏之。張鋭者，主東廠大閹也。其私人馬宗以指揮違法，當罷，鋭百計求免，不聽，且數詈鋭。鋭怒甚，代奏誣公，入罪不審，下法司，久乃得釋。都御史彭澤將復哈密，中人素以子弟不與從征銜怨，會土魯番用奸細寫亦虎仙計，誣澤激禍，遂與縉紳忌功者搆獄陷澤。公判虎仙反覆變亂，誣忠勤大臣，法在必誅。虎仙懼，賄内外以計逐公。公不得已，再引疾去。公爲大理，廷爭爲難矣。是時，以郎署再抗衆怒，病歸，啜菽忍饑，不知關説機利。妻孥相向日嗟懟，若不聞也。在肇慶六年，政尚威廉。總督大臣數以撫猺之策問公，公言非用團戍法自守，互市法相詰，猺不可撫。言數十萬，多見采用。嘗憤兵衛縱賊自利，至忤上下，幾不自免。蓋公之不屈，得之天性之素如此。

致仕歸，十有七年，杜門絶交，同里罕得識面。非其人，即親屬不樂與接。偶遇之，終日相對，噤不能曲出一語。閒居聞脂韋媕婀者，當食必置匕唾駡。事關國家，終日邑邑不解。性喜讀書，頃刻不能釋手，自經史至於星曆、地理、譜牒，積歲覃研，咸有著論，堅持一説不可破。文多頃刻立具，不求煆煉竄削爲工。所著年集、家譜凡十餘種，藏于家，獨地理諸書行世。

公名直，字叔温，號三符，一號惺惺叟，世居吉水竹山湖。曾祖沂，贈監察御史。祖椿，父煜，以公貴，贈中大夫太僕寺卿。母周氏，贈淑人。前室夫人彭氏，廬陵進士概女，繼許氏，金灘許泰女，封安人，進淑人，皆先公卒，無子。側室王氏，廬陵迪功郎鍾女，生子二人：長子布，府學生；幼子庠。女二人：長適前左春坊贊善羅洪先，幼適縣學生羅宰。孫二人：中行，中和。孫女三人。許氏善治家，事公最久，自食貧至公致仕，内宗外姻，男女歸聘，絍績田蓄，給使生息，咸出剸裁，故公垂老不識衡量。公生成化丁亥八月二十九日，卒嘉靖丁未十二月十三日，享年八十有一。許氏生成化壬辰，卒嘉靖丁酉，年六十六。公卒三年，十月己酉，子布以許氏合葬六十二都龍陽岡，巳山亥向。而子布妻周氏祔其右稍前。

洪先先君少許可，然於公莫逆。嘗命洪先曰：「汝婦翁性難犯，可嚴事之，吾敬其爲人也。」其後得侍于朝，親睹前爲大理時事。比罪歸，侍朝夕者又七年。當病亟，密遺子布書曰：「吾生無所益於鄉，仕無所補於國，即死，慎勿祈恩澤，且他屬銘，長婿足辨此矣。」至是，子布出其書。洪先讀而悲之，不得遜，書其數事大者見公。銘曰：

剛毅於仁，近者其質。流風所移，百不存一。於乎公乎，氣降萬夫。人所趨避，獨視若無。孰不榮進，畏以禍及？寧捐公卿，方抵貴戚。奮不顧軀，尚計其餘？或是之迂，彼終何如？古譬士品，定價莫强。利鈍是程，豈辨下上。聖主知臣，孤立無黨。以是銘公，可謂不爽。

明故羅生汝奎墓志銘

羅生名文祥，字汝奎，吉水富田里人。父居禮，以豪爽聞。母胡氏，娠十二月，夢神語曰：「先冬日當生兒。」已而果得文祥。文祥爲人，長身，面青黑，秀目疏眉，性好奇。幼從里師學文詞，即厭陳俗語，欲自出機括，師惡其不馴。然心竅竅，自以爲未有喻意者。復聞明興文士宗李、何、孫、鄭四子爲大家，得其文，思與馳騁上下，於是多集古牒奇字，間出語，即有矩尺。

已而，得陽明先生《格物論》，撫卷歎曰：「茲非程、陸門户耶？夫人在天地，瞬息耳，居不堂奥而塗淖，食不粳稻而糠粃，秖自苦，且無與償也。吾豈能泯泯效蠅蚋，羨殘膏餘腐，羈其耳目哉！」自是俯視闊步，檢操凝竪。同舍生往往目逆羣咻之，不爲動。後爲贄書，與弟文命，同謁羅子玉虚山中。間語及佛，艴然曰：「願師莫作是語。」見禪經，輒欲密屏去。後四年，羅子與論息機之要，存性之門，忽起對曰：「聞命矣。」斂神却念，忍嗜遺華，飄飄然視古所謂狂狷，意不多讓也。自是與羅子莫逆，進盡規益，指確瑕舋，朝可暮否，不務區區形迹矣。羅子嘗令叔沔惠言，弟壽先、居先師事之。嚴和間施，保誨交至。羅子自視叔弟，不是過也。於是假館羅子，歲晏忘歸。嘗與推極神聖根杪，否臧古昔，計探五嶽，乃志四方，踴躍酬應，誓不二適。即刻期共入衡山尋舜、禹故跡，求盡脱滓穢。將行，母尼之，對曰：「茲非漫遊，欲了此生耳。」母聞之喜。期明旦發舟,[1]然業已中暑毒,是夜方入寢,大喘呼,面發赤,唇舌裂燥。母聞之,第云「衡山,衡山」。里醫不察,誤投陽劑,然艾火,即痰壅閉目不復語,達旦卒矣。

正德庚午十月十四日生。嘉靖己丑,娶彭氏。癸巳,謁羅子。丁酉,始爲縣學生。嘗試學生不中,不見愠色。戊戌四月八日卒。三兄:福先卒,昭、弼善治生。弟文命,縣學生。文祥所得財,輒歸母,任諸兄弟取去,無問。及卒,囊無寸儲。彭氏生子祖懋,女淑慈,又皆夭死。閭里傷焉。兄弟思與立後,以諸子尚幼,未有擇。所遺詩,類初唐;文祖經子,間出魏晋。墓在皇厓山後魏仙嶺右。銘曰:

謂年爲壽,百齡何究?謂身爲存,盜性者六門。嗟,羅生!汝知否?爲榮知傾,爲成故寧,適塗弗至,而弗蹈榛荆。嗟,羅生!嘉種弗食,其行亟亟,望源而莫即。命嗇耶?時棘耶?其亡矣忘矣,得大當矣,玄之光矣。嗟,羅生!緊何傷?

明故饒良士孫烈婦合葬墓銘

饒良士,名思明,字子見,新淦湖田人也。父貫之,早卒。母徐安人,生子思聰、思明。思明,遺腹子,幼有至性。三歲見里師笞兄,即俛身求代,師屢試笞之,不爲動。六歲通聲律,知名郡縣中。

[1]「發」,蘇本作「登」。

嘗送兄渡水，見風起，必求與俱渡。執兄衣曰：「第無動。」由是一舟得不恐。既長，娶安國鄉孫怡女。女初生，怡名曰節，已而性果懿静，事徐安人以孝聞。於是思明得恣意問學，爲縣學生，懞懞不逐時態，又日夜勤誦説。然體素羸薄，不耐苦，遂成瘵疾。疾困，忽自省曰：「科舉之學，竟終身耶？」

已而，得陽明先生《傳習録》，乃復矍然曰：「吾幾枉生，夫道至邇至易矣，舍是他營，是謂大惑。吾寧汩汩泯没，甘自悔哉？」於是大書「勇」字座右，決計改步，期必聞道，死乃已。言嘿動止，僅僅欲自信，深衣大帶，屏居沉思，即同輩指摘譏慢，無所撓。有以理道告者，意氣舒發，忘其疾也。於是，居新興寺中，五年不入私室。孫躬給湯藥，亦五年不衰。囊篋盡，即脱簪珥；簪珥盡，日夜纅織足之。是時，兄舉己丑進士，爲刑部主事。思明恐即死，母老無所仰，爲書貽兄曰：「人多榮仕宦，古今仕宦多矣，非忠孝，知名者有幾？兄宜爲養母計，無他汲汲也。」未幾，疾亟，歸正寢。孫就視之，已不識面目。乃大慟曰：「君何爲至是？」思明色不沮，從容謂曰：「吾已矣，無過悲。汝年少，又無子，從汝志，不禁也。」孫驚號曰：「君疑我，豈忘平日言邪？萬一不諱，終不令君妻事他人。」乃復大慟絶息。已乃入室，豫治斂具，擇衣被精粗爲二具，家人莫之測也。斂具具，私取葱蜜和飲之，不得死。復計買砒霜食之，爲守者所禁，又不得死。已而守者倦，乃就縊室中。當縊時，有聲裂出户外，屋瓦震撼，守者驚覺，起視死矣。思明聞之，氣息奄奄，歔欷悲曰：「吾妻死，成妻矣。吾學陽明，今既死，乃不能有成。吾則媿吾妻。《傳習録》納吾棺中，以識吾志。」鄉里遠近奔視，即欲聞有司，思明指心曰：「彼不媿此耳，毋多事。」乃復貽書別兄，詞旨悽婉，左右悲痛。又七日，乃卒。卒後，有司聞其事於朝，曰：「風化者，朝廷大紀；貞烈者，天地之正氣也。伏見新淦饒思明者，幼孤，家貧嗜學，稽古齎志以没，識者傷心。其妻孫氏，曲盡婦常，先夫自決，寓從容就義之節於慷慨殺身之時，自非成仁，孰能不奪？良士烈婦，古今爲難，矧兹同室，尤爲希遇。願霈殊澤，以昭淳風，且示民有紀極也。」於是，天子聞而悲之，詔旌其門曰「貞烈」云。思明生正德己巳九月十七日，卒嘉靖壬辰五月十六日。孫氏生少思明幾歲，卒先七日。葬在某鄉之原。詔旌在卒後幾年。

始思明與同邑朱洛友善，將卒，與洛訣曰：「而知吾心，吾死必得念菴羅子銘墓，吾目瞑矣。」後五年，洛見羅子理前語。羅子既焉。士有昧一面而知心，越千里而慕軌者，誠以道懼難求，音貴合律。誠有所不達，言有所不宣，於是希心遐邈，振步疏越。雖匪嘿識，情亦懇至矣。洛學不傳，魯經分裂，號爲士者，佔畢謄説，躐華取次，役其精鋭，以甘腐餘，追究隱念，祇足靦顔。故朝匪黄科，秩無授紫，野雖白賁，名靡升玄。迂正道而莫由，棄常經而弗述。已成痼癖，誰則浣除？有能問津，庶幾乎絶響矣。顧使業不永就，行遂中廢，秀而不實，豈非志士深憤哉？勇士不見戈矛之害者，重賞招之也；中士不避隕越之禍者，令名束之也。烈婦處闈閤之中，鮮見聞之益。議不過酒食，功不踰緯織，乃能蹈死如履周行，此何冀望哉？矧其睽居五年，慮非不審也；弱年罔後，身非有係也；三死而畢遂，意非偶激也。借曰未知，則好德之詩荒矣。故曰：「所欲有甚於生，所惡有甚於死。」利貞之聲，或出於柔質；中庸之義，多缺於大儒。此非降才之殊，用智者之過也。「德不孤，必有鄰。」思明雖未遠究，然得烈婦作配不朽，使爲士者率則興行，則思明之死重矣。或曰：「孫之烈，思明死成之。」銘曰：

彼笄者何？其心匪他。彼士也人，其儀孔嘉。乃爾降瘥，胡不自計。胡遽云逝？曰昊天不二。滔滔者流，自承以羞。如淖塗弗由，何莫視茲丘。亦有黄馘，積穢而罔修。如露斯墜，胡千祀之作對，鈞非類耶？生同食，死同室，永爲極。地維不裂，茲丘其節節。

明故市隱殷君墓志銘

翁名昶，字序明。其先汴人，諱姓，世爲醫。元季有諱明者，舉鄉試，爲金壇教諭。官滿，留瓜州，始易殷姓。其後子孫占籍江都，再遷儀真，今爲儀真人。翁隆準方頤，聲堅亮，爲人樂易好施與，不知積畜。殷故世醫，翁又業儒，人以其好施而易與，就而問與延之去者日滿户。翁囊藥相從，言症響應，病多愈，又不責報。人具酒爲壽，飲盡醉，醉則撫几歌《擊壤詩》，意氣激蕩。人見翁好施不治家，而又能多飲，咸疑翁有仙術，呼爲「市仙」。其後翁漸衰，家用稍乏，人始相謂曰：「翁蓋隱者也。」於是競呼爲「市隱翁」。翁隤然應之，無擇也。

翁之醫也，自殷裕以下，世有發明。裕長子洪武間戍謫西蜀，以功爲小旗，遂與廣陵丘先容、吴陵劉宗原、西蜀胡仲禮爲友。此三人者，皆以醫名當時，而仲禮術尤奇驗。永樂初，都督潭公鎮儀真，薦裕名醫，留幕下，遂與仲禮居儀真。而侄智師仲禮，頗得其傳，嘗舉爲如皋醫學訓術。智弟信，是爲翁祖。翁既習聞先世所傳，故其醫亦有奇驗。丁本德妻孕踰期，而他醫誤以病治，翁診曰：「男也。丁本德欲生男，當如我言勿藥。」十四日果得男。於是，此事傳聞縉紳間，道儀真者，必來問醫。儀真當江淮要津，自縉紳至商賈，鮮弗知翁名者。

嘉靖庚寅，余在告，過儀真，舟中大疫，翁留客舍。是時，余母妻病亟，衆醫嘖嘖謝去，翁進藥獨如故，後數月愈。逮余病，不粒食者七十餘日，家人欲治後事。翁醉呼曰：「脈可生，何爲此不祥語？」他醫欲更藥，翁亦不聽。比百日，又愈。己亥冬，予道儀真，翁已病。病猶執余手勸飲，飲不醉不已。別去未數月，翁卒。余聞而悲之。蓋余之識翁，固始於醫，而知翁之深，則不在醫也。余方病時，瓜州有富翁王某，官治之急，托翁以數萬金謁余，且以千金壽翁。翁摇手却之，曰：「羅非而人，毋開口。」余病愈，始聞之，笑曰：「翁何以知我？」翁曰：「吾見公未嘗言及利也。」嗚呼！古所謂貴相知心者非耶？翁且卒，呼予不置，蓋其篤厚性成也。

翁父勁，母劉氏，生翁兄弟二人，翁以次爲伯父昺後。昺娶顔，繼包，年且老，翁侍養不倦，不異己所出。已而持服盡哀，人皆以爲難。視又能急人，人有訴是非，無所回互。至人侮己，則忍以待之。病亟，謂其子曰：「吾平生不妄取人，今得無媿，汝等勉之。」人乃知翁之心非固好隱，蓋有在也。翁生成化戊子某月日，卒嘉靖庚子某月日。娶朱氏，繼丁氏。朱氏善治家，先翁八年卒。子二人：修，佑。女三人：長適太學生盛楷，次適某某。孫男四人，孫女二人，皆幼。余自庚寅與楷往來，頗重其爲人。修等以某年月日，合葬于棗林岡，以楷之狀來乞銘。余方媿無以報翁，而楷之狀皆可信也，忍不爲銘？ 銘曰：

翁嘗歌《擊壤詩》曰：「老于太平世，死于太平世。」當是時，翛翛然自適，固無所忌也。而今居此室也，又何拘繫耶？ 古人有言：「不于其身，必于其子孫。」翁種德累世，久而彌敦，其必有大翁門者乎！

明故劉孝子墓志銘

正德丁丑，余鄉南嶺劉居士喪母，廬墓玉華山左，朝夕哭，朔望令節有奠物，不給，則織屨易之。明年夏，風雹伐屋，獨其廬不壞。山多虎，虎夜遶廬不相驚。其始人以爲詐，已而鄉之士人聞其果然，多往慰問，然不肖者，惡所行異俗，且不利己，謀陰沮其事。又明年，聞知且滿喪，乃結黨，僞爲盜，夜火其廬，執而苦楚之，久乃得脱。抱木主徑山就道院中避焉。時天苦寒，童子以衣進，色不能素者，却不受。黎明乃歸，納主于廟，而終喪于外寢。

是時，余爲童子，人傳其事，且見居廬時奠文皆哀痛語，然不能測識其心誠否。已而稍長，始盡知其爲人，蓋篤行者也。當年十三時，聞父理豫溺死池州，慟哭嘔血，以母周氏解譬，得不死。自後往來其處，輒憤恨不食，設酒殽江滸，號而招焉。同舟之人皆爲墮淚。每食甘美，必懷歸奉母。後客九江，聞母喪，棄貲而奔，故其家益貧。然遇忌日，齋必三日而祭，祭雖薄，而悲則已甚。往年兩臨余父喪，見余哭，亦拜哭不止，蓋其性純至若此。平居寡言笑，事必效古，遇人非笑，而自信益堅。

不喜戲劇，或强之，即擁户不顧。有欺侮者，忍以待之，故嘗自況爲「東窗耐辱居士」。鄉人既莫知重其所行，及其既老而貧，皆以鄉人視之，近亦無有談其事者。

余讀書，見古人行事，多奇偉可誦，嘗怪今世不然。以是觀之，豈非泯没者衆，而失紀載者之罪哉！夫忘其紀載，而使其泯没，猶且不可，況欲陰沮以違戾其誠心哉！此惟今世有之，在古人所未經見也。以其陰沮者衆，則今世之鮮所紀載，抑又何疑？余又因是而重大息矣。

居士名和，字元中，葬某處。生某年月，卒某年月。初娶郭氏，無子；繼娶熊氏，生子廷翰，縣學生。廷翰娶羅氏，實余從女兄，亦無子。而側室有子曰天曙，生五六月，值居士喪，能茹素助哀，與之肉食，輒哭不食，雖百試不改。嗚呼！將氣類之感耶？亦天有以厚之也。

劉氏自廬陵遷南嶺北坑，十傳而得滎陽尹深。深生桃源丞砥。砥生修，修生理豫，世皆不顯。豈天之所厚者，各有在歟？爲之銘，使後人述焉。銘曰：

孰不離裹而有形？孰不咳而朂之成？胡是昊天而莫爲情？哀此棘人，其疚煢煢。其身罔恤，其他遑寧？百爾君子，無忝所生。伊其德行，尚作述於令名。

明故南田藍君墓志銘

自古俠客豪士，雖寸長片善，往往流布史傳，固作者之不遺，要其遘時而起，亦有足稱述者。然余考其才能，又未盡奇絶，竊嘗異焉。已而歎曰：「人之爲善，何常哉？或由感而後興，或由習而漸成，苟自拔於鄉里者，其亦可勉矣。顧所生多不值其時。值其時者，又有遇不遇。幸而遇矣，其事又不盡聞於人，而其人或不足於作者之識，則亦與無能等。人之死生忽爾，有志者能無悲乎？」

陽明王先生當正德間提兵贛州，嘗征桶岡，平宸濠，功赫一時，然皆訪民間知兵者，禮以致之，故卒得其死力。桶岡之役，檄吉安太守伍公致其人，公聞吉水義官藍君純嘗隨官軍破饒源諸洞，以勇名，遂以往應。其後破宸濠，復偕行。先生所禮致，雖未必盡得人，要之可以見惜才；爲先生所致者，雖未必盡成功，要之足以見所遇。自明興百六十年，江西盜起數四，莫熇於饒源，莫固於桶岡，莫大於宸濠，君皆以兵從事，然非有一命之寄，與守土之責也，而自儆若此。至今言之，猶能使余嗟歎，豈非丈夫一幸哉！

君年垂老，值章聖皇太后南附梓宫過九江，郡邑以其善應辨，强以往。中暑毒歸，病三年，竟卒。平生饒於居積，而慷慨奮發，輒無所顧。或言其先爲陝人，豈亦尚其風烈哉？卒之又明年甲辰，其子將葬之某地龜形山，託友人陳元哲來乞言。余非作者，顧其所遇奇矣。志曰：君名純，字從之，丁田人。❶曾祖近仁，祖訥直，父器玉。生成化丙申，卒嘉靖壬寅。配羅氏。子三：蕙，征，敩。孫一：吉。

嗚呼！世無不滅之形，無不磨之名。蹈規而行，績或弗成。材不植楹，可以支傾。寧瘁

❶「丁田」，蘇本作「城南」。

而死，無寧逸以生，俠士之情！是爲銘。

明故象翻王君改葬墓志銘

嘉靖壬辰，葛山王生暹，學于余。問誰遺者，對曰：「叔父象玉命也。始暹十歲，而先人象翻府君病亟，是時象玉客遠地，引幼叔象珍手，泣謂曰：『世人骨肉忿争，彼此不爲謀者，由各殖作産，飲食起止不同，朝夕不親，以是情日間，而誼不屬也。吾欲身率二弟均財共義，卒不使自爲竈突鈍釜，負吾初心。今且死，懼若輩不吾似也。古人九世同居，始於能忍，在若輩勉强耳。吾自童子當室，吾考遯菴公遺田六十畝，不足以給饘粥。後雖增田如其數，而生齒倍昔，即計口割業，猶慮不給，况如世俗分異耶？若輩子衆，而吾子寡，縱分異，斷不得如世俗以吾三人爲限，顧使寡者厚，而衆益薄也。汝識之。』象玉歸，聞言哭曰：『吾可使吾兄不瞑目地下耶？』同居共爨至于今，尺帛粒米不敢私入，其教暹者，不殊其子，故暹視叔父猶父也。」余聞生言，知象翻者，能以義激其家人，使玉與珍亦勉於義，以不負生死，皆世之所難也。獨異暹之視叔父與其叔父之視兄者，皆自孤弱相倚，至于成人，舉其初心，若取左券，何哉？

象翻故信青烏卜隴之説，嘗欲改葬遯菴於石龜潭之金剛山，不果。後其卒十四年，二弟竟成其志。又十五年，爲嘉靖丁未，暹復卜鄉之芙蓉山白茅里改葬象翻。而白茅故爲叢祠，土人多神怪之，獨象翻以讖言可居，力不能致。暹請于縣令胡公鰲，得之，而以是年七月八日襄事。嗚呼！青鳥之術，其信與否不可知，若象翹者，卒遂初心於其身後，豈非義之感乎？

象翹名聳，生弘治甲寅某月日，終正德庚辰某月日，年止二十有七。娶羅氏，二十七而寡居，撫遲幾三十年，無有二志。督學僉事蔡公克廉，廉其然，遣有司禮揚之。遲爲縣學生，孫三人，其家世詳余所爲《遯菴志》中。而余復爲是銘者，遲之請不已也。銘曰：

芙蓉之山，委其奇靈。有神其司，古木幽庭。人莫敢窺，凡怪時見。條然其頹，迅霆奔電。神莫與争，何有於人？而竟得焉，以藏其身。身割其私，地其棄寶。有測其倪，是謂要眇。

明故承直郎南京工部虞衡清吏司主事草岡周公墓志銘

正德間，空同李先生督學江右，尚氣節，精裁鑒，諸生入品題者，才能無毫髮爽失，然其最高等類以舉業擅長。先生既博學好古，時時向諸生誦説之，鮮有應者。獨廬陵草岡周公，爲古文詩歌，不屑舉業，與先生意合，試而奇之，遇以加等。未幾，舉江西癸酉鄉試。鄉試故以舉業，而公之取，獨以古文詩歌。於是，江右莫不聞公，而先生亦以得公自慶，遇所知輒延譽之。先生所知多四海名士，於是公之名駸駸遠矣。

公負美質，眉目姣好玉潔，然頗自好，不忍隨俗澒泂。讀書至《左傳》，喟然曰：「吾不幸，不得生其時，獨不能通其言以探其精乎？」於是，深鈎密構，經經緯子，章煉句斲，務高絶險刻，不道唐宋以下語。又多識篆籀，工書法，難字稱引，艱僻不可流誦。時人莫不嗤之，而公咀掇未有厭也。公之自居，與先生譽公者，蓋本此。自余觀公制行甚異，不獨公未嘗示人，即人聞之，亦或未有多公者，不知何也？

楓山吴子、梧岡王子、東泉周子者，吉之名士也。公自幼兄事此三人，飲食、衣馬、僕賃，視三人無有分異。而吴子者，家故貧，又廉於治生，公往迎館轂之，吴不屑也，必得請乃已。吴性嚴善酒，酒酣即面疵公行事，公斂聽無敢應。而周與王善談經，即又質問如諸生。然平居喜豪侈，及爲平湖、句容兩縣，廉儉愛民，纖芥不濫，崇學立教，勸農賑荒。在工部虞衡，官日起矣，引年去，無所顧恤。朝之公卿大夫，咸遜不及。歸家，爲社會聯鄉之長老，齒無貴賤，臨子弟端嚴有法，雖一言缺失，不相貸也。

嗚呼！若公者，獨文矣乎？我朝自弘、正以來，大雅輩出，而李、何四子遂以辭鳴，至於今可謂彬彬矣。然公之可述，顧有不在此者，則當時好尚不猶可以想見乎？嗚呼！安得復如公者，與之論兹義也。

公名仕，字用賓，號草岡，世居烟原。曾祖詢，沂水教諭，贈吏部主事。祖孟中，都察院右副都御史。父統，直隸太平府知府。母陳宜人，以成化乙未某月日生公，卒辛亥，年七十有七。娶熊氏，繼詹氏，無子，以族子百朋爲後。卒之十月甲申，弟侃之子百之與其孤葬公楊公山，先期乞銘。往先君與太平同朝，以故公往來甚稔。予嘗師東泉，又數得侍談論，且深慕都御史遺風，不忍辭也。銘曰：

自六藝垂，精奥闓布。孰窺厥源，孰闖厥户。千載聖哲，望望莫歸。如嘗鼎胔，得臠者稀。公欲秉麾，攻堅摧敵。無論膚功，懦夫用惕。交道吏治，聞者以風。豈曰考文，不在其躬。

明故蕭象夔墓志銘

里中無小兒醫，每小兒病，輒南走壠洲十餘里，迎蕭君象夔，君不至，縱多醫，方藥無敢斷是非者。然性善酒，對酒欣欣然，不復知有何事。即兒病重，方鬱鬱不已，及與酒，忽遂亡之。故竟日不與飯，無問；若竟日與酒，酒必醻。雖極醉，貌益恭，語益簡，見人執手嬉笑，無忿言也。

先大夫少許可，寡交游，獨喜留君，與君飲，亦至竟日。及令視兒病，輒禁酒，久之，君不能忍，亦時時呼號索飲之。先大夫見背，與余往來者十五年。余嘗遠游，子病疹，君聞走視，曰：「是不藥而愈者。」坐旬日，日醉酒家。人問藥，摇手戒曰：「此吾償酒錢也。」未幾，果瘳。後二歲，竟病酒，間謂余曰：「吾不能多飲，吾殆死矣。雖然，吾無負心者。」復執手嘻笑如常。是歲暮，有言君且死者，余遣人奠之。比至，君復甦，聞余有奠狀，亟取視，復令設奠榻下，且悲且喜，曰：「奠死者，未必知，孰若爲生奠矣乎？」蓋後七日而瞑。

君之先，始於有宋，爲大内御醫。隆祐之變，隨太后南奔，遂留吉水壠洲。曾祖某，祖某，父某，皆業醫，而君之名獨著。父死時，君年纔十六，而家無厚資，與妻辛勤食力。稍裕，即推餘周急，故無怨於人。君名恪，字象夔，生成化辛卯，卒嘉靖戊申，葬某山。妻宋氏，年十三歸君，後舉三子：

寅，宇，完。孫男五，孫女二。寅始學儒，後棄去，世君業，而名與君並。銘曰：

人生百世，孰醒而狂趨？孰醉而晏眠？或頌酒德，君子以愆。亦有達人，任真忘天。吁嗟乎！寧望鼎而垂涎，寧鼓腹而陶然。君其爲嬰兒乎？宜其業之有傳。

董嶺周君松岡墓志銘

昔薛包兄弟任所擇取，楊椿家庭不蓄私財，史傳書之，用爲美談，何哉？乾餱思怨，斗粟興謡，固末俗所由傷，而篤行君子所必謹也。松岡翁雖處閭里間，無甚駭俗事，然即古人所書推之，其亦有可言者乎？

翁爲魯溪中子，總角失怙，與兄業儒。弟纔數歲，母寡居，力不給。翁自計曰：「使予而儒，母氏劬劬；使予而商，身劬母康。吾何擇哉？」遂棄儒，獨力走楚之漢川，貸人子母錢，居奇化滯。久之，諸用漸舒，兄得卒儒業，弟妹婚嫁咸有倚。久之，弟年稍長，則盡以遠役任之，互爲出納，靡所較量。楚地數歉，不能償貸者，立焚其券，無有難色。其後兄弟數求分異，聽取便利，獨坐其餘，不用關約佐驗。此皆任性所安，質直而行之，不知有所做慕也。嗚呼！翁之平生若此，其於古人如何哉？

與翁久居者，又往往稱其隱行。嘗遊撫建，道拾遺金，視其囊，小賈也，坐待其人歸之。寓楚，遇夜奔者，既無所苟，復秘不令同舍人知。翁商歸，或值里正，即獨爲里正，夕斂朝齎，人無所苦。

已而鄉寇起，推爲約長，即獨爲約長，緝奸釋枉，人莫敢私。翁斬斬立門户，庇兄弟，辛勤矣。至於延師教子，睦媚交友，即至空乏靡悋。年未六十，斥斷家務，不與外事，終日端嚴，羣從子弟望而畏之。宗族或搆語，彼此詣門取平，徐出一言折之，聽者斂服。蓋其自處有信之地然者。

翁姓周氏，世爲泥田望族，而清澗又族之望。傳五世，爲無心中翁，徙山下，生挹溪公綸。綸生肅，是爲魯溪，三子：長祥，季容。翁諱憲，字用賢，别號松岡。初娶谷村李學正景讓幼女，無子。繼娶桃林上官氏行忠女，舉二子：長曰道瀾，一名子顒，補郡學生；次曰道治。孫男五人：出子顒，曰密，岱、嵤、巒；出道治，曰嶅。密，縣學生；嶅，舉戊午鄉試。孫女二人。曾孫六人：室，正，至，星，璧，登。曾孫女二人。翁生成化乙酉三月二十七日，終嘉靖丙午六月二十九日，享年八十有二。上官氏少翁四歲生，前四歲無疾逝。子顒等以庚戌十二月十九日合葬里中泉坑嶺背，甲山庚向，魯溪塋左。而李氏故葬馬鞍山冷水坑，南向。又十二年，子顒與嶅以狀來索銘。❶洪先與子顒交好，素在莫逆，每憐其鬱鬱不達，無以稱其志，而嶅又從學於余。憶往年謁翁，簡默恭謹，癯然有儀。❷比聞諸所行事，有足警世者，皆不可辭。志於石銘之，且訓後人。銘曰：

父母於子，恒慮其單。亦曰仲季，衆輔以安。子各有心，孰念父母？寧居其勞，以身相

❶「顒」，原作「喁」，今據前文及蘇本改，下同。

❷「有儀」，蘇本作「可敬」。

輔。如彼松岡，有望有憑。我揚其幽，鄙薄斯懲。

明故廣西按察司副使南樓楊公墓志銘

公名必進，字抑之，號南樓，吉水湴塘里人也。舉弘治甲子鄉試，正德辛未進士，授行人，選南京山東道監察御史，出爲廣西按察司僉事，擢副使，奉勅整飭府江兵備。去官二十七年，卒于家，實嘉靖壬子，距生成化丁酉，享年七十有六。大父永平，通判韜。父理，以公貴，贈監察御史，母曾氏，贈孺人。

公爲人倜儻不羈，喜任事，自好爲。兒時以穎拔爲大父母所慈，授之書，不甚攻苦，輒解悟。師爲訓釋，時出己意辨駁，師莫能難。爲文不經意，往往中肯綮。及爲御史，破削規繩，能彈厭人。武皇帝時，閹人怙虐，莫敢嬰觸。公疏劉喜畢真，竟抵于法。屢疏建儲、巡狩，及發諸隱秘事。宸濠難作，南都震恐，公在江上，急遣人以銕絙扼賊舟，且授防御策沿江諸郡，而提督江防都御史顔某聞變宵遁，公疏奪其官。比論功，安慶守備楊鋭以公策上白，會武皇崩，不果議。長江有黠盜，積歲捕治不得，公出計擒之。至則語之曰：「若能爲我靖羣盗乎？當貸若命。」遂縱之。如是至再，盜復見擒，謂邏卒曰：「吾何面目復見楊公？」凡二十人，皆扼吭死。嶺南猺獞，峒居險阻，多賄士吏爲耳目，士吏既不用命，益蔓延不可制。會兩廣聚兵攻古田鳳凰寨，三月不下，公猝至其地，閱獄出囚之壯者二百人，許其自効，陰部勒之，夜分篝火，自間道入。諸囚斧木仰登，出寨後焚其巢。諸司夜見寨火，争踴躍相賀，及明，見諸囚出，詢故，始愧謝不及。蓋公未嘗與軍事也。功上，獲厚賞，而都御史蕭翀因以府江兵備薦。

自古田告捷，諸猺轉相傳語，畏公如神。公以爲府江箐密道遠，不可驟以兵入，馴虎兕要必有誘之者。首以恩信結其心，始諸猺疑其言，又冀有以緩禍，間出數十人嘗試公。公召之堂下，言語歐歐，比遺歸，遺之醪肉，或幘巾。其後稍稍率諸猺婦來見。公既與夫人計，令諸猺婦入見夫人，又食以糈餌，以少針線女紅分給之。諸猺婦出，其夫咸感激，誓死不敢背德。於是得其死力，以爲鄉導。岑猛之變，畏公且至，先納金三十有奇求解。公密囊金公帑，而佯諾其使，意欲以此鈎猛。而忌者疑有所泄，遂被論去。平生不滿於法度之士，故是非者相半，然善揣摩情實，又能用柔令人曲就己意。意有所欲，雖冒寒暑風雨，蒙謗訕，當勞勩，力爲之無所避也。以故於兵事尤所自負。當其往來田州，見南平村迫於盗，停車徒步相地勢，令築連堡自衛，分地刻期，踰旬而成。土人以公姓呼其處。聞公過者，無問民猺，必走見。去之日，牽車奔號。後十餘年，有呼楊爺者，歔歔然涕下也。新建伯王公守仁、尚書胡公士寧憐其才，疏之朝，竟格于例，不得用。

歸家，大治祠塜，❶爲期會以聯同姓，年甚高，猶瞿瞿饋奠。一日，思自爲塜，卜黄家凌巽巳山吉，喜曰：「去吾廬不百步，稱吾志也。」作壙數月而病。病未亟，能言某日時當死，至期果然。家人

❶「塜」，原作「塜」，今據上下文義改。下同。

請後事，不一應。卒之三月，啓窾而窆。先期諸孤以周君鳳所爲狀來請銘。余爲太僕卿曾公婿，而公爲之甥，蓋姻也，情不能辭。

公娶周氏，封孺人，繼李氏。子四人：淳、潼、漄，俱縣學生；渟，尚幼。女四人，適某某。漄、渟，幼女，出側室劉氏。孫男一，孫女三，俱幼。銘曰：

古之論才，亂敬簡廉。逮于叔季，視力所兼。弗遵以晦，罔遘器使。一蹶之虞，胡能千里？輪困道左，以寸朽嗟。若或命之，公將奈何！

明故大理寺評事前南京雲南道監察御史邊君南岡墓志銘

予每按歷代諸傳，輒悼昔之人才，搜奇吐葩，膾炙一時。其始皆際遴才之主，或典詞林，或陟要津，似亦未始不遇，然終不免爲權勢所抑，齎志以没，豈不重爲才之累也哉！吾鄰郡峽邑邊君，何其埒耶？

初，君少負奇節，即嬉玩，絶弗類羣兒。五歲入小學，目數行下。比長，遂大肆力學問，釀經醞史。其爲文，援筆立就，若出夙構。凡所試，靡不藉藉有聲。以《尚書》補縣學生，舉嘉靖丁酉鄉試，登丁未進士，朝署悉賀得人。筮仕弼教台州，良以五刑爲民司命，非中正明達果斷者不能，君卒政平訟理，譽延於上，不惟席不及煖，其所至歷歷有遺愛去思之跡，與甘棠峴碑輝映後先。自是侍御南道，連膺簡命，巡視下江，無非以理賦剔蠹，必廉静慎勤乃可。君果刷弊存良，民便而境用無虞，與陳虞相爲伯仲。蓋自是咸謂君行將大用矣，乃以章奏剴切，爲權要所啣，湖州之守未幾，而廣德之命隨下，視昔困於中制者，又何殊哉？及是非稍定，擢大理，遷尚書郎，又孰不謂君之望，自當晦而復明？奈何奪於未定之天，位不稱其才，用不滿其量，行獨而見非，德豐而年嗇，負昔人之望者，終遭昔人之窮，似可憾也。當君自雄其才時，高視闊步，其心以爲台階揆路可以立致，故直道而行，其偃蹇不前，一至於此。性復磊落豪放，用不爲喜，舍不爲愠，使在晋唐，當爲一代人物矣。

君生正德丙寅十月十九日，其不幸而宦死下邳，則爲嘉靖庚申之九月十六日也，年纔五十有五。季子一楨自爲事狀請予銘。而以辛酉七月二十八日厝君於洞背之陽。君名縠，字德弘，南岡其别號也。系出汴梁，以鼻祖諱隆者節推吉州，因家今桂竹。令德聞人，世常不乏。曾祖仲亨，舉孝廉。祖能修，❶生恢明。恢明生景象。景象生文謨，是爲君父，後以君貴，勅贈御史。母尹氏，孺人。元配朱氏，繼李氏，贈亦如尹。男四人：朱舉一楠，爲縣學廩生；李舉弟子員一棏，禮部儒士；一楨及一榛，則又爲側室高氏所出。女三：一蓉適同邑博士君之仲子太學生張涣，一芸適渝邑侍郎君之孫簡叔名，一葵適淦城憲使君之長嗣饒崇嶽，俱郡邑庠生。孫男：仕鵬遊縣庠，而士鶚、士元等，則均習儒業也。嗚呼！施未竟而身殞，皇上之用公者，似爲未盡。嗣續蕃而多賢，天之所以佑後者，實如是其單厚也。他尚何恤？銘曰：

❶「祖」上，疑脱「高」字，此下所述世數方合。

已焉哉！天篤才，而生時不假之年；人忌才，而憎履宦轍之顛。至於閼乃後，流乃芳，又誰爲之使然？洞山之原，鬱鬱兹阡。千禩而下，道其墓，咀其銘者，猶知世有斯先生。

明故野塘張公墓志銘

空同李先生督學江西，負文而知人，矜重許可，嚴旌别繩諸生。諸生試文高等序受廩，無以新間舊者。或特賞識，則又薦引揚搉不置口。有司舉鄉試，務取合其言以爲公。而是時吉水田心張氏居高等三人，其一即署學生，越序給廩以寵之者，野塘張公鳳儀也。一時士人，既以空同行法不守故常爲可駭，又皆慕公不知出何等語，乃令主司破調相待若此，争傳以爲奇。比秋試，衆且屬目，而塲中吉水爲飛語所嫌，已中而復擯者蓋十餘人，公名在擯中。聞者咸爲扼腕，然猶以爲公之齒方壯，不足憂也。其後督學於諸生法守稍稍寬假，而公之蒙賞識者，無復有如在空同時。凡十入鄉試，竟不一偶，而公之顛，亦且種種矣。人爲語曰：「毋效述韶，破的秋毫，偃其弓弢。」述韶者，公字也。

公爲人敦信孝友，未嘗有聲容之過，而獨寡於自許。至是，與公同試高等而獲解者，或據高位，且致其事，而公猶恂恂諸生中，講論不輟。每酒後向知己吐平生，意氣慨然，若無與當憐公者，不以爲過也。

始公之先，饒於財。祖與通，父素純，尤好施，不責償息，鄉人恩之，曰：「後世必昌。」至公之身而偃蹇更甚，爲慳鄙者所笑。又張氏故無祠，公與諸從議舉其役，出贏計息累千金，半藏於公，爲盜所窺。一夕，燬廬入，盡掠以去。羣從以金坐公，公不辨，貨其腴田上屋相償，而家日益落。於是，議者益以文窮爲疑。未幾，公三子鈍、銑、鎰皆有文，廩食于學，而鈍舉嘉靖丁酉鄉試。又五年，公以歲貢，與鈍會于京師。稍伸矣，不旋踵而公卒旅舍。計其生成化己亥，至嘉靖壬寅，年六十有四。人更憐之，將所謂「不在其身，在其子孫」者歟？

鈍等以某年月日葬公某地之原。某在婣友中，故知公。書來請銘，辭甚悲。鈍今爲武昌府通判，有能聲。其諸孫男凡幾人，孫女幾人。然則天之於報施，其未可遽論也。爲之銘解之。銘曰：

同業或異售兮，轉眄更上下。齟齬視嗜好兮，時乘乃速化。一言見智愚兮，聽者豈相借？甘苦紛錯入兮，貴賤宜定價。達人齊物我兮，奚悲以喜咤。屈伸之理然兮，生死猶晝夜。作銘爲左券兮，來今將可藉。

明故四川按察司副使雲泉吴君墓志銘

新淦雲泉吴君，卒于嘉靖癸丑九月朔，距其生弘治辛亥某月日，年六十有三。吉水羅洪先，友人最厚善者也。走哭其家紀後事，適術者得卜于斂風鄉大墟山。丙午，其孤胤祥輒哭請曰：「先大夫遺言，窆穸之役不敢後，茲將行事幸詔之。」洪先爲之諏期，得丑月己丑，則又請曰：「知先大夫者稀，勒石奈何？」洪先曰：「是固在我。」後旬日，胤祥以鄉貢士蕭克良、縣學生朱洛狀來，乃復爲之銘，而序其世代官行特詳。蓋悲君之難再，而又自悲其無侣也。

君名逵，字近光，别號雲泉。舉嘉靖壬午鄉試，己丑進士出身，授兵部武選司主事。會郊恩進承德郎，請便養，改南京兵部職方司，轉車駕司員外郎，進郎中，奉敕督發南直隸江西、湖廣坐派料。銀殿工成，加俸一級，滿考，進奉政大夫。以才堪治劇，出爲福建興化府知府。滿考，擢四川按察司副使，奉敕撫治重夔兼達州兵備。無何，以母老棄官歸。

君生而剛嚴方介，負氣寡合，善任事，事可疑弗顧，可爲弗沮，人莫攖其鋒。有嘗試者，輒窘自救不暇，以故所至有聲。初至武選，例當入内府查武官黄籍，籍繁浩，閹人恣奸病，恐見察，則多方誤我。君入，舉内令序坐，内令久秘不傳。閹人固已服其練達，會校人竊籍被執，詞相連，諸閹恐，達尚書所丐免，誓不敢有他。武選火，尚書以下皆得罪，君已改南京得免。兩京以南北爲重輕，君意誠在母，不擇官，不知竟以自全也。南京守備魏國公與兵部尚書争道，尚書不勝忿，密問計，君曰：「彼擅役營卒，豈制耶？」尚書悟，發其事，魏國果屈，還卒數千人，然以此銜君。君聞之，即疏其諸不法事，有詔奪職。魏國怒曰：「我拚一鐵券，殺吴某如搏鼠爾。」同寮咸危之，君一不動。時有僞印獄，久不服，君遣人私脱囚簪，示其妻曰：「爾夫不勝苦，業已吐實，令汝抱印來，緩死，此簪取汝信也。」妻果不疑，出諸印榻下，獄遂成。車駕主驛傳舟車馬，船頭陳某恃貲干公卿避役，君不可，走京師賂閹人，以特旨免。君曰：「不獨一陳某也。」令兵馬司定諸船户差遣，以貧富爲籍。衆爲語曰：「通朝廷易，撼吴郎中難。」江南郡縣役遣江淮衛水夫爲土猾所把，費數倍，君請入直于官，附綱運，至部分給之，軍民兩便。凡工役諸直出納，舊多羨目，藏吏銀工得釣機利，至是痛割其弊，無相染者。每歲嚴舟上供，慮閹人張其數以便私賈，會計乃行，不聽濫取。會同館官馬私乘不禁，取律語刻木，懸官馬首，借者凜然，豪貴屏迹。吏部將超資相待，爲忌者所尼，補興化，以劇郡難之。是時，母年高不可往，留妻子侍，止隨二僮。至官，囊篋不緘，嘗即卧内延見賓客。賓客見其寒素，無敢言私。民健訟難治，君聽決如流，頃刻遣數十事，各中情實。死囚争傷無驗，疑其隱於賄，命燔水不得，納鹽自臨濯骸，果得傷，且左失二肋。語囚曰：「毆者右手，人則左傷，隱傷失肋，非驗而何？」有自殺妻，而誣其讎云：「耕田争水被毆死。」他吏上獄。明年，君慮囚追憶其時大霖雨，因詰之曰：「得雨争水何爲？」竟坐殺妻，誣不行。郡中惡少數十人，善速訟，或投緼火燒人屋，攫財市中，夜盜數起。諜其姓名，寘之法，訟益衰少。每聽訟，嘗手執券，或延問他疾苦，殊休暇。鄉士夫以爲異，間易服旁窺之，無不歎駭。訟已，歸贖鍰，各縣庭無留人。日晏走學宫，爲諸生談經義，校試其文，精鑒不爽。

君雖勤敏，然存大體，不苛細。李御史行郡，喜杖人内股，下吏畏罪多竄。君豫戒隸，隸不聽，即面告御史：「某已戒隸，令勿杖内股，恐多死人，傷盛德，乃敢復爾，命縛去易他隸。」御史故憚君，聞言，錯愕唯唯，明日引避。於是，興化獨無死御史杖者。王御史禁乘轎，各郡多紿報。君月上役輿夫若干，王服其不欺，禁隨弛。嘗入覲，一無所賫，歸而藏金爲同知所侵，故不省，第緩交割期，俾得自計，卒不損。

君故不畏强禦，至於興利除害，尤勇健有法。先是，病旱禱雨，民請祠山中神曰聖君者，君許之。爲文祝神，期三日必雨，否且有後患。如是者，七日不雨，君諭民曰：「徒邀福而不恤災，物蠹也，當爲若等除之。」焚其偶，大雨隨至，❶衆驚服，莫敢譸幻。於是，詢南北兩洋水利，奪其阏於横民者，建石堤章漁港，别爲東山石閘，以時瀦洩。塞西湖港尾斗門，減埭田草蕩涵洞，刻石紀成，屬之守者。溉畝以萬，連歲大穰，獲異麥穎禾。海寇數至，多爲疑兵走之。且曰：「此番舶所招也。」戒自今毋得納舶。其後倭入市，擾海上諸郡，一如君言。嘗捐俸爲義塚，❷收棄骸，且罪久不葬與水葬者。去郡之日，民追號若失父母。在達州，罷有司供張，日省數金，貪吏斂縮，闗市通和。會與御史忤，旬月解去，御史遣人追謝。巡撫都御史以擅離奏，皆不顧。閒居十有二年，當道數四論薦，君視之泊如也。

君爲人守道理，不動聲色，而意常烈烈，蓋自少時已然。七歲，學舍暮歸，爲掠者負走，閉樓中。假寐紿守者，夜且半，起緣屋匿樊圃中，邏弗能得。比曉，乃問途歸。諸生旅見總制陳公，公臨諸生威，以君抗言，遂降色。舉鄉試，未嘗輕謁縣官。縣官有所請，亦未嘗不盡利害。性修潔，不能受浼，即居官，一蔬果不輕取，薄業僅足饘粥。部使問遺，郡邑交際，皆謝不納。室無婢媵，行無輿馬，

❶「隨」，原作「遇」，今據四庫本改。
❷「塚」，原作「塜」，今據上下文義改。

臨終遺言，鬻宅以償所貸。妻子環泣，正色麾之曰：「毋亂我，我縱留，終不能庇若等也。」翛然而逝。

孝友淳厚，踰于常情。達州歸，母病癱，不解帶者數旬。比卒，壽九十有一，君年五十餘，哀毁至嘔血。處兄弟，田宅惟所取。弟適死杭州，奔喪如其子。少從兄遷學，敬事之，終身如其父。遷子胤祇夭，哭之慟。未幾，遷復死。君素壯實少病，至是號哭奔走，卜地忘寢食，至羸，猶以不及視窆爲恨。與人交，務成其美，赴急分甘，有如夙負。苟拂所好，雖知厚不得望一面也。故及君之存，人多畏之。聞其卒，無問識不識，涕泣悼惜。

好學博聞，耻爲章句。少受《易》于蕭教諭濬，喜習讖緯、陰陽、卜筮之説。稍長，旁通醫藥、星卜諸技，及國朝典故、勳戚世次、邊圉險易。論斷一出己意，不苟附和。爲文雄渾簡核，尤長於歌詞、草書。

吴氏先世居縉雲，自吉州助教彭年，始徙清沂，遂爲新淦人。六世爲澤潞同知克敏。又三世，爲邑諸生時雍，君高祖也。曾祖咸濟，祖春阜。父昌，舉鄉試，卒湖廣穀城縣知縣，以君貴，贈奉政大夫南京兵部車駕司郎中。母曾氏，封太宜人。配謝氏，封宜人，有賢行。子男一，即胤祥，爲邑諸生。女一，適蕭克恭，克恭夭，年纔二十五，誓不再嫁云。銘曰：

謂剛者折，有勁如鐵，百挫不缺。若彼縣澋，既潔以通，一芥弗容。仁以友輔，壁立寡與，身完行舉。民之無坊，川梁崩亡，哀以銘章。

明故中憲大夫都察院右僉都御史三厓歐陽公墓志銘

公名重，字子重，别號三厓，吉安廬陵人也。吉安著姓，歐陽氏最繁。公出安福令萬衍後，世居釣源。二十世祖觀善，徙水陂。高祖憲文，明初仕爲翰林檢閲。曾祖用堅，祖元器。考權，以公貴，封奉直大夫刑部郎中，母曲山蕭氏，封宜人，子三人，公其仲也。年二十二，舉弘治甲子鄉試高等。戊辰，禮部中式。廷試對策，力詆時政缺失，讀卷官畏禍不敢上，抑寘進士出身第五人。爲許大宰進所知。初授刑部浙江司主事，進承德郎，歷員外郎，改山西司郎中，進奉直大夫，擢四川按察司副使，奉敕提督學校。以母憂去。服除，補雲南督學，轉浙江按察使，未上，擢都察院右僉都御史，奉敕總理蘇松糧儲，兼巡撫應天等處。會尋甸賊安銓反，以公熟于滇事，遂改巡撫雲南。二年致仕。

公爲人，眉目皎皙温美，望之如羽人處子。比居官，刻厲謹約，數以職守忤權倖，有武夫俠客顧望而寒心者。嘗曰：「先民有言，君子全身遠害，惟有不仕而已。既爲官，又避禍，有是理乎？此某所以終身者也。」故自入仕以來，未嘗一日不治事，亦未嘗一事不守法。法有所在，即朝議曲爲解宥，不敢聽；法有不可，雖俗情習爲隱忍，不能甘。始爲刑部，逆瑾柄國，擅生殺，百官除拜，必詣私宅，蒲伏叩頭，如廷謝禮。瑾兄死，百官往哭，必四拜，以序班籍名驗至否，公獨違衆不一往，瑾不加害。瑾敗，而餘黨錢寧、張鋭誣逮搢紳，前後相踵。公於田崑、扈仁、李穩、余祜、樊準之獄，皆出死力相争，即嚴旨切責，不爲動。鋭不勝忿，以他事中公，下廷尉。久之，索瘢不得，竟還職。於是，獄之根株難治者，衆多遜公。嘗決囚南直隸，勘事河南，録浙江囚，每臨訊，不更閲辭，人出數言，輕重其罪，各中情隱。其郡縣如監司，或欲有所出入，公即歷歷摘招伏語相詰，如經生背誦書，不錯一字。難者眙愕噤口，人皆稱神。其後兩爲督學，即又善説書史，指畫經義，士人宗之。安銓之變，斬關殺吏，攻圍鎮城，而阿迷嶍峨新興蒙自武定騰衝，諸賊相煽且起。是時，老撾潛通交趾木邦孟養，與緬甸孟密互相讎殺，師宗納樓思陀入寨廣南，亦佐威遠皆亂，勢亟矣。公聞命，自金陵晝夜行三十五日，入滇不四月，銓等授首。上以銀幣勞公，公謂前都御史傳習以死勤事，而身享其成，不可，上疏固辭。且以滇夷獸面鳥言不易馴伏，有司恃險遠恣爲齧割，則獰狰跳躑相報，苟拊狥不至，兵革未有休息時也。於是，籍諸郡縣殘破者，給食散種，差其免租之限，如含薄糜哺弱子。而於諸夷，或判疆域，解怨争，攜黨與，而歸種落，則如投善劑以消毒瘍。減月例家火以寬農，覈武官職田以代俸，止蒼石玩器之害，定土官替習之規，又如積餘饟以充虚槖。至若鹽鐵銅錢商税之辨納，徭役里甲之疎數，税糧輸積之遠近，軍屯民田之隱漏，又皆酌地力時變而精研之，則治家者之於米鹽零碎，蓋藏之不遺算也。上既知公可任，數下璽書褒公，公益感奮。而總兵沐紹勛以上公世守兹土，與鎮守巨璫杜唐表裏爲奸，掊刻境内，歲且至數十萬，公已切齒，而近歲上供金寶浮羨過正，直且二倍，皆出唐所指揮。會當進奉，公請得禁治諸弊，詔從之。而唐庇私人不受理。公遂疏唐不法數十事，復以他事疏紹勛。兩人併力行賄，撼公使去。公疏此兩人，至十餘上，兩人益懼，嗾軍士以索糧不得，叫囂醜公。公既伐其隱謀，乃更自以三疏乞休。而輔臣方角黨求勝，至是爲賄者所乘，卒右兩人，坐公不能調停與致仕，且連巡按御史，謫調給事中，論捄者奪俸一月。公請自坐除名贖御史，追奪己俸贖給事中，不聽。公慮所言不効，來者藉口實，將事體更壞，於是復上兩人交搆狀，以爲佞人不可不遠，累數千言，明己非輔臣黨人，願弛前此黨禁，復諸逐臣。蓋公已離滇久矣，不以去位爲嫌，而以後政爲慮；不以去官爲辱，而以完名爲榮。聞者莫不危公，恐觸上怒，而公之懇款，若未効百一於君父。前者爲郎中時，乾清宫災，應詔陳言五事，中如早朝、帳房、番僧、宫市，皆人所難言。至指老兒黨者，即寧、鋭諸人，且嘗其反噬者也，顧斷斷不肯釋口，豈所謂胥靡忘險故耶？

正德間，權倖用事，公數數相忤，不及禍。今上初號爲治朝，公又屢受知遇，宜得展布矣，乃卒爲權倖所中。致仕時，年纔四十七，家居視入仕之日爲多。使得就日力以盡展布，其可稱述何限？將有靳之然者，豈非命乎？其後邊方多故，許太宰讚數薦其才，不報。太宰讚者，前太宰子也。公自致仕，輒引避，絶無外交。部使者至郡，或不知有公。即聞公名，以不得見，竟不知公爲何如，久之，亦無有薦公者。

公性孝友，嘗兩疏扶侍奉直公，省母宜人。在官聞母訃，即日就道，既葬，廬居墓下，久不去。官中無一長物，出餘俸治室廬，與兄弟共居無分異。收族教子，周貧恤寡，稱其力不懈也。公既廉而多施，所居去城市二舍許，未嘗一見郡縣官。即在鄉，未嘗以辭色忤人。鄉與鄰者，若不知有公；即相見，不信能忤權倖。爲人難爲，一至是也。

公生成化癸卯，卒嘉靖癸丑，年七十有一。娶劉氏，封安人，進宜人，先公幾月卒。子二：長庠，次薦，皆府學諸生。孫男本，孫女一。諸孤以是年某月日祔公傳家坑宋水部員外祖墳右，以宗人南京大理寺正瑜所爲狀來請銘。且曰：「公治命也。」

某嘗聞公于外父太僕曾公，則已想慕其爲人。乃今讀狀與諸奏稿，既悔生同郡，未獲識面以快所欲見；又悔近其居，不及侍語以請所欲聞。然幸銘墓傳其平生以酬所欲，得猶可以自解也。銘曰：

侃侃遺直，秉文開誠。有服克恭，邦憲孔明。四星斯皇，實蹶天步。果正我行，履險若素。式時陳臬，弼教用成。帝曰休兹，作朕股肱。于畿于滇，無問遐邇。臣拜稽首，矢志弗弛。遏蠻戒戎，反側以馴。懷哉萬里，如疾去身。憯是宵人，敗度干紀。我其治之，歸報天子。封囊扣閽，天聽匪高。禍曾不悔，以其黨驕。孰云罔懲，奸氣潛奪。位胡不終，竊位者怛。臣敢辱祖？廬陵歐陽。故史誄銘，副于大常。

明故直隸滁州判官北山龍君墓志銘

正德丁丑，陽明王先生以都御史督軍虔南，日與士人談學。於是，虔、吉士人多出門下。吉水國子生龍履祥將往，其父北山翁怒駡曰：「是皆飾虚名誑人者，汝何得爾？」廢食偃卧不起。履祥至涕泣請不輟，不得已許之。履祥故侈汰，驕逸難近，數月歸，馴馴如處子。翁喜曰：「吾今乃知王先生。」因履祥以見，願執事終身。

翁爲人跌宕慷慨，喜交游，大起庭宇，常歌舞飲燕爲豪，絶不類吉水士人。然與之策事，丸轉機發，莫能相難。貌清古，昂鼻多髯，頗似先生。先生悦之，以爲軍門參謀，携之巡視閩中。至豐城，聞宸濠反，同事者錯愕口噤，莫知計所出。先生易舟，南趨吉安，翁實贊之。義兵起，集田僮百十人，傾貲備鎧仗以從。先生慮濠速發，南都無備，欲以僞符疑兵綴之。然濠諜四出，諸郡士人積劫於威，多以耳目應計泄事，且不測。獨翁出入帷幄，密授方略，親信義子，割愛遣之，往往陷虎口不返。吉水士人，素重自守，而耻外援，見翁先後所爲若是，莫不鄙薄之，謂有他望，如翁昔日罵履祥云云者。翁亦避匿不敢露。濠既擒，先生上公卿書曰：「致仕縣丞龍某等，或詐爲兵檄，以撓其進止，壞其事機；或僞書反間，以離其心腹，散其黨與。陰謀秘計，蓋有諸將士所不與知；而辛苦艱難，亦有諸部領所未嘗歷。」蓋紀實也。嘉靖初，論功賞，以翁嘗爲大足丞，既致仕，遥授直隸滁州判官，閒往。廕一子，爲冠帶總旗。論者多以爲屈，而昔之鄙薄者口實益張，翁不爲悔。

後九年，先生有田州之役，復檄以從。是時，將撫盧蘇、王受，而二酋方疑先生紿己，陰持兩端，擁衆二萬人投降，實來觀釁。先生遣翁諭意，翁乃數騎往。蘇、受之衆露刃如雪，環之數十重，呼聲震天。翁坐胡床，引二酋跪前，宣朝廷威德，與軍門寬厚不殺之意。辭懇聲厲，意態閒暇。二酋故嘗物色先生形貌，竊疑以爲先生潛來，咸俯首獻欵，誓不敢負，議遂定。

自先生擒濠以來，權閹以讒構攘功，公卿以猜嫌嫁禍，翁爲之詭辭欵凶，遠偵防變，得於目授意使之餘，而應於謾對立談之頃。有高才弟子不能爲力，而獨寄心腹爪牙，以出萬死於一生者。先生既卒，功賞廢閣，翁抱耿耿，無所向退，而垂老於家。年八十有五以卒。蓋非經世故之久，擅才智之用，莫有知翁之爲奇也。

翁名光，字沖虛，其先爲永新人。有曰甚，始徙吉水。又六世爲某，七世爲某，八世爲某，翁之曾、祖、父也。負義氣，入粟于官，爲義民。娶廖氏，以成化庚寅生翁。八歲爲諸生，十二入貲爲國子生，三十六爲大足丞，六年致仕。娶毛氏，先翁幾年卒。生子一，舄，即履祥。女一，適某。側室某氏，無子。履祥子子壽，以善書選爲中書科儒士，辨事文華殿，與履祥皆早夭。子壽子雲，今纔十二歲。翁卒于嘉靖甲寅，其年九月某日葬翁仁壽鄉黎洞李家山虎形，與毛氏合。

翁與先君數往來，而余及交其三世，近始奇翁所爲，並欲訪先生行事，而翁亦已老。不待請而銘其葬，蓋有以也。銘曰：

方歎選乘，指驪爲黄。鹽車驥服，孰辨駑良？芳草懷人，知己病士。千載一時，才幾畢栻。欲施後世，必附青雲。志業有聞，其又何云！

明故奉政大夫河南等處提刑按察司僉事梧岡王公墓志銘

正德間，閩中蔡公清、大梁李公夢陽，前後相繼江西督學。兩公海内名人，非極一時之選，無以動其賞識，故所取士，亦往往有名。在吾吉，若東泉周公、梧岡王公七八人，又其尤著者也。而李公賞識此七八人者，每試他郡，率携以行，人莫不識其面目。癸酉鄉試，王公發解果第一，故其名又獨出諸所取士上。李公既以剛直忤人罷去，其所取士，亦往往不甚顯。豈名亦能忌人哉！

王公名昂，字成德，故吉水花園人。花園之王，其先居白沙，宗臨川安上，四傳至進士端禮，始居花園。七傳有三松先生，爲宋名人，而王益顯。又六傳爲文煥，博學負才，國初以明經召，將授之官，辭歸，生佐材。佐材生復基，復基生惟仁。惟仁娶于周，有八子，公其季也。幼稟至性，多穎異，善屬詩對，經目記誦，能久不忘。里中富人李翁昌達見而奇之，許妻以女。然家貧，恒不能延師，七八歲時，見諸兄弟出就傅，即輟食挾册隨往。母憐止之，不聽。一日將食，母追至梧樹下，躓而仆，公返顧，相持號。稍長，見梧輒泣下不止，於是自署梧岡私舍以志痛。十歲，即知操筆爲文章。以兄爲郡掾，嘗至廨中，郡守洪公冕聞而召之，頃刻試十餘對，應聲立荅。已而試曰：「道士修齋，用錢於無益之地。」公拱手曰：「聖人設教，致人爲有用之材。」洪驚曰：「此豈甘小就者？」厚餽予，命攜歸擇師教之。年十八，文益進，即抗顔授子弟經，資束修以養母，遠近爭迎致之。將弱冠，始入郡庠爲諸生，且赴省試。見試士如雲，喟然曰：「吾獨隨羣已乎？」歸與東泉周公輩七八人同寢處，通財用，兼治《易》《禮》《春秋》諸經。每爲文，彼此商訂，切磨不少嫌介。督學試士，則此七八人者，相聯迭爲長首，俱廩于學。蓋九入場屋，始發解。又五上春官，不遇。謁選吏部，授直隸常州府通判。常爲上郡通判，故主稅運，京師各邑例餽歲不下二萬金，公既一切罷之，復條畫不便者，盡繩之法。於是，清吴燧陶俸詭稅三萬餘畝。市猾如蔣椽、莊偲輩，不得復括稅以侵民，運者莫不踴躍以從。至京師，尤能任怨以相庇。故事，白粮止供内府，不及六部。至是，吏部諸司有言，他運官噤莫應，公引故事力争不勝，則令運者假春杵部前，旦夕不休，聲達堂署，桂文襄公見而止之。他郡由此德公，公之能聲爲之益張。當道遇疑獄，必以相屬。公亦悉心研窮，在松江平反者凡七十人，其他釋枉收貧，節用抑浮，建白頗衆。於是，巡撫陳公祥、巡按劉公仞數上治行于朝。既六年，猶不遷，姑蘇徐公縉以吏部侍郎道常，聞其得民心，識之。會三途用人議起，徐首舉公，始擢刑部山東清吏司員外郎。常人遮留不能得。公爲刑部二年，再轉山西清吏司郎中，主諸司讞奏。每與尚書聶公賢面争，至不代署，聶服其正。摠兵郤永喪師下獄，思以賄免，遣人囊黄金，紿門者强入而逃，公言之部，奏議如律。五年，擢河南按察司僉事，奉敕整飭河南道兵備，一時士論稱屈，公怡然就道。至則減一切供應，如常州時，而閱獄簡當，如在刑部。蓄山民以争水訟，有逼於賄，刑死者三年矣。公行縣，忽見白衣素巾雜訟人中，頃失之。因默念曰：「得非冤耶？」遣人伺之門，得訟者入，問之，則素死者也。發其瘞衣巾如見，人稱明神。河南故多盜，是時劇盜高寵、王朝綱等攻掠州縣，官不能得，有詔責問守巡。公遣嵩山毛兵千餘人往，盡獲之。巡撫欲爲上功，公請均之同官以解罪。已而，俱受金幣之賞，聞者咸以爲難。公在汝三年矣，嘗復浸祠，歸金斗泉之利于民，數忤豪宦，而河南府通判韓某，與伊令趙某，貪貨殺人，當道曲貸不爲聽，已而嘅曰：「吾年至矣，未可以休乎？」即上疏引年乞致仕，竟得請。

公雖久抑晚達，其於去就取予，不一少狥。在官雖專民事，暇則以經義課諸生，所在多稱得人。在常州，識唐君順之、薛君應旂九人，在汝則有王君西星，已而次第盡舉魁選，又皆有名于時。唐嘗感其知愛，謂人曰：「公故長者，曾不能爲俗吏態，其却例餽數萬金，今人鮮其比也。」嗚呼！公見知于名人若此，名烏能忌之哉？

始公少貧，父母皆不逮養，舉鄉試三年，而妻李亦繼卒，繼娶泰和歐陽軻女。後爲常州，得贈父承德郎常州府通判，母周、妻李贈安人，歐陽封宜人。及爲刑部，通判進奉直大夫刑部員外郎，而安人皆進宜人。八子：玷、瑕、珉、玦、琙，李出；瑣、瑋、瑞，歐出。一女，適大學生藍敦。男孫六人，一臣、某某。孫女三人。曾孫男一人。玦早卒，娶李氏，年十八，矢志不二。一臣亦夭，娶于羅，爲予從姑，年二十，而矢志如李。公平生既無厚藏，所得俸入，任諸子孫持去，不復計算。致仕歸，終日對書史，與郡縣絶無往來。又三年辛丑，以微疾卒，距生成化庚寅，享年七十有二。既卒，子孫益無以爲家。又十有五年爲乙卯，始克葬于居後南山四顧墩。又六年，而某追爲之銘。

公豐準長耳，言笑寡默，不知者以爲簡傲，然渾樸夷猶，遇事不驚，故能終其志。其撰述有《四書質明》《詩經疏註》《安民十策》《讖史》《傳習録疑》，校正《王文中子》《鬻子》，《梧岡集》共若干卷，藏于家，《江西省志》《吉安府志》久梓行。銘曰：

惟昔學儒，靡專文句。緯史經經，古先是據。惟昔取友，虚以身資。後利先義，甘苦同之。學毋炫藝，因占器識。迨其達施，不易素植。仕毋競進，任彼速遲。奪其程守，有退毋隨。匪公獨然，公亡孰繼？銘匪公哀，用著厥世。

明故青山樸齋胡君墓志銘

昔蒙莊之學，主嗇而惡張大，常羡古始民至老死不相往來，以爲大樸，其説援天道以斷人情，其廣極於治國，而其細通於養生，蓋焯乎其可驗也。予於世人取與之故，亦往往見之。

安成斗塘胡樸齋者，象州公子也。象州丈夫子十有二人，嫡長八而庶幼四，君次其七。象州在官不滿十年，俸入僅給家衆，殊無厚囊，而諸子漸有室，慮斗塘之地不能容也，則擇廬陵之朋田青山，稍徙居之。君當在徙中，而象州分囊與諸子故甚薄，君是時年纔十四，既無他營，止據所分，爲業至艱矣。然能瞿然知自擇，絶不類童丱者。自衣服、飲食、婚賓，一以纖細檢制爲主，不敢絲毫縱恣。羣從或誚其然，君應曰：「吾先人矻矻一生，吾又不及以方爲養，忍自奉導侈後人耶？」鄉人疑其可狎，嘗試之，則又戾契相撑拄，見人紿孤弱者，惻曰：「吾不能濟，而忍相食耶？」久之，僮奴畜牧殷盛，於是，出力助修公廬家祠及先世塋塚，❶令可垂久，而其自奉，視少時曾無改也。君三子，一女，孫男十有二，孫女七，曾孫男三。家日漸大，而業儒者六人。此於盈縮乘除之數如何耶？然嗇之用，不獨取應於外，其於身，固所謂返淳而歸樸，乃久視之道也。故象州十二子，惟君獨壽，年至八十有一。嗚呼！苟舉其大，有不驗者哉！

---

❶「塚」，原作「塜」，今據上下文義改。

斗塘之族，出尚書滙，爲世家。又幾世而有君。君名聰，字可用，行恭七。高祖成西，曾祖謙貞，祖學詩。父高，舉景泰癸酉鄉，知象州者也。母高氏。娶鰲源郭氏，三子：偲，傳，候。候，韶州府學增廣生。女適烏東羅天曙。偲之子：稱、稼、程，稱爲布政司椽，稼、程安福縣學諸生；傳之子：潤、涇、瀾、清；候之子：秋、印、艮、良、校，其孫男也。秋之子應鯉，稱之子應鰲，稼之子應麒，其曾孫也。君生成化癸巳年三月二十五日未時，終嘉靖癸丑十二月二十七日亥時。臨終謂三子曰：「我死，必求名人銘我，毋令我闇抑地下。」嗚呼！君豈欲有遺於後乎？又四年，冬十月十有五日，偲等葬君廬陵丁田魯家塘張天海螺形，庚山甲向，實在象州公之墓右，自述其行來索銘。於是，原君所自擇者爲銘，且使其後人世守之。銘曰：

相彼天道，猶張弓乎？低昂予奪，如檠於弧。有如弗信，視君之事。毋食其實，違厥本始。

念菴羅先生文集卷十七

族從孫　復晋　男士瓚　士播　重校
六世孫　天衡　男韞琦
五世孫　雨齋　男廷衛　謹梓
六世孫　隨元　男士璞　士璋

祭　文❶

祭先師李谷平先生文

嗚呼！天於斯道，常默維持。既顯其精，必振其衰。苟載籍之徵不傳，則生先覺以覺後知。江門日遠，俗學澆漓。繩趨尺步者，多迂闊以相視。而分章析句，類習爲進取之規。雖以舊學宿儒，號爲通博者，猶未得其肯綮。孰能不由師授，闖千古而獨馳？

❶「祭文」，原無，今據總目、卷首目録及各卷體例補。

於惟先生，間氣所尸。遠識雄志，剛腸瑰姿。雖啓源於玉齋之倡率，至其一言終身確然不變，而深造直詣，必涵泳於道涯者，若天縱其步，而神畀以私。故不知者，以爲簡於泛應，樂於無爲。不計情變，不虞誑欺。其知者，亦惟見其壁立萬仞而千夫莫撼，不苟一芥而千駟莫移。處寂寞而不怨，在溷濁而不迷。無黨與而自植，非世俗之可羈。交不阿其所好，禮不妄有所施。義之所安，犯人言而莫恤；情有所屬，假一盻而猶有忸怩。望之凝峻端重有如喬嶽，就之則怡然盎睟。而鄙吝之化，不覺冰釋而雲披。故歷窮遭變，處人之所不堪而笑談自若；視榮名好爵，其得也若適然之遇而邈無前期。固少成而若性，雖聞風其可師。此其有足述者，皆形迹之似也；而不知其難及者，則立命之基。蓋凡世情之所甚欲，而不可必得者，未嘗一入於念，而以聖賢爲可必學；所謂千萬世之上下，此心同、此理同者，則篤信而不疑。

嘅惟此日，談學多岐。妙解者，每先入於所主；而茂修者，矜一節之高奇。不然則各持門户，或有待而興起；不然則自成論説，冀來世之有遺。求而自幼刻厲，❶絶類等夷；不求成章以表襮，自任甚重而不辭。則當今之世，足與配者其伊誰？故有心之所得，口莫能盡；而意之所指，人莫能知。然視人之不知，漠然中無所動；而古人之語，有能達吾意者，不復增損矯飾而有事於發揮。此非惟二三子承面命而耳提者，莫肖其分寸；雖家庭内外日與俱者，亦或未能深察以爲若斯。蓋

❶「而」，蘇本作「如」，四庫本作「其」。

平生所宗，在濂溪無欲以學聖；而延平之瞶然，若田夫野老，惟身有之故常，口誦而心惟。

洪先失學，罔辨妍媸。曩歲丙戌，奉先君之嚴命，偕我同志，獲執業而就鑪錘。閑邪求仁，惟人秉彝。既示蹊徑，復指瑕疵。始識有生之大，萬有不足以易；而父母之生我者，必如是而後罔虧。自是稍有嚮方，不敢置身於不義；實惟罔極之德，雖聚散不一，而聞謦欬、受箴誨者，亦十有七年於兹。痛惟始也，懷聞見而領略；及其繼也，持議論以支離。虛聽言而未聞道，類枵腹而觀朵頤。逮至近歲，始悔莫追。方回首以瞻遡，阻山川其遠；而聞朝命以待次，慶尫羸猶可醫。計歸軺之在邇，奉拂拭於臯比。當默會於意表，庶微隱之可闚。懲多言之躁妄，去異見之夸毘。究時習之所在，日俛焉以孜孜。隨童冠以風詠，樂天性之恬熙。悵從遊者，咸不及門；而塊獨處者，幸異聞之我貽。夜夢寐而攜手，朝跂足而望之。將謂世無鳳鳥，幽人貞吉；豈意歲非龍蛇，而哲人告萎。倏然返棹，桐水之湄。不見繡裳，乃見繐帷。既失聲以長號，復拊心而自悲。縱昊天其見奪，胡不忍期月之少遲？

而今而後，有悟將孰與開其扃鐍，有惑將孰與正其蓍龜？豈天罰吾過而示譴，亦天愛吾道而靳與之資？遺行可憶，至言有禆。期竭才以追影，憒苦難於後時。既宣情以相控，矢斯志之無隳。耿明靈其不昧，尚翼行而啓思。俾眇末之有成，亦輝光之永垂。德何時而可忘，徒仰望而涕淚。湛空觴以薦誠，聊泄哀於片詞。

告衡山白沙先生祠文

某自幼讀先生之書，考其所學，以虛爲基本，以静爲門户，以四方上下、往古來今、穿紐湊合爲匡郭，以日用常行分殊爲功用，以勿忘助之間爲體認之則，以未嘗致力而應用不遺爲實得。蓋雖未嘗及門，然每思江門之濱，白沙之城，不覺夢寐之南也。已而聞先生之言，以未至衡山爲念，至死而猶不忘，蓋雖未嘗出户，然每思祝融之巔，紫蓋之上，誠不覺神爽之西也。比來獨居，自懼無友，於是出遊三湘之上，蓋雖未嘗近先生之所居，而已得先生之所未至，然又思不知所謂至死而不忘者，果何所爲？即悵望於七十二峰之間無益也。先生之祠，先一年而成；某之遊，後一年而至。豈果有待也耶？又自思力弱志卑，恐不足以承之也，先生其啓之否耶？

祭魏莊渠先生文

嗚呼！自道之喪，學日以分。或執私見，或泥空文。或雜異端，億説紛紜。門開户列，反躬未聞。於惟先生，幼抱偉識。違世背俗，凝然特立。絶去多藝，斂精蓄力。聖賢我師，所志惟一。謂人之生，有欲有知。辨察弗密，學其殆而。天根天機，動静弗離。虛以精義，静爲動基。不剿衆言，不由師授。寢處食飲，是圖是究。四海多賢，昔予云遘。惟日孳孳，莫居其右。洪先辱教，敬如蓍龜。論與考訂，事必箴規。迹雖少違，心則弗移。每問安否，以卜興衰。音問幾時，悲風忽動。山川伊阻，莫致一慟。千里戒途，三年升堂。匪德之懷，惟道之傷。嗚呼！

祭薛中離文

戊戌之夏，與先生别於青原山中，執手而語曰：「鑾江之會，迄今八年，不知後此八年，復會何地？」於是，潸然不忍反顧而去。當是時，先生遠遊歸，蓋思與海内友朋各取所長，各棄所短，求聖人之學大明於世，以不負父師承傳之重，意何鋭也。而愚亦不自量，慨然有四方之志，又且待罪於朝，計八年之間彼此往來者，當不知其幾。縱不得閒，宜亦不出於八年内矣。嗚呼！豈知先生之歸也，病不能償其意；而愚之蒙罪也，身猶幸全而歸。今年取友四方，適聞先生訃，而又符八年之數，是執手之語，疑若與爲永訣者。嗚呼！豈不悲夫！今之談學而彊有力者，宜莫如先生。先生自許之意，其説若何，而竟至此？苟後死者不求自得，而徒寬假以待時，豈惟不知愛身，亦可謂不善取於先生矣，先生其謂之然乎？

祭王心齋文

嗚呼！孔孟既没，聖道若綫，庶幾中行，狂與狷焉。諸子之後，孰匪聖訓？以質爲學，就其所近。莫或裁之，源遠益分。淆言罔折，哀哉斯文。千載之後，一元載啓。有覺其修，有若王子。惟子默悟，不由見聞。心輕百世，氣奪千軍。陽明是師，良知相授。潤以自得，擴以大受。四方之士，雲集景從。户屨常滿，河飲皆充。而我何知，不量進取。尚志問業，嘗辱奬與。維歲己亥，始獲摳趨。子方卧疾，據榻見余。勉仁之方，明哲之論。傾囊見遺，錙銖分寸。大成作歌，復以贈處。自顧瓦缶，莫和鍾吕。默成一語，冀入虚聽。幸子首肯，諒我不佞。曾幾何時，訃音遽來。往者不作，今民之哀。孰能執德，百折不挫。孰能原性，洞識真我。拘方守轍，眩文飾義。一經鑪錘，如醒酣寐。探子之心，豈是遽休。不徙不改，聖人是憂。天若假年，日進曷已？嗚呼奈何！遂至於此。心亦惟危，道不易談。善學柳下，莫若魯男。子尚無忘，啓佑來學。咸自反求，如子之覺。且俾愚鄙，亦獲瞻依。大道爲公，匪我之私。嗚呼！

祭謝子貞辭

古人有言，學聖貴資。自余求友，不啻渴饑。得子相助，志願勃如。❶謂當其議，❷造道無涯。❸數年以來，粗見是非。與語默悟，❹不我難疑。胡爾背去，如旅中違。始聞抱疾，問何致斯？

❶「如」，蘇本作「而」，依韻當從。
❷「議」，蘇本作「詣」。
❸「無」，蘇本作「之」。
❹「悟」，原作「倍」，今據蘇本改。

或言誤藥，或弗省思。夫子所慎，豈是不知？始猶厚望，書往勉之。未幾訃來，有涕漣如。❶天不祐善，吾亦何施？汝奎天臣，咸可遠期。相繼而傾，曾不見遺。命果如茲，更復奚爲？惟余存心，❷耿耿含悲。

祭周七泉文

嗚呼！駕風鞭霆，淩高厲空，此古人之豪雄也，而竊尚其風；守身如處子，用世如轉丸，此古人之完業也，而思有之躬。發忠孝於君親，敦信義於鄉里，嘗希陶矣，而自謂未及其濬；静虚則明，❸動直則公，❹晚慕濂矣，而自謂未全其功。寒暑不遊，風雨不赴，可保身矣，而忽遘疾；飲食必擇，藥餌必精，似慎疾矣，而忌醫弗庸。將其屬之天者，嘿有所制，以拂亂其常度；故存諸己者，雖進取之鋭，卒莫勝夫氣數之窮。

嗚呼！長途寡旅，二人相逢。其一車摧馬瘏，僵仆中道而號呼莫應；其一望室廬、冒險阻而

❶「如」，蘇本作「洏」，依韻當從。
❷「余存」，蘇本作「餘寸」。
❸「明」下，蘇本有「通」字。
❹「公」下，蘇本有「溥」字。

悵悵無與，安能已於趦趄而哀恫？而今而後，孰爲指學之進退，孰爲審道之異同？孰爲久要而上達，孰爲冥會於屢空？破琴絶響，悲山水之徒在；芝焚蕙歎，恨氣臭之不終。鷓鴣之原，枕塊所封。死則相從，本其素衷。履霜慘慘，仰天蒙蒙。臨穴一慟，有懷曷通？嗚呼！

祭歐陽南野公文

嗚呼！學有顯晦，道有險夷。二者相值，千載一時。憶接淅之去魯，與隱几而出齊。空遲遲乎故域，念孰爲之提攜。迨春陵之感奮，啓閩洛之精微。或登筵而獨對，或專郡而分麾。言入禍出，行高毀隨。龜山之召，殆其一幾。幸委曲於權變，竟莫拯夫傾危。嗣是有作，大行曷裨？自陽明之復起，而東南再造於瘡痍。斯文天喪，國是孰資。既顛摧於荒裔，猶集詬而交嗤。

先生弱冠，早自得師。誾誾侍側，解悟無疑。當是時也，豪傑蝟聚，議論蜂馳。稟承讐難，聽者忘疲。及其久也，通方内外，與時推移。洞人情之隱忽，總異説之紛披。蓋獨有得於圓融不測之智，而才力贍博，又皆足以發之。不獨四海縉紳，讓其步驟；即同時儕輩，幾能盡撤其藩籬？而又位在密勿，久奉疇咨。九重眷注，蓋已納之帷幄；而二三元老，亦且寄之肝脾。倘其稍延歲月，少竭心思。調停于可否之際，引納於和平之歸。可使善人恃以無恐，志士展其所爲。則當年傳授，不爲虚誕；無疆宗社，固將藉以維持也。胡爲乎賜燭之寵方渥，而鼎覆之哀遽貽？繡裳之慕未厭，而台坼之占莫違。豈民生之無禄，抑覆載之有私？吾不知得才之難，而顧值數之奇？又不知自古奇數，胡獨值于間世之才？于夫成功之日，而顧他無與於興衰也！

噫嘻，噫嘻！洪先束髮，快覩光儀。初入禁廷，朝夕相依。語必劄記，信如蓍龜。廿年睽遠，書問不遺。近歲以來，或合或離。默默有懷，思報所知。道遠莫致，欲待來兹。望而不即，如何弗悲！每讀夫子拔本塞源之論，與真訣初心之詩，未嘗不三歎而欷歔。先生已矣！來日可期，果能無憾於斯否乎？嗚呼！

祭尹生道輿文

嗚呼，哀哉！美質不易，具才實難。舍是而學，百不一完。道非其資，力倍功半。才弗合誠，中正或畔。哀哉道輿，世豈可常？自我得子，交誼有光。

子之淳懿，慈柔雅静。見利即恥，慕義若競。孝友天至，謹納性成。不欺暗室，不狎儉人。執友怡怡，亦誾而諤。僮僕依依，無忿以虐。身已計偕，家猶農作。謁金屢揮，決履不怍。始未知學，鄉譽已聞。迨與切磋，毅然出羣。氣以養充，事以志集。獨抱古心，一洗陋習。

崇明海邑，坐者賄移。衆爲怫然，己若未知。赴險如夷，視民猶子。凶殘漸歸，龐雜可理。風檣幾傾，順命委己。沙城將圮，犯議請徙。官以憂解，民爲悲嗟。或衛之疆，或別于家。釋服待次，聞薦忌美。胡是褊心，投之萬里。受檄靡怨，疋馬而趨。蒼山珥海，載煦載濡。民賦弗均，更錢視力。民産弗豐，傳餐損式。奏能日積，侍養歲違。有懷陟岵，莫遂拂衣。雖則負疴，曾未皇息。盡瘁而逝，不弛其職。名揚北闕，位佇西臺。驛書來召，公移告哀。官幾再考，囊無長物。闔郡助喪，罷市號欝。名宦啓祠，行省致紼。賻卹有加，行李初訖。

凡兹列行，世或可能。務學且篤，近復誰曾？虚心察微，改容受善。毫髮有歉，顔面必見。❶我非益友，子自得師。愛均骨肉，信比龜著。無體之心，一體之義。存之則虚，推之則至。我言子頷，我往子隨。終身相倚，棄官爲期。天胡不仁，奪子大速。弗待研精，弗留表俗。豈無良朋，亦懷好音。惟是多岐，矧曰同心。匪余獨悲，恐時胥溺。一人之災，多士之戚。我行踽踽，愧負實多。不藉輔翼，後當奈何？得失之微，壽夭之數。蒼蒼難諶，❷不暇問故。有弟有子，壽耉無疆。子目可瞑，無過徬徨。

昨聞荆川，亦復隕墜。九京相逢，必廁行輩。孰憐衰病，朝耶暮耶？駭此歲陰，非龍非蛇。萬物有盡，何獨於子。惟子在今，未可以死。今未可死，而竟失之。我病即衰，能已於悲？嗚呼，哀哉！

❶「面」，原作「回」，今據蘇本改。
❷「難」，原作「誰」，今據蘇本改。

祭唐荆川文

嗚呼我兄！名播天下。令譽彌宣，知音斯寡。神授妙質，性厭浮華。動出全力，業擅名家。靖節貞夷，志完剛厲。進不苦難，思常入細。齒登弱冠，魁厭同袍。文體丕變，紙價争高。惟帝知人，因言拔士。天語衮褒，聖鑒獨視。孤忠素許，况感殊遭。事計浮食，施懼屯膏。薦入詞林，邃探藝苑。測理幽玄，範格高遠。九經該貫，諸史窮搜。文繼歐曾，詩駕韋劉。山鑱冢遺，❶象衡數緯。密算毫芒，洞疏涇渭。孝全手足，行質鬼神。脱屣軒冕，潛軫荆榛。叔夜交絶，黔婁守醇。不慕榮顯，❷不媚鄉鄰。決履常穿，垢衣至敝。櫛沐屢忘，寒暄盡廢。義嚴一介，諾重萬鈞。望廬者愧，執經者馴。仁急顛連，藝兼文武。無問鉅纖，咸求裨補。官條民故，水會兵防。制備古今，技列短長。欲試經嘗，不辭饑渴。去爪挽疆，短後露跋。

凡茲集美，衆已讓能。在行輩内，以豪傑稱。乃願所安，在期自得。從善轉圜，好德如色。良知至足，動意俱非。空諸所有，漸可入微。根抵一原，出入二氏。相離即非，惑祛似是。言詮豉解，形累髦遺。千載上遡，獨立靡移。非直天聰，實資友助。雖判醇疵，忍坐背負？取珠棄櫝，汔濟焚

❶「遺」，四庫本作「移」。

❷「榮」，原作「融」，今據四庫本改。

舟。庭靡逸晷，席滿名流。慮極專勤，見異曩昔。信己愈異，愛人無擇。謂道如水，滯豈旁通。謂道如谷，隘豈廣容。取必此心，弗倚於外。舉世非笑，莫我芥蔕。物皆吾與，安用察淵。時隨代謝，難挽逝川。刓方爲員，制用于朴。大方曷拘，至潔不濯。幸際吐握，獲覯承明。南北奉使，寒暑載更。痛絶清談，峻揚風采。隱達戍懷，情輸諜紿。畢智殫精，炎潮溽海。宵枕甲戈，朝巡營壘。酬動進秩，開府專征。武侯食少，峴首淚傾。嗚呼，哀哉！

謂生稟殊，無所於賴。盍阻荒遐，乃起吴會。謂因材篤，有意則然。盍靳其幾，乃奪之年。知者傷之，虞其過鋭。忌者短之，逆其改計。或憎其僻，或賞其奇。即門下士，疑信半之。藉藉在人，絶非所惜。豈效循牆，始名完璧？嘗聞自哂，出則羣咻。知之而蹈，中必有由。捄焚遑遜，力田罔秋。謀身或缺，報主則周。譬疾於醫，藥力未久。命也不淑，人亦何咎？易著殊途，士增多口。匪阿所私，誰出其右？嗚呼，哀哉！

胡取瓠落，早虚左車。謙以持下，美不獨居。敢望及肩，嵂崒嶓嵝。瞻之在前，瞠乎其後。聯署載筆，共棹還山。肝膽畢露，骨肉相關。管鮑取與，朱張規切。過失本標，詞章軌轍。睽孤廿載，良覯三申。每當抗耦，輒歎軼塵。我疾苦衰，使來告速。昌江之濱，雲巖之麓。曾贊其決，不疑所行。割囊助室，反袂分程。詎謂兹遊，竟成永訣。遠訃忽傳，長號欲咽。嗚呼，哀哉！

默悟養生，徑超欲界。多病見嗤，勿藥是戒。習勞忘倦，躡險若飛。暇而冥坐，杳乎沉機。丁寧結束，武夷九曲。歲寒同盟，山靈攸屬。言猶未踐，身乃先徂。所不瞑者，復奚念乎？嗚呼，哀哉！

弦韋異佩，蓬蕨互倚。禽有比翼，木有連理。而今而後，孰倣孰企？孰繩枉違，孰領議擬？一寄空木，一類拘株。矧餘殘息，卧而待餔。未究底裏，寧係有無？縱留後死，誰與爲徒？嗚呼，哀哉！

初菭維揚，行部寄語。歲侵野虛，回風冷雨。代匠血指，待炊乏需。不識静者，憫余笑余。札成絶筆，句成凶讖。將悔之萌，亦疲已甚。嗚呼，哀哉！

久掩庭户，幾歷居諸。哭不撫棺，吊不在閭。從此破琴，亦遂罷鑿。夢魂去來，山川緜邈。烱烱正氣，烏容泯澌。于何招之，黄鶴紫芝。兄即子桑，我非曾皙。慟何知哀，情何知溺？越疆馳賻，追之靡及。今雨垂垂，似助灑泣。嗚呼，哀哉！

祭趙生子良文

嗚呼子良！子今舍我，其何之嗟？違世而獨立，亦孰憑而孰依？始取友以自益，紛色笑之追隨。幾目逆而可懷，獨身許而弗離。將與遊枯槁寂寞之鄉，觀溟涬澒瀁之涯。超壒埃而出入，處太虚之希夷。指無窮以爲的，淩千古而共馳。胡爲乎天假之資，縱其來而忽曳。於後學幾於悟，與其進而竟止於斯。

嗚呼子良！吾能不悲？憶在乙未，執贄旅邸。子雖激昂，吾猶浮靡。還山以來，方藉助啓。

可否互答，寧辨彼此？石蓮棲巖，雪浪登閣。聽雨青原，看雲匡嶽。汎鷺渚之春濤，駕玉笥之秋鶴。種種取證，默默反觀。信此心之無物，雖動應而静安。玄矩運而中主，閬視聽之不干。存莫得而何失，時顧諟以盤桓。懷至寶以難捐，誕先登而獨往。歷歲月之幾何，曾不易其所尚。顧余馬之班如，若抱瘵而服恙。間話言之相投，忻畢和於孤唱。察所行之或頗，口囁嚅而意惝怳。感振轡以騁途，❶期白首以相望。豈積戾之未蠲，類瞽者而失相。羌踽踽其誰憐，子不返兮川之上。

嗚呼子良！古之清人。穢氛遠謝，灝氣還淳。不期而至，天機自神。寒不挾纊，食或累旬。吾竊謂斯道有屬，誠曠百世而相感。子猶以長生爲諱，欲備萬物於一身。彼其有託而逃，以權顯真。皆儒者之大忌，屢雜出而難遵。二年而病，藥不濡唇。將宜節之理疎，亦稟受之數屯。固不意吾子善養，而乃於此有遺論也。

嗚呼子良！持一介不染之操，以處貧而掩其介；挺萬夫莫奪之勇，以無位而閟其名。修身獨善之具尚微，人每相狎而未易乎俗；明道開來之望甚切，時將有待而未試之行。心所獨詣，賞音者寡，既莫爲之慨惜；志未盡遂，聞聲者吠，咸相怪以疑驚。此吾所以益爲深痛，而無復有望於相成者也。子縱已矣，吾何爲情耶？去秋之杪，聚哭尹氏；今秋之初，哭子永逝。人世如此，烏用久計？庶幾未死，致一勿二。且報吾子，終此大事。地下有知，相見無愧。嗚呼子良，哀哉！

❶ 「騁」，原作「病」，今據蘇本改。

祭蔣道林文

慨維聖學，一塞一行。自宋迄今，曾幾大明。江門衍派，天關抗旌。一麾衆諾，公則克誠。疑義既晰，内實外瑩。匪直修己，亦善友生。大學之道，始于性情。如彼一體，觸之即驚。政無遺議，教有嘿成。儒者之用，可謂有徵。余少不類，邂逅燕京。無緣重晤，歲律屢更。鄉園遠札，几席時盈。肝鬲披露，形異心并。自是莫逆，愛逾弟兄。己未之臘，不續芳聲。庚申春暮，聞訃屏營。始訝曩昔，何幸結盟。哲人日遠，世路縱横。含哀莫訴，誄此生平。願諸來學，守此法程。憐余衰甚，回首淚傾。歲歲桃岡，誰對春榮。動而未形，乃獨之精。言出新得，聽者勿輕。宇宙寥寥，其孰有成？嗚呼！

祭鄒東廓公文

嗚呼！先生豈可一日少哉！方陽明公之存也，傳良知之説者，各以其意爲解，惟先生則獨公之言是述；及陽明公之没也，承良知之統者，各以其資爲的，惟先生則獨公之言是守。故始而青原，繼而復古，終而復真，以及安成之四鄉，吉安之諸邑，無處而非講學之所，亦無處而非講學之人。而良知之發明，至于今二十有五年，日以昌大而不廢者，誰之力歟？蓋述公之言非難，舉其言而不雜爲難；守公之言非難，信其言而不疑爲難。自紹興之後，使人無疑於師説者，惟先生一人而已，今斯已矣。良知之説滿天下，求其亹亹不倦如陽明公者，不鮮歟？良知之説聞天下，求其深信不疑如先生者，不尤鮮歟？故始而先生之病也，通邑之人莫不身禱，以冀其稍延；及先生之没也，通邑之人莫不巷哭，以悲其不再。至是乃知先生之學，與萬物爲體；先生之身，與天下相通。是豈可一日弗存也哉？

某聞教二十餘年，以匡病不出户者，三年餘矣。亦思此身稍健，必思繼先生之業，以畢此生。而先生以道自任，引誘不怠，曾幾何時，遽至於此。然則九邑之間至可悲者，孰有如某者哉！先生事業、文章在天下，天下之人皆知誦之。乃今獨悲先生之身者，爲斯道，爲斯世，有不在於事業與文章也。先生其亦自惜否乎？

祭聶雙江公入殮文

嗚呼，哀哉！言與淚下，尚忍言之？自庚寅秋，辱公顧愛。審視相忘，有冀無怠。❶ 歸田以來，規畫蓍龜。言動相比，何敢依違。然未知爲學之的也。丁未之秋，示以良藥。倏然心驚，不謀而諾。如是三年，如負針芒。漸悟漸達，食已得嘗。蓋至是而後知爲學之力也。

嗚呼！非相入之深，不知去年日之遠；非相信之篤，不知守今日之專。自是以後，執事雖以

❶「冀」，蘇本作「翼」。

病自負，而反其本心，可以無愧於後先矣。

嗚呼！相連若此，遽舍我而去，其痛豈不足爲相憐耶？長號蓋棺，一生已足。多病糾纏，阻於往哭。蓋可悲者固無窮，而不可易者，與世化而相續。獨抱遺經，固不能已於餗餗也。哀哉，哀哉！

祭雙江公歸窆文

嗚呼，哀哉！人之慕古，有如適途。及履徯徑，所患皆誣。又如誘引，登霞孤嘯。亦既改圖，漸聞要妙。語者非惠，悟者非增。昔者迷誤，今得未曾。惟我太保，超稟神授。自立克修，不戒而就。惟志獨出，試政無前。雲間不擾，民瘼以宣。惟帝知人，作左右史。徧歷諸難，八閩風紀。孰遏其進，出守于蘇。積滯用滌，豪强載逋。既退而潛，屏居物外。得失若忘，密觀成敗。借恂三晋，跡比長城。萋菲之謗，不質而明。乃進中丞，司馬之佐。正位本兵，有勤無惰。帝念碩德，重以膚功。❶曲從所請，俾慎厥終。斂實勿施，卷藏于密。佚老八年，心安身吉。❷篤於故舊，厚而不遺。奉公守法，不蔽所私。大册七書，發揮道脈。移文簡書，雍容不迫。出其一二，已足名家。探玄揭隱，言大非誇。惟予何知，懷人早歲。追逐無疑，言聞而醉。骨肉相倚，積有歲年。戊申己酉，相信

❶「重」，四庫本作「兼」。
❷「吉」，蘇本作「逸」。

而專。人易其幾，獨難于道。聞且弗驚，相顧而笑。或未甚悟，而煩指焉。即事嘿識，不以言傳。自予二人，如一手足。或弛而伸，或斂而曲。或忤或聚，間有異同。意會而解，不介于中。一十六年，互相出入。各憤所求，無過不及。予之自述，匪衒于人。惟懼不察，或掩其真。人貴相知，所信安在？一日失之，豈明向背？今日何日，遂成別離。朋友之義，誰復知之？懸知攖心，惟在一子。有而不賢，不如其已。著作之富，圖書滿前。千秋而下，孰重而堅？惟司馬公，與明道氏。有姪傳心，寧分彼此？言而不達，遺以長悲。於乎雙翁，永有世規。嗚呼，哀哉！

祭同年李伯實

嗚呼！吾與子，將遂不復相見耶？方相期于無窮者，而今竟不可望耶？子何爲而遽至是也？哀哉！天之生才也不數，而於其間值焉者，每有相之。天有意於培覆耶？吾則不可知；果無情於萬物耶？吾亦安得而悲之！

嗚呼！道喪千載，悠悠莫傳。功利撓人，視爲故常。有聰明特達者墮於其間，方且指此爲怪其孰能。余從丁亥之歸，始相覿面，往復立語。感吾「草木鳥獸，各率其性」之言，而遂爲知己。朝夕相聚，視爲弟兄。❶偕計于京，同寓招提。相與極有生之道，至於天地萬物不我爲累者，子獨躍

❶「弟兄」，蘇本作「兄弟」，依韻當從。

然以喜。此豈易得耶？平生之志，不能婞婀。覩世俗態，輒復含恥。斷斷訥訥，不知逆億。貧而能約，不事侈靡。性率淳實，氣亦凝栗。謂子將爲遠到，而今不然。嗚呼！將命之不可謀耶？將粹美者之不可久耶？信也，吾亦安得而悲之！

少取科第，若不介意。中心所好，固甚淩厲。入夏以來，若不稱是。未幾而果病也，將其氣之索耶？未可知也。世之衰矣，實得者不多見矣，得見有志者，斯可矣；有志者不多見矣，得見質美者，斯可矣。善人惟日不足，爲及時也。朝聞而後夕可死矣，故古者貴壽。嗚呼！子有美質而志弗竟，天與子乎何心？況子猶有禄養之謀耶？哀哉，哀哉！天地終於渾淪，古今一瞬息也。無往無來，無存無亡者，吾與子固悠然矣；有往有來，有存有亡者，吾亦不得自留情也。吾能爲子久持悲耶？哀哉，哀哉！

祭毛一木廷尉

於惟廷尉，世襲芳芬。賨州介節，拔萃令聞。以構以堂，惟崇惟郭。蘭積餘馨，玉藴未鑿。爰暨烈考，惇樸揚華。奮躍等匹，登躐休嘉。粉署是草，朱旙握麾。夷邦是屏，皇風用恢。惟公嗣服，弱冠刻厲。三益時延，九流默識。才豐思達，聞洽詞雄。允矣先進，時哉未同。志屈始伸，學優而仕。藝苑蜚英，銓曹擢異。湯湯吴會，鬱鬱名都。懸銀紆緑，賓幕訏謨。衡石如流，圜土無滯。方岳推賢，郡邑蒙治。龍蛇時蟄，猿鶴爲羣。丘園之賁，不顯亦聞。燁燁中丞，超紹高武。直排帝閽，樹績天府。烏林棘寺，虎塞蘭臺。入司喉舌，出静塵埃。功懋恩貤，秩崇寵卑。公雖在野，殊命光被。朝有令臣，野有壽耉。王人咨諏，鄉閭化誘。閔予不造，先君見背。世託交游，晚獲瞻對。言必經史，動有規模。古悲貌似，予亦目瞿。嗚呼，哀哉！

歲月幾何？世難坎軻。嚴霜夏殞，悲風日多。嗚呼，哀哉！

靖節哀歌，王孫遺令。達人則然，曠世罕並。惟公訣辭，幾于俟命。變不懾中，終能順正。匪心不繫，寧視如歸。乃知盛履，其抱必希。嗚呼，哀哉！

朝援素毫，夕就狸首。邦族傷思，知舊號走。訃馳臺省，誄集冠紳。松雲虚望，梁月留神。嗚呼，哀哉！

靈根後凋，纖色速瘁。芸芸有生，孰是畢遂？名流身壽，胤廣心傳。慨往者情，待盡者天。嗚呼，哀哉！

祭友人劉孔脩

嗚呼，劉子！冀羣才逸，臯鶴氣豪。志隘猥瑣，聲傾俊髦。季方聯武，宣文垂懿。否衍豊亨，約施急義。轔轔賢轍，青青子衿。士館賓庖，宿戒日臨。在昔卜鄰，與子結袂。再世通家，視予猶季。宛宛攜幼，役役在途。忘言狎愛，終歲馳驅。匡子燭鄰，范生齏飯。相顧形癯，實惟心惋。同類變豹，獨子守雌。席無遽割，轂爲先推。離翼重雲，廣河一葦。雪繭頻來，風標自偉。憂患各罹，交游間阻。爲别幾時，遂困二豎。澗松方秀，井梧忽凋。聞訃欲摧，長些曷招？子三爲衆，五十非夭。浮世何常，冥觀宜小。惟兹蕙歎，固感蘭熏。嘿嘿蒼天，迢迢白雲。會面無再，寸心如一。不負延陵，有如皦日。執引切念，倚廬阻奔。聞余誄言，應爾斷魂。哀哉，哀哉！

祭外母許淑人

吁嗟淑人篤惠兮，爰託植于靈根。稟茂和之懿質兮，敦静操而象坤。琮璜玟玖介特兮，薰邑糾結而蕪蕃。錯綵流以組紝兮，熚雲裳之欲騫。去髿儀以結縭兮，耿夫君其行尊。誕景升于列缺兮，羣仙珮之翩翻。馳旌霓於四方兮，騰烈節直排乎帝閽。緊何郵之奄集兮，實柔嘉之内援。閔風雨之拮据兮，采采于江蘩。既良旨蓄兮，式穀爾昆。樛木鬱其春陰兮，萋葛虆之若樊。鳴鳩翼而載鳴兮，眷顧復而斯恩。紛菉葹之總總兮，又蓼蕭而紫蓀。咸冒被于寵澤兮，競旖旎於芳原。欣初陽之果亡兮，瀼零露而誒暄。方褘翟之陟庭兮，恨遲暮而瞻背萱。胡涼飈之夕起兮，竟落葉之反反。豈吉人之速萎兮，抑慶閭而吊門？遥望望于遠道兮，天潢渺而無源。將閶蓬之高躡兮，駕青禽而乘文鵷。悲歲律之冉冉兮，玄冰洌於丘園。履堅而創鉅兮，魂慘惻而煩冤。仰蕙帷之垂悸兮，聽啼鳥與哀猿。誰獨無心兮，矧相攸而余媾婚。薦椒醑與蘭脯兮，羅豆實于盤飧。來不來其余顧兮，情縻絶而何言？

祭楊文襄公

邃菴楊公，既卒之若干年，今上用所司議「節惠」，易名賜謚曰「文襄」，舊之出入門下者，感公身後之有遭也，俱各撰言相吊，且寓追慕之意。

憶嘗道曲阿，訪毘陵，與唐應德氏論公平生。唐謂某曰：「世以多欲病公，亦孰知其廉介者？」某曰：「何？」曰：「聞有故人餽寶珠一斗，受之。客既退，分勞左右，投之地，頃刻立盡。而門生有以貧歸者，發囊助給，率數十百金爲常。夫爲天下用財，而不以私蓄，即比于一芥不取可也，非廉介乎？」某聞而頷之。輒應聲曰：「世亦以尚通病公，又孰知其方嚴者？」唐曰：「何？」曰：「先君賓其塾，又故門生也。爲武選郎，八年出之守郡，曰：『此地不可無此人。』不知其抑也。又三年，轉而備兵徐州，曰：『此地不可無此人。』不虞其淹也。夫爲天下用人，而不以私惠，即比于一介不通亦可也，非方嚴乎？」唐聞而頷之。

嗚呼！世之追慕公者，亦嘗聞此兩言否？先君承公訃，泣連日，曰：「公固愛我，其忘抑與淹者，不以俗人視我也。」嗚呼！知公者，不必盡形之言；能爲言者，或不足以知公。知不知，於公何與？世道之升降係之矣。公如聞言，其亦頷之否乎？嗚呼！

祭曾勿齋叔丈

於乎我公！鷄檠之勵，牛繭之精，人固謂公之必通也，顧年逾服官政，而始貢王宫；馬融之經，鄭虔之席，人固謂公之悲窮也，顧猗蘭不怨，而伐木多悰；鬒髮豐軀，澹欲希情，人固謂公禄崇崇也，顧拂衣歸去，而扁舟西東；松筠晚翠，棠棣交榮，人固謂公樂融融也，顧鴻飛暮渚，而鵩來晨風。

於乎！使公徵鱔而起，則身未必能歸；而解龜不勇，則歸未必能速。然見公之見機與正終者，審於中矣。慶吊相隨，余又安知天之夢夢也哉？惟於公之歸也，既阻見於仰藥；及聞公之變也，徒含凄於倚桐。負素衷矣，一觴告哀，公尚饗之。

祭桃林同年道承文❶

吾邑同年舉進士者六人，三人不幸早逝，而兄爲獨後；其葬皆不踰年，而兄爲獨遲。先逝者，舉進士未久，而吾之交游亦未稔，不知世道之升沉與人材之難易，而諸進士者，宦皆未甚顯，視先逝諸人，徒有死生之感耳。兄之逝稍後，又復遲葬以十年。十年以來，世之流風日下，舉進士者，即皆

❶「道承」上，蘇本、陳本有「羅」字。

破常調，薄名義，以先輩行己爲迂鄙，而高官大爵，駸駸且日嚮柄用。回思兄僅僅自好，且欲與世之善人朝夕往來，以圖相益者，何可多得？ 然官止六品，禄不及三年，求一命之榮於其親，竟亦不遂，況其身乎？ 則吾於兄之葬，重之以辭，其足悲有甚於先逝者，有以也。而吾三人存者，出入禄位亦十年於兹矣。雖不敢破常調，薄名義，以冀所謂高官大爵，然十年之間，求不負日月，以免於後死之責，必皆不敢自信也。而二人者，又皆守官，不及臨穴，則吾於兄之葬，重之以辭，其含悲有甚於二人者，有以也。夫事有類而情異，時有過而情近，言有盡而情深，此必非一人之感已矣，兄亦含悲否乎？

祭毛東塘公

嗚呼！ 豫章之盛，蟠深幽，入青蒼；及其摧也，化爲羣材，而烟雲磅礴者，駘蕩其何之？ 雷霆之震，軒六合，驚百蟄；及其斂也，廓然大虛，而光景欻霍者，不可以仿佛窺。故積氣之厚者，世莫測其用；而據物之精者，神每秘其奇。方公之出也，躡星履，揚雲旗。北虜避青坂之險，南交畏銅柱之遺。緤組送欵，縷金獻辭。將帶礪爲盟，可以續石室之賛頌；而兵刃不血，未嘗困赤子於瘡痍。於是帝命曰都，式遄來還，無緩其馳。進之孤卿，畀以全師。惟兹禁旅，亦惟乃司。當是時也，庭麾列帥，門走偏裨。籌決尊俎，風生指頤。蓋左襄平，右青唐，莫不受其鞭撻；而穹廬北户，幾千萬里，昔之不免於金革者，亦各讋其威力，而遂相忘於恬熙。比其歸也，平戎之賞未定，而明農之志已移；三益之徑初開，而二竪之孽漸滋。洛中之社不待，而箕尾之兆遽垂。豈所謂造物之愛惜者，去來有數；亦功成身退，得之天道者，非人世之可羈。不然，胡爲乎其迅速若斯也？

惟公之生，間世殊資。器大有容，質任弗欺。位尊而勞，以撝謙愛博，而恩不擇施。舊怨若棄，懿親是宜。絶近名之行，加以黯闇，而不嫌於茹納；懲矯俗之過，雖紕賤而可接乎光儀。遇夫善之可進也，用之不必出於己；至於義之當斷也，執而未嘗詭於隨。此其德美之沖粹，實由性成而罔疵。故聞其向進，多倚以爲重，而樂其用譽；迨其既卒，不特君子傷其失類，而庶士亦動於煩思。在故舊，或不勝其捐別之慘；若童兒厮隸，無問識與不識，亦知詢其疾病，計其年壽，而助歔欷者，是豈可以强爲哉！

嗚呼！在昔崇高，多遭嶮巇。公處其順，蚤發萎遲。云胡末節，若或尼之。非物忌乎全，而理盈必虧。惟其尼矣，於公可推。使一於隨，忌者其誰？以此令終，又何嗟齎！

洪先早歲，辱在詢咨。重以世交，置之心期。疑義於析，盡言見規。冀有大成，忘爲過私。蓋徼惠甚殷，而獻忠則何裨？比一再見，神閑氣夷。竊占福履，不替其綏。曾未旬日，移書論詩。曰余有志，而力已疲。以爲能持退抑如此者，孰知遂爲永訣而竟莫追。聞訃奔奠，有淚漣洏。人非金石，幾何弗衰。奚獨於公，不已其悲？其悲不已，所感可知。知不盡言，公必鑒而。哀哉，哀哉！

奠李氏妹

嗟我同胞，骨肉惟四。仲弟夭亡，斷我一臂。兄妹聚哭，聲同情異。衆皆哀死，我獨失計。父母有知，目豈能閉？三人氣稟，妹不若弟。年時相見，常恐疾罹。自昔于歸，一十六歲。怙恃既遠，積憂成滯。及再得甥，謂可慰意。何期哭幼，翻令自斃。始聞疾作，奔問驚悸。即爲訣辭，相對灑涕。選方審卜，靡事不至。形瘠雖危，幸脈可恃。曾未及旬，增以眩痺。不遠百里，求藥城市。變起倏忽，醫噤莫治。號呼誰援，忍復近視？弱息數齡，血肉斯寄。不知人悲，所爲何事？悠悠昊天，降此凶厲。顧我妹氏，淑惠慈懿。言若不聞，動若有制。承尊撫卑，曲盡恩誼。日侍君子，温温作儷。云何斯人，乃令至是？父母遺祜，不終覆庇。我顧形影，益單而瘁。孰哀此言，痛徹心肺。昨在深閨，今成遐棄。從此問訊，何由可致。頓足失聲，妹寧反袂？

奠外舅符翁

嗚呼我公！何意遽不少延也？公厚稟殊質若金鐵，經爐錘適以全其天；勁氣卓行若松筠，凌雪霜莫能摧其堅。健步修軀，不俟熊虎之導引而康壽；澹食寡營，無讓巖穴之隱伏而靜專。是以位列九卿，而居處服食不加於寒士；齒踰八袠，聰明智慮不損，而舉動可齊於壯年。固將期頤占筭，爲鄉國之巨望；且以典型在邇，可藉以儆吾後生之過愆。攷故究往昔之目擊，問疑述少時之心傳。而又身當甥館，謫受氓廛。里閭接比，歲時周旋。可謂得幸之偏者矣。孰知事變倏忽，乃謬不然。問者抱疾，容若有異，而神則完。旦夕省候，以爲未至於彌連也；别僅一宿，而疾稍劇，又三宿而脈變遷。醫以藥進，拒令勿前：「吾年至此，更復何言。」侍者猶庶幾其萬一，涕泣而强焉。端卧微哂，無何竟棄捐矣。哀哉，哀哉！

人皆逆旅，世無籛佺。然以辱愛之深，感德之久，而見違之遽，其能已於號攀乎？兹即殯宫，重睹莫緣。將誄行以相招，顧心摧而氣填。徒揮淚以薦觴，忍仰瞻夫几筵？嗚呼，哀哉！

祭周生天臣

惟歲暮兮，草木萋萋。子何之兮，日月如馳。道之莫授兮，所艱者資。天胡不仁兮，秘子之奇。三年不見兮，如在庭户。倏此佳辰兮，言歸下土，哀哀送子兮，妻女父母。欲招無從兮，欲訴無語。雪浪濺濺兮霰欲雰。對舊侣兮悲故羣。主静之説兮聞不聞？憑闌四顧兮黯愁雲。玄化錯迕兮數渫渺。人生百年兮孰相保？黄馘無聞兮壽亦夭。子知自遣兮復何悼？歆子酒兮侑以辭。子無遠去兮魄在兹。

奠外舅符翁外母淑人許氏合葬

嗚呼，哀哉！古云至剛，是剛匪物。金鐵可鎔，正則不屈。不屈維何？義有是非。人則雖殊，其辨同歸。

翁之方仕，引繩就尺。畸窮穴奸，以祐以殛。四十爲郎，出入省邸。平榷剔蠹，結紛乃理。誰其仇之？中人之子。扣閽不聞，斂跡田里。翁之再去，匪矯且狂。伸我元功，讋彼西羌。判不可摇，國是以彰。寧嗟饑渴，溝壑靡忘。翁之守郡，踵孝肅故。寇恂再借，叔度歌暮。方其卧疾，猺人實來。奮臂署辭，武夫心摧。司臬名藩，晋大廷尉。色怒人驚，言温衆慰。營無驕將，獄寡冤民。力犯羣猜，默體帝仁。惟帝曰「咨，咨爾大理。不黨以欺，朕用嘉爾」。計將大畀，孰忌而止。伯冏之命，惟僕臣視。晚節戒得，急流知止。

翁之既退，杜門掃軌。坤乾研《易》，朱墨評史。天官堪輿，諸家百氏。歲有記録，門絶投刺。不出户庭，何有城市？矻矻儒生，或不逮是。年在耄耋，步健視明。興寐以時，詠歌太平。自謂天壤，何樂可易？時召諸孫，授以禮式。問之中饋，所不皇恤。亦惟淑人，克勤内職。田蠶婚喪，不獨飲食。心何有亡，身不踰閾。撫幼御卑，嗃嗃戢戢。不識所生，惟恩是泣。天子念功，及臣之私。再命來崇，象服是宜。進之秩號，褒以美辭。淑人敬承，勤儉不移。亦惟我翁，刑家有宜。

翁擇交游，先君締好。女于洪先，忘其不肖。長而侍側，胥保誨教。比幸賜第，翁在廊廟。縉紳慶翁，翁爲色笑。且曰斯人，可勗遠道。肜墀趨曉，策騎隨車。退食有言，匪《詩》則《書》。翁歸十載，洪先罪斥。閒居暫違，似物有失。虚往實歸，坐或忘寐。言不及私，所賞道義。耳目傳記，揚確紛紜。圮族拂常，厭不忍聞。警報恩條，凶良登敗。憂若在位，不間内外。如是累年，曾無二態。

丁未之冬，倏遘厲虐。從容正襟，謝醫麾藥。曰命有拘，更復何待？執手相呼，後晤弗再。嗚呼，哀哉！

謂翁遠逝，既壽永年。謂理宜然，胡爲悲牽？豈以婚故，骨肉者憐。皤皤黃髮，典刑孰傳？刋曰頹風，其終可諠。龍陽有丘，翁所自卜。時日之良，掩珍藏玉。惟德不孤，作配同穀。冷冷飄風，蕭蕭拱木。永訣何從，長號莫贖。尚飭此身，期在不辱。嗚呼，哀哉！

祭牟禾山先生

先生抱質，篤静而醇。如璧無疵，如麟自仁。幼而夙成，唯諾有則。微節弗諧，中懰動色。楚材擢異，冀羣亦空。百里之寄，歷試以庸。湯湯文水，來游税駕。訟寡獄清，邑以休暇。庭無羨物，野有栖稼。孺慕得母，旅逋歸舍。最課歲獻，晋之司徒。俾主國計，將聽訏謨。時與才違，行以全毁。孰别清渭，獨返畏壘。閉門掃軌，焚香著書。經授玄成，帷垂仲舒。年深木榻，客至園蔬。嗣服載興，福履未替。今譜方傳，些招遂繼。嗚呼，哀哉！

不才弱冠，與衆奚殊？片言見賞，推轂先驅。荏苒居諸，尺寸未效。仰負深期，惄焉自悼。自昔投野，莫敢越疆。歲月音問，聞且樂康。意謂天道，盈虚相倚。嗇前必豐，利終出否。訃來何速，有涕沾裳。豈惟今昔，實惑彼蒼。自昔含藥，顔髮且改。將來焉知，悲往益駭。所貴者生，在能有成。倘不其然，何異於氓。吐哀以辭，欲噤不止。矢將潔身，永報知己。

祭蕭東潭公

自余成童，見公未第。布衣退然，徐言審視。逮夫既貴，抑畏有加。郎署刑平，侯邦譽遐。杳杳瓊山，南隔巨浸。往敗於黷，公以廉振。乃晋大僚，于監于兵。謨畫以陳，交酋底平。乃典大藩，遂作牧伯。鑒于持盈，拂衣阡陌。亦既歸止，故舊不遺。山巔水涯，式吪以嬉。義方孔嚴，弗敢侈肆。西蜀之陳，漢室石氏。玄潭衿履，有待抗盟。誨辭凜凜，中人隱情。曾未幾何，忽聞凶訃。時亦負疴，涕下籔籔。載逾寒暑，輀引在途。他繫未奔，如饑弗餔。歲聿云暮，升堂奠幣。不見繡裳，徘徊階戺。孝謹流風，克比者希。何以慰公，繼世無違。

祭戚南玄

嗚呼四海，何殊一家！可否更訾，彼此誰嗟？吾輩得兄，過於家督。言雖未勤，意已相屬。弱質始振，慕善若饑。識名于刺，鑾江之湄。載遘京華，情聯跡附。豈無他人，如出同父。分袂未幾，駕言東遊。攜手偕往，矢心相酬。正色寓規，服義自貶。如商投儈，如疾受砭。又如監史，不厭求深。感此遲遲，欲謝冠簪。薄譴南行，畏途中遇。交勉含章，旋報返御。自是往復，亦再睽違。各罹多故，似悟入機。静定之説，良知之疑。且以爲報，冀或少裨。友音時聞，儆戒潛發。惠然欲來，爲補失缺。將訪山陰，且俟匡廬。夕解行槖，朝傳訃書。夢乎覺乎？是耶非耶？卜不可問，疾何以加。遺言何謂，故侶何在？枯形何歸，遠志何待？

夙欽風誼，崛起人羣。不傅而學，不業而文。侃侃之質，烈烈之氣。憤世之懷，衛道之計。挫之彌揚，攖之愈礪。雖遠不忘，雖微不棄。毁不見侵，禍不知避。萬夫莫當，一身匪利。乃如斯人，顧不輔世。保大定傾，伐謀敵愾。豈材爲災，抑名之忌。追往已矣，後死者悸。道不待人，歲不與我。望洋未即，首丘其可。躬之不逮，言則數窮。向非忘物，寧免失中。竊怪不類，每辱過許。摧蝕所餘，浮汰稍去。他山徒存，良玉已瘞。倀倀安之，蒼蒼何意？復誰似兄，教我如弟。思莫贖身，悲惟隕涕。

今歲何歲？非龍非蛇。七泉逝水，譙山落霞。晴川波石，哀響先後。河清難期，泡影烏有。去者豈速，留者豈久？胡爲罔生，胡爲不朽？欲薦生芻，恐驚宿草。先以些辭，寄之遠道。如其有聞，應共自悼。嗚呼！

祭李鏡石公

惟公氣奇質敏，學博文從。童年起譽，鄉校飛雄。竟着祖鞭，遂先蕡第。秋署翺翔，南都留滯。展能樹績，錫類貤恩。大夫晋秩，楚國平反。乃守大邦，載罹鉅篇。貝錦漸張，分符仍重。朝端理枉，廣右提刑。藩垣接席，夷獠知名。方快乘驄，薄言税駕。入社榜詩，結軒觀稼。里無夜警，祊有宗盟。古稀壽齒，多男頌聲。不肖無聞，辱知特厚。早接比鄰，晚成婚媾。歲時几杖，俎豆衣冠。

往必實腹，語則交歡。何意悲風，遽生喬木。永好不終，大還何速？日月莫繫，窀穸倏臨。感今愴昔，辭迫情深。束帛湛觴，助引俎別。靈爽如存，悽其欲折。

祭同年吳雲泉

嗚呼！夫子有言：「未見剛者。」又曰：「未知生，焉知死？」蓋甚難之也。自與兄同年舉進士，耳其姓名，貌其面目，不能知其人。後十餘年，俱歸田，歲時往來，接其色温然，以爲猶夫人也；已而，聽其言侃然，異之矣；已而，觀其行事嶄然，則又異之矣；已而，得其心蓋屹然戛然，於是樂與之交，而時受其益，自以爲處山林而不寂寞者，有斯人也。而神骨堅完，思慮恬澹，可恃無恙。嗚呼！曾幾時而兄病，又幾時而訃至矣。哀哉，哀哉！

兄之病，起於頃刻，語妻子後事，精明不亂。如去逆旅，返鄉井，無戀戀可憐狀。嗚呼！夫人之情，莫掩於妻子之前；而至重者，莫踰於死生之際。兄烈烈若此，則知其侃然，而嶄然，而屹然、戛然者，可易致耶？蓋於其死也，而益重其生，竊幸夫子之難見者，乃今得之；又竊悲方恃以爲益，而遽失之。其何以生而死也？嗚呼！

或者咸謂當今之世，四方多虞。有兄在位，足以弭大變，決大疑，而奸諛畏首，庸懦增氣；萬一有他，其必能衛邦國，死封疆，爲世輕重。而乃枯槁牖下，不亦悲乎？此屬之天者無論矣。且夫剛者，多疾惡而不能忍垢，安知其出也，不爲兄之深憂矣乎？兄不以死生介意，即泯泯何憾，用不用烏足計也！

㴉廬去佳城未百里，分當執紼壠上，病有所拘，徒盻盻不獲往，而以斯言進。嗚呼！金川湯湯，一葦可航。所謂同心，不復可望。兄亦永傷矣乎！

祭曾梅臺公

惟公沉嘿任資，樸素授器。思而有文，儉而不肆。早歲處約，食苦程書。競先藝苑，如取棄餘。明庭選材，宗伯是屬。展采矢謨，尊壘璧玉。聖人御世，禮樂方崇。乃帝獻考，孝養兩宫。南省視學，北扉校録。廟垣倡議，焉計榮辱。公是不泯，師錫有言。肅雝攝事，乃賓四門。出佐大藩，儉人讒直。降監自天，旋畀初秩。峻躋酬枉，豈擬品倫。西粤敷政，夷民戴仁。糾憲于貴，遂司滇轄。鎮帥弗率，莫敢彈壓。引經就列，不愆于儀。邦紀用張，官謗何辭？亦既懸車，曾不廢業。物數繙研，國故該浹。且擅取力，詞鋒銛騰。近宗獻吉，遠祖少陵。惟愚不類，寡才短識。早以婚媾，頻爲植掖。歸田以來，結社可盟。世事錯迕，日月迅征。歲非龍蛇，人化猿鶴。七泉云亡，二仲不作。悠悠莫問，蒼天蓋高。欒欒弱子，跣祖長號。生則相憐，没矣安招？尚憶芳襟，或御濁醪。

祭友人陳蒙菴

嗚呼！兄之平生，大要已盡于志銘矣。惟昔簡記見謀，弟不謂然，而兄不遽信，是其誤在兄也。土丸弗白，兄不能忍，而弟不相成，是其誤在弟也。嗚呼！兄之誤，今則已矣，弟且可如何哉！夫智人之判，茂宰必逢；臺下之占，魯國卒驗。伯松之歸，賢者不免，又何説哉？蓋錯迕者，人也；久而寒者，天也。又何説哉？灑泣薦言，永慰冥漠。兄其聞乎？否乎？嗚呼！

奠李竹塘妹夫

嗚呼，竹塘！別幾何時，遽爾云亡。今春省子翰池之上，掩户避客，語以攝生之方，意固望其平康也。予且外遊，音書莫將。八月中旬，返棹江黄。鄉人告予以凶問，仰天灑淚而傍徨。不獨悲骨肉之離折，將福善難必，疑天道之杳茫。

憶昔師門之載贄，見子佩觿而侍旁。言不出諸其口，行惟恐其或傷。匪直青衿屬意，即宗戚閭里，莫不交羡其慈良。於是先君爲予妹以相攸，期百年之永昌。參差中道，失此孟光。哀孤甥之孑遺，泣瞻望於渭陽，節序餽勞，藉慰有常。胡八口之相依，兼二豎之見戕。子通於醫，治劑檢方。棄擲儒冠，野服徜徉。予謂子得逍遥之舉，而子每語予以膏肓之疾，多中槁而外殭。❶ 昨歲執手，體羸而尫。驚問曷故，勉以豫防。子頷不語，有淚盈眶。自視脈理，當近不祥。百言相譬，諸藥備嘗。息奄奄以就逝，魄沉滯而不揚。豈純質之易瘁，抑沴氣之方張。膴高穹而莫問，不知鷙悍險狼。顧

❶ 「殭」，原作「韁」，今據文義改。

渥丹而垂白者，將何術以媚彼蒼？　既踰朔之六七，予亦罹乎百殃。　慨井臼之肇禍，實余行之靡臧。　積摧愴以内割，乃奔馳而奠觴。

感今昔之懸跡，悔存没之異鄉。　病不聞乎訣辭，殮不入乎襚裳。　撫塵几而長號，徒失聲而裂腸。　魂悠悠以何之？　情悄悄而凄涼。　聞不聞乎斯語，來不來兮帷堂？　陳肴醑以薦哀，或庶幾乎少嘗。　嗚呼！

奠亡室曾孺人

嗚呼，嗚呼！　自子于歸以來，三十有五年，吾以學且仕、憂且病與子居室者，不過數年耳，雖遠在數千里外，未嘗以饋祀賓祭之事，一日戚吾之心者，以子能知吾之心，敬承不違，雖勤瘁澹泊，能久安之，誠足恃也；自吾歸田以來，一十有五年，吾以講學、聚友外出者，歲不知其幾矣，雖遠在數百里外，未嘗以取與酬應之事，一日戚吾之心者，以子能知吾之心，敬承不違，雖其身甚弱，然不易病，即病亦不踰日速愈，誠足恃也；三二年間，子雖易病，吾亦外出，未嘗以子之病一日戚吾之心者，以子命數問之術者，咸謂必壽，吾方以後事委之，固不意在吾前也。

嗚呼，嗚呼！　今歲何歲，出不及千里，别不踰半朞，而子不勝病。　何爲子之身，可恃於三十五年之間，而不少待於旬日？　術者之言，第驗於十有五年之前，而不見信於今歲？　豈吾積釁多過，上天降罰，故虐子以困吾耶？　抑命數本不可測，吾皇惑於人言，輕視子之身耶？　將子之身固不勝病，其速愈者，皆强起耶？可悲也。

吾每出門，未嘗問期。今歲期以七月，吾亦漫然應諾，相慰藉耳。吾出而病，病而歸，正在六月。使背不癰，癰不甚，必且踐諾，子或不病，未可知也。聞子得報，旦夕邑邑，豈子之身固不易病，吾以背癰病子耶？七月之期，意在庶子，庶子不舉，旦夕邑邑，將爲廣祀然耶？抑亦有他疑也？使舉庶子，背又不癰，子必不病，即病亦必速愈，是子之命數，固不當終，吾且爲子促之，可悲也。

尋常有往，必來告揖，舟車治裝，悉出經紀，吾勞子三十有五年之久，今爲千古之别，乃病不知其時，藥不辨其宜，没不聞其語，殮不執其手，子其有遺恨於吾否耶？可悲也。性資淑慎，動遵禮訓，非大病不肯迎醫，非至戚不敢見客。今自診視至于含飯，一切他屬，弱息世光，惟有纍纍熟視，仰天長號而已，子其有深憾於吾否耶？可悲也。即子委命，能不吾憾，吾出而反顧，莫爲之主；入而獨處，莫爲之語。吾縱有四方之志，其終能恝然耶？可悲也。

術者言吾命數，明歲當厄，使命數果不可測，言或不驗，斯亦已矣，不爾，則後之視吾者，果能如子否耶？即使吾之命數幸而稍延，爲吾供饋祀、節取與、守禮訓而不違者誰耶？其能如子之勤瘁澹泊，一不以戚吾之心否耶？吾亦何恃而能遽忘耶？可悲也。

去歲此日，授我衣裳，勸我酒漿；今歲此日，呼之不應，食之不嘗。吾之學，非老非莊，是觸於目而戚於心者方長也。子亦寧無重傷耶？嗚呼，嗚呼！

祭華山鳴崗府君

繄夫君之魄礌兮，肆密植於厥家。弗掩翳於靡薄兮，拔清漪而獨華。方芬敷之旖旎兮，有奕葉之奇葩。衆睥睨之憩息兮，胡蠹蝕之生嗟。將覆庇之爲惠兮，顧摧折之是加。豈栽培之舛施兮，抑世運之弗嘉。惟烈風之猶存兮，吾何悲於有生之涯？遥陳辭以洩哀兮，君歸來乎去無遐。

羅生汝奎誄文

嗚呼哀哉兮，尚忍言斯？今日何日兮，與子分離。天胡弗仁兮，神明降毒。殲此良人兮，百身奚贖？憶昔求友兮，春鳥交鳴。子獨何爲兮，與予目成。棄捐舊服兮究玄精。長途漫漫兮力未傾。夾駟轂兮，交衢縱横。羣志弛靡兮，獨倚芳衡。

嗚呼哀哉兮，歲不我與。日居月諸兮，于時語語。語不惰兮往弗禦。互争更抵兮心自許。各相將兮道爲侣。授子館兮惠肯顧。造小子兮恨遲暮。佩青青兮揚和風。來于于兮席未空。

嗚呼哀哉兮，周行茂草。我生後時兮，早未聞道。嗟嗟有生兮，少壯易老。逝將與子兮，探極要眇。駕蘭舟兮指沅湘。登祝融兮共翺翔。歷八極兮超天荒。遊無窮兮葆貞常。朅揚舲兮文水日。悲風來兮何大疾？五日期兮六不詹。豈知永絶兮不少淹！

嗚呼哀哉兮孰余輔？直諒不聞兮善將阻。踽踽倀倀兮，懷傷思苦。豈曰無人兮，同心莫睹。

繄古之人兮云才難。今時滔滔兮況永嘆。衆方鴻漸兮，子夢狸殘。何知天命兮，今子阻艱。

嗚呼哀哉兮難重宣。今也則亡兮誰爲憐。攬文采兮淚如泉。考終量受兮或弗然。登虯挈螭兮溥九天。委置濁滓兮竟何緣？哀哀童冠兮涕泗漣。瑶琴不鼓兮春思綿。❶長號招子兮還不還？上天下天兮何處攀？

嗚呼哀哉兮歸何所？有言不聞兮抱悽楚。中夜徬徨兮，明月入户。皎皎流光兮，莎雞泣露。露葉下兮聲湑湑。疑子來兮望不及。望不及兮心轉愁。空攄詞兮告沉幽。誰念百年兮一交游！

羅母劉氏誄文

嘉靖癸未冬，羅子有慶賢母貞媛劉氏卒。有慶恩懷罔極，形求莫肖，茹哀臨忌，服苦承遺，越十有三年不衰。友人某聞而悲之。憶巨卿之義未伸，感臯魚之辭足慟。作爲誄曰：

巃巃扁石，爍爍巨宗。毓此名姝，懿質希踪。時也結褵，展如邦媛。承尊以柔，媲美斯眷。惟舅相國，惟鄉之模。青衿祁祁，芳佩于于。户屨常滿，井轄時即。有嚴尸饔，不皇旰食。有敦夫子，正位罔家。賓祭牢醴，牧孳繭麻。拮據是營，威貞如束。穉無號饑，冬有旨蓄。筒躍江魚，春耀庭枝。百堵具作，三族靡私。希哲正容，上谷訓儉。譽馳鳳毛，迹超鴻漸。嗚呼，哀哉！

❶「琴」，蘇本作「瑟」。

蒿歌慘兮露華濃。萱皆淒兮秋雨空。❶寥寥松雲兮山谷寂，迢迢雁語兮哀怨同。杯棬塵集，機杼夜悲。户帷垂淒，雲葉披離。形杳藹兮竟誰測？音斷絶兮望無極。芳菲菲兮歲律移，思黯黯兮夢魂惻。丁生疑像，王氏廢詩。逝既不返，痛寧有期？嗚呼，哀哉！

元氣糾纏，玄規繽紛。類錫者昌，德馨則聞。蕙蘭先折，瑾瑜必鑿。蕭艾成丘，瓦礫日塞。匪物貴之自得，孰修嗇之可程。天道恒與善兮，固靡朝夕之虧盈。列彤管兮貞跡，美幽閑兮有獲。永終誦兮些辭，託遺矩兮禕筴。嗚呼，哀哉！

祭族祖宋朝請大夫澗谷府君墓文

惟府君，代爲宗望，輩出世儒。學接雙峰之傳，詩演江西之派。早困徽纏，晚職幣金。憤似道之誤君，叫閽請劍；悲德祐之逼虜，傾家募兵。史不絶於美談，人猶傳其遺事。顧乃空弔季札，莫報仲宣。瞻封域之有嚴，感鄉鄰之無暴。於是剥苔識往，勒石告來。其文曰：

緊余靈之初降兮，乘灝氣之融奇。既懷璧而無釁兮，復抱器之咸宜。礪貞介於心膂兮，揉黼繡爲肝脾。燁聲藉以四溢兮，杳前驅之猶疑。美考亭之探賾兮，就饒氏之師資。窺中庸之窔突兮，燭

❶「皆」，四庫本作「堦」，可從。

百家之分岐。❶ 出古澹於靡靡兮，縈理緒而綜之。發興觀於詩教兮，受騷人之降麾。何良時不余遘兮，與患掇也。矯羣龍之躋朝兮，蹇莫達也。進數鼓而將捷兮，困弗奪也。晚得路而上征兮，道梗其孰閼也。嘿迍迍於下陳兮，曷之敢怨？羌試難而益振兮，靡近與遠。謂余姱而不害兮，女須爲憐。俾職内於王廷兮，仍緫緫於利權。何國步之日蹙兮，衆呶以嬉。嗥赤狐於天閽兮，莫或擊之。將手攖而毛擢兮，翼者爲逞。言朝聞而夕斥兮，孰有諒余之懷耿？進不得以攘讒兮，退顣頷以奈何？披柴桑之晨風兮，望汨羅之揚波。紛種髮以捐冠兮，當一食而九噎。捐私帑以佐急兮，忍余室獨巇嵲。哲人萎而夏變夷兮，彼食粟其何情？日月冉冉不待兮，正首丘以余寧。樵牧識而竊指兮，嘅俜伶之遥昆。春雨秋霜慘惻兮，莽蕭艾與榛荆。惟天道之幽玄兮，人代相促。華瘁虧盈迭互兮，豈惟余族？名不没實兮，國不滅史。奸諛流穢兮，賢者弗死。增封樹表兮，剔蘚弔遺。里仁可處兮，洵美足思。辭剪伐於拱木兮，來者觀德。慙修辭之不文兮，曷詔無極！

祭從兄闇齋

嗟我與兄，同出梅軒。一身三世，傳之九孫。居處雖遠，情意彌敦。九孫之中，今存四昆。兄適爲首，我當居次。七歲相長，問訊頻至。何期昨朝，聞此凶示。開緘涕淚，不忍久視。憶兄之少，

❶ 「分」，四庫本作「紛」。

羈勒難施。挺出儕類，刻厲《書》《詩》。白河膠序，先業是資。掄選髦俊，逢時泰熙。爰薦當途，立年之期。我當其年，亦謬及第。拜慶而歸，棣萼對麗。鴻雁肅肅，差池争逝。赴召宫臣，遠駕亦戾。共食旅舍，朝談暮嬉。銓衡屬目，黄綬銅龜。蒼梧名藩，握符糾司。我謫還山，兄覲彤墀。幕下三載，怙恃俱摧。即吉而起，忌者見欺。低昂之際，曾不借辭。拂衣言邁，知命惟時。禄薄弗贏，節縮自守。省展鄉園，徜徉執手。觀魚濠梁，誓將白首。日者寓秦，責望何厚？復幾何時，遽奪其壽。嗚呼，哀哉！

惟兄修幹，表儀甚豐。叱咤雷動，旋霽和風。遇事磊磊，咸讓長雄。不骫艱棘，不懾尊隆。室有貞曜，家人所宜。五丈夫子，文墨半之。從以諸孫，嶷嶷岐岐。六十有四，形貌未衰。兄所享據，有盈無虧。外物來去，奚足喜悲？嗚呼，哀哉！

空餘我身，齒墮色槁。羸卧一榻，旦夕安保？念兹平生，中心如懤。一往不復，人世草草。杯酒雖清，誰爲傾倒？長號莫招，延佇遠道。終當歸櫬，俾近祖考。教誨後生，慰此懷抱。淚下潸潸，徒令增老。

同年謝雙渠哀辭

維物栽培兮，天道虧盈。奉華鮮實兮，秋斂其莖。遲鈍多壽兮，纖利者傾。喑咋音薄兮，鬱遏者宏。自古則然兮，胡今變更？嗚呼哀哉兮，孰厄我兄？推圖考變兮，不知其恒。憶昔髫歲兮，文采英英。賈而不售兮，益刔而瑩。氣邁質雄兮，不與時并。不知者謂何兮，獨要妙而不驚。破矩削尺兮，趹宕鏗鍧。天馬不可羈絡兮，維意所營。增華發潤兮，馳騁古清。躓而不悔兮，困極以亨。及年歲之遲暮兮，修以芳瓊。廼戊子之秋風兮，飄飄上征。鵬鶚引吭先鳴兮，百鳥慘而無聲。雲翰薄九霄兮，薦羽儀于承明。叩天閽而弭節兮，復道之以雲旌。指東方以緩轡兮，撫海壖之譙城。徽纆不可久縶兮，哀生民之無正。朝不皇食兮，夕不解纓。紛總總其綢繆兮，顔顑頷以無精。既日月之何時兮，倏龍蛇之縱横。羌獨往以曷歸兮，悲巫陽之莫迎。固匪躬其至節兮，胡不自度而重輕。豈濁世之氛祲兮，抑枘鑿之難行。求其故而不得兮，疑誓言之予籛。維行脩之不就兮，來者謂其何程？吁嗟達人兮，寡所嬰。慨慊素抱兮，孰爲不平？謁修文兮白玉京。佩陸離兮朝大清。蹇予渺而莫望，悵悲鳥兮嚶嚶。始郵人以訃告兮，適暮春之將更。魂惝怳而不寐兮，情猶豫而如酲。告者再及門兮，吾猶拒而不信。忽丹旐之央央兮，帶吟溪之朝霙。余既東望以隕涕兮，復掩淚而自評。唯白首之固交兮，中豈云其無成。何同袍之多難兮，悵予行之無朋。懷曲江之嘉會兮，簡書有盟。事變叵測兮，誰執其衡？時運冉冉兮，使我心怦。逝者日遠兮，不亡者名。芝蘭秀拔兮日以榮。所遺在安兮奚必舉贏。山之嶸兮水之縈。氣葱葱兮爲佳城。去千秋而不返，時引眺兮長庚。

祭彭石屋公哀辭

嘉靖庚戌冬，十有一月某日，石屋彭先生以微疾卒。卒之七日，而其友人羅洪先始得聞之。涕迸下，將往臨。又明日，亦病。病入越月，無一吊問之使，哀誄之言。石峰劉子問焉。答曰：「吾意或得相從地下，無以人世俗禮爲也。俟不往，將復臨矣。」久之，竟不能强。而東廓鄒子以書期曰：「十月之七日，會葬先生於某地，即虞於玩易之堂。且發明其所學與所未及語者，以告其家之子弟與其鄉里，成先生之志。」洪先聞而涕焉。曰：「吾如先生何哉！昔也，識其姓名於《衡嶽志》，見其探奇抉幽，囊印以遊，以爲曠達之儔也；已而聞其行事於荆川子，慕義捐勢，買棺以逝，以爲剛狷之士也。已而登棲雲之亭，聞了巖之義，讀志歸之簡，委待盡之計，瞻其容雍雍耳，聽其言洩洩耳，真而不矯，達而不肆，則昔之所知者未也。夫無心於去留者，孰知其所休；無校於遲速者，孰測其所欲。而顧可以挽乎？而又何以挽乎？」然吾於先生，若不能遠也，乃以束帛瓣香，自述平生。其辭曰：

伊余弱冠好古兮，覽祝融之遺文。考穹崖之秘籙兮，駭彭幨之又聞。曠懷漭瀁弗覊兮，吾何藉與爲羣？懼飛舄之迷踪兮，望衡湘之烟雲。過荆川而問政兮，得要眇於唐君。理人懷其豈弟兮，又内美之可薰。舉空棺而解組兮，笑片舌之猶存。嗟余疆里未遥兮，胡紹介之弗勤。返初服而圖南兮，扣雲關而造石室。方隱几之嗒然兮，❶擥余手以尋麓。聽流泉而詠歌兮，入窈窕之幽谷。俯魚泳於階下兮，采瑶華於高木。棲層軒而騁望兮，候海月之夜澄。酌匏尊以相貽兮，湌沆瀣之玄

❶「之」，四庫本作「而」。

精。余乃忘年歲而論交兮，將比耦而躬耕。聞石蓮之啓闢兮，欣策杖而來迎。既厭世而弗矚兮，如去舍之逆旅。歌挽辭而自祖兮，寓簡書於故侶。忽邂逅於江潯兮，舉征衫以爲徵。惜瞬息以全生兮，誦姬孔而含情。斂窔奥而弗洩兮，持中庸之戒懼。儼虚己以待命兮，似朝聞之有據。默兢兢以反躬兮，仰君子之幽貞。慚步履之靡逮兮，敢儀刑之遽湮。既往者之不諫兮，期黽勉於兹晨。雖一酹之弗親兮，終旦暮以爲鄰。耿明靈其如對兮，尚有聞乎所陳。

玉峽廟口吊大義塚文❶

正德初，逆瑾專權播虐，郡縣吏多以賄進，公然肆權剥民，窮無告，往往化爲盜賊。自冀、兖、豫、楚以南，所在山谷，多變服應之。臨、吉、撫三郡間，爲鰲溪、大池、時源諸處，介深林絶澗中，道路四塞，去城郭多者百餘里。賊首張元二、鄒仕興等，恃險遠嘯聚數千，斬竿爲矛，懸巾爲幟，狼跳虎噬，赭廬屠村，以晝爲夜，莫復誰何。蓋自丙寅迄庚午，中無寧歲。郡邑懼罪，匿不以聞。

履橋張氏，居廟口，當峽阸地，賊往來必道其門，固已刺目。會張氏以狀上縣，縣答駡之，曰：「鬼蠻，何地無賊，獨劫汝耶？汝家乃金穴也？」已而上之郡，郡答駡如縣。賊聞郡縣語，日夕急攻張氏。張氏乃移其女婦歸外親，選諸少年習鈎梃，礌砲環守之，以是數被攻不能克。賊乃遣間諜，

❶「塚」，原作「塚」，今據上下文義改。下同。

故以詭言相憾，且報期，率又不至。歲餘，張氏以爲紿己，守者益懈。女婦老弱不勝竄苦，稍稍求歸。因各出金爲樓，高廣數丈許，外固以甓，度賊至，懸梯聚其上，計得自全，不復設備。賊偵知其然，率其衆三千襲之，候雞鳴來，圍數匝，垣火起，乃覺。少年倉猝求鬭具不得，欲逃不可，乃驅女婦老弱登樓，而自爲巷戰。戰不利，退保樓，或突圍走。已而風迅火熾迫樓，樓中人戟手罵，呼天痛哭，聲聞數里。里中人遥望見，第揮淚頓足，莫敢捄。頃之，樓且火，婦持姑，子女牽其母，入火死，無受賊逼辱者，凡三百人有奇。先以事免者百之十，而犯圍出者再倍之，得完室家者纔六人。正德癸酉八月朔也。

張氏故富貲畜，室廬六七百間，呼吸就燼。日晡時，賊始退。外歸者哭求遺骨，猶見灰燼中隱隱母抱子狀，得燼骨六十餘石。有循徹者，捐某山爲塚，治大棺斂葬焉，而自詭服上變會省。適都御史陳公金奉上命討江西諸賊，聞訴，大怒，檄奪縣令俸，以憲使某督兵殲之。又幾月，張元二、鄒仕興俱伏誅，褫縣令職。張氏歲以八月朔設墓祭，且割田供事，凡十幾畝。後三十餘年，爲嘉靖丁未，張璞等求譜序于余，向余道故如此。

余讀史，見龔遂守渤海，以教化清簡，民不爲盜；竇儼令新鄭，團其民爲義營，盜發，鳴鼓，無能脱者。余悲張氏之族，平居不遇遂爲守，以至於變；盜起，不遇儼之令也，以至駢首死，若是酷也。哀哉！永豐湯钺名其塚爲「大義」，余爲文吊之。文曰：

胡羣生之不辰兮，四星皇皇。紛銅墨之懷黷兮，莫庇爾良。妖氛起而妹忽兮，攙搶肆殃。豺虎競其虓勃兮，磨牙獢強。白晝袨服道周兮，指困爲糧。殪人不啻剖鷇兮，鋒鋭莫當。亟扣閽而上變兮，覆謂我狂。喑抑抑而阽危兮，制義以方。羌緫緫其旦盟兮，莫之避也。秉鈎棘以躡捷兮，何悍鷙也。炅熒熒其列炬兮，昏曉備也。塹深障高以阻艱兮，窮技智也。夫何聰之不遠，信巧諜兮。糾錯相調，意厭浥兮。守者更怠，歲月接兮。間投毒作，被迫脅兮。始攘攘而奮袂兮，遑決一鬭。破扃環柱呼羣兮，距前翼後。矢不及發刃莫援兮，凶已突而余就。裂齒摺脅不悔兮，更升策而自牖。鬱烟焰以燔灼兮，擁户號穹。雲屏屏而弗雨兮，風獵獵而扇融。烈金精於百煉兮，干將爲雄。芳蘭熄而氣馨兮，玉受炎而氣白虹。撫媎妠之啼女兮，子躑躅而齕母。抱孫幼以連澎兮，姑束縮而從以婦。胡昊天弗余弔兮，白日避而下走。凶遠逝而反盻兮，室既赭而塵上覆。拂蒙翳以求遺兮，怳若見之。形不留而冤結兮，陰噎四垂。啓下宫以聚處兮，與化相推。歸混沌於一體兮，死而不離。嗟夫人身！憂疾悲夭。計年以生，惟日相保。黄馘槁容，哽噎是防。亦有弱息，戒在垂堂。胡爲乎一炬之間，百口俱燼？彼亦何辜，聞者其忍！義甚於死，死獲所安。奈何民牧，竊位而飧。夜沈沈兮霜苦寒。魂寂寂兮無悲酸。穆皇風兮清道，秋月皎兮來還。

謁南嶽文

某自有知，聞世有五嶽，地之鉅者也。及知有所嚮，則聞覲五嶽者，人之達者也。已而仕於朝，始聞五嶽之禮甚嚴，而南嶽獨爲最遠，非有天子之命，雖王公大人不可以往；非有禱謁之事，雖牲幣不可以獻。惟不仕於朝，則又拘於地，限於力，或有幸而得至，必其時之偶者也。某今爲田野之民，於分無所嚴；鄰南衡封壤越八百有餘里，載跋涉、歷旬朔而後至，又不可爲偶。蓋於達人之觀，竊有志焉，未之能也。

夫天垂象，地示形，至教莫加焉。嘗聞人談南衡，祝融之上，獨立無伍。人之仰日月者，至此則見其出入海竅，如彈丸跳躍於肘袂。其雲霧涌坌，風力剛烈，扃户不密，即几席皆莽瀁之區。而又千巖萬壑，突見側出，嶄絶浹伏之態，使人心眩而膽悸。

夫積不厚，則所出不奇；蔽障不盡徹，則所見不極遠。自古聖云亡，至教日湮，不可易者，惟象與形耳。今將徜徉七十二峰之間，求所謂厚者，視培塿爲何若？從而極其所止，窮其所變，以反吾身之所有者，果同耶？異耶？聞之與見，果盡耶？未盡耶？抑未盡者，將陰啟而默授之，必有待乎其人，則洪先豈所棄乎？是故雖非牲幣，亦可以獻矣。嗚呼！佑享。

諶岡里社祭無祀鬼文

承奉本縣裁旨，欽奉皇帝聖旨：普天之下，后土之上，無不有人，無不有鬼。人鬼之道，幽明雖殊，其理則一。故天下之廣，兆民之衆，必立君以主之。君總其大，又設官分職於府州縣以各治之。各府州縣，又於每一百户内設一里長以細領之。上下之職，綱紀不紊，此治人之法如此。天子祭天地神祇及天下山川，王國、各府州縣祭境内山川及祀典神祇，庶民祭其祖先及里社土谷之神，上下之理，各有等第，此祀神之道如此。

尚念冥冥之中，無祀鬼神，昔爲生民，未知何故而殁其間，或有遭兵刃而横死者，有死於水火盜賊者，有被人取財而逼死者，有被强奪妻妾而死者，有負屈遭刑戮而死者，有天災流行而疫死者，有爲猛獸荼蟲而害死者，有爲饑餓而凍死者，有因戰鬪而殞身者，有因急危而自縊者，有因牆屋傾倒而壓死者，有死没無子孫者。此等鬼神，或終於前代，或没於近世。或兵戈擾攘，流移於他鄉；或人烟斷絶，久缺其祭祀。姓名泯滅於一時，祀典無文而不載，此等孤魂，死無所依，精魄未散，結爲陰靈，或倚草附木，或作爲妖怪，悲號於星月之下，呻吟於風雨之時。凡遇人間令節，心思陽世，魂杳杳以無歸；身墮沉淪，意懸懸而望祭。興言及此，憐其悽慘。故勅天下有司，依時享祭。在京都有大厲之祭，在一里有鄉厲之祭，斯於神依人而血食，人欽神而知理，仍命本處城隍，以主此祭。欽奉如此。

今六團衆等，不敢有違，謹設壇於本里，以正月十五夕，率衆姓等百户聯名，於此備置三牲、羮飯、餚物，祭於本里。無祀鬼神等衆，靈其不昧，依其來享。

念菴羅先生文集卷十八

族從孫　復晋　男士瓚　士播　重校
六世孫　天衡　男韞琦
五世孫　雨霽　男廷衛　謹梓
六世孫　隨元　男士璞　士璋

梁　文❶

橙溪嘉會堂上梁文

伏以無地起樓臺，早慕萊公之事；散金與親族，深慚疏傅之賢。雖闔門共爨未能，幸九世同居可樂。一新衆宇，相與合歡。顧瞻盤谷之中，實據同江之上。橙溪滙碧，坰嶺環青。諸峰羅列似兒孫，可登高而作賦；三月烟霏著楊柳，足騁望以怡顔。登舟不減輞川，陟巘如遊嶽麓。門庭三五

❶「梁文」，原無，今據總目、卷首目録及各卷體例補。

步，有田可耕，有水可漁；江村八九家，入山不深，入林不密。雖無嘉木美卉之景，時聞行歌互答其間。惟茲地之效奇，未爲人所物色。昔我祖也，見而悦之，山之下居焉，百有餘歲矣。當其開荒三徑，不過棲息一枝。瑞竹軒中，常有四時之色；鳴琴堂上，❶每高千古之心。蓋啜菽飲水，亦自欣然；非離世樂道，不宜有此。是以後有興者，咸謂天必報之。爰自高曾以來，世爲清白之吏。銀魚墨綬，曾典邊隅；象簡金章，屢持憲節。惟念朝無倖位，故皆國爾忘家。日益有聲，地不改闢。羅君章階下，蘭菊叢生；蕭相國歸來，垣屋不治。鄉里稱長者，可以貨取乎？居第傳子孫，至今存可也。門閭欲大，物數自更。時當革鼎晋升，歲轉辛壬癸甲。殷邦嘉靖，惟十有三年春；洪範稽疑，卜三龜一習吉。營宫室，先祠堂，已有棲神之所；合族屬，序昭穆，尚無趨禮之庭。吉日兮辰良，應時而事集。有力如虎，運斤成風。敢云肯構之材，聊畢結茅之願。堂名「嘉會」，蓋主就東階，客就西階，可以退讓而成禮；亭匾「儼思」，必男正外位，女正内位，然後動静之有常。宫牆高不及肩，廳事僅容旋馬。後世師吾儉，得此亦過矣；先生自此升，於我何有哉？一畝之宫，環堵之室，君子之藏身待價有如此者；八荒爲闥，天地爲度，聖賢之廣居大道又何加焉。從此卧白雲，招黄鶴，儘可徜徉；不待吟紅藥，對紫薇，始稱貴達。古人有空中樓閣，今朝見壺裏乾坤。但可避燥濕暑寒，不願乎外；惟其塗塈茨丹雘，在後之人。凡我同盟，聽吾善頌：

❶「堂」，蘇本作「亭」。

東，同江江水接長空。流沫回瀾觀道術，他年用此洗羣蒙。

南，南山倒影入澄潭。深夜孤舟弄明月，魚龍還起聽清談。

西，橘刺藤梢路不迷。已買青山一片石，不須更問武陵溪。

北，百丈崆峒攀不得。寄言猿鶴莫移文，山靈自此生顔色。

上，萬里雲霄無礙障。凡事皆可對人言，此心本是如天樣。

下，風雨不來君莫訝。能令寒士足歡顔，還有萬間之廣厦。

伏願上梁之後，地因人勝，天與我時。儒其躬，儒其子，儒其孫，一經之教，有所試矣；王之義，王之道，王之路，五福之錫，豈欺我哉！富貴福澤，將以厚吾生；長幼尊卑，誰與爲不善？以嗣以續，有猷有爲。問學者，接踵而來；悔過者，望廬而返。爲子必孝，爲臣必忠，不愧居一峰先生之郡；以數則過，以時則可，尚思衍豫章夫子之傳。

玄潭雪浪閣上梁文

隔三千之弱水，空望雲霞；擁十二之重樓，忽開雪浪。景非幻現，業以緣成。恭惟旌陽真人，立不易方，生而密契。守專一氣，道超無始之先；憂切羣蒙，患在有生之後。謂洪水猛獸，實鄒軻之痛心，而冗玉負薪，❶乃漢皇之遺烈。教緣神道，身代天工。不嗟劍術之疏，自撰符命之秘。遂憐南方卑濕之地，蛇蛟結蟠；竟使西晋中衰之年，雨暘時若。仁施無告，功成不居。排閶闔而上征，絶天漢而徑度。雲窗月户，杳莫知其所之；桂殿竹宫，咸庶幾其一遇。睹河洛而思禹，人有同心；迎貓虎以祈年，古多是禮。顧兹捍患，敢缺報章。芳草萋萋，徒悲遺跡；晨星落落，望若待時。偶衆欲之樂趨，疑天從乎善願。財多分有，❷役不久勞。净掃緇氛，聿興玄宇。離地三丈許，已顯樓臺；去天尺五高，可輕談笑。簷牙倚樹，虬角如存；緑綺映山，爐烟未散。❸員顱方趾，誰非子晋之身；弄月吟風，莫誤回公之姓。樓頭黄鶴去不返，此日當還；檻外長江空自流，故人安在？嘗聞五百名世，豈必盡屬龍沙；但得一粒成丹，自合同登鳳馭。撫軒楹而拍手，清濁兩儀；掩户牖以潛居，升沉三界。破功名則波濤一瓠，識性命則瓦礫千金。朝北越，暮蒼梧，吾亦尋真之過客；數落花，聽啼鳥，後應吊古於斯文。暫將洞府之清歌，共對江山而答響：

東，曾駕飛虹入海空。坐看蓬萊幾清淺，故鄉桑柘遞春風。

西，回首青山落日低。鐵笛倚樓吹不斷，幾多塵夢自冥迷。

❶「冗」，蘇本作「沉」。
❷「多」，胡本作「能」。
❸「散」，原作「敢」，胡本、蘇本作「改」，今據四庫本改。

南，月在青天影在潭。記得褰裳曾宿處，夜深無語枕琅函。

北，怪石分剛見神力。從此山魈不敢過，年年風雨閒荆棘。

上，斗牛紫氣如龍狀。莫道延津劍已飛，手中尚有青藜杖。

下，滿岸雪花晴自灑。老蛟切莫作人來，神仙原是樓居者。

伏願上梁之後，烟雲作護，芝草長春。未須問百和九華之香，方宜作供；且共憶萬遍千周之句，何以酬恩。鼎器須防，藩籬無障。杜旁門之他漏，封密室而苟完。南去北來心便休，念長途之何適；今是昨非迷未遠，惜半世以空捐。倚欄干自可點頭，望天涯莫多下淚。振衣千仞，飄飄那復羨瀛洲；長嘯一聲，物物俱令歸混沌。道場不動，祀典無窮。

秀川羅氏大時岡重建祠堂上梁文

伏以聖人立廟，《易》申萃涣之文；大夫繼宗，禮重始遷之祖。適丘墓者吊古，矧曰余所自生；得魚鳥則祭先，可以人而弗逮？恭惟始祖大時府君，唐風末造，楚産先民。懷寶席珍，諸侯不干於聞達；運鷗夢蝶，大年得縱其逍遥。西水滸以聿來，去銀塘之二舍；定方中而考室，隱戡村之一區。二世十三府君，里必擇仁，家惟尚義。秀川桑梓，抱器猶謹於承祧；淮浦旌旗，朽貫盡傾於佐餉。三世十四府君，珪璋比介，蘭茝含馨。壯志出塵，歎割疆於耶律；暮齡安土，笑返旆於陳橋。四世豪川府君，和感分荆，誼存韡萼。讓産收裕昆之益，克家廣納婦之謀。五世南塘府君，生有夙知，富而能訓。謂《詩》《書》莫先善善，能孝謹故切親親。士可無田，捐烏陂歲之常稔；人當祭祖，發伊川心所未言。自兹以還，益昌而熾。即改邑而去，亦比屋可封。濬發啓祥，揚右閆之高閥；克開布烈，振空谷之希聲。考宣和之鍾，久傳大雅；入淳熙之譜，盡號良材。三年而大比上有司，一日而童子聞天下。金魚垂綬，在館閣爲得人；皂蓋引車，作郡邑者特衆。若家稱萬石，兼腹笥五經。苦節不惑於仕夷，忠憤每形乎報主。世濟厥美；家有其書。雖顯晦之難齊，類華腴之足誦。未可更僕而屈指，孰非先人之一身？道與時隆，禮緣義起。正月之吉，國族聚斯。爰申如在之誠，用報無疆之惠。蓋宋、元、明五百餘歲，而袁、臨、吉數十大家。雞鳴咸興，駿奔恐後。儀文久而大備，户庭至莫能容。羣望克諧，更圖條集。美瑕丘其可樂，卜澗水之在東。食墨于龜，有葱其氣。遂即九京之地，載新百世之祠。幸鄉人歸我田，喜工師得大木。練時日，物土方。象生存爲寢門，階事可容其步武；辨内外以籓衛，堵觀不止于及肩。尊罍在榮，鼓鍾于序。神龕祔位，儼乎常若有臨；庖次齋廬，退而各得其所。至於世傳重器，天錫秘文，各有攸司，存于庋閣。物具而遂苟合，山高爲之益增。不日告成，疑降靈之嘿相；一陽來復，感茂對以反初。

洪先竊媿寡聞，實陪末議。顧南山之霧，遺澤猶存；遡東塘之源，結鄰甚邇。惟橙溪之開宇，始蘭谷之避囂。苦心已驗於庭柯，瑞氣嘗符於軒竹。南交馳傳，誰明匪石之心；廣海參籌，不易飲泉之志。銅符入滇邑，丕顯人文；象簡靖徐戎，克明帝憲。或鼓琴而歌解愠，或挾册以動長安。施及菲才，亦沾餘潤。歸田食力，頗堪版築之勞；讀禮覃思，習聞俎豆之事。爰述祖德，用續工歌。

暫代言於梓人，未論相道；共歡謡于族黨，且對兒嬉：

東，千峰羅列是崆峒。形似執纛趨曉日，色如會弁立春風。

西，千古衣冠地不迷。植樹不須王氏祝，遺碑常護宋人題。

南，千折紆縈秀水潭。采澗愛看蘋葉翠，釀泉味比蜜脾甘。

北，千畦楓梘新田側。已能作賦頌椒馨，便可躬耕將黍稷。

上，千年光景昭靈晛。福善從知慶有餘，感神端合通無象。

下，千人舊福時當大。多聚圖書談古先，豈徒鐘鼓分晨夜。

伏願上梁之後，世思法祖，人有多男。行不負神明、孝親敬長者，❶乃敢入教，可成子弟，歌詩習禮于其間。推愛己以愛人，欣戚必關于同姓；使享親如享帝，夙夜無忝乎所生。咸增分簋之光，永善式閭之俗。遠垂世範，大慰宗盟。

同江水次倉上梁文❷

野陳委積，實惟富國之藏；地利舟車，要在裕民之力。事有久而必復，費雖衆而不勞。恭逢臺

---

❶ 「者」，原空格，今據胡本補。

❷ 「同江」，胡本作「桐江」，正文同。

省，郡邑明公，惠衆作新，典惟率舊。謂役民而轉運，當權地以均輸。稼穡實惟艱難，水陸可無會計？痛峕蒙之入市，必譸幻於多門。縱逆挽以奉將，莫半償其坐耗。繼之信宿，益見沉浮。問羅而後時，固虞翔踊；權本於易手，更冒侵牟。對刻木而口期，持囊金而晝攫。欲除羨目，須絶弊源。爰下采於芻蕘，肆交騰於剡牘。乃申上命，仍集衆思。幸遂欲於天從，敢緩期於歲改？規畫考夫古昔，擬議至於旬時。倣國初之成規，從水次之便計。不限以數，惟意所安。俾臨流以據高，得豫儲而待發。惟同江屬六一之東境，在吉水爲西北之下流。冠冕詩書，擅風聲於半縣；謳歌耕鑿，受禮教於先民。合鄰壤五八、五九、六十都之間，凡得金六千四百八十銖之重。或捐産以合美，或宣力以要成。剪荆棘而構梓材，接閭閻而開邸閣。朴惟堊黝，謝輝映於丹青；尊比署居，儼紆徐於繚曲。賦幾萬石，人受一廛。雖斗粟其可容，不崇朝而即達。争趨負戴，聚舞旄倪。豈惟得百姓之歡心，實可垂百世之永利。左規右矩，子來咸屬於工師；十雨五風，稚語忽傳於里巷。暫停運斲，小試唱籌：

東，楊柳陰中盡短蓬。舊日米船休借問，岸頭已有長年公。
南，墨潭潭水接玄潭。此後長官清似水，市人有米莫相攙。
西，川原林麓互高低。催辦不勞人吏下，家家舂杵候鳴雞。
北，司徒駐節章江側。不兑吉安安福軍，帳下黄頭任相迫。
上，願求明府青天樣。朝廷恩德已難酬，寬租詔令何須倣？

下，江中米賤原無價。此處民淳官要知，不用笞鞭與呵罵。

伏願上梁之後，年書大有，國運中興。山谷不識衙前，粳稌常多壠上。春來江漲，官艘似發海陵潮；歲久林深，輿誦堪評汝南月。有裨鄉郡，且壯江山。

松原新居上梁文

伏以仲蔚園居，睹蓬篙之三徑；淵明栗里，紀歲月於再遷。豈爲士而懷居，聊從吾之所好。石蓮主人，才難適用，分甘退藏。塵網三十年，幸迷途之初覺；玉階方寸地，笑春夢以何憑？請學老農，無踰我里。求田問舍，雖無温飽之心；剩水殘山，偶有希奇之遇。思棠棣之室未遠，顧桑梓之地可依。從者如歸，卜之曰吉。蓋南方卑濕，養生者之深虞；而厥土燥剛，堪輿家爲稱善。安猶置器，徙無出鄉。蟻有移封，似欲善乎其後；雀能占歲，可以人而不如！伯夷樹歟？伯夷築歟？敢云廉士；鮑叔知我，鮑叔憐我，賴有故人。盤谷之車馬頻來，北山之猿鶴何怨？擇風氣，遺種類，敬遵考亭之言；相陰陽，觀流泉，因識豳風之業。且人棄而我取，可朝耕而夕歸。田家絶四鄰，青山真如屋裏；江村抱一曲，白鶴長傍人來。小子聽滄浪之歌，清斯濯纓，濁斯濯足；白日到羲皇之上，饑來即飯，倦來即眠。門人勿謂牆卑，婦子率入室處。弟勸兄酬，及時爲樂；鷄鳴犬吠，接境相聞。他日柳樹五株，先生便堪作傳；深春桃花夾岸，漁郎休更問津。任呼馬與呼牛，能爲鼠而爲虎。萬間寒士，付之奈何；一廛爲民，得此亦過。苟飲水曲肱之可遂，即拱璧駟馬以何加？占營室，在中星，正維今夕；舉大木，呼耶虎，試聽同聲：

東，芸館橙溪一徑通。分付溪邊舊桃李，春風原在滿懷中。

西，樓頭騁望衆山齊。欲識主人憑几意，浮雲更比曲闌低。

南，天畔晴峰染碧嵐。莫擬虹橋接霄漢，十年早已謝朝簪。

北，紅塵一騎來京國。偃武脩文當盛時，直須擊壤躬耕食。

上，明月清風任豪放。縱着羊裘把釣竿，江湖誰解干星象？

下，牙籤萬軸插高架。終歲如今學閉關，問奇載酒姑回駕。

伏願上梁之後，豐年報國，多福宜家。羣居者，闇室無欺；外至者，得門而入。户開亦開，户闔亦闔，善言無千里之違；道隆而隆，道汙而汙，正氣塞兩間之内。讓耕讓畔，里有仁風；學禮學詩，庭多暇日。空中樓閣，堯夫何意於品題；壁内經書，安國可傳其删述。未遺善緒，益顯文明。

石蓮洞正學堂上梁文

依月巖而悟主静，元公詣無極之先；入雲谷以結幽棲，朱子大斯文之緒。在百工術業，尚且貴於專精；矧千古心傳，可無資於游息？蓮洞主人，質非狂狷，竊慕中行；心泯怨尤，未緣上達。不遑寧處，冀獲異聞。三人必求我師，四方不忘有事。徜徉五嶽，涉獵百家。啓石室之丹書，夜窺海月；挾秋風之白鹿，手抉星河。永託鄰於太初，辭鑿竅於混沌。思焉若起，近而易求。悔多聞之見欺，屏繁思而自守。地不愛寶，物有當機。偶逢巖洞之奇形，久秘荆榛於僻壤。未論太乙，身寄蓮舟；空數三峰，花開玉井。行纔踰里，望若層丘。金掌淩霄，沆瀣泫仙標之晴旭；碧濤翻海，珊瑚間鮫室之明珠。疑六丁雷斧之冥搜，儼九首天吴之呵衛。頗投夙好，遂罷遠遊。偕風詠於暮春，除茅塞於山徑。辨種而藝木，已過十年；環堵以爲宫，因周一畝。梅闗待月，怳清明之在躬；竹牖披風，倏煩囂之去體。始知枯槁，寂寞自與道謀；欲爲砥礪，切磋當先默識。終焉之計，遂決於斯；樂矣何求，不知將老。愧逃名而未得，時好音之見懷。車轍頻來，至無可避；户屨常滿，多不能容。問俗使君，嗟其爲異境；勸農明府，助之以結廬。捐俸爲倡，累書相促。謂可藉以養士，且有契於樂山。樸斲梓材，豈望工師之木；旁求版築，敢云夫子之牆？不出户庭，可窺天地。臯比久撤，非好爲師；盤辟遠來，皆能助我。《詩》可言，禮可立，趨而過庭者咸有聞；念則聖，罔則狂，譬如覆簣也吾自往。睹浮雲之出岫，今復何心；甘飲水以樂饑，于焉卒歲。過我門，幸入我室，塗人誰非堯舜之歸；讀其書，想見其人，此身如在羲皇之上。業傳乎不朽，古之配兩間者無多；道傳於無言，事有曠百世而相感。適宗族鄉鄰之駢集，率門人小子以浩歌。暫息郢人之運斤，且聽堯夫之擊壤：

東，千峰深處號崆峒。若向廣成求道脈，定教思慮莫憧憧。

南，秀嶺層巒静與參。但願文明啓天下，豈妨高枕卧晴嵐。

西，僻塢深林滙碧溪。愛惜涓涓常不舍，始知四海即涔蹄。

北，松杉影裏藏阡陌。從此躬耕不出山，却向官租酬帝力。
上，秋陽皜皜無遮障。此是千年孔孟傳，不用山天觀易象。
下，六經諸子存高架。升堂欲辨異同間，只在此心誠與詐。

伏願上梁之後，塵囂不入，道氣常存。答問向初平，一語勝十年之誦讀；端坐如明道，四時對萬物以静觀。求州里蠻貊爲可行，必視聽動息之皆理。敬以脩己，仁不讓師。檢名節以固藩籬，當使烟霞增氣色；即辭章而爲羔雉，莫教猿鶴漫移文。木石居，鹿豕游，終身與深山之野人無異；江湖身，廟廊志，諸生以名世之豪傑自期。世教少裨，山靈何幸！

大安羅氏重建祠堂上梁文❶

有開必先，得飲食猶當報本；凡性本善，履霜露誰無愴心？念銀塘之丘木，枝柯實繁；顧馬湅之風泉，泒流益衍。情深追遠，事合更新。雖卿以下，必有圭田，久湮周制；然士之上，皆可立廟，咸祖文公。恭惟大安新祠，族尊主人。夙好《詩》《書》，孝先百行；素敦禮讓，義重五宗。謹奠獻以修誠，守祊祧而著代。君章擅湘中之譽，早播琳琅；仲素續道南之傳，尚多逢掖。當二十九世之後，遡七百餘年之間。凡繼高、繼曾、繼祖、繼禰之親，其先後皆本乎一體；總歷唐、歷宋、歷元、

❶ 「羅氏」，原闕，今據卷首目録補。

歷明之久，合隱顯而祔者幾人？舊貫尚仍，豐儀曷稱？謂據司馬考圖，而陳設何以執籩豆、謹周旋；乃召梓人晝堵，而紀綱爲之物土方、議遠邇。蓋大時罔之主，世世不遷；而延府君之神，洋洋作配。列楹非九筵之廣，在其上、在其左右者，但見廓其有容；陳庭無百物之將，交乎階、交乎堂室者，有以接而行事。秀川並美，自成韋曲之家；戡村未遥，實共高陽之里。凡居比屋，已快觀瞻；矧在同宗，實均休戚。睹駿奔之濟濟，咸思祖德之繩；歌麟趾之振振，益廣孫謀之善。遺秉滯穗，千倉萬箱，自此可賡周頌；四世三魁，九科七第，從兹丕振文風。春秋不忒於烝嘗，月旦可評其人物。出必告，反必面，事死有如事生；敬所尊，愛所親，善繼而又善述。嘉靖三十歲，恭遇皇帝之真元；長幼數千人，同唱兒郎之六偉：

東，富田春水正溶溶。涓滴要知酬世澤，源流本自秀川中。

南，含風喬木影毿毿。愛惜當年培植意，奇材應與棟梁參。

西，官道翩翩信馬蹄。指日高車來晝錦，更看閥閱古人齊。

北，馬凍高墳兔山側。歌聲千里定相聞，❶且聽嘏辭傳祖德。

上，積善之家百祥降。夙夜毋令忝所生，此身要作將來樣。

下，碩牲旨酒羅尊斝。須信有誠斯有神，由來一氣相通也。

---

❶「聲」，原作「錦」，今據四庫本改。

伏願上梁之後，世承德澤，人有道容。衣冠滿對越之庭，昭穆咸秉文之士。有苾其香，有椒其馨，燕享來崇於景福；如竹之苞，如松之茂，室家永協于禎祥。令聞斯皇，孝思無斁。

諶岡里社上梁文

衣食本三農，周室嚴歲蜡之禮；幽明同一理，高皇動里社之文。幸土物之順成，敢怠豫於壇壝？恭惟諶岡里社，地因人勝，神以物靈。禮樂衣冠，振休聞於六族；雨暘寒燠，鼓生氣於百昌。睹秀實之屢登，徼威惠於不替。一百八十餘歲，弼成我朝之深仁；六十一都六啚，竊擅吾邑之壯觀。疆場無警，❶婚宦有成。一飯不忘恩，矧受瀼瀼之多福；簞食必齋祭，咸依奕奕之閟宫。雖奉守之至虔，顧居諸之云邁。天之將雨，土偶生嗟；日之方中，屋漏含媿。酬金助廟，嘗聞漢帝之通誠；擇豚祝田，每耻齊生之譏儉。祀必迎尸，像設適符於古禮；田爲同井，禬禳因聚夫羣情。棟梁再舉，暫停郢斲之妙揮；少長聚觀，共聽幽歌之接響：

東，橙溪曉映海霞紅。更道神童書院近，年年燈火競春風。

南，烟火楓江似碧嵐。起墟日日聞市語，太平時日老還堪。

西，掄魁坊扁照諶陂。道上楓林足憇客，忠襄儒行盡詩題。

---

❶「場」原作「埸」，今據上下文義改。

北，鬱鬱青松護仙國。登臨遥望兩山高，秧坑水遶諶岡側。

上，福善由來天可諒。五農十雨報豐年，歌頌吾皇德難狀。

下，倉中米錢常無價。瓦盆歲歲長兒孫，柳車竹炬來迎社。

伏願上梁之後，稼穡惟實，雞犬不驚。五福錫民，飲食縱謳歌於日月；四時成歲，陰陽鮮愆伏於天和。乾餱消鷸蚌之争，品藻起鳳麟之望。

塘東一經堂上梁文

一經教子，韋賢嗣續多昌；萬石名家，石奮聲華益振。天心無改，物數當還。相作室之無難，知大賢之有後。恭惟主人，印山嫡裔，澗谷餘風。昔日田園，已著半州之號；是時秀川衆盛，東西十里，僅容羅氏。溪園公稻租四十六萬有奇，總羅氏百萬有餘，公當其半。時吉州供米不及三百萬，其曰半州者，言羅氏租税，有吉州民間歲入之半也。同年科第，俱爲連氣之親。三魁七第，累見蟬聯；千里萬家，獨推貫朽。擁朱旛，張皂蓋，光回梅嶺之春；酌玉斝，貼金花，醉滿瓊林之宴。道津源啓，親接雙峰；池草夢醒，相輝三謝。吴舫門前曾載月，京塵溪上幾攢眉。世轉滄桑，名流清簡。最喜逍遥之後，仍爲韋曲之家。雖業箕裘，無心軒冕。要觀南海，豈因萬貫纏腰；獨占春風，不羨一枝寄足。揮金爲樂，擊鼓程功。看江山之萬重，一新門户；卧人豪於百尺，更起樓臺。眼前突兀，唾手可成；窗外畫圖，從天而下。憑欄杆而詠白雪，是誰共和郢人歌；屹棟梁而干青霄，從此陋看楊子宅。野花閑草，莫笑烏衣；明月清風，還隨緑酒。萬桃原上春如許，燕雀歸來；秀川橋下水仍流，蛟蛇蟠結。膏車兮秣馬，從子何時；吉日兮良辰，同聲善頌：

東，乳峰原識主人翁。寄語溪邊舊桃李，好將顔色趁東風。

南，昔年舊館竹毵毵。詩賦至今誰敵手？盪臺猶自倚晴嵐。

西，誰家雞犬隔芳溪。盡道舊時歌舞地，閑雲飛入畫梁栖。

北，衣冠曾起同憂國。只今幸遇太平年，鳳凰臺上歌皇極。

上，陰晴反覆誰能量？福澤從來厚善人，雲霄應滿兒孫望。

下，滿目桑麻迷蔓野。田蛙莫更亂啁啁，此地千年還熫下。

伏願上梁之後，出門無礙，滿屋皆春。飲食壽康，常似盤中樂土；歲時伏臘，何妨酒後高歌。牙籤三萬軸，袞袞公侯；玉京十二樓，堂堂人物。里仁成俗，野吠不驚。水增深，山增高，重覩溪園生色；天吾覆，地吾載，平呑湖海爲家。

念菴羅先生文集卷十九

族從孫　復晋　男士瓚　士播　重校
六世孫　天衡　男韞琦
五世孫　雨霽　男廷衛　謹梓
六世孫　隨元　男士璞　士璋

四言古❶

四字吟晝睡戲書與世光子效康節體

自笑念菴，終何幹濟？半生辛勤，❷此日懶肆。閑不踰大，行不矜細。高不近名，卑不營利。日午北窻，倦則假寐。不浴而涼，不飲而醉。問年幾何，四十九歲。昨非已遥，後善何計？稚子聞

❶「四言古」，原作「古詩」，今據卷首目録及各卷體例改。
❷「辛」，蘇本作「心」。

之，以語爲戲。俟其稍長，問以知未。

對　鏡

前辛之年，始加汝冠。後辛之年，恐華汝巔。冠不復丱兮，華不復青。嗟嗟念菴，柰汝形！

辛丑正月二十五日燕旅子生

孟春載陽，玄枵其辰。杲杲出日，有媚斯春。寒飈静止，薄露津津。曰今初子，❶誕降乃身。有聞厥聲，厥聲斯喤。有視厥形，厥形孔揚。隣媪曰祥，來乳來保。日者曰吉，可以壽考。于燕之地，于旅之户。爰錫兹名，以志所遇。其慎爾言，勿蹈多尤。其端爾形，勿我貽羞。千里而聚，歡晤有幾？骨肉其遥，以悲以喜。憶我之生，父母勞止。今我有生，空望蒿里。有涕其零，沾我裳衣。願汝斯才，報此春暉。

飲　酒三首

載酌旨酒，永此良宵。兄及弟矣，于焉逍遥。

---

❶「今」，蘇本作「余」。

凱風南柯，載哦以歌。兄及弟矣，聚匪其多。聚匪其多，命也則郫？既戒無荒，不樂如何！

霜崖辭

有穹者崖，嚴霜在道。身無完裳，腹不宿飽。孰餽我食，孰授我衣？援崖履霜，不知寒飢。歲聿云暮，松栢盤盤。薪之槱之，有懷咏嘆。無嗟形苦，無爲伊沮。匪異也人，視我昔今。

五言古❶

秋聲

赤煒謝煩蒸，涼颸正淅瀝。中宵入耳來，宛如風雨激。蟋蟀秋悲音，寒螿助太息。時變萬品

❶「古」下，原有「詩」字，今據卷首目録及各卷體例删。

移，念此令人愓。弱質非金石，那能保朝夕。所以古之人，爲學如不及。奈何齬齪士，❶逝矣不復惜。盛年餘二朞，猶爲世俗溺。誰知委化去，一日難再得。聖學久已湮，前脩亦寥寂。耿耿心徒勞，歸宿當何適。丈夫貴日新，無使終身戚。

秋　至二首

君子悲行役，行役別父母。時運促人老，山川驚險阻。悠悠南浦雲，落落西山雨。感此不能歡，獨立向江渚。

秋菊亦已滿，微馨遞幽風。對此故園色，老我離世容。江山日悠淡，鳴鴈悲長空。前途杳莫即，義駕何匆匆？束髮不盈把，少年生意窮。如何不努力，甘爲俗士終？

曉　懷

秋鴈宿江皐，孤鳴何嗷嗷！豈不懷故栖？畏此行路遥。路遥將奈何？霜霰亦已多。及時須奮翼，會有陽春和。

❶「齬齪」，蘇本、陳本作「齪齪」。

雜　詩

君子防未然，已病更須學。不躁是良劑，忘思即勿藥。飲食男女間，賢聖工夫約。寄語安身人，勿爲病所縛！

別項甌東

萋萋周道草，風霜枯悴之。卓卓東園松，向晚呈清姿。中堅色自厲，纖妍寧久持？奈何圜中士，獨復不見茲？

別殷市隱二首

我昔厭塵鞅，遺世問長生。中道逢市仙，餌我丹霞精。云此能起疴，騰化餘空名。但得松喬訣，何必遊華清。忽與此言會，恍然百慮平。宇宙不可逃，聊得從君行。

結託意方勤，時變倏如馳。涼飈動庭户，遊子有所思。浮雲乘剛風，欲留不得遲。眷眷平生交，願言常如茲。悠悠逆旅間，再晤須何時。

真州别友生

久處忽别去，情慘當何其？古人道義交，豈忍輕别離？非無再會期，一日難爲思。悠悠重悠悠，況此秋風時。

有所思

伯牙一去世，飄飄竟何之？哀哉太古音，知者亦已稀。紫鸞入青冥，高標不可期。應有賞心人，回惻霜桐枝。

買居

買居貴得新，買鄰貴得親。物新尚可樂，況此百年身。交親尚可依，況此同袍人。古來有大宅，在世不染塵。八荒共一闥，奚辨越與秦？萬寶中自藏，四時常生春。君如未識徑，先請問洪鈞。

寄殷市隱

嚴風駕林壑，落葉旋衰蓬。陽春暄玉露，夭夭桃李濃。歡娱與悲愴，擾擾百年中。皇天亦何心，志士忘窮通。矯首漂母地，千金仰韓公。

别周七泉

素心寡所諧，唯子諒無他。歸來共有適，促促成蹉跎。事變看浮雲，我生當如何？大道杳莫即，去日亦已多。行行重行行，贈子千金歌。義輪無滯軌，期爾魯陽戈。

晚坐

晚坐一室静，帷幌生微涼。弱翎倦雲逵，悽息愜所償。琴書集隱几，流螢時悠揚。莎鷄泣草底，蛙沸如鼓簧。夕風起林籟，簷滴短且長。青帝云甫駕，已復迴朱光。撫時多所慨，感舊彌有傷。吾生豈無爲，前塗杳何方？一日不努力，形骸等粃糠。情適習坎亨，道遠勵志强。懷哉叱馭子，終古與翺翔。

辨覺

白日照中土，坦坦萬里途。誰哉向溟濛，顛倒守一隅？沉溺未始悟，翻笑他人愚。荼苦甘自甕，迷索不爲劬。我以羣夢中，❶長嘯聲何孤？起視参與井，落落半有無。啟明掛東壁，聞鷄狂驚

❶「以」，蘇本作「於」。

呼。慷慨撫長劍，遐舉恣所圖。一洗天地光，重拭萬物蘇。行行入雲逵，和風散八區。緬玆大覺樂，始入塵勞殊。一身寧得幾？鼎鼎逝將徂。胡不自愛惜，而以競錙銖？嚇腐笑莊蒙，分岐悲楊朱。昭昭古先訓，爲我端其趨。測微諒不遠，勒駕難與俱。因書發素志，感歎三嘻吁。

別程舜敷三首

昔我去江南，楊柳何青青？今我來金臺，雨雪日已零。雨雪不足畏，所思在遠征。昔爲雙鴛飛，今作孤鸞鳴。聚散詎有定，悲歡爲誰情？感此獨徙倚，風露凄前榮。

憶昔携君子，脩途各有期。飄忽遽成别，遠在天一涯。天涯不可望，前期不可忘。會面在幾時？耿耿參與商。人生百年内，安得常共老！但願心不違，持此趨遠道。遠道多是非，流光忽衰微。奄棄不努力，皓首終何歸？

驅車出東郊，惻惻離思深。回顧都城郭，輕陰乍浮沉。豈無行路人，念子當苦辛。丈夫不墮淚，相視仍撫心。名禽戢素翼，瑶草托芳林。時運有昌塞，識微古所欽。

舜敷將發二首

君莫歌離別，一字一涕泣。客子促晨宵，羈人異出入。落葉空庭繁，愁管淒風急。知君對月時，猶我瞻雲立。

解佩慘何言，把酒翻成泣。荒郊人已遥，遠岫日初入。❶予戀南枝穩，君趁北風急。行馬思故羣，躊躇岐路立。

登諶山感故

風林渺陰森，山徑窈紆錯。探幽入岧嶢，俯深迥眙愕。雜鳥乘春鳴，奇花色夭灼。感此節序新，悠然緬心作。故舊復幾許？三載兩寂寞。寂寞夫何如？意遠力不作。憶昔同宴好，詎足計離合。惠風吹荷衣，時雨注叢薄。行吟紫芝曲，坐盤清泉酌。顔色燁飛霞，襟度矯羣鶴。綿綿趣遠道，耿耿竟摧落。人生豈多日？已復半凋剥。不見出户時，旭日向西落？

---

❶ 「日」，原作「自」，今據蘇本改。

炭渚公館夜坐

長松倚孤月，虛館何沉沉？共此三秋色，懷彼萬里音。參商耿天漢，❶鴻鴈悲風林。君子畏時運，小人歌苦辛。晨興各有適，履霜余愴心。

過徐洪悲賦

昔我落地時，嚴君官水部。受檄據要津，飛旌啓前路。志喜且啣恩，嘉名期必副。弧矢初滿月，軒車拂行露。蘭署歷三正，藥裹更多故。積痟苦善咳，羸形遲學步。枕臂從僵木，蹋被任垢汙。劬勞可提攜，出入仍憂怖。敢望付琴書，聊思應門户。何知三十年，分違不得顧。病猶畏子知，書頻向人度。千里寓恩勤，一旦自傾仆。返哺愧烏鳥，行役悲屺岵。畢命擬相從，遺言懼終負。重艤清風亭，忍見含烟樹。樹木今幾圍，主人在何處？問天天豈曆，瞻雲雲不住。因悟死與生，有若朝還暮。逝者無復返，老矣將安措。誓將未滅身，永作中流柱。

❶「耿」，蘇本作「耿」。

送王良弼歸越

志士如喬林，美人如瓊芝。叢薄不足戀，發秀寧嫌遲？南薰轉朔吹，色染悲素絲。誰能揚汙渠，獨復流清漪。窮老豈不惡，所思達者希。遥遥懷古心，良抱無苟施。之子如有意，慰我《白華》詩。

題馬問菴崇德樓四景

房雲捧旭

雄圖啓炎運，英傑持靈籌。早抽黄石秘，晚隨赤松遊。鴻飛孤雲逝，蟬蜕空山留。乃知達機士，進退良有由。羡君遺世紛，登陟兹夷猶。晞陽駐顔色，千載爲春秋。

楚月生明

淡月生清輝，隱隱當窗户。披衣望楚陵，蒼蒼多草樹。醴筵不復陳，銅泉竟何處？好賢虚襟期，悲歌感寐晤。盈虧視挂輪，已矣復奚慕！

南山獻瑞

九苞聞古昔，千仞何寥廓。陟彼南山阿，羽儀如鸑鷟。我亦楚狂流，心懷卷阿樂。顧此高岡峙，緬焉幽興托。覽輝未相逢，願言時飲啄。

河泗環流

玄圭成地紀，赤玉感天瑞。波潤九土分，流藻萬世利。狂瀾日不支，古道今所棄。欲濟懼無梁，在川嘆永逝。誰借一勺微，爲惻同歸趣。

鄒東廓先生七十

大道斡元氣，冲和自其常。天地無兼能，賢聖呈輝光。六藝湮塞久，二教争紛攘。人備萬物性，誰能振其綱？感彼陽明翁，獨力亦何剛！良知指真竅，袖珠不我藏。迅霆震百蟄，冥晦開扶桑。羣寐猶喑噫，狼籍迷且僵。先生方立年，偉步趨門墻。一見塵垢消，再見羣疑亡。密語幾入室，抗顔遂登堂。睟容著温温，雅度涵汪汪。隆污時與偕，負荷氣彌昌。禁籞史局重，國學師模莊。狂簡裁諸生，經界驗一鄉。延納靡長少，答問能周詳。懲彼尚自然，戒懼爲之坊。人慕超頓法，已誦瑟僴章。誨之自忘倦，聞者咸慨慷。列屨滿前户，嬴糧越遠疆。車蓋互追隨，童冠儼成行。河飲量自足，雨化才多良。民風謝矯戾，政議資恢張。至業云在兹，宴息心不違。青原夕橋月，雪浪秋蓬霜。七十殊康强，盎若被春陽。聚樂不知老，合衆成大方。始知大丈夫，方寸含八荒。可尊非位崇，可誦非言揚。豈不在歲年，歲年貴有將。彭籛安足多，一日萬世長。伊余抱弱質，藥石幸分嘗。時過志不就，久要仍未忘。願言士擇術，視此慎梯航。綴辭表羣望，詎止修華觴。

送劉鳳西萬安街厦

良時難遘會，朝野方晏然。夫君抱醇姿，瓊華生玉田。勤小若理絲，含和比鳴絃。一朝逢選士，奏牘過三千。明光賜甲第，郡理推才賢。幽憂成滯迹，同兹伏林泉。邂逅蘇黄臺，結盟亦何堅。弱子蓬且歷，葭倚如夙緣。不嫌擔石貧，頗重門户憐。主饋得佳婦，内則賴以傳。來往遺形骸，情話從周旋。揭來舍我去，待次公車前。楊柳陰正繁，田疇緑草芊。重晤在何日，感此道路綿。臨岐寫中臆，牽衣不忍捐。豈無同心人，左右爲容先。嘉譽幸時聞，德意勤敷宣。萬里視發軔，誼重急顛連。嗟予誦拙賦，謬妄集垢愆。慷慨志不酬，沉冥計遂專。移栖資德鄰，絶交遠囂塵。晨興理耕鑿，夕休横簡編。時負羸疾眠，兀兀忘先天。所忻泯思爲，有如斷滅禪。此樂未易舉，此語非相沿。持以卒歲年，那知身外牽。生材各有拘，角齒不兩全。分足鮮願餘，醉飽臨豐筵。大受匪强合，下愚多重遷。因君露微尚，别緒逾縈纏。

静觀

静觀四序代，環轉歲適周。晝夜光景殊，迅轍靡停留。方春感柔卉，已迫落葉秋。雛燕翔且歸，新蜩響忽收。但見稚者壯，寧知老當休！多營竟何爲，可資德業否？惜陰豈不聞，所誦匪所由。如愚朝復夕，身同大化流。默默從此逝，不歎終優游。

送王養大典學建安

煩熇日難夕，瞑館炎氣平。子别將何之？建安罥儒纓。名郡帶兩邑，文物盛羣英。八閩上游地，土風淳且清。書吏簿領異，膠序揖讓生。禄薄母慈慰，聊代南邨耕。武夷指顧間，山溪夙所名。雲林誰復主，吾道虚前盟。作人辨標本，藝藻舒春榮。模範飭自躬，度解素餐情。吾衰跼一室，樂育佇流聲。

登衡山祝融峰

我今登祝融，高高幾萬丈。赤烏海底來，忽在飛雲上。人世正溟濛，陰厓走罔象。聖人知其然，昧爽發昭曠。豈不懷宴安，精神各有向。一念不自拔，萬竅生疑障。安得日新人，惺惺無得喪。

重至仙居寺

山雨鳴鐘餘，阡陌斷行跡。高刹隱迴岡，流潦汎春澤。新構門巷更，重臨歲月積。訪禪草蘚徑，繙經塵在席。僧齋餘舊突，梵相懸頹壁。乍見驚夢寤，沉思悔形役。壯志悲虚遥，衰容感疇昔。逝者今若何？余留增太息。

劉師泉七十

學聖類觀海，曠莽迷津涯。自非凌空翰，焉能辨何之？越中啓關鑰，吾道根良知。良知人所同，言出靡不隨。豪傑詎常品，美植恒離離。偶當元氣合，類聚無差池。夫君起三舍，早負絶俗資。一接至人跡，飄飄不可羈。脱屣冠裳途，卒業河汾師。一諾可千古，自矢志勿移。臺省需真材，正論動主司。翻令科目重，頗振士氣卑。計偕恣尚友，泰嶽遘神奇。無心呈妙悟，倘然窺天倪。從兹桎梏釋，大笑忘成虧。發言近狂達，不虞下士嗤。朋來聚且樂，獨往忽若疑。問君喟然答，聖言豈我欺。性以善學凝，凝則立命基。存亡係操舍，主宰貴密持。運用未渾化，豈曰忘己私。以此日孳孳，頓異昔所爲。炯炯非恍惚，汎應照罔遺。並軌總一駕，萬里無多岐。譬彼工穡人，稻粱必手治。又如遇良賈，安羨販夫貲。至今年七十，邁種力未疲。靈含氣自守，古謂不學衰。揆理以卜數，衛武榮啓期。孔聖極從心，知君至有時。君嘗佐名郡，當調輒引辭。所忻在盍簪，家庭足令儀。青原歲寒後，白水春風披。栖遲歲復歲，未惜知音遲。嗟予悲晚聞，切磋時見規。每於意會處，惟君獨頷頤。❶ 别去今三年，我病非忌醫。如何無一字，日夕空相思。石蓮洞窈窈，雪浪水瀰瀰。舊遊誰復健，此意共君期。

荆門閘道中

少小負奇好，長思名山遊。薄業遵簡書，忽復一紀周。承明忝三謁，前席事不酬。空令顔髮改，丘壠荒松楸。弱情覺緣繫，淺中易驕浮。平生惰修習，麗兹增媿憂。蒙恩返故里，韜跡謝名流。壯志庶可復，不爲猿鶴羞。

夏　懷

揭來意不適，我生當何如？委運任流遷，與道時卷舒。奈何日復日，憂與年歲俱。捐外豈累物，鬱中難久居。有身恃骨肉，割棄復奚須。萬物皆得侶，而命乃我殊。感彼《鶺鴒》詩，掩卷三欷歔。

❶ 「獨」，蘇本作「一」。

蒔　菊

陶令今不作，所好尚遺世。睠彼籬下芳，藝我庭中地。弱叢未盈把，頓覺景色異。英英媚朝露，茁茁感春氣。去此駐頹顔，亦令能久視。繁枝藉溉潤，晨興自從事。所希縱不酬，聊寓勤生計。❶

述懷示友人

悠悠望千載，千載未久陳。共此山川居，世代遞疎親。貽謀逮孫子，遼遠如越秦。名氏成杳絶，丘墓同飄塵。骨肉尚若此，況彼鄉與鄰。所賴在簡書，遺言亦多湮。百不一可究，六藝俱沉淪。默默忽返顧，造化如我賓。形骸聊一寓，旋當去吾身。吾身既非有，其他復奚因。踽踽誠爾異，煦煦徒爲仁。經營慷慨業，冀以名自伸。簸弄上世語，讎校忘疲辛。酣謔恣放達，破滅稱天真。俱謂發狂疾，胡云詣精純。我思魯中叟，兩楹夢何頻。怡然曳杖歌，曾不增笑顰。達者識其原，頃刻爲秋春。愚人不解事，駭怵褫魂神。林中多敗葉，喬柯歲華新。彼此更互見，倏短寧足論？默觀發獨慨，證我意中人。

❶「生」，原作「王」，今據四庫本改。

種蔬

謀生無遠術，樹藝有良時。嘉蔬來何遥，故人手致之。荷鋤出荆扉，荒榛力所披。景翳苗易瘠，土薄根不滋。惡壤與敗株，能令蕃者衰。兢兹分陰功，日暮未辭疲。所欣寡逢迎，然薪繼頹曦。黯黯開谷陰，柔芳亦離離。抱甕理晨夕，療饑方在兹。

種菊

結宇灌木畔，庭除幽且閑。豈無豐草容，柔緑争春妍。常恐秋風至，清霜凋故顔。萬族忻時榮，保終良獨難。惟比黄金華，可以結餘歡。

兩松

鬱鬱兩松樹，根柯亦何奇。儷彼徂徠山，共此歲寒期。嚴霜日夕至，萬木蕃以摧。獨秀易爲色，居高衆所推。明堂創神京，宫宇何纍纍！徵材徧幽僻，斤斧不見施。風濤起中夜，若有百鬼司。輸垂久不作，吾寧忘憤思？

遊衡曉發

昔聞祝融君，道術崇三皇。無爲闡至化，殿服當南邦。至今三千歲，遺俗猶敦龐。山留大古色，雲藏混沌鄉。其人雖久遠，而意不與亡。薄觀偕同心，豈云道阻長！

其　二

蘭舟泝朝流，芳衿合素侶。媚此九秋色，睠彼三湘渚。三湘亦何有，衡雲峙天柱。上可探日星，下可凌寰宇。羽駕倘可逢，飄飄恣遐舉。

用甘泉公二賢祠韻示諸生

大道日隱淪，大聖不數會。嗟余生後時，空覩遺言在。反身一何有，未忍隨流輩。仰止趨高山，同心夙有待。旨酒望周行，尚口昔所悔。精一舜禹心，慎之決善敗。曖曖憮微踪，蕪穢令心慨。

含悲亦何益，有生重離會。不見古昔人，磊磊今何在？一念義利間，遂别舜跖輩。大禹惜寸陰，逝者豈相待。少壯若有餘，時過乃終悔。爲學譬爲山，難成易虧敗，進止吾自由，勗矣奚所慨？

逆旅主人

逆旅問主翁，日暮未有遇。同此如寄身，彼此莫爲慮。人生無百年，區區惜所據。頹簷與華甍，終當俱委去。達士久不聞，末俗多愚誤。此翁未足疑，吾道自堪懼。

贈高塘王君勿軒

昔聞仁道大，孔聖多罕言。陋巷如愚子，請問始得門。四勿啟其目，兹義嗟何存？人多耳目役，言動易謬煩。運物在執樞，揚波先澄源。或戒已離次，所惡肆與昏。護疾不自療，終當喪其元。王君稟庭訓，懼忝顧復恩。仁者故樂山，踐石傷心魂。山堂榜嘉名，朝夕事討論。五十彌有慕，布褐忘寒暄。恒恐貽謀善，傳緒違諸孫。伊余何爲者，卅年談心原。時過業不就，攝氣氣屢奔。令子奚所取，誤以禮貌尊。養志思承考，質難廣譬援。户牖銘顧諟，冀將奉清温。反己重慙訥，成美詎可諼？報章爲君壽，且以永兹軒。

白鹿洞次陽明公獨對亭韻

自我别鴻濛，萬古不再見。兹來五老前，彷彿對顔面。灝氣成江流，真宅化峰巘。閲世悲大迅，歸人若乘傳。白鹿不可招，仰睇情彌眷。結茅永作鄰，服食形不變。至寶諒在兹，愚者胡不勸。

滔滔從俗終，是非奚所辨？

雪中外歸

平野逢暮雪，恍如玉屑飛。出入已半醉，翻覺風力微。柴荆在何所？簑笠山中歸。

朔風吹雪飛，縷縷如銀素。天孫不停手，機杼催白紵。行人自號寒，相對不得訴。

廖貞女詞

妾身不自主，父母意有托。時命杳莫期，古人重然諾。一言誓終身，改辭令義薄。日月豈不明？寸心幸無怍。

其　二

媒者爲誰歟？合此二姓好。穀旦展方儀，誓言永偕老。偕老固所願，君子未相見。信義如有存，豈必在顔面！

古　意

啓期年九十，行歌自拾穗。古人交謂賢，不知此何義？晏起一盂粥，聊以卒餘歲。五鼎既不甘，❶嘗聞易覆墜。

上元里會初舉厲祭恭聽誓文有述呈同會諸君

新年餘風雨，欣此夕景開。三五望澄光，華月期不乖。兒童媚燈火，喧喧簫鼓催。四鄰多行輩，任質兩不猜。邀爲里中會，咸以觴豆偕。禮考洪武舊，義必幽顯該。崇壇秩無文，祈年滌凶災。堵觀駭乍見，班坐辭相擠。歡宴適未周，荅問各有裁。媿我何以酬，所願閭里諧。業比同好惡，意豁忘形骸。即事援往昔，誰不感且哀。小怨豈足留，聖謨良可懷。終然白首聚，不歎沉蒿萊。

彭節婦

芳汀有奇鳥，不鳴亦不羣。自悲失故雄，單栖向江濆。渴飲清泚水，饑喙藻與芹。羽毛半憔悴，哺雛意何勤。衆禽睨不識，哀鴈徒紛紛。勿爲孀居言，悽惻那忍聞？

❶「既」，蘇本作「豈」，當從。

自崆峒山莊曉入石蓮洞

理穫期有常，鷄鳴催曉發。山風何蕭蕭，蟋蟀吟不絶。起坐依茅簷，握髮向秋月。月影漸沉，東方猶未白。

除夕吟

少壯媚節物，老大悲年華。今昔心匪殊，途窮行者嗟。大道晚始聞，至今猶若遐。千金比晷刻，既往豈余加？夕矣彌惕若，矢言靡有他。

得遠詩

負疴廢盥沐，抱素遺紛紜。林園春正深，池篠含烟雲。忽來渝川書，内多鐘鼎文。平生阻良覿，虚問兹何勤。裁語疑所將，淺芬慚博聞。清虚韋刺史，遺韻可酬君。

石樓

仙人好煉石，五色何氤氲。在天能補漏，在地能生雲。雲中石樓起，户牖畧可分。樓頭合靈藥，鷄犬那得聞。服之七十年，飄然人莫羣。待余石蓮長，登樓窺秘文。

觀盆蒲

汲泉注之池，其受不盈咫。中有芳根藏，沉沉絶汙滓。❶春至意若會，雨餘色初起。新苔借香膩，細礫含清泚。簇簇露囊錐，粲粲見笑齒。朝來一憑欄，苗長三尺美。挺如武帳劍，肅若青衿士。疎密自成行，零亂不失紀。冥悟測所由，迅速孰能擬？因之察萬類，可以鑒生理。

宋子

伊余近弱冠，被服厠儒生。調笑不受羈，恒與宋君并。起處雖異舍，顧盼多含情。揖讓儐諸侯，俎豆趨兩楹。歷階陳古義，分席校文英。朝暮雙比跡，前後忝聯名。問齒三歲長，相視猶弟兄。君抱瓊玖質，余亦桃李榮。艷君青衿色，燁燁冰雪明。春日西城遊，秋風南浦行。謬舉慚先第，深交違夙盟。邇來三十載，紛拂蓬與萍。投章罷仕籍，抽簪事偶耕。照水憐故影，聞鶯感友聲。之子自何來，骨相如君清。尊以父執禮，乞言諒有誠。感此歲在庚，爲君獻壽觥。聞語心欲惻，匪直衰羸驚。知年喜以懼，過時悲未平。小兒纔十齡，豈復懷屏營！援毫忽舒嘯，披襟似解酲。聞將五嶽往，更以一劍鳴。所期珍在席，寧言金滿嬴？州郡聘不展，江湖士多輕。歸來過里閆，閒居謝公

❶「滓」，原作「滋」，今據蘇本改。

卿。有後已自足，如余亦何成？寵極慮招辱，機忘動靡争。文犧未知悔，木鷄復誰攖。駐顔豈多術？密意待相傾。

陽田吟寄殷春莊虚白盛桃渚二子

一室陽田中，陽田爽以亢。青山落四野，烟雲互相蕩。微月向夕生，初旭東林上。道人方獨醒，彷彿虚白象。

其　二

陽田帶兩溪，溪畔多汀渚。四野曠無人，泉石得新主。春來楊柳生，桃花亂如雨。桃花歲歲開，鷄犬迷歸處。借問盛範鄉：君家在何許？

壬子除夕

少年輕自信，稱引必《詩》《書》。目少可意人，量己恒有餘。慕遠靡近憂，戒惕日復疎。但念歲月悠，寧復嗟居諸？冉冉四五十，正如下阪車。青陽初啟晨，已遂迫夕除。四序諒不爽，今昔一何殊。力衰業不就，夙計豈可虚？抱兹中夜歎，起步仍踟躕。

白鹿洞

賢聖生不數，五百斯其期。獲麟事已遥，白鹿乃在兹。濂溪指迷途，朱陸分兩岐。其人雖不作，其言尚可師。嗟予不自量，獨往矢不疑。玄精惑異趣，難聞悲後時。荏苒歷二紀，彷彿見津涯。望望足莫前，如有神鬼司。日月寧再與，虚知竟何裨？感此未皇安，三益恒所須。朅來遵故躅，庶幾或見之。精爽儼如在，荆榛多蔓枝。在昔義利談，聞者曾涕洟。悠悠今古心，豈伊異所思？川谷耀餘彩，竹樹含新滋。披衣罔阜巔，濯纓溪水湄。懷哉祗于役，日夕傷遲遲。

寄聶雙江公

先生愛《周易》，三絶事不殊。一朝綰虎符，長嘯辭山居。兵事貴神速，密奏專尚書。紫禁夜半啓，皇威赫以舒。飛狐星營開，髦頭半剪除。告至舉曠典，印組纍纍如。少保職寅恭，孩孺懸緋魚。榮光照衢路，獨與盛德俱。嘿嘿省署夕，爻象觀盈虚。

次韻别陳子爲

羅浮豈不樂，胡爾同江湄？抱疴未收留，且與傾秫巵。至道在何所？千里徒增悲。出門顧場圃，秋黍方離離。

卧雲樓 嶺下陳

託居在城市，聲利多慝囂。白雲滿山谷，往來暮復朝。雲飛不可留，太虚神與遊。昔人重攬結，冥卧百慮休。不復知春秋，寧辨人間世？身雖雜塵氛，心已釋凝滯。陳君年已晚，白髮不盈卷。高樓有嘉名，意與昔人遠。憶我開石蓮，榻上生烟嵐。伊誰到枕席？惟有夜深泉。

古翠行

錢君愛長松，不辨幾千歲。朝露滴空寒，夕吹起蔚薈。根柯剥霜蘚，户牖入天籟。疑得飡苓方，頗見超塵態。至今七十年，顔色曾未艾。我欲識其人，遠在千峰外。歸去視蓮洞，怪石如抹黛。安得驅秦鞭，與之鬭珍怪。

菊林

我遊栗里間，問訊東籬下。林莽雜荆榛，采菊不盈把。夫君有奇癖，學圃意瀟灑。閒庭入山氣，幽情未易寫。不知遇芳辰，誰爲送酒者？

壽劉母熊孺人

昔我東家住，公幹結交私。阿母重憐愛，骨肉兩不疑。蘭闈有新人，正當初嫁時。上機織鴛綺，下機理繭絲。中厨調八珍，北堂色怡怡。夫子盛賓客，車馬何逶迤。揖讓不虚往，觴豆具有儀。卒勤卅年來，時變令人悲。倏忽霜霰至，零落芙蓉枝。文禽將匹雛，蘭茗宿芳池。羽翼漸以長，返哺慰所期。春風吹楊柳，槁枯發柔滋。誰云一女婦，能挽門祚衰。遥持山中酒，爲歌白璧詩。他人應未識，猶有舊鄰知。

齒　摇

我當四十七，左輔傾天柱。齒力從此衰，每逢輒一去。去歲摧四車，敗葉脱枯樹。又如連岸崩，欲支不得住。存者十七餘，兀鯢尚堪慮。含飯常恐多，囁嚙未敢遽。味損非禁齋，餂停豈厭飫。平生嗜梨笋，對案今空具。安得似壯時，入口隨所遇。笑慚齦齶掀，言妨音響誤。始知老作苦，却悔時虚負。灰心謝煩動，緘舌絶閑語。頽齡知復幾，惜陰良可慕。瞑來忽有省，自辨愛生故。成毁遞相尋，此理本明著。翼角匪兩全，壽夭豈前與。胡不念朝聞，有身逆旅寓。夕死且不辭，形殘豈其懼！

鳴琴篇贈劉南昌茶陵名應峰

山人抱緑綺，遺世栖青岑。豈無孤鸞操？解囊披青衿。❶一鼓桐山高，再鼓桐水深。終焉鼓元氣，列聖來森森。趙生賞其妙，佐以猿鶴吟。餘者多假寐，莫辨機浮沉。劉子何方來，遠自芝川潯。緩體不勝衣，意態殊欽欽。有如瓊樹枝，清標出喬林。就我託信宿，願聞太古音。善聽不在耳，伊人若可尋。石蓮幽且阻，春服隨登臨。詠歸適未厭，北征促持任。希聲入明堂，鍾吕諧璆琳。鳳凰時一噦，啁啾罷春禽。試以鳴百里，絃歌南浦陰。陽春易生物，其感樂以湛。清静資化理，亂繩當巨鐔。咸驚出爨下，玉軫徽黄金。上以協解愠，可代丹扆箴。下以宣八風，萬類無慆淫。睠言勤拂拭，塵土歲月侵。謡俗苦更張，寡和匪直今。大雅不常遇，能令羣喙瘖。下指勿激烈，激烈傷人心。吾衰甚矣奚足問，欲奏清商思不禁。

送叔致齋北上

孤雲出橙溪，冉冉乘風去。萬里在斯須，安得復回顧。幽人方閉關，望遠空太息。聚散倘俱然，睠言慎眠食。

❶「青衿」，蘇本作「素襟」。

夜夢獨侍谷平先師登高亟輟朝食追逐不離途中請曰平生未嘗奉隨登覽師顧曰吾與子密處却久於諸子矣覺而天曙爲重九節敬書識異而同門友李文輿卒且旬餘因以寓悲

至人倏來去，儀形成久違。悠悠二十年，夜夢忽旋歸。相携載登陟，皇恤疲與饑？所期近可遠，高高凌崔巍。幸此撰杖屨，竊聆謦欬微。一步還一趨，自驚疇昔非。還聞喟然歎，與子久相依。言在逾有親，神遊不可幾。覺來異今古，靈爽疑投幾。節序當暮秋，牛山斂烟霏。因懷及門侣，感慨一沾衣。

送曾月塘携子孟逵仲聲赴試

曾君客余舍，心跡兩相忘。淹留五六載，未忍遽分行。重逢大比歲，再賦遠遊章。感此時運促，顧余毛髪蒼。初冠懷奇品，鳴鑣擅藝場。玉温未易售，❶珠媚自餘光。桃李時當實，松筠晚更强。琴音逾古淡，劍氣尚寒芒。二宋才相亞，三蘇文各長。步趨看繼武，輸寫聽傾囊。遲發虞機審，齊飛鶚翼張。弟先兄合讓，父在禮無方。賓興聲華盛，郵程姓字香。諸生誰速肖，稚也愧門牆。

❶「未」，蘇本作「不」。

贈劉敬庭會試

豻虎劇鄉郡，自夏徂杪秋。戈矛入疆場，旌旃滿道周。因窮弭寇術，頗悟理人謀。時危急真才，武偃資良猶。夫君比干將，藏器歲月悠。拂拭向風塵，光彩不可留。將戒萬里途，結束趨皇州。天子開明堂，衆寶行見收。治安策多士，讜論應有酬。知己感奇遇，至人貴先憂。茲道豈不明？望望在好修。言念金蘭契，夙昔雲水儔。一别寧遽合？切磋懷日休。四海佇音徽，奚獨掩時流。負疴憐倚户，重晤問紓籌。

重　陽

羲輪無滯軌，商飈入修林。密蒨易疎薄，澄水明遥岑。是時秋菊繁，遲遲獨何心？有如真烈士，不受時物侵。緬懷東籬人，有酒不同斟。南山空在目，飛鳥來夕陰。人生抱夙契，千載成知音。

空　齋

空齋掩春雨，塊然忘朝昏。四鄰羣響絶，林鳥時一喧。夕燈始燭闇，四壁辭蒸煩。蘧蘧景如夢，綿綿息僅存。適悟豈玄旨，大《易》多名言。出位艮所戒，閉關復以敦。六二介石固，知幾道彌尊。井遷常居所，雷頤潛厚坤。先天物莫違，密藏乃其根。不賴魯叟筆，此義何由論？

稱拙

我從盛年來，常憂行及老。取友歷險難，❶所志在聞道。一日復一日，如饑望得飽。外爲名所驅，内苦意不了。蹉跎五十餘，坐令顔色槁。齒髮日變衰，智慮始欲掃。回首憶盛年，空負筋力好。偃形向巖扉，束書置窮討。冥心聞鬬蟻，縱目對飛鳥。身安忘卑高，分足任多少。聊稱拙者心，得此悔不早。

望廬山

我昔望廬山，高高上無極。中有羽化人，林栖絶粒食。紺髮方碧瞳，肌膚冰玉色。借問年幾何，春秋千百億。聞之心魂動，欲附雙飛翼。飄飄不我顧，招手長大息。竊恐染葷羶，濁穢神明殛。三年事齋沐，精禱靡變惑。峰嵐日夕深，仰攀尚難即。

劉兩峰見枉

久雨人事斷，新苔入空階。扣門者爲誰，問之乃吾儕。矐然野鶴姿，風韻亦何佳。相看但一

❶「難」，蘇本作「艱」。

笑，不我疑形骸。歎息卓爾域，千古曾幾諧。目擊中有存，意會言無乖。攀留踰信宿，別去當誰偕？悠悠東臯上，三歲軫予懷。

晨述

故交別我久，杳杳秋復春。夜夢接裳衣，粲若相知新。再拜吐中素，悔此離索因。問訊及妻孥，互答各有申。執手不須臾，倏判越與秦。自顧形貌衰，今昔成兩人。希古負夙志，千載感悲辛。不虞道阻艱，焉辭身賤貧。時過意不稱，未見肫肫仁。前期幾短長，何以報情親？披衣起中夜，鷄鳴天欲晨。

歐山人

世道多羊腸，人心有瞿塘。十言九不應，但恐戈矛藏。逢君兩不猜，開口意可量。借問平生好，坦然泯畛防。剛毅見顔面，然諾何其方。天寒日向短，野曠風凄涼。臨岐感所適，風素以相將。

題王龍溪洗心亭二首

美人在何所？處静如臨深。能以銘盤意，還於止水尋。似沉看月影，不染見蓮心。但解從吾好，何憂俗慮侵。

每聞心似水，亦復病憧憧。如何一勺水，❶解使萬緣空？窮源寧有處，去穢豈能工？君脱安排障，狂言或可同。

與荆川夜話直透心源千載一遇達旦不寢

一言天所契，千載似俱非。何事聲相應，而能心不違。道從疑後得，機向識中微。大笑重嘲問，狂生或可幾。

贈客

至人秉元化，手握陰陽樞。坎離既互位，戊己相迭居。夫君豈神授，欲竊司命符。冥思絶要眇，視聽忘支吾。處世七十載，顔色澤不枯。我嘗登仙臺，珊珊瓊珮琚。王喬乘鳧舄，洪崖凔鱗脯。邀入無窮門，洞見日月塗。千古只瞬息，三元本虚無。機緘未可泄，且待業緣除。

❶「水」，蘇本作「少」，當從。

南遊赤子永豐賊自稱也圍城四日投書聶太保公訴言財盡民貧救死不贍不得已而至此且乞濟施辭頗恭遜余讀感焉作長謡憐之亦因以風世云

聖世治無爲，魚鼈亦咸若。矧此山谷氓，蚩蚩任耕鑿。秋成足官税，年深辭縣郭。比鄰壠上連，泉瀑門前落。東籬夜醉歸，西舍日出作。雞豚隨主來，葛苧隨時着。白頭猶赤子，不解争强弱。末代遞變遷，澆風散淳朴。公家競侈靡，大姓工椎剥。徵求無定期，貸息多踰約。鬻子緩鞭笞，質屋易錢鎛。迫脅不自聊，激發恣爲虐。斬杙懸巾幟，奮鉏出澗壑。至性一以戕，沉迷竟難藥。流毒被遐邇，積威震寥廓。軍實損苞苴，武弁疎韜畧。氣奪敢追奔，聲揚助揮霍。郡邑既不支，墟里將焉託？昔日鐘鼎家，煨燼成寂寞。昔日綺羅筵，淋漓沾部落。相戒避窮簷，且念妨私穫。哀多如惡盈，獎廉頗重諾。昨至恩江城，不入瞻雲閣。投書聶太保，自訴令人怍。歷叙變所起，辭意殊鬱薄。倘免飢寒憂，肯棄畎畝樂？哀此赤子心，何忍納于惡。摧柯本微蠹，燎原始一灼。厲階誰所爲？村謡代道鐸。

辛酉閏五月二十五日官軍敗績上模吉安指揮王應鵬千户陳策永新千户唐鼎皆死之王素愛士卒且知射變起猶發百矢矢盡兵散始及難

時平人諱兵，文墨制將領。世禄不自給，疲卒僅存影。一朝疆場侵，❶飛符下臺省。調發有常期，灑泣辭鄉井。軍儲日苦虚，部曲故不整。衝炎抗羣兇，如羊當虎猛。將軍初愈疴，射札未出穎。慈愛喜因仍，節制未合併。偏裨素仰成，機智昧先炳。敵來常擣虚，變起值食頃。枵腹持空弮，馳突何由騁。偏野卧腐屍，貴賤誰能省？獰徒勢愈張，自詫得所逞。以飽待飢羸，如石投深穽。未能殺虐燄，翻增遠諜警。荒村畏聲息，乍聞警縮頸。哀歌擬招魂，出語喉欲哽。

雙鵠歌❷

玉峽石溪宋儒淵妻蕭氏、弟宋儒瀾妻龍氏。淵死，蕭年二十九；瀾死，龍年二十七。雙影相吊，孝養翁姑。家人嘗免寇，蕭寧濡半體，毋衆負以涉，聞鄰嫗鬻子償役，蕭爲代償。龍遇衆室火，亟檢翁姑遺像藏之，不顧私貲。蕭長子大敷爲邑庠生，次子大受以孝友儒行著。邑侯成

❶「場」，原作「場」，今據文義改。
❷篇目原無，今據卷首目録補。

公子學以事詳於上，旌表雙節。予聞其事，嘉其志節，爲作雙鵠之歌。

矯矯雙雌鵠，來自瑶池陽。素影流皓月，清唳凌穹蒼。❶ 託身雖異匹，接翼時相將。故雄各零落，中道成淒涼。顧兹羽毛潔，忍同凡鳥翔？朝飲碧漢露，暮餐玉禾糧。育雛積歲月，健翮多文章。翩翩共栖處，皎皎齊輝光。我聞古貞女，雅操稱英皇。栢舟意獨苦，漆室吟何長？邇來西江上，炳節明星霜。地古風尚烈，蘭歇根猶香。紅顔誰家女，結髮伯仲行。鸞鏡條分影，鴛幃抱剛腸。立孤計早決，矢死誠自彊。❷ 啣木忘海遠，落葉還樹傍。終能連枝秀，坐見荆花芳。有鄰羨德美，多福昭天常。清風頑俗勵，寡調知音傷。我歌雙鵠篇，令人心慨慷。有生須堅植，浮世多猖狂。結交金蘭契，感恩桃李場。一朝等胡越，反噬如豺狼。執鞭固不耻，按劍寧相忘。所以倜儻士，濯足歸滄浪。寄言少年子，莫惜銀粉粧。韶華豈再至？令名誠可臧！

❶「唳」，原作「淚」，今據四庫本改。
❷「彊」，原作「疆」，今據四庫本改。

七言古

玉峽濮侯入覲

玉峽去家僅一舍，人道濮侯真長者。衝炎束帶登我堂，嗒然無語心優暇。市中珠目迷真假，器貴雕鏤賤陶瓦。❶吁嗟乎！今世豈無伯樂與王良？鹽車騏驥終騰驤。

送同旅

與君共駕秋江鴻，鴻飛杳杳迷長空。江山過影只幾許，乾坤萬古浮雲同。世網縈人不得去，君還却向蒼梧住。東有羅浮四百峰，歲晚梅華寄何處？

同江

同江二月春初動，春水自上鵝洲來。一雙白鳥掠水去，無數好山當面開。漁樵老去生事薄，笳鼓時聞驛使催。何日昇平棄樗散？扁舟應傍釣魚臺。

❶「瓦」下，蘇本有「浮文詭論正可憎科名往往持相亞」二句。

送質夫涂公返沙岡❶

我昔趨庭忝遠步，髫歲相從學章句。布谷春風池館幽，青藜夜月韶華度。雲雨彭城十七年，黄鸝紫燕迷吴天。明光宫裏奏新賦，天禄樓中稱上仙。朅來息駕同江渚，扣門驚對先生語。鳴絃爲作南山歌，短檠猶是當年侣。世人重利輕軻丘，苜蓿糠粃仍拙謀。華裙錦韉誰相問？秋水明霞空對愁。儒生自古少温飽，霄漢泥途俱草草。我亦長思李謫仙，可惜不向廬山老。解囊欲贈還自憐，惟有圖書三百篇。丈夫每覺黄金賤，知己無慚白璧堅。出門把别秋已暮，杜若芙蓉滿江路。倘逢徐榻且開顔，不見雲卿但織屨。

乙未大水作

嘉靖乙未五月望，文江城頭水十丈。河伯驚夸涯涘間，陽侯驕舞盤渦上。虎須噴雨飛腥風，蛟涎吹浪喧高空。三版愁看灌晋邑，四載何由施禹功。夜啼寡婦聞不忍，朝見浮骸目欲瞬。千里烟炊猶忌龍，萬户樓臺疑化蜃。卑者升屋熊鴟蹲，高者緣崖鴉鶻鄰。抱柱應悲待符女，濟川那得操舟人？我家同江十里許，苦恨未入深山處。見説滄桑變古今，勿訝林居在島嶼。收書卷幔不得眠，

❶「公」，陳本作「師」。

雨聲蕭蕭風轉顛。在陳厄數逾七日，抱杞深憂積萬千。舍北村翁相向哭：「乙巳年來遭此毒。當年閭里足餘糧，今歲貧窮痛徹骨。男耕女饁催下田，舊債未償新債連。一朝生理化魚鼈，數口户籍虚緡錢。」我聞斯語三歎息，更覩枯顔淚沾臆。監門圖畫總可憐，青州政事難爲力。安得神堯開九天，祥曦高澤流重泉？寛租年年漢室詔，省刑處處《周官》篇。常聞大澇仍多亢，縱有高田不可望。桂薪珠米命似絲，帛魚銅馬心如恙。

木菴朱師名英華

木菴先生抱經早，束髮人驚振辭藻。本朝桃李競春妍，豈意菰蒲未秋槁。昔時結客少年場，千言落筆誰能當。雲雨朝昏翻覆手，幾回左肘悲垂楊。同舍諸生多不賤，先生短髮還被面。年豐芋粟不療飢，歲久衣衫忍相見。憶我相從水竹居，朝談文字暮傳書。戴憑不愧登重席，公子真堪虚左車。十五年來一回首，鴻鵠低飛禿鶖後。裹飯誰聞桑户悲？輓歌自酹淵明酒。野陰春曉啼黄鸝，短籬深巷空烏皮。荒丘紛紛雨迷路，寒食家家腸斷時。人生意氣空相擬，物理乖違每如此。不見杜陵萬卷書，無補瘡痍終餓死。男兒背時老即休，富貴如花欺白頭。長安車馬舊豪俠，昨暮屠狗朝封侯。

題雲山圖

我聞名岳如青蓮，白雲滿谷浮於綿。千峰有無不可辨，萬樹冥濛遠若連。錦鳩弄野色暝暝，紫燕翻風江勢勁。落花不掃晝長閒，曳杖欲行苔蘚濘。微聲忽度笙簧鳴，遠勢轉作蛟龍形。危峝出霧沉翠閣，反照流霞横赤城。我昔夢入蓬萊島，回首扶桑連絶徼。金馬曾淹方朔生，畫麟不歎馮唐老。黄橙歸來一十年，玉堂零落二三仙。鴻飛冥冥在何所，鶴調促促只相憐。遥倚筵楹當碧岫，坐看蒼素紛玄構。盡道彌漫氣色奇，誰知聚散須臾候。爲雨爲霖未爾擬，翻手覆手令人思。始知清蔭北窗下，絶勝黄樓江上時。

烏夜啼

寒烏啞啞啼夜霜，南鄰北鄰愁夜長。夢中機杼見顔色，覺來血淚沾衾裳。男兒有身自何處，三年不見萱花樹？春草遥瞻西日斜，長江自逐東流去。江流暮草悲復悲，年年陌上送春遲。欲憑青烏問王母，可有瑶池相見時？

十三叔六十

廬陵熌下古所傳，江山開第何翩翩。錦繡樓臺印岡上，金絲遊宴秀川前。阡陌東聯過十萬，軒車北上傾三千。寶制新傳下鳳闕，瑶函高啓飛龍泉。玉蓮新軺載童子，❶青藜天閣儼神仙。連佩多懸明月璧，投筆盡是青雲篇。此日豪華誰可擬？此時文采誰能先？那知滄桑變瞬息，坐見歌舞沉雲烟。建安瓦石空世寶，孟嘗墓隧增人憐。泉塘遺老垂六十，輞川新墅成三遷。手植桃花徧蹊道，門抱松根對暮川。年少花顔雖暫改，世代根株豈偶然。一廛未數楊雄宅，十畝真閒仲蔚田。春風野堂來紫燕，春日晴林映華筵。華筵紫燕猶昨日，勝地高人多夙緣。朝朝暮暮雨翻覆，歲歲年年春往還。覆雨豈是不收水？將春自有高飛鳶。當歌對酒莫放慳，極數從來三百年。

穀日行代壽胡永寧

穀日穀日流風烟，疎梅細竹迴初年。彩綃旭日螺峰上，緑波淑氣三江前。螺峰映三江，江水玻瓈光。飛光入蘭房，照見雙鴛鴦。青簾横墅草色淺，錦屏羅户蘇香轉。清絲妙管催夜觴，風裳雲履開朝宴。朝朝夜夜滄紫霞，五十商瞿休怨嗟。仙家自種長生藥，人世多開頃刻花。頃刻紅顔旋白首，九秋蘅杜三春柳。不知龍虎騰金銀，但逢桃李飛瓊玖。瓊玖金銀歲幾還？青鸞白鶴媚春山。山中望春春正好，世外風塵閒未閒？

❶ 「新」，蘇本作「星」。

贈曾梅臺參議慶萬壽禮成歸閩省

夫君昔爲南省郎，十年不調空翺翔。是時天子重禮樂，含香日日趨明光。圭壇寶時布釐福，萬國冠裳借膏沐。彩毫不遺侍金門，銅符幸得驅華轂。攬轡將酬明主恩，日月冥冥憐戴盆。吴江月色心同苦，燕獄霜飛氣尚冤。直道何辭屈與辱？浮雲坐見翻仍覆。已怨閩人來暮歌，寧從詹尹隨時卜？爾來離宫八月天，遥上南山萬壽篇。待漏猶逢護衣吏，聞樂空懷展采年。龍墀錫宴欲歸去，驛路勞歌感行寓。白露江頭零素波，青楓道上殘紅樹。武夷千峰溪九曲，此後軒車頻問俗。古來名山藏異書，漢廷曾重長生籙。

贈崔宗伯萬壽禮成歸南都

君王萬壽開靈祥，海嶽百辟來明堂。鈞天已熟華胥夢，五夜新傳玉殿香。金陵禮樂尊南省，玉帛遥隨卿月影。拜舞還同北闕班，文章元並三台迥。孝皇昔日求名賢，夜夜宫中露禱天。鼎湖已駕飛龍馭，虎觀多留鳴鳳篇。天球雲瑟吾崔子，降神獨步中州起。名姓空將金馬高，詞章不作青錢擬。余卧江南今幾春？春山伐木遠懷人。一笑長安見顔色，片言金石開精神。人生聚散何草草？傳聞曉發長安道。載酒追尋野外山，登樓却羡雲中鳥。天高日短歸思深，寒飈颯颯悲空林。緑綺美人不成調，碧草王孫愁素心。歸去鳳臺歲已暮，青青桂樹汀洲路。盡道星槎天上迴，方知機石人間誤。杳杳行塵欲斷腸，垂衣此日開明光。千秋一遇留金鑑，❶九罭何時見繡裳！

追送王内翰歸省

昨朝走馬居庸關，千峰路絶不可攀。腰間寶劍空繡澁，傳聞虜騎横天山。歸來晨謁紫宸殿，歎息同心多隔面。何事君爲南國行，不留今夕張華宴？追送城南暫住車，道上垂楊枝葉疎。春去秋來等拋擲，幾時同上平戎書？而翁論交今十載，含香漢署生風采。芙蓉湖上能早還，白龍山中共誰在？君行令我望滄洲，而翁身閒未白頭。自惜同歌不同調，況復陰雲多杪秋。還鄉駟馬明書錦，滿堂賓客爲親壽。江左風流莫久淹，河東詞賦時常售。

送陳上思州守

金川少年稱俊儒，閉户讀書形欲癯。白雪高歌國色麗，青天失意泥途俱。平生豈乏萬言策，知己希聞三吐哺。瑶柱哀音調别鶴，紅塵汗血隨鹽車。憶昔相逢孺子湖，湖上深林啼鷓鴣。客窗忍把馮驩鋏，秋風且釣張公鱸。❷别來十年身不孤，傳聞一鳴驚帝都。賈誼無緣白玉署，班生空賦黄

❶「鑑」，原作「鑪」，今據蘇本、四庫本改。
❷「鱸」，原作「驢」，今據蘇本、四庫本改。

金鋪。除書典郡向何所？蜃雨蠻烟朝至晡。但見漢界表銅柱，已携湘怨過蒼梧。蒼梧銅柱開雄圖，風流四海本不殊。世間雲雨多反覆，天上杏桃今有無？一袍尚戀故人德，五品且剖諸侯符。星槎八月下南海，千金駿足鳴交衢。出關班超矢白髪，守浦孟嘗還彩珠。盡將來日報天子，不負明時爲丈夫。

贈張方枘教授湖州

五湖之上開名津，白蘋紫蔓迷行人。郡臨七泉疑無地，風入三吴别有春。春風隨物改，人文不相待。禮樂殊百年，詞章悲六代。海陵大儒鳴鄒魯，當年襟佩誰同儔？五經問難陋白虎，萬事經綸如騂牛。滄桑嗟下土，泮藻歌前古。龍馬真符難再逢，科斗陳編竟何補？先生少小行誼尊，吹竽不向諸侯門。栖遲獨抱遺經老，流落空憐壯志存。五十爲郎不得志，萬里君門虚有意。伏生文學漢儒宗，閩國山川考亭地。考亭草樹日已荒，哀歌自度高雲涼。春來但解種桃李，歲久何心肥稻粱？稻粱每妬士，桃李不言恩。青氊淹歲月，皇墳在乾坤。鼓枻苕溪上，深山桂枝長。琴瑟還自更，衣冠安所放？道淵學海遺中原，麟角無光蟲技繁。欲從大雅回三極，早向頽流問一源。

出京道中作

春風柳色長安道，攀折年年傷别早。我别長亭車馬回，道傍楊柳偏枯槁。楊柳何心解媚人，一年一度暗回春？春風亦有遲留客，❶何況交情無故新。

餘抗陳嘉善相從在告及予歸田復來問訊有贈❷

少年獻策明光宫，天子動色回重瞳。一朝卧病辭金馬，流落荒江泣路窮。異鄉得力勝骨肉，況爾意氣輕馳逐。健翼能隨倦鳥飛，長途獨對孤雲宿。雲鳥分飛年復年，金臺握手倍淒然。空羡上林春似海，寧知萬里淚如泉。壯心逸調成偃蹇，十載光容去不返。我向山中學子貞，爾來洞口尋劉阮。劉阮家在桃花津，津上桃花幾度春。落花自解催啼鳥，流水何心問世人。邂逅相逢如夢見，半似不似疑顔面。聞聲始識少年親，道故還憐新世變。殷勤斗酒慰行役，酒酣起舞天地窄。四海知心誰獨深，半生落魄終何適？我昔有懷今始舒，但營一飽不願餘。門前豈欠五柳地，架上空留三代書。歲寒且就匡君住，香爐瀑布迷雲樹。早將金鼎鍊鉛砂，更種青松入烟霧。知爾彈冠近有期，風塵落落會何時？塞鴻倘念來千里，斥鷃應知寄一枝。

---

❶ 「客」，蘇本作「處」。

❷ 「抗」，疑當作「杭」。

石塘叔如洵陽名肅，舉鄉試，不仕

帝畿車馬如游龍，華裾綺服生春風。叔也閉户南山下，棄置薦達輕王公。鶡冠累月不覆首，睡起北窗日在柳。養志常談尹彦明，直躬耻學微生畝。爾來結廬歸白雲，鳥語猿啼識故羣。九江秋月襟期動，千里寒流枕席聞。憶昔執别長安道，十五年來何草草。共嗟白日不復回，遥指青松誓相保。坐對鴻沙憶舊遊，行臨流水話離愁。男兒潔身如止酒，顧余已在餘醒後。從此開荒待耦耕，莫疑避地還近名。

解劍行贈屏崖叔❶

同江春來烟水多，扁舟欲放聞踏歌。望望美人留不得，聞歌使我心愴惻。一别十年不作難，回首春花换顔色。丈夫立志須及時，人生行樂當何極？棄繻豈受關吏欺，投筆終收明主知。不然便作拂衣去，桂叢且種南山樹。誰能千里懷四愁，坐使一日成三秋？臨分解贈雙龍劍，開匣常妨逐奔電。此劍切玉如切泥，珍重提携再相見。

❶「行」，原脱，今據卷首目録及蘇本補。

走馬行

長安異馬名花驄，出入九陌隨飛龍。錦韉雕鐙花蒙茸，電瞳霧鬣汗雨紅。雖殊渥洼與大宛，已覺奇氣輝星虹。白露陵園望天壽，帝遣詞臣奉籩豆。鴛序遥分供奉班，駿奔敢在熏燎後。奚官拂拭剪花雲，踠蹄振首先驚羣。紫韁初掣萬人避，白日未暮千山曛。古言追風無乃是，道旁斥堠空延竢。騰迅翻疑坤軸旋，輕盈正與空行似。居庸關外連平原，黄沙白草斷人魂。還將暇日省休沐，更得觀風出塞垣。鼓鼙闐闐隱城闕，清笳道上秋聲發。緩轡新經龍虎臺，揮鞭欲墮關山月。歸來報命承明殿，談經視草不知倦。却嫌文墨誤儒生，不及埋輪静畿甸。白駒棄擲成三載，飯牛牧豕容全改。蹔有羸驂許借乘，多方險道藏凶悔。老衰少壯理相尋，感此惻惻含悲辛。豈云神物有離合？爲惜人生易陸沉。

樂聞李君輓歌代外父大卿

荆州名士閱今古，❶誰登龍門步奇武？競道先生抱義高，不將蘿薜牽纓組。少年逸氣凌雲虹，文章伯仲千人雄。一朝投筆謝曲几，萬事衰蓬旋落風。阿兄綰符出川劍，令子傳經富才彦。由

❶「閱」，蘇本作「聞」。

來美事不具并，況在吾身復親見。楚雲楚雨翻春早，江水江花動懷抱。男兒四方志未酬，誰人百歲容常好？金陵烟月成冶遊，摇蕩風光春復秋。六朝世代悲王正，百戰山河壯帝丘。登樓騁望多意氣，行吟彈鋏秦淮市。贈處時傳白雪篇，交分盡是青雲士。歸來吹塤芳樹花，顧影蕭蕭鬢已華。有酒惟尋陶令菊，無心更種邵平瓜。自笑浮生不如醉，休令長醒空多慮。❶玉山未倒君莫催，白日欲墮如相避。平生黄金不在手，肯爲兒孫事奔走。寂寞空山書一篇，❷龐公早解遺身後。自從仙履閉重泉，杳杳桃源今幾年。曳裾大傅王門下，執簡臺臣御座前。恩暉兩世聯榮顯，祥源福祉由培善。多少穹碑長緑苔，至今獨誦高人傳。

岣嶁山房歌

仙人與我緑玉杖，早年意氣青雲上。❸生憎顔色帶風塵，夢中五嶽恣雄放。石屋道者啓瑶篇，歷歷朱陵羅洞天。奇峰細數過七十，下界俯視空三千。岣嶁之山禹碑石，造化元精神鬼畫。不是名山靈異張，寧昭聖代文章跡。攀讀欲駕三湘舟，萬事傷心成阻修。去此山中止七日，胡爾江山垂

❶「慮」，蘇本作「累」。
❷「篇」，蘇本作「編」。
❸「上」，原作「生」，今據四庫本改。

三秋？❶ 忽遇夫君談故丘，丰神颯颯凌九州。祝融之裔無乃是，況復玉立聲揚休。當年親見上封事，玉關青瑣留清議。每嫌金印誤鉛砂，不博朱衣輕薜荔。夫君夫君莫怨嗟，鄴侯曾是仙人家。葯房闌砌接丹壁，牙籤錦軸輝青霞。臯臯雲泉知幾處，叢叢露桂今誰住？望日臺高白鶴遥，瀉洪亭在玄猿去。九嶷迢迢烟霧横，空傳玉帛漫含情。古來浮名不滿瞬，何如絶粒度長生！清謡發處看芝草，道心定後浮雲掃。自有金波共月迴，何憂白髮催人老。即今絳節向金臺，寄語山房鎖碧苔。直待功成謝簪紱，好共山人歸去來。

題孔雀牡丹圖

洛陽昔日稱名都，奇花錦石天下無。紺園霧熖風初細，碧殿春深日欲晡。芳葩半吐含羞澁，絶色似誇殊代立。沉香亭北倚欄粧，瀟湘江上輕羅濕。名譜誰傳姚與魏，上林誰復當奇貴？的的朱門臯御烟，亭亭瑶砌占王氣。海南羽族來何遥，顧影呼羣争妬驕。翠色偏擎紅綽約，金光欲射碧岧嶤。繁香艷質難爲别，銀箏寶瑟紛成列。解使家人眉黛愁，郵知帝子韶光歇。自從胡騎過天津，零落殘英陌上塵。幽館臺高多茂艸，饑雀啼鵑空向人。伐山輦石入燕去，洛水無情寒日暮。歌舞曾聞化雨

❶「山」，蘇本作「上」。

雲，鶯花不復當庭户。由來聚散遞相尋，畫史者誰披素襟。❶宛轉當筵千萬態，只博傷春一片心。

宿水芝灘上

懸流出峽喧殷雷，孤舟一宿依巖隈。江燈翻覺形影静，夜夢誤疑風雨來。毒龍華石多頑醜，潛向溪頭效奔走。何時鞭龍作雨雲，濯纓且醉湘江酒。

别何虞卿謝維翰

故人有約不得遇，道逢二仲開情素。一笑知爲莫逆人，無言更得相忘處。利器何君正慨慷，謝君比玉温且良。看雲滿座入山雨，對酒清歌落暮湘。我欲東歸挽不住，鄉關杳杳迷烟樹。君家更在鴈峰南，回緘欲寄誰將去？與君相别重相期，共向丹丘覔紫芝。年年春雨待消息，此路人間或未知。

柳塘歌

野塘春來霽春雨，菁葱處處迷春樹。樹邊老屋三四間，屋外垂楊千萬縷。幽人心事無嫌猜，向午簾櫳手自開。行歌塵市人不識，醉卧高樓日幾迴。興來閒讀先生傳，惠風拂拂吹人面。玉蓝常

❶「素襟」，原作「襟素」，不協韻，今據蘇本、四庫本改。

飄白璒巾，碧波欲墮烏衣燕。與君兄弟歲相親，憐君棣華生不辰。過君柳塘能愴神，惜春不見同心人。年年枯榮容色改，芳枝翠葉仍相待。人世何曾別異才，物情自可疑真宰。顧君爲樂且及時，擊筑長歌連理辭。他年繫馬向深緑，莫壓攀條催酒巵。

白坡草堂

閬苑仙人絶塵跡，愛住山中夜煮石。石間粲粲長琪花，瓊瑶滿地無人惜。自開虚室陟坡陁，嘉陵江水對銀河。雪華不舍袁安卧，月色偏隨庾亮歌。肌苦凝冰色冠玉，明光登記羣真菉。文螭陛下簡飛霜，白鷺洲前筍剖竹。❶緊余鶴氅被綸巾，相逢一笑楊花春。已羡託身久得所，誰能論心共結鄰。天子圭璋思俊賢，舊隱休憐生素烟。暫爲廣厦千間用，記取真珉一寸堅。

蕭體乾談江州陳氏柳堤

昔年車馬遊江州，曲堤深巷多高樓。樓頭捲簾逢暮秋，匡廬翠影沉江流。當時把酒生大息，人世紛紛竟何極。遥指鷄鳴楊柳中，此處移家貧亦得。蕭郎客此二十春，爲道館人身姓陳。大丘先業付諸子，吴椽汗名未到身。躬耕秫田性善酒，酒酣擊缶爲親壽。每愛溪烟着柳多，故當春暮留賓

❶「筍」，蘇本作「符」。

久。我聞此語動夙心，相煩此去爲傳音。他年倘入天池路，欲向堤邊惜柳陰。

四嗟詩別弟也邃夫如南雍其兄送之江上不能獨歸而作四首

我所嗟者天日遠，孤兒蚤歲違爺面。衾單食少容色變，惡裳不留慈母綫。雖有阿兄力未健，左提右挈愁紛轉。人生薄命復誰見？念之悲辛淚如霰！

我所嗟者夜雨寒，鶺鴒飛飛毛羽單。譬彼荆樹枝不完，天各一方氣骨珊。顧子遠離增悲酸，歲歲相看明月團。倘其慰我加盤飡，無使長歌《行路難》！❶

我所嗟者歲月晚，容華漸落毛髮短。布褐在身不覺煖，欲往馳驅行步緩。始憐青陽不再返，白日森森空悲惋。莫言少壯常似今，來日大難勝黃金。

我所嗟者川途迴，放舟欲往不可泳。江頭尺鯉春欲奮，❷江潮尚隔潯陽郡。寒温道遠誰相問，

❶「長」，蘇本作「我」。
❷「頭尺」，蘇本作「中之」。

棠棣有華難獨詠。願言明歲早來歸，飛鴻目送心悲憤。

爲德光壽阿舅楊新塘

山家濁醪不踰斗，兒童争起爲賓壽。姪也走前欲致辭，問之阿舅開筵久。此月二日五十期，視昔薛君命更奇。辟惡仙家早成藥，長命人家競續絲。❶門前山色半無有，盈盈新塘纔數畝。對飲荷枝自帶香，笑愛榴花堪侑酒。知爾渭陽動所思，爲爾停杯書此詞。半生已得林泉樂，勸客休令歌舞遲。

贈歐兩川年兄移令丹稜

憶昔秋風擢桂枝，君當壯年我少時。二十餘載分翠袂，百年萬事悲素絲。君持直道閩水曲，閩水無聲向人緑。製錦寧知萋斐成，還珠翻坐泥途辱。天子能明萬里情，賢侯復遣三巴行。行經峽樹猿驚夜，泊向岷江雪照城。已知塞馬未終失，更憐涸鮒難相卹。即今科責百費興，里中流析誰能詰？願君早爲醫瘡痍，成都之西多遠夷。我已卜築山中奇，石蓮㚖㚖含春姿。他年問政如相見，莫誚山人與世遺。

❶「家」，蘇本作「間」

題雪梅軒

少年見雪不畏寒，雪片如花意始歡。更欲踏雪尋花影，往往瓊瑶入暮看。絶色微香暗相引，春風未至令人哂。幾向深巖住不還，翻憐晚歲情無盡。羅浮自惜多仙才，藐射之神非俗胎。何年謫向人間去，獨愛當年碧玉臺。開軒寂寂對溪水，幾樹亭亭澹烟起。月下横斜想素裳，雪中綽約當烏几。老我牛衣不出門，空勞折簡來翩翩。待得扁舟王子夜，與君花下試傾尊。

即　事二首

今年三月日食既，愁雲黯黯風摧地。稚子慳呼新月生，行旅狂奔暮雨至。父老招予且指示，天狗兇猘恣吞噬。寒精閃閃不受降，欲滅未滅兩争勢。袒跣墮冠仰天視，殘星三四如相避。便欲伐鼓集村市，繳弓注矢快殲殪。天宇沉沉高莫攀，反袂無聲掩雙涕。

初夏廿二江頭路，路傍野客行相語。傳聞前月十七事可駭，赤日迴光光未具。半空無雲天鼓鳴，垣中一星忽飛去。化爲白石沉東海，海水乾枯北風怒。羣龍起立鯨魚死，掩耳不忍聞他句。古云變故不虚生，草茅下士那得與。❶ 皇天至仁豈不慮？ 五緯錯迕令人懼。

題東湖代雙江公作

東湖水與銀漢通，扶桑倒影馮夷宫。 朝看浴日天門上，暮取明珠月窟中。 天人住此抱奇氣，胞藏雲夢兼涇渭。 一自龍飛入紫微，客星遂極人間貴。 釣竿擬去倚蓬壺，水檻日日空飛鳧。 天子呼來侍玉輦，行人遥指避金吾。 九闗虎豹嚴呵衛，半夜貂裘不遑寐。 誤臨太液夢滄浪，髣髴漁歌聞鼓枻。 寄語草堂湖上山，許身此日未應閒。 持盈早畢澄清志，不羡當年衣錦還。

寄牟禾山公

石蓮洞畔自結屋，夜聽林莽朝牧犢。 五年不見武昌人，千里傷心楚洲緑。 武昌城頭車蓋多，使君門前雀可羅。 晏起加餐身健否？ 無翼當如會面何！

秋暑夜坐

常年七月秋風發，今年過閏猶炎熱。 天外飛鳥渴自歸，階前碧樹陰初歇。 簾籠向晚月生光，步

❶ 「得」，蘇本作「能」。

月林間倦思忘。蛩吟古砌聲如訴，露下高枝濕不妨。月光露氣催涼吹，轉憶山中閒洞房。

竹園愛筠翁七十

我發石蓮鑿天巧，恨少篔簹看一飽。曾乞名園竹數枝，陡覺寒聲夢爭攪。當時傳竹未傳法，至今清影來稍稍。愛筠老翁法最奇，種竹擇根不擇枝。忘魚久縮釣竿手，採蕨常違燒笋時。夕雷忽報春工起，龍跋犢角互撑抵。閒庭夜起月娟娟，密户朝開風簁簁。年纔七十竹滿山，吠犬篝燈山竹間。虚心相對還相似，更覺柴門幽且閑。郎君搦管識奇字，仲氏吹篪多好顔。青青葉色深杯見，自笑皮冠身未賤。桃李穠華欺歲寒，何處物情無改變。兩年石蓮秋草深，未見翁面知翁心。吾家名士多汗簡，況有琳琅湘水吟。常疑葛陂化龍事，奇物與人兩不異。

望匡廬

去年逃暑尋瀑布，嵓崖帶雨迷歸路。暫向禪房解客衣，石壇猶記莓苔處。扁舟此日下潯陽，天際孤帆一鴈翔。却望千峰烟雲裡，白雲明滅閒青蒼。

王臺洲六十

鄉里名家傳不偶，五塘之王舊希有。金馬門前幾賜恩，青驄道上争回首。持衡東魯豸衣鮮，競道提刑屬少年。故鄉歸來開里第，綺窗處處臨清泉。賢孫屋傍白雲曲，曾是當筵梧與竹。傳來滿口伏生書，分與鄰人原憲粟。槐堂往日曾留記，蘭亭何處無高士！暮春三月麥壟黄，酌酒邀賓不作意。六十頭顱髮未華，幾經世事如摶沙。静對長林落松子，閒看流水出桃花。駐顔更得山中藥，聞歌爲和南飛鶴。世代衣冠往復來，君有諸郎富文學。

避水吟

玄冥太陰恣出入，燭龍走匿羲和泣。豈無蝃蝀與招摇，束縛盡被豐隆役。病夫朝來睡正牢，只厭簷溜聲嘈嘈。不知陽侯潛入户，一夜階戺生烟濤。長須祖跣呼避水，敗屋頹垣聲滿耳。漂杵浮罌不解收，獨上高樓抱經史。三老船頭恣笑謔，❶堂上上船堂下泊。晶熒浩淼鏡光寒，洞庭彭蠡風初落。海門潮滿静不流，浸淫駕陸遠沉丘。四野浮雲接天際，千峰盡没垂雲頭。晝樹蝮蛇留不懼，夜窗螻蟈鳴如訴。虚檻真同唇氣浮，曲房常恐鮫人住。豈須歲月更滄桑？昨日我闤今八荒。連年版築成底事？自古巖穴堪深藏。一身利害不足計，變故頻仍自何至？❷深林僻野愁且多，傍澤臨淵可奈何！扣弦極目悲復歌，世無禹稷將如何！

❶ 「船」，蘇本作「舡」，下同。
❷ 「故」，原作「古」，今據蘇本、四庫本改。

寄殷虛白

我遇鑾江髭未生，君年長我纔二齡。春風桃李各明媚，繁華那解傷凋零。一回相見色漸槁，我今已是秋蓬草。縱有餘閒作遠書，臨緘懷抱嗟潦倒。憶君曾爲博士員，執經幾向文宫前。忽然不樂事佔畢，解却青山多醉眠。人生豈直求温飽，古人意氣凌穹昊。富貴由來帶險巇，江山何處無文藻？計年君已五十强，我卧田園十九霜。江南江北人千里，鴈去鴈來天一方。今年忽睹阿兄面，對飲思君君不見。臨行漫寫思君辭，何日握手如平時。迢迢江水去不住，早晚音書雙鯉知。

督撫北川陸公螺川捷音歌代贈

炎瘴四塞嶺海翻，毒塵漲天天欲昏。紅巾秋下玉笥峽，白羽夜過章江門。明聖重瞳見萬里，環視南方孰可使。左轄陸公衆所推，節鉞登臺承特旨。朝來拜表夕啓行，道聞小醜仍縱横。駐師螺渚不旬日，笑談兩捷驚飛聲。擒生獲首踰四百，壯士轅門受金帛。旌旗遥指連壘空，狐鼠宵奔閴無跡。唧枚金鼓晝不聞，玉立行營鋭且文。聚米當筵問山谷，借箸輟食開風雲。煩敲遠謝霜威勁，鬱孤勢壓千峰静。虎頭城下卧熊貔，羊角水南絶梟獍。憶昔正德逢末年，金銕作難先自虔。屠村赭邑官吏遁，老師曠日虚縎錢。陽明夫子分節制，畧去儀文收智計。關梁制禁用漸舒，❶蒭蕘可從行不泥。參伍得情幽昧通，出没要害指掌中。先發後聞得密請，陰操陽縱齊神功。鄉道曾藉龍川猛，軍書不出廬陵境。討招新民感再生，❷至今俎豆垂三省。事鈞勢格難並論，良工苦心能幾人？兵家勝負形無定，善賞罰者稱名臣。治亂相尋每反覆，轉瞬光陰四十六。天如有意生陸公，繼登名位同鄉曲。當時公私倉廩豐，綱紀如初無異同。只今徧野盡荒穢，嬰城飽食誰哀恫？孱丁惰卒不素練，士目狼兵資利便。犬戎回鶻古有懲，得失不償貽後患。君子用權貴弭變，丈夫乘時才乃見。病愧無能從苟殳，濡毫擬作《平南傳》。

王右使君歌

恩江賊壘城相連，文江柝聲夜不喧。忽傳道上官軍至，仗鉞者誰王使君。❸太平生長不知兵，朽刀折戟來分營。購金朝懸勇士出，頃刻呼吸風雲生。帳前卒伍盡精健，囊中糗糒仍餘羨。親持卮酒勞軍頭，密授鈐韜背人面。令嚴罰重命自輕，算多計得卧無驚。間諜出門賊已破，笑談憑几人

❶「制」，蘇本作「漸」。
❷「討」，蘇本作「老」。
❸「使君」，蘇本作「右使」。

争賀。更説劉生逐北雄，不遺孫恩向南過。誰道書生非武侯，豈須投筆玉關秋。寄語悠悠文墨吏，時危禄厚可無憂。

巡撫栢泉胡公捷歌

昔我賜玦還山初，君在鴈門遥上書。書中借問言如何，❶欲令近塞無窮廬。是時朝廷北擊胡，聞此按劍無匈奴。進之美秩兼兵符，君亦拜命思捐軀。不知貝錦自何至，白日難照西南隅。畫熊空擬據要害，蕉鹿入夢成虛無。歸來一十有八載，文陋遷固書程朱。史中不數百將傳，壁上常挂三山圖。九重一日思頗牧，召自巖穴還名都。隴右江東聲籍甚，虔南郡邑多苟殳。勑使喧傳來夜半，立待中丞授廟謨。鉞節未臨彭蠡湖，臨川羽書紛載途。舍舟躍馬麾壯士，醜類坐見來羣俘。分營左右布兩翼，接境守望如連株。轅門塹駐盱江上，石畫已窮潮海區。朝出千金遠行間，暮遣諸蛟防潛逋。投醪人人思感憤，唱籌日日勤賫輸。計定不煩兵血刃，功成獨讓人前驅。譬彼大獵張四綱，豈必獲者稱雄夫？由來屈敵貴不戰，智勇無形善莫踰。大人事業非錙銖，臨戎緩帶名真儒。三錫寵恩疑有待，五溪歌詠今何殊！知君慷慨百不拘，青冥要妙天爲徒。會振千古洗繁蕪，四海不復勞彎弧。天子垂拱倚公孤，勒名周雅方虎俱。時平競上中興頌，蓮洞樵夫病或蘇。

❶「如何」，蘇本作「何如」，依韻當從。

武功行壽羅克齋[1]

君不見，武功山色安成西，鴻蒙開鑿雲爲梯。拔地青峰入烟靄，蟠空紫澗垂虹霓。西映咸池東若木，赤龍夜半啣熒燭。樹底纔分鴻鵠飛，峽中常有蛟龍宿。金壇玉砌多瓊花，綵雲儘是仙人家。仙花歲歲連成綺，靈氣朝朝結作霞。霞綺雲機五色章，仙人紺髮乘神羊。手搴芙蓉製巾舄，長庚射地初呈祥。鳳笙鸞舞朝玉皇，玉皇親賜天孫裳。繡斧遥分六丁使，霜毫上動三台光。爾時蜃窟消樓閣，爾時星漢藏烏鵲。懸水三千砥柱高，大荒九萬飛鵬落。羽蓋飈車洞府開，玉衡寶鑑當秋臺。風清溟海波常静，雨過滇池瘴不來。絳節丹霄忽歸去，金芝碧草紛容與。暮雀時窺羅畢門，春庭自共花鶯語。暮雀春鶯歲幾遷，松苓石髓争相鮮。御風不起飄飄思，酌水無殊隱約年。青瞳夜識金經字，玉爪朝繙寶籙記。寶籙多傳北斗文，金經總授中皇秘。中皇北斗度玄踪，九十韶光頃刻中。頃刻春來又春去，九十春容勝舊容。竭來青鳥瑶池過，寄取仙桃如斗大。蘭堂曙啓瑞霧連，桂醑波生香露和。桂醑蘭堂夕復朝，雲冠星珮遠相招。共言市上長房客，便是山中王子喬。意氣繁華吾未齒，標格逍遥常自擬。那知世路接桃源，空恨風濤隔蓬水。早憑山鶴報山靈，長留山月照山城。願持一片丹青色，爲表千年高潔情。

[1] 「武功行壽羅克齋」，蘇本、陳本題作「武功行壽羅克齋憲副九十」。

筆山歌壽傅翁

仙人駕赤鳳，飄飄下文昌。天梁南斗落，楚域遥相當。奇峰突岫選金穴，絶壑峭壁藏丹房。青藜夜照瑶函疏，綵毫畫寫黄庭註。珥管揮成白玉標，飛花散作青蓮霧。憶昔緑杖謫雲路，分符綰墨當奇數。夢寐猶含五色光，經綸未染千章素。潁川車馬辭風塵，角里衣冠化蘅杜。留雲駐日調清平，青案文綃霞錦横。春妍縹緲描難盡，曉勢岧嶤削不成。爾時瑞鷺騰揮霍，章臺雲夢秋光薄。作賦寧夸池草工，論書不讓籠鵝客。虯掀豹炳千古雄，湘縑楚練一時空。孤峰陣掃萬人敵，寒芒夜射三台宫。直指豺虎避，獨判山岳輕。皂囊柱下風輪疾，白簡螭頭雷斧鳴。千里聞霜威，霜威如卓穎。天閽倚玉衡，大微露光景。南望仙人廬，雙鳥傳金書。書中五千字，字字華玫琚。云是上真訣，亦名東皇歌。不羨黄鵠舉，不憂白駒過。壽算永無極，綿綿若江河。始知發神秘，終然藴天和。洪厓一去今幾何，廣成千載那足多？願從雲外觀圖史，不向人間買畢羅。

雪屏歌贈趙考功

點蒼之山千歲雪，化作白石成巖穴。返照疑從瑶島來，剛風不度銀花折。青天垂素虹，隱隱十九峰。散入西洱海，倒映玉芙蓉。當年曾此洗兵甲，餘波無復藏蛟龍。山上多香草，白石無人掃。有客抱孤懷，結廬向幽島。夜扣玉真玄，朝詠陽春篇。冰蠶作紈綺，霜羽凌雲烟。吁嗟乎！六鰲之足不可斷，洱海蕭蕭流水緩。何時長揖金馬門，共君且學嵇中散！

讀漢史

君不見，漢廷昔日東門尉，閉關夜半驚輿衛。天子前驅不敢呵，將軍嚴令誰知畏。男兒立勳在及時，致身豈必拘名位！五侯七貴生雄風，朝朝遊獵陵園空。雲隨七寶香車客，塵滿千金玉色驄。道遇公卿不低首，殺人都市俱白手。豈無司隸與金吾，盡在門前備奔走。嗚呼貴賤安足憑，直躬自古爲希有。

劉五齋六十代子壻曾于野

我聞南雄太守持風節，冰雪爲腸鐵爲骨。作郡三年不挈家，食粗衣敝心思竭。黄門怙勢如虎狼，唇吻膏脂孰敢發？直言訶詆長揖趨，穹旻争高氣硉兀。驛書夜半動天子，九關風雷愁鬱勃。血誠上訴皇怒平，滿朝顔色俱生活。美業當年已特書，流光繼世尤難没。即今曾孫才大夫，八閩佐郡當雄都。綰魚分駕步高武，羣寮側目聲名孤。繡衣使者懷丹符，奔走郡國同胥徒。由來騏驥善馳驟，豈有松桂甘摧枯。政議牴忤早自劾，簪紱瑣瑣胡爲乎？歸來閉門誦書史，五齋之中何有無。日暮憑几吟不絶，客來對酒聊相娱。青原山寺十日雨，學士彬彬亞鄒魯。接席高談幸不遺，家學淵源因竊睹。年華六十好鬢容，後來日月那能數？婚宦去心百不關，兒女成行一莫苦。近時儒學路徑開，至近可求隨所取。威武不挫窮不憂，昔者南雄此其户。極深致遠旁無疆，千載悠悠幾更主。六賢之後天所與，❶厚禄高官竟何補，君乎晚歲誰曹伍？

書文待詔所畫百鴉圖歌

文君寫此百鴉果何意？把玩令人不忍置。憶君曾作金門遊，待直晨趨五鳳樓。爾時銀床聲半滑，爾時銅箭聲初歇。驚羣忽逐禁鍾來，弄影遥隨宫霧没。光借祥烏一篴佇，勢凌鳷鵲從來去。仙橋有路自飛騰，韶樂無聲亦蹌舉。託身既得所，引類還有時。大液分飲九龍水，上林更宿萬年枝。中郎彈射不敢向，内庖烹割多所遺。時人每取占王氣，競謂禽鳥先得知。只今歸來甘寂寞，獨卧南窗對山郭。窗前古樹大十圍，不見羣鴉見饑雀。

松峰歌

我行兮衡山，攀明月兮松間。松之陰兮多流泉，仰連蜷兮俯潺湲。思夫君兮峰之上，鬱盤盤兮青玉嶂。仙不還兮鶴歸來，栖偃蓋兮啄石苔。煉翠蒬兮采紫苓，羌服食兮延長生。悦千歲兮命無

❶「六」，蘇本作「大」，可從。

傾，遺濁穢兮瑩元精。待余兮湘浦，雲轝兮飈征。❶

自夏幽趨文竹席中聞東廓公詩用韻留別周慎菴

文竹走馬自天明，主人倒屣争相迎。廣堂重席出俎豆，未交一面先含情。傳來古調何大清，誰能爲此天籟鳴？東廓丈人留希聲。我亦舞雩詠歸士，感此欲作相思行。人生役役苦何事？昨日金石今蓬萍。君知惜時勝惜名，名利可還君莫攖。

吊三義士戰場

腥風暗塵何大狂。攙搶枉矢紛寒芒。紅巾白馬隨蘄王。颭旗跋鼓來越疆。屠村赭屋虐焰張。貪噬不殊豺與狼。建牙推轂鎮一方。棄城首鼠誰能當。布衣許國大義倡。虎符未下先戎行。竪髮奮髯心鬱昂。木弓棘矢生馬韁。一呼百夫氣倍揚。直欲滅寇清湖湘。兵家勝負故不常。縱死生氣終堂堂。曾不愧殺材官郎。平原無人衰草黃。鳥飛不下星露涼。至今青燐生夜光。

❶「轝」，蘇本作「轝」，陳本作「輿」，四庫本作「路」。

采石吊李白

我遊匡廬峰，瀑布下白龍。香爐烟乍起，明滅錦屏容。扁舟欲發金爐月，雲松遥夢雙金闕。飄泊宫袍稱謫仙，腰間解我珊瑚玦。曉來推枕對春風，春陽初入馮夷宫。鵁鶄翠翼晴沙暖，楊柳青絲曲巷通。問言此地名何渚，采石磯頭采芳處。記得當年留醉眠，歌聲不逐江流去。啼鶯幾度怨遊人，迷汀豈解知前主。長安鼙鼓接新聲，潯陽樓船向禁城。❶ 夜郎早晚無消息，天子春秋多變更。文章落筆生江海，意氣浮雲輕百代。沉香亭曲百花妍，黄鶴樓人亦何在？空聞美酒出蘭陵，十千五千不動情。當罏燕姬鳴秦筝，恨不椎碎力士鐺。江烟江草已無疑，江日薰人人自醉。丈夫達生死即休，浮名何物令心愁。白鷺洲，采石水，漢陽鸚鵡唤不起。奚獨才高易搆讒，寧須命薄憐傾否。我欲騎鯨鯨已飛，望而不極令心違。興至亦向蓬萊歸，安得塵世久依依！

傅山人倭劍歌

倭奴器物巧絶劍最奇，大都千年鐵精始爲之。沉埋陰井忘歲月，選練吉日分雄雌。人血爲塗見者悸，禁以神咒傳相秘。腥氣非關龍甲文，光怪自逐夷形異。不獨國中争價高，往往犯險來夸

❶「船」，蘇本作「舡」。

示。飛渡鯨波幾萬重，包截鮫皮一尺二。金環紐束成宛轉，青組交織横纓繫。畫屏文篚貢上方，此物自詭從藏置。丁戊山人獨見知，貨之不惜傾囊貲。當年攜持遊武夷，山鬼莫敢窺茅茨。謂我骨相非凡姿，什襲緘封爲贈遺。開匣拂拭驚陸離，左揮右霍寒風悲。即今朔方上谷多鼙鼓，爾獨奚爲與我隨？噫吁嚱！少年意氣不在兹，會須自斷貪嗔癡。

張石洲赴武昌通判

我欲訪終南，漢江不可渡。忽聞别乘行，云去武昌路。武昌城郭江漢濱，旌旗裊裊秋復春。黄鶴樓前幾吹笛，赤烏年後一沾巾。白蘋紅蓼洲仍緑，粉堞悲笳夜相促。星月猶多繞樹烏，封疆曾是中原鹿。幸生明世居上游，碌碌那肯奔走休。❶只今威權半刺史，況復才力驚諸侯。憶在金螺獲神劍，二十餘年經列焰。臨岐拂拭白日迴，志士平生從此見。老我深山奈别何，楚人何處起謳歌？他時過棹應相問，傍宿漁家明月多。

臨泉歌代弟姪壽劉翁八十

仙人誤遺白鹿角，化作南山萬丈壑。壑底紅泉静不流，露華石髓無人收。山翁結屋向幽僻，有

❶「走」，蘇本作「趨」。

泉不肯夜煮石。得秫釀酒如丹赤，獨醉樓頭卧白日。至今八十顔色好，却笑風塵人易老。何時苦熱來升堂，冰漿一畝回容光。

放歌寄殷春莊

門外桃花花滿蹊，行人别我放春溪。問訊舟行指何處，鑾江楊柳春將迷。我有故人住近市，市人但解呼殷四。年紀如今五十强，顔色如前能得似。尺書三秋無一通，懷抱安能遽棄置。早晚停舟江水前，不惜扣門投我箋。爲言我年四十六，鬚鬢非復當時緑。君家舊有飛仙健步之奇方，服之解使壽命長。何不寄取一粒深山裏，相期晚歲觀無始。我煉金丹今未成，欲登五嶽窺蓬瀛。同心人遠難獨行，念之三歎空含情。與汝相見在何歲，鴻鴈飛飛楚雲外。斗酒爲歡且放歌，莫令萬事生憔悴。

君家父子俱抱奇，能以片藥起人於沉危。一家八口死復活，憶在庚寅夏五時。金帛相酬不一顧，但乞庭中留尺素。從兹一别二十年，怨鶴哀猿忍相訴。柴門寂寂春晝長，有客持書來遠方。楊子江頭四壩柳，還似當年望故鄉。故鄉家在半零落，空留皮骨親耕作。食粟年多無餒容，深愧故人情不薄。秋風颯颯飛蓬短，昔何壯盛今衰晚。左輔動摇連右車，對案安能强餐飯？癡兒九歲始學書，每食問我心何如。顧之一笑不能答，時過方悲生計疎。人生百歲無常好，萬事捐除苦不早。感君活我逆旅間，寸心一一爲君道。此日行休還即休，得亦不喜失不憂。千里迢迢遲會面，報君無力發長謳。

鹿門行

鹿門山深多草木，徑狹溪高隱川谷。烟火巖前四五家，名姓不分顔面熱。歲月寧知避秦亂，衣裳聊自隨鄉俗。痴子頑孫無誦讀，問字猶疑七與六。田鼓春來歌互催，繅車月下聲相逐。擇新揀白了租税，禾滿倉箱帛滿軸。鸒犬無憂嫁女資，飲泉亦鮮留賓宿。未聞明府是阿誰，那慮長安有翻覆。壠上偶逢車騎來，龐公從此傳高躅。

鄧東園七十安溪

鄧君少壯常相見，老鶴爲形瓜削面。❶今年七十過我廬，顔色無殊在江縣。欲識君家方術奇，請將往事爲君披？憶昔金氣盛燕雲，汴京移蹕臨安軍。❷鳳舸霄奔南浦日，帷宫曉駐章江濱。君家籍屬内供奉，翰林藥局頭銜重。帝子王孫呼大夫，侯門主第争迎送。自從流落向天涯，聚散浮雲那

❶「瓜」，原作「爪」，今據蘇本、四庫本改。
❷「軍」，原作「車」，不協韻，今據蘇本、四庫本改。

可期。攀號半逐鼎湖馭，備物猶存大内儀。風塵澒洞異朝夕，鑾車綵仗行塵隔。扈從俱如陌上蓬，旅情誰問江南客。土風憐幼似咸陽，從此人間傳秘方。歲久子孫能結社，名馳州郡得升堂。紛紛湖馬南仍北，潢水錢塘慘無色。四百年來幾刦灰，舊恩新怨殊鄉國。不見匡山南海頭，颶風一夜失龍舟。羣僚盡作波臣去，百枝空爲精衛遊。❶至今安有如君者，東園開席青山下。薰風南來可奈何，勸君持盃聽我歌。

庚申十一月廿九日自治殮服用備不虞夜夢兩臂皆成蟻穴土蒙其外羣蟻出入穴中不知痛癢覺而有悟

憶從年少即問醫，獨身偏得父母慈。日視顏色察饑飽，口雖不語知心悲。稍長頗畏辱親體，漸向長生求至理。禍變頻來天地傾，喘息僅存皮肉死。人生壽夭那得知，憂疾還如父母時。五十年多兼得子，縱令速朽猶爲遲。古言楊孫但裸葬，荷鍤劉伶太疎放。奢儉常思靖節言，守常自覺人心當。亦知有形終就滅，錦囊玉匣曾何别？螌旁暫免蠅蚋喧，地下還成螻蟻穴。螻蟻蠅蚋俱可憐，愛憎予奪胡爲偏？由來孔孟先名教，拂情背理非其傳。夢中觀化吾非我，醒後去留無不可。只將醒與夢同觀，安知此日非蓋棺！

❶「枝」，四庫本作「技」。

辛酉中秋次夕竹湖玉亭于健攜酒松原别後月色如畫引興成歌

廣寒宫闕夜不扃，秋庭桂醑傾奇馨。羣仙宴罷雲錦散，嫦娥冉冉來飛軿。水晶簾開期不爽，寶奩冰鑑懸金掌。絶色誰夸玉雪姿，長生但看琪花長。六銖輕袂飄瓊霄，萬斛玄珠隨碧綃。素鸞乍别蓬萊殿，瑶圃寧知王母遥。靈兔當年曾有約，分得杵邊一丸藥。至今毛骨不知寒，幾欲乘風訪寥廓。何緣下謫留人間，恨無霜翰凌千山。路臺獨掛羽衣立，髣髴神宇通天關。天關曠朗四無際，孤高只欲離塵世。緑烟淡淡光欲流，銀河隱約波空逝。餘醒未解狂且歌，聲高不畏天孫訶。珊瑚敲碎鐵如意，未報金鷄奈樂何！

問月篇

浮雲四掃天宇清，蒼芒海底銀蟾生。是誰與日去其足，翻解萬里中天行。目光炯炯忽墮地，夜深窺户來軒楹。憐我孤孑伴似影，❶行止起坐俱同情。欲憑此影向天問，汝蟾何物能縱横？頭尾藏縮止餘腹，中孕大地山河精。金銀宫闕安附麗，桂非土植難爲榮。嫦娥云是后羿配，有窮未還國幾更。常聞靈藥頃刻就，豈待千秋兔杵方能成？不然將與世人起沉痼，胡不分我瓊瑶英？汝身

❶「似」，蘇本作「以」。

亦有圓和缺，❶晦昧那得常光明。缺處曾非石可補，圓時真比珠之瑩。歲移月改已非舊，腹中諸有誰胎萌。俟命不得魂夢驚，天風環珮如傳聞。❷仙童兩兩來相迎，敕至天上白玉京。訶斥汝輩誠不慧，下土妄意橫譏評。此意莫遺聞上帝，却恐《詩》《書》從此令人輕。生從盤古自虧盈，壽十二萬五千八百無危傾。運隨大化寧有跡？人間物色皆虛名。再拜莫敢復仰視，歸來零露沾冠纓。始知聞見盡無實，獨抱靈光還太清。

遺　世

我欲遺世依聖賢，左右曾史前軻淵。聞韶問禮入周廟，洙泗弟子來三千。授我几杖從賓筵，河圖洛範陳韋編，傳億萬載無迷愆。

闇齋兄六十

去年曾作漢中遊，長江春雨催行舟。已拚妻子不復顧，病絶中道成淹留。西望飛雲憶親舍，夕陽幾度生驚詫。聞兄今歲六十期，杯酒無從共情話。同江別兄已十年，容鬢何如未別前。我少於

---

❶「和」，蘇本作「與」。
❷「聞」，蘇本作「聲」，依韻當從。

兄剛七歲，毛髮種種心空憐。兄有諸孫且五子，二郎更解傳經史。孟光幽德古所稱，旅舍婚姻多戚里。在昔薇垣贊畫時，群公交贈鳳池詩。黄授飄飖桂林去，紫騮飛鞅聞驕嘶。一朝拂意盡棄擲，楚水秦山謝行役。家世由來清白風，笑談況對南山石。人生別離未足牽，加飯不妨多晏眠。與兄相見十載後，重歌棠棣春花篇。

贈亡弟内舅

玉郎一别成幾載，重見容華今尚在。贈我邕州好劍刀，銅鉼圓滑流金采。坐中細語獶猺情，五嶺何年始罷兵。束裝又向西南去，不避前途戈甲聲。持盃爲囑歸期早，故鄉門巷閑秋草。却對荆花聽鶺鴒，相看淚下那能道。酌君銅鉼醉且歌，吾欲遠遊愁更多。萬事紛紛不稱意，劍刀雖快當如何？

題真隱圖

南嶽諸峰青復青，上當朱鳥下洞庭。其中神物不自秘，往往變現生明靈。丹凌洞天逢雪霽，土石大半丹鉛細。見松輒欲獻奇形，食芋還經墮寒涕。欲歸未歸意獨遲，相思相見歎違時。不知羆熊自有後，已跨軫翼窺天倪。惜哉此行不我遇，移家舊在金川住。想像朝元往復還，常騎白鹿遊何處？傳聞此度謫人間，鄴侯萬卷勞披删。含香漢署仙班貴，作牧華亭吏事閑。風流故跡留江左，拂袖歸來吾喪我。一笑繁華夢早春，多情簫鼓催燈火。遥憐此夕幾懷人，試念交游誰獨親。紫虚醉客久不至，正恐芝草迷風塵。我得節竹色如銕，入手不畏千崖雪。倘向瀟湘再放船，相邀一問長生訣。

九仙臺觀雲歌

咄咄眼底成怪事，階前咫尺臨無地。倚杼曾聞清濁分，何緣却在洪荒世。有無來去只頃刻，造物無乃同兒戲。饋鎦初開釜甑間，墫罏乍爇沉檀劑。席席鮫綃静四乘，❶千羣組練騰奔騎。因思昔日九仙避世栖山中，功成乘詔來飛龍。擔有丹砂留石室，光景變現人難窮。興來欲跨滄溟東，安知此即蓬萊宫。開門一望遠海勢，漫漫漾漾迷長空。九仙去不歸，飛龍在何所？却恐水石多馮凌，精魅年來潛洞府。白衣蒼狗逞不已，盗竊元氣恣吞吐。三十六峰失顔色，白日走逐誰何睹？將訟風伯逢怒號，更畏聲高觸天鼓。寒威慘慘入夜深，氤氲踵息澄塵心。朝來却聽樵夫道，昨日峰頭生片陰。

❶「席席」，四庫本作「席卷」。

鄧壽亭

未識病根先説藥，閑言苦被儒家縛。求丹城市静安禪，參差門户成交惡。伊予覵得籓籬破，總是迷人守糟粕。壽亭何因發勇猛，下手便令鬚髮落。六年遊走不還鄉，觜眼盧都耳卓朔。牛鼻牽來露地中，自食自行無處着。邇來混俗披冠巾，尚憶師恩禮東廓。勸君去去且莫留，爲試塵中苦與樂。嗟我與君何處來，去尋來處爲行脚。譬之木偶有機線，虚空好掛羚羊角。此語一出必見訶，逢人慎莫輕投泊。

夢中投筆贈道士

談道人多知道少，閑來謾向閑人道。見説人生百歲期，何事紛紛頭白早？汞易走兮至難倒，倒得汞時成至寶。紛紛更笑世人癡，盡向山中尋藥艸。

貍奴行

山人敝廬不餘粟，樓有古書數千軸。寶之不啻西崑玉，紫縹青緗互裝束。六月六日庭中暴，常恐蟫蠹生腰腹。何知䶂鼠能穿櫝，竄身文字恣顛覆。神圖聖牒蒙汙瀆，恨不移檄磔其肉。三歲貍奴手所蓄，食至相呼蒙顧育。❶邇者朝出暮不復，乳雌雛雀潛遭毒。聱聱白晝聲來酷，静卧檐頭爪牙縮。彼誠何幸汝何辱？欲訴神明正威福。嗚呼！人世愛憎多隱伏，不敢高歌防忌觸。

送客

東海冥冥曾幾枯，金銀宫闕迷蓬壺。山中白石亦何爛，雲外青鸞不受呼。手持素文未忍秘，往往龍精逐人至。密授玄根破後天，指點瑶花紛滿地。❷忽報有客東海來，一日不見心情哀。❸登堂燃燭便握手，詫愕調笑生風雷。紫電雙瞳衣被土，心畏睡魔如畏虎。手煉丹砂似鬱藍，短劍時時提自舞。袖中攜得五嶽文，山海幽怪窮三墳。興來大言駭四座，坤輿顛倒愁劑分。❹焚香結約不相負，此别誰能知近久。雨聲蕭蕭江無魚，❺酌君不飲君何如？

---

❶「蒙」，蘇本作「勤」。
❷「瑶花紛」，蘇本作「靈根花」。
❸「一」，蘇本作「十」。
❹「輿」，蘇本作「維」。
❺「聲蕭蕭」，蘇本作「蕭蕭兮」。

李將軍歌

五溪西南山刺天，千盤萬箐幽且堅。嵐腥水毒不可渡，昏昏白晝沉烏鳶。帝竄三苗曾此地，或云槃瓠居仍傳。魑魅過從喜得侶，山川感召生何偏。窄衫鬟髻號鬼國，腰鎌挾弩親農田。邇來跳梁犯楚塞，下令用兵垂十年。武陵屢奏南征曲，畢口頻移上將權。已聞調發牽兩省，況復節制同三邊。未見瀘水走孟獲，空留銅柱鐫文淵。將軍冑出西平王，忠武世業何煌煌。生來相貌似熊虎，口談韜畧虬髯張。往時提軍入鎮筸，叱咤諸蠻如犬羊。時危正藉酬恩力，志奮寧須絶技長。即今頭銜比都統，兼報開府臨辰陽。胸中磊嵬富羣策，胡爲噤不呻其吭？豈欲萬全報天子，伐心在謀不在强。老我無能抱圖史，染翰濡毫發語狂。擬作五溪旋凱賦，且待將軍投報章。

毅菴叔訓導宣城寄贈

嘗吟李白句，知有敬亭山。敬亭迢迢不易至，秀句入口，神爽颯颯，如在白石青溪間。丹書入魚腹，至語向誰剖？沉滯六籍中，千秋屢回首。叔也執經老且貧，末路得官仍苦辛。今年載橐陵陽去，衿佩滿門多美人。聞之夜深不成寐，便作鼓舵彭湖計。此方美人曾見招，黄鶴不來歲復歲。齋署去山還幾里，萬壑千巖列屏几。縱對先生苜蓿盤，猶勝奔走紅塵裏。紅塵滓人不可聞，譬彼僊

者憎羶葷。六經唇吻竟何事？絃歌俎豆非空文。❶我知叔也堅且白，可當敬亭之一石。自有美人斂衽看，不惜春風苔蘚碧。❷

贈族叔兩豫會試

得售喜君歸，離羣惜君去。同根猶作斷蓬飛，人生安得常相聚。愧我談道將卅年，堂室未覩空言詮。骨肉尚在籬藩外，矛盾豈直門墻偏？素乏華辭動時好，況持穢跡增人嫌。似此捫舌歲復歲，❸寧忍騰口嗤前賢？不知近代陽明夫子用何道，能使四海弟子誦説滃集如雲烟。大鵬斥鷃各有分，夔蛇寡足那堪憐？别君嘿嘿不自已，臨岐楊素傾衷底。即今仕宦争光榮，文物一變更新聲。君本蓬蒿藜藿士，裘馬翩翩競春試。東風共醉上林花，白馬青袍滿燕市。意氣逢時將若何，富貴勳名孰與多？書回倘報平安字，洞裏烟雲幾鴈過？❹

❶「非」，四庫本作「徒」。
❷「惜」，胡本、蘇本作「借」。
❸「似」，蘇本作「以」。
❹「烟雲」，蘇本作「雲深」。

玉笥歌贈吴冰齋

玉笥之西來九仙，九仙之臺高插天。少時夢想不得到，行年五十初攀緣。是時十月天色肅，霜楓露草迷深谷。道遇幽人身姓吴，自談曾授長生籙。心性好潔住冰齋，不逐煩俗成羣儕。爲予指點且先導，拍手雲外開塵懷。一别十年空羽翰，夜深風斷啼猿亂。惟有幽人山下留，杖屨之時入星漢。苒苒光陰五十春，容色無殊臺上人。競道仙村長黎棘，常依洞石作比鄰。我已無心問五嶽，知君猶慕彭籛學。他年臺上聽吹笙，不知誰識王喬鶴？

别劉西梅翁

平生五嶽有酷好，期入無窮求古道。古道逶迤識者希，坐閲人間寒暑違。幾從敝屣捐妻子，更向靈都驗生死。姹女嬰兒豈足奇，後天不老探終始。塵債悠悠空裹花，又如鴻爪迷汀沙。煉心見説不離俗，住世誰能即棄家？西梅老翁不嗜酒，結舍新城歲月久。聞我幽栖獨賞心，遠携弱息供箕帚。計年量配非我儔，感翁高誼辭復留。商瞿五子亦遲暮，靈照終身知好修。趨來長揖忽復去，兒女情深獨無慮。我愧山中木石居，君貪江上雲山趣。還家談笑聚比鄰，正是懸弧六十春。舍西梅信應先到，早趁東風寄遠人。

李兩山七十

李公結屋南山下，有水可魚田可稼。二子《詩》《書》知義方，四時親友多情話。投簪十載卧鄉園，一笑相逢意所存。但喜遺民同粟里，不知今世即桃源。春來作社酌春酒，呼盧擲骰無不有。齒飲常居賓席尊，醵金肯在他人後？今年七十近初秋，風雨如期禾黍稠。莫惜開尊邀客醉，還能擊缶和人謳。曾向朱陵洞天宿，羨君先授長生籙。寄言黄鶴不須歸，重數光陰三萬六。

城頭陳慕古君八十

家君昔駐城北隅，夜堂幾醉迷歸途。是時慕古三琪樹，弟也恭敬兄怡愉。一見欣然動顔色，質類古人多自得。二兄久矣跨鶴飛，故留難弟存矜式。耒耜還山四十年，江城獨到每淒然。丈人與見已垂白，性行只今誰比肩。忽道稱觴四月二，壽比磻溪釣璜事。自慚六十久毿然，始知五福康强冀。鳳毛庭下勤《詩》《書》，相煩執酳傳芳譽。太丘孝友應難得，城市何人表里閭。

謝天經母蕭孺人七十

曲江江頭走馬時，花下相逢謝康樂。文采風流衆所驚，一言意氣千金薄。手携銅印東入海，海上蓬萊遠相待。生前成佛何大忙，爲倚室中孟光在。側室孤兒二尺强，鞠之育之心孔傷。千郵百補守遺令，誰憐門户屬阿孃。兒年漸長學著述，賓客滿門盛儒術。善讀父書着父衣，不辨阿孃誰所出。山粳初熟溪魚肥，唤婦出房調善滋。持觴稱壽拜且舞，願得阿孃暫解頤。當時曲江舊遊伴，升沉細數今將半。獨有畸人鬢欲蒼，感時擊節歌聲緩。

念菴羅先生文集卷二十

族從孫　復晋　男士瓚　士播　重校
六世孫　天衡　男韞琦
五世孫　雨霽　男廷衛　謹梓
六世孫　隨元　男士璞　士璋

排　律❶

中元朝謁長景二陵偕同年程松溪

史職紀春秋，皇情感霜露。因陳七月詩，逾切終身慕。奉璋分禁臣，鳴珂戒驛路。結侶偕鴛鸞，出廓狎鷗鷺。涼風禾黍稠，宿雨川原注。崇巘已開曦，曲澗仍藏霧。四牡歌在途，三舍塹投暮。

❶「排律」，原無，今據總目、卷首目録及各卷體例補。

山州謹王章，❶澤宫愜儒素。登科愧劉祠，習禮鄰孔户。故事，翰林朝陵，寓學宫，宿劉蕡祠後。夙興趨七陵，澗遡纔百步。文皇此啓祥，仁后亦從祔。松栢鬱相望，岡陵同永固。石馬象衛遥，繐帳神明護。谷應靈飈來，雲瞻仙馭度。祠官候晨昏，校卒潔庭阼。横嵐夜未央，悲蛩響如訴。野卧時據鞍，月轉條移樹。鉦聞萬壑傳，燎舉庶品布。上食儼生存，陳衣想物故。牲薦接堂偕，駿奔競交互。望瘞未及終，促班仍有赴。所重黍稷馨，且備祝號數。訖事鷄未鳴，先驅馬已騖。石伏疑於菟，徑闇憑顧兔。再宿昔所便，速返期無誤。歸報紫宸朝，分酬白雪句。微勞焉足多，聊自忻殊遇。

癸巳元旦奉天殿侍班

一紀調元日，三辰獻瑞年。青陽初應律，寶曆啓新編。守歲通閶闔，迎鑾上斗躔。朝儀依玉几，御氣接爐烟。萬國嵩呼内，千官獸舞前。旌旗分曙影，燎火照春妍。奏節詞臣頌，占風太史篇。啣恩齒已壯，新命愧敷宣。

三月十三日駕幸大學陪祀孔廟聽講彝倫堂

萬乘出銅龍，千官扈蹕同。金根下星漢，翠葆麗春空。幄啓張皇邸，庭趨奠澤宫。禮嚴忘分

❶ 「州」，四庫本作「川」。

貴，道重覺師崇。三月聞韶後，兩楹看夢中。詩因八佾變，是年去王號，稱先師，始用六佾。祀豈一牢豐。法駕橋門轉，周廬陛楯通。垂衣臨六館，委佩引群工。見聖青衿合，横經黼座東。嘉賓來孔氏，憲老憶申公。如堵人瞻仰，猶龍氣鬱葱。共嗟儒不賤，且感教之功。竊纂臣談業，躬逢帝典隆。辟雝遲獻頌，紀事序王風。

重晤劉孔脩

季雅昔求鄰，郄超屬上賓。誰堪十載後，空憶隔江人。芸舘留山雨，梧垣直禁宸。龍泉從此失，鸞血續何因？霜月嚴城夜，郊原飛蓋晨。鳳林同訪隱，鷲梵得祛塵。芳屧金螺嶺，蘭舟白鷺津。歌雲看意槩，矢日見情親。信宿期寧數，風沙跡易湮。停驂同水遠，牽思柳條新。朝檄終歸漢，關繻尚滯秦。颷車不可望，愛護别離身。

北泉王君六十

灝氣入滄洲，高人物外流。競爾壽曐日，恰遇凱歌秋。家世聞王謝，兒孫誦魯鄒。梁鴻儀並美，薛鳳數全侔。壻擇俱良玉，賓來共倚樓。門前堪駟馬，壠上謝諸侯。指使神多逸，經嘗慮自周。始知泉石賞，真勝市朝遊。願足餘皆贅，名忘百不憂。清颷侵幘爽，新月向杯浮。結社誰先後，當筵幾倡酬。吾宗託交重，裁句助長謳。

雨中客談衡岳感賦

細雨滴空階，寒燈坐夕齋。何人來岳下，逸思滿天涯。觀日窮高興，浮湘吊古懷。雪中分袂久，雲外夙期乖。班竹情雖遠，滄洲卜已諧。何須向平似，婚嫁待安排。

答同年楊虞坡

齒飲憶初年，心期阻別筵。從兹鵬路隔，那復鴈書傳。儕伴村中牧，形骸榻上禪。隱居山是癖，桑户病無痊。詎意勞華省，相思寄錦箋。投瓊慚報稱，織罽感榮纏。驥尾吾慚附，鴻聲爾具全。中興天啟聖，大雅嶽生賢。妙質金辭冶，雄才劍割鉛。器凝偏鎮慄，志敏善攻堅。削牘尚書署，褰帷司馬權。九邊清虎落，萬里斷狼烟。收雋能兼録，平胡筭得先。❶酒泉戎出塞，甌脱地屯田。賞特緣功懋，資深計歲遷。建牙開壁壘，曳履踐星躔。夷性終多譎，皇威自合虔。稍聞移豹旅，旋見避龍泉。凱吹雲中發，恩章日下宣。台階懸玉重，樞管握符專。奕世金閨籍，熙朝石室編。勳推唐尚父，碑勒漢燕然。業盛名難朽，時平拙更便。不須憐穎水，早已戴堯天。

❶ 「胡」，四庫本作「淮」。

壽桃林工部母周氏安人七十

蓬閣駿麟會，瑶池獻棗年。三乾開浩蕩，六甲任推遷。姬胤徽音遠，坤儀壼德專。助縑勞織女，絶俗冰姑仙。儷美梁鴻逸，承休鮑永賢。雲裳遲國寵，晝錦稱家傳。班媛東征賦，元君北斗篇。已忻人似玉，❶更羡福成田。九丘先箕範，❷七十戴堯天。珠履門庭溢，金鈿壺閣填。霞觴和露液，冰碗映瓊筵。青鳥歌聲接，文鸞舞袖翩。❸日增長命縷，風入鼓薰絃。蒲節香堪泛，榴花色對妍。婺光霄掩抑，娥影夜嬋娟。慶洽忘深爵，詩成競續箋。愚生慚末祝，愛子昔同騫。共喜留萱背，言期酌赤泉。

外母王淑人五十

南陸開脩景，朱明啟麗祥。時亨靈種茂，慶洽濬源長。五世奇占叶，三元泰運昌。金螺含瑞彩，白鷺孕瑶光。重襲槐庭蔭，來儀桐水陽。釋絲天作合，瓊樹世相望。雲從疑歸姊，羊車類聘王。

❶「似」，原作「佀」，蓋因與「似」之異體「佀」形似而誤也，今據四庫本改。
❷「丘」，四庫本作「疇」。
❸「翩」，四庫本作「翻」。

錦緣芬郁郁，鸞綴動彭彭。方解芙蓉珮，躬操卷耳筐。卸鉛勞主饋，斷帛示周行。蘋藻春生澗，芝蘭蚤媚暘。結縭申女戒，截髮薦賓觴。旨蓄時堪禦，甘分食不皇。九儀昭閫範，五族若大常。❶夫子當時傑，郎官廿載强。雅操聞表著，儷美共翱翔。孝肅苞苴絶，于公政理彰。鷄鳴資警飭，鶴省得明揚。❷貞曜身能隱，向平家遂忘。田園繁孳畜，❸伏臘飽羔羊。共羡椿齡富，還驚萱樹芳。寵光迴照耀，奕葉叠焜煌。神曆覩階莢，仙籌拂海桑。洛龜書五十，坤馬利無疆。德盎形偏勝，年登物共康。象筵羅碧砌，雕席接蘭房。帨影流銀漢，冠雲切綺梁。玄蟬猶在鬢，青鳳總輝裳。燕賀姬姜集，蹄輪道路忙。重闈交璧映，嗣服儼金相。帷拂鴛鴦對，杯傳鸚鵡颺。繽紛連鳥綬，雜沓遞笙簧。儀享陳嘉幣，歡承舞艷粧。瑶池桃正熟，玉井藕先嘗。羹和籛鏗雉，盤飡方翔麞。膏濡多越秬，雪膾必河魴。豐草遲晞藹，卿雲高宇張。忽飄濯枝潤，應散雨花香。輕汙消絞縠，清陰轉緑楊。蜜簾堪避暑，爽吹已飛芒。賓主誠交獻，兒童喜更狂。追陪時不偶，掩映日將蒼。林暗來山翠，蜩鳴送晚涼。南風發天籟，北斗挹霞漿。弄蕋疎螢度，啼花嬌鳥藏。嫦娥分秘藥，織女報華章。寶燭星初爛，金莖露欲瀼。椒馨咸飫飽，䣼渌恣徜徉。湛湛歌無醉，沉沉夜未央。千金酬悦懌，四座韻

❶「若大」，四庫本作「守彝」。
❷「揚」，原作「陽」，重韻失律，今據四庫本改。
❸「繁」，原作「繫」，今據蘇本改。

鏗鏘。葭倚吾何幸？桃夭早見將。庸凡同下里，采擇愧東床。冰玉人虛擬，寒暄愛詎當。仁慈瞻父母，銜戢閱星霜。令節忻遭際，愚衷倍激昂。況恩深酌海，效頌願如岡。頖弁情何極？嘉魚福自攘。誰招金冗鶴，❶見説玉山糧。王母丹臺訣，麻姑紫石方。長年逢此夕，明月在高堂。

五言絕句❷

對月

雲來月始昏，照雲還是月。雲能掩月光，不能損月魄。

同江別兄廷章醉後漫歌二首

同水南風急，蘭舟不忍開。臨分重把袂，歸信幾時來？

休歌渭城曲，楊柳思依依。明日秦關客，江州雲樹迷。

---

❶「冗」，疑當作「穴」。

❷「五言」，原在「對月」下，今據各卷體例移於「絕句」之上。

山水四詠

桃花滿村郭，山雨鳴鳩鳥。柴門午始開，苔蘚無人掃。

稻畦陽羨田，蓮花大堤路。打魚莫唱歌，驚起雙飛鷺。

黄葉萬山秋，白雲千里暮。高樓明月多，懷人在桑户。

巖扉暮自扃，林雪光如曙。何處是梅花？聞香不識樹。

夢中作

望望江門路，時人莫知處。欲尋碧玉樓，會向白雲去。

夜坐三首

結廬向南山，日夕入佳氣。豈不淹歲年，地遠心所慰。

林深山徑幽，蒼苔蔽白石。閉門今幾時？物態異疇昔。

月色滿空庭，夜静絶人語。忽聞發幽香，花樹知何許？

寄孫錦衣四首

錦衣先禁旅，日日奉金鑾。立仗螭頭近，傳呼雉尾寒。

將軍下殿直，自鞚紫騮韁。馳道鳴鞭避，章臺索酒嘗。

禁城春色早，夜半發征輪。記得門前别，牽衣指暗塵。

不堪客舍望，正在帝城南。馬革前生夢，❶鴟夷後世談。

❶「革」，原作「草」，今據蘇本改。

夢秋過瀛洲

曠野風沙曉，崇丘灌木墟。地猶滄海郡，人上太平書。

登天池絶巔用龍溪見懷韻二首

鳥去林逾寂，龍過雨尚腥。空餘孤棹月，夜夜到南楹。

絶巔半江吟，偏增念遠情。望窮落日處，覺有御風聲。

題南源菴壁

一宿東山下，山高雲霧深。何時重策杖，月出聽猿吟。

莎　鷄

振羽候初臨，近宇鳴何切。道人默忘形，聞性曾不滅。

六言絶句[1]

醒　心

世間百色是誑，見中一句成非。花開花落有種，[2]鴈南鴈北同歸。

永豐道中宿安溪鄧東園家 二首

暮雨柴門客到，春來耒耜人歸。夜深不談鹿夢，倦來共卧牛衣。

門外竹林啼鳥，窗前流水飛花。沮溺老來忘世，希夷眠處爲家。

西樓閒立

隔岸夕帆遶浦，高陂春草聞牛。林外斷烟一縷，幽人正倚西樓。

---

❶「六言絶句」，原無，而「六言」在「醒心」下，今據各卷體例補改。

❷「花開花落」，蘇本作「花落花開」。

洞中

日永洞中無事，泉來石下松邊。不辨人間何世，薰風時醒閒眠。

七言絶句❶

南旺湖

百年風景兹奇絶，到處江湖却欠詩。驢背不歸秋易老，黄花也解笑人癡。

七級閘

月華千里照霜空，異地扁舟旅宿同。何處鳴鴻來夜半？西風吹落玉簫中。

罷試有感

逐逐風塵耳目交，又將綺語向人拋。何當收拾真囊槖？月下柴門静自敲。

---

❶「七言絶句」，原無，而「七言」在「南旺湖」下，今據各卷體例補改。

論　學四首

燕人比擬談荆璞，遇得卞和良可憐。多謝青田能惠我，從心兩字是真傳。自得而後能周知，良知未致，欲求知聖人境界，其能得乎？

世上那聞頃刻花，不須多計問仙家。黄金若買真丹訣，爐火還看九轉砂。尋常作工夫，便欲講求得無弊，此欲速之心。磨礱方有光輝，如今安得盡是？

黑白人人有兩眸，良知何用苦多求？向來枉費追尋力，只爲千言萬語愁。如今只用分别善惡工夫，安有許多牽絆，爲言語分疎？

既知務本爲先着，莫動枝枝葉葉心。一日化工如自足，千紅萬紫遍園林。既知培本，便是扶疎之勢，即爲知止，一向愁東愁西，何故？

欽之次良知韻意有所疑賡以解之七首

休論心跡動憧憧，忘我方堪語聖功。若道漁樵能起我，漁樵還是一參同。

温温恂恂一仲尼，當時諂佞見何迷？後人莫指前人笑，一種門牆一種疑。

只要在手是金針，繡上從人巧着心。十樣鴛鴦十樣繡，從前繡譜向誰尋？欽之有「康齋路上任吾尋」之句。

指南車定發行時，步步還爲萬里基。不問涯途深着脚，古今誤盡幾男兒？

能不求知是甚時？少留意處自家知。當年沮溺非無見，❶見得宣尼却是誰？

畫中描畫是阿誰？真僞由來具眼知。一見梅花疎影後，豈須點綴倩人爲！

庚嶺梅花開落時，天然消息少人知。只愁説到孤高處，四海春風擬待誰？

❶「無」，四庫本作「吾」。

有　感四首

無規模處是規模，百尺樓臺定在初。若待美材還少斲，旁觀應笑是模糊。

一樣根株一樣花，不須牽綴鬬紛華。而今我亦無多説，剖破藩籬是大家。

故人原壤非爲澤，禮貌匡章亦可疑。不賴此心忘物我，那能如鏡了無私！

乾坤元氣浩無垠，花鳥般般自得春。如欲般般春事好，休從形色費精神。

天　籟

静極初生動即消，無端風雨入清霄。誰知擾擾氛塵内，自有元聲在寂寥。

静　坐

影滿棠梨日正長，篘簾風細紫蘭香。午窗睡醒無他事，胎息閒中有秘方。

史書嘗喜誦名臣，忍見華風入虜塵？病卧如弓閒自哂，從前意氣屬何人？

寄王養明

玉虚清晝鳥關關，一別春風幾日還？此日囊中應得藥，白雲深鎖葛峰閒。

清明日過南禪有懷李伯實

百舌聲中柳色新，桃花何處鬬青春？可憐澗道清如舊，不共當時洗足人。

匡　南

曾蹈匡廬百萬峰，丹崖赤瀑紫雲重。傳聞綺閣遥相望，總爲金芝不易逢。

萬壽禮成送張倅

君王萬壽臨秋殿，淮海諸侯入鷺班。自笑官聯依豹尾，始同方岳望龍顔。

晴　舟

罷官歸後訪同遊，心事誰爲不繫舟？今日逢君江上路，月明歌棹動眠鷗。

彭石屋山約成六首

石屋先生卧白雲，年年秋月歎離群。因憐世路多逋客，早爲山靈布檄文。

我已無名在市朝，青山同籍不須招。開軒縱欠三旬睡，取觶須拚一醉饒。

五畝山前種秫田，惠風靈雨慶豐年。麯方抄得多山草，醉夢成詩識洞天。

無勞謝客閉柴門，抱甕時時問水源。向子何年了婚嫁？　龐公安處是田園。

架上常封三萬卷，枕邊惟傍五千文。人來問學無言對，興到吟詩有鳥聞。

忽聞車馬來行輩，便覺清閑損道容。今日始知名是累，此身不厭老爲農。

答彭鵝溪送花卉二首

碧莖紫蔓來名圃，静色幽香滿暮庭。風雨似催春事早，獨凭闌處聽簷瓴。

草堂遥對數峰青，窈窕芙蓉倚畫屏。不用穠華夸國色，自須小草答山靈。

東廓公用石屋公韻見貽次答四首

自愛江村似輞川，結茅故傍石林邊。桃花不記來何路？蓂葉新開又一年。

四十容光朝鏡川，五千文字暮床邊。傍人欲問農家事，惟有春風是舊年。

短棹歸來月滿川，洞雲多在水聲邊。❶悔將白日淹塵土，坐對青松閲歲年。

莫歎浮雲與逝川，自家風月落誰邊？泣麟已後千餘歲，喜獵曾驚十二年。

謝彭桂峰送瓜種

少年不解自窺園，空讀神農百草言。❷今日謝君分異種，不知曾否是青門？

❶「聲」，陳本作「雲」。
❷「讀」，陳本作「對」。

彭方山七十二首

秋日閑吟秋水篇，是非不到竹林邊。年年籬下叢生菊，自倚寒光伴醉眠。

七十無心萬事閒，日高松屋未開關。不妨抱甕東籬下，惜取殘英學駐顔。

十月九日菊有華後三日立冬二首

江上秋光寂寞時，寒花亦有向南枝。憐君豈是無顔色？底後重陽一月期。

莫道争妍易取嗔，清名亦未與閒身。汝今猶占三秋日，我已秋光盡讓人。

十月黄花滿庭把玩開顔遂有短句二首

曾伴淵明栗里閒，千年流落影闌珊。何知寂寞荒山裡，亦有知心爲破顔。

幾枝濃艷幾枝稀，自倚秋風意不違。何事背時開獨晚，欲人摇落見芳菲？❶

答友人問訊

七十二峰摇秋光，瀟湘水寒木葉黄。問予此去何所慕，雲深恐有高人藏。

舟宿梁潭夢王生有訓爲誦末聯既醒足以二句

雪下尋香久不聞，梁潭江上夢逢君。寧知花意將誰好？歲晚相期伴白雲。

題周應宿母金氏易飲亭

設漿亦未過爲奇，饑渴由來共有之。但遣兒孫常記取，慇懃豈用路人知！

贈周慎齋任騰越

霏微山雨乍晴時，柳色分舟上帝畿。料得之官初問道，篋中應有洞山詩。

❶「人」，蘇本、陳本作「令」。

鰲城十八灘

驚濤遠勢駕飛鵝，伏石變怪喧黿鼉。縱使中流失舟楫，猶勝周行被網羅。

宿黄灘憶七泉

三載思君不見君，扁舟遥逐楚江雲。撩人最是秋風樹，那用啼猿夜半聞！

紅白芍藥二首

憑欄寂寂近芳叢，紅白相鮮對晚風。不是名花留客久，欲酬春意語難工。

羅綺何年自結叢，幽人邂逅一臨風。分携不忍輕攀折，惜尔爲容亦大工。

乞　竹二首

我有仙人石室奇，絶憐緑玉久披離。聞君亦愛霜筠色，莫惜孤根帶雨移。

我洞壺山山更西，與君相對共幽栖。不妨分與篔簹種，助得雲深斷路蹊。

次三符翁韻四首

偶學山叢一獻花，寵頌勝句與傳家。❶ 補天自媿無才力，空仰瓊章耀錦霞。

別種芙蓉並幕花，遠傳春句到山家。山人久謝榮華事，錯認林塘一片霞。

紅紫曾看上苑花，艷香殊態聚皇家。六郎何事辭華屋，也向山居對暮霞？

裊裊雙珠的的花，天孫裁剪付仙家。蓮房不與凡胎共，大華峰頭有絳霞。

洞中石梅

塊然片石長苔痕，誰種先天大素根？欲酹花神問消息，疎枝無語又黄昏。

❶「寵頌」，蘇本作「寵頌」，四庫本作「擅場」。

寄題鎮江郡齋書舍

銕甕城頭別署居，曲廊閒館近何如？　趨庭童子今垂老，未了當年一卷書。

壽竹園壺山翁六十

曾聞海外有方壺，更識長房往事無。　我種石蓮高萬丈，玉瓶共倒醉相扶。

壽郭梅洲

三年不到洞梅傍，君住梅洲進壽觴。　却恐花神翻咲我，君顔如舊我顔蒼。

壽大溪周君月臺六十

大溪溪水晚悠悠，明月臺前有白鷗。　醉向高臺明月對，莫教人世入閒愁。

華山汝思姪赴官二首

挾策當年入澤宫，幾回風雨釀春工。　此行初試親民術，可與書中有異同？

處處相憐保障疎，庭前那復有懸魚。吾家門户誰相亞？清白傳來不願餘。

爲華山价姪書贈坦菴弟

醉卧山樓松影邊，夢遊碧落侶神仙。曉來乞與阿咸字，又上姑蘇汎酒船。

壽龍北山八十

解綬誰能應虎符？身隨大將戰鄱湖。至今白髮身猶壯，❶解説當年八陣圖。

四日至洞見梅

春日初臨已艷陽，石門自啟入青蒼。莫言洞裏無供給，已嚥梅花到骨香。

對　雪二首

悄然窮户復誰憐？新歲先占大有年。野步早夸珠在袖，林炊還似玉生烟。❷

❶「身」，蘇本作「心」。

❷「炊」，原作「吹」，今據蘇本改。

聞道瑶池天下奇，瓊花琪樹發春枝。偶然一夜冷風至，移向人間人未知。

晚　坐四首

竹影蕭蕭漸出牆，閒庭幽思在匡牀。林居莫道全牢落，遶屋蟬聲送夕陽。

家住橙溪原上村，林深徑遠隔柴門。忽聞犬吠疑來客，又是花陰弄月痕。

不學陶朱自豢魚，晚來倚樹步虚徐。飛鳶流影來何處？驚起遊鱗二尺餘。

近户青梧枝葉舒，深秋結實亂垂珠。年饑不畏無饘粥，升斗還當擔石儲。

送　朱　子二首

彭蠡之西五老峰，當年白鹿有遺踪。憐君此去多春草，岐路分違不可從。

北固遥連鋉甕城，瓜洲月上暮潮生。不須數問圌山路，聽得吴音自有情。

送河南教諭

春風匹馬送河南，❶行李無多書半擔。道上行人休見訝，五經雖少不輕談。

上官澹軒六十

塵中擾擾生爲累，世外悠悠夢亦閒。但得此心真似水，不須更祝壽如山。

贈九江陳兵憲十二首

海上倭奴窺漢關，儒臣籌策未應閒。陳平早見推三傑，馬援休夸靖百蠻。

桑落洲前烟水遲，石頭城下樹旌旗。簡書報道三更使，金鼓來徵六月師。

皖城東下即王圻，節使聲援壓陣飛。自練六丁占朔氣，更擐重甲冒炎威。

❶「送」，蘇本、陳本作「入」。

兵家八陣疊鈎連，號令初傳識將權。欲斬鯨鯢消海怪，先分龍鳥試江船。

黄頭水卒領艨艟，賈勇争夸朝氣雄。水底斷鮫初拭劍，雲間貫鳥乍鳴弓。

南人使船如使馬，長江爲塹復爲池。水國莫言難用武，金陵何事也防夷？

九江山色壯名州，千里軍容鎮上游。自惜寶刀堪報主，豈緣金印覓封侯！

誰道攙搶出夜分，鍾山王氣五龍文。登壇不用觀風角，飛檄端能静海氛。

尊俎應知得筭强，九重宵旰在封疆。北邊將殪天驕種，南甸先梟日本王。

捷騎朝朝郡國聞，東南財賦正紛紜。將軍莫奏鐃歌曲，天子曾焚露禱文。

丈八蛇矛水上横，賦詩釃酒氣難平。何知歌舞三吴地，化作烟塵百戰兵。

洗箭歸來掛戰衣，帳前鋭卒半金緋。不是書生輕破敵，欲令吾道顯圓機。

重别袁迪并柬趙中丞三首

鴈門秋色日鮮新，驚見中丞奏記頻。莫道南人無武略，毛錐還解掃胡塵。

棗林村外虜如雲，匹馬長刀獨出群。争看胡奴隨箭落，郇顔今是趙將軍。

捷音千里報平戎，露布文章大史雄。封入九重偏動色，朱衣先賞奏書功。

李忠定公紹興罷相自洪移福甜寧化草倉廟有題潘令時宜即廟爲祠用韻寓弔二首

一言興廢竟誰明？不重南遷畏北征。二聖淒涼留五國，孤臣嗚咽望三京。

此恨悠悠不易明，未排閶闔且孤征。舊都安在新祠敞，聽得遊人説蔡京。

洞中種芙蓉

桃紅李白莫相猜，只折芙蓉傍石栽。多少春風長荆棘，秋光何惜數花開。

悼　亡三首

年年寒食問餳糖，糝米炊餻入夜忙。今日一抔同水上，杯盤滿地有誰嘗？

閒階日日捲紗聲，常恨新綿紡不成。不識剪衣焚寄與，可能長短似平生？

早晚問兒寒與飢，夜深宿火待兒歸。兒今漸長衣衫短，手線還誰問密稀？

洞中別蕭生四首

洞下流泉春正深，洞前新竹翠陰陰。問君此去何年返，對竹飲泉空素心。

巖下疎梅舊幾枝？今年春色較遲遲。叮寧風雨休相撼，正直青青結實時。

煨芋爐邊客到稀，歲寒何事又相違？長安也是降心地，風雪深時歸不歸？

柳下不知卑小官，萬鍾一芥等閒看。書來報我平安字，可是心能處處安？

有感贈羅鎮峰三首

共是深山種樹人，獨看籬落護深春。無情底事來風雨？不管飄紅易損神。

海賈南來萬里孤，不辭合浦自投軀。憑誰爲語臨淵客，縱得明珠已是愚。

懶畫蛾眉任買金，長門偏是草烟深。可憐夜夜長安月，只照容顏不照心。

寄別淩海樓二首

陽田客至不相聞，只隔山前一片雲。蓬鬢蕭蕭還自哂，未知何日再逢君？

滿縣桃花春不留，恩江江水逐君流。後人記取栽桃意，多少蒼生未解憂。

知　幾　卷二首

一杯談笑動奇兵，何必危橋始動情。烟雨春江花似錦，行人誰識鷓鴣聲？

明月洲前秋氣多，漁舟輕處任風波。古來玄測饒空筭，輸却成都賣卜窩。

答彭石屋

莫怪秋風作意狂，洗枝吟葉自淒涼。而今已得蓮華地，不傍他人借藕香。

訪兩峰師泉梅園三君三舍山中二首

山上桃花山下蹊，幾人衝雨復沾泥。憐君早得春風句，不向桃花開後題。

二月松華未上枝，石橋流水去遲遲。東家酒熟西家醉，山下客來人不知。

洞中平道二首

洞中十載費經營，歷盡崎嶇得坦平。樂事漸多秋漸晚，幾人還解踏歌情？

石磴巉巉苔蘚殘，倚鋤幾度鑿荒寒。後人莫指前人笑，失脚方知着脚難。

偶　成

故鄉久別斷音書，早晚歸來一室虛。門巷似前何所別？僅無徑草費芟除。

九日如玄潭二首

青山隱約霧中看，黃葉蕭疎夕照殘。喚得漁舟來借渡，隔江人影在闌杆。

清霜十月未沾衣，碧樹高低滿翠微。欲問峰頭雙劍石，舊時黃鶴傍誰飛？

四　樓　詩四首

賀監風流今已希，鑑湖流水尚光輝。洪都不道山川別，也有樓臺送夕暉。

右鑑湖

溪前山色碧嵯峨，楊柳陰中古巷多。最是村居堪佚老，月明誰爲聽漁歌？

右水月

十里平林曉望中，故家喬木遠含風。人間緑野尋常見，何事惟傳裴晋公？

右緑野

閲盡繁華只等閒，紛紛市鼓競春還。野人不解年時改，却道春流山水間。

右留春

贈表弟李孝子仲李仲，吾邑谷村翰池人也。早喪父，與母歐陽獨居。家故貧，嘗授徒給朝夕。已而室廬盡傾，依舅氏居。母嘗病痢，逾年不瘳，仲不敢頃刻離左右，則百計營具藥食，備經荼苦，形羸面墨，久不懈。病劇，徬徨不知計出，乃仰天悲泣，持刀自刲股肉，烹粥餉母。母食良慰。又逾年，始亡，仲毀瘠幾殆。仲爲予先大夫人羣從姪，其爲人質實，其孝閭里咸知之，不獨予也。李氏在宋有籌、衡二孝子廬墓邑中匡山下，朝廷表其門，又數百年，乃今得仲，不已鮮哉！有司方坐多故，未有以其事上者，然其貧又特甚。兹將如廬江訪其父之故友與其族人，愧余力不能振，因贈以詩，俾見者有感，毋以衆人視仲，抑亦揚善順命之道也。

亦知母病已危哉！刲股還看病可回。股痛何如心痛苦？兒身元自母身來。

昭君詞十八首

王嬙事本不足傳，古今作者多主悲怨，至所謂「漢恩自淺胡自深，人生樂在相知心」，斯於忠信也薄矣，予實病焉。間嘗有擬，竊取哀而不傷之義，辭不盡達，覽者其正之。

身在三千誤有名，一朝詔下出長城。相逢惟有關山月，曾照宮中弄影情。

長秋纔引到簾前，名姓誰知外國傳。記得君王回盼處，肯令相識不相憐。

行人駐馬莫驚嗟，處處溪流有落花。不待今朝悲遠嫁，長門風雨即天涯。

淡掃蛾眉恥乞憐，幾回春色負華年。而今不恨天涯別，恨不遭逢未別前。

情知馬上去無還，遥指干旌認漢關。縱使生前胡地老，歸魂猶得見南山。

使臣何日發長安？乍到邊頭可奈寒。多謝監宮頻慰藉，得恩何似得歸難。

愁向胡天別塞垣，一聞南鴈一銷魂。妾心縱得隨明月，解近君王不解言。

不是君王愛不均，妍媸自古易迷真。明光咫尺猶難辨，何況飄零萬里人。

翠華相望不相聞，空却巫山一片雲。何事夢中還萬里，竟令無路近明君。

誰將絃管奉君王，明月樓中夜未央。出塞聲高調不得，由來此曲斷人腸。

鸊鵜泉上髑髏殘，滿地黄雲覆草寒。遇得花枝那忍棄？棄時容易遇時難。

鳳釵鸞鏡久生塵，三月胡天不識春。寄語女郎須愛惜，從來脂粉誤人身。

馬前雙臂海東青，擒得哀鴻不忍聽。我欲南歸無羽翼，問渠何事度龍庭。

見説蒼梧杳靄間，風波帝子幾時還？胡沙恨是無湘竹，淚灑千行不作班。

八月天山雨雪重，夢中猶記采芙蓉。當時水殿争涼處，同伴如今可憶儂？

夜夜秋風帳外驚，黄河東去帶悲聲。無情只有西流水，下隴何因訴不平。

天無窮盡地無邊，此日愁心亦復然。賴得琵琶解傳語，淒涼惟有後人憐。

黄金縱買毛延壽，玉貌當如薄命何？多少佳人怨憔悴，筭來不屬畫圖多。

題西湖圖

一宿危樓俯萬峰，滿湖漁火五更鐘。開圖空憶當時景，却有何人識舊蹤？❶

寄丁安仁聚卿

張古山前溪水横，幾回吟眺上孤城。願君爲政如溪水，縱有風波不改清。

❶ 「蹤」，原作「跡」，不協韻，今據蘇本、四庫本改。

與國光姪

傳聞劍閣倚天青，曾是當年鑿五丁。隨待尔知觀險阨，書來能寫萬峰形。

客　歸

鄉關久別夢魂驚，十載歸來百事更。惟有門前楊柳色，春風不改舊時清。

晏母孤節二首

慈親辛苦教兒專，只計詩書不計錢。豈爲暮年資禄養？能通官政是家傳。

自惜先人志未酬，教兒游學謁諸侯。試看官爲題門日，何似賓來截髮秋！

梅　溪二首

洞中梅發手常題，只欠花前水一溪。我笑欠溪君欠洞，世間勝事許誰齊？

梅落清溪水亦香，汲溪烹茗客同嘗。石邊我醉梅花月，兩地幽懷誰短長？

李汝思南昌新居成有贈

君家盤谷往街東，五渡門前一棹通。今日結廬南浦上，曉來烟水故鄉同。

悲　荆　川

三月櫻桃紅滿枝，江頭紫蟹乍來時。旁人莫話毘陵事，須盡毘陵誰得知？

葵　　花

紅葵赤葵如曉霞，不見天地不逕斜。報道故人須早至，庭前尚有未開花。

題仙居寺壁圍棋圖

石磴連雲竹樹垂，洞門深閉落花時。人間幾度春風老，未了仙家一局棋。

題陳摶睡圖

當年曾買三峰住，丹詔猶聞下九霄。烏是逃名漸不早，未須遠避聖明朝。

宿龍華寺海天秋月堂二首

半月高齋對鶴眠，客來無日不探玄。不知何處人間世，拚與青山静結緣？

孤塔侵雲萬木深，新寒臺殿夜沉沉。重來舊侶那堪問，明月階前霜葉吟。

題雲儲洞夢樓

黄葉鋪階枕碧溪，白雲深處不聞鷄。廿年塵土俱閒夢，肯受山靈幻境迷。

九月晦日何君洞

雲裳已遠石床横，洞裏菖蒲歲歲生。欲燭金書討丹訣，月華未吐坐三更。

天　池　寺

顛仙丹成獻明主，半留天池人莫取。出岫常爲一片雲，有時解作千峰雨。

淩虛閣

道人相邀巖畔宿，鳥語泉聲響林麓。分明不與世間同，六月寒風撼巖屋。

文殊臺

文殊去後只空臺，臺上優曇更不開。説法本非陶令喜，野狐休向夜深來。

夜夢藩省爲余建坊題曰白雲深處閒人遂成一句覺後足之

白雲深處閒人少，惟有希夷似不群。今日高眠千丈頂，遠書休遣遞飛雲。❶

題青螺寺涵白僧

巖石青青梧葉黄，石泉竹徑對僧房。慈航苦海今何在？一部《楞嚴》在佛傍。

---

❶「飛雲」，原作「雲飛」，不協韻，今據蘇本、四庫本改。

石峰僧

石耳峰前古寺秋，逢僧留宿話裴休。有人問汝因緣事，莫道前生是石頭。

念菴羅先生文集卷二十一

族從孫　復晋　男士瓚　士播　重校
六世孫　天衡　男韞琦
五世孫　雨霽　男廷衛　謹梓
六世孫　隨元　男士璞　士璋

五言律

奉家君命遣入侍感述

唱第金鑾陛，傳宣赤芾衣。風雲真忝竊，犬馬奈孤微。萬里丹心迴，三秋紫禁違。經綸儒者事，敢復歎今非。

寺居柬王漢卿

寥闃依清梵，徘徊戀景暉。可憐溪谷望，不見芰荷衣。鯉躍思傳素，花殘欲趁飛。所驚年歲異，詎止惜芳菲。

程舜敷謫居海上問訊二首

迢遞瑶臺客，淒清銅柱秋。蜃氛朝彩變，鮫淚夜珠流。槎影通天遠，嵐光接地浮。深憐挂席往，何日度瀛洲？

金闕虛仙望，丹崖識漢功。魯連非棄組，安石忽乘風。薏苡悲形似，靡蕪怨歲窮。征颿逢北上，素鯉寄南中。

懷　友

獻策動京華，還山種桂花。從知卧金馬，不及鍊丹砂。五嶽盧敖杖，三秋博望槎。伊人竟何在？歲歲望蒹葭。

同江送從兄廷章之秦將取道入燕問官

分影悲連理，鳴榔聽采蓮。夏雲千里映，湖草一帆懸。漢水南連郢，秦關北接燕。無嗟歌和寡，會見棄繻還。

贈王武庫入京

蕙省策天兵，牙旌赴禁城。長安朝日近，司馬夏雲迎。青海連胡騎，金微絶漢旌。和戎非武畧，何日請長纓？

寄楊實卿

燕歌别易水，蜀道隔湘雲。江柳年年緑，❶攀條獨憶君。啼猿渺何在？來鴈不堪聞。莫就成都卜，玄經自有文。

高洲劉述文

高洲似赤城，遶屋種黄精。溪水桃花色，烟林布谷聲。記年從漢魏，混世狎公卿。莫學劉郎隱，尋山更得名。

❶「年年」，蘇本作「十年」，依詩律當從，以「十」對「獨」也。

將入衡山酬韻貽別李文輿

分袂懷蘭畹，飛帆倚桂舟。白雲何處所？緑樹是南州。古嶽連雲起，清湘抱月流。鳳笙如可望，佇爾太清游。

哭羅生汝奎

一日千秋別，孤雲萬里心。誰憐泉下士，元是席中珍。桂館留殘榻，玉壇空暮林。高深閟古調，不爲惜知音。

哭羅木夫五首并叙

十載江城面，三年夜雨親。道交久不厭，志逸老能貧。歲月憐分影，乾坤隔幻身。殘軀新讀禮，感事倍傷神。

彩服趨庭處，烏巾對月唫。橙溪秋自好，[1]椒醑爾難尋。蝶夢無醒枕，猿哀有淚襟。思親悲似

[1]「自」，原作「月」，按格律既重出又失對，今據四庫本改。

貌，今日失知音。

叔夜塵緣薄，初平道氣深。酒醒仍荷鍤，身老不留金。白日哀迴駕，青鸞眇去音。臯比讀易事，淒斷不堪尋。

陰陰傷歲暮，歷歷對山原。嗚咽泉聲斷，蕭森桂影翻。牛衣空自去，鶴樹竟難言。長歲歸鴻急，荆丘日露繁。

招魂路杳隔，埋骨日幽陰。歲月芳蘭歇，風霜宿草深。羅含留故宅，鍾子絶鳴琴。把劍悲重約，題碑寄夙心。

余壬辰秋九月，與三潭子泣别同江之渚。時先大夫在堂，而余之遠行，實出公期促迫，期改歲當假王事南歸省覲，與三潭子必重晤，得徜徉山中，與菽水樂。别未半朞，而先大夫見背。逾月，則三潭子亦相繼摧逝。明夏奔歸，則與三潭子永隔，而江渚之泣，蓋永訣矣，哀哉！乙未，倚廬將畢，追思故交，心肺割裂，遂抑鬱宣悲，爲挽詩八章。❶雖於聲律之學或未諳識，至

❶ 「八章」，按：原本僅録五首，故詩題作五首。

於論世，庶有徵焉矣。

贈羅仲良奉母之令應城

仙舄度秋槎，翩翩楚水涯。琴和訟庭鳥，綬綰夾城花。地潤通天澤，星文動物華。潘輿近鄉國，爲吏莫長嗟。

劉　生

劉生多意氣，執別歲華深。一葦不肯渡，四愁空自吟。春江斜檻外，暮雨對峰陰。古調人多棄，冷冷鳴素琴。❶

送從叔遵禹如白河 名惠言

弱冠振孤翰，芳襟逐二難。荆花春院紫，❷竹葉暮江寒。日向長安近，雲依故國看。丁寧萬里翼，莫向一枝安。

❶「冷冷」，依律疑當作「泠泠」。
❷「院」，四庫本作「苑」。

追徐子直至金山不及

迢迢江上鴈，離翼隔雲天。未結芳蘭珮，空歌伐木篇。葦殘人已遠，潮去鯉難傳。獨下徐君榻，清輝共月眠。

贈大司馬東塘毛公征安南二首

天王懷異域，尚父遠專征。萬里軍容動，三年廟算成。河魁占上朔，海若避前旌。不待過銅柱，交酋自請纓。

禹貢要荒服，虞廷干羽通。誰云南極外，不麗大明中？兵洗桄榔雨，帆歸舶艀風。無令窮海國，但數伏波功。

江　上　作

孤棹寒江上，離情落鴈邊。我身雲水似，飄泊定何年？同旅非棠棣，他鄉問杜鵑。不知故園夜，誰爲客程憐？

攜李見月❶

攜李逢良夕，明蟾落桂華。離情屬秋暮，兩地望天涯。靈藥空傳世，清輝苦憶家。關山千里外，盈晦動長嗟。

泛東湖

大澤聞彭蠡，爲舟泛碧灣。天低疑拂樹，波遠似侵山。極浦多摧楫，中流有宿菅。澄清十年思，川上動秋顔。

嘗奉先宜人過常山重經正值忌日感賦

哀節來何促？慈顔去不歸。筍輿難奉馭，竹淚自沾衣。寒水聞悲蛩，疎林見遠暉。不能五鼎養，空駕駟車飛。

---

❶「攜」，疑當作「檇」。

發北新關初聞孤鴈寄東窗叔

紫塞分寒影，清江入暮深。遥憐失羣翼，還似獨遊情。匝月疑衰葦，迷烟滯古城。南歸書帛杳，爲向故園鳴。

唐應德避暑郊居與林子仁訪之不得用韻寄贈

出郭尋芳侶，高林絶世氛。何知望雙翼，無異隔重雲。聽鶴疑笙轉，搴蘭感袂分。託躬自有别，不敢怨離羣。

譚御史巡隆慶二首

繡斧向邊城，蕭蕭驄馬鳴。黄花經絶塞，獨石樹前旌。乘月旄頭暗，驚霜鶡尾輕。何憂李廣輩，塞外不横行。

漢使出關雄，連山野燒空。星文移畢口，風色變雲中。壯士千金諾，將軍百戰功。即看揮白簡，不數賜彤弓。

贈鎮筸守備李將軍

武署重邊營，兵符出禁城。將星三楚動，殺氣九溪横。魚鳥開行陣，蠻夷服耦耕。會須靖南服，❶重見拜西平。

歸　興

家世由農圃，乘春返故郊。衣穿緣久客，書絶爲慵交。舉耜看鶉火，占風俯鵲巢。平生存拙賦，不歎繫秋匏。

玉山贈詹少華給舍

早歲甘辭禄，他鄉重倚廬。爲園聊給食，閉户自删書。月影花間席，苔痕門外車。人生貴有託，榮達竟何如？

❶「靖」，原作「静」，今據四庫本改。

同黄洛村宿羅田巖

心跡渾無繫，❶行歌恣所如。偶逢紫芝客，邀入白雲居。清磬聞僧梵，寒燈撿道書。誰能甘役役？徒使二毛疎。

自石埠夜棹玄潭

懷人適未遠，宵逝獨揚舲。爲慰停雲思，寧知清露零！草聲遥識岸，烟色近迷汀。耿耿看河漢，何期見聚星。

别劉良溪

與君重識面，居然見幽情。如何二仲子，獨高千載名？急雨春江白，深林野鸖鳴。此時憐把袂，翻畏棹歌聲。

❶「渾無」，蘇本、陳本作「得不」。

訪盧天敍

重訪意中人，同遊物外春。爲看容鬢改，始覺歲年新。疎竹見山色，高齋欵道真。由來遯者逸，勿謝往來頻。

寄同年祝峋嶁二首

孤厓懸古木，秋月静蕭森。獨坐忽忘去，洲前江水深。青青山自遠。脈脈歲將陰。已識儵魚性，投竿非我心。

君住衡山下，春風幾歲華。石疑封玉檢，水似注丹砂。欲訪前朝隱，猶聞去路賒。桃花開已遍，鷄犬爲移家。

萬鹿園總戎卧病臨江邀晤天王寺

不矜萬户貴，但愛五千文。身病人誰問？鍾殘性自聞。慣邀鹿苑士，厭對虎符軍。底事頻推轂，憐君重報勳。

賦得青驄馬奉壽張石磐公

蹀躞青驄馬，西來萬里秋。駕車先豹尾，立仗近螭頭。一別榴花地，長年杜若洲。時聞雲霧起，龍友自相求。

閒　居

已謝市中喧，巾車返故園。詎云藜藿美，聊免媿盤飧。落日沙邊岸，疎烟野外村。不須談至理，事簡道應存。

夕泊文江邑中故人追餞至灘市

虛舟無所繫，江上恣沿洄。故人不相捨，日落且啣杯。市火深林見，灘深静夜來。那堪當此際，歸棹暗相催。

餞同年薛畏齋二首

聞君亦報罷，理檝遂東歸。達者豈不適？其如人世違。嚴城虛暮柝，舊館振春衣。知向山中奕，無心談是非。

送君不忍别，酌酒蹔爲歡。塞馬誰論失？江鱸今可飡。買田多種秫，養竹自裁冠。倘遇南來鴈，因風託素翰。

與邵綸

相逢春晚别，烟月返孤洲。却憶少年日，曾登萬歲樓。山城朝映雨，潮浦夕移舟。欲寄離情去，江流不解愁。

同年胡前岡母恭人八十壽詩二首

崇閥凝繁祉，慈闈積永年。曆更五朝後，名達兩宫前。娱綵隨卿月，行厨借御烟。至今逾一紀，福履益穹然。

解愠風初至，承歡月正舒。節催長命縷，年數後天書。儼席紛華珮，充閭獻瑞珠。只輸青鳥宴，人世眇難知。❶

❶「知」，蘇本作「如」，依韻當從。

閒　述

一近耰耡業，妨時怯送迎。每逢田父語，漸見古人情。夜雨肥園蔌，春陰轉谷鶯。爲農豈無事？大半是勤生。

避暑玄潭晤羅鎮鋒兄

與君同遠俗，問訊一何疎？避暑逢高會，連宵談道書。遠江横雨勢，虛閣振風裾。但使無違願，瀛洲定不如。

逢　鴈

幾時來塞下，烽火近何如？道路多知己，寧無一札書？江鄉今苦旱，瘴癘且難除。處處多繒繳，投身未可疎。

大墓山哭亡弟造夫二首

骨肉俱如故，音容爾竟沉。可憐一抔土，遂隔九原深。執手難憑夢，何言可寄心？亦知年向老，猶自淚難禁。

去路知何處？頻驚諱日臨。誰堪七年病，猶繫九京心。過鴈書難到，寒塘草自深。秋風正蕭瑟，更奈候蟲吟！

九日聞鴈

江水斂寒色，一鴈下汀洲。正此九日節，忽來千里秋。無心問書帛，幾日到衡州？爲報山靈道，風高雲易收。

南嶽上封寺

絶地敞龍宫，千峰擁祝融。烟雲遥泛海，樓閣盡懸空。檻俯湘中樹，窗來天際鴻。不須談棄屣，雙舄正乘風！

祝融絶頂石

雲路轉高寒，秋空入大觀。石從雲漢取，樹傍白榆看。忘語天休問，齋心露可湌。不因遊象外，那解出塵難！

穿雲入方廣

雲裡度遥岑，臨虚谷轉深。石迷多伏虎，樹隱獨聞禽。乍識爲霖意，誰明出岫心？鴻濛如解語，吾欲寄瑶音。

别 方 廣

坐石忽忘去，買山無後期。不憐生是寄，翻以愛爲悲。門憶曾題處，松看初長時。千年風與月，來者自栖遲。

出方廣道

齋心踰一七，經義破三千。黄葉石間路，青松山下泉。客遊朝復暮，禪定日如年。回首鳴鍾處，深林隔四天。

彭蠡見鴈

秋過衡陽浦，春還彭蠡居。迢迢關塞遠，此去意何如？水濶飛難盡，沙平影易疎。歸來倘未晚，爲報故人書。

龍　池

瀑布下千尋，龍池烟霧深。還將一勺水，自洗百年心。混俗緣何事？勞形直至今。浮踪從此定，塵土莫相侵。

晴日江上

春霽媚行遊，春潮静不流。衣薰疑日近，棹動覺天浮。纚纚烟光合，絲絲柳色柔。江南風物美，大半在汀洲。

移崆峒山莊

嗜寂能安土，移栖欲近田。還因數椽舊，得此一區偏。牆短從山入，庭虚待月懸。寧知師儉意，於分且宜然。

東　隱

林居乃其業，豈曰遠塵紛？日出親耕鑿，山深斷見聞。拙無言作賦，窮不送將文。我已甘逃世，年多未識君。

忠節祠前誠齋先生手植羅漢松

移根自祇苑，遺愛爲誠齋。曾借琴書潤，猶當俎豆階。地靈人自美，風古色逾佳。剪伐寧須戒，伊人衆所懷。

閏九日石蓮洞

季秋逢再閏，佳節復重陽。故向分陰惜，偏忻九日長。菊遲如待客，酒至且流觴。莫厭登攀意，良時未可忘。

野　燒

冬燒入雲端，連山照暮寒。隱峰霞欲爛，啣嶺月初殘。明滅緣風度，蒼茫隔水看。因思關塞地，烽燧若爲安。

洞中見月

西月下巖關，流輝絶壁間。照巖分石勢，穿樹落衣班。洞壑龕燈淺，樓虚齋磬閒。貪看不成

寐，潤水暗潺潺。❶

聞劉龍山入洞

爲期久不至，忽枉暮相聞。賴有巖頭石，岧嶢可伴君。野烟迷樹影，舍火遠人羣。坐聽風林葉，能無客思紛？

贈何郡公入覲

上計會衣冠，衝星五馬寒。還因獻玉帛，重得拜金鑾。庭瑞勳庸辨，宮筵禮數寬。聖躬勞萬國，莫更述民艱。

癸卯十月十四日予生四十矣撫己自悲而有此吟

流光不可駐，斜日再難晨。不惑云希聖，無聞祇畏人。容身依一室，食力計三春。却憶劬勞德，翻憐心動頻。❷

❶「暗」，四庫本作「遠」。
❷「憐」，胡本作「令」。

貽相者

神解應難遇，生涯早自知。馬歸臂折後，鹿失夢醒時。歲久惟存櫟，朝飢且刈葵。學農吾分滿，肉食莫相期。

贈彭石屋翁名簪，靖州守

先生豈無慕？終歲卧丘樊。傍石結山屋，爲園近水源。春來時抱犢，月出自開門。再見三年後，嗒然忘所言。

别廷質弟還白河先廬

汝行遵漢水，何日扣柴扉？柱上題應舊，門前樹幾圍。屋烏存故愛，鄰燭念餘輝。父客如相問，遲余共采薇。

寄同年程松溪

匪材慚附驥，同詔入觀文。何意遭逢日，翻爲聚散雲。名甘辭仕籍，身復遠人羣。多少酬恩意，相看惟有君。

庭中鴝鵒來巢感而成詠

微鳥來相狎，槍榆愜静觀。幸無千里翼，得共一枝安。易食疑量分，深栖似避難。謀生倘類此，留滯豈須歎！

李子謁選

送子江關別，程途日向寒。氊裘新試馬，村郭屢傳餐。時偶多知己，才高易服官。期爲清白吏，共報主恩寬。

古佛堂

院古曇花隱，門幽徑草侵。三年尋故侣，孤月到深林。閉户同齋食，談經雜鳥音。流塵縱滿席，終覺少塵心。

代贈永州王劈泉別駕擢靖州王往時自杭判守泗今還舊服惠流兩郡有遺思云

來去爲州郡，升沉數每齊。綬花還舊佩，判草憶初題。五馬行仍遠，三刀夢更西。楚弓雖可喻，❶離者自悽悽。

寓天寧寺戚可大兄弟歸省

兩生來就傅，適我卧精廬。共器餐僧飯，分燈讀父書。思歸緣問寢，謀道豈懷居？試論西河易，離羣何所如？

書永慶寺壁次荆州❷

城陰背流水，遠樹夕含風。避客溪橋外，逢僧野竹中。問名無以答，齋食偶然同。更向忘歸處，方知過去空。

展先澗谷府君墓四首

秀川沉别墅，春雨暗荒丘。地古孤僧識，公墓久失，叔沔徧訪之，夢神指其處，醒以告僧，僧乃吐實。碑殘五字留。碑止「谷先生之墓」五字，至今存，起初神童筆也。明堂金石賦，公以賦中第，《明堂賦》至今存。

---

❶「雖」，原作「縱」，平仄不協，今據四庫本改。

❷「州」，蘇本作「川」。

幽宅鬼神謀。不用疑天道，人生泡影浮。

玄草烏蕪後，青山白一丘。❶善和書遂逸，靖節誄空留。生死同秦臘，公生死皆臘望。悲歡在國謀。黄鐘閟大雅，吾道幾沈浮。

廟題猶榷院，宋室久墟丘。紫氣龍何在？烏衣燕不留。家緣酬國盡，公家號十萬，盡餉文山義軍。天亦忤人謀。悵望前朝業，烟雲日暮浮。

直躬偏疾惡，華髮向青丘。公以劾賈似道罷官，年六十九。道繼雲林後，公爲饒雙峰高弟。詩同山谷留。公係江西詩派。五噫空飲恨，萬石不貽謀。歲歲逢寒食，溪蘋帶雨浮。

訪隱原

入谷無機事，邀逢任所之。獨沿溪澗往，忽至夕陽期。峰影遥能辨，松陰坐屢移。暝來山下宿，殘月二更遲。

❶「白」，四庫本作「自」。

遊龍虎山二首

心閒無所適，高閣日凭欄。虚谷多朝氣，深林生暮寒。猶龍嗟見聖，煉虎欲成丹。二事吾何有？逢人且共餐。

坐久竟無寐，❶秋蛩鳴向人。因悲虚甲子，不及守庚申。數息知天度，冥心養谷神。翻憐塵世者，何異夢中身！

嶺南令

邑險當新造，才高特試難。分疆百里儉，敷政四鄰看。卉服文移簡，蚶田賦入寬。無忘柔遠意，聖主待民安。

❶ 「久」，蘇本作「忘」。

展先墓

生我不能養，❶其如此日心？縱令雙涕下，難到九京深。手饋思常嗜，心瞿感似音。却憐返哺鳥，夜夜繞空林。

訪劉晴川公雲津次白沙韻

誰信元城後，今人亦可尋。一生無妄語，千載幾知音。試問獄中事，何如嶺表心？道南聞已久，君是指南針。

贈王西石明府赴召二首

王喬爲縣令，何地不宜才？堂案旁無草，衙磚半有苔。庭因疑訟出，門爲遠賓開。此日雲間望，飛鳥忽見催。

遇事不辭難，猶言畏曠官。能探冤婦獄，解辱富郎冠。優飾辭賓戲，鄉音察吏奸。明光今漸

---

❶「能」，蘇本作「待」。

近，從此看封彈。

寄萬鹿園

春賞逐陽和，川遊澹夕波。觀燈傳佛性，聞榜答漁歌。千里人俱老，終年夢幾過？秋來仍斷飲，將奈白雲何！

趙浚谷自德州赴山西巡撫即韻寄贈

節鉞寄專征，并州古鎮城。令行傳虜遁，恩激顧身輕。一劍齊中出，孤吟塞上行。文雄經武署，誰解得兼名？

將遊廬山別尹道輿樟墅

非無八口計，其奈一身衰。念與古人遠，羞爲兒女悲。御風隨所往，歸日尚難期。不用傷留滯，家庭自有師。

遊栗里

陶令罷官後，西疇林正滋。至今栗里上，猶見柳條垂。山氣佳如舊，居鄰問不知。誰能邂逅飲，一醉寫心期？

東林寺

因尋陶令跡，偶過遠公廬。鐘後空歸處，溪邊一嘯餘。石如人聽法，水向佛成渠。葷酒非吾好，寧緣戒律除？

與日者

少年矜壯志，垂老竟無成。身病疑增骨，人逢但識聲。買山今已遂，種橘晚初榮。❶自達窮通理，何勞問許生。

與相者

壯年甘勇退，不待問麻衣。隱卜閑情少，尋僊舊念非。試看形已槁，豈是遯能肥？莫訝壺丘子，今來示杜機。

❶「橘」，四庫本作「菊」。

拜靖節墓

久憎折腰事，再拜向高墳。東晋非前日，南山還暮雲。將持斗酒酹，更以挽歌聞。不飲緣何事？低徊心已醺。

自佛手巖入慈雲寺

結茅應未久，初地躄相尋。偶誦蓮花偈，因憐祇樹深。嶺雲垂佛手，❶巖石對禪心。莫作陵伽鳥，❷終朝學梵音。

病

病卧遲開户，心慵厭報書。雨晴衣屢易，豐歉室常虚。卜命從來鵩，加餐爲得魚。無能身已贅，縱健欲何如！

---

❶「雲」，原作「南」，今據蘇本改。

❷「陵伽」，四庫本作「伽陵」。

趙浚谷遣袁迪來寓答二首

南浦袁生至，傳來壟上書。開緘驚改歲，問狀慰離居。萬卷明農後，孤身破虜餘。廉頗今未老，誰與達公車！

病多年復迫，齒髮半凋殘。喪室悲元亮，衰門報耿蘭。心將形待盡，世以夢同觀。惟有纓冠意，悠悠未忍安。

余徙松原泰和張秋泉代余督治八旬乃返酬以是詩二首

横流居盡折，❶别業晚仍移。得遂龐公隱，深慚鮑叔知。梓人揮鑿處，圬者食功時。屋漏能無愧，將何報所期？

平生無遠適，代役竟忘歸。力盡如同舍，時移且敝衣。菜根甘不厭，木屑慮無違。版築今無夢，空令遯者肥。

❶「折」，蘇本作「析」，疑當作「拆」。

送李檀坡赴蘭陽教諭

講舍别秋霖，江湖水氣深。還過鹿門里，蹔慰鴈行心。井邑東昏地，絃匏西序音。不知經術顯，門下幾青襟？

聽友人誦宋高郵守晁仲約事

昔日江淮盜，揚言勢不支。修辭遠迎勞，傾帑重賫持。辟宥猶争議，封疆故有司。誰知千載下，此事亦多師。

曾月塘兄返家

亂後還鄉井，憐君家獨全。歸人惟有淚，故里半無烟。殺氣秋仍結，殘魂月共懸。西岡蕪没處，可有舊書傳？

誤傳寇至鄰曲盡奔

閭里亂縱横，秋原暝色生。争傳負芻至，并作泣岐行。道遠多亡子，風驚似驟兵。荒村獨醒處，空切救焚情。

永　市

曉燒色何赤，愁如烽火然。幾人家尚在？百里信難傳。夕烏孤飛處，秋山斷影邊。攙搶何日掃？不敢問遥天。

世光子赴鄉試

一經傳世業，三試逐時髦。旅聚須安俗，身單自惜勞。朱衣天有定，寶鑑物無逃。我愧科名久，何心望汝曹！

題江灣北川堂

林中重結宇，正對采蘋洲。婦汲常依墅，賓來愛倚樓。溪聲臨月砌，屋影動春流。莫訝人争席，門前有白鷗。

訪族大安

安溪喬木好，風露帶戡村。人以同宗重，居緣異地繁。田園忘歲月，文字問兒孫。淳樸如吾里，由來祖德存。

北　窗

林空開玄奧，❶山窗俯翠闉。溜渠春澗合，簾幙霽峰新。牛斗霄看劍，藤蘿曉掛巾。由來歲寒意，還屬晝眠人。

贈周侍御入京

躞蹀玉花驄，驕嘶柳葉風。驚看直指使，重謁大明宫。主聖勞虚聽，民難待實封。不徒桓典似，但使要途空。

贈盧陵翁明府入覲

玉帛會明堂，丹青入大常。重經門下省，應識殿中香。製錦憐奇彩，垂裳多寵光。鳳池行視草，螺渚有甘棠。

❶「空」，蘇本作「室」，四庫本作「壑」。

桂大傅輓章二首

聖主敷殊共，明公際寵靈。滄溟開日月，紫極静風霆。美植出連茹，勞歌盡采苓。可憐康濟策，寂寞閟幽扃。

金臺初獻策，彤管受咨詢。竇劍虚知己，青芻愧古人。十年操别鶴，千載著傷麟。日暮寒江上，孤雲對白蘋。

雨中陪同年朱刑部謁子陵祠和韻

昔人垂釣處，潭影自閒雲。出處雖異路，賞眺暫同君。扣門驚谷鳥，微雨薦溪芹。此夜占星聚，應聯列宿文。

贈曾子貞應貢入京師

蕭散愛林居，聞君遠上書。幾年懷照乘，千里謁公車。清廟時當頌，朱絃音正疎。新知不恨晚，應薦馬相如。

舟中對月

旅行無與晤，初月在江干。共載中流去，遥隨永夜看。注陰深灌木，抱影散平湍。但取明珠近，寧爲滄海歎！

寄友人

與君十載别，聞已二毛新。却憶同遊處，誰爲强健身？遠江長映户，隱几對芳春。我已捐簪紱，無爲苦避人。

送王編修懋中省覲歸無錫

畫舫乘秋發，班衣愛日遲。歸攜西掖綬，行詠北山詩。江雨鱸魚白，山田粳稻垂。而翁投紱早，❶莫更滯還期。

❶ 「紱」，蘇本作「綬」。

胡臺史國材見枉

避囂遠城市，卜築依江村。琴樽時自適，車馬不聞喧。忽枉靈臺史，因傳相宅言。爲語流泉地，吾生在灌園。

羅邦懷太守出衛山書箑索題

寒枝斂真色，嘉蓝競芳叢。誰章兹物美，寘君懷袖中。掇英動遠涉，飲馥得承風。慎勿輕捐棄，幽情吾所同。

覽　鏡

把鏡千憂起，如聞影答形。將心忘愛惡，察物任分明。衰向愁中集，癯從病裏生。前途知幾許？何事不遺情！

夜　歸

宵逝逢初霽，山深迷所如。疎星浮野水，涼霧暗村墟。谷應疑呼侶，林昏錯問居。始知勤四體，不獨有長沮。

尹道與會試禮部

三年期共學，别去意何如？暮就旅人宿，朝呈天子書。時平道易偶，命達志寧疎？莫念江潭老，林塘已卜居。

王生新舉鄉試便赴禮部名宗熹

少年榮薦達，挾策向明君。揖遜公卿重，聲名郡國聞。謀身先擇術，憫世在繁文。縱有高車貴，相如未可羣。

賀□氏祠成❶

時日練柔剛，追先啓户堂。即看蘭滿砌，不讓杏爲梁。世世藏遺服，年年獻侑觴。還聞歌祖德，鴂弁有輝光。

❶「賀」下，原空二格，今據卷首目録補「氏」字。此題目，蘇本題作「賀某氏祠成」。

暮　坐

隱几不知暮，喧喧瓦雀還。下廉踈雨後，虛室一燈閒。聞反聲如脱，思微識近頑。從兹悟真性，正在有無間。

讀　易

陰陽不相離，往來環轉然。此中有逆順，當機之後先。

無極生太極，可以譬逆數。二四雖未生，得一乃其據。

知機吟用康節韻

先物謂之幾，旁行且入微。有無未分處，主宰不移時。得者須忘意，知之莫泥辭。雖從靜裏得，却向動中知。

謁濂溪先生祠墓三首

匡廬開曉霽，懷古見芳襟。溪水清堪遡，林風靜自吟。山如蓮乍發，庭與草俱深。此日生芻奠，還同執贄心。

其　二

外物等銖塵，方知貴在身。一抔誰不共？四海此常親。地似依防墓，鄉猶近楚鄰。築場來已晚，願作掃除人。

其　三

軻死誰爲繼？寥寥千載悲。寧知無極語，始應聚奎期。南矣道方啓，歸歟樂在兹。初平還我輩，聽語恨非時。

趺　坐

兀兀類株拘，晨興忽及晡。息深非一氣，坐久只單趺。榻外千峰静，門前三歲蕪。諸生莫請業，意句愧先儒。❶

❶「意」，四庫本作「章」，可從。

老　至

少年能幾許？己復迫衰期。氣鋭終妨道，心醒每過時。積疑忘後悟，微病静中知。一見真吾在，形骸豈足私。

中秋憶亡弟

耿耿夜無寐，見月倍淒其。節迅人逾遠，天高氣自悲。影憐連理樹，身媿在原詩。不遇長生藥，空梁安可期？

夏幽道中

晨征攬衣露，磴折歷峰雲。地險風多烈，林深日易曛。山禾霜後實，鄉語客中聞。人事隨情好，吾行得所群。

訪李少舫故宅

鳳毛人所羨，鴈帛歲難違。詎謂升堂日，❶夫君不復歸。省蘭虚夜篆，墓草怨春輝。哀些能聞否？報魂欲剪衣。❷

送女兄夫周龍岡北上三首

自嗟兄弟寡，況忍復離群。對粥空懷姊，加餐此贈君。齎持心莫効，去住跡從分。勿以家爲念，吾甥俱有文。

其　二

少年看授館，母氏愛無分。具食求常嗜，延賓待異聞。貴遲占命屢，别久寓書勤。此意今誰憶？空餘吾與君。

---

❶「詎」，原作「距」，今據四庫本改。

❷「報」，四庫本作「招」。

其　三

結茅依野樹，巷僻少來車。落葉滿庭下，寒山半雨餘。忽言京邑去，因憶貴交疎。問訊休相及，爲農久廢書。

暑病思石蓮洞

慣在巖下宿，❶今結夢中思。石室不知夏，泉流無盡時。崖深臨眺久，❷徑遠送歸遲。誰忍經年別，空懸翠壁詩。

送饒湖田憲使入京

病身無復健，忍聽鴈離群。彭蠡秋風後，淮南木葉紛。鼓鼙新戰士，齊魯舊監軍。年壯堪酬主，鐃歌幸一聞。

❶「在」，蘇本作「從」，依律當從。
❷「崖」，陳本作「巖」。

葛山王思畏七十

去年從朋好，同舟遣子隨。達觀疑有慕，禄養似非期。事簡貧常足，情深惠屢推。親心知所畏，垂老不忘思。

壽竹園秀岡兄六十

蓮洞時相見，芳醪每共持。忽看四歲長，已至六旬期。岡上松初秀，庭前桂幾枝。顧予頭且白，先寄杜中詩。

觀　奕

藏身隨地足，動着便堪疑。兩利計爲上，交鋒機已危。每當拂心處，頗嫌收手遲。旁觀今更審，鷸蚌莫相持。

景德鎮觀御器

塼埴周官舊，祠禋漢畤專。從知器尚白，始合道中玄。玉食金鋪上，瑶壇壁月前。因憐塵土質，猶得報陶甄。

子陵祠

漢庭懷舊德，獨愛水雲身。白髮一竿暮，青山七里春。江流閑歲月，夜景湛星辰。千載荒祠下，停舟日幾人？

寄高郵太守劉松宇

符竹臨何處？朝朝雲水身。望皃來屬令，過鷁識嘉賓。粳稌千家市，❶菰蒲四郭鄰。最憐荒歲後，初有醉眠人。

劉見川太守誤期晤

病卧愛林居，覊留寇亂餘。誰能城市隱，空却夜遊書。避地皆戎馬，藏身且蠹魚。知君不由徑，隨地可虛徐。

❶「稌」，四庫本作「稻」。

送曾文洲赴建寧祭酒

八閩稱望郡，祭酒職尤清。不對鞭笞事，惟聞絃誦聲。諸生傳命令，六藉校章程。問政誰頻過，時牽舊令情。

贈黃勿齋赴永明令

羨君初試邑，入境及春和。五嶺分疆處，三苗互市多。餌魴堪譬政，馴雉定聞歌。莫厭山城遠，瀟湘一帶過。

龍母黃孺人六十

不負夫君託，能成令子才。斷機知學進，減食爲賓來。庭桂秋芳滿，❶江魚曉燕開。願言萱背永，常獻菊花杯。

---

❶「芳」，原作「勞」，今據四庫本改。

乞巧

人間多道路，天上亦風波。卧看雙星轉，聞當七夕過。神猶甘處野，智不及踰河。祠禱憐兒女，紛紛柰巧何！

皇匡壇晚

丹閣俯晴空，瓊花散晚風。黿疇看禹畫，鼇極見皇功。檻外雙虹轉，雲中二鳥通。只須乘下舄，❶從此度珠宫。

金山寺

碧山開法鏡，金地絶塵緣。龍藏元依水，珠筵盡在蓮。靈鼉聞夜梵，馴鳥下朝烟。不用懷三島，臺高接四天。

---

❶「舄」，原作「寫」，今據四庫本改。

念菴羅先生文集卷二十二

族從孫　復晋　男士瓚　士播　重校
六世孫　天衡　男韞琦
五世孫　雨霽　男廷衛　謹梓
六世孫　隨元　男韞璞　士璋

七言律[1]

初登第

媿無三策報明昌，漫徹金蓮到玉堂。撫己豈堪陳亮並？知人空被帝堯光。兩生欲出須周禮，千載曾經笑楚狂。温飽平生非所願，君臣今日繫綱常。

[1] 「七言律」，原在「初登第」下，今據總目、卷首目録及各卷體例移置「初登第」前。

寺中有懷

城西古寺居仍僻，閣上鳴鍾春正晴。初日影迴雙塔迴，遥天聲斷片鴻明。鄉園白髮音書少，歲月金閨感慨生。使命告期那可遽？憑闌空有望雲情。

四月十二日經筵躬展御書賜宴左順門

談經内殿重司存，妙簡儒英奉至尊。親仰天顔承玉几，巧當日色上金門。御書躬進鳴陽頌，仙醴均沾湛露恩。翻愧斑行稱獻納，五年初侍紫薇垣。

社　日

社日日暄風氣鮮，溪光野態簇春妍。低飛燕子劇自語，點注桃花嬌可憐。蜡虎青郊争祫日，蟄龍玄澤欲浮烟。因思宰社還酬國，轉對新芳倍惜年。

答張子昭訪論

月舟橋下汎秋陰，石埠村西暮雨深。梟渚參差前度影，鶴絃淒切别來心。吴碑岐鼓留天地，周雅唐風辨古今。冥討憐君蘿薜興，真詮遲子鳳鸞音。

除夕感懷

往日三元開寶曆，近臣五夜奉金鑾。圭璋偏入羣方獻，絃管常留萬歲歡。憶自霜華飄故國，每依春色望長安。探鈎傳炬俱恩澤，作頌觀風獨倚歎。

展先墓

石埠新封草欲萋，長年寒食雨交淒。千秋栢寢誰知鼎？七字延陵空有題。海岱冰霜思定遠，塞垣金鼓罷征西。君章見説階蘭長，大樹蕭蕭鳥自啼。

重寄楊達甫

億昔春盤坐綺筵，苑花宫柳惜芳年。吹嘘詞賦楊雄晚，摇落風霜宋玉憐。三晋河山開節蓋，五湖村曲卧雲烟。鳳毛麟角終池閣，鷺振鴻冥極暮天。

程舜敷春暮同江宴會遇雨

仙舄飛騰驚故人，華筵慶洽敞名津。楚天雲雨巫山夢，江草珮環湘浦春。萍梗故依芳席合，鳥聲巧逐和歌新。誰知别去鍾期調，今日重聞流水濱。

泰和劉生寫盤龍先塋碑文有贈

澄江夕照動文舟，桐水朝雲坐翠樓。雨浥峰文當户出，草迴春色共人留。彩毫漫逐玄螭舞，錦石驚看紫鳳遊。劉翰向來詞翰客，豈聞淪落向龍洲。❶

屠郡守擢徐州兵備

吉郡樓船縈别情，彭城金鼓動秋聲。烟霜淮海連三輔，關鎮燕吴控二京。圯下風流今寂寞，沛中雲氣尚縱横。銷兵已試甘棠地，推轂無忘細柳名。

九日述懷

幾年秋色倍離憂，九日閑情滯一丘。菊蘂不憐高士老，萸房空憶古人留。疎林露纈隨風下，平郭烟綃盡日浮。曾向高臺賦鴻鵠，至今遺調在滄洲。

❶ 「洲」，四庫本作「州」。

與羅道旋泛舟

扁舟同水共追尋，黄葉蒼葭起素陰。江雨霏霏孤雁遠，野雲冪冪萬峰沉。桂枝晚抱連蜷色，菊蘂秋憐寂寞心。摇落未須賡楚調，高山意在有知音。

贈友人應貢

雲檄星軺郡邑催，天都台省急羣才。龍泉自遇張華使，駿骨須登郭隗臺。帆帶楚雲隨鳥逝，席移江月聽猿哀。獻賦莫陳封禪事，漢壇秦畤久莓苔。

龍窟道中懷友

細草深松坐息機，碧山丹壑暮忘歸。十年襟袂三秋隔，千里音書一鴈稀。遲景況逢葭菼滿，幽期更與菊花違。澄江淡月懷人處，不爲清霜自濕衣。

贈張學士

天禄談經今十年，薇花雞樹阻雲烟。每看彭蠡孤鴻影，欲寄延津雙劍篇。臺上黄金聞買駿，江南緑草聽啼鵑。漢廷自有封禪賦，留滯何須嘆馬遷。

同孫江陰登二島有作次韻奉贈

與君春日別春明，青瑣遥憐去國情。江縣碧桃花已暮，秋風黄菊酒初醒。烟迷雙島疑珠珮，山遶孤城作畫屏。何謂皂囊虚綵筆，獨令漁父得知名。

毘陵舟中懷唐荆川

江雲冪冪接城隈，野水依依去纜催。鳴葉豈堪霜後聽，離鴻況在雨中來。漢廷金馬多龍友，吴國青山空鳳臺。爲近秦淮夜歌地，秋風三疊使人哀。

曾梅臺參議自釋逮移閩藩道遇貽詩次韻酬贈

聞君直道振綱維，燕獄霜飛六月時。白璧每憐人共棄，黄金不嘆旅無資。憐才聖主元恩貸，❶許國公卿重論思。誰道羽毛鷩彈射？亦從霄漢得差池。

❶「元」，四庫本作「原」。

贈張良夫應天通判

秋風桂殿醉瓊筵，鴻鴈分飛十五年。競道金陵新別駕，不殊畫省共登仙。鳳凰臺下留殘草，蘆荻洲前起素烟。三輔五陵多俠貴，看君治行漢廷傳。

至全椒贈戚南玄

重雲離翼阻天涯，千里登堂憶歲華。玄鬢已非前日影，黄金猶是别時家。濠梁北去多秋水，勾曲南來定暮霞。安得吹笙王子晋，相携雲外采丹砂？

高郵除夕

盂城簫鼓動春妍，湖上雲霞接海天。客裏寸心仍遠道，燈前孤影又殘年。因聞爆竹思兒態，爲見新桃憶舊廛。一紀近臣虚寵渥，不知應制屬誰先？

過彭城哭先大夫

二十年前試綵衣，碧油幢影媚春暉。重攀遺栢烏猶滿，空望飛雲鶴不歸。門下健兒多白首，帳前俠客半金緋。河流便作千行淚，難遣人間此恨稀。

詹府讌集次許松皋太保韻三首

青陽啟禁倚玄倉，七鬯新承萬歲觴。園綺衣冠因漢出，圖書河洛應辰良。雲從五色龍池近，日抱重華虹渚旁。競道貽謀過往聖，早看六傳滿文昌。

禁垣佳氣鬱蒼蒼，東府登賢舉慶觴。白虎然藜俱大雅，金臺買駿豈留良？傳經直日來璮上，應令乘春侍輦旁。却愧微涓酬少海，也從托乘奉明昌。

鳴珮朝歸曙色蒼，盍簪筵啟薦華觴。寵銜已荷如綸重，主器還欣比玉良。班接貂蟬玄圃上，身沾雨露墨螭旁。聖功不數宣猷頌，定啟千秋寶祚昌。

左順門捧敕授日本使臣

聖朝柔遠重絲綸，罷直傳宣侯紫宸。東海無波通信使，上天有語屬詞臣。捧來瑣闥龍文動，賜向彤庭象譯頻。不是爲儒稱載筆，玉階豈得置微身。

十月朔奉天殿頒曆

天王玉燭調三極，太史銅儀協八風。淑令早從三殿下，韶華還與萬方同。堯年喜戴頻書考，周禄虛縻幾獻功。錯訝朝來霜氣薄，春陽已滿大明宫。

送郭檢討省覲歸山西

軒車曉日發長安，恩詔寧親寵數寬。去路共嗟金馬貴，還鄉偏重綵衣歡。鳳凰池上春相待，蟋蟀歌中歲欲闌。況是雲中烽火後，采風無爾緩歸鞍。

長　陵

永安宫闕啟秋城，紫殿岧嶢白露明。萬歲已占天壽並，千靈還擁地維城。銅泉日遠空神御，玉食時來展聖情。不識當年文字侶，攀髯誰切挽歌聲？

十月六日千秋節賜宴

列秩青宫已二年，昌辰初得醉恩筵。風前露醑千秋重，天上雲和九奏傳。東掖早聞迴綵仗，内庭應偏賜金錢。自媿菲才無以頌，重華長願似堯天。

奉贈梁司徒罷官歸金陵

功成得罷尚書奏，丹詔從知惜老臣。已長子孫留報主，欲尋行輩少歸人。山中徑路猶殘草，江上鱸魚且問津。不羡剡溪恩澤賜，五湖應并與閒身。

別蔡鸞

十年爲別賦滄洲，每對燕雲憶舊遊。今日分岐猶似昔，青春雙鬢已成秋。學農吾逐長沮往，隱市誰知季主憂？別後相聞憑塞鴈，豈堪重上望京樓！

任城對雪

紛紛暮雪阻任城，春入官河水未生。柳色無端虚二月，鴈聲何事到三更？南歸舟楫汀沙遠，北望關山野樹横。賈誼少年多涕淚，豈知漢室自昇平。

西湖積慶寺觀宋理宗皇帝及帝昊閣妃遺像二首

千門精衛擁星躔，何事栖遲寄梵筵。日角早聞還九地，春容猶見傍諸天。霧知龍衮香偏合，花對仙桃色倍鮮。空使萬方歌萬壽，豈期身世總歸禪。

金銀宫殿玉爲筵，記寫君恩施佛年。綵繢至今留梵月，土階誰復戴堯天？王孫日遠悲春草，神女雲來泣夜泉。四海爲家猶是幻，等閒興廢豈須憐！

望　鄉

京國啣恩罷秩還，烟波日暮近鄉關。已無猿鶴移文怨，且共漁樵對語閒。幻跡識從榮宦後，道心堅自險途間。歸家若問躬耕處，五柳門前有碧山。

入　鄉

長辭羈紲諧初願，年入鄉園似解酲。市上已慚司馬季，丘中或遇楚狂生。心憐多病能知藥，可想同聲喜聽鶯。所幸爲農蒙帝力，荷篠豈用學逃名。

歸　田

疎賤何心與物猜，敝廬歸去正蒿萊。灌田漸解憎多事，種樹方知養不才。手録道經閒自誦，門臨秋水晚慵開。過從亦有鄰翁語，又喜寬租詔令來。

食新

少年每羡巢由事，慚愧塵踪今始歸。路入風波知地險，物經寒暑識天機。秘書初撿神農語，朝服更裁處士衣。此日倍懷明主德，秋風已飽故山薇。

八月十日萬壽聖節感述予登第一紀，止己丑、庚子與兹慶賀

長安玉幣慶堯天，中夜嵩呼萬國傳。綵仗幾回陪暫入，青山今日思空懸。腐樗自分終投谷，桃實曾聞數漢年。却恐班行同輩在，周南猶爲史談憐。

中秋酌客

客歲長安旅思多，鄉關迢遞阻烟波。每看葉落驚秋早，不到山深柰月何？繞樹今無烏鵲恨，倚闌還對白雲歌。晦明物理吾何計？不惜青尊醉薜蘿。

寄永州别駕七泉表叔

瀟湘西望鳥飛還，分郡猶聞意自閒。雲裏有山多種秫，月明無事亦開關。檄傳化及三苗外，訟罷行多雙樹間。借問濂溪逢舊主，幾人吟弄對潺湲。

秋日玉虚山齋

深秋獨院野塘横，覽卷空含萬古情。漁父早知從玩世，丈人何事苦逃名？鴈來彭蠡時將晚，菊近柴桑色更明。寵辱向來那可得？祇餘秋水似心平。

王筆峰參政聞余歸田有寄倚韻奉答

踈狂元恃主恩深，九死餘生荷德音。不爲敝帷全舊馬，豈容踈網縱羈禽？籬花采采三秋色，江水悠悠萬里心。此日白雲迷世路，獨煩問訊到深林。

同年吴雲泉棄官南歸有贈

與君同榜復鄰州，十載飛騰獨寵優。兵馬東川唐節度，簡書關外漢諸侯。忽聞夢雨翻巴曲，不待秋風歸楚舟。直道古來多屈抑，幾人身退志俱酬？

贈黄洛村會試禮部

三年身與白雲盟，别去空山憐道情。春發洞中誰共偶？雪深江上自孤征。萬言今合酬明主，一刺何曾謁上卿！經術本資儒者用，况逢人已重黄生。

甲辰新春

歸田三見户桃除，四十蹉跎又歲餘。身任衰容寧問卜，家無長物但傭書。藉陰暗惜孤根草，狎性閒窺逐隊魚。競道南枝春色早，擬將樹藝候吹嘘。

奉陪雙江先生訪舊石屋

僻居春日苦離憂，獲奉巾車訪昔遊。共出羊腸窮遠道，幾看魚泳坐臨流。孤雲無繫身常健，一劍相携志已酬。不遇辭榮甘混跡，豈應清論在林丘？

蒙菴陳君六十始舉子詩以賀之

年周六十初生子，白首初諳襁褓方。間齒翻從先甲數，❶肖形應共大年長。門前父客猶多健，架上儒書已久藏。不獨晚成古器使，顯名正待掌珠光。

❶「間」，蘇本作「問」。

冬夜讀書

新晴别舘夜何期？擁褐寒窗讀楚辭。月色半庭人語静，松陰滿地客眠遲。聞鴻倍覺江村遠，望斗方知閣道移。自分一生同木石，安居何恨遇清時！

周冷塘憲副雪中見訪

同住深山與世違，遠勞雪徑訪巖扉。但教決履從人笑，何有高歌和者稀。如玉喜臨庭院樹，飛花偏逐芰荷衣。袁生一榻蕭條久，豈爲衾寒又促歸。

訪雙江公用見貽韻

身世俱爲不繫舟，每逢春色憶同遊。翠微山遠迷朝樹，白水亹高迴暮樓。竹葉幸陪今日醉，❶桃花能爲主人留。林中知有瓜田在，豈用相憐談故侯！

---

❶「陪」，原作「倍」，今據四庫本改。

送胡仰齋工部還京

賜酺同醉鳳樓前，省署分違各歲年。自着草衣來社雨，看牽錦纜别江烟。苑花向日迎官騎，岸柳隨風繫釣船。身貴不煩懷舊侣，菲才何意賦甘泉。

讀京華舊稿

少年高揖談王道，今理殘編媿舊封。世事白雲終莫定，故人青鬢豈重逢？閒垂書幌穿斜日，坐聽樵歌對晚峰。却笑儒冠空結束，此身已向遠遊慵。

曾梅臺赴貴州總憲

新恩豸服嶺南還，繡斧乘春下百蠻。三楚别來初轉夏，五溪西去但逢山。簡書夜傍星河遠，晝戟晴臨雉堞間。誰數牂牁通漢使？王章今過七星關。

挽富田羅汝奎兄弟

白雲已逐水東流，空有啼鵑送暮愁。窮巷誰題凡鳥在？殘書應伴蠹魚休。雙墳寂寂青峰雨，一夢悠悠素草秋。爲見桃花倍惆悵，春風何事不相留。

太保司馬毛公歸田投贈

三邊百粵仰威名，獨握兵符十二營。頻賜寵衣分御府，密投勝筭中皇情。身閒不俟成功後，道直終令衆論平。暫使山林增氣色，白雲還待慰蒼生。

寄座主張水南公

楚江歸去愜林栖，春草萋萋四望迷。藥長得知更伏臘，醉遊常不辨東西。道從川上行時見，詩向窗前翠處題。分與白雲爲伴侶，致身何以報提携。

壽外父大僕曾符翁時年七十九二首

十五年前學二疏，自甘白首棄金魚。閒推易數因留注，懶對鄉人故索居。冠制喜從周禮後，人材愛説孝皇初。伏生强健斯文在，暇日頻來問尚書。

深林住久忘機事，破壁頽垣一草堂。掩户未緣經月雨，敝裘猶帶十年霜。不携穉子能穿屐，自抱童孫看倚床。共道明年逢八十，無心重問渭中璜。

衡山歸別王生有訓劉生行甫石頭山下

名山子解從師去，竊得金書大禹文。山洞不知秋葉改，仙橋直與世人分。還家猶帶湘中月，贈客曾收石上雲。聞道天台堪採藥，春風能否復隨羣？

湘江懷古

秋風江上易生悲，寂寞寒流去欲遲。漢室幾人憐賈傅，楚狂今日吊湘纍。長沙地近家誰識？漁父歌殘舟自移。總爲天涯多往事，至今班竹尚低垂。

次禾川黄郡公追餞水頭

日暮江深寒欲愁，使君露冕來同遊。高歌不避魚龍夜，幽事況兼蘆荻秋。石勢遠疑横赤壁，灘聲静憶轉黄牛。酒殘別去潭烟宿，楓葉明朝一釣舟。

重別何謝二子羅漢寺

寒催歸思欲辭君，去去臨岐不忍分。言向同心那有盡？酒當垂別自難醺。岸邊斑竹初收雨，江上青山已散雲。此地知君重往過，定攀庭樹憶離羣。

湖上望匡廬次前韻

廬山叠叠翠光寒，宿靄浮嵐春未殘。一葉扁舟人獨往，萬峰落照晚宜看。移居欲訪陶元亮，避俗休疑管幼安。石乳雲芝知久待，漁郎且莫問儒冠。

安慶吊余忠宣公墓

淮南兵甲正紛紜，不爲酬恩始立勳。城上女牆頻易主，池邊神道獨憐君。一身自許生無負，數口還從死有聞。此後觀風求國士，不知誰屬似將軍？

登報恩浮圖懷龍溪

金陵南郭化城居，景物依依六代餘。華榜猶懸中使敕，寶丞常護上乘書。燭龍夜夜留金塔，靈鷲朝朝映綺疏。却憶山陰王子輩，昔年曾此話玄虚。

訪戚南玄用往年韻

别去躬耕楚水涯，思君歲歲損容華。江天獨放遊人舫，草樹重尋隱者家。竹下門庭閒鳥雀，席間言笑帶烟霞。守雌知悟玄虚理，煉性寧須九轉砂？

静海寺留别何善山

不知曼倩是仙遊，一月春風李郭舟。彭蠡烟波看旅鴈，金陵城郭别官騶。明時莫厭爲郎晚，落日偏當餞客樓。記取雙魚頻問訊，潮聲夜夜到江頭。

程松溪司成清明日見訪獅子山

金陵風日正清明，忽聽春山伐木聲。歲月二毛空自數，雲霄一羽竟誰成？虞廷典樂官仍重，漢室臨雍禮更榮。爲羡酬恩將道術，江湖簑笠且逃名。

訪唐荆川

千里相尋到草堂，蕭然隱几一庚桑。心緣忘物幾無懼，道在憂時苦自强。機發定知穿伏虎，書多曾不畏亡羊。别來鄙吝今如失，可是君身舊姓黄？

别荆川

懷君歲歲苦相望，一月春風去處忘。臨發幾回留解橐，無言還似待傾囊。幸俱見索形骸外，恨不同生寂寞鄉。家住名津書易寄，莫緣諱姓懶題將。

贈心漁錢公

前身東海丈人流，處世真同不繫舟。欲抱釣竿思遠去，每歌漁父任行休。嚴陵地近常留夢，巧餌機忘不用鈎。昔日巨鰲誰得手？三山疑在越溪頭。

贈王龍溪

故人在念那能别？一見山陰坐暮林。屢向目成知偶合，不將言應一觀深。❶十年已去爲何計？千里臨分獨此心。莫抱鳴琴惜來意，楚江流水待同音。

夜雨玩易

風入南樓雨乍殘，蕭蕭萬籟動新寒。閒窗藜火虚相映，晚歲韋編静自看。日月互精圖已顯，乾坤非畫見應難。根源若道無消息，何事堯夫獨弄丸？

❶「一」，蘇本作「以」。

先天

圖書曾識先天象，却恨無言自仲尼。豈意二千餘歲後，更聞三十六宫詩。三十六宫之説始於邵子，以反覆卦觀之，即六十四卦反覆含陰陽義，故曰「朝屯暮蒙」，又曰「損益見義」。天根已屬陽生候，月窟初含剛反基。説向世儒渾未悟，不知康節果誰師？

次康節觀物吟

生地生天別有身，身藏天地豈爲貧。有無不測終何物？動静之間難語人。寅到戌時觀月窟，子連申處起天根。天根月窟分朝暮，識得未分方是春。

病危效康節體

病勢熏心力莫支，獨將天命自推移。古皆有死幾足卹，今若虚生安用爲？總爲浮漚終欲化，若求真夢却成癡。世間誰是調元手？漫誦逍遥有所思。

病起自警

五尺身軀一丈夫，百年事業竟何如？每思曾點三春樂，豈用康成萬卷書！物我同觀從混俗，見聞俱泯似逃虚。古來豪傑幾先定，肯向迷途錯駕車？

屠竹墟有貽次答

中年學道負心期，始信楊朱亦泣岐。擾擾漸忘聊自遣，空空僅似有何知？倘逢南郭堪相偶，解讀西銘不恨遲。底事别來如對面，問君可是破羣疑？

别寧遠桃生世南求學記

幾年欲放濂溪棹，今見春陵故里人。冉冉浦蓮應自好，青青窗草幾回新？圖書待爾傳無極，風月於吾覺有神。此去得師應自别，酒中且贈一丸春。

贈錢緒山

澤國初逢不記年，一回相見一泠然。❶伊川易在涪州後，康節遊從四十前。同俗意常隨獵較，答言時亦借魚筌。此行不是尋常别，爲向春風自放船。

❶「泠」，原作「冷」，不協律，今據蘇本改。

赴雙江公約入安成

十年農圃未知貧，漫惜花飛淚濺巾。一宿巖崖逢道侶，倍憐章句誤儒身。閣中曉雪千峰静，洞裏寒梅一夜新。報道春江發春賞，前汀可有問津人？

西樓雨中寄戚南玄

春雨春雲黯不收，溪聲亂處獨憑樓。琅琊山好人常醉，彭蠡烟深鴈欲愁。六籍恨窺千古晚，百年誰放一身休？謫仙舊有匡廬興，期在銀河八月秋。

東廓先生貽連山書屋落成詩次韻奉贈

憶從石屋訪行窩，幾共雲關掩薜蘿。一見自慚違道遠，無言更覺飲人和。六經同異多新語，萬物逍遥有浩歌。竊比舞雩吾所志，年年將奈暮春何？

與張以敬曾于健夜坐

虚堂清夜寂無喧，漸覺年來語尚煩。却笑空持儒者籍，可誰親見聖人門？魚筌得處終難譬，鹿夢醒來豈復存！好景待人眠不得，三更霜月上孤村。

邃夫弟初入南雍

頻收家問爲兄慰，初試鄉心覺汝難。資遣聊同從外傳，縱觀況已到長安。半年曾讀西銘未？一飯誰將國士看！留得父書相待久，幾多勳業在儒冠。

送尹道輿會試

經綸自屬吾儒事，温飽何嘗慮見侵？況是義方同尹母，可無善養似曾參。萬言爲試陳王道，一飯應知待士心。但得廟堂多爾輩，豈妨枯槁卧山林！

吴雲泉初遊石蓮洞

山中古洞初歸主，林外穿雲遠共君。石作蓮花疑半折，僧如迦葉可爲羣。未須説法來猿聽，恐有遺書似鳥文。去處莫言隨所遇，年年風月待平分。

壽同年胡前岡六十

文章禮樂與時違，早賜明恩暫賜歸。慣學兒嬉緣母在，乍親農事識人稀。傳書久謝京華遠，注易曾窺造化微。同榜少年吾亦老，料君萬事已忘機。

壽桃林一愚伯八十

早知世道等浮烟，不恨南枝春色偏。自分若愚甘在谷，豈因抱一學談仙。情忘逐子東征日，道合嬰兒太上篇。見説伏虔猶彊記，將無恩詔訪高年。

洞中屢辱龍塘兄惠詩次韻奉酬

獨眠深洞不知曉，屢遞飛雲似見君。豈爲風波曾試險，故尋麋鹿與爲群？因酬詩内蓮花句，却掩窗前貝葉文。笑謂奚童好歸語，雲間世外此從分。

壽桃林龍塘母孺人八十

誰能綵服易華簪？歲歲躬耕力自堪。懶種桃花稱作宰，愛依萱草號宜男。貞名早逐梁鴻隱，善養惟聞尹母甘。何意古風今尚在，每將樂事向人談。

洞泉戲吟二首

微涓出谷是何年，行止隨時豈自憐？欲接衆流將助海，倘容尺地即瞻天。納汙不畏迷空鑑，枉道還聞作怨絃。此去桃花休帶取，漁人曾未識溪前。右洞贈泉滴瀝寒厓不記年，下流何意動人憐？ 甘從辟地能隨物，得遺歸田敢怨天？ 洗耳自疑難飲犢，知音誰許似鳴絃？ 料君堅白應難轉，留取無心對影前。 右泉答洞

平陽勘雙江獄事

聖朝閲獄體羣臣，功罪還將問吏民。 無恤共憐沉竈地，不疑豈恕誑金人！ 胡來借箸謀安出，事往吹毛語太頻。 回首晋陽成樂土，安危當日屬誰身？

奉期龍塘惺厓特峰三君重遊石蓮

身世能將視片雲，巖栖豈必魏元君？ 夕窺蘿月時留影，朝聽溪禽自笑羣。 屋似披襟中野處，石如浮梗亂波文。 朅來不信通靈地，且試浮香坐夜分。

壽王母金孺人九十

王母從來海上仙，春風九十又華筵。 世由鳳閣絲綸貴，家是烏臺甲第先。 婚嫁即看俱白髮，蠶桑能數幾滄田？ 門前桃樹纍纍實，應待千年入壽篇。

青原山次韻共緒山龍溪

春服相尋秋始逢，講堂分席更朋從。石林清晝揮松麈，山閣微風起暮鐘。道損自甘同輩後，神閑漸識古人慵。溪邊夜語休輕答，莫有當年聽法龍。

湖上别龍溪

河汾門下幾人過，屢見其如遽别何？一月齋心仁義外，三年横口是非多。諸生避席從相問，童子濯纓來和歌。我亦投竿傷歲久，欲隨東去釣滄波。

壽桃林一愚伯九十

丈人九十身長健，閭里過從舊識名。就養久聞朝市事，觀書還辨古今情。當門樹老曾看種，在學孫多自教成。行輩只今誰得似？季方年齒近難兄。

桃林竹塢翁七十

宗家家慶似君難，七十容顔尚渥丹。兄弟俱爲王國傅，祖孫常顯大夫官。林桃含色凝春酒，塢竹繁陰閲歲寒。習静邇來忘味久，壺觴遥阻共賓歡。

贈特峰兄令永定

親民自屬爲儒事，今佩銅章百里中。官署乍開當嶺月，蠻音慣聽問鄉風。林烏日下庭階静，❶隴雉春多野戍空。令譜傳來君第幾？美名期與古人同。

舟過泥塘喜兩峰師泉偕至夜話有作

溪水初生春棹開，溪邊野草緑於苔。白駒客至芳情合，青嶂烟多暝色來。物態自新人欲老，道緣何在語難裁。對君静夜增愁思，安得同登日暮臺？

顔兩江六十壽詩其婿陳兩湖翰林代索

供奉先朝遇寵私，後人文物自應奇。移家尚記從瀘水，選婿終應向鳳池。江上花開春未晚，門前車至酒能釃。當筵不用酬賓戲，衹誦聞鶯應制詩。

---

❶ 「烏」，原作「塢」，今據四庫本改。

寄吴九山名紳，莆人，時爲德興教。乃翁諱希由，先君同年進士。其生同歲月日，遲數時；卒同歲，遲五月。俱止憲副。

嚴君出處類而翁，生死悲歡歲月同。異域長嗟難問鯉，遠書何意逐來鴻？青峰湖上官齋晚，白露山中壠樹風。不待牽衣方下淚，孤雲相對恨無窮。

雙江公赴薊州中丞

薊門天險重王畿，立待中丞破虜圍。開府旌旗占陣色，行邊草木動兵機。潮河川上秋城壯，山海關西晚燧稀。應是笑談尊俎上，古來常勝在知微。

午日青原山中共善山晴川東廓明水諸公燕序

一徑穿雲萬木深，高崖曲檻晝蕭森。同心人與蘭熏對，多病身逢艾節臨。自笑行踪經石滑，誰從聞性辨鐘音。年來漸識窗前草，不借菩提樹下陰。

題歐陽監丞祠

使丞出塞無歸日，古鎮新祠多烈風。尺寸地皆先世有，存亡身與列城同。亦知北虜重來急，且表南朝一介雄。生氣九京那可作？亂蟬高樹夕陽中。

是堂俞憲使枉顧兼惠高文恨不相值寄以言謝

幾年同調歎離居，出谷誰疑客到廬？江夜泊舟遥問舍，竹齋燒燭更留書。欲爲後會期何定？却愧前知信不虚。滿篋瓊瑶無可報，螺川同水渺愁予。

會荆川歸

不出深山今幾年，湖邊又上李膺船。芝城夜雨初憐别，巖寺松風且寄眠。自笑多岐成役役，何如一息守綿綿。歸來尚喜庭柯在，欲話相逢已嗒然。

考正劉忠愍公諱日公爲王振所害，事秘不傳。先行人如墉記公以六月二十一日卒于獄，二十三日其家始得訃，於是連三日爲諱日，蓋疑之也。悲夫

身亡底事論遲速？疑信元關筆削權。華衮有褒須繫日，貂璫何力敢移天！魯公生氣誰云死？石顯陰謀自合傳。多少白頭還牖下，姓名能得幾人憐？

贈黄洛村

羅巖亦是濂溪地，君屬河汾入室人。似水早聞千傾量，築場曾許六年身。秋曹囊筆將書考，晝市投珠不見珍。却喜舞雩歸未晚，春風多少柳條新！

贈王存齋貢京師

谷平門下幾人留，病懶憐君賦遠遊。囊裡殘經仍獻闕，旅中孤嘯獨登樓。柳迷濟水逢初雨，月滿長安及早秋。聞道漢朝儒術顯，公卿何日薦張侯？

題瑞金縣銅鉢山

層巒草樹隔烟村，雞犬人間寂不聞。松籟夜歸天外鶴，樵歌曉散擔頭雲。閩山西入都成畫，綿水東來盡有文。眺罷勿懷陳石路，仙踪欲問採芝羣。

石蓮洞留黄洛村

經年不坐蓮華石，絶壁烟霞費剪裁。望月臺高沉竹篠，負暄巖轉暗莓苔。厓邊籍草閒聞鳥，洞口攀蘿亂落梅。底事遠來黄叔度，孤舟江上屢相催？

丙午附何善山工部舟泊南康偕劉良溪王有訓余弟遂夫同遊開先寺重來何劉已逝不覺潸然

旅中聞笛自堪悲，況是深林欲暮時。重照古潭雙鬢改，舊遊芳草幾人隨？能詩何遜今安在？入洞劉郎杳莫期。踏遍千峰黄鶴遠，素書無路報相知。

九仙臺遥壽陳明水公

雲霞東望數峰高，海上何年熟碧桃？却憶含香趨帝闕，早從止輦見人豪。青原對雨春風暮，雪浪驚秋夜夢勞。處處詠歸童冠侶，興來且莫賦離騷！

訪練中丞故墅

三洲烟草暮江濱，未問遺墟淚下頻。❶破塚有山歸別主，❷指何氏所據山。遠孫無食寄貧鄰。百年天地誰非幻？萬古君臣獨在身。莫道高名能隱禍，風塵多少不歸人！

❶「未」，陳本作「爲」。

❷「塚」，原作「塜」，今據上下文義改。

午日青原山同東廓師泉原山諸君再叠戊申韻

野寺春殘花不逢，舊遊麋鹿故相從。佛身自對庭前栢，僧病猶鳴夜半鐘。解識樵夫從姓隱，欲酬客問覺言慵。聽經他日傳開士，誰是今生脱骨龍？

青原山三叠前韻

久欲逃禪機不逢，葛藤滿地竟誰從？未知臨濟因何棒，那用羅睺第一鐘？溪上草深逢雨霽，巖頭花落報春慵。暫來忽去頻年事，舌在休疑學老龍。

青原山中贈答劉五齋郡丞四叠前韻

沛國遺民今再逢，幸於蓮社蹔過從。忘機相對閒憑几，善問何言答扣鍾！澤畔行吟寧有慕？人前禮法且教慵。年來愛誦高人語，賢則蛟之聖則龍。

三月晦日訪胡前岡長溪新居有贈

鳳皇池上早聯班，共卧滄洲遂不還。十歲養生惟種樹，一廛寄跡阻開關。烟霄日遠高臺静，蘭菃春深别院閒。邂逅對君俱過客，肯將欬唾落人間？

節推劉龍山六十壽詩五疊青原韻

夫君襟度可常逢，汎水尋山未厭從。慣忤上官甘解綬，愛眠終夜不聞鍾。笑談對客機全少，妻子謀身計更慵。此道便堪全静嘿，豈須堅白問孫龍！

重登海天樓有懷王龍溪尹道輿

高閣憑闌思惘然，舊遊回首又經年。山陰留滯歸舟後，薊北飄颻去鴈邊。樹影乍疑人侍側，江流猶見道參前。風塵已覺閒人少，得共閒時信有緣。❶

旅　懷六首❷

赤壁春宵客未眠，正逢孤鶴下江烟。簫聲忽起還連棹，月色相看獨扣舷。千里旌旗他日夢，一尊懷抱幾人憐？攀崖欲盡臨流興，回首長空已劃然。右遊赤壁

❶「風塵已覺閒人少得共閒時信有緣」，蘇本、陳本作「風塵滿地行歌少且與江鷗暫結緣」。

❷「六首」，原本僅録前五首，第六首《登陽居山》據胡本補。

木蘭家傍翠芙蓉，窈窕猶傳采葛蹤。去日一身當萬里，至今孤冢壯千峰。羅襦色借祠前草，明月心懸壠上松。誰道女郎兵所忌，儒冠曾幾識邊烽？　右過木蘭山

黄鶴樓前秋水長，江天北望遠蒼蒼。白雲千載歸何處？此日孤吟自夕陽。蘋蓼又圍新睥睨，汀洲猶見舊艅艎。誰家短笛城頭起，不爲烟波有故鄉？　右望黄鶴樓

洞庭南望水雲鄉，一棹秋風憶岳陽。波静霽山分桂粤，漲清朝雨在瀟湘。頻聞戎馬驚溪獠，一卧江湖逐楚狂。不爲鴈聲催歲晚，月明隨處有滄浪。　右憶岳陽樓

三年盧阜歷千峰，蓮社花宫處處逢。聽瀑乍疑龍起鬭，窺巖常躡虎遺蹤。燈來絶壑僧初定，雲滿虚堂曉未鐘。悵望楓林秋又改，故吾空在却疎慵。　右對匡廬

何年飈馭别高臺，故宅空留盡草萊。丹井有靈隨藥去，白雲無主向秋來。❶ 倘逢化鶴心應識，猶記孤松手自栽。身後身前竟誰是？半生吾已脱浮埃。　右登陽居山

❶「主」，陳本作「語」。

聞司馬雙江聶公致仕志喜

司馬中朝獨運籌，静觀羣策力兼收。鐃笳獻捷辭多遜，襁褓延恩寵自優。許國勉承周太保，全身終數漢留侯。幾人拖玉能完璧？回首烟霄楚澤樓。

寄壽松溪少宰六十

君齒相先七歲强，看花曾共少年場。貪聞夜語忘更漏，聯趣朝班觸珮璫。别去升沉成老大，近來學問喜歸藏。傳家定有伊川易，面對何緣到草堂？

壽大宰羅整菴公八十

功成早納尚書履，道直頻删儒者書。木榻歲深曾幾臥？草庭春在不教除。六經得友千年外，四海憂民一飯餘。空使聖人勞側席，肯同尚父載安車！

寄贈青田明府李君株山五十并序

株山君以丙辰九月五十，在《禮》曰「艾，服官政，當經營四方」之時，而君之學進進不已，甚宜於民，故不以年爲祝。而媚友之情有不釋者，則爲頌其作邑之美，以爲青田慶，然政成而陟明，即青田亦得久專而有也。君講學以淑士，塹城以衛民，出其餘力，手撰《縣志》，而鑒戒畢備。其他可述甚最，❶稍俟病健，當能次第書之。❷

出入公庭每戴星，諸生環席聽談經。能摧海寇奔三舍，更起山城衛百靈。宦跡屢書心已白，藥爐久廢鬢常青。縣人可有攀留計？王令仙鳧此蹔停。

題廖氏草亭廖爲吉陽先令公後

仙令功多食報豐，至今家在舊花封。衣冠尚想攀留日，宅里猶存清白風。歲長子孫遺樹老，門容車馬古人同。草亭閑處看馴雉，還似當年化魯恭。

王生養明共宿洞中有呈次韻

斸土誅茅憶昔年，移家長住尚無緣。❸因攜石髓堪遺客，不爲樓居便得仙。蕉滿崖扉從鹿隱，田分泉溜共人憐。閉門儘有纓冠事，莫道濂溪只愛蓮。

❶「最」，四庫本作「多」。
❷「能」，四庫本作「爲」。
❸「長」，四庫本作「常」。

周中符六十❶

文場蚤歲衆相推，却訝明珠屢見遺。白首書多還授子，青山家在不餘貲。生徒帳下先聞禮，閭里門前每決疑。當日漢庭儒術重，伏生九十作經師。

丙辰除夕

日日分陰知自惜，未須今夕倍憐人。鏡中土木從形改，地上龍蛇與歲新。泛蟻且傾殘臘酒，聞雞便屬隔年身。石蓮洞裏田堪種，負耒還思及早春。

丁巳六日洞中作是時春已踰旬梅萼未吐

山田十載自開荒，自丙午冬開洞，至是適十年。每覺春來澗水長。簡出不緣堪卻老，忘饑真可代休糧。窗前聽鳥知林静，洞裏烹茶愛草香。何事梅花開獨晚？似留孤潔對群芳。

❶ 「符」，四庫本作「孚」。

丙辰十一月六日與莆田洪元脩王生養明族叔爾相族弟惟亨至洞别去幾一年矣慨然有思

巖栖擬遠人間世，翻爲山深到日稀。石室雨苔還繡几，洞門秋草欲鈎衣。舊鄰餉客穿松至，幽鳥驚人遶竹飛。留謝烟霞寫青壁，此身來去本忘機。

丙辰七月十一日作乙卯，是日病幾殆

旅病經時久不除，鄉關千里滯音書。鼠肝已分將形改，駒隙寧知又歲餘。塞上悠悠從去馬，池中圉圉幾生魚。眼前只合論身後，得失何從辨實虚？

内弟曾龍陽五十

趨庭上國憶青春，回首俱爲半百人。食果早聞酬客戲，看花曾擬换儒巾。兩家莫逆今三世，百口相看在一身。况是于公門户大，暮年舊學更須親。

康磐峰陸北川兩方伯沈陸川馮養白兩憲使見枉敝廬予自蓮洞追趨不及謝以是詩

久共長沮學耦耕，人間何事得虚名。家徒四壁勞車馬，身在千巖阻送迎。星聚幾逢聯珮客，雲飛難寄報瑶情。所忻問俗能忘勢，不訝山居禮數生。

中秋與陳雨湖蕭雲皐曾龍陽謝維世劉純甫待月垂虹巖

共坐深巖掩薜蘿，向人獨奈月明何？　縱饒白髮難禁酒，莫對青山不放歌。　石有道情留洞榻，天將秋意到庭柯。　囊琴雖好無弦在，空負年來借聽多。

丁巳秋重至青原有感六疊舊韻二首

入谷尋源久未逢，空花落盡欲誰從？　憑闌此日看秋水，隔院何人扣暮鍾？　衰壯自憐身是幻，將迎不爲病方慵。　點睛且袖閒來手，敢道長廊少畫龍！

故侶三年多不逢，尺書迢遞寄無從。　深林落葉谿邊路，明月空山霜後鍾。　飲向錫泉心自味，坐看泥塑念俱慵。　思公語在還誰得？　翻憶儒家説見龍。

壽族叔鳳山七十

羅含有後重家聲，住向深山歲幾更。　身謝儒冠緣肖子，庭分賓席少難兄。　結廬不計頻移徑，種樹還因識養生。　怪是菊花開獨晚，故留尊酒縱閒情。

别江静齋起復如京師

大雲寺裡分題日，甘露山中燕語時。歲月二毛君自健，風塵一鶴衆誰知？横經東海專門避，讀禮中園赴闕遲。儒術古來多薦達，豈無隆貴重師資！

送趙子良起病赴試

家居廛市勝於山，醉裏逢人亦解顔。真息動時常似病，習心忘後儘能閒。姓名今入權衡内，蹤跡終看宇宙間。當日東萊知陸子，豈無秦鏡到江關！

送周龍岡赴嘉興經府

早知立雪事名賢，岐路栖遲不計年。書記拜官趨攜李，風流開幕對芳蓮。夜航聲識吴人語，晚稻香分海邑田。爲問舊時佳麗景，干戈凋謝幾家全。

偶閲己丑讀卷記感賦記出函谷學士載余登第事爲詳

漢室曾推策治安，長沙謫去歲應闌。知人總負臨軒問，明主誰云遇巷難。往迹已陳俱屬夢，病身垂老豈堪官？縱捐微禄還虚寵，稼獵胡能解素飡！

寄李鵝洲海州

秋山獨掩白雲居，早歲交親跡近疎。五馬喜臨東海郡，片鴻忍對北風書。清淮畫舫遥趨府，斥鹵荒村屢駐車。莫歎把麾勞撫字，折腰縣令視何如？

寄劉鳳西太平節推

封疆直接秣陵關，尊酒常懷采石灣。詞客留家知郡美，訟人空獄羡官閒。蛾眉月滿秋臨水，牛渚烟消曉見山。況是上皇膏澤地，科徭應未擾民間。

送劉松宇太守補郡如京師

禁足空多送遠情，連朝風雨水初生。床頭白酒夜須醉，天際青山春正晴。池草吟成過采石，腰花班入謁承明。曾聞舊郡歌來暮，定有人争問姓名。

寄朱鎮山中丞巡撫山東

青春瓊樹麗彤庭，玉斧登臺髩未星。日近泰山多曉色，風行東海少塵冥。得年不用移齊粟，考牧還聞頌魯駉。填撫正資清静理，片言肯向盖公聽？

夜與胡莊溪毛世卿叙故有感

壯年遠道訪相思，千里征鴻未可羈。偶與舊遊談往事，不知今夕別何時？境如昨夢醒來失，詩向誰家醉處奇。❶蓬鬢蕭蕭吾已老，只餘初服得心期。

張寒泉丈人詩來擬予文山一峰之列時以外遊未緣接使既下世其嗣中丞雨偶以稿聞次韻奉誄并謝夙心二首

鵬鷃非倫亦借聲，翻因知己愧平生。九京地遠空留語，❷百世風高可附名。避俗守雌甘嘿嘿，懷人聞鳥憶丁丁。鳳毛已是雲霄侶，報德惟思晚結盟。

迢遞寒泉冰玉聲，蒼崖飛灑白雲生。兩賢比跡心應古，四韻孤吟詩有名。清廟不逢歌奕奕，空山時復聽丁丁。瓊瑶欲報今何處？敢棄餘生負舊盟！

---

❶「處」，四庫本作「後」。

❷「京」，蘇本、陳本作「原」。

蔡白石中丞巡撫河南用韻奉贈兼謝留别

瑶華將使别青林，節鉞新承寵渥深。中土喜瞻衣豸日，南方空切愛棠心。河流春色登臺見，嵩嶽晴光倚軾吟。不識持衡意何似，可容江省借重臨？

大博存齋王君自沙縣致仕初歸對飲有贈

萬鍾一芥莫殊觀，出處如君衆已難。身喜還家真屬我，老知憐幼勝居官。深秋叢菊霜前賞，返照千峰雨後看。同學幾人今幾在？一尊爲壽且爲歡。

贈泉口果齋姪郡守自嵩明代滇南按察進冬至表

緹管吹葭動紫宫，九重獻壽萬方同。寶函捧自滇南至，玉帛徐從闕下通。暫代外臺遥就日，親瞻内殿共呼嵩。陟明況值三書考，應寵天書御閶風。

壽曾石岡六十

夫君長我二年强，鬢髮相看獨未蒼。愛子能輕朱紱貴，宜家長對紫荆芳。喜看耕釣兒童狎，懶着衣冠櫛沐忘。聞道佩茱能益筭，況逢明日是重陽。

送伍敦夫張以敬萬曰忠周崇甫羅庭猗曾于健劉静之會試

千年口義與心傳，垂老襟懷未灑然。却羡步趨堪致遠，莫酬問難似攻堅。制科子静人應識，甲第文山世所賢。今古此身難再得，相期定在品題前。

送果齋姪之嵩明

昆明東北龍城起，迢遞烟雲鳥道通。六詔分符州最近，三湘移牧秩還同。傳車萬里霜楓外，齋閣千峰野霧中。到日錦泉春正美，早行阡陌問民風。

寄祠部曾見臺君

虞廷聖帝嚴三禮，漢署仙郎典百神。天上壇花陪位近，夜中詞草御題新。歸從散直還躬養，静愛齋居得煉真。誰向春曹留世業，獨看章奏説先臣。

重别曾于健會試便省覲

三年漫賦結交行，一室那堪送遠情。心望北辰因壽母，身歸南省有難兄。旅中常共春暉色，榜

下還兼晝錦榮。却問長安鍾動處，可殊他日瑟希聲。❶

壽泉口山泉姪六十

得失何須更問天？時當指使且怡然。千金不博閒中樂，萬事休尋夢裏緣。静對江梅還結子，醉看社櫟可忘年。里中能幾交游在？試論何人福最全！

鳳西劉君自太平節推入賀萬壽適擢武選有贈是時閩南捷後往先君掌武選，故有末聯

金鑑千秋獻玉京，當塗司理早知名。忽遷百將專衡地，正聽三陲奏凱聲。鐵券少侯隨下拜，錦衣近戚避前行。署中廳壁題名處，先號如存可有評？

寄賀高鼇石擢叙州郡丞❷

巴城別去憐遺政，棘部新遷共舊藩。官號貳車分職簡，階仍五品列銜尊。勸農漸識南中候，問俗時聞徼外言。更想觀風隨刺史，緹屏終日接朱幡。

---

❶「瑟」，原誤作「琴」，不合《論語》典故與詩律，今據蘇本改，

❷「叙州」，四庫本作「徐州」。

別茶陵火田尹南甫尚御尚期尚程德先壽先諸君

茲遊幸得與君同，楚水吴山千里東。溪館琴書分曉月，石田禾黍動秋風。舟過衡嶺重湖外，家住雲門萬木中。聞道長安期射策，莫疑吾道有窮通。

送戴蓮塘令漳浦

山居同是濯纓人，出宰漳南近海濱。簾捲浦雲逢化蜃，席移島月照懷珍。陳书莫計瓜期日，退食應憐菜色民。承乏況聞當歲歉，看君此去試經綸。

念菴羅先生文集卷二十三

族姪孫　復晉　男士瓚　士巘　士璠　重校
六世孫　天衡　男韞琦
五世孫　雨霽　男廷衛　廷銜　謹梓
六世孫　隨元　男士璞　士璋

七　言　律[1]

泰和梅岡王陽江自保寧擢僉四川按察寓賀[2]

外臺風紀重藩垣，暫別親闈奉主恩。江上百花迎繡斧，峽中萬樹擁熊軒。天梯下瞯西川近，[3]

[1]「七言律」，原本無，今據總目、卷首目録及各卷體例補。
[2] 此篇胡本題作「重別陽岡憲使入蜀」。
[3]「瞯」，胡本作「瞰」。

井絡長瞻北極尊。叱馭待君收美譽，家書且莫念寒暄。

同年陶匯溪郡丞赴户部

榜下青春挹舊容，何期衰鬢此相逢。共思流落違初志，欲借光輝惜去踪。憶別定攀華省樹，與誰重聽紫宸鐘。均輸倘問江南賦，爲道催科易病農。

贈黄文支海州訓導

憐君少小别鄉園，旅食傳經著作繁。垂老得官郯子國，與誰觀海聖人門。圖書曉閣雲霞映，鍾磬秋齋潮汐飜。聞道淮南重名士，豈無人授伏生言。

次答袁東臯

生涯早歲誤微名，弱草逢春亦向榮。金匱紀年周太史，彤墀傍日漢承明。罪深自恃身當寵，恩重能令辱不驚。何幸重逢語幽思，茅齋日暮亂蟬鳴。

同年陳子器以詩見慰次韻述懷

久向山中學子真，飯牛不復浣衣塵。忽逢鴈影傳飛帛，宛似龍洲對故人。争席任教同舍客，飲泉亦是報君身。寄言莫問彈冠事，性懶梳頭愛白綸。

答益陽夏爲齋年兄

天路迢遥别紫烟，歸來三徑尚依然。門無召役勞官府，野足開荒代俸錢。黄鳥但知催淑氣，青松何意待芳年。同心欲語難同地，惆悵回緘落照前。

寄同年畢望江

非材自合掩山扉，況是天涯一鳥歸。疎網敢忘天子聖？遠書甘與故人違。巖頭月過時窺榻，洞口花深易染衣。不爲同袍問鄉語，片雲肯向落城飛？

玉峽黄復菴分教廬江因兄懷歸詩以慰之

孝廉一去故園荒，想見歸懷共日長。春晚空齋殘苜蓿，夜深青草夢池塘。道旁古樹連官舍，湖上閒雲對講堂。自古身閒稱吏隱，勸君且莫詠流滄。

述懷寄衡州陳希齋兵憲

古堤官柳棹歌風，一别雲霄歎轉蓬。忽向山窗聽回鴈，爲傳湘水照乘驄。高城鼓角清霜後，迥野菰蒲落照中。聞去衡山應百里，石壇松徑幾時同。

同江送别張立齋太守

送别同江江水頭，青山對酒暫維舟。得歸形勝三吴地，不待蕭森八月秋。浦雨乍收人倚棹，海雲初起客登樓。衰雲已付閶門柳，爲折長條寄遠愁。

寄玉山學憲夏月川年兄

閒居野興獨君知，静對南山散帙時。帆帶夕陽江草没，洲連春水暮鴉遲。開樓孤野風穿樹，卷幔晴山雨快絲。宴坐焚香情已慣，豈因垂老動荒思？

謁孺子祠

千年見説南州士，今日初登孺子臺。反照湖邊孤鶩遠，青芻門外幾人來？能勞下榻俱知己，得赴公車號異才。景物不殊時已别，春風庭院長莓苔。

贈何白坡擢醝使

春日廬山訪隱居，遥聞使節報新除。郡中五馬悲遺轍，湖上雙魚寄别書。煮海舊知齊國富，餽邊今試漢廷疏。飛騰此去知無定，肯向棠陰憶敝廬。

酬萬履菴禮部見懷

春風隨地寄吾廬，被服閒眠只晏如。爲狎野情時近酒，恐妨夜氣欲捐書。名亡亦任人呼馬，身窶寧嗟客食魚？最是好奇君特甚，獨憐迂腐意踟躕。

贈義烏虞惟明赴大廷尉

百年版籍未全湮，阡陌誰能自拊循。競謂道旁空作舍，豈知都下早埋輪。片言解使閭閻復，一飯寧忘俎豆陳。爲羨于門陰德久，不緣廷尉始懷人。

蔡可泉憲副視學嶺南

學從章句久忘真，待爾提綱又一新。士逐笑談爲向背，身當今古論疵純。❶雲霞東海常依日，桃李南枝易發春。爲過江門問漁父，❷邇來風詠屬何人？

---

❶「純」，胡本、蘇本作「醇」。

❷「父」，原作「翁」，平仄不協，今據胡本、蘇本改。

東葉洞菴

江南煙艇十年餘，鼓枻寧嗟未得魚？淺水荻花閒自照，虚庭蕉葉卷仍舒。子桑無用悲餐飯，仲尉還知愛敝廬。惟有故人稀見面，篋中誰撿舊來書。❶

病中奉謝劉龍陵羅闇齋兩郡公見枉

屏居久已謝交遊，忽枉雙旌碧澗幽。巷僻朱輪堪並入，庭虚青竹可相留。敝冠强着非前影，薄醴初陳阻對酬。空見郊原迴駟牡，淺聞何語答咨諏。

靳兩城郡公考績北上

文章少日厭時新，州郡長年出牧頻。誰信學儒能試吏，尚嫌從宦誤閒身。訟庭衙散如遊客，政府交疎不畏人。欲借寇恂吾力寡，風謡誰達聖明君？

❶「誰」，胡本、蘇本作「時」。

宫直謝與槐邀别同江

一謝才名孰與參，若爲留滯向周南。漢家温樹何年别，粵地名山盡日談。且惜宦蹤酬主德，❶莫言野服勝朝簪。巖栖壑飲於陵事，雲木蒼蒼晚自堪。

郡守曾龍井六十

罷郡還家今幾年，庭前種桂盡堪攀。縱談愛客時尋社，投宿逢僧且聽禪。白鷺寒洲過月棹，玄潭高閣坐江烟。知君未厭風雩樂，擊節長歌擊壤篇。

次韻别柴白巖

千峰落木水層波，君去還誰杖屨過。孔氏高柴知不忝，古來鮑叔苦無多。空林辟穀忘僧臘，近野移松帶女蘿。此意懸知可同調，擬將觀海比盈科。

❶ 「蹤」，蘇本作「蹤」，依律當從。

内人病愈謝醫

病婦貧家倚共安，却逢扁鵲在邯鄲。丘山蝱藥何須採，爨下藜羹漸可湌。秋至豈妨催織早，客遊不恨出門難。大常心性從來薄，却爲迎醫愧伯鸞。

李省菴州守罷騰越歸以詩述懷次韻奉答

年來詩伴減陰何，獨倚衡門誰爲歌。鴻鴈影從千里至，茱萸秋對一人多。同江浩蕩過三泖，蓮石岧蕘類二莪。下士已慚聞道晚，白頭那忍向風波。

送上官慕舜并柬聶少保

新年冰雪薦餘寒，病起逢人强着冠。落落世緣看燭跋，悠悠心緒倚階闌。高山意在難成調，瘠土耕深可給湌。倘見常何思舊客，爲言容鬢久衰殘。

贈馬鍾陽憲使擢山東右方伯

措刑折獄片言間，祇覺臺中吏事閒。官轉右藩資更久，家餘破屋食猶艱。甘棠南國知誰並，繡衮東山未擬還。水監儲胥俱告急，持籌何以慰凋孱。

孤　鴈

霜翰何日別金微，萬里重雲片影歸。繒繳幸離諸塞遠，鼓鼙猶動五湖悲。異鄉伴侶無相待，隔歲音書覺更稀。自是隨陽殊性氣，南來豈有稻粱肥！

別崑山王明齋

扁舟昔汎五湖陰，臨水看書共素襟。溟海風塵催客遠，鄉園秋草向誰深？將攀玉樹延春色，又逐江鴻縱野心。賴有白雲堪取贈，終期來往碧山岑。

送李台岡應貢

抱藝談經舊有名，早看領袖縣諸生。驊騮豈分泥途辱，璣組終隨貢篚行。帆下楚江春共遠，月明燕市客常醒。惠連故侶今餘幾，誰向公車薦長卿？

寄李石麓殿撰

壠麥青青野菜黄，溪流處處有垂楊。乾坤萬古今何世？淮海佳人自一方。曼倩金門身是隱，白沙衡嶽老難忘。越南冀北殊天氣，落日臨風獨慨慷。

訪李羅山中丞

空江客到遇開關，竹下幽人自製冠。養鶴漸忘軒蓋貴，見鴻應識網羅寬。壯心醉裹憑彈劍，奇計閒來學累丸。却恐徵書名姓出，青山飜向世中看。

寄永嘉王東谷前令鶴山座主之子

嚴翁宰邑頻相引，見爾趨庭愧不如。官署論文分席處，僧堂話別送盃初。滄州舊約心空在，金馬長辭跡竟疎。此日問年俱老大，緘情惟有暮江魚。

劉少衡令南昌

及門齒在諸生後，得縣班居衆令先。榜下衣冠來梓里，洲前人吏候蒲鞭。能憐土瘠鄉風近，不畏官煩道氣全。烟水滿城弦誦發，豈無人識子游賢？

雙江公同郭平川曾前川陳兩湖胡仰齋諸君見枉敝廬別于玄潭有贈

柴門報道故人期，出浦相迎釣艇移。漢室五更今再見，洛陽一社盡堪師。山居未訝朝烟冷，林卧還聞夜語遲。忽謾別來成一笑，子輿莫逆有伊誰？

李克齋中丞見訪别於同江有贈

見説中丞治水軍，長江千里净妖氛。黐㒧寵詔成歸訊，却得閒機悟返闻。菊後一尊今改歲，雨中孤鴈又離群。東南鼙鼓聲來急，何事還期共白雲。

雪中贈洪芳洲見枉

空江孤棹與心期，雪裏逢君興益奇。玉樹乍看能辨色，瑶華未報每含思。一溪簑笠真堪隱，萬里冰霜慎所之。總爲調高人和寡，❶别離須記歲寒時。

端午督學王敬所憲使洞中信宿有貽次韻

孔門道在幾升堂，垂老揮戈學魯陽。巖洞爲家遺世網，菖蒲滿澗記年芳。坐邀仙吏千峰外，門駐霜驄五月涼。却被山靈時見誚，虚名何取白雲房！

❶「和寡」，蘇本作「寡和」。

漂布架和唐荆川

孤高不受世塵緣，八面能堪風力堅。夭矯素虹時貫日，依稀銀漢晝横天。太陽漸近無階地，涓滴常餘在市廛。多少剪裁從此出，功成誰問卷舒權。

别李子敬用韻

耻聞他術説縱横，獨作名山訪道行。杞梓年深材自異，芙蓉秋熟句偏清。學如棊内尋先着，心比軍中定夜驚。此是延平傳受意，當時嘿坐已分明。

襪架和唐荆川

衛足深知有隱功，置身先欲向高空。千羊敢計秋毫末，萬里終歸日照中。每遇倒懸思一解，却憐超距意相同。飄飄吾有凌虚想，安得飛舄逐曉風。

同朱東源郡守及門人習時甫九日登文昌閣次韻

樓外秋山景色奇，樓頭桂魄露高枝。觀風喜納周人稼，暇日來歌魯頖詩。清廟朱弦空古調，紫萸黄菊動遐思。野夫獨卧千峰頂，共醉無因到習池。

和答朱兩崖宗伯

放逐非緣學隱淪，有時壠畝不冠巾。寧知槁木違真性，但覺羹藜稱病身。楚澤烟深勞夢想，石田秋晚自比鄰。閉門久矣忘饑溺，却對來箋感歎新。

贈臨江節推范君軸山時視陶昌江

郡中疑獄盡輸平，歲以賢勞屢代更。異日烏臺稱令子，同官溢浦即難兄。器如瑚璉堪登御，囊絶苞苴豈近名？夜月昌江輿誦滿，不知曾否達承明？

壽黄滄溪郡公

誰能爲郡久宜人，鷺渚螺山歲歲春。省事漸令争訟簡，避名翻遣薦書頻。鬢青似舊非關藥，衣紫如常只奈貧。相府需才今正急，可留黄霸慰鄉民。

邑博李鳳竹雍爲予言渠叔祖澹齋僉憲公之行索詩爲壽

少年高誼動鄉人，罷試誰知爲老親。返舍盡歸當道贐，到官常似在家貧。心輕豸服身能退，手把漁竿意獨真。我卧石蓮逢小阮，秋風三疊起江蘋。

贈周受菴中丞

方倚褰帷遽拂衣，幽情真與宦情違。成功却爲身能退，善戰還看遯者肥。湖上秋風孤棹遠，雲邊蜀道幾人歸。尺書欲寄無雙鯉，空對寒江坐釣磯。

別季弟邃夫判劍州 三首

遠趨異域未須嗟，被命酬恩望正賒。州據上游纔越境，官稱半刺獨分衙。北連劍閣無多路，東出秦川亦有家。聞道烹鮮通治理，蒲鞭臨下少相加。劍止一倅，先大夫故居，今留白河，屬漢中，與蜀連境。臨民須慈仁爲上，鞭笞不得已用之。

曾傳異夢感嚴君，轉使阿兄屬意勤。知己吹噓真過寵，古人撫字豈虛文。❶ 天梯石棧來何日？馬閣龍山勢入雲。多少閭閻延望意，下車早爲省耕耘。先君壬午冬舉邃夫，是夕夢康對山公弟河以進士見，次年癸未，河果登第。

❶「虛」，蘇本、陳本作「空」。

閬中賢守前明府，别去河陽十五年。烟水微茫勞遠訊，衣冠奔走定相憐。當官莫改儒生素，事長應隨子弟肩。手足乍分天漸遠，臨岐言語可輕捐？王月川嘗令吉水，三年兩書見憶，而州牧復有令聞，故以儒素、隨肩之義，勉遼夫善承之。

疊韻别高安況郭山年兄

臨流送遠倍含情，榜下重逢獨有兄。荎蕙乘時從此化，❶犧牛入廟底須名。棋非敵手成還敗，飲到同心醉亦醒。試數卅年誰更健，升沉何物可堪評？

寄劉唐巖參政

兄弟垂魚世已稀，誰能四世炫朱衣。捐身心向專城盡，徒步人知望里歸。表俗漸看回禮讓，❷承家不見異寒微。旬宣嶺海年時事，賢達終當重鎖闈。

---

❶「此」，蘇本、陳本作「自」。

❷「回」，疑當作「同」。

貢受軒鹿洞詩來相訊適寇初退次韻奉報

經年一榻澗松旁，世慮蕭然欲盡忘。寇至無因遥避地，身全方解戒垂堂。溪前茂叔窗連草，洞裏希夷石作床。試問安危竟何在，不知誰與道相當。

寄胡梅林督府

烽烟千里幾年空，淮海南來閩粤同。穹秩又兼懸玉帶，特恩那數賜彤弓。樓中孤嘯時多暇，野外連歌歲屢豐。最苦江鄉鼙鼓急，獨瞻紫氣斗牛宫。

寄少參養白馮公

同水春陰轉斾旌，使車迢遞歲華更。嶺南瘴癘消霜節，湖上風烟阻鴈聲。版籍幸存三户業，謳歌想見百年情。即今處處俱銅馬，攬轡何時鐵樹城？

别張月泉郡公

倚柱狂歌調不成，烟波何事半陰晴。郡中五袴聲空滿，江上孤舟影自横。曠野風霜驚物改，高臺日月待人明。嚴陵灘下經過處，莫愛清流便解纓。

送王瀾溪參軍之清遠

憐君晚向嶺南行，銅墨懸腰亦自榮。按地分屯逢霸蹟，相山窮險得徭情。荔枝味美青林暗，銅鼓聲高翠峽横。莫道參軍官局冷，羽書應待奏功成。❶

予計偕與廣昌吏部李君石岡同舟過蒙賞識賦謝

自慚弱冠受深知，❷不惜提攜縱所之。千里關河燈火夜，萬山冰雪傳車時。遲回古道成孤跡，牢落寒江滯遠思。欲報芳菲今已暮，逢人空詠木桃詩。

寄贈養齋張憲使分巡川北

北臺分署豸衣明，劍閣連雲鳥道平。問俗水看巴字轉，采風歌聽竹枝清。儀文署盡行來便，厨傳蕭然見者驚。聞道萬人尸祝在，早知世業繼難兄。

❶「成」，原作「時」，不押韻，今據蘇本改。
❷「深知」，原作「知深」，不押韻，今據蘇本改。

鄖臺張中丞移檄白河閱實先廬增飭祠宇賦謝

每談先業輒興悲，喬木蕭蕭手自遺。寓蜀誰憐楊子宅，名卿今表鄭公碑。門閭車馬仍横道，伏臘衣冠更起祠。總爲采風多美政，謳歌那敢道酬私。

洵陽江明府白河李尉奉臺檄飭先廬還侵地賦謝

先廬昔寓白河壖，畚土誅茅六十年。愛樹豈知巢是鵲，窺園驚見彈隨蟬。壁間借照憑鄰燭，地下明誣識藏錢。聞是通家翻阻面，臨風空寄報瑶篇。

送明府羅小灣量移

文江自昔少波瀾，忽訝春風送暮寒。官舍空留山色在，客帆遥向柳陰看。徯蘇未識何方急，失怙應憐此地難。新令倘逢如問政，爲言何術起凋殘。

壽同江劉翁八十

旭日初晴動早春，溪泉如注草如茵。年遲榮啟先知樂，屋近同江豈識貧。舊好漸無同齒客，太平親見四朝人。一盃一曲堪成醉，門外南山是主賓。

王塘南憲使巡下川南有贈

高秋玉露臨三峽，行暑冰壺照二峨。雪嶺曉銜雲裏見，瘴江山驛雨中過。素絲風在供張減，疎網心憐守牧多。聞道渡瀘曾此地，試君學静業如何？

胡栢泉公送鮮荔

朱槖垂垂白玉肪，高林長夏薦年芳。幸無郵置傳殊味，飜恨干戈滯一方。莖露偶隨臺吏至，磁罌許共野人嘗。枯腸遇此驚非分，欲報分甘愧所將。

送楊武東參知赴闕

寒江此去春初動，故侣相思日漸深。躡電幾憐千里足，瞻天可動十年心。遠臣向闕驚新榜，侍吏彈冠識舊簪。聖主恩深在遲官，❶況聞夔氏早知音。

❶「在遲官」，此處疑有訛字。

壬戌除夕

舊曆新圖副歲除，❶空山飛霰掩窮廬。病中容髩窗前鏡，世外交遊袖裏書。物態桃符更換處，生涯木榻獨醒餘。遥聞鴻鴈還移浦，萬里烟雲計不疎。

癸亥元日

鳳曆初回六甲周，雞晨又試五辛柔。東風不向黎顔轉，南土空餘蕙葉留。周制記年今指使，孔門卒歲故優游。高臺雲物誰當紀，極目丹霄紫氣浮。

元夕

閒庭燈火動春輝，孤野烟雲閟晚扉。物態豈知今夕勝，歲華應向少年歸。里中豐歉占能識，海上干戈事漸非。濁酒高歌還足遣，含情不爲一身微。

❶「副」，蘇本作「逼」。

贈分守陳見吾赴兩浙總憲

早聞驄馬動長干，瀛海歌聲幸未闌。五嶺北來村郭静，千峰東去海潮寬。蘇堤歌舞常妨禁，越國苞苴不到官。誰向行臺留氣色，空懷芝草露華寒。

雨中别項思堯

十年雲樹照滄洲，越水吴山憶舊遊。雨汜黄梅驚歲改，亭藏蒼竹共山幽。交情海内多岐别，道體林間一念休。歸去莫言吾稍益，但知隨地得無求。

賦❶

闇　賦

惟上帝之生民兮，既錫之以修能。曰降命之自中兮，又惠之以寵靈。孰卑高之無托兮，孰行止之無正。皇測坱北兮，莫别其糾紛。作者云何準兮，繼者其何因？滑滑兮淑淑，皇皇兮穆穆。推

❶ 「賦」，原無，今據總目、卷首目録及各卷體例補。

之兮漭瀁，即之兮倏忽。要眇兮氤氲，閉抑兮淵淵。時髣髴而上下兮，溘往來於八紘。得一兮固真，萬類兮陶甄。念孰爲之主適兮，澹無爲而自成。莽計極而寥泬兮，吾獨得而强名。迺内省而自忖兮，曰予啟乎丹扃。不旋踵而超忽兮，地極幽而向明。闢九關而重限兮，儼千聖其相承。天君尊而淑郵兮，泰宇高而湛清。建四表以爲室兮，亘萬古而常行。不藻飾以絺繪兮，文郁郁而增侈。闃内庭之無人兮，有芬奇之玉趾。陋東觀之典墳兮，含精粹而自美。陳廣樂於虚漠兮，先一氣之和理。無鼎尊之苾芳兮，時宴樂而不弭。聽寂寂而無聲兮，視杳杳而無儀。上漫漫而無倚兮，下茫茫而無依。内綿綿而不可測兮，外渺渺而不可羈。令聞著而不達兮，甘度世而容與。日悄悄以自程兮，非便娟之是舉。繚周垣以四塞兮，詎外侮之足禦。衆善集而輻輳兮，終迺歸於何所？羌一日而千里兮，又終身而延佇。昔孔孟以爲神兮，❶出入而莫知其鄉。苟銜勒之少弛兮，焉能擬其宫牆？是道義之門兮，老氏誤以爲玄。❷楊朱泣其多岐兮，莊列樂混沌之先。夫孰知谷神之出機兮，天明晻藹而逾揚。孰厚薄其分量兮，靡不鈞夫化光。富有以爲蓄兮，大同而何異？廣容以爲庭兮，流行而不逝。何斯人之不察兮，謂幽暗其何傷。決閑衛之蔓蔽兮，願荆楚之是行。昧端倪之舛錯兮，忘安宅之久曠。竟陷溺以流亡兮，忍羈旅之不祥。夸浮毗以矜智兮，逞異態之柔媚。率趨

❶「孟」，蘇本作「聖」。
❷「誤」，蘇本作「設」。

名以逐利兮，紛裸攘而不計。既棄珠而捐玉兮，復炫錦而掩敝。及邪慝之既窮兮，卒爲謀之覆背。嘅千載之漂泊兮，憫斯義之久亡。雖遺烈之荒墜兮，幸自知之猶明。日月其幾何兮，歲冉冉其將暮。苟閑情之不待兮，胡不反吾初路？咀古帙之純懿兮，寧口誦而身違？嗟追逐之遲暮兮，尚黽勉乎厥爲。曰志爲的兮，唯久則隳。曰心無二兮，唯動則危。欲無巨細兮，慎之者希。戒懼不懈兮，作聖之基。求俯仰之無怍兮，羌何蘄乎人之知。恒顧諟而内訟兮，乃自得夫吾師。昔子路之升堂兮，始聞過而輒喜。胡嗤嗤而無能兮，乃文非而不恥。昔曾氏之得宗兮，日三省而不皇。胡擾擾於冥埴兮，謂予行之允臧？習静而遺累兮，攀哲人之遐舉。談空而變幻兮，恐浮言之誑女。按迹而研幾兮，襲前修之休明。逐影而迷軌兮，吾將何以自寧。途雖殊而同歸兮，又何暇夫思惟？❶唯一瞬之失守兮，懼依違於是非。執狐疑而不遽兮，指九天而矢已。苟不極幽邃兮，雖溘死其猶未已。耀吾麾兮振吾轡，望靈臺兮天路閟。緤予馬兮眷故鄉，忽修途兮日昧。乃洗心而默識兮，爰即命夫靈龜。唯予行之休咎兮，願拂策而占之。曰靈氛之吉兆兮，又告予以隱愆。謂一諾而爲信兮，胡猶豫於多端。道不可以言説兮，矧又涉夫議擬。唯智巧之不容兮，乃入室之根柢。師失之於堂室兮，賜以辯而自窮。倘中道之能從兮，又何始而何終？盜蹠而舜服兮，毋曰人之可掩。顧十手之所指兮，將何辭於自反？悟告言之申申兮，歎吾室之未遠。唯義路與禮門兮，貴促武而不返。

❶「暇」，蘇本作「假」。

斂吾精以獨守兮，息僕馬於玄丘。恣笑言而居處兮，神莫得而與謀。密瑾户以嚴封兮，悄聲臭之不留。耿皇皇而自悟兮，靡晝夜之或休。忘朋思之憧憧兮，獨與天而同游。視末俗之溷濁兮，跂階陳其猶未登。紆徑路之參差兮，咸頰舌之交騰。勉砥礪而駢首兮，乃自隕於聲稱。勞鑽研于讐校兮，曾未見其所能。窮兀兀以終歲兮，尚嗟卑之可憎。榮一第之光艷兮，彼貪夫者焉足懲！是謂舍路弗由兮，矧曰即夫吾之履。在棄世則固然兮，吾安能與之爲齒？曳前旌以導驅兮，游六虚而周旋。鄰大初之無垠兮，入窈默而沉潛。不棄穢而攬駕兮，將惠之以話言。苟予詒其莫省兮，亦何傷乎邈然。唯審己之素志兮，願勿怠其乾乾。

亂曰：唯天於穆，唯人一兮。唯顯唯隱，唯機密兮。蕩而不歸，斯自失兮。重陰來復，閒出入兮。艮背淵神，久乃緝兮。晦而逾明，相彼日兮。時兮時兮，坎窞之習兮！

霧　賦

蕤賓之月，富陽之潯。素昊失馭，蚩尤肆淫。憑陵元澋，機變氛祲。非雲非烟，曀曀其陰。彌天絶地，横川被林。探之不得，即之不禁。驅之不禦，抑之不沉。無細弗入，無高弗侵。恒奔騰而似闖，亦填委而實深。於是大明晦精，蒼旻失色。易置萬有，顛迷八極。鳥失故柯，獸悲殊域。坑塹伺災，蠩蝮倚食。爾其秋潮，方至曉川。初盈銀濤，助虐金岸。移形望渺，洋乘虚冷。猶挾海若而同觀，排列缺而流行者也。吾乃駕飛鴿，擊鳴鶩，笳鼓發哀，欸乃進曲。倚而歌曰：「氣昧昧兮自何所，逞詭態兮誰爲主，訟風伯兮考天鼓。」又歌曰：「象混淪兮無後先，人皆眩兮獨不然，矢自決兮濟大川。」有頃，西吹遞音，東陽露迹。若縠之纖，如冪斯闢。高卑漸序，遐邇可籍。野有歸雲，林餘泫滴。杳然回顧，莫知所適。

傳❶

先大夫傳

先按察府君，諱循，字遵善，員外公仲子也。爲人魁碩廣額，巨目隆準，方頤美鬚髯，髯長尺餘，吐聲如鍾，性剛嚴，慷慨急於義，而厭猥屑。自幼從大父經歷公授《尚書》，未幾，公入國子監，而員外公素貧，常不能得師，府君乃發憤，自閉一舍，晨夜誦讀不輟。同舍生嫌其異己，邀與觀里賽劇戲，府君紿曰：「我固畏夜行。」已而舍外數有恠，同舍生避去，府君顧益自喜得專誦讀。十四五爲文章，即有繩準，長老輩見而奇之。於是長史李公勳許妻以女，是爲李宜人。李公爲新野訓導，府君年二十二，往就婚，始至，試令背誦書，不遺一字，試爲文，操筆立就。李公喜曰：「鶻鳥豈直搏鼠耶？」延二師，爲解《尚書》及諸史傳。踰年，曰：「可矣。」乃婚。新野去漢中白河數百里，府君因羣

❶「傳」，原無，今據總目及各卷體例補。

從往來，遂留爲諸生。白河諸生聞有南人至，懼其壓己也，黨惡少爲誣訟，府君直之，官罪坐訟者，卒不得誣。而俗故以酒食徵逐，不喜《詩》《書》，府君日與高會飲酒，夜則程書鷄鳴乃罷。邃菴楊公一清爲督學僉事，❶試府君，驚曰：「此非白河生。」比告故，則又自喜曰：「我固能知之，今當不失魁選，他年必爲良吏也。」遂指目以戒諸生。諸生慙曰：「今日乃爲南人所屈。」府君聞之，是年引疾，不復就鄉試。

弘治乙卯，舉鄉試第三人，上春宫不第，楊公延爲其子師。己未，登進士第，觀政刑部，諸進士登第者，率假貸飾僕馬服舍，府君布袍蔬食，不異平日。是時尚書閔公珪、侍郎白公昂皆精法家，令諸進士試閱獄，日幾狀。府君時時持刑書就長官問所疑，有所注讞，一一取長官可否。閱狀已，即又代閱諸進士狀。已而代長官署獄事，莫不當法，遂以刑名聞於時。辛酉，授南京刑部廣東司主事。廣東司主京城内外獄訟，號繁冗，府君剖决無滯。凡五月，以員外公憂歸。甲子，起復補工部都水主事，管徐州洪。故事，役夫輓上供及漕索漕舟羨米，而民舟則予募錢，官爲裒分，懷墨者陰減其算，甚則指他費盡没入之，諸舟争道，日起訟。府君至，首罷漕米，總役夫以甲乙而什伍之，民舟先後次步下，入所募數，役夫自甲乙持籌往，已事受錢於舟，還籌而休，終則復始，官府晏然。常以暇日治隄防水，復植木其上以固之，役夫往來不知道暑。三年，聲譽大著。

---

❶「邃菴楊公」，胡本作「楊文襄公」。下同。

戊辰，代歸。適武庫主事缺，兵部以武庫爲閒局，有力者争欲得之。是時，許襄毅公進爲冢宰，謁者踵至，公曰：「吾已得人。」比奏下，府君也。府君謁吏部，許公謂曰：「爾知所以得此乎？爾能絶外交，故以媿競進者也。」

己巳，署車駕員外郎，巡視皇城。是時，逆瑾當權，而武皇帝好微行，中官義子出入禁内。府君故虞其變，每夜偵伺防守，嚴門柝堠鉦。嘗立馬風雪中，鬚冰結衣領上，不敢懈。庚午，陞員外郎，署武選郎中。瑾私人多在武衛，武衛陞罷，必關白始行。弘治間有已革乳母官三百人，援瑾求復，府君駁其不可復者五事，以爲内降非制，名器宜惜。議出劉公大夏不可輕改，且恐啟倖門，糜歲給，奏竟寢。會考選武衛，而金吾右衛指揮張某等二十餘人爲瑾爪牙，府君罷其管事。尚書王敞以副入告，瑾大怒，罵曰：「汝老悖，獨不知張某等可用耶？」敞膝行前曰：「郎中輩爲之，敞不知也。」則又罵曰：「不能制郎中，何用尚書爲？」敞免冠請曰：「幸無怒，即更奏矣。」敞歸召府君，怒曰：「汝後生不曉事，乃令我輩受辱。萬一召禍，汝獨得免乎？」即濡筆巇奏。府君走前，持奏曰：「勿毁成牘，但示姓名足矣。」敞不得已，以别楮書二十餘人投府君。府君退召書史數十人，將别爲奏上之。當是時，瑾氣燄傾中外，稍違意，即置之死。府君分必就逮，其存初奏與所書别楮，冀自明也。後四年，瑾敗，敞拂曙入部，口囁嚅向府君索初奏上之，以脱己，且曰：「謝爾早見，不令毁奏也。」瑾既誅，敞亦罷去，同官以是多府君。

是時，天下被瑾害，所在盜賊蠭起，而沿江爲甚。辛未春，有詔選賢守令要害地以弭亂，邃菴楊公爲冢宰，故知府君，乃爲屈常調擢鎮江知府。鎮江當飢饉凋敝之後，廩不餘粟，藏不餘錢，廨無完舍，百務就弛。府君歎曰：「是尚可以應緩急乎？」爲之去奸胥，縮浮費，捐官洲，清夙弊，積贖金，甃垣壁，備弓弩。明年，巨寇劉七等自南京流入境，鎮江郭外居民皆奔城，而指揮使閉門自守。府君聞之，罵曰：「是誠人耶？爲城將以衛民，未聞棄民嬰空城也。」乃斧扃鑰納之，迨夜乃止。復多爲旗幟江上諸山，復以小舟載砲石，發葦洲中爲疑兵。府君自乘城鳴枹鼓，令老弱各執戈矛擊釜銚助軍勢，呼聲震天地，寇遥望不敢逼。未幾，朝廷遣四將軍將北邊軍來，而總督諸大臣十餘人且至，凡軍行芻糧器仗、舟艦馱馬、犒賞諸費，盡取之府。諸僚佐多避事引疾，府君日則伏謁諸司，❶致供饌，受命令，日昃始徧，出則促辦諸費，不就寢者四十餘日，鬢髮爲白。已而狼山奏捷，上功，賜大紅衣一襲。

府君初屈常調爲守，至是又能弭亂，而諸僚中憚其方嚴，不得騁其郡人，貴顯者又以請謁不行，交搆騰謗，邃菴楊公不能辨。復以才堪保障，調淮安。前守劉君祥嘗辱於寇，而諸縣殘破尤甚，府君一以寬厚休養之。始録囚，縱釋九十餘人，訟者令持詞往逮，至則自相引證，情服則薄譴，毀其詞以去，於是獄無纍繫。御史驟見，疑之，比得實，以爲庶幾囹圄空虛之效。上治行，諸郡第一。癸酉，擢山東按察司副使，奉勅整飭徐州、淮、揚等處兵備。徐州既習府君行事，令下不嚴而

❶「則」，胡本作「初出」。

肅。是時宸濠懷不軌，沂邳間私販横行，府君以南北咽喉，不可無堅城壯軍遏其衝，乃迹境内諸盜，面授將士方畧，往必成擒，所得衣糧錢帛甚衆。則爲召募武士，凡射穿札及力能舉重超乘抵距者，悉得應募。既與歲給，而旬日輒再閲試，試有重賞，於是遠近聞者，莫不景赴。久之，得武士數百人，一可當百。會河決西岸，城有圮者，乃益發其瑕壘，鑿石爲墊，而崇厚其墉。乙亥，以繼母李氏憂歸。比去，積谷數萬，銀五千六百有奇，布帛雜物稱是。府君既歸，而代者掩爲私囊，於是武士解散引去。

戊寅，起復補密雲兵備。密雲去京師百餘里，異時武皇帝出遊，日至其地，兵備官被戎服，擁櫜鞬，伏迎界上，有所幸，即令前導趣馬行，且跛曳，中官益馳驟相逼，或以馬箠敲朴爲戲，必入賄中官乞憐，乃得騎。而其地去古北口邊五十里，中官監軍事者肆武斷朘削士卒，士卒困甚，有警猝不可用。府君聞之，歎曰：「凡若此，皆非我能堪也。今顧得之，其命矣夫！雖然，吾以憲臣奉璽書行事，不出尺寸力，何以報天子？」即日就道。是時，鎮守大監張信驕横，嘗密請勑得節制兵備官，聞府君氣岸不相下，必不利己，乃入疏，以兵備官爲冗員，請省之，撫巡臺臣争不能得。府君上官止一日，而報者至，遂促裝曰：「此私幸也。」不復待次吏部，棄官歸寓縣城，終歲杜門，以《詩》《書》課子。當道貴人訪之，門者託辭以謝，即縣令多不得見。已而曰：「此非所以長子孫也。」則又返鄉之故居。

自居鄉，日與田夫野老談耕牧事，晨夜令小童取芻飯牛豢魚，或視舂稻食豨。秋至，耕者告穫，率子弟開廪，執槩散籌，汗津津下不自止。鄉人見者笑曰：「憲副公乃親農人事耶？」府君應曰：「我固農人，不知憲副者誰也。」蓋辛勤十餘年，家始足食。丁亥，吏部用薦者復除山東按察副使，檄且至，府君歎曰：「吾亦願有所爲，顧今老矣，譬之杙舟，已有定步，又向風波行耶？」引疾力辭。於是巡撫江西都御史陳洪謨上疏曰：「天之生才不數，而才之際世甚難。臣治境内，如副使羅循，貳秩憲司，非不際世也，然部檄至門，益堅肥遯之節。循之自處得矣，然用之未究其所長，恐非天生才之意也。況其資稟淳雅，理識精敏。分曹司馬，擅老練之才；歷知名郡，著循良之譽。近者居家一十餘年，安貧守道，素無干於有司；善行高風，實可敦乎流俗。年力未衰，遽投田野，揆之野無遺賢之治，似若未愜，惟聖明爲惜才留意。」吏部以府君所辭甚力，因不復强。

己丑，聞長子洪先舉進士及第第一人，爲書以戒曰：「吾無厚德遺汝，汝徼祖宗餘惠，蒙天子厚恩，何以自處？今而後勉爲完人，以圖稱塞。嚮者之言，勿留於耳，令汝二三其心也。」始洪先會試時，府君命得第後須求歸省，以爲「汝盡忠之日長，而吾見汝之日短」，故云云若此。蓋府君得洪先年甚遲，其撫育又至艱也。庚寅，洪先得告，府君教之不殊童穉，言動少錯，辭色必厲。客至，令衣冠行酒，拂席授几。見客踧踖起，則謂曰：「君謂勞耶？固所以愛之也。」又明年，有詔覈諸告者，過期除名。府君曰：「委質爲臣，不得顧其私矣。汝可以小故廢大義乎？」遂遣行。

癸巳四月三日，府君以微疾卒於家。前一日，猶手作蠅書貽洪先，侃侃無眷戀態。卒之日，方對客，起便旋，端坐榻上而逝。醫者走抱呼曰：「公竟往乎？」頷其首者三。計與洪先别七越月耳。

悲夫，悲夫！

府君天性之厚，非言可狀。當壯時，輕財好施，有俠士風。至晚歲，敝衣菲食，矻矻勤生，又若與寒士無異。蓋取之不妄，故以儉用厚其節也。然遇急難，不復吝惜，即分少，必以時，處家庭甚狎，而長幼之序不少假借，吊喪問疾未嘗不先於人。與鄉里寡合矣，士人親交往來，務接以禮，而尤不忘故舊。即魚一盂，酒一注，情意欵欵無樊畛也。與人解争，斬然是非，不爲兩可語，置鈎距其中，故雖忿怒誶詈，聞者往往心醉。人之忠佞狡直，絲毫莫欺，然不欲自炫以爲明。有相忤者，絶口不敘，亦不欲向人發其陰私。

始以進士試給事中，上姓名第三，公卿賀者踵至，明日奏下，得之者，同年張某也。張爲中人養子，事以賄成，有相告者，府君不對。其後當遷員外郎，而競進者又攘其次，諸曹不能平，嗾府君曰：「曷自明？」府君曰：「彼之進，必以賢也。主事年久，且爲員外郎，何汲汲耶？」於是時論鄙二人，而益多府君。然府君素有識量，不以外物瑣瑣動心，不獨此一二事爾也。

當會試時，身故貧，一日亡其囊中闟褐，同舍唐君鵬内不自安，物色其人，紿府君訪之，比入坐，唐故戲探其囊出褐，示府君曰：「是不類君家物耶？」府君目逆曰：「汝毋戲言。」唐又持褐端手識相辨，府君趨出，向其人曰：「物固相類，唐醉語也。」唐歸，怒曰：「君失褐，不取何也？」府君曰：「不然，吾失褐不甚損，彼張惡名，尚得爲士人乎？」唐始遜謝不及。當倉卒之際，曲爲掩覆，使形跡不露，非素有輕重於中不至此。

瑾既專權，喜援鄉里爲羽翼，吏部尚書張綵、通政李憲，皆府君同年，舉於陝者也。張相見輒爲温語相投，李則願爲先容於瑾，府君皆婉避之。瑾敗，綵伏誅，憲且除名，憲黨惴惴鼠竄免禍，府君載酒與別，李伏地哭曰：「昔之仰我者，無一人至；公不用鄙言，乃復憐我，公其古人乎？」蓋府君有完身之智而不矜能，有擇交之介而不違俗，有鎮浮之節而不專譽，有返古之朴而不泥跡，有容物之度而不示恩，自其年少時固已然矣。

始如白河，嘗從商舟泊襄陽，旅舍有來奔者，府君佯若不諭意，促之出，曰：「此非子宜留也。」其人吐實，則忿怒脱走。比舉鄉試，出棧道，郵亭亭長告曰：「惡地不可留也。」强入之。夜半户開，月色中美女婷婷來坐榻上。府君意其奔也，不之答，遂熟寢。少頃，從者作魘語，起問之，已爲鬼物所侵。返視户，户固扃也。明日以告亭長，亭長曰：「此妖殺人多矣，而莫能動公，公福德未可量也。」此二事，較之魯男、希文，何所軒輊？府君乃屢遇而易視之，豈非天性有所長乎？此雖甚難，使遇小心畏禍人，亦或有近似者。當邃菴楊公冢宰時，拔置門下，士常若不及，府君固其所甚愛而尊禮者，武選郎常資自可得卿貳，而府君資又最深，鎮江之行，非楊公意所及也。一日，大學士梁公儲、李公遜學皆擇府君爲鄉郡守，而二使並至，楊公莫能斷。忽憶曰：❶「吾獨不爲鄉郡計耶？」遂以解争。奏既上，始遣人相語，既而悔曰：「年資若此，不已屈耶？雖然，爲政近民，莫如守令。不

❶「憶」，胡本作「悟」，可從。

得爲令，當爲守，於汝有殊益也。」於乎！使府君稍計利達，必無鎮江之行；使楊公欲爲姑息，亦無淮安之調，徐州之淹。於乎！此不可觀其微乎？

夫人大欲，上焉者莫如飾名，其次莫如專利，有能脱梏於此而從吾所好，其於人何如哉？洪先在侍時，府君嘗病其所持瑣瑣，無高朗廓略之行。今違府君二十餘年，年且五十餘矣，妄意談學，猶不足以承府君一言之教。常恐奄忽無以相見地下，然後爲之戚然以悲。雖然，自非戚然於洪先之悲者，亦豈能深知府君平生也哉！

念菴羅先生文集卷二十四

族姪孫　復晋　男士瓚　士瓛　士璠　重校
六世孫　天衡　男韞琦
五世孫　雨霽　男廷衛　廷銜　謹梓
六世孫　隨元　男士璞　士璋

附　刻❶

明故賜進士及第左春坊左贊善兼翰林院修譔經筵講官贈奉議大夫光禄寺少卿謚文恭念菴羅先生行狀

於乎！念菴羅先生逝，凡三雨露矣。其孤世光、奕光，以嘉靖乙丑七月十九日卜葬近里同江赤石潭之原。又一年，世光、奕光偕其戚曾于野同亨，門人王暹、劉教、曾乾亨、羅徵竹等，編纂其

❶「附刻」，原無，今據卷首目録及各卷體例補。

事，遺以書，抵西川，告同門生直，屬爲先生行狀。同門茶陵劉應峰，同邑王託、歐陽昌繼以書曰：「是學術所繫，不可不勉。」直念先生逝之先三月，尚無恙，而移緘曰：「朝聞夕死，喜爲切近之語。」若爲永訣，直讀之藎然，遽求東歸。乃先生竟棄去，未能啟手足，侍含襚，摧心裂肝，抱恨終天矣。蓋非獨侗淺不足發先生淵蘊，誠亦有不忍言焉。第舍是則無爲既厥衷矣，直可已乎？

時歲乙卯，聞先生喬寓楚山，廢書塊坐三月，恍然大覺，貽書及友人道林蔣公信，大略言：「此心中虛無物，旁通無窮，無内外可指，動静可分，上下四方、往古來今渾然一片，而吾一身乃其發竅，非形質能限。是故縱吾之目，天地不能滿吾視；傾吾之耳，天地不能出吾聽；冥吾之心，天地不能逃吾思。古人往矣，其精神即吾之精神，未嘗往矣；四海遠矣，其疾痛即吾之疾痛，未嘗遠矣。是故感於親而親，吾無分於親也，有分吾與親，斯不親矣；感於民而仁，吾無分於民也，有分吾與民，斯不仁矣；其感於物者亦然。是乃得之天者固然如是，而後可與配天。故曰：『誠者，非自成己而已也。』盡己之性，則亦盡人物之性，故爲天地立心，萬物立命，往聖繼絶學，萬世開太平，非自任也。」又曰：「知吾心體之大，則回邪非僻之念自無所容；得吾心體之存，則營欲卜度之私自無所措。然此自知，持以語諸人，第謂此萬物一體舊説，未有省也。」又嘗貽其門人尹輸亦云：「且曰陽明公萬物一體之論，實爲此胚胎。」又曰：「陽明公後，殊未見及此。」直時寓都中，奉誦其書，瞿然歎曰：「大哉淵乎！何幸堯、舜以來，正脈逮兹罄洩！」此非先生言，程、陸二子實言之。程子曰：「仁者以天地萬物爲一體，莫非己也。」又曰：「此道與物無對，大不足以名之，天地之用，皆我之用。」陸子曰：「吾分内事，即宇宙内事；宇宙内事，即吾分内事。」非二子言，孔、孟、子思實言之。孔子曰：「天下歸仁。」子思曰：「上下察。」孟子曰：「萬物皆備于我。」非孔子、子思、孟子言，堯、舜、禹、稷、伊尹之心實見之。堯、舜始以天下得人爲憂，終以天下與人爲悦；禹、稷饑溺由己，三過不入；伊尹恥君不堯、舜，若撻市朝，一夫不獲，引爲己辜。此數聖人者，豈皆好爲其大者哉？又非獨數聖人之心，吾人之心實有之。於乎！自堯舜、孔孟後，乃得周、程；周、程數子後，又得陽明公。當陽明公始倡斯道，及門得者誠有人矣，其後漸涉異同。今之語萬物一體者尤夥，詰其所以，則唯泥於《西銘》同理氣之説，而不知天地、民物之不出吾心也。吾數十年私淑而自得者，則惟先生一人而已。雖然，苟不至德，至道不凝，先生必有以凝之者。

按：先生羅氏，諱洪先，字達夫，既長，讀書至「克念作聖」，遂自號曰念菴居士。其先由豫章徙廬陵熂下。唐懿宗時，諱崱者，居戩村。至十五世孫志大，婚吉水谷村李氏，始居谷村之橙溪，遂爲吉水人。志大孫珙，入國學，初舉茂材，爲仁和縣丞，貶交趾，子朋壽夭，以姪壽昌子慶同後之。❶慶同者，即先生所傳善菴府君大度輕財者是也，❷是爲先生高祖。生曾祖良，貢補廣海衛經歷。生祖玉，贈奉直大夫、兵部武選司員外郎，配周氏，贈宜人。生雙泉公，諱循，字遵善。公籍陝西之白

---

❶「壽昌」，胡直《衡廬精舍藏稿》作「昌壽」。

❷「者」，原脱，今據《衡廬精舍藏稿》補。

河，舉進士，仕至山東按察司副使，爲人慷慨質厚，初署武選，首罷劉瑾爪牙廿八人。尚書王敞至滕行公前祈免召禍，公持益堅，莫能奪。陝中同年李憲，羽翼瑾，得通政，導公，公卻之。瑾敗，憲擯故黨縮匿，公獨載酒郊別。憲伏地哭曰：「公真古人也！」兩守制郡，❶咸以廉惠著稱。公配谷村李長史公勳女，封宜人，以弘治甲子十月十四日子時生先生，誕降之期，適雙泉公自白河挈家起復，寓點，❷復除工曹，理吕梁洪，遂以命名。

先生神穎殊絶，身不踰中人，方面秀眉，修髯皙膚，吐音鏗然，目無游睇，自童端重，不爲嬉弄。纔五歲，夢至通衢，紅樓夾映，百貨沓集，市人肩摩，自知爲夢，呼曰：「汝往來者，皆吾夢中，尚自攘攘何邪？」遂覺，以告母李宜人，識者知非埃壒人也。八歲，屬對語奇，長史公驚曰：「汝當爲大丈夫。」九歲，始就塾師。三年，授《尚書》，竊讀古文，遂喜爲古文辭，慨然慕羅一峰之爲人。方十五，聞陽明公講學虔臺，心即嚮往，遂卑視舉子業，常斂目端坐。同舍生誚之，曰：「是羅道學先生耶？」比《傳習録》出，先生奔假手抄，玩讀忘寢，往往脱穎見篇章間，同舍生益驚避之。年十九，始就試，補邑庠弟子員。二十二，舉於鄉，時雙泉公偶感疾，遂輟會試侍疾，適里中谷平李公家食，乃偕王魯直龜年、周欽之子恭師事之。公端坐嚴恪有守，學以閑邪爲訓，語具先生所著《谷平公傳》。

---

❶「制」，《衡廬精舍藏稿》作「劇」。
❷「點」，《衡廬精舍藏稿》作「京師」。

年二十五，赴會試，明年，舉南宫，比廷試，世宗皇帝親閲試策，御批云：「學正有見，言讜而意必忠，宜擢之首者。」賜進士及第第一人，官翰林院脩撰。先生方聞報，無矜喜色，心怦怦念雙泉公不置。次年正月，遂請告南歸，至儀真，病幾殆，留數月餘，乃謁谷平公浙邸，訂其舊學。方病時，有瓜州富人王紀者，坐事爲同年項甌東喬按治，❶乃飾名姝、介萬金謁求解，已峻拒絶之矣，而項聞之，微以意嘗先生，先生辭益厲，項歎服，遂定爲深交。既而悔曰：「紀所遺當拒，而罪不當死。」久之，有同年饒比部録刑江北，致書生之，已弗逮矣，爲之憮然。是後二年，先生侍雙泉公於家。訓飭不殊童穉，言動少錯，辭色必厲。客至，令衣冠行酒，拂席授几，無不忻忻從事。又壬辰，有詔覈諸告者過期除名，公促之行，至京，補原職。時南野歐陽公德、今元相徐公階共事館中，先生每過從論學，歸輒記之，久之遂載帙矣。次年十二月，充經筵官，躬展御書。三月，陪祀孔廟，聽講彝倫堂，俱賜宴。五月，忽夢别雙泉公，伏地哭大慟，悲極而醒，涙淋枕席，心怦不能出户。日未晡，而公訃音至矣。先生痛欲絶，奔歸，至楊子江，舟人難之。先生曰：「吾不得見父，奚用身爲？」疾驅抵家，即喪次。三年啣哀不入室，蔬食水飲，葬祭以禮，常攜二弟壽先、居先出寓近里玉虚觀，四方士友來會頗衆。同邑羅公僑貽書諷居喪講學非宜，先生復書略云：「春來以弱體多病，因處舍傍之玉虚觀，蓋亦竊居廬之意，而便静養之功，求免於辱喪焉耳。周子欽之聚友切磋，洪先亦或側坐聞其緒論，其會則

❶ 「甌東」，原作「東甌」，今據《衡廬精舍藏稿》改。

諸長者主之，某不欲避嫌引去，蓋主求益，固非敢以開講爲也。若夫開講者，以身淑人，而非敢淑諸人者也，是樂育者之責，而非哀疚者之有事也。昔者東萊子行之矣，象山責之以爲非禮。夫以儼然衰服，而乃納贄帛、擁臯比，則何異於墨衰即政，非惟禮之弗宜，顧精力有限，亦恐有弗暇也。」服既闋二年，李宜人病痺，先生廢寢食，躬飲膳，藥必手烹，溲必親覘，衣不解帶者數月。諸婦請代，宜人不許，曰：「吾兒躬親者，吾享之安。」居喪痛慕，執禮彌殷。一日，讀《楞嚴經》，得返聞之旨，遂覺此身在大虛，視聽若寄世外，友人覩其顏貌驚服。先生忽自省曰：「嘻，殆哉！是將誤入禪那矣。」乃悔置前功，篤志求孔孟正脈，必由濂洛之無欲遡而上之。居常與同郡東廓鄒公守益及諸同志切劘無虛日。次年，遷厝雙泉公、李宜人，葬於廬陵之盤龍山。己亥，推補宮寮，改左春坊贊善，赴召道南都，兩入城晤同志，與王龍溪畿極論無欲之旨。至維楊趣會心齋王公艮，咸相質辨，心齋一見，期以孔孟大成，作歌贈焉。先生登舟，感切著《冬遊記》。又爲歌曰：「父母生我身，師友成我仁。我身如不仁，形神皆非真。聞歌乃易簀，受言永書紳。誰知百年内，二義無疎親。」讀者咸爲感憤。踰歲抵京，入春坊進講，與其友人唐荆川順之、趙浚谷時春居相比。荆川每語先生之學，輒傾誠歎服，而浚谷生西北，未悉也。一日，邀先生出遊，屬其内子謁曾夫人，闃室中一無有，乃曰：「羅君内外皭然若此！」繇是三公交好浸密，日相期許，以天下自任，中外咸稱異之，曰「三翰林」云。時東宮未定朝儀，浸聞有他議。先生乃與二公各上疏，請預定東宮朝儀，忤旨，謫爲民。

先生出京，與荆川各買小舟聯發，角巾布袍，蕭然世外。每暇，共編國史，❶日書字萬餘，咸寓運甓意。既歸二年，二弟請析居，先生盡推先世所遺田宅，咸令主焉。乃于舍外别建一宅居之，題曰「芸館」。先生自歸田，削跡城市，應酬禮文，辭受取與，咸裁以義。世局時格，秋毫靡狥，人不敢干以私。常曰：「此家居當然，非吾免毁譽而爲之者。」素憫通邑多虚糧，乃貽書上官，力請丈量其廣阡陌者，至爲毁言撼阻。先生曰：「民病孰踰此乎！」❷復爲書促郡縣，竟成之。時郡中東廓、南野二公，及雙江聶公，咸家食，又有彭石屋簪、劉師泉邦采，先生時相往訪，會者至數百人。先生性撝謙，抑抑求麗澤，未嘗以言詞先人，然親炙其容止者，非僻爲之潛消。一時縉紳青衿快覩景行，有不假言辭之末者矣。仲弟壽先病，返家視藥，既卒，哀痛數月，寢食失常，其友愛篤摯如此。乙巳秋，遊衡嶽，同門人尹轍、王託、劉天健，爲文盟告嶽神及白沙先生祠，語載集中。山絶頂爲祝融峰，峰下爲會僊橋，橋外石可二尺，而勢頗斗出，下臨不測，人無至者，先生躡足而登，放歌而坐，徘徊乃返。過觀音巖，手植小松於石，至今名爲狀元松。有僧楚石者，不出巖八年矣，至是迎見，且曰：「吾嘗受異僧外丹，無足傳者，今以授公。」先生曰：「吾道自足，寧須此乎！」拒而不受。丙午，季弟居先如南雍，送至金陵，過毘陵訪荆川，夜語契心，相對躍然。曰：「庶乎，千載一遇乎！」遂達旦不

❶「國」，《衡廬精舍藏稿》作「圖」，當從。
❷「民病」，《衡廬精舍藏稿》作「病民」。

寐。時先生與荆川皆以重名爲海内宗依，所至觀望之若僊。然荆川自以爲博大不如先生雅，曰：「念菴之學平正。」而海内士亦以是定二公所詣云。

丙午十月，闢石連洞于近里，洞固多虎穴，荆莽蓊鬱，不知年矣。先生異之，遂加攘剔，閲其中，其洞可容百餘人，遠望類蓮花，故名焉。先生自是多洞居。錢緒山德洪偕龍溪邀如青原，士友同聲至者百數十人，先生多告以去欲根之方，訂約擇龍虎山中爲江浙會所。先生遂預赴龍虎之僊巖，過沖玄觀，登愛山樓，意甚悦之，諸君子未至，爲書壁歸。一日，坐洞中有悟，恍惚大汗，灑然自得。問者曰：「到此能無續斷否乎？」先生哂曰：「今固去了，又在也？」邑令王西石謁之，以先生聚講無所，遂脩玄潭之雪浪閣，既成，集士友會，西石自是日津津嚮學。

先生視吉水兑米貯縣倉，納户市米雜穀沙，移運水次，展轉每費，運户買補，以致破産。先生惻然。乃言邑令，率鄉人建倉同江水次，納户就辦貯倉，遂免前患。已而徧論五鄉，咸因其法，至今利之。庚戌，聞虜過都城，先生目不交睫餘月，旋病作，幾不起。於是友人有以僊家招者，先生寓書拒之。始先生謂儒者之學在經世，以無欲爲本。夫惟無欲，然後用之經世者，智精而力鉅。自後儒失傳，盡主多識，本末倒易久矣。天地之運不息，必有所運以顯其神，失此得彼，不得旁落釋氏之徒。若儒者能自不惑於本末之故，取其所長以相激發，比諸陶漁蒭蕘，則周、程大儒固有之矣。

先生又以晚宋號稱理學者，無累數十家，其書連數千百卷，往往謬於理氣動静之分，漫衍贅複，益無見聖人用意之微，讀之使人心煩目眩，亦孔氏之阨也。至近時傳良知之學者，又多失本指。語知矣，而不必良；語良知矣，而罔致知之功。一聞用功語，輒生詫訝，過在於任心流行，而不復辨欲，遂於聖賢所指凝聚兢業之功，盡與掃除，其弊將哆於晚宋支離之失。故其平時提誨學者，多主周子「無欲故静」，《易・繫》「寂然不動」之語，以爲能静寂，乃知體之良能；收攝保聚，一切無染，乃爲主静而歸寂。異時《答郭平川應奎書》，其略曰：「陽明公良知之教，本之孟子，故嘗以『入井怵惕』『孩提愛敬』『平旦好惡』三言爲證。入井怵惕，蓋指乍見之時，未動納交、要譽、惡聲而言；孩提愛敬，蓋指不學不慮、自知自能而言；平旦好惡，蓋指日夜所息、未及反覆而言。三者以其皆有未發者存，故謂之『良』，朱子以爲『良者，自然之謂』是也。然以其端之發見，而未即復其全體。故言『怵惕』矣，必以擴充繼之；言『好惡』矣，必以長養繼之；言『愛敬』矣，必以達之天下繼之。孟子之意可見矣。陽明公得孟子之意者也，故亦不以良知爲足，而以致知爲功。」又曰：「思慮知覺，與良知不可混。良知者，能發思慮知覺，而不雜於思慮知覺者也。」繼又作《良知辨》，讀者謂先生語良知，蓋盡發陽明公本旨。

數年，先生簡出。久之，出晤荆川於康節山，訪周訥溪怡於九峰庵。即歸，習静天王寺。癸丑，先生年五十矣，徙居陽田。是秋，遊玉笥山，登九僊臺。明年，趙大洲公貞吉期會天池，乃偕友人赴之。至九江，大洲公行矣，遂展周濂溪先生之墓，爲書三碑，託九江大守更之。於是龍溪適候先生會海天，遂同舟西歸。謂龍溪曰：「往年見談學者，皆謂知善知惡即是良知，依此行之，即是致知。予嘗從此用力，竟無所入，蓋久而後悔焉。夫良知者，言乎不學不慮自然之明覺，蓋即至善之謂也。

吾心之善吾知之，吾心之惡吾知之，不可謂非知也。❶善惡交雜，豈有爲主於中者乎？無所主而謂知本常明，恐未可也。知有未明，依此行之而謂無乖戾於既發之後，能順應於事物之來，恐未可也。」龍溪曰：「近時自覺何如？」先生曰：「一二年來，與前迴別。蓋當時之爲收攝保聚，偏矣，識吾心之本然者，猶未盡也。夫謂感由寂發可也，❷然不免求寂有處；謂寂在感先可也，然不免持感有時。蓋久而疑之，夫人心一而已。自其不出位而言，謂之寂，位有常尊，非守内之謂也；自其常通微而言，謂之感，發微而通，非逐外之謂也。寂非守内，故未可言處；感非逐外，故未可言持。此謂收攝保聚之功，君子知幾之學也。」龍溪曰：「今于感中寂得否？」先生喜曰：「切問也。豈曰能知，❸收攝保聚焉耳。雖然，其或免於適越而北轅矣乎！」返舟會玄潭，龍溪再問，先生以「工夫不撓心」爲言。已而龍溪曰：「何以贈我？」先生曰：「陽明先生之爲聖學，無疑矣。惜也速亡，未至究竟，是門人之責也。」又曰：「公等諸人，其往來甚密，其受鍛鍊最久，其得證問最明。今年已過矣，猶不能究竟此學，以求先生所未至，是非先生負諸人，乃是公等負先生矣，復何往哉！」四方傳者，以爲使陽明先生復作，不易斯語，非啻諷龍溪也。

---

❶「可」，原脱，今據《衡廬精舍藏稿》補。
❷「感由寂發」，原作「寂由感發」，今據本集及《衡廬精舍藏稿》改。
❸「知」，《衡廬精舍藏稿》作「之」，可從。

乙卯春，先生將西遊白河舊廬，留滯楚之旅舍。時王龍溪至自浙，遂共避暑山中。先生居數月，静久大覺，即所貽蔣道林書，自敘渾成一片者是也。蓋先生自丁酉後凡數悟，然不能無少疑，至是洞然徹矣。尋病作，不果白河之行。至九月返舍，而曾夫人卒先一旬矣。踰年，贛江水泛，陽田居漂没，因假宿田家，泊然不以介意。

先生自登第後，臺省建坊，咸力辭，則又餽坊價多百餘金，先生悉卻之。然有司仍帑藏積凡數千金，撫臺鍾陽馬公森，知先生家固窶，又以水廢，檄理前金將併致，然已入墨吏私囊久矣。先生懼爲官屬累也，致書馬公，以悉領爲辭，事遂得寢。聞者莫不歎服。學憲王敬所宗沐來問學，又率邑令各致助，少宰尹洞山公臺咸爲分俸。先生用搆正學堂於洞南，曰：「吾以此集四方士，則拜惠多矣。」

戊午正月，荆川邀會齊雲巖。是時兵事起，欲與先生共訂出山。先生辭曰：「天下事，爲之非甲則乙，某欲爲而未能者，得兄任之，即比自效可也，奚必我出？」荆川乃寢。

次年，先生復徙居松原，題其堂曰「體仁堂」。尋著《覈丁記》。先生視吉水籍多虚丁，漫至九萬，派差負苦，先生力言當道，覈其數爲七萬，一邑稱便。時元相嚴公既推轂荆川公矣，乃又致惠問自京師，以出處嘗先生，答書願畢志林壑，辭婉而厲。公歎曰：「是乃真不要官爵者。」

入冬，以病謝客，屏居止止所中，不復窺户。蓋先生自大覺後，其謂學者多言知止。又曰：「欽厥止，安汝止，此舜、湯語學次第。」故扁其室曰「止止所」。又製爲半榻，越冬春嘿坐榻間。自是心每前知，凡鄉邑事，巨細咸得先知，絶未嘗露。一日，有南昌儒生來乞書，遣問其字，未報已先知，書之果然。或問之，曰：「偶然，不足道。」荆川訃至，哭始下榻。

然先生雖在榻間，然四方書問未嘗不應，族戚交游之休虞，與國事之然否，聞之未嘗不致意。蓋嗒然玄嘿而物無不綜，澹然無爲而自無不爲。由是益明儒佛幾微之辨，《答雙江公書》乃駁其專主寂静。又以佛氏之異吾儒，其棄倫遺物之大者，人未必入也；其誤人易入者，唯其在幾微似是之間。今後儒闢佛，其身已遺本逐末，反以阻其歸行矣。乃又止攻其棄倫遺物之大者，則入之者曰：「是大者，吾未有也。」彼方自信其未有，而不使之知幾微似是之辨，則趣者弗已也。乃著《異端論》三篇，專明似是之非，斥釋氏精髓之弊，語詳集中。蓋先生自敘，已自信不惑矣，故其至問荅議論，咸爲學者指迷決疑。雖以考前聖不謬，俟後聖不惑可也。

時同水鄉《鄉約》成，適春饑，先生預擇士友，密訪窶人，移書郡縣請賑，得穀數千石，舟載就哺，量地艨船，刻期散給，按窶差等，貧者必濟。高價因以弗騰，一邑賴之。六月，閩廣寇流突至吉地，官兵失利。先生移書兩臺，得右轄敬所王公及段都司提兵捍臨吉，時先生依然室中，而密畫佐贊居多。同江一帶，約令晝守，鄉兵萬衆，各相競勸，軍容整飭，聯數十舟，上下警巡，戒客舟毋近岸。賊莫得渡，一境全静。

次年，邑當攢造，先生念詭灑未絶，乃戒同水鄉各都畐分置區域，按畝出收，擇士友公正者尸之，俾人得自盡，一時稱平。於是黄册道陳公，就以册事敦請先生處分，先生慨然自任，終日酬應，往來紛争，一室之中，環席雜語，傾心剖割，雖嫠婦窶兒，咸輸其情，故宿獘頓除，貧苦歡若更生。獨富以爲厲己也，故爲嘵嘵，冀撓其事，先生屹不爲動。曰：「吾此中若天然，毁譽好醜，咸無與焉，夫安得撓？」適王龍溪來訪，先生延之止止所，信宿語别，作《松原志晤》。先生嘗移書龍溪致規切，至是復發其概，蓋不欲盡也。次年癸亥五月，先生以觸寒失治，遂病痰，六月愈。

先是，錢緒山來自浙，以陽明先生年譜校裁，迨是編竣序之，略曰：「某嘗反覆先生之學，如適途者顛仆沉迷泥淖中，東起西陷，亦既困矣，然卒不爲休也。久之得小蹊徑免於沾塗，視昔險道有異焉，在他人若可以已矣，乃久之得大康莊，視昔之蹊徑又有異焉，在他人若可以已矣，乃其意則以爲出險道而一旦至是，不可不爲過幸，彼其力能特立，而困猶夫我者，固尚衆也，則又極力呼號，冀其偕來以共此樂，而顛迷愈久，呼號愈切，其安焉而弗之覺者，顧視其呶呶至老死不休，而翻以爲笑，不知先生蓋有大不得已者惻于中。嗚呼！豈不尤異乎！故善學者，竭力爲上，解悟次之，聽言爲下。蓋有密證殊資，嘿持妙契，而不知反躬自求實際，以至不副夙期多矣。某談學三年，而先生卒，未嘗一日及門，然於三者之辨，今亦審矣。學先生之學者視此，何哉？無亦曰是必有待乎其人，而《年譜》固其影也。閲者知先生意，所慨望深矣。」

是歲，先生六十，乃預爲書謝絶親友觴祝，惟四方及門士相繼叩請日繁，先生弗以病倦，乃又於止止所後闢有斐亭。于時杜韋自吴江來，咸先後稟學，向往篤切，及門諸君，日聚亭中。先生痛懲末世口耳其教，先嘿識，重躬行，日以精神相蒸，因材而造，不事規條。初至者誨令静坐反觀，俟稍有疑，然後隨機引入。故泛常視者，若未嘗施教；而稍知尋求者，則皆充焉而各得其得也。每日環坐，先生相對，嘿然起立，循闌吟哦。上下或時浩歌，從容指發要語，聞者莫不興起。

九月間，復病痰，右臂痛，遂廢捉筆。迨至甲子春，交集有斐亭者，先後不絶。時亭中竹茂交蔭，林鳥和鳴，歌音日夜不輟。先生凡三至，雖終日忘言，而精神流溢，真意融盎，飲其和者，自不覺其入之深也矣。六月，郡節推少魯弘祖躬來請問，先生親書册以復，章凡三，其首曰：「凡與人解釋文義，發揮道理，此心甚是明白，言説既畢，此理無存，如是只是説話，説話不濟事者，有所倚故也。不知何物與道相當。」次曰：「落思想者，不思即無；落存守者，不守即無。欲得此理炯然，隨用具足，不由思得，不由存來，此中必有一竅生生，夐然不類。」末曰：「言此學常存亦得，言此學無存亦得。常存者非執着，無存者非放縱。不存而存，此非可以倖至也，却從尋求中得來，由人識取。」蓋先生末年語學者，既言知止，又曰一念不漏曰幾；先曰良知，與物無對，可謂淵矣，然未嘗語其所得。至是始發明一竅生生、無存無不存之實，此豈偶然也哉！

先生久謝棄文字，八月初，門人酃縣劉朝重穩乞其父合肥公墓表，先生曰：「吾不文久矣。」恐違朝重意，竟爲撰之。又以子世光方省試，親書白沙公「明月清風」絶句走示之，蓋絶筆也。

先生方與諸生訂四季會，令先聚玄潭，會畢詣亭就正。初七日，感脾痛，移頃止。至十三日，痰作，翼日漸熾，語家人曰：「吾明日行矣。」家長老問疾，覩室中無長物，曰：「甚矣！空囊也。」答曰：「吾平生無所遺，窮固自好，吾子歸，以是語之。」姪國光等再問，笑曰：「死已矣，復何説邪？」

十五日中秋辰刻，滃四起，風雨交至，震驚林木。門人王託、李希稷、周敖山、曾乾亨、劉孟雷，偕家族人環侍，先生以意示欲起狀，門人王託等扶翼危坐，先生正巾斂手，端嘿如平日，忽見精神若離，連聲疾呼，而先生長逝矣。年六十有一。暴雨鳴簷，天黯無光，聚哭者充户，雖山谷細民，聞之灑泣。訃聞，四方士大夫識與不識，無不歎曰：「天喪斯文！」馳文告致奠賻者，不遠數千里日踵于道。諸生請于臺司，享祀鄉賢。門人設主奉入玄潭閣下，邑令遂扁曰「江陽書院」。

方先生之歸田也，攻苦茹淡，經鍊寒暑，躍馬彎弧，觀圖考史，其大若天文、地志、儀禮、典章、漕餉、邊防、戰陣、車介之事，下逮陰陽卜筮，靡不精覈。至人才、吏事、國是、民隱，彌加諏詢。曰：「苟當其職，皆吾事也。」至五十前後，覩時事日非，始絶意仕宦，然饑溺由己、撻市引辜之衷，未嘗一日不業業也。當事者，例薦特薦，罔有虚歲。天下士想望其出以卜治平，雖先皇重於起廢，臺臣有甘被廷杖而言不已者。今天子即位，多召用舊臣，天下士咨嗟歎曰：「悲夫！念菴先生不逮直於是。」蓋又有重悲焉。

先生嘗言，「孟子之後，學者本末倒易」，信哉！然記《禮》者，猶曰「理自中出，生於心」，未嘗主理爲外也。宋儒繼出，發憤啟明，濂溪、明道，倬乎尚矣！厥後取「在物爲理」之一語，遂斷乎主理而外之，其析若縷，其争若仇，其多若九牛毛，其極至竄易孔氏之言，破除明道之語，以自果其説。其求堯、舜、禹、稷、伊尹之心，則按跡以索其似。其訓夫子之「歸仁」，《中庸》之「上下察」，孟子之「萬物備」，程子之「莫非己」，咸專主於外索。苟有曰「是皆自主出於心」，則必詆曰：「是何異二氏之以心法起滅天地，山河大地爲之妙明心中物也？」噫，其左哉！彼蓋懲曰：「二氏之棄倫遺物，咸有本心之失。」不知二氏之失，非心之罪也。今夫手主持、足主行，常也，有惰者爲珍其手足，❶不肯一舉而投，是豈手足之罪哉？心之體主明物察倫，常也，二氏珍其心，不肯一用於倫物者，彼蓋有奪也。今乃遂以罪心，必曰「理不生心」，可乎？理之說，昉《易・繫》，曰「易簡理得」；道之說，昉虞舜，曰「道心惟微」。❷《中庸》語道曰「率性」，孟子語仁曰「人心」。彼世儒不察，昧而置之，則强解以附其說，譬之索形于影，索音于響，索日月于重淵，倀倀終其身，道不與心謀，學不與政通。雖甚賢者，亦皆墮於「彼長而我長之」爲義，訓詁者悦其似，辭章者便其博，知謀者假其跡。語唐、虞、三代者，不求其本，而齊其末，而帝王之心政，不可復希矣，奚獨孔氏一厄已哉！

明興，白沙公學爲知本，天下反詆爲禪。後數十年，陽明公作，獨手抉重陰，掀揭白日，身犯群嘵，❸號呼以挽天下之士，其要在致吾心之良知於事事物物之間，則事得理，而物無不格矣，是謂知致格物。其旨與明物察倫，雖千載若出一語。其後有玩弄於知識，縱任乎氣機，馳騖於言説，沉浮

❶「惰」，原作「情」，今據《衡廬精舍藏稿》改。
❷「惟」，原作「性」，今據《衡廬精舍藏稿》改。
❸「嘵」，原作「曉」，今據《衡廬精舍藏稿》改。

於釋氏，莫能實致其良知，是蓋知求道於心，而又莫知吾心之有天則，此孔子所以裁狂簡也。氣質之不美者，益恣益遠，其極至妨人病物，疑阻天下嚮往之心，正先生所謂「任心流行」者之弊。夫任心流行，與離心言道者，其爲禍道埒焉，斯又陽明公一厄也。

天佑我文，先生中起，兼江陝之靈秀，稟陰陽之正氣，孝友通神明，忠誠堅金石，潔白寒冰霜，凝重峻山嶽，蓋自少然也。比長聞學，邁往仔肩，沖乎恭遜以入也，確乎躬行以履也，湛乎感應之常寂而非虛也，炯乎先幾之常復而非暫也，兢兢乎嚴知見細行之矜而非小也，屬屬乎盡人物天地之性而非大也，浩浩乎環轢於四方而非動也，寥寥乎屏坐於木榻而非靜也。至於一切知見、氣機、言説以逮釋老，似是之非，咸不得參。故讀中年貽道林之書，則知其大覺之後，經綸爲己分；讀末歲告少魯之語，則真得之餘，工夫不足言。蓋自其生平用志，不分竭才凝道，已駸駸乎達天德，入聖域，若未見其止也，矧窺其際乎？爰自廿年以來，天下尊慕師表，其片言咸爲折衷。上自王公，下逮畸士，語天下真儒，必曰先生。致良知之訓，先生與人同也。至其不言而人莫不信，不動而人莫不從，俾天下皎然知末學之非，而堯、舜、孔、孟之緒必自先生而繼，先生不得與人同也。此豈能以聲音笑貌爲哉？《易·繫》曰：「苟非其人，道不虛行。」又曰：「默而成之，不言而信，存乎德行。」先生以之。先生年纔六十耳，即使先生道不大行，得久存以極其所詣，長爲斯人指南，又不知何如也？今皆已矣，此直所重悲也。

直少負不羈，沉湎辭章，既壯，見以文辭，先生勸歸身心，乃北面而稟學焉。又直出而仕，就正四方，年比四十，始知所往。既歸，聞先生謦欬，而睹諸行事，崇而能卑，介而勿劇，至周而無比，至近而不褻，藹乎達人倫日用之懿，廓乎寡意必固我之私，而醇然當天道人心之正。最後讀《異端論》，明辨幾微，乃知先生於二氏，匪獨指瑕，實乃攻堅。其於彼之所長，非拒之不動，乃足乎此，無待於彼，是真不動也。蓋綽乎得堯、舜、孔、孟之正脈，二氏烏得而比之！

生平敬老慈幼，哀惸卹婦。故人孤嫠在數千里外者，必託全之；有誦孝廉忠節事，雖遠若自己出，其見篇章，未嘗不三致意。雅誦程伯子盡分之語，每書以示人，意肫如也。末年以成人材、厚風俗爲任，尊賢容衆，嘉善矜愚，無論貴賤賢不肖，接者無不醉心其教。雖不事言説，然頫然若掬嬰孩，而不以己爲主。若食貧子，而復誘以生道，凡被教者，蕩乎如覩蒼旻，恢乎如遊溟海，穆乎如滌條風而飲甘露，焕乎如就春陽而臨秋水。所謂樂取而與人爲善者，先生又身有焉。

當直之歸而求正焉，先生輒指訶曰：「是子所謂目長而足短者。」❶自數年來，妄有稟質，始蒙印可。蓋常以本心天則爲請，先生謂吾儒所以異二氏者，正在是。又復曰：「僕近於執事之學，洞然無疑，斯學其有賴乎？」方解官爲終身依歸，而先生先期往矣。同門相見，哭曰：「先生晚年，期子甚不尠，子歸晚矣。」然有懷欲請，憾不逮先生之存。泰山頹矣，江漢遠矣，直將何所賴以不負終身，此又直之所重悲也。

❶「謂」，原脱，今據《衡廬精舍藏稿》補。

直舍是，誠無以既厥衷，乃承同門之命，勉爲狀述。粗若編年，雖不遺煩碎，而靡敢緣飾，要令學者知先生之學，與年俱升，庶少以得指歸之大都矣。然先生不事言説，而直之言，若煩而縟，何哉？嗚呼！直豈好言哉？直亦有不得已焉。俾後之君子，誠以是得先生之指歸，則直之千萬言猶無言也。惟有道之仁人，秉斯文之正麾者，必垂採擇焉。

先生娶曾夫人，大僕卿三符公直之女，有賢德。生子世光，克守其學，娶萬安劉郎中峴女。先生繼娶劉夫人，生子奕光，恪遵《詩》《書》，邑庠生。孫男五人。

先生少喜爲文，强年弗以屑意，然四方謁文者，履常填門。著作爲最富，刻撫州南畿者，尚未盡。吉水前令王君篆，今令蘇君士潤，謀輯梓全本，分内、外、别三集，統凡若干卷，藏版石蓮洞中，以存道統於無既云爾。

賜進士及第中憲大夫四川按察副使提學致仕門人泰和胡直敬撰

明故賜進士及第左春坊左贊善兼翰林院修撰經筵講官贈奉議大夫光禄寺少卿謚文恭念菴先生墓志銘

自陽明先生倡致良知之説，學者始知舍見聞而求知於心。然其傳之訛也，語心體而遺工夫，則日入於高虛而無益；❶其又詘也，概舉夫不待學習者以爲良知，而不復究愛親敬長之本指，則以欲爲理，以任情爲率性，以戒慎恐懼爲戾於自然，而去道日益以遠。左春坊左贊善兼翰林院修撰念菴羅公有憂之，數正色言曰：「近時傳良知之學，語知矣，而不必良；語良知矣，而不必能致。往往聞用功語，輒生詫訝，其弊將哆於晚宋支離之失。」又曰：「陽明先生良知之教，本之孟子。故嘗以入井怵惕、孩提愛敬、平旦好惡爲證。然以三者皆一端之發見，而未即復乎全體，故言怵惕，必以擴充繼之；言好惡，必以長養繼之；言愛敬，必以達之天下繼之。孟子之意可見矣。先生得孟子之意者也，故亦不以良知爲足，而以致知爲功。」又語王龍溪曰：「陽明先生之爲聖學，無疑矣，惜也速亡，未及究竟。公等與往來甚密，受鍛煉最久，得證問最明。今年已過矣，猶不能究竟此學，是非先生負諸人，乃公等負先生耳。」公居家，弟子四遠而至。其爲教，恒主《易》所謂「寂然不動」，周子所謂「無欲故静」者而申告之。曰：「能静寂，然後見知體之良；能收攝保聚，然後能主静而歸寂。」又曰：「儒者之學在經世，以無欲爲本。夫惟無欲，然後用之經世，知精而力鉅。」

階昔未冠，即幸受業雙江聶公之門。及舉進士，與南野歐陽公爲同年，益得相切磋於問學。二公，先生高第弟子也。又後六年，始獲識公。公於是時，所交遊盡一世名士，而與予言獨相入。未幾，公請告，予亦以論孔子祀典謫，不相見者十年。已乃同召爲宫僚。明年夏，予遭先大夫憂歸。

❶ 「益」，徐階《世經堂集》作「實」。

其冬，公及荆川唐公、浚谷趙公，論東宫朝儀罷爲民，自是不復見以卒。每憶與公對榻劇談，宛然前日事，未嘗不泫然泣也。

公爲學尤務力行，居父母喪，終三年不入室；先世所遺田宅，盡以讓二弟；其仲弟卒，哭之累月，寢食爲失常；與人處，言語恂恂，乃其中，毅然不可動以利。所居没于水，巡撫中丞馬公，覈公前後所卻坊價值謀改築焉，竟不受。少師嚴公，既推轂荆川，起家爲兵部主事，遂以書致意于公，公對以願畢志林壑。荆川邀公會齊雲巖，將强與偕出，公辭曰：「天下事，爲之非甲則乙，某欲爲而未能者，得兄任之，即比自效可也。」罷贊善歸，❶足未嘗入城市。既闢石蓮洞，作正學堂講學其間，益與世削跡。然聞民間病苦，輒慼額思去之。❷邑故多虚糧，言於有司，盡丈邑中，計畝而税，宿弊頓革。建同水鄉合邑水次倉，去邑之虚丁二萬，❸民以不困于賦役。歲饑，移書郡縣，得粟數千石，率士友躬賑給之。閩廣寇流吉安，握兵者不能制，公爲畫策嚴守而力戰，寇遁。嘗遊衡岳，僧楚石授公外丹，公謝曰：「吾道自足，寧須此？」友人以仙學招者，作長書去之。故公於士大夫，或疑其近于禪，久乃知公真能主静歸寂，本無欲以措之經世，卓然得致良知之真傳也。公當世宗皇帝朝，既

❶「罷」，原作「羅」，今據《世經堂集》改。
❷「之」，原作「定」，今據《世經堂集》改。
❸「邑」，原作「丁」，今據《世經堂集》改。

屢爲時宰所擯沮；今皇帝登極，公論明矣，乃公則已先卒。僅贈奉議大夫、光禄寺少卿，謚文恭，而不見諸用，豈非斯世斯文之厄與？

公諱洪先，字達夫，念菴其號，厥初豫章人，三徙而居吉水之橙溪。曾祖良，廣海衛經歷。祖玉，以子貴，贈奉直大夫、兵部員外郎。考循，舉進士，仕至山東按察副使，嘗抗逆瑾，侃侃著風節。娶李氏，封宜人，以弘治甲子十月十四日生公。公年十五，即下視舉子業，得《傳習録》，手抄而讀之，晝夜不置。嘉靖己丑，舉進士第一，世宗批其文「學正有見，言讜而意必忠，宜擢之首者」，授翰林院修撰。壬辰，以病痊，起充經筵展書官。己亥，召拜贊善經筵講官。凡三立朝，皆不踰歲而歸。甲子八月十五，卒於松原之新第，年六十一。配曾氏，生子世光，吉水邑廩生，能世其學，以明經出仕撫州金谿縣教諭。再配劉氏，生子奕光，吉水縣邑庠生。孫五人：咸静、觀静，世光出；存静、養静、能静，奕光出。乙丑七月十九日，世光、奕光葬公桐江赤石潭冲天飛鳳形山之原。介其姻文選曾公、門人檢討張君暨舉人曾乾亨等，以公之門人提學憲副胡君狀來徵予銘。予與公友三十年，既不能及公之存薦起之，則今日之志其美，傳諸無窮，固予所不能辭也。公有《文集》若干卷，吉水令王君、蘇君已鋟梓邑齋。而公嘗手書一册，與今提學御史麻城周君，大要以言説爲不濟事，以落思想、落存守爲不能隨用具足，而以不存而存爲學之正，公絶筆也。予且告周君刻而傳之。銘曰：

昔在洙泗，以聖爲師。於道之傳，猶或失之。矧世之下，學以口耳。違道日遐，理固宜爾。

猗公奮起，獨悟道真。非矯以言，實率以身。仙佛詞章，一時盡詘。斯道復明，厥惟公力。公身雖隱，公言則彰。我銘揭之，彌久弗亡。

賜進士及第特進光禄大夫柱國少師兼太子太師吏部尚書建極殿大學士知制誥知經筵事國史總裁華亭徐階撰

雍正八年庚戌春月吉後學崇仁令楚南寧鄉陶士僙編訂

《儒藏》精華編選刊

已出書目

白虎通德論
誠齋集
春秋本義
春秋集傳大全
春秋左氏傳賈服注輯述
春秋左氏傳舊注疏證
春秋左傳讀
道南源委
桴亭先生文集
復初齋文集
廣雅疏證
龜山先生語録
郭店楚墓竹簡十二種校釋
國語正義
涇野先生文集
康齋先生文集
孔子家語　曾子注釋
李文公集
論語全解
毛詩後箋
毛詩稽古編
孟子正義
孟子注疏
閩中理學淵源考
木鐘集
群經平議

三魚堂文集　外集
上海博物館藏楚竹書十九種校釋
尚書集注音疏
尚書全解
詩本義
詩經世本古義
詩毛氏傳疏
詩三家義集疏
書疑　東坡書傳　尚書表注
書傳大全
四書集編
四書蒙引
四書纂疏
宋名臣言行録
孫明復先生小集　春秋尊王發微

文定集
五峰集　胡子知言
小學集註
孝經大全
孝經注解　温公易説　司馬氏書儀　家範
孷經室集
伊川擊壤集
儀禮集釋
儀禮圖
儀禮章句
易漢學
游定夫先生集
御選明臣奏議
周易口義　洪範口義
周易姚氏學